역사언어학

历史语言学

이 책은 2016년 교육부 대학인문역량강화사업(CORE)의 저술지원을
받았습니다.

역사언어학

历史语言学

徐通鏘 著 · 李在敦 譯

學古房

일러두기

1 본 역서에 나오는 중국 지명과 중국인, 일본인의 인명으로 쓰인 漢字는 모두 한국한자음으로 읽는 경우를 상정하여 표기하였다.

2 본 역서에서 인용한 서양의 지명, 인명은 모두 우리말 외국어 표기법에 의거하여 수정하여 표기하였다.

3 중국에서 발행된 책의 제목은 《 》, 논문의 제목은 〈   〉안에 적었다.

4 본 역서에서 인용된 책이나 논문의 발표연도 및 쪽수는 원래의 책을 것을 그대로 따랐다. 따라서 서양의 자료를 인용한 경우 중국어 번역본의 연도 및 쪽수를 나타낼 수도 있다.

5 이해의 편의를 위하여 중요한 어휘는 우리말과 漢字를 병기하였다.

서문

나는 1980년 이후로 줄곧 북경대학 중문과에서 역사언어학을 강의하고 연구해 왔다. 이 책은 나의 역사언어학 강의안을 바탕으로 수정을 거쳐 완성한 것이다.

역사언어학은 하나의 종합적인 과학이며 언어의 통시적인 변화과정을 연구하는 일반 이론이며 또한 방법론이고 원칙이라 할 수 있다. 이론은 실질적인 연구를 거쳐 정리해 놓은 것이기에 기존 학자들이 내놓은 이론이라 할지라도 구체적인 사실에 입각하여 분석과 연구를 거쳐 그것을 잘 소화하고 파악하고, 한층 더 향상시키고 수정 보완해 나가야 한다고 생각한다. 이러한 취지에서 이 책은 전대 학자들의 연구성과를 정리하는 한편, 중국어의 방언에 대한 조사 연구자료도 많이 수록하였다. 우리는 浙江省 寧波방언과 山西省 聞喜, 祁縣 등 지역의 방언들에 대해 조사, 연구하였으며 그 중 聞喜와 祁縣 두 지역은 나와 王洪君선생이 함께 방언조사를 나갔었다. 우리의 목적은 역사언어학의 일반이론과 그 연구방법, 원칙 등을 중국어의 구체적인 연구와 결부시킴으로써 풍부한 한어방언자료를 기반으로 전통적 이론을 분석하고 검증하고 수정 보완하는 것이다. 그리고 기존의 언어이론에 관한 연구들이 주로 소개에만 치중하여, 분석은 소홀히 하고 또 중국어의 현실과도 동떨어져 있었다면 이 책은 이러한 경향에서 탈피하고자 하였다. 비록 이는 하루 아침에 바로 효과가 나타나거나 한 두 사람의 노력으로 완성할 수 있는 것은 아니다. 그러나 우리는 이러한 연구를 함으로써 후세의 학문연구에 작은 디딤돌이 되고자 한다.

언어의 통시적인 변화과정을 연구한다는 것은 주로 언어변화의 법칙을 규명하는 것이다. 이는 사람들이 잘 알고 있는 어떠한 언어 사실 그 이면의 "스스로 터득하되 말로 전하기 어려운 법칙"들을 찾아내어 인과론적이고 이론적인 설명을 가하는 것이다. 다시 말해 언어변화에 대한 연구는 언어 사실을 잘 파악하는 한편 튼튼한 언어자료를 기반으로 이론적인 탐구를 진행하여 언어 사실에 대한 분석이 더욱 구체적이고 이론적인 깊이를 갖게 하는 것이다. 이론은 구체적인 언어 사실에 입각한 세밀한 분석 가운데 존재해야 한다. 이는 이 책이 추구하는 목표이다. 우리는 이러한 취지로 이 책의 내용을 배치하고 기존의 연구성과들을 정리하였으며 또한 관련 문제들을 연구하고 분석하였다. 그리고 언어변화의 법칙을 중심으로 언어 사적 연구의 일반 이론과 연구방법 및 원칙에 대해서도 논의하였다. 아울러 새로운 학설과 이론에 대해서는 객관적이고 신중한 자세를 취하였으며 새롭고 특이하고 남다른 것보다는 모든 것은 언어 사실의 검증을 받아야 하고, "우리 자신의 필요에 따라 우리에게 유용하게 쓴다以我之需, 爲我所用" 라고 하는 원칙에 근거하여 이론들을 소화하고 흡수하고, 또 그것에 대해 취사선택하였으며 이러한 것을 기반으로 우리의 연구를 개선하고 보완하고자 하였고 상응하는 이론과 원칙을 제시하고자 하였다. 일부 중요한 이론적인 문제에 대해서는 만약 우리에게 아직은 어떠한 최종적인 결론을 내릴 수 있는 여건이 마련되어 있지 않다면 (이를 테면 중국-티베트어족 제 언어의 귀속문제) 우리는 논쟁을 벌이고 있는 양 측의 서로 다른 견해를 모두 다 제시하고 그것과 관련한 원칙에 대해 이론적인 탐구를 시도하였다.

이 책을 집필하는 과정에 葉蜚聲, 王福堂, 王洪君 등 세 분과 많은 토론을 하였고 그분들 모두 좋은 의견을 많이 주었다. 林燾교수는 이 책을 위해 북경어의 지역분포도를 그려주었고, 蔣紹愚선생은 중국어의 古今 사이의 공통점과 차이점을 비교하고 대조하는 작업을 해줌으로써 이 책이 더욱 빛을 발할 수 있게 해주었다. 이 책의 초고는 1985년 초에 완성되었고 당시 華中理工大學의 嚴學窘교수의 심사를 받으면서 많은 가르침을 받았다. 嚴

教授는 당시 제자였던 張振江선생에게 이 책의 초고를 자세하게 검토하도록 하였고 필자에게 소중한 의견들을 많이 보내주었다. 이 책의 수정작업이 순조롭게 진행될 수 있었던 것은 이 분들의 관심과 격려가 있었기 때문이다. 그리고 특별히 북경대학출판사의 胡雙寶선생에게 깊은 감사를 드린다. 그 분의 도움으로 우리는 陳友莊선생을 모셔다 여러 가지 도표들을 완성할 수 있었다. 또한 商務印書館의 趙克勤선생은 원고 요청에서부터 탈고, 출판에 이르기까지 아낌없는 격려와 도움을 보내 주었고 이 책이 마침내 독자들과 마주할 수 있게 해 주었다. 여러 분들이 보내 준 뜨거운 성원과 도움에 다시 한 번 심심한 謝意를 표한다.

역사언어학은 포함하고 있는, 또 관련되어 있는 문제들이 많으며 분석상의 어려움 또한 크다. 그리고 필자의 학문적 수준의 한계로 이 책에는 이러저러한 오류와 미흡한 부분들이 나타나 있을 것으로 생각된다. 독자 여러분의 지적과 가르침을 바란다.

1986년 7월 15일

徐 通 鏘

목차

서론

1.1 대상과 임무

1.1.1 역사언어학은 문자 그대로 언어의 역사를 체계적, 과학적으로 연구하는 학문이다. 다시 말해 통시적인 측면에서 언어변화의 양상을 살펴보고 그 변화가 발생한 원인을 설명하려는 언어학의 한 분야이다. 개별 언어 하나하나의 역사적, 통시적인 변화를 연구하는 것을 특수(혹은 개별) 역사언어학이라고 하는데, 예를 들면 중국어사, 영어사, 러시아어사 등이다. 반면에 언어변화의 일반적인 이론, 방법, 원칙을 연구하는 것을 일반 역사언어학이라고 하며 줄여서 역사언어학이라고 부른다. 개별 언어의 통시적인 연구는 역사언어학의 기초이다. 개별 언어에 대한 상세하고 심도 있는 연구 없이는 역사언어학의 일반이론, 방법, 원칙을 세울 수가 없다. 그러나 이 말이 개별 언어 모두의 역사를 깊게 연구해야만 역사언어학의 연구가 가능하다는 뜻은 아니다. 언어는 인류의 가장 중요한 의사소통 수단인데, 언어마다 각자 나름의 특징을 가지고 있을지라도 인류언어의 공통적인 성질도 또한 각 언어의 기능, 구조, 변천 규율 등의 방면에서 반드시 공통적인 특성을 갖게 하였기 때문이다. 따라서 개별 언어를 연구할 때 귀납된 이론, 원칙, 방법은 또한 일정한 보편성을 갖추고 있어서 다른 언어의 통시적인

연구는 그로부터 유익한 계시를 얻을 수 있다. 이것은 바로 철학에서의 '개별'과 '일반'의 관계와 같은 것으로, '개별'은 '일반'을 포함하지만, '일반'은 모든 '개별'을 포함할 수는 없다는 뜻이다. 왜냐하면 어떤 일반이라도 모든 개별 사물을 대략적으로만 포함할 뿐이고, 어떤 개별이라도 일반 속에 완전히 포괄될 수 없기 때문이다. 일반역사언어학과 개별역사언어학의 이러한 관계는 역사언어학이 개별 언어의 통시적인 연구를 기초로 하여 일반이론과 방법 그리고 원칙을 총결한 후에 다시 이러한 일반적인 이론, 방법, 원칙을 개별 언어의 통시적인 연구에 응용할 수 있다는 것을 의미한다. 만약 개별 언어를 연구하는 과정에서 현행 일반이론, 방법, 원칙을 써서 분석하는 것이 어렵다면, 현행 일반 이론, 방법, 원칙은 개선되어야 할 필요가 있을 것이다. 즉 개별 언어의 통시적인 변화 과정에 대한 연구 성과들을 종합적으로 이용해서 일반이론, 방법과 원칙을 수정하고, 풍부하게 하며, 발전시켜야 할 것이다.

　　역사비교언어학은 역사언어학의 특수한 부문으로 비교의 방법을 사용하여 언어 사이의 친근親近관계 혹은 친소親疏관계를 결정하여 祖語(proto-language)를 재구再構하고, 각 친족어親族語를 계통이라는 직선적 변화 과정 속에 넣어서 어족語族과 어파語派 등의 개념을 도출하는 학문이다. 이러한 언어학은 인구어족印歐語族 언어를 비교연구한 기초 위에서 발전한 것으로, 19세기에 이미 큰 성과를 거두었다. 역사비교언어학의 탄생은 언어의 연구가 더 이상 경학經學의 부속물이 아니라 독립적인 학문이라는 것을 의미하는 것이다. 역사비교언어학은 자신만의 독립적인 연구대상과 연구방법을 가지고 있으며, 그것의 탄생과 더불어 언어의 연구는 과학의 길을 걷게 되었다. 역사비교언어학의 이론과 방법은 역사언어학의 핵심이자 기초인 것이다.

　　1.1.2 언어의 통시적인 변화를 연구하는 것은 주로 언어변천의 규칙을 찾아내기 위해서이다. 초기 역사비교언어학은 조어의 재구에 편중되어 있

어서 지나치게 단편적이었던 것 같다. 메이예(Meillet, 1912)는 다음과 같이 말하였다.

"문법을 비교하는 목적은 인구어족의 조어를 재구하는 데 있는 것이 아니라 공통요소의 대응관계를 결정하고, 또한 역사적으로 증명할 수 있는 각종 언어 가운데 무엇이 언어의 고대 형식으로부터 계승된 것이고, 무엇이 자체적으로 변화한 것의 결과인지를 밝혀내는 데 있다."[1]

이 주장은 옳은 것으로, 조어의 연구도 언어변화규칙의 이론적인 틀 속에 넣어야 한다는 것이다.

과학에서의 규칙은 대개 두 가지 유형으로 나눌 수 있는데, 예측적인 것과 해석적인 것이다. 물리학의 규칙은 대체로 예측적이고, 생물학의 규칙은 해석적이다. "현대의 진화 이론은 모든 역사이론과 마찬가지로 해석적인 것이지 예측적인 것이 아니다. 이 점을 이해하지 못하는 것이 바로 역사학자들이 항상 저지르는 실수이다. 예측을 하려고 한다면, 자연선택이라는 중요한 힘을 이해해야 할 뿐만 아니라, 미래의 모든 환경조건, 더 나아가 미래의 평형도 예견해야 한다."[2] 언어변화의 규칙에는 예측적인 것이 있으면서도 해석적인 것도 있는데, 어음 분포조건의 변천규칙을 찾아낼 수 있다는 것은 예측적인 것이고, 다른 규칙들은 기본적으로 모두 해석적이다. 어음에 대한 연구로 말하자면, 과거에는 해석적인 규칙은 그다지 사람들의 주의를 끌지 못했는데, 이는 적절치 못한 것이었다.

언어의 변천규칙에 대한 해석적인 연구는 현존하는 자료를 기초로 한다. 번잡하고 산만한 현상으로부터 이치를 정리하고 변천공식을 귀납해내고 또 이론적인 분석을 하는 것은 음변화 현상의 배후에 숨어있는 변천의 원인, 방식, 규칙을 찾아내어 언어의 변화에 대한 사람들의 인식을 "그러하다는 것을 아는데 그 까닭은 모르는" 감성적인 단계에서 이성적인 단계로 상승시키고자 하는 것이다. 이를 위해서는 현상에 대한 고립적인 고찰에서

---

1 여기에서는 岑麒祥(1981)을 인용.
2 S. E. Luria, Life-the Unfinished Experiment, 王士元(1982).

벗어나 각종 음변화 현상 사이에 내재하는 인과관계에 주의하여 변천의 규칙을 분명히 밝혀야 한다. 말키엘(Y. Malkiel)은 "이후 몇 년 동안 역사언어학은 점점 더 원인과 결과의 측면에서 연구하게 될 것이다. 의미 있는 것은 원시적인 사실을 발견하는 것이 아니라, 무엇이 변화를 일으켰는가를 밝히는 것이다"[3]라 하였는데, 음변화에 관하여 인과의 측면에서 연구하는 것은 음변화 규칙에 대한 연구를 더 심화시키고 이론화시킬 것이다. 이것은 아마도 역사언어학이 앞으로 한 동안 걸어가야 할 방향이 될 것이다.

1.2 죽은 자료와 살아있는 자료

1.2.1 언어사를 재건하는 데에는 탄탄한 자료가 기초가 된다. 역사언어학의 자료는 대체로 두 개의 큰 부류로 나눌 수 있다. 하나는 방언과 친족어 자료이고, 다른 하나는 문자와 문헌자료이다. 전자는 현재 살아있는 자료이고, 후자는 역사적인 변천과정을 반영하는 죽은 자료이다. 사회와 사회 사이의 빈번한 교류는 필연적으로 언어에도 영향을 미치게 되고, 그에 따라 언어마다 일정한 수량의 차용어借用語가 있게 된다. 차용어는 음과 뜻을 모두 외국어에서 빌려 온 말이기 때문에, 차용어의 어음은 그것을 차용한 시대의 어음을 재구하는 중요한 증거로 쓰일 수 있다. 역사언어학은 바로 이런 자료를 기초로 하여 언어의 변천사를 연구하는 것이다.

1.2.2 문자를 비롯한 문헌자료는 유사시기의 언어사를 연구하는 데 활용되며, 선사시기의 언어사를 연구하려면 주로 방언과 친족어의 자료를 활용해야 한다. 방언이나 친족어의 차이를 비교하는 것은 언어사를 연구하는 데 있어 중요한 근거와 방법이 된다. 19세기에 발전하기 시작한 역사비교언어학의 커다란 성과는 바로 이런 방법을 거쳐 얻어진 것이다.

---

3 徐通鏘(1984b:212) 참조.

문자를 가지고 있는 언어는 문자와 문자로 쓰인 문헌자료를 기초로 하여 유사시기의 언어사를 연구할 수 있다. 이러한 방법은 일반적으로 표음문자를 사용하는 언어에 해당되는 데, 자음과 모음을 결합하여 표기하는 규칙은 모두 문자를 창제하거나 개선할 당시의 언어의 어음 면모를 비교적 잘 반영하고 있기 때문이다. 그러나 표의문자를 사용하는 언어는 문자와 문헌자료에만 의거한다면 유사시기의 언어사를 온전하게 연구할 수가 없으므로, 역사적 비교방법을 운용하여 방언과 친족어 등의 살아있는 자료를 활용하여 연구해야 한다. 중국 언어학사의 연구가 바로 여기에 해당되는 좋은 예이다.

중국어는 유구한 역사를 지닌 언어이며, 중국어의 서사체계는 한자이다. 한자는 시대와 지역을 뛰어넘지만 통일된 어음과 서로 연계되지 않는다는 특징이 있다. 같은 한자는 시대와 지역이 달라도 사람들은 똑같이 쓰고 똑같이 이해하지만, 그것의 독음은 완전히 다를 수가 있다. 즉 보고 이해할 수 있느냐 없느냐가 관건이지, 듣고 이해할 수 있느냐 없느냐는 별로 상관이 없다는 것이다. 한자의 바로 이러한 특성으로 말미암아 각 시기의 詩韻과 韻書, 韻圖 등과 같은 문헌자료는 각 시기의 성모와 운모체계를 귀납하는 데에는 도움을 주지만, 이들을 통하여 각 성모와 운모의 구체적인 음가는 알 수 없다. 그래서 유사시기의 중국어 어음사를 연구하기 위해서는 문자나 문헌 등 죽은 자료뿐만 아니라, 방언과 친족어라는 살아있는 자료도 활용해야 한다. 두 자료를 결합시켜야만 중국어 어음사연구가 새로운 면모를 갖출 수 있게 되는 것이다. 칼그렌(B. Karlgren)이 중국어음운 연구에 있어 큰 성과를 거둘 수 있었던 것도 바로 이들 두 자료를 결합하여 잘 활용하였기 때문이다.

1.2.3 각기 다른 시기의 차용어는 그 시기의 어음을 연구하는 데에 매우 중요한 증거가 될 수 있다. 중국어사 연구에서 이용할 수 있는 대음자료는 매우 많은데, 이들은 주로 산스크리트-중국어 대음梵漢對音, 티베트어-중국

어 대음藏漢對音, 일역오음日譯吳音, 일역한음日譯漢音, 한국역음韓國譯音, 월
남역음越南譯音과 후대 파스파문자 중에 반영되어 있는 몽한대음蒙漢對音 등
이다. 隋唐시기 이전의 범한대음梵漢對音이라고 부르는 것은 주로 돌궐突厥
등 중앙아시아 언어를 매개로 하여 들어온 것으로, 비록 음가에 있어서 산
스크리트 어음과 약간 차이가 있지만 여전히 중요한 자료가 된다.[4] 이들의
차음 시기는 대체로 다음과 같다.

- 범한대음梵漢對音 : 4세기(西晉)~8세기(唐)
- 일역오음日譯吳音 : 5세기~6세기
- 일역한음日譯漢音 : 7세기
- 한국역음韓國譯音 : 7세기 전후
- 한장대음漢藏對音 : 7세기~8세기
- 월남역음越南譯音 : 唐末(8~9세기)
- 몽한대음蒙漢對音 : 13세기

이렇게 풍부한 대음자료는 중국어사 연구에 있어서 극히 소중한 것이다.
한자로 번역하여 쓴 외래어, 혹은 외국어로 번역되어 쓴 중국어 어휘는 비
록 한자의 독음이 변하였다 하더라도 외국어 단어를 표기한 것으로부터
당시의 한자 독음도 알 수 있는데, 이것은 차용된 시기의 한자 독음을 재구
하는 데 중요한 근거를 제공하게 된다. 중국어 음운 연구에 있어 대음자료
의 운용은 방법상 큰 전환점이 되었다.[5] 羅常培(1933)는 일찍이 한장대음漢
藏對音과 장문역음藏文譯音 등의 자료를 이용하여 唐, 五代시기의 西北方音
을 체계적이고 전면적으로 연구하였다. 이로써 대음과 역음 등의 자료가
언어사 연구에 있어서 중요한 작용을 가지고 있음을 알 수 있다.

1.2.4 중국어의 방언은 매우 복잡하게 분화되어 있는데 이는 중국어사

---

4 方壯猷(1930), 季羨林(1956) 참조.
5 徐通鏘, 葉蜚聲(1980a).

를 연구하는데 있어 유리하게 작용한다. 방언이나 친족어 사이의 차이는 언어 변천과 관련한 다양한 단서를 반영하고 있다고 할 수 있는데, 그 속에 내재되어 있는 숨어있는 사실들을 심층적으로 찾아내 비교한다면, 언어변화의 규칙성을 발견하게 될 것이다. 방언이라는 살아있는 자료와 역사적으로 전해지는 문자, 문헌 등의 죽은 자료를 긴밀히 결합하는 것이 중국어사를 연구하는 데 있어 효과적인 방법이다.

1.3 이론과 방법

1.3.1 언어에 있어서의 차이는 언어사 연구의 기본 전제이다. 차이를 어떻게 인식하는가, 어떤 각도에서 그리고 어떠한 방법으로 그 차이를 연구하는가에 따라 역사언어학 이론은 달라진다.

1.3.2 과거에는 언어사의 연구에 두 가지 방법이 있었다. 하나는 문헌자료를 대상으로 다른 시기의 역사문헌을 비교하여 그 차이를 찾아내고, 그 속에서 서로 다른 시기의 음체계를 살핌으로써 언어변화의 실마리를 정리해 내는 방법이다. 이것은 과거로부터 현재에 이르기까지 시기적 순서에 따라 변천과정을 살피는 '전망(perspective)'의 방법이다. 전통적인 중국 언어학사 연구는 기본적으로 이와 같은 방법에 의해 이루어졌다. 다른 방법은 현재의 언어자료에서 출발하여 언어변화의 단서와 규칙을 탐색하는 것으로서, 연구방향에 있어 '전망'의 방법과는 상반되며 현재로써 과거를 증명하는 '회고(retrospective)'의 방법이다. 이 두 가지 유형의 연구방법은 적용할 수 있는 범위가 각기 다른데, 언어사 연구에서 전자는 주로 죽은 자료를 다루고 후자는 주로 살아있는 자료를 다룬다. 총체적으로 보면, '회고'의 방법이 역사언어학의 주된 방법인데, 그 까닭은 '전망'의 방법에는 많은 제한이 있기 때문이다. 즉, 우선 문자나 문헌자료가 없는 언어에는 적용될 수 없으며, 비록 문자, 문헌자료가 있다 해도 한자처럼 구체적으로 실제언

어의 변화 상태를 반영하지 못하는 경우에는 역시 만족스러운 성과를 얻어 내기가 어렵다. 또한 전망의 방법은 유사시기의 언어사 연구에만 쓰일 수 있고, 선사시기의 언어 상태는 탐구할 도리가 없다. '회고'의 방법은 이러한 제한을 받지 않기 때문에 생겨나자마자 생명력을 가지게 되었으며, 특히 중국에서는 언어의 연구로 하여금 경학의 종속적이었던 지위에서 벗어나 독립적인 발전의 길을 걷게 하였다. 이는 19세기 역사비교언어학에서 이룬 커다란 역사적 공적이라 할 수 있다.

1.3.3 '회고'의 방법은 종합적인 개념으로서, '회고'의 방식의 차이에 따라 역사적 비교방법과 내적 재구의 방법(Internal reconstruction), 확산이론 (diffusion theory)과 변이이론(variation theory) 등 몇 가지로 구분할 수 있다. 이 네 가지 방법은 각기 다른 측면에서 언어의 변천 규칙을 연구하는 것으로, 각기 목표로 하는 바는 동일하다고 할 수 있다.

역사적 비교방법은 역사언어학에서 가장 기초가 되는 방법이다. 이것은 방언이나 친족어 간의 차이를 비교하여 대응관계를 찾아내고, 그 결과를 토대로 언어변화의 실마리와 규칙을 탐구하여, 조어를 재구하는 방법이다.

한편, 역사적 비교방법은 초창기에는 방언이나 친족어 간의 차이만 비교 하여 체계 내의 불규칙적인 차이에 대해서는 주의를 기울이지 못했다. 그래서 친족관계가 없는 언어(예컨대 일본어와 같은)를 마주치게 되었을 때, 역사비교의 연구방법은 "영웅도 재능을 발휘할 기회를 얻지 못하는" 꼴이 되어 버렸다. 그러나 후에 구조주의언어학이 발전하면서 몇몇 언어학자들이 구조분석법을 운용하여 체계 내부의 구조를 연구하고, 체계에 부합하지 않는 구조의 차이(불규칙적인 변화 등)와 같은 요소로부터 언어의 변천규 칙을 찾아내는 내적 재구의 방법이 출현하게 되었다. 이것은 역사적 비교 방법이 효과를 발휘하기 어려운 경우에도 효과적으로 연구할 수 있게 함으로써, 역사언어학에서의 또 하나의 발전이었다고 할 수 있다.

역사적 비교방법 혹은 내적 재구의 방법은 모두 언어의 통시적인 변화와 정제된 변천규칙에만 착안하였지, 공간이나 체계 내부에서 일어나는 언어변화의 확산과 확산 속도의 차이에 대해서는 중시하지 않았다. 확산이론은 바로 이런 면의 부족한 점을 보충하여, 역사적 비교방법과 내적 재구의 방법으로는 분석하기 어려운, 규칙에 부합하지 않는 현상과 체계 내에서의 가지런하지 않고 어지러운 상황을 체계적이고 합리적으로 분석하여 역사언어학의 새로운 이론적 모델이 되었다.

위에서 서술한 세 가지 방법은 모두 역사상 이미 완성된 음변화에 대한 연구로서 수십 년, 수백 년, 수천 년, 심지어 수 만년에 걸친 언어변화의 사실만을 대하고, 현재 눈앞에서 변화하고 있는 언어현상에 대해서는 연구하지 않았기 때문에 "옛 것은 중시하면서도 지금의 것은 경시"하는 면이 있다. 이러한 면을 보충하여 생겨난 이론이 바로 변이이론이다. 이것은 언어의 공시태共時態 상의 변이를 통해 언어변화의 과정, 추세, 규칙을 고찰하여 언어의 공시태와 통시태通時態, 체계와 변이, 언어와 사회 간의 유기적 관계를 도출해 내는 이론이다. 이는 언어연구에 있어 하나의 새로운 영역으로서 연구의 여지가 많다고 할 수 있다.

이상의 네 가지 '회고'의 방법은 각각 그 적용범위에 있어 상호보충의 관계에 있다. 그 중 한 가지 방법만을 강조하고 다른 방법을 무시하거나 소홀히 하는 것은 언어의 역사연구에 도움이 되지 않는다.

1.3.4 역사언어학의 연구방법이 개선된 것은 언어의 공시적인 연구방법이 발전한 것과 밀접한 관계가 있다. 앞에서 제기한 몇 가지 방법은 대개 언어의 공시적인 분석법이 언어사의 연구로 이식되어 이루어진 결과이다. 언어의 공시적인 분석에 있어서 영향력이 컸던 이론과 방법은 바로 변형생성적 분석이다. 미국과 유럽 각국의 많은 언어학자들은 이 방법으로 언어의 변화과정을 연구하여, 변형생성의 모델을 만들어냈다. 하지만 중국에서는 이 변형생성이론은 아직까지 초창기 상태로서, 중국어를 공시적으로든 통시적으로 연구하는데 있어 이 이론은 그리 응용되지 않고 있다. 인구어印

歐語의 연구에서도 아직 성숙되지 않은 방법을 여기에서 단순히 소개하는 것은 별 의미가 없다고 생각한다. 미국의 유명한 역사언어학자인 말키엘(Y. Malkiel)은 다음과 같이 말하였다. "변형생성이론 학자들은 다른 영역의 연구에서보다 역사적 연구에 있어 그다지 성공하지 못했다고 생각한다. 상황은 바뀔 수 있겠지만, 현재로서는 이 새로운 모델의 운용을 통하여 역사적 연구가 혁명적으로 변하였다고는 할 수 없다. 이들의 어떤 주장은 과장된 것으로, 어떤 문제와 이에 대한 해답은 단지 새로운 술어로 다시 표현한 것에 지나지 않는다고 생각한다. 이들은 새로운 표현법을 썼지만, 표현방법을 바꾸었다고 해서 그것이 진정으로 문제를 해결했음을 의미하지는 않는다. 이것은 일종의 연습으로, 아마도 유용한 연습이겠지만, 우리는 변형생성적인 발상의 운용이 역사연구에 어떤 돌파구를 가져다주었다고는 할 수 없다."[6] 이 책에서는 말키엘의 논조에 동의하기 때문에 변형생성문법과 관련된 문제는 토론하지 않기로 한다.

1.3.5 앞에서 제기한 몇 가지 방법은 이미 알고 있는 언어사실을 분석하는 데에는 적용되지만, 소멸된 사실에 대해서는 다루지 못하고 있다. 언어연대학은 통계적인 방법을 사용하여 천년을 단위로 하는 기본어휘의 보유율을 계산하고, 이것을 기초로 언어변화의 연대를 추정하여, 역사언어학의 부족한 점을 어느 정도 보충할 수 있다고 한다. 이것은 아직 많은 문제를 내포하고 있지만, 어휘를 자료로 하여 소멸해 버린 언어사실을 찾고자 하였다는 것은 언어사 연구에 있어서 나름대로 어느 정도의 가치를 지닌다고 할 수 있다.

1.3.6 상술한 방법으로 언어의 역사에 대하여 '회고'의 연구를 한 지는 벌써 200년이 넘었다. 역사비교-확산-내적 재구-변이라는 연구 방법이 출현한 상황으로부터 역사언어학의 발전 과정에 대한 실마리를 어느 정도 찾을

----

6 徐通鏘(1984b:206) 참조.

수 있다. 연구 방법을 바꾸거나 주된 관심사를 변경했다는 것은 이전 단계의 연구 방법을 간단히 부정하는 것이 아니라, 옛 방법의 한계를 극복하고 연구 방법을 개선하기 위하여 튼튼한 기초를 쌓는 것이라 할 수 있다. 이렇게 함으로써 역사언어학이 끊임없이 발전하며 나날이 성숙하고 완전해지게 되는 것이다. 현재 언어를 역사적인 각도에서 연구하는 것은 이미 새로운 국면에 접어들었다. 이에 대한 중요한 표지는 단일한 방법만을 추구하던 단계에서 벗어나서 이론과 방법이 종합되고 정제되었다는 것이고, 구체적인 언어현상을 기술하는 데 국한되지 않고 변천의 인과관계를 종합적으로 살핀다는 것이다. 즉 "…역사언어학은 이론과학이 아니므로 물리학, 수학과도 다르다. 역사언어학은 각종 이론과 방법을 종합적으로 운용하여 언어의 역사를 연구한다."[7] 우리는 이러한 정신에 근거하여 언어사 연구의 이론과 방법 면에서의 중요한 원칙을 찾아내야 한다.

....
7 徐通鏘(1984b:205) 참조.

02
언어의 분류

2.1 분류의 기준

2.1.1 통계에 의하면 지구상에는 5,000여 종의 언어가 있다고 한다. 각 언어는 모두 자신만의 특징이 있으며, 각 언어 사이에도 종종 공통된 특징이 있다. 언어의 공통된 특징에 의거하여 언어에 대한 분류를 하는 것이 소위 언어의 분류이다. 대체적으로 지구상의 언어는 계통적, 유형적 그리고 지리적 세 가지 각도에서 분류할 수 있다. 계통적 분류는 언어의 발생학(genealogy)과 관련이 있는데, 언어 사이의 형태상 혹은 구조상 친족관계에 따라 언어를 분류하는 것으로, 그 결과를 가지고 친족어의 형성과 변화를 연구한다. 유형적 분류는 언어의 동형성(isomorphism)과 관계가 있으며, 언어의 유형적인 공통 요소 혹은 유사성에 따라 언어를 분류하는 것이다. 언어의 지리적 분류는 언어의 유사성(similarity)과 관계가 있는데, 어떤 지역의 언어가 지리적인 원근에 따른 상호영향으로 인하여 생긴 유사성을 근거로 언어를 분류하는 것이다. 이 세 가지 분류방법이 근거로 하는 분류 기준은 서로 무관하지만 실제로 분류된 유형은 종종 서로 교차되거나 중첩될 수 있다. 따라서 구조상 유형이 서로 같은 언어들 가운데 몇몇 언어는 서로 친족어가 될 수도 있다. 또 어떤 지역의 서로 유사성을 띤 몇 개의

언어도 친족어이거나 유형상 서로 같은 언어일 수도 있다. 그 반대도 마찬가지인데, 친족어가 구조유형상 서로 같을 수 있고, 분포지역상 한 곳으로 집중될 수 있는 경우 등이 있다. 물론 이것은 가능한 상황일 뿐 필연적인 결과는 아니다. 이 세 종류의 분류방법은 과학의 발전과 함께 점점 명확하고 성숙해지면서, 과거 분류방법상에 있었던 혼란스러움을 일소하게 되었다.

2.1.2 역사언어학이란 일반적으로 역사비교언어학을 가리키는데, 주로 언어의 계통적 분류나 유형적 분류 및 그와 상관된 문제를 연구한다. 그러나 세 종류의 분류법에 의해 분류된 언어 사이에도 상호 교차, 중첩되는 점이 있기 때문에, 역사적으로 비교하는 데에 있어서 언어의 유사성(지리적 분류)과 유형의 공통성(유형적 분류)의 간섭을 어떻게 배제하는가가 매우 중요한 문제가 된다. 그렇지 않으면, 언어의 계통적 분류는 복잡해질 수 있고, 역사적으로 비교 연구하는 데에도 간섭을 받지 않을 수 없다. 그렇다고 해서 언어의 계통적 분류가 언어의 유형적 분류나 지리적 분류와 전혀 관계가 없다고 말하는 것은 아니다. 분류가 다르더라도 연구 성과는 서로 참고할 수 있으며 다른 분류법의 연구 성과를 이용해서 역사적으로 비교 연구하는 방법을 개선할 수도 있고 더욱 믿을 만한 것으로 만들 수도 있기 때문이다(§5.5.7).

2.2 언어의 계통(발생)적 분류

2.2.1 언어의 계통적 분류나 발생적 분류는 언어의 기원과 관계가 있다. 하나의 공통조어共通祖語(parent language)에서 기원한 여러 언어는 하나의 계통을 만들 수 있다. 언어의 계통적 분류는 바로 언어계통의 친소관계와 원근에 근거하여 언어를 분류하는 방법이다.

2.2.2 학자들은 이미 오래 전부터 언어의 역사적인 연원에 근거하여 언

어의 상호관계를 연구하는 방법을 모색해 왔다. 고대 그리스에서는 사람들이 이미 알고 있는 언어를 두 가지로, 즉, 그리스어와 야만인의 언어로 나누었다. 그리스어 내부에는 방언의 구분이 비교적 세밀해서 이미 아테네 방언, 이오니아 방언, 다리아 방언과 아오리아 방언으로 나누어져 있었고, 이들 방언은 다시 次方言(sub-dialects)으로 더 나누어져 있었다. 그러나 그리스 학자들은 이러한 분류의 틀을 야만인의 언어에는 적용하지 않았다. 로마학자들도 이 방면에서는 그리스인 선배들보다 뛰어나지 못했다. 그들은 로마자모는 그리스어로부터 기원하였고, 로마의 문학예술 역시 그리스에서 왔다고 여겼다. 이 때문에 라틴어는 그리스어 방언에서 유래하였는데 다만 야만어의 성분이 아주 조금 섞였을 뿐이라고 생각하였다. 이런 생각은 과학이 발전하기 시작한 초기단계의 유치한 흔적만을 보여줄 뿐 과학적인 근거는 없다.

2.2.3 기독교는 로마제국의 국교였고 성경은 지고의 권위를 지니고 있었기 때문에 성경의 언어분류에 대한 가르침은 큰 영향을 끼쳤다. 본래 그리스인들은 그리스어 이외의 언어를 모두 야만인의 언어라고 보았지만, 국교의 성전-성경과 관련된 히브리어와 중세 후기의 아랍어는 야만인의 언어로 볼 수 없었다. 〈창세기〉 11장과 12장에는 히브리어의 분류체계가 기록되어 있다. 거기에서는 당시에 알고 있던 민족과 언어를 세 부분으로 나누었는데, 민족은 노아(성경에 나오는 노아는 히브리의 족장으로, 하나님은 그에게 계시를 내려 방주를 만들어 그와 그 가족과 각종 동물들을 암수 한 쌍씩 태워 홍수를 피하게 하였다)의 세 아들인 셈, 함, 야벳으로 나누었다. 언어의 분류에 있어서의 이러한 삼분법은 어느 정도 현실 언어의 흔적을 반영하고 있지만 당시 사람들의 언어분류에 대한 인식은 성경의 영향을 받아 거기에 종교적인 옷만 입혔을 뿐이었다. 언어연구에 대한 성경 교리의 영향은 상당히 오랜 기간 지속되었고, 19세기에 이르기까지 언어분류법에 대한 연구는 성경의 속박에서 벗어나지 못했다. 학자들은 이러

한 속박을 공박하기도 하고, 변론하기도 하고 혹은 그것을 수용하여 수정을 가하기도 했지만, 그들 역시 종래의 분류법이 타당하지 않다고 치부할 방도는 없었다. 1860년대에 이르러서야 비로소 상황이 변화하여, 포트(August Pott) 같은 학자가 이같이 과학적 근거가 없는 분류법에 대해 비판을 가하였다. 이후, 언어분류의 이론적 모델이 잇달아 제기되었는데, 언어분류에 대한 연구에 있어 이러한 전환점을 맞이하게 된 것은 우연적인 일이 아니라, 자연과학의 발전, 특히 다윈의 진화론의 탄생과 밀접한 관련이 있다.

2.2.4 1859년 다윈은 자연과학사상 커다란 영향을 끼친 ≪종의 기원≫을 출판하였다. 그는 비교의 방법으로 종의 변이를 연구하여 서로 다른 동식물의 내부구조가 일치하고, 기관이 동원同源인 것은 공통된 조상으로부터 기원하였다는 사실을 나타내주는 것이며 서로 다른 동물들이 발생 초기 발육과정에서 보여주는 유사성은 그들이 공통된 선조를 가지고 있다는 것을 의미한다고 여겼다. 연대가 서로 다른 지층에 존재하는 다양한 화석의 유형 및 동식물의 지리적 분포에 따라 나타나는 계열적인 변화는 반박할 수 없는 진화의 증거라는 것이다. 다윈(1982:78)은 나중에 이러한 견해를 언급할 때 "동일한 근원에서 생긴 생물의 형질은 그 성질이 그들의 발생변이에 따라 갈라지는 추세가 있다"고 다시 언급하였다. 이러한 견해는 언어분류에 대한 연구에도 지대한 영향을 끼쳐 언어학자들은 생물 진화의 유형을 이용하여 언어변화를 연구하였다. 슐라이허(August Schleicher)는 그 중 가장 대표적인 사람이다. 슐라이허(1873)는 언어는 생물과 마찬가지로 일종의 자연적인 유기체이고, 일정한 규칙에 따라 성장, 변화하며 또 쇠퇴하고 소멸한다고 하였다. 언어가 자연적인 유기체라는 것은 슐라이허의 유명한 주장이다. 슐라이허(1967:87~96)는 이러한 인식에 기초하여 언어는 자연 질서의 일부분이므로 그 연구방법은 대체로 자연과학과 일치하며, 하나의 언어에서 파생되어 나온 각 언어의 분류를 기술하고 아울러 이렇게 분류된 언어를 자연체계에 근거하여 배열하는 것을 주요 임무라고

여겼다. 그는 이러한 발상을 기반으로 언어의 발전과정을 연구하고 언어 간의 상호관계를 설명하였으며, 언어는 종種의 계보와 같이 번성, 성장한다고 생각하였다. 이에 따라 유명한 계통수(family tree)이론을 제기하였으며, 다윈이 진화를 기술한 방법을 써서 언어의 진화를 서술하고자 하였다. 다음은 그가 기술한 인구어족 계통수의 수형도이다.

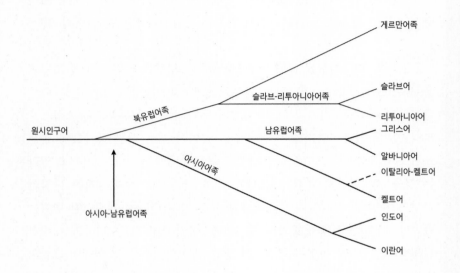

이 그림은 각각의 어지語支는 모두 하나의 나무줄기에서 자라나온 나뭇가지와 같으며, 각각의 언어는 모두 이러한 나뭇가지에서 갈라져 나온 가지라는 것을 보여준다. 이 방법의 가장 큰 장점은 간단하고 명확하다는 것으로, 이를 통해 당시와 그 이전에 유행했던 몇몇 잘못된 관념, 예를 들면, 라틴어는 그리스어에서 변화해 온 것이며 산스크리트어는 인구어족 언어의 원시모어原始母語라는 관념 등에서 벗어날 수 있게 되었다. 이러한 점에서 슐라이허는 언어분류에 관한 연구를 새로운 수준으로 끌어올렸다고 할 수 있다. 계통수 이론의 주된 결점은 언어 간의 관계를 간략화하고 이상화했다는 것이다. 예컨대, 계통수 이론은 언어의 분화만을 고려하고 언어 간

의 상호영향은 고려하지 않았다. 분화 이전의 언어는 마치 완전히 통일된 것인 듯하지만, 사실은 어떤 갈래의 언어에도 다시 각기 방언의 갈래가 있었다. 어떤 언어는 계통수에서 위치가 잘못 배열되었는데, 알바니아어 같은 것이 잘못된 가지에 달려 있는 것이 그 예이다. 그림에는 아르메니아어가 없는데도 그의 문장 속에는 이란어지에 슬그머니 들어가 있는 등의 결점이 있기는 하지만, 계통수 이론은 여전히 중요한 가치를 지닌다. 그것은 언어분류를 연구하는 데에 새로운 시기를 열었으며, 이로 인해 언어학자들의 폭넓은 환영을 받았다. 이후로 픽(August Fick), 뮐러(F. Müller) 같은 언어학자들이 계통수에 대해 수정을 가하기도 했지만, 기본 내용에는 큰 변화가 없었다.

2.2.5 슐라이허의 계통수 이론은 하늘에서 떨어진 것이 아니라 당시 언어연구의 성과와 자연과학의 발전이 결합한 산물이다. 슐라이허의 계통수에 나타난 각 언어 사이의 상호관계에 대하여 영국의 윌리엄 존스(William Jones, 1967:7~20)가 1786년에 이미 정밀한 가설을 제기한 바 있는데, 그 내용은 다음과 같다. 첫째, 산스크리트어가 "그리스어보다 더 완벽하고, 라틴어보다 더 풍부하다." 둘째, 이들 언어는 동사의 어근과 어법형식에 있어 모두 긴밀한 친족관계를 형성하는데, 이러한 친족관계는 "절대로 우연히 발생할 수 없는 것"이며 그 "근원은 동일"하지만, 그 어원은 이미 존재하지 않는다. 셋째, 고트어와 켈트어는 비록 방언과 섞여 있지만, 그 근원은 산스크리트어와 같다. 넷째, 고대 페르시아어(이란어) 또한 이 어족에 속할 수 있을 것이다. 우리는 이처럼 과학적 근거가 없는 '완벽'하다든지 '풍부'하다는 등의 말은 고려할 필요가 없지만, 언어 사이의 관계에 대해 이같이 정확한 설명을 만들어 냈다는 사실은 성경의 그림자에 가려있던 당시 18세기 말로서는 매우 감탄할 만한 것이었다. 호켓(Charles F. Hockett, 1965: 185~204)은 윌리엄 존스의 가설을 언어학에 있어서 네 가지 중요한 성과 중 첫 번째라 하였는데 전혀 근거가 없는 것은 아니다. 이러한 친족관계

가설은 다윈의 ≪종의 기원≫의 출판보다 70여 년이나 앞선 것이다. 그것이 다윈의 사상에 영향을 끼쳤는지에 대해서는 그 흔적을 찾아볼 수 없으나, 과학의 발전사조로 볼 때 언어의 친족관계에 대한 발상은 이미 과학의 발전보다 앞서 있었음을 알 수 있다.

후에 라스크(Rasmus Rask)나 그림(Jacob Grimm) 같은 수많은 언어학자의 연구를 통해 존스의 가설은 완전한 경지에 이르렀다. 슐라이허에 이르러 이러한 언어연구의 성과가 자연과학의 발전사조와 결합하고, 또 다윈의 진화론을 수용하여, 언어의 친족관계를 계통화하여 수형도로 만들었으며, 이로써 언어분류에 대한 연구가 새로운 단계에 들어섰다고 할 수 있다. 이후, 언어학자들은 또한 이러한 계통수 모델에 입각하여 다른 지역의 언어를 연구하고 다른 어족의 계통수를 작성하기도 하였다. 계통수 이론은 역사언어학의 중요한 이론 모델 중의 하나이다.

2.3 언어의 유형적 분류

2.3.1 언어의 유형적 분류는 언어의 친족관계나, 상호영향으로 형성된 언어의 유사성은 물론 순전히 언어구조상의 공통점 등을 근거로 분류하는 방법이다. 대략 17, 18세기에 사람들은 이미 언어구조의 유형에 따라 분류를 시도했다. 이러한 새로운 구상은 언어를 보는 시야가 확대되었다는 점과 자연과학이 발전한 것과 유관하다. 첫째, 유럽인들은 중세 이후 새롭게 알게 된 언어의 수가 많아져 더 이상 기존에 알고 있던 그리스어, 라틴어 및 그 후의 히브리어와 아랍어에 국한하지 않았다. 그들은 과거에는 알지 못했던 이런 언어가 구조적인 면에서 그리스어, 라틴어, 히브리어, 아랍어와 큰 차이가 있으며, 특히 고대 중국어와 북미, 남미의 몇몇 언어의 어법구조는 더욱 특이하다는 사실을 발견하였다. 이 때 그들은 고대중국어의 어법구조는 지극히 간단하지만, 남북미의 몇몇 언어의 어법구조는 놀랄 만큼 복잡하다는 것을 알게 되었다. 이러한 새로운 발견들은 언어구조를 유형적

으로 분류하는 데에 이바지 한 바가 자못 크다고 하겠다.

둘째, 로망 제어가 변화한 것은 어법구조의 유형은 근본적으로 변화할 수 있다는 것을 알려준다. 예컨대 '格'의 굴절이 전치사에 자리를 내주고, 동사의 시태와 인칭의 변화가 조동사 같은 어법성분에 의해 대체되는 것 등이다. 오늘날의 말로 하자면, 바로 굴절형 언어가 분석형 언어로 변화했다는 것이다. 라틴어로부터 현대 프랑스어로 변천하는 과정 중에 바로 이러한 면에서 커다란 변화가 일어났다. 영어에도 유사한 변화가 일어났다. 당시, 라틴어와 라틴어의 어법범주 모델은 어법학자의 마음속에 견고하게 자리 잡고 있었는데, 후에 라틴어 구조와는 다른 또 다른 구조유형을 보게 되자, 언어구조의 유형분류에 대하여 새로운 흥미를 가지게 되었다.

셋째, 언어의 유형적 분류에 대한 발상은 자연과학의 발전과도 관련이 있다. 18세기에 사람들은 자연계 생물을 분류하는 것에 흥미를 가지고, 여러 가지 분류방법을 내놓았다. 이런 분류들은 대체로 실제 관찰한 것을 기초로 하였는데, 관찰이라는 권위 외에는 어떤 권위도 인정하지 않았다. 자연과학에 있어서의 분류사조는 언어학자들에게도 영향을 끼쳐, 언어학자들로 하여금 언어에 대하여 유형 분류를 하게 하였다. 이런 분류는 자연계에 존재하는 생물의 분류와 유사한데, 언어학자들은 실제언어를 관찰한 것을 기초로 삼아 구조유형의 차이에 근거하여 언어를 분류한 것이다.

2.3.2 언어의 유형적 분류를 가장 먼저 시작한 것은 1772년에 출판된 프랑스 백과사전의 '언어'라는 항목이다. 여기에서는 언어의 어법구조의 모든 특징에 근거하여 언어를 유추형 언어(language analogues)와 환위형 언어(languages transpositives)라는 두 유형으로 나누었다. 유추형 언어에는 통사구조와 관련된 형태변화가 별로 없고, 어순이 생각을 표현하는 순서와 비슷하다. 그러나 환위형 언어의 단어에는 대량의 굴절변화가 있다. 히브리어, 프랑스어, 스페인어와 이탈리아어는 유추형 언어로, 라틴어, 고대그리스어는 환위형 언어로 여겨진다. 현대 언어학의 관점에서 보면, 유형 분

류에 있어 이러한 이분법은 좀 엉성한 것이긴 하지만, 결국 언어구조의 유형적 분류에 첫 걸음을 내디던 것이라 할 수 있다.

그 이후 영향이 비교적 컸던 유형적 분류는 독일학자 슐레겔(August Wilhelm Von Schlegel, 1818)의 삼분법이다. 그는 "지구상에서 서로 다른 민족이 과거와 현재 말하는 언어는 세 부분으로 나눌 수 있다. 그것은 어떠한 어법구조도 가지고 있지 않은 언어, 접사를 사용하는 언어와 굴절변화가 있는 언어이다"[1]라고 하였다. 이것은 바로 오늘날 고립어, 교착어, 굴절어로 분류하는 것의 초기적 분류이다. 후에 슐레겔은 명사와 동사의 격변화 유무에 따라 언어를 종합어와 분석어 두 종류로 나누었다. 언어 유형의 이런 분류법의 기본정신은 지금까지도 이어지고 있는데 이는 슐레겔의 관찰이 매우 과학적이었다는 것을 말해준다. 고립, 교착, 굴절이라는 삼분법으로의 확대는 훔볼트(Wilhelm Von Humboldt)의 연구와도 밀접한 관계가 있다. 훔볼트는 이런 세 가지 유형이 서로 다른 언어의 세 가지 기본구조의 특징을 대표한다고 생각하였다. 훔볼트는 그 중에서도 두 가지 극단을 강조하였다. 즉, 고도로 발달한 굴절어와 극단적인 고립어인데, 전자는 산스크리트어 같은 것이고, 후자는 중국어 같은 것으로, 이런 두 극단 사이에 놓인 것이 교착어라는 것이다. 그 외에도 훔볼트는 포합어抱合語(편입어編入語, 후에 다식종합어多式綜合語, 복종어複綜語라고도 불렀다)에 대해서도 언급하였는데(1967:61~66), 언어의 유형적 분류는 훔볼트 때에 와서 매우 완정해졌다고 할 수 있다.

훔볼트는 《語法形式的起源》[2]에서 서로 다른 구조유형은 언어가 변천하는 순서상의 각 단계를 대표한다고 여겼다. 굴절형은 인류의 언어가 변화할 수 있는 방향을 대표하므로 비교적 선진적인 것이지만, 고립형은 저급

---

1 여기에서는 R. H. Robins, 〈語言分類史〉, 중역본: 《國外語言學》 제1기, 1983, p.34에서 인용.
2 역주ー원명은 *Über die Entstehung der grammatischen Formen und ihren Einfluss auf die Ideenentwicklung*

한 언어라는 것이다. 이렇게 볼 때, 중국어는 오래되고 저급한 언어이고, 산스크리트어는 이른 시기의 선진적인 언어가 된다. 그러나 훔볼트는 이런 시각에는 반대하면서 오히려 중국어는 특수한 우수성이 있다고 생각하였으며 중국어 문장은 사고의 간단명료한 순서와 일치한다고 칭찬하였다. 왜 이렇게 모순된 관점이 나타나게 되었는가? 그것은 훔볼트가 언어와 역사를 분류할 때 다른 기준을 적용하여 언어는 유형적인 각도에서 보아야지 역사적인 각도에서 봐서는 안 되며, 언어는 고립형에서 굴절형으로, 다시 굴절형에서 고립형으로 변화하는 과정에 있지만, 역사의 발전에는 이러한 순서의 변화가 있을 수 없다고 생각하였기 때문이다. 그래서 유형에 있어서의 '선진'이나 '저급' 등과 같은 말은 역사 전개 과정에서의 '말기'나 '초기' 등과 같은 말과 같다고 할 수 없다.[3] 40년 후 슐라이허는 훔볼트의 굴절형과 고립형의 이중 잣대를 버리고 다윈의 진화론의 관점으로 언어변화의 단계를 해석하였다. 슐라이허는 생물은 단세포에서 시작하여 여러 단계의 변화를 거쳐 결국 현실세계의 각종 생물을 형성하는데, 언어의 변화도 이와 같아서 맨 처음에는 중국어와 같은 간단한 상태에서 시작되고 교착의 시기를 거쳐 나중에는 고도의 형식을 지닌 굴절상태로 들어선다고 하였다. 만약 슐라이허가 진화론을 가지고 언어의 발생분류를 해석하고 계통수 이론을 제기하여 언어 분류에 관한 연구의 새로운 단계를 열었다고 한다면, 그는 언어의 유형분류에 관해 명백한 편견을 지니고 있었다고 할 수 있다. 우리는 '고립', '교착', '굴절'이라는 개념을 받아들일 때 '선진'이나 '저급'같은 편견에서 벗어나야만 할 것이다.

19세기에 왕성하게 발전하기 시작한 역사비교언어학의 큰 성과 때문에 언어의 유형적 분류법은 그다지 사람들의 주의를 끌지 못하였다. 게다가 역사비교언어학자들은 유형적 분류법을 무시하기까지 하였다. 메이예(Meillet)가 바로 대표적인 인물인데, 그는 1914, 1924년에 발표한 논문에서

----

3 R. H. Robins 〈語言分類史〉, 중역본: ≪國外語言學≫ 제1기, 1983, p.36.

유형적 분류법을 깨끗이 포기하고, 유형적 분류법은 단지 '어린애 장난'이며, "가치 있고 유용한 유일한 언어분류법은 계통적 분류법"이라고 여겼다.[4] 그래서 상당기간 언어의 유형적 분류연구는 거의 종적을 감추게 되었다.

2.3.3 20세기에 들어오자 상황은 변하였다. 첫째, 계통적 분류의 이론과 방법이 이미 성숙하여 Peterson(1958:239~240)은 이러한 결론을 내렸다. "19세기의 비교언어학은 1870년대 이후 발전하여 이미 충분히 성숙한 단계에 이르렀다고 할 수 있으니, 이러한 학문의 방법과 임무에 관해서도 명확하게 인식할 수 있게 되었다"라 하며, 다른 분야의 방해를 걱정할 필요가 없어졌다고 보았다. 구조분석법은 역사적 연구에는 영향을 미치기는 했지만 언어의 계통적 분류나 발생적 분류의 기초를 흔들지는 않았다. 둘째, 1916년 소쉬르의 ≪일반언어학 강의≫가 출판된 이후 언어의 공시적인 연구가 매우 발전하게 되어, 구조분석법의 운용이 사람들의 주목을 끄는데 성공을 거두었다. 이러한 두 가지 상황은 학자들로 하여금 언어의 유형분류에 대해 다시 관심을 가지게 하였다. 사피어(Sapir, E. 1985:122)는 이전의 유형분류법은 너무 피상적이어서 중요한 특징을 포괄하는데 어려움이 있다고 생각하였다. 그는 언어의 구조를 분류하는 데 있어 언어의 진화와 언어의 우열 관계에서 출발하는 것은 완전히 잘못된 것이라고 꼬집었다. 그러면서 그는 일반적으로 개념분류법이라고 부르는 새로운 유형분류법을 제시하였다. 그는 언어가 표현하는 개념에는 근본 개념, 파생 개념, 혼합적 개념과 관계 개념이라는 네 가지가 있는데, 근본 개념과 관계 개념은 어떤 언어든지 모두 표현하는 것이지만, 다른 두 개념은 있을 수도 있고 없을 수도 있는 것이라고 생각하여, "간단하고, 명료하면서도 이미 알고 있는 언어 전체를 완전히 다 포괄하는 분류법"을 제시하였다. 즉, 첫 번째와 네 번째의 두 개념을 표현하는 것은 단순·순수관계 언어(중국어), 첫 번째,

....

4 R. H. Robins 〈語言分類史〉, 중역본: ≪國外語言學≫ 제2기, 1983, p.11.

두 번째, 네 번째 개념을 표현하는 것은 복합·순수관계 언어(터키어), 첫 번째 , 세 번째, 네 번째 개념을 표현하는 것을 단순·혼합관계 언어(반투어), 첫 번째, 두 번째, 세 번째, 네 번째 개념을 다 표현하는 것을 복합·혼합관계 언어라고 하였는데, 이것은 일반적으로 말하는 굴절어를 가리킨다. 이 새로운 분류법은 나름대로의 특징을 가지고 있지만, 언어연구에 끼친 영향은 슐레겔의 3분법보다는 적었다고 할 수 있다.

2.3.4 언어연구의 방법이 발전함에 따라 언어유형에 대한 연구에도 뚜렷한 진전과 변화가 있었다. 구조주의언어학은 언어를 몇 가지의 다른 층위로 구분하는데, 이것은 언어의 서로 다른 층위의 유형적 분류법에 새로운 길을 열어 주었다. 음운 층위에 관해서는 트루베츠코이(Trubetzkoy)가 자신의 책(1939) 제4장에서 음운구조의 유형을 제기하였는데, 그는 유사한 음운 대응 관계를 형성하고 각각의 음운을 결정하는 변별적 자질이 유사하기만 하면, 이러한 언어는 바로 하나의 유형으로 귀납될 수 있다고 생각하였다. 예를 들면, 지구상 존재하는 수많은 언어는 모두 아래의 모음으로 구성된 삼각형의 모음체계를 이룬다는 것이다.

현대 그리스어, 체코어, 폴란드어, 러시아어, 일본어, 줄루어(아프리카) 등 여러 언어의 모음체계는 모두 이러한 삼각형이다. 그러나 영어의 모음 음운 형태는 사각형 체계이다.

i	ɨ	u
e	ə	o
æ	a	ɔ

이런 모음체계를 이해하는 것은 언어사 연구에 있어서 참고할 만한 가치가 있다. 이를테면 삼각형 모음체계의 /u/가 /y/로 변하거나 체계 내에서 소실되어 삼각의 배열을 깨뜨리면, 모음체계의 삼각형의 유형은 다시 /u/를 만들 방법을 강구하여 삼각형을 새로이 구성한다. 예를 들면 이탈리아의 어떤 방언은 민간 라틴어의 /u/가 전설 모음화하여 /y/로 변하여 삼각형의 각이 하나 없어졌는데, 후에 /o/가 고모음화하여 /u/로 변하고, /ɔ/가 고모음화하여 /o/가 되어 모음삼각도를 다시 만들게 되었다. 현대 학자들의 연구에 따르면, 중고 중국어는 전설 a(麻)와 후설 ɑ(歌, 戈)가 대립하여 모음은 사각구조인데, 현대 중국어방언은 대개 모두 삼각구조이다. 고금의 이러한 다른 구조를 비교하는 것은 우리가 음계의 변천과정을 관찰하는데 도움을 준다(§17.3).

형태 측면에서의 유형분류에 관하여서도 언어학자들은 진지하게 모색하였다. 이 방면에서는 그린버그(J. H. Greenberg, 1960:26)가 중요한 공헌을 하였는데, 그는 형태지수를 형식화하는 방법을 이용해서 언어에 대한 구조유형을 분류하는 새로운 분류방법을 만들어 내었다. 그린버그는 다음과 같이 10가지 유형의 형태지수를 제시하였다.

    1) 종합(synthesis)
    2) 교착(agglutination)
    3) 복합(compounding)
    4) 파생(derivation)
    5) 전술굴절(gross inflection)
    6) 접두사화(prefixing)
    7) 접미사화(suffixing)
    8) 고립(isolation)
    9) 순굴절(pure inflection)
    10) 일치(concord)

특별히 고안된 공식에 의해 각 지수에 대한 지수값을 구할 수 있는데, 이렇게 얻은 지수값으로부터 언어유형의 특징을 볼 수 있게 된다. 예를 들어, 종합지수의 분석공식은, M/W(M은 형태소의 수를, W는 단어의 수를 나타냄)인데, 만들어진 절차는 자연언어 중에서 대표성을 가진 하나의 어단語段(총계한 어단의 수가 많을수록 지수의 값은 더 정확해진다)의 형태소 수를 모두 계산하여서 어단 중에 있는 단어의 수로 나누어 '형태소/단어(M/W)'의 종합지수를 얻을 수 있다. 예를 들어, 영어의 "The farmer kills the duckling."이라는 문장에서 어단의 지수는 다음과 같다.

The	farm	er	kill	s	the	duck	ling
1	2	3	4	5	6	7	8

모두 8개의 형태소이지만, 5개의 단어만 있으므로, 8÷5=1.60이 된다. 이 것은 바로 영어의 종합지수는 1.60이라는 것을 의미한다. 이런 종합지수의 하한선은 1인데, 즉 하나의 단어는 모두 하나의 형태소로 만들어질 때인데, 실제로 이런 언어는 존재할 수 없기 때문에 언어의 종합지수는 언제나 1보다 크다. 그린버그의 계산에 근거하면, 각 언어의 종합지수는 아래와 같다.

    베 트 남 어: 1.06(즉 100개의 단어에 106개의 형태소가 있다)
    영   어: 1.68(1.62나 1.34로 통계 내는 사람도 있다)
    러 시 아 어: 2.33
    산스크리트어: 2.59
    에스키모어: 3.72

종합지수가 2보다 작은 언어는 분석형 언어(베트남어, 중국어, 영어, 페르시아어(이란어), 이태리어, 독일어, 덴마크어 등)이고, 지수가 2와 3 사이에 있는 것은 종합형 언어(러시아어, 체코어, 폴란드어, 스와힐리어, 리투아니아어, 라틴어, 산스크리트어, 고대 그리스어, 고대 슬라브어 등)이며, 지수가 3 이상인 언어는 포합어(에스키모어, 아메리카대륙의 일부 인디안어, 고대 아시아어, 이베리아-코카서스어)이다. 어떤 언어의 고금 사이의 종합지수의 차이를 비교하면 언어의 유형상 변화를 알 수 있다.

통사 측면에서의 유형분류에 있어 비교적 영향력이 있는 것은 동사와 목적어의 위치에 근거하여 언어를 OV형과 VO형으로 구분하는 방법이다. VO형 구조와 관계가 있는 것은 수식성분(형용사와 소유대명사)이 피수식어 성분 뒤에 있는 것("the dog of his neighbor")과 관계종속절이 선행사 뒤에 있는 것("this is the man who wanted to see you"), 그리고 전치사는 있지만 후치사는 없는 것이다. OV언어의 구조적인 특징은 완전히 반대이다. 즉, 수식성분은 피수식성분의 앞에 있고, 관계종속절은 선행사 앞에 있으며, 후치사는 있고, 전치사는 없는 것으로 일본어가 그 예이다. 하지만 모든 언어가 다 이 기준에 부합하는 것은 아니다. 예를 들면, 영어는 VO형 언어이지만, 형용사가 명사 앞에 놓이게 된다. 중국어도 VO형 언어이지만, 형용사와 소유격 대명사가 명사 앞에 올 뿐 아니라, 관계종속절이 선행사 앞에 온다. 이렇게 일치하지 않는 상황에 부딪치면, 역사언어학자들은 언어를 발전의 각도에서 해석하기도 한다. 예를 들어, 레만(Winfred P. Leh-mann, 1973:§11.2)은 그의 역사언어학 저작에서 영어의 형용사가 명사 앞에 오는 이유는 영어에는 아직 원시 인구어의 OV형에서 현대의 VO형으로 바뀌는 모든 과정이 완성되지 않았기 때문이며, 프랑스어는 이런 과정이 완성되었기 때문에 이러한 수식 성분이 명사 뒤에 온다고 생각하였다. 이러한 이론은 통사구조의 변천을 관찰하는 이론의 틀로서 참고할 가치가 있다.

2.3.5 야콥슨(Jacobson, 1958)은 유형분류에 있어 다른 구조주의 언어학자들보다 한 발 더 나아갔다. 그는 지극히 추상적인 기준, 즉 동형성(iso-morphism)의 개념을 가지고 유형을 분류하고자 하였다. 그는 동형성에 대해 "동형성은 언어의 친족관계나 유사성과 다르며, 동형성은 시간이라는

요소를 포함하지 않으며 공간의 요소도 포함하지 않는다. 동형성은 어떤 언어의 다른 상태나 두 개의 다른 언어의 두 가지 상태를 통일할 수 있는데, 이 둘이 동시에 존재하든지 아니면 시간상 거리가 있든지, 혹은 비교하는 언어가 공간적으로 가깝든지 멀든지, 친족관계이든지 비동족 관계이든지 상관이 없다"라 하였는데, 개략적으로 말하자면, 구조의 구성이 서로 같은 것을 가리키거나 두 가지 혹은 그 이상의 언어 사이에 존재하는 어음, 어법 혹은 의미 구조면에서의 일치된 현상을 가리킨다. 동형성은 본래 수학의 개념으로서 두 종류의 분자 집합은 분자의 본질이 어떠한지와는 상관없이 구조적으로 같다는 것을 가리킨다. 두 집합 사이에 있는 동형 관계를 결정 하려면, 반드시 다음과 같은 조건을 충족하여야 한다.

    a. 두 집합이 포함하는 분자의 수가 같아야 한다.
    b. 甲집합에 있는 각 분자는 모두 乙집합 중에서 서로 대응하는 분자를 찾을 수 있어야 한다.
    c. 甲집합 중 각 분자간의 관계는 乙집합 중 각 분자간의 관계와 서로 같아야 한다.

구조주의 언어학자들은 이런 개념을 언어연구에 적용하여 언어구조에 있어 각 층위의 구조관계를 분석한다. 구조주의 언어학은 언어의 구조는 여러 층위로 구성되어 있다고 여긴다. 즉, 음운 및 그 상호관계는 음운층위를 구성하고, 형태소 및 그 상호관계는 어법층위를 구성한다. 그리고 두 평면을 구성하는 요소인 -eme(phoneme, morpheme…)과 내부 구조(변체 사이의 관계)는 서로 평행한다. 또한 이들은 연사관계(Rapports Syntag-matiques)와 연합관계(Rapports Associatifs)라는 두 종류의 관계에 근거하여 운용되며, 동형의 관계를 가지고 있어서 甲층위의 연구방법으로 乙층위를 연구할 수 있다고 보았다. 구조주의 언어학자들은 음운의 분석방법으로 형태소와 그 구조를 연구하는데, 그 이론적 근거가 바로 동형원칙이다. 야콥슨은 동형성 개념을 언어 유형의 연구에 끌어들여 다른 언어 사이에서도 동형관계가 존재한다고 생각한 것이다.

야콥슨(1958)은 언어현상의 나열이나 귀납이 아닌 언어체계의 구조에 착안하였다는 점이 과거의 언어유형이론과 구별된다. "유형학의 기초는 현상의 나열이 아니라 체계이다"라는 것이 그의 유형학 이론의 기초이다. 소쉬르와 그 이후 구조주의 학파의 언어이론에 근거하면 언어의 계층적 구조는 연사관계와 연합관계로 구성되는데, 야콥슨 역시 이를 기초로 삼아 언어간의 동형성을 관찰하였다. 그는 언어의 연사관계는 직접성분과 간접성분의 복잡한 층위관계를 나타내며, 언어의 연합관계 역시 여러 겹으로 층을 이루는 현상에 의거하여 표현되므로 "서로 다른 체계에 대한 유형비교를 할 때에는 반드시 이런 층위 체계를 고려해야만 한다. 이미 있는 것과 이미 발견된 층위를 파괴하면, 유형학적 분류의 효과는 없어질 것이다"라고 여겼다. 언어의 계층적 구조는 언어의 유형연구의 기초라는 것을 알 수 있다. 그러나 단지 이런 점을 고찰하는 것만으로는 불충분하며 상위언어(meta-language)를 가지고 어떤 언어의 체계를 다시 기술해야 한다. 그것은 "만약 언어체계나 어음체계에 대해 논리적으로 다시 기술하지 않는다면, 어법체계나 어음체계의 유형학은 실현될 수 없게 된다. 왜냐하면 이렇게 논리적으로 다시 묘사하는 것만이 쓸데없는 것을 엄격하게 배제하여 최대한의 경제원칙에 다다를 수 있기 때문이다." 상술한 내용을 개괄해 보면, 언어의 유형연구는 우선 언어의 구조에 대해 체계적인 분석을 해야 하는데, 마음대로 어떤 특징을 선택하여 언어 사이의 동형관계를 설명할 수는 없다는 것이다. "직접성분 원칙은 연합관계를 분석하는 것에 관해 말하자면, 그 효과는 문장의 분석에 뒤지지 않는다. 이런 기초 위에서 만든 유형학은 여러 가지 음운모델과 어법모델의 뒤에 숨어있는 일련의 통일된 성분을 들추어내어, 마치 끊임없이 변형하는 것처럼 보이는 것을 제한한다."

동형성의 시각에서 언어의 유형을 고찰하는 것은 이전의 언어유형이론에 비해 한 걸음 더 나아가 이론화되고 추상화된 것이라 할 수 있다. 이것은 구조분석법을 유형연구에 사용하여 탐색하였다는 점에서 일차적인 의미를 찾을 수 있는 것으로, 많은 언어학자들이 이미 이 기본 원칙에 동의했다. 언어구조의 체계에 착안하였다는 것은 자연히 이전의 현상을 귀납하는 방법에 비해 한 걸음 나아간 것이지만, 한편으로는 몇 가지 새로운 문제가 제기되기도 하였다. 넓은 의미에서 본다면 이전의 유형분류 이론도 역시 동형성의 하나로서, 구조의 차이에 근거하여 언어를 분류한 것이라 할 수 있다. 야콥슨이 사용한 것은 엄밀한 의미에서의 동형성이었는데, 게다가 이 원칙을 운용할 때는 반드시 상위언어를 이용해서 자연언어를 다시 표현하여 구조가 최대한 경제원칙에 부합하도록 해야만 했다. 그러나 이 원칙은 너무나 추상화되고 이론화된 것으로 실제 언어를 연구하는 데에는 쉽게 응용할 수 없었기 때문에, 지금까지 이 원칙에 근거하여 세계의 언어에 대해 유형 분류를 한 언어학자는 한 사람도 나타나지 않았다. 언어유형의 분류원칙은 아직도 사람들의 진일보한 탐색을 기다리고 있다.

2.4 언어의 지리적 분류

2.4.1 언어의 지리적 분류는 언어의 유사성과 밀접한 관계가 있다. 언어성분의 차용과 언어의 변화는 지리적으로 확산되기 때문에, 한 지역에 분포되어 있는 여러 언어는 어느 정도 공통된 구조적 특징을 가지고 있어 매우 유사하게 보일 수 있다. 그러나 이러한 유사성은 역사적으로 하나의 언어가 변화하는 과정 중에 남겨진 구조 요소 사이의 유사성 혹은 유형상의 유사성이 아니라, 언어의 상호영향에 의해 발생한 유사성이다. 어떤 지역에서는 '언어연합'이 나타날 수 있는데, 가장 유명한 예는 발칸반도의 '언어연합'이다. 불가리아어(슬라브어파), 루마니아어(로망스어파), 알바니아어와 그리스어가 모두 공통적인 구조적 특징을 갖추고 있다.

2.4.2 한 지역의 서로 다른 언어가 상호영향에 의해 유사성을 가지게 되는 것은 매우 흔한 일이다. 중국어와 베트남어는 각기 다른 두 개의 어족

에 속하지만, 상당수의 어휘성분이 유사한데, 이는 베트남어가 중국어에서 차용해 갔기 때문이다. 또, 본래 성조가 없었던 베트남어가 나중에는 중국어의 성조유형과 유사한 성조를 가지게 된 것도 바로 그 때문이다. 또한 동남아지역은 하나의 특수한 언어권이다. 여기에는 다양한 종류의 언어가 있는데, 언어 사이에 광범위하게 그리고 크게 영향을 주고받았기 때문에 이 지역 사람들은 동시에 몇 가지 언어를 이해하는 능력을 갖고 있다. 이는 세계적으로 보기 드문 현상이다. 이렇게 복잡한 상황은 언어를 분류하는 데에 있어 많은 어려움을 준다. 우리는 서로 다른 여러 언어 사이의 관계를 분명히 구분할 필요가 있다. 즉, 언어의 유사성을 언어의 계보관계, 유형관계와 구분해야 비로소 언어의 구조에 대해 효과적인 연구를 할 수가 있는 것이다. 이 지역에는 많은 언어에서 유사성의 예를 찾을 수가 있는데, 베트남 남부의 일부 지역과 캄보디아에서 사용되는 여러 캄(Cham)어가 그 중 하나이다. 캄어는 말레이-폴리네시아어계에 속하며 인니어, 타갈로그어 및 말레이-폴리네시아의 모든 언어와 친족관계에 있다. 그러나 캄어를 쓰는 사람들이 베트남과 캄보디아의 벵골-크메르어를 사용하는 사람들 사이에 거주하면서 그들의 캄어는 벵골-크메르어의 영향을 받아 벵골-크메르어와 비슷하게 보이게 되었다. 캄어에는 벵골-크메르어와 같이 접요사가 있고, 음절 말미구개음收尾顎音이 있으며, 언어 사용역語域(register)체계도 벵골-크메르어와 같은데, 이러한 점은 모두 말레이-폴리네시아의 전형적인 특징이 아니라 오히려 벵골-크메르어적인 특징인 것이다. 그래서 캄어는 벵골-크메르어의 영향을 받아 언어의 유형이 바뀐 것이다. 이와 같은 현상은 매우 많다. 총괄하여 말하면, 동남아와 동아시아는 하나의 '언어구역'이며, 이곳에서 사용되는 언어는 그 발생관계가 어떻든 모두 상당한 정도의 공통점을 가진다. 언어 접촉이 빈번하고, 사람들의 이동이 잦으며, 민족 사이의 통혼이 성하였으므로 동시에 몇 가지 언어를 이해하는 것은 매우 보편적인 일이다. 설사 오지의 촌락에 사는 농민이라 할지라도 서너 가지에서 다섯에 이르는 언어를 구사하곤 한다. 예를 들어, 태국에서는 교육받지 않은 사람들 가운데 방콕의 표준 타이어, 북부 타이어(표준 타이어와 별로 비슷하지 않음), 샨어(타이어와 친족관계에 있는 언어) 그리고 라후어와 아카어(Akha)까지 하는 일이 있다고 한다. 미국 버클리 대학의 언어학과 교수 매티소프(James Martisof)가 언어조사를 할 때 민간의사인 瑤族의 노인 한 분을 만났는데, 그 노인이 라후어, 타이어, 瑤語, 아카어 외에도 2가지 언어를 유창하게 하는 것을 보았다고 하였다. 사람들이 일상생활에서 몇 가지 종류의 서로 다른 언어를 사용하면 자연히 그것들을 어느 정도 유사한 방식으로 운용하게 되기 때문에 그 언어들 사이에는 어음과 어법 방면 등에서 유사성이 나타나게 된다. 이는 일종의 조화를 이루는 과정이라 할 수 있다. 그리하여 학자들은 타이어와 캄보디아어처럼 친족관계가 전혀 없는 두 언어가 단어의 배열순서와 어법범주가 거의 같기 때문에 캄보디아어로 쓰여진 문장이 글자만 바꾸어도 타이어 문장으로 번역될 수 있다는 사실을 발견할 수 있었다. 단어의 배열순서, 즉 어순이 같고 어법범주가 같은 것은 역사적으로 타이 사람들과 크메르 사람들이 같은 지역에 살면서 수백 년 동안 접촉을 해 온 것에 기인한 것이다. 이와 같이 언어 사이의 긴밀한 접촉은 (계통, 유형적으로 다르더라도) 언어의 유사성을 낳는다. 서로 다른 어족에 속하고 서로 다른 유형을 가진 언어들이 유사성을 띠는 것은 생물 진화 과정에 있어서의 평행진화(parallel evolution)현상과 같다. 예를 들면, "물고기의 꼬리형태를 닮아 고래가 포유류이면서도(고래와 어류는 아주 먼 친족관계에 있다) 어류와 같은 꼬리를 가지고 있고(같은 포유류인) 소, 양, 개, 말 등과는 닮지 않은 모습이 되었다. 또 새에게 날개가 있는데 포유류인 박쥐에게도 날개가 있다. 사람에게는 손이 있어 손으로 물건을 나르듯이 코끼리는 코로 물건을 나른다. 이런 것들의 기능은 매우 유사하지만, 그 기관은 같지 않다. 어떤 경우에는 형태는 닮았지만 그 구조는 같지 않을 수도 있다. 생물학에서는 기관이나 형태는 다르지만 구조적으로 같은 것을 상동기관(homologous organs)이라 하고, 기능상 같고, 때때로 그 모양까지도 같지만 본래는 같지 않은 것을 유사체(analogous)라 부른다. 언어 분포에 있어서 태평양 지역(서남태평양, 남양)에는 수많은 어족이 있는데 어떠한 친족관계가 있는지 알 수 없으나 몇 가지 공통점과 유사점이 있다. 예를 들어 형태소가 대개 단음절이라든지(단어는 단음절이 아닐 수도 있지만 형태소는 단음절이다), 명사 앞에 숫자나 지시사가 올 때는 중국어의 '個, 把, 張, 條'와 같은 양사가 온다는 점 등이다. 이들 언어에서 성조가 음운으로서의 기능을 한다는 점은 비록 동방언어 특유의 것과 같진 않지만 지역 내에 친족관계 여부와 관계없이 매우 발달된 형태라 할 수 있다.[5]

2.5 언어의 유형적 분류, 지리적 분류가 계통적 분류에 미치는 영향

2.5.1 언어의 세 가지 분류방법은 모두 언어의 구조와 관련이 있기 때문에, 어떤 의미에서는 구조분류법으로 간주될 수 있다. 계통적 분류법은 원시언어가 분화하는 과정에서 친족어에 남긴 구조 요소를, 지리적 분류법은 언어가 상호 영향을 미치는 과정에서 발생되는 공통적인 구조 요소를 연구하는 것이다. 그리고 유형적 분류법은 언어의 동형관계를 연구하는 것인데, 여기에서의 관계는 분화하거나 상호 영향을 미치는 과정과는 무관하다. 역사언어학, 그 중 역사비교언어학은 주로 언어의 계통적 분류와 그와 관계된 문제들을 연구하는 학문분야이다. 그러나 실제 언어, 특히 한 지역에 존재하는 여러 언어 사이에는 종종 유사한 구조가 존재하기도 하는데, 그것들이 발생관계에 따라 형성되었는지, 아니면 유형관계나 접촉(상호영향)에 의해 형성되었는지 어떻게 결론지을 수 있을까 하는 것이 역사언어학이 내포하고 있는 심각한 난제 중의 하나이다. 언어의 계통과 이와 관련된 문제들을 효과적으로 연구하기 위해서, 우리는 먼저 어떤 것들이 언어의 유형관계에 의해 형성된 공통성이고 어떤 것이 언어의 접촉에 의해 형성된 공통성인지를 알고 이들 요소를 제거해야만 언어를 역사적인 측면에서 정

5　趙元任(1980:63~64) 참조.

확하게 연구를 할 수 있을 것이다. 특히 여러 유형의 언어가 뒤섞여 있는 지역에서는 세 가지 서로 다른 계통의 언어를 구분하는 일이 더 중요하다.

2.5.2 언어의 유사성과 유형에 대한 연구는 비록 계통적 분류의 원칙과는 다르지만 그 연구 성과는 언어를 역사적인 각도에서 연구하는 데에 유익하기 때문에 이를 통해 역사적 비교방법이 예측하는 결과를 검증해 볼 수 있다(§5.5.5 참조).

03
어족

3.1 언어의 친족관계에 대한 가설

3.1.1 어족은 언어의 발생학적(genealogy)적 각도로부터 언어 간의 상호 관계를 연구하는 데 있어서 일종의 가설(hypothesis)로서, "언어 간의 관계를 가족관계와 같은 계통적 관계(genetic relationship)에 비유하는 모델의 일종이다(R. Hartmann & F. Stork, 1981:126)." 언어의 친족관계에 대한 가설의 내용은 주로 다음과 같다. 일부 언어 간에는 친족관계가 있으며, 이 언어들은 하나의 공통된 祖語로부터 왔다. 언어가 분화하여 한 언어가 둘로, 두 언어가 넷으로 나누어져……오늘날 세계의 각종 언어를 형성하는 것은 생물학상 한 조상으로부터 후대의 무수한 자손이 퍼져 나오는 것과 유사하기 때문이다. 일찍 분화한 언어는 상호간의 친족관계가 비교적 멀고 공통점도 비교적 적으며, 늦게 분화된 언어는 상호간의 친족관계가 비교적 가깝고 공통점이 많다는 것이다. 이러한 가설로 인하여 사람들은 친족관계의 친밀 정도에 따라 유관한 언어들을 語族, 語派, 語支, 語群, 개별언어, 방언, 土語… 같이 일종의 층위 체계에 귀납시켰다. 어족은 나눌 수 있는 가장 큰 분류로서, 하나의 어족은 여러 語支를 포함하고, 하나의 語支는 또 여러 개의 語群을 포함하며, 나머지는 이에 근거해서 유추할 수 있다.

이런 가설은 계통수 이론의 성과이다.[1]

가설은 언어를 이론적으로 연구하는데 필요한 기본적인 방법이며, 그것은 연구대상에 대하여 초보적 관찰을 한 후에 얻어지는 대상을 분석하기 위한 일종의 이론적인 틀이다. 이런 틀이 있어야 우리는 복잡한 언어현상을 정리하여 체계화할 수 있고, 그 속에서 구조규칙과 변화규칙을 찾아낼 수 있다. 바꾸어 말하면, 언어현상은 사람들이 보기에 매우 혼란스럽고 그 본질을 파악하기가 어렵다. 어족에 대한 가설은 각종 서로 다른 언어를 한 분류체계 안에 넣고, 사람들로 하여금 역사적 비교방법을 가지고 그 언어들 간의 상호관계를 연구하고, 언어의 변화규칙을 찾을 수 있게 한다. 역사적 비교방법의 탄생은 어족에 대한 가설과 밀접한 관계가 있다.

3.1.2 '어족'에 대한 가설은 印歐語族을 분류하는 과정에서 제일 먼저 형성되었다. 1786년, W. Jones는 그의 연설에서 '인구어족'의 개념을 언급하지만 않았을 뿐, 이미 '인구어족'이라는 가설을 내포하고 있었다. 1814년 정식으로 'Indo-European(印-歐)'이라는 명칭이 제시되었고, 1823년엔 'Indo-Germanish(인도-게르만)'의 개념 또한 제시되었다. 이렇게 연설 중에 내포되어 있던 '인구어족'의 개념이 '인구어족'이라는 가설로 형성된 것이다.

학자들은 이 가설 속에 포함되는 여러 언어를 친족관계의 친밀 정도에 따라 다음과 같은 하위어족(혹은 語派)들로 구분하였다(≪간명브리타니카 백과사전≫에 근거). 즉, 아나토리아어파(이미 소멸), 인도-이란어파, 희랍어파, 이탈리아어파(일반적으로 말하는 로망스어파), 게르만어파, 아르메니아어파, 토카라어파(이미 소멸), 켈트어파, 발트-슬라브어파, 알바니아어파로 구분하였다.

이런 하위어족들 중에 인도-이란어파에 속하는 인도어는, 기원전 1000년의 고문헌인 ≪Rgveda≫로 대표되는 산스크리트어梵語의 발견과 함께 게

---

1 역주語支, 語群 등의 구분은 아직 명확히 확정되어 있지 않아 여기에서는 원저의 용어를 그대로 사용하기로 한다.

르만어파에 대한 심도 있는 연구 및 게르만어와 산스크리트어를 비교 연구하는 데에 있어 없어서는 안 될 중요한 언어재료로서, 그것이 역사비교언어학에서 차지하는 비중은 대단히 크다고 하겠다. 앞으로의 분석에서 계속 게르만어파의 언어들을 언급할 것이므로, 이 어파의 주요 언어들을 아래에 열거하기로 한다.

> 西部語支 : 영어, 독일어, 네덜란드어
> 北部語支 : 덴마크어, 스웨덴어, 노르웨이어, 아이슬란드어
> 東部語支 : 고트어 등. 현재는 이미 소멸하였으나 전해 내려오는 4세기의 고트어 문헌은 게르만어파를 연구하는데 있어 제일 중요한 자료이다.

19세기는 역사비교언어학의 시대였으나 역사적 비교연구의 성과는 게르만어파에 속하는 각 언어에 대한 연구에 거의 집중되었다. 독일어는 게르만어파의 언어이며, 게르만어파의 연구에서 특별한 지위를 차지한다. 당시 역사비교언어학의 중심은 독일이었으며, 걸출한 언어학자들도 대부분 독일인이었는데, 여기에는 그럴 만한 이유가 있었다. 18, 19세기의 독일은 사상과 문화의 발전이 찬란했던 시기로, 칸트, 헤겔, 포이어바흐 등과 같은 철학자, 바흐, 베토벤 등과 같은 음악가는 모두 이 시기를 대표하는 대가들이었다. 자연과학 역시 매우 큰 성과를 거두었으며, 문화사적 영역에서도 큰 발전을 이루었다. 반면 역사비교언어학의 성과는 이 시기에 막 피기 시작한 한 송이 꽃에 불과하였으나, 다른 영역에서 이룩한 훌륭한 성과가 언어 연구에도 촉진제 역할을 하여 이 방면의 연구가 활성화할 수 있는 총체적 배경이 되었기 때문이다.

3.1.3 인구어족 언어에 대하여 역사적으로 비교 연구한 성과는 어족에 대한 가설이 정확하다는 것을 보여주었다. 따라서 타 지역의 언어에 대하여서도 비슷한 가설을 제시하고 아울러 역사적인 각도에서 비교 연구하는 것도 가능하다는 것을 암시하였고, 중국-티베트어족에 대한 가설 역시 여

기에서 출발한 것이다(§4.1.1).

독일 Schmidt(1976)가 제공하는 내용에 따르면, 현재 지구상에는 5,561종의 언어가 있다고 한다. 물론, 이 숫자는 참고자료일 뿐이다. 일부는 언어로 성립될 수 있는지의 여부에 대해 아직도 진일보한 증명을 필요로 하고 있고, 방언과 언어의 경계 또한 일치된 공인 기준이 없으며, 일부 언어는 이미 소멸해가고 있는 등 다양한 이유 때문이다. 이러한 검증과 논쟁을 필요로 하는 언어를 제외하고 일반적으로 공인된 것은 3,000여종 정도이다. 이 언어들은 대략 인구어족, 중국-티베트어족, 햄·셈어족, 코카사스어족, 피노-우그리아어족, 알타이어족, 남아시아어족, 남도어족(말레이 폴리네시아어족), 반투어족 등의 어족에 속하게 된다. 이외에 한국어와 일본어 같이 친족관계가 명확하지 않은 언어도 있다.

이들 어족 가운데 가장 철저하게 연구가 이루어진 것은 인구어족으로서, 현재 유행하는 일부 언어이론과 방법은 대부분 인구어족에 대한 연구로부터 나온 것이다. 중국-티베트어족에 대한 연구는 점차 활기를 띠는 추세에 있지만, 과거의 연구기초가 부족한 탓에 원칙적인 문제에 있어서 의견이 심하게 갈라지고 있는 실정이다.

3.2 형태변화, 어음대응 및 언어 친족관계의 결정

3.2.1 어족은 일종의 가설에서 출발하였는데, 언어 사이에 친족관계가 있는지 없는지 여부는 그 중에서 동원어同源語(공통祖語, cognate word)를 찾을 수 있는지의 여부를 보면 된다. 일반적으로 일정한 수량의 동원어가 있는 언어는 친족어로 볼 수 있다. 그러면 무엇이 동원어인가? 간단히 말하면, 의미가 서로 통하고 어음이 서로 가까운 단어이다. 언어가 변화하는 과정에 이런 '상통相通'과 '유사類似'함은 모호하게 변할 수도 있기 때문에 다른 믿을 만한 재료와 과학적인 원칙 등을 근거로 하여 밝혀야 한다. 이때 사용하는 언어 재료는 아래 몇 가지의 원칙에 부합하는 것일수록 좋다.

1. 안정된 것, 말하자면 언어가 변하는 과정에서도 쉽게 변하지 않는 것.
2. 설령 어음·어휘 혹은 일반적인 문법규칙이 변하였더라도, 변하지 않고 어느 한 언어의 특징을 잘 드러내는 특수한 언어사실.
3. 이런 특수한 언어 사실이 언어에 분산되어 있다 하더라도, 체계적 성질을 가지고 있을 것.
4. 이런 사실로부터 귀납되어지는 원칙은 어떤 특정 언어에만 적용되고 기타 언어에는 적용될 수 없어서는 안 될 것. 즉, 분석에 사용되는 원칙의 적용범위는 보편성을 가지고 있어야 하며, 가능한 한 각종 유형의 언어에 적용될 수 있어야 할 것.

이런 원칙에 근거하여도 어휘재료는 언어의 친족관계를 증명하는데 사용하기에는 적합하지 않다. 어휘는 쉽게 변하고 차용으로 인해서 대체되기가 쉽기 때문이다. 문법구조의 일반규칙의 공통성 역시 언어 간의 친족관계를 설명하기에는 부족하다. 그것은 규칙의 수가 매우 제한적이기 때문이다. 가령, 목적어와 동사의 위치를 보면, 목적어는 동사의 앞에 놓이거나 동사 뒤에 놓이거나 둘 중 하나이며, 제 삼의 가능성은 없다. 그러므로 목적어의 위치에 근거해서 언어의 친족관계를 결정할 수 없다. 목적어의 위치는 언어의 특징을 나타내는 어떤 특수한 사실이 아니기 때문에 이것을 친족관계를 증명하는 근거 자료로 삼기는 어려워 보인다. 이러한 각도에서 본다면, 언어의 특수한 사실로 고려할 수 있는 것은 단어의 형태상의 변화와 어음상의 특징뿐이라 할 수 있다.

3.2.2 언어의 친족관계를 결정할 때 단어의 형태변화가 지니는 중요성은 일찍부터 학자들의 주의를 끌었다. 인구어족 언어를 역사적으로 비교 연구하는데 있어서 형태변화의 유사성은 특수한 지위를 차지하여, 학자들은 그것을 근거로 하여 언어 간의 친족관계를 결정하였다. 저명한 역사비교언어학자인 메이예(Meillet, 1957:22~23)는 이에 관해 구체적으로 분석을 한 후, 다음과 같이 말하였다. "형태가 복잡한 언어는 특수한 사실을 많이 포함하고 있기 때문에, 그것의 친족관계는 자연히 비교적 쉽게 증명할 수

있다. 반대로, 형태가 간단한 언어에는 단어의 순서와 같이 일반적인 규칙들만 있을 뿐이어서, 유력한 증거를 찾아내기란 쉽지 않다. 우리는 어떤 언어가 인구어족이라는 것을 굳이 증명할 필요는 없다. 하지만 최근 발견된 토카라어(Tokharien)나 히타이트어(Hittite)처럼 사람들이 잘 알지 못하는 인구어족 언어와 마주친다면, 우리는 연구 분석하는 과정을 거쳐 그 언어의 인구어적인 특성을 알아낼 수 있다." 왜 이러한 형태구조의 유사성이 언어의 친족관계를 결정할 때 그렇게 중요한 가치를 지니는가? 메이예는 이는 언어의 형태변화가 언어의 특징을 대표하기 때문이라고 생각했다. "이런 종류의 특수한 사실은 항상 매우 안정되어 있다. 발음이 변하고, 어휘가 바뀐다고 할지라도, 이런 특성은 변하지 않는다. 예를 들어, 현재 프랑스 북부의 여러 토어들 중에는 현지어의 단어 형식이 변화를 일으켜 프랑스어 형식에 부합된 경우가 있는 것을 볼 수 있다. 어휘가 변하면서 사람들은 일반적으로 공통으로 사용하는 프랑스어 습관에 따라 말을 하는 추세를 보였다. 마지막까지 남은 것은 형태학상의 지역적 특징 뿐이다. 예를 들면 공통으로 사용하는 프랑스어에서는 양성과 음성의 구별을 하여, il dit(그가 말하다), elle dit(그녀가 말하다)라 말하는데, 토어에서는 각각 i dit, a dit라고 한다. 이런 특수한 사실은 어렸을 적부터 배운 것으로 자신도 모르는 사이에 습관이 된 것으로, 다른 모든 것에 변화가 일어난다 해도 이런 특수한 사실은 오히려 변하지 않을 수 있다."

형태구조의 공통성과 형태변화의 유사성은 확실히 언어의 친족관계를 결정하는 데 귀중하고 가치 있는 자료이며, 앞에서 제시한 첫째, 둘째, 셋째의 기준에 부합한다. 그러나 형태변화가 없거나 형태변화가 적은 언어에 있어서 형태구조는 아무런 효력을 낼 수 없다. "극동의 언어들, 중국어와 베트남어 같은 것은 거의 형태상의 특징이 없다. 그래서 언어학자들은 형태상의 특징으로부터 중국어와 베트남어의 각종 토어들과 친족관계에 있는 언어를 찾아내는 것은 믿을 만한 바가 못 되며, 중국어, 티베트어 등 후대 언어에 근거하여 재구해 낸 '공통어'는 거의 극복할 수 없는 장애에 부딪치게 될 것이라고 생각한다."

중국-티베트어족 언어에 대한 역사적 비교연구가 비교적 늦게 시작되었던 이유는 이러한 이론과 방법상의 한계와 관련이 있다. 그러므로 형태변화가 비록 언어의 친족관계를 결정하는 중요한 기준이긴 하지만, 그것의 적용범위는 보편적이지 않기 때문에 이상적인 기준은 아니라고 할 수 있다.

3.2.3 우리가 아직 논의하지 않은 것으로 어음상의 기준이 있다. 서로 다른 언어에서 말소리가 유사한 단어들을 찾아낼 수 있는데, 이것은 차용어일 가능성이 있다. 따라서 언어의 친족관계를 결정할 때에는 마땅히 배제되어야 한다. 서로 다른 언어 사이에서 어음상으로는 차이가 있으나, 체계를 이루는 대응관계를 찾을 수 있는 경우도 있는데, 이는 매우 중요한 언어사실이다. 이는 언어의 친족관계를 결정할 때 가장 우선순위로 두어야 하며 앞에서 제시한 네 가지 기준에도 부합된다. 어음에는 변화가 일어날 수 있으나 대응관계의 이면에 내재해 있는 성질은 변하기가 쉽지 않다. 대응관계는 언어의 특징을 잘 드러내는 특수한 언어사실을 나타낼 수 있고, 체계를 이루며, 또한 적용의 범위도 넓으며, 형태변화의 제한도 받지 않는다. 설령 형태변화를 하는 언어라 하더라도, 어음상의 대응관계를 가지고 설명할 수 있다. 다음을 비교해 보자.

	산스크리트어	라틴어	고트어
'(he) is'	ás-ti	es-t	is-t
'(they) are'	s-áunt	s-aunt	s-ind

형태의 측면에서 보이는 특수한 규칙이 실제로 어음상의 대응규율이라는 것을 알아내기는 어렵지 않다. 그런 까닭에, 언어의 친족관계를 결정할 때 어음상의 대응관계가 형태의 공통성 혹은 유사성 보다 더 중요한 근거가 될 수 있었다. 동원어가 "어음이 서로 가깝다"고 할 때의 '가까움'이란, 실제로 어음상의 대응을 의미하며, 바로 이 점에 의거하여 동원어를 차용어

와 구별해 내는 것이다.

어음상의 대응관계는 어음이 변화하면서 생긴 결과이다. 언어의 친족관계를 결정하는 데 있어서 어음상 대응관계의 중요성은 일찍이 19세기 초 역사비교언어학자였던 라스크(Rasmus Rask)의 주목을 받았다. 라스크 (1967:32)는 한 언어가 아무리 복잡해도, 만약 그 언어의 가장 중요하고, 가장 구체적이고, 필수 불가결한 기본어휘가 다른 언어에서의 그것과 같다면, 이 언어와 그 다른 언어는 당연히 같은 하위어족에 속해야 한다고 여겼다. 또한 만약 이런 서로 같은 기본어휘 사이에 보이는 자음추이子音推移 (consonant shift)의 규칙을 귀납해 낼 수만 있다면, 특히 형태변화 체계와 언어의 일반구조에도 상응하는 공통된 특징이 있는 경우라면, 이 두 언어는 같은 하위어족에 속한다는 가설은 긍정적으로 받아들여질 수 있다고 생각하였다. 여기서 말하는 '자음추이의 규칙'은 실제로는 어음의 대응규칙을 가리키는 것이다. 라스크는 170년 전에 어음상의 대응관계가 친족어를 결정할 때 중요한 작용을 한다는 것을 알아내었는데, 이것은 확실히 대단한 일이라 할 수 있다. 이후 언어를 연구하는 학자들은 어음의 대응관계를 직접 기술하고 연구한 것을 근거로 언어의 친족관계를 결정하게 되었는데, 이것이 바로 어족의 연구에 필요한 기초가 된 것이다. 요컨대, 어음의 대응관계를 결정하는 것은 언어의 친족관계를 증명하는 결정적인 근거가 된다는 것이다. 이것은 인구어족 언어를 비교연구한 결과로부터 총결되어 나온 중요한 원칙이며, 자연히 다른 어족의 연구에도 적용된다. 그러나 어족마다 각기 다른 특징이 있으므로, 이 원칙을 운용할 때는 약간의 수정이 필요할 것이다(§4.4.3).

3.3 서면재료의 운용과 친족관계의 고찰

3.3.1 상술하였듯이 언어의 친족관계를 결정할 때에는 지금의 것으로 옛 것을 증명하는 '회고回顧'의 방법을 사용한다. 이것은 인구어족의 언어를

연구함으로써 얻어진 결과이다. 이 어족의 어떤 언어, 특히 역사비교언어학에서 특수한 위치에 있는 게르만어파의 언어 중 역사가 비교적 짧고 이른 시기의 고트어의 문헌 같은 것도 서기 4세기에 이르러서야 출현하였기 때문에 오늘날의 언어상황에 근거하여 옛 것을 증명할 수밖에 없다. 이런 연구는 상고사의 연구에 귀중한 자료를 제공할 수도 있다. 하지만 중국어는 인구어족 언어와는 상황이 다르다. 중국어는 유구한 역사를 가지고 있고, 상고시기로부터 근대에 이르기까지 풍부한 문헌자료가 있으며, 지하문물의 출토 역시 이런 역사적 기술을 위한 설득력 있는 증거가 되고 있다. 이 때문에 어떤 언어학자들은 마땅히 중국어의 특징에 근거하고, 중국의 유구하고 풍부한 역사자료를 충분히 이용하여, 옛 것으로 지금의 것을 증명하는, '전망展望'의 방법으로 언어 간의 친족관계를 고찰해야 한다고 생각한다. 兪敏(1980)은 이 방면에서 가치 있는 논의를 하였다.

3.3.2 ≪國語·晉語≫에 다음과 같은 기록이 있다.

> "옛날 少典이 有蟜씨를 아내로 맞이하여, 黃帝와 炎帝를 낳았다. 황제는 姬水를 기반으로 번성하였고, 염제는 姜水를 기반으로 번성하였다. (둘 다) 번성하였으나 덕을 달리하였다. 고로 황제는 성을 姬라 하였고, 염제를 성을 姜이라 하였다."

> "昔少典娶於有蟜氏, 生黃帝、炎帝. 黃帝以姬水(陝西武功漆水河)成, 炎帝以薑水(陝西寶雞清薑河)成. 成而異德, 故黃帝爲姬, 炎帝爲薑. 二帝用師以相濟也, 異德之故也."

'成'은 '번성하다'의 뜻이다. 이런 기록은 약간의 신비로운 색채를 띠고 있는데, 후에 일부 학자들의 심도 있는 연구를 통해, '少典'은 나라 이름이지 사람 이름이 아니며, 黃帝는 少典씨의 후대 자손으로 炎帝 부족의 神農氏보다 오백년 정도 늦은 것으로 보고 있다.[2] 炎帝와 黃帝, 두 황제는 두

---

2 ≪史記·五帝本紀·索隱≫

부족의 대표이며, 아마도 이 두 부족의 우두머리였을 것이다.

姜水는 ≪水經注·渭水篇≫의 기록을 따르면, 陝西省 岐水縣 일대에 있었다. "…大巒山의 물이 渭水로 흘러든다.…물은 서북쪽 大道川에서 나와, 동남쪽 漆로 흘러 들어간다. 고로, 岐水이다…周나라 성의 남쪽을 굽이쳐 지나가고…또 周나라 평원 아래를 거쳐 간다…기수는 또 동쪽으로 姜氏 부족의 성의 남쪽을 지나므로, 姜水라 하였다. ≪世帝本紀≫에 따르면, '염제는 성이 姜씨다' 라고 하였다. ≪帝王世紀≫에 이르길, '炎帝 神農氏는 성이 姜씨로, 모친이 華陽[3]에 올라 놀다가, 신에 감응하여 염제를 낳았으니, 姜水에서 자랐다'고 하였다. 이곳이 그 땅이다"라 하였다.[4] 이것은 곧 염제 부족이 지금의 陝西省 岐縣 일대에서 번성하였으며, 후에 渭水를 따라서 황하에 이르렀고, 다시 황하의 南岸을 따라 동쪽으로 옮겨갔는데, 먼저 하남에 이르렀고, 후에는 산동에까지 이르렀다는 것을 말한다. "처음에는 陳에 도읍하였다가 魯로 옮겼다."[5] 姬水는 어디에 있는가? 상술한 ≪渭水篇≫에서 말하기를, "…軒轅谷의 물이 渭水로 흘러든다. 물은 남산의 軒轅溪에서 나온다. 南安의 姚瞻은 黃帝가 天水에서 태어났다고 하였는데, (이는) 上邽城[6] 동쪽 軒轅谷에 있다"고 하였다. 이 부족은 후에 위수를 따라 황하에 이르렀다가, 다시 황하의 北岸을 따라 동천하여 지금의 하북에서 한 적대적인 부족과 결정적인 전쟁을 벌여 크게 이겼다. "蚩尤와 涿鹿의 들판에서 싸워, 마침내 치우를 사로잡아 죽였고, 그리하여 제후들이 모두 軒轅을 천자로 추대하여 神農氏를 대신하게 되었으니, 이가 黃帝이다."[7]

炎帝와 黃帝가 두 부족을 대표하였다는 데에는 어떤 문제가 있을 리 없다. 문제가 되는 것은 이 두 부족이 어떤 관계인지, 그들이 쓴 말이 같은 언어였는지 아니었는지 하는 것이다. 역사서의 기록에 의하면, 염제와 황

---

3 華陽: 중국의 옛 지명. 華山의 남쪽. 지금의 陝西省 商縣
4 ≪水經注≫, 武英殿本. 제16권, p.5.
5 ≪史記·五帝本紀·正義≫에서 ≪帝王世紀≫를 인용.
6 上邽: 지금의 甘肅省 天水縣 내의 지명.
7 ≪史記·五帝本紀≫

제를 마치 형제처럼 함께 언급하였다. 姜, 姬 두 성은 서로 보좌하고 투쟁하며 서로 통혼하면서 관계가 매우 밀접하였다. 漢代 許愼이 ≪說文解字後敍≫[8]에서 말하기를, "대대로 자손이 늘어났는데 炎帝 神農을 조상으로 하였다. 縉雲이 黃帝를 보좌하고, 共工이 高辛을 받들었다…"고 하였다. 段玉裁가 ≪說文解字注≫에서 주를 달아 말하기를, "염제는 신농씨이다. 姜水에 살았으며, 이로 인해 姜姓이 되었다…그 후 甫, 許, 申, 呂 모두 姜씨 성의 후대이다…황제가 縉雲을 등용하여 관원을 다스렸다. 服虔이 이르길, '그 夏나라 관리는 縉雲氏이다'라고 하였다. 賈逵는 ≪左傳解詁≫에서 이르길, '縉雲氏의 성은 姜이고, 염제의 먼 자손이다. 황제 때에 縉雲氏가 관직을 맡았다'고 하였다…共의 음은 恭이고, 共工을 말한다. ≪國語≫에서 이르길, '共工은 쾌락을 즐기면서, 방탕하여 몸을 망쳤으니, 백성들이 돕지 않았고 재난이 또한 일어났다.'고 하였다. 賈侍中(賈逵)은 이르길, '共工은 염제의 후예로, 성이 姜이다. 顓頊氏(黃帝의 후대)가 쇠하자, 共工氏가 제후를 침범하여 업신여기고, 高辛氏와 왕위를 다투었다…"고 하였다." 이것들은 모두 炎, 黃 두 부족이 서로 도우면서도 또 서로 투쟁하여, 교대로 당시의 중국을 통치하였음을 설명한다.

棄(后稷)의 부친은 姬씨이고, 모친은 姜씨로, 姜原이라 하였는데, 그는 姬, 姜 두 성씨의 혼혈아이다. 기록에 따르면, 棄 이후에 姬氏, 姜氏는 대대로 통혼을 하였으며, 관계가 점점 긴밀해졌다. 대개 기원전 9세기경에 周武王 姬發을 원수를 삼고, 姜씨인 呂尙(姜太公)을 참모장으로 삼아서, 다른 부족들을 단결시켜 연합하여 商의 紂王을 토벌하였으며, 크게 승리하여 周 왕조를 창건하였다. 이런 밀접한 관계로 볼 때, 이 두 부족 사이의 언어의 차이는 그리 크지 않았을 것이며, 아마도 한 언어의 두 가지 방언으로, 서로 간의 의사소통에 그다지 큰 장애가 되지 않았을 것이다. 상고의 문헌과 출토된 문자자료 역시 姬, 姜 두 부족이 뒤에 언급할 羌, 戎과는 다르게,

---

8 역주 後敍는 許愼의 아들 許冲이 쓴 것이다.

서로 다른 언어를 사용하였다는 어떠한 기록도 없다. 그러므로 그들이 한 종류의 언어를 사용하였다고 하는 것은 대체로 믿을 만하다. 武王이 紂를 친 후에 姬, 姜 두 성씨의 공신들을 각지로 보내 제후에 봉함으로써, 周왕조의 통치를 공고히 하였다. 이후 세월이 변함에 따라, 각지의 姜, 姬 양씨는 다른 부족의 피를 흡수하여, 하나의 통일된 '華夏族'을 이루었다. 이로부터 姜씨, 姬씨의 경계는 점차 사라지고, 통일된 漢민족이 형성되었다.

3.3.3 姜族이 동천할 때에 그 중 일부는 여전히 서북 지방에 잔류하였는데(≪後漢書≫에서는 동천하던 도중에 다시 돌아갔다고 한다), 이들을 '羌'이라고 한다. ≪後漢書·西羌傳≫에는 "西羌의 근본은 三苗[9]로부터 나왔으니, 姜씨와는 다르다. 그 나라는 南岳에 가깝다. 舜임금 때에 이르러 四凶[10]을 내치니, 三危로 옮겼는데, 河關의 서남쪽이 羌族의 땅이다(南岳은 衡山이다. 三危는 산이름으로 지금의 甘肅省 沙州 敦煌縣의 동남쪽에 있다. 산에 세 개의 봉우리가 있어서 三危라고 부른다. 河關은 현으로 金城郡에 속한다.)" ≪說文≫에 의하면, "羌은 西戎이다." 段玉裁 注에 의하면, "商頌에 '저 氏羌[11]으로부터 왔다自彼氏羌'라고 하였는데, 氏羌은 서쪽에 있는 오랑캐 나라이다. 王制가 이르길, 서방을 戎이라고 하는데, 이런즉 戎과 羌은 같은 것이다"라고 하였다. ≪廣韻≫과 ≪說文通訓定聲≫에 따르면, "西戎은 양을 치며 사는 사람들이다西戎, 牧羊人"라고 하였는데, 이것은 姜族 중 서북에 남아서 유목생활을 하던 한 갈래의 부족을 羌이라고 불렀다는 것을 의미한다. 姜과 羌은 소리의 차이가 있어, 전자는 성모가 무기음이며, 후자는 유기음이다. 그러나 한자의 구조는 같은 諧聲계열로, 둘 다 '羊'이 聲符이다. 그러므로 그들은 단지 羊을 토템으로 하는 부족의 두 개의 분파였을

---

9 역주-三苗는 중국의 옛 미개민족. 湖南의 岳陽, 湖北의 武昌, 江西의 九江 일대가 그들의 땅이었음.
10 역주-四凶은 舜임금 때의 네 명의 惡人. 共工, 驩兜, 三苗, 鯀을 말함.
11 역주-西戎의 종족으로서 티베트족에 속함.

수 있으며, 사용하는 언어도 희랍인이 고양이를 'katta'라 부르고 라틴인은 'catta'라 부르며 독일인은 'katse'라고 부르는 것과 같이 단지 방언의 차이 뿐이었을 것이다. 周 武王이 商의 紂王과 결전하기 전에 한 연설(≪尚書·牧誓≫)을 듣던 羌人들은 통역을 필요로 하지 않았기 때문에, 이 두 종류의 언어는 차이가 크지 않았을 것이다.

'姜씨의 갈래'인 羌은 중국 서북지역의 중요한 부족이다. 이들과 동천한 姜族(염제족)의 관계가 점점 멀어지면서, 각자 독립적으로 발전하는 길을 걷게 되었으며, 언어에도 차이가 생기게 되었다. "오늘날 凉州部는 눌러 앉은 羌族이 있다. 羌族 오랑캐는 머리를 풀어헤치고 左衽을 하며, 한족과 섞여 지내나, 풍습이 다르고, 언어가 통하지 않는다…."(≪後漢書·西羌傳≫ 班彪의 말을 인용함.) 羌과 漢왕조의 관계는 "왕정이 잘 다스려지면 복종하고, 德敎를 잃으면 침략하여 어지럽혔다."(≪後漢書·西羌傳≫) 일찍이 '五胡亂華' 때에 한바탕 난리가 있었다. 그러나 그들은 유목생활을 하였기 때문에 생산력의 발전은 매우 더디었고, 이로 인해 힘이 약해졌으며, 羌人들이 모여 사는 지역에서 여태껏 하나의 통일된 왕국을 건설하지 못했다. 姚萇[12]이 苻秦[13]을 해체한 후에 後秦을 건립하였지만, 역시 잠깐 있다 사라져 버렸다. 이것이 일찍이 중요한 부족이었던 '羌'이 훗날 史書에서 거의 소리 없이 자취를 감춘 이유이다. 어디로 갔는가? 역사에 약간의 곡절 있는 변화가 발생한 듯 보인다. ≪舊唐書·吐蕃傳≫에 따르면, "吐蕃은 長安의 서쪽으로 8천리에 있는데, 본래 漢水의 서쪽은 羌의 땅이었다. 그 부락이 어디서 나왔는지 알지는 못하지만, 혹은 南凉 禿髮의 利鹿孤의 후예라고도 한다. 利鹿孤에게는 아들이 있었는데 樊尼라고 하였다…樊尼는 무리를 통솔하여 서쪽으로 달려가, 황하를 건너고, 積石山[14]을 넘어서 羌 가운데에

---

12 역주-後秦 南安 赤亭 사람. 羌族. 자는 景茂, 시호는 武昭帝. 後秦을 세웠다.
13 역주-五胡十六國의 하나. 苻洪이 세운 秦國을 가리킴. 前秦이라고도 함.
14 역주-積石은 산이름으로, 청해성 동남부에 있으며 甘肅省 남부 변경까지 뻗어있고, 崑崙 산맥의 갈래로서 황하가 동남쪽으로 에워싸고 흐르고 있음.

나라를 세우고, 땅을 천리로 넓혔다. 樊尼는 위엄과 은혜로움이 일찍부터 알려져서, 많은 羌族 사람들이 따르는 바가 되었으며, 모두 은혜와 신의로 돌보니, 그에게 귀의하여 번창하였다…禿髮을 국호로 삼았는데, 말이 잘못 일러져 토번吐蕃이라 하였다…周를 거쳐 隋에 이르러서도, 여전히 羌과는 떨어져 있어, 중국과 교통하지 못하였으며", "그 사람들은 목축을 따라 일정하지 않게 집을 비웠지만, 자못 성곽을 가지고 있기도 하였다. 그 나라의 도성을 일러 邏些城이라고 하였다…뭇 羌族들이 또한 복종하였다. ……吐蕃은 모든 羌族을 아우르고 본토의 우두머리가 되었다. ……이로부터 토번은 해마다 변방을 침략하였고, 當州, 悉州의 모든 羌族이 항복하였다." 이 기록으로부터 羌族은 역사가 흐르는 중에 禿髮氏와 융합하여 하나가 된 것임을 알 수 있다. 禿은 屋韻의 一等字이고, 髮은 月韻의 三等字이므로, 당연히 ⁺tukpiuɐt로 읽어야 하며, 영어에서 西藏을 Tibet이라 읽는 것과 비슷하다. 吐蕃과 禿髮은 아마도 동일한 단어의 서로 다른 시기의 독음일 것이다. ≪舊唐書≫에서 '吐蕃'은 '禿髮'의 "잘못 이른 말語訛謂之"이라 한 것도 나름의 일리가 있는데, 왜냐하면 둘 사이의 동일성을 가리켜 한 말이기 때문이다. 그러므로 禿髮 혹은 吐蕃은 곧 지금의 藏族(티베트족)이다. 禿髮氏가 원래 어떤 언어를 사용했는지, 羌語와는 친족관계가 있었는지 여부는 아직 조사된 바가 없다. 이 부족과 이 부족의 언어가 羌族, 羌語와 융합하였을 때에는 羌語가 승리를 거둔 것으로 보인다. 俞敏(1980)은 현재 藏族의 주체는 원래 羌語를 사용하던 羌族이고, 禿髮氏가 그들의 국왕이기는 하였지만 그도 역시 羌語를 사용해야 했었다고 여겼다. 마치 오늘날 영국의 국왕이 독일계이지만 영어를 사용해야 하는 상황과 유사하다. 역사서에 기록된 내용에 근거하면, 藏族은 "三苗로부터 나왔고, 姜씨의 한 갈래"인 西羌으로부터 유래하였으며, 티베트어藏語는 바로 고대 羌語의 연속선상에서 변화해 온 것이라는 점을 미루어 짐작할 수 있다. 이것은 바로 티베트족藏族, 티베트어藏語는 姜, 姬 두 성씨가 기초가 되어 형성된 한족, 한어와 친족관계를 가진다는 것을 말한다.

3.3.4 우리는 문헌자료의 귀한 기록들에 근거하여 옛 것으로써 지금의 것을 증명하는 과정에서 漢, 티베트 두 민족과 두 언어 간의 친족관계를 고찰할 수 있었다. 兪敏(1980)은 자신이 고찰한 결과를 두고, "印歐學은 상고사 연구에 재료를 제공할 수 있다. 중국의 역사서는 세계에서 가장 이른 시기에 출판되었고, 내용 또한 뛰어나다. 상고시기의 사료는 역으로 비교언어학에 언어의 친족관계에 관한 증거를 제공할 수 있다. 이 방법이야말로 새로운 방법이다"라 하였다. 서로 다른 언어에 대한 연구는 마땅히 자신만의 특징을 가져야 하며, 이용할 수 있는 자료는 모두 이용해야 한다. 왜냐하면 "역사언어학은 물리학, 수학과 같은 이론과학이 아니어서 각종 이론과 방법을 종합하여 언어의 역사를 연구해야 하기 때문이다." 이전에는 인구어 연구의 이론과 방법의 영향을 받아 이용해야 하는 자료들을 이용하지 않기도 하였는데, 이것이 중국에서의 역사언어학 연구에 있어 저지른 실수 중의 하나였다. 그러나 언어를 연구할 때나 언어학상의 문제를 해결할 때에는 그래도 언어자료의 근거가 있어야 하기 때문에, 위에서 漢, 티베트 두 민족과 두 언어의 친족관계를 논증한 문헌자료를 소개하였던 것인데, 그 이유는 현대 학자들이 漢, 티베트 두 언어 사이에 있는 상당한 수량의 동원어를 이미 찾았기 때문이다(§4.3.5, §5.3.3). 兪敏(1980)은 또 몇 개의 허사를 예로 들어 비교하였다(예를 들어, 티베트어에서 가까운 곳을 지시하는 글자인 'adi'는 한어의 ≪尙書≫에서는 '時'이고, 먼 곳을 지시하는 글자인 'de'는 고한어에서는 '是'인데, '是'의 또 다른 음은 徒兮反으로서 성모가 d-인데, 이는 티베트어藏語와 같다). 문헌자료와 언어자료의 상호 검증을 통하여, 漢, 티베트 두 언어가 친족관계에 있다는 가설은 충분한 근거를 갖게 되었다.

3.3.5 현재 중국 서북지역에는 아직 羌語가 있으나 이 언어를 사용하는 사람은 많지 않다. 羌語는 티베트어藏語와 비교적 가까운 친족관계에 있어 그 언어들 간의 분합관계는 아직 더 살펴볼 필요가 있다.

3.4 언어의 분화와 어족의 형성

3.4.1 언어의 친족관계는 언어의 분화를 전제로 한다. 언어자료의 분석에서 착안한 것이든, 문헌자료의 소개이든지 간에, 앞에서 소개한 것들은 모두 언어의 분화로 인해 나타난 언어의 친족관계를 말한 것이다. 하나의 언어는 시간의 추이에 따라 점차 분화되어 서로 다른 언어나 방언이 된다. 라틴어로부터 나온 로망 제어가 이미 이런 가설을 증명하였다. 지금의 프랑스, 이탈리아, 스페인, 포르투갈, 루마니아 지역에 거주하는 사람들은 로마제국의 붕괴 이후 각자 독립된 민족으로 갈라졌고, 그들이 말하던 라틴어 방언은 따라서 독립된 언어로 분화하게 되었다. 즉, "프랑스어가 라틴어로부터 왔다고 하는 것은, 프랑스어는 라틴어가 일정 기간 동안 일정 지역에서 이룬 형식이라는 것을 의미한다"는 사실은 어족의 형성과 언어분화간의 내재적 연관성을 잘 말해주고 있다.

3.4.2 어족이론은 언어분화만을 고려하였지 언어의 통일(연합)과 언어의 상호영향을 고려하지 않았다. 이것이 어족이론의 약점이다. 어떤 학자들은 이것을 돌파구로 하여 어족의 이론을 수정하고 어족이론의 부족한 점을 보완하려고 하였다. 이 방면에서는 트루베츠코이가 대표적인 학자이다. 트루베츠코이(1982:21)는 '어족'이란 개념을 다음과 같이 생각하였다. 어족이란 공통적으로 하나의 조어에서 온 한 계열의 언어-즉, 언어의 끊임없는 분화라는 것을 전제로 할 필요가 없으며, 어음의 대응규칙을 해석하는 것도 반드시 공통된 祖語에서 기원하였다는 전제 없이도 가능하다. 언어 간의 상호영향이나 차용의 결과일 수도 있는 것이다. 친족관계가 없는 언어 역시 차용으로 인해 생긴 어음대응관계가 나타날 수 있기 때문이다. 예로서 (동)슬라브어의 모음 사이의 유성파열음 b, d, g는 서핀란드어의 무성음 p, t, k에 규칙적으로 대응되고, 슬라브어의 무성파열음 p, t, k는 서핀란드어의 pp, tt, kk에 대음되고, a는 o에 대응되고, ɛ는 e에 대응되는 것 등을 들었다.

트루베츠코이는 이런 사실에 근거하여 현재의 인구어족 언어가 하나의 단일한 원시인구어로부터 발전해 왔다는 가설을 부정하고 하나의 상반된 가설을 제시하였다. 인구어 각 언어의 선조는 서로 결코 유사하지 않았는데, 시간의 흐름에 따라 빈번하게 접촉하고 상호영향과 차용으로 인해 서로 비슷해졌으나, 일치하는 데까지는 도달하지 못하였다. 언어의 변화에는 분화도 있고 합류도 있는데, 어족의 형성은 순전히 분화의 결과이거나, 혹은 순전히 합류한 결과일 수도 있으며, 이 두 유형의 발전이 서로 다른 비율에 따라 결합한 결과일 수도 있다. 어떤 어족의 분포는 사슬의 형상을 띠는데, 예를 들어 남슬라브語支에서는 슬로베니아어가 (Kaikavian어를 통과하여) 세르비아-크로아티아어 쪽으로 변하였고, 다시 과도적 방언을 통해 불가리아어 쪽으로 변하였다. 슬로베니아어는 서슬라브어에 가깝고, 불가리아어는 동슬라브어에 가깝다. 이런 사슬형 분포의 언어는 언어분화의 결과이다. 반대로, 슬라브어와 인구어족의 기타 언어와의 관계는 이런 사슬형이 아니다. 슬라브어에 가장 가까운 발트 여러 언어와 슬라브어와의 관계는 사슬형이 아닌 "한 언어가 다른 언어와 맞붙어 있는" 쌓은 벽돌 형상과 유사한데, 트루베츠코이는 이것을 언어가 합류한 결과라고 여겼다. 그는 이로부터 "인구어족 가설의 형성은 처음에는 서로 친족관계가 없던 여러 언어들이 한데 모여 발전한 결과로 인한 것이며, 이런 가설은 이와 상반된 가설에 비해 더 일리가 없지는 않다"는 결론을 얻었다. 트루베츠코이는 이런 인식에 근거하여 유형의 기준을 계통의 분류에 넣었고, 동시에 아래의 여섯 가지 특징을 지닌 언어만이 인구어족 언어에 속할 수 있다고 생각하였다.

1. 모음조화가 없다.
2. 단어의 맨 앞에 나올 수 있는 자음의 수는 단어의 중간에 나올 수 있는 자음의 수보다 적지 않다.
3. 단어가 반드시 어근으로부터 시작하는 것은 아니다.
4. 단어는 접사뿐만 아니라 어간 내의 모음교체에 의해서도 형성된다.
5. 모음 뿐 아니라 외부조건의 제약을 받지 않는 자음교체도 어법형식을

구성할 때 일정한 작용을 한다.
    6. 자동사의 주어와 타동사의 주어가 형식상 같다.

여기에 열거한 각각의 특징은 다른 어족의 언어 내에서도 찾을 수 있다. 그러나 여섯 가지의 특징이 함께 나타나는 것은 인구어 안에서만 가능하다.

3.4.3 트루베츠코이의 이론은 장시간 사람들이 경시되었던 점을 드러내 보여 사람들에게 깨우침을 주었으나, 방법론상의 원칙에 있어서 몇몇 심각한 결점을 가지고 있다. 즉, 주로 분류의 기준 문제이다. 어족은 언어의 발생적 분류이므로 발생적 기준만을 사용할 수 있고, 어음의 대응관계에 따라 언어의 친족관계를 결정할 수 있다. 그러나 트루베츠코이의 인구어족에 관한 분석에서는 발생적, 유형적, 그리고 유사성 이 세 가지의 기준이 섞여 있기 때문에 언어현상의 분석에 일정한 혼란을 가지고 오지 않을 수 없다. 서핀란드어와 동슬라브어 간에 차용으로 인해 생기는 이른바 '대응관계'는 사실상 지역언어학이 연구하는 언어의 유사성의 문제이지 대응관계의 문제가 아니다. 그리고 인구어족 언어를 규정하는 여섯 가지 기준은 유형학상의 특징이지 발생학상의 문제가 아니다. 또한 설령 이 여섯 가지 기준을 적용한다 하더라도, 후에 사람들이 발견한 아메리카 인디언의 타켈마어처럼 동시에 이 여섯 가지의 특징을 가지고 있으나 인구어가 아닌 것도 있다. 그러므로 혼잡한 기준은 언어연구의 순조로운 진행에 도움이 되지 않는다. 영국의 언어학자 R. H. Robins는 이에 대해 다음과 같이 정곡을 찌르는 비판을 한 적이 있다. "비교적 극단적인 것은, 한 체계의 술어를 또 다른 체계에 넣어 사용하여 새로운 해석을 만들어 내는 것이다. 트루베츠코이가 제시한 인구어의 준準유형적(quasi-typological) 정의가 바로 일례이다. 서로 다른 방법을 같이 섞어 놓으면, 그 위험성은 사람들로 하여금 기준이 엄격하지 않아도 반드시 분류한 결과를 약화시키는 것은 아니라고 여기게 할 수 있다는 점이다. 트루베츠코이 자신도 이 방면에서 잘못된 길에 들어선 것일지도 모른다. 그는 인구어는 하나의 유형상의 분류일 뿐

아니라 또한 어족상의 분류이며, 그 구성원은 완전히 서로 같다고 잘못 가정하였기 때문이다."[15] R. H. Robins의 이러한 비판은 일리가 있다고 하겠다.

이론상으로 말하자면, 오늘날 세계 일부 지역의 creole은 이 방면의 가능성을 내포하고 있기 때문에, 우리는 자연히 언어융합이나 상호영향으로 인해 친족어를 형성하는 경로를 배제할 수는 없다. 중국 호남 濾溪의 瓦鄕語가 중국어의 방언인지 아니면 소수민족 언어인지의 쟁론 역시 이 방면의 일부 복잡한 상황을 반영한다.[16] 그러나 이 가설이 성립될 수 있다고 하더라도, 그것 역시 친족어를 형성하는 경로 중의 특수한 예일 뿐, 언어가 분화되어 친족어를 형성한다는 일반적 원칙을 부정하거나 비난할 수 없다. 현재 이미 연구된 언어의 실제 상황으로 보면, 우리는 아직 언어의 상호영향이나 합류에 의해 형성된 친족어를 하나도 찾지 못하였으며, 반대로 언어분화로 인해 친족어를 형성하는 현상은 충분한 사실적 근거를 가지고 있다. 트루베츠코이의 이론이 아직은 전통적인 계통분류와 언어의 역사적 연구의 기초를 뒤흔들지는 못했지만, 어족 연구 중의 부족한 점을 보충함으로써 분화만을 고려해서 생겨난 일부의 단순화의 경향을 극복하였다.

....

15 R. H. Robins, 〈語言分類史〉, ≪國外語言學≫ 제1기, 1983년, p.27.
16 王輔世의 〈湖南濾溪瓦鄕話的語音〉(≪語言研究≫1982년, 第1期), 〈再論湖南濾溪瓦鄕話是漢語方言〉(≪中國語文≫1985년, 第3期), 張永家, 侯自佳의 〈關於"瓦鄕人"的調查報告〉(≪吉首大學學報≫1984년, 第1期)참조.

04

중국-티베트어족

4.1 중국-티베트어족의 가설과 그 주변언어

4.1.1 '중국-티베트어족漢藏語族(Sino-Tibetan Languages)'의 개념은 어떻게 제기된 것인가? 중국-티베트어족의 개념이 나타난 배경은 '인구어족'의 그것과는 다른 것 같다. '인구어족'이라는 개념은 그 개념이 생겨나기 전부터 이미 오랜 기간 동안 성숙되었으며, 언어 사이의 비교연구도 어느 정도 기초를 갖추고 있었지만, '중국-티베트어족'은 '인구어족'의 개념을 유추하여 출현한 것이다. 張琨(1977a)은 "인구어의 발생학적 관계가 밝혀지자 학자들은 인도 북부, 미얀마, 태국, 라오스, 월남 북부와 중국(西藏 포함)의 몇몇 언어들 사이에도 유사한 관계가 존재할 거라는 생각을 하게 되었으며, 이에 속하는 언어들을 '중국-티베트어족'이라고 칭하게 되었다"고 하였는데, 누가 처음 이런 개념을 제기했는지는 현재로서는 알 수 없으나, '중국-티베트어족'이라는 이 가설은 기본적으로 지역적, 유형적 특징에 근거해 도출해 낸 것이다. 현재로서는 정확하고 믿을 만한 자료를 이용하여 이 가설을 증명해야 할 단계에 있는데, 완전히 증명되기 전에는 자연히 여러 의문과 다양한 이견이 있게 될 것이다. 예를 들어, 張琨(1977b)과 같은 학자는 "우리가 알고 있는 이러한 언어의 분류는 믿을 만한 것이 못된다.

왜냐하면 이와 같은 언어의 분류는 완전히 민족의 명칭이나 지리적인 분포에 근거한 것이지, 언어학의 방법을 가지고 언어를 분류한 것이 아니기 때문이다"라고 말하기도 하였다. 이와 같이 '중국-티베트어족'이라는 가설과 '인구어족'이라는 가설의 기초는 서로 다르기 때문에, 중국-티베트어족 언어와 이와 관련된 문제들을 연구하는데 원칙에 있어서 논쟁이 존재한다는 사실에 크게 놀랄 필요는 없는 것이다.

4.1.2 중국어의 연구는 유구한 전통을 가지고 있는데, 언어가 변화한다는 관점은 明代의 陳第(1541~1617)로부터 시작되었다. 그가 제기한 "때에는 고금이 있고 지역적으로는 남북의 차이가 있다. 글자는 변화하고 음은 전이한다"라는 음운변화 이론은 淸代 고음학의 발전을 위한 견실한 이론적 기초가 되었다. 陳第의 연구는 윌리암 존스(William Jones)보다 200여년이 빠른 것으로, 청대 고음학의 성과를 당시 세계 각국의 언어연구와 비교해보면 훨씬 앞선 위치에 있었다고 할 수 있다. 그런데 왜 중국어를 연구할 때 '인구어족' 가설과 유사한 '중국-티베트어족' 가설은 제기하지 않았던 것일까? 이것은 당시의 중국의 상황, 언어 문자의 특징 및 그 연구 전통과 관련이 있을 것이다. 당시 중국은 봉건사회였고, 경제기반은 상품경제가 아닌 자급자족의 농업경제였다. 그러므로 시야가 좁을 수밖에 없어 단지 중국어에만 국한하여 연구했을 뿐 중국어를 다른 언어와 비교하여 연구할 수는 없었으며, 자연히 William Jones와 같이 어족의 가설도 제기할 수 없었던 것이다. 그리고 중국에는 서면어로 기록된 문헌이 매우 많으며, 한자 또한 지역, 시대를 뛰어넘는 특징을 지니고 있기 때문에, 사람들이 서면어 연구에 힘쓸 때, 덴마크의 언어학자 Rask가 '자음추이의 규칙'을 발견하여 현존하는 살아있는 언어들 간의 차이를 비교한 것과 같은 연구는 할 수 없었으며, 단지 ≪詩經≫의 압운과 한자의 諧聲계열로 대표되는 상고음 연구에만 집중하였을 뿐이었다. 이러한 원인으로 인해 중국에서는 '인구어족'과 유사한 종류의 가설을 세우기가 어려웠고, '5·4' 직전에 이르러서 고음

의 연구에 대해 모종의 위기감이 조성되자 학자들은 비로소 비교언어학의
필요를 느끼게 된 것이다.

4.1.3 '중국-티베트어족'가설에 의한 언어연구는 그 기초가 약하므로, 중
국-티베트어족 언어의 계통 분류에 대해서도 엇갈린 의견이 다양하게 제기
되는 것은 면하기 어려웠다. 이러한 문제에 대해 논하기에 앞서 먼저 이
가설 중의 중국-티베트어족 언어의 주변언어 환경에 대해서 대략적인 이해
가 있어야 할 것 같다.

중국-티베트어족 언어는 그 수는 많으나, 분포지역은 인구어족의 언어만
큼 넓지는 않다. 대부분 중국 내에 집중되어 있으며, 그 중에서 사용자 수가
가장 많고 언어재료도 풍부하고 가장 많이 연구가 된 것이 중국어이다.
분포환경을 살펴보면 중국-티베트어족 언어의 북부(서북부 포함)는 알타이
어족(만주어, 몽골어, 위구르어, 카자흐어 등)이며 서남쪽은 히말라야 산맥
을 넘어 인구어족의 인도-이란어족과 인접하고 있다. 남쪽으로는 인접하고
있는 언어가 비교적 복잡한데 주로 오스트로 아시아어족(Austro-Asiatic, 南
亞語族이라고도 하며 주요 언어로는 월남어, 크메르어, 몬어, 佤語 등이
있다), 南島語族(Austronesian, 말레이 폴리네시아 어족이라고도 하며, 주
요 언어로는 인도네시아어, 타가로그어, 말레이어, 자바어, 캄어 등이 있
다), 그리고 그 계통에 대해 논쟁이 있는 태국어 등이 있다. 동쪽의 언어
환경은 비교적 간단하며 주요 언어로 계통이 명확치 않은 일본어와 한국어
가 있다.[1] 중국-티베트어족 언어의 계통 분류에 있어 논쟁이 있는 것은 주
로 남쪽의 南亞, 南島 두 어족의 언어이다. 이러한 주변 언어들 중에서 인
도, 이란의 인구어족 언어를 제외한 다른 언어들은 중국-티베트어족 언어
와 매우 밀접한 관계가 있으며, 주로 다음의 몇 가지 특징이 있다.

....

1 역주-구스타프 람스테드(Gustaf John Ramstedt)와 예프게니 폴리바노프(Evgenii Dimi-
   trievich Polivanov) 등은 한국어를, 로이 앤드류 밀러(Roy Andrew Miller)는 일본어를
   알타이어족에 포함시켜야 한다고 주장했다.

첫째, 북방의 알타이어족은 역사적으로 중국어와 밀접한 접촉이 있었으며, 아울러 중국어의 변화에도 어느 정도 영향을 끼쳤다. 先秦 시기는 잠시 제쳐놓더라도, 秦·漢 이후에 북방을 침입한 이민족은, 이를테면 '五胡' 중의 匈奴, 鮮卑族 등과 그 후의 거란, 여진, 몽골, 만주족 등은 모두 알타이어족 언어를 사용하는 민족이었으며, 몽골어를 제외한 나머지 언어들은 모두 중국어에 융합되었다.[2] 이들 언어는 중국어에 영향을 미치기는 하였지만, 계통을 분류하는데 있어서는 그 경계가 뚜렷하고 분명했으며 조금도 뒤얽혀있지 않았다.

둘째, 중국 내의 각 소수민족(친족관계 여부와 관계없이)은 대부분 한족과 대규모로 뒤섞여 살거나 작은 규모로 모여 사는 상황이었기 때문에, 언어 사이에 끼친 영향의 정도와 범위는 매우 컸다. 따라서 중국 내의 언어 사이에는 이러한 상호 영향으로 인해 나타난 유사성, 유형상의 일치성, 그리고 동일한 근원에서 기원한 점 등으로 인해 발생학적으로 나타나는 특징은 자연히 함께 뒤얽히어 구분하기가 쉽지 않게 되었다. 특히 고유한 문자나 문화가 없고 기술 수준도 낮고 인구도 적은 소수민족의 언어에서 이런 면이 더욱 두드러진다. 동남아 지역의 언어(南亞, 南島 및 중국-티베트)의 기본적인 상황도 대체로 중국 내의 중국어와 각 민족 간의 언어관계와 거의 비슷하다. 그리하여 전체 동아시아 지역에서는 각국의 언어학자들이 주목하는 하나의 특수한 언어 구역이 형성되었는데, 이들 언어의 발생학적 연구에는 다소의 어려움이 따르고 있다.

셋째, 역사적으로 한족의 문화는 이 지역의 다른 민족의 문화보다 수준이 훨씬 높았다. 그래서 중국어가 다른 민족의 언어에 끼친 영향은 심대하여, 그 중 어떤 언어는 중국어의 영향을 받아 중국어와 같은 유형상의 특징을 나타내기도 하였다.

유사시기에 한족과 중국어가 동아시아 지역에서 차지하였던 지위에 대해

----

2 徐通鏘(1981a) 참조.

서는 온 세상이 공인하는 바이다. 그러나 유사 이전에 누가 누구에 대해 더 큰 영향을 미쳤는지에 관하여서는 의견이 일치하지 않는다. 현재 일부 학자들은 동남아 지역에서 출토된 문물을 근거로, 옛날에 이 지역의 문화 수준이 상당히 높았으며 그것이 한족과 중국어에 대해 미친 영향은 중국어가 이 지역 언어에 미친 영향을 훨씬 뛰어넘는 것이라고 여기고 있다. 미국의 캘리포니아대(버클리) 언어학과 교수 매티소프도 아주 오래 전 한족의 문화가 중국 長江 이남에서 지배적 지위를 차지하기 이전에, 중국 남방에 살던 사람들은 오스트로-타이(Austro-Tai, 澳-台)어를 사용하였다고 하였다. 역사상 장강 이남 지역에는 한족만 있었던 것이 아니며, 태국, 먀오-야오, 티베트-버마, 오스트로-타이, 남도 등과 같이 많은 민족이 있었다. 지금으로부터 대략 2천 여 년 전에 비로소 한족이 점차 남쪽으로 옮겨갔다. 매티소프는 한족도 초기에는 그 규모가 작고 고립적인 하나의 사회집단이었으나, 현재의 다른 사회집단과 마찬가지로 이후에 크게 발전한 것이라고 생각하였다. 동남아지역의 고대 도기, 금속제품과 농기구 등을 근거로 한 최근의 고고학 연구에 의해 更新世(Pleistocene) 후기의 신석기 시대에 동남아 사람들은 낙후된 야만인이 결코 아니었음이 밝혀졌다. 그들에겐 이미 고도로 발달한 문화가 있었던 것이다. 당시의 차용 과정은 분명 상호적인 것이었으나, 시간이 흐를수록 "중국어가 태국어 등 동남아 지역의 언어에 미친 영향은 강하게 되었다."[3] 현재 외국의 많은 사람들이 이러한 견해를 받아들이고 있는데, 예를 들면, 제리노만과 梅祖麟(Jerry Norman & T. L. Mei, 1976)은 고대 중국어의 몇몇 차용어를 근거로 중국 고대의 남방에 거주했던 비한족 주민들 역시 중국어에 영향을 미쳤음을 증명해 내기도 하였다.

이러한 관점에서 보면, 원래 장강 이남에 거주하며 남아시아 혹은 南島語族의 언어를 사용하던 '百越族'은 한족이 남쪽으로 옮겨옴에 따라 남쪽으로 말레이 반도와 인도네시아 각 섬에까지 옮겨가게 되었고, 그에 따라 그 지역

....

3 徐通鏘(1984b:227) 참조.

의 언어 사이에는 여러 가지 복잡한 관계가 형성되게 된 것 같다.

4.1.4 중국-티베트어족 언어와 다른 어족 언어와의 이러한 복잡한 관계는 언어의 발생학적 연구에 깊은 영향을 끼쳤으며, 이로 인하여 언어 계통의 분류에 복잡한 문제들이 출현하게 되었다.

4.2 중국-티베트어족 언어의 두 가지 계통 분류

4.2.1 중국-티베트어족은 도대체 어떤 어족과 어떤 언어를 포함하는 것일까? 계통은 어떻게 구분되는가? 현재까지 일치된 의견은 없으며, 현재 국제적으로는 두 가지 대립된 견해가 있다. 하나는 李方桂로 대표되며 다른 하나는 미국의 언어학자인 베네딕트(Paul K. Benedict)로 대표되는데, 모두 많은 지지자들을 확보하고 있다. 대체로 李方桂의 견해는 중국 내 학자들의 견해를 대표하며, 해외에서는 베네딕트의 의견이 우위를 차지하고 있다. 그밖에 다른 의견들도 있으나, 총체적으로 말하자면 이 두 가지 견해의 테두리를 벗어나는 것은 없다.

4.2.2 李方桂(1973)의 글은 그가 1937년에 쓴 같은 제목의 글의 수정본이다. 李方桂가 중국 내의 중국-티베트어족 언어의 계통에 관하여 제시한의견은 대체로 아래 표와 같다.

1937년부터 1973년까지 36년이 지난 후에도 李方桂는 여전히 원래의 견해를 견지하고 있었다. ≪*Journal of Chinese Linguistics*(中國語言學報)≫편집부는 이 글을 발표할 때 편자의 평어를 덧붙여, "이 글을 쓴지 30여년이지나긴 했지만 서술된 내용은 본질적으로 여전히 합당하고 유효한 것이다"라고 하였다. 중국의 대다수 학자들의 중국-티베트어족 언어 계통 분류에대한 견해는 기본적으로 이 견해의 연속선상에 있으며, 부분적인 조정만약간 하였을 뿐이다.[4]

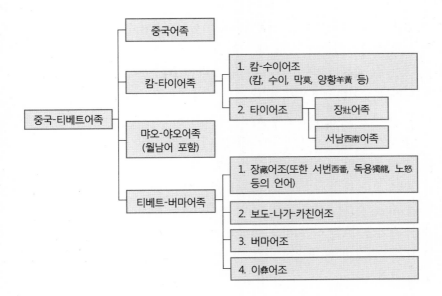

李方桂는 캄-타이侗台어족을 연구한 전문가로, 그(1977)는 또 다른 방법으로 台語族의 언어를 분류하였는데, 이것은 이전의 견해와 완전히 일치하지는 않는다.

李方桂가 台語族을 세 가지 語支로 나눈 근거는 첫째, 음운의 변천이다.

---

4 羅常培, 傅懋勣(1954) 참조.

예를 들어, 옛 台語의 *tr은 서남어지의 t-, 중부어지의 th 혹은 h-, 북부어지의 t- 혹은 r로 바뀌었고, 또 옛 台語의 *pr-은 서남어지의 t-, 중부어지의 ph 혹은 th, 북부어지의 t-, r 혹은 pr로 바뀌었다. 둘째, 일부 어휘 항목에서 나타나는 어음상의 차이이다. 예를 들면 유성음과 무성음의 차이가 있는데, 'pen(이다)'동사의 경우, 서남어지에서 옛 台語가 반영된 것은 *p-이나, 중부어지와 북부어지에서 옛 타이어가 반영된 것은 유성음 성모 *b-이다. 셋째, 어휘의 보존 여부로, 어떤 어휘 항목은 하나의 방언군에서는 이미 소실되었으나 다른 두 개의 방언군에서는 아직 보존되어 있다. 예를 들면, '수염'(mum)은 서남어지에서는 이미 소실되었으나, 북부, 중부어지에는 아직 보존되어 있다. 이 저작은 일찍이 해외에서 호평을 얻었는데, 미시간 대학 언어학과의 전 주임인 게드니(William J. Gedney)는 "이것은 일류의 학술 저작으로 가능한 한 빨리 출판되어야 한다"고 평가했을 정도였다.[5]

여기에 나타나는 '台'와 '泰'는 모두 영어 Thai를 옮긴 것이다. 지금은 이 둘을 구분하여 '台'는 어족을, '泰'는 언어를 가리킬 때 사용한다.

4.2.3 베네딕트(1972)의 《Sino-Tibetan: A Conspectus(漢藏語言槪論)》 (이하 《槪論》이라 간칭)에서 한 중국-티베트어에 대한 계통 분류는 李方桂의 분류와 크게 다르다. 이 책은 1942년에 완성되었는데 완성에서 출판에 이르기까지 한바탕 우여곡절을 겪었다. 1930년대 미국 등 서방 국가에서는 심각한 경제 위기가 발생하여 많은 사람들이 일자리를 잃었다. 1935년, 미국 연방정부는 버클리 캘리포니아 대학에 자금을 출연하여 'Sino-Tibetan Linguistics Project'를 시작하였는데, 많은 사람들이 이 연구에 참가하였고, 크로버(A.L. Kroeber)가 이 작업을 주관하였다. 그들은 이전의 중국어-티베트어와 관련 있는 거의 모든 서면 자료를 수집, 배열하여 도표를 만들었다. 수집한 자료의 질적인 수준은 균형을 이루지는 못 했지만 수량

....
5 李壬癸(1976) 참조.

은 많아서, 합리적인 방법을 응용한다면 자연히 의미 있는 성과를 도출해 낼 수 있었다. 40년대 초, 이 프로젝트는 완료되었으며 뒤이어 13권의 문서 자료로 출간되었다. 이 프로젝트를 실행하는 과정에 두 명의 학자가 배출되었는데, 바로 샤퍼(R. Shafer)와 베네딕트이다. 샤퍼는 많은 저서와 글을 썼는데, 중국-티베트어족 언어의 여러 문제, 작게는 전문적이고 세부적인 연구에서부터 크게는 중국-티베트어족 언어가 유럽, 아시아, 미국의 다른 어족과도 친족관계가 있다고 하는 대담한 가설에 이르기까지 자신의 다양한 견해를 발표하였다. 그의 저서와 글은 많았지만 학문을 연구하는 자세는 그다지 신중하지 않고 글의 수준도 그리 높지 않아, 그의 중국-티베트어 연구와 관련한 학술계에서의 명성은 그다지 좋지 않았다. 베네딕트도 바로 이 시기에 ≪槪論≫을 완성하였다. 그는 중국-티베트어 연구의 현황과 학술계의 태도를 보고, 완성된 ≪槪論≫을 보류해 두고, 그 자신도 1940년대 말에 언어학과 인류학 연구에서 물러났다. 26년이 지난 후, 즉 1968년에 우연한 기회에 베네딕트는 매티소프와 알게 되었고 이 원고에 대해 이야기를 나누었다. 매티소프는 이 원고를 읽고 나서 매우 중요하다고 여겨, 콜롬비아대학 언어학과에서 비공식적으로 인쇄하여 관련이 있는 학자들에게 보냈으며, 1972년에야 비로소 정식으로 출판되었다. 원문은 기본적으로 1942년의 친필 원고에 따라 인쇄에 들어갔으며, 저자가 각주의 형식으로 교감하여 주를 덧붙였다. 매티소프는 여기에 다시 주를 첨가하여 새로운 자료와 참고문헌을 보충함으로써, 40년대 초의 저작이지만 70년대의 수준을 갖추도록 하였다. 베네딕트의 중국-티베트어족에 대한 구분은 李方桂의 구분과 다르다. 그의 분류는 대체로 아래 표와 같다.

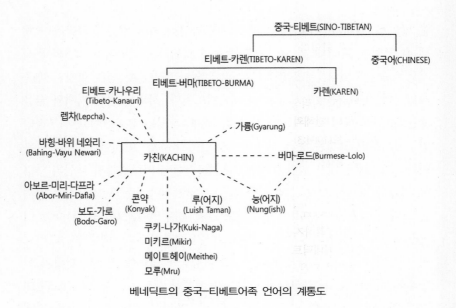

베네딕트의 중국-티베트어족 언어의 계통도

4.2.4 베네딕트와 李方桂의 분류에 있어서의 주요 차이는 다음과 같다.

1. 李方桂의 캄-타이, 먀오-야오 두 개 어족을 베네딕트는 중국-티베트어족
   에 속하지 않는 것으로 보고 이것들을 남도어족의 여러 언어와 같은 종류
   로 귀납하여, 오스트로-타이(澳-台) 대어족(Superfamily)을 세워야 한다고
   하였다.
2. 두 사람의 분류에는 모두 티베트-버마어족이 있으나, 내부의 語支구분은
   다르다.
   a. 李方桂의 '버마어조'와 '이어조彝語組'는 각각 독립된 語組이나, 베네딕
      트는 그것들을 하나의 組로 합쳐야 한다고 보았는데, 즉 표의 '버마로
      로(緬-倮倮)語組'이다.
   b. 李方桂의 '보도(Bodo)-나가(Naga)-카친(Kachin)語組'를 베네딕트는
      분리시켜야 한다고 보고, 보도어(Bodo)는 보도(Bodo)-가로(Garo)어
      조에 속하고, 나가(Naga)어는 쿠키어(Kuki)와 한 組를 이루어 쿠키-나
      가어조를 구성하며, 카친어는 독자적으로 하나의 組를 이루는 것으로
      보았다.
   c. 티베트-버마어족 중의 그 밖의 언어들, 예를 들면 바힝(Bahing)-바위

(Vayu), 아보르(Abor)-미리(Miri)-다프라(Dafla)어 등을 李方桂는 언급하지 않았다.

3. 베네딕트는 카친어(즉 景頗語, Kachin)를 모든 티베트-버마어족 언어의 핵심어라 여겨 "티베트-버마어의 십자로 한가운데 위치하며, 언어 중에서의 지위도 지리상의 위치(북버마)에 상당한다"고 보았다. 이러한 견해는 李方桂의 견해와는 큰 차이가 있는 것이다.

4. 베네딕트(1984:3)는 카렌어(Karen)의 지위를 올려 티베트어와 같이 티베트-카렌(Tibet-Karen) 대어족을 설정하였다. 카렌어는 미얀마 남부, Shan 撣邦과 태국 북부 및 서부의 원시 부락 중 카렌족 사람들이 쓰는 언어로, 그 계통의 성질에 대해서 이전에는 명확하게 알려진 바가 없었다. 글리슨 (H. A. Gleason, 1961:468)은 이 언어를 언급할 때 "버마 남부의 카렌어는 계통이 명확하지는 않지만 통상 티베트-버마어語支에 귀납시킨다"고 하였다. 베네딕트는 그것은 중국-티베트어족 중의 하나의 독립된 어족으로 그것의 많은 특징들이 중국어와 비슷하다고 보았다.

4.2.5 베네딕트의 티베트어족 언어에 대한 새로운 분류와 ≪槪論≫의 발표는 마치 잠잠하고 활기가 없는 죽은 연못에 큰 돌을 던지는 것과 같이 티베트어족 언어 연구에 큰 파문을 일으켜 찬성과 반대의 목소리가 복잡하게 뒤섞이게 되었다. 유럽의 S. Egerod, R. A. D. Forrest, A. Haudricourt 와 미국의 Nicholas C. Bodman, 매티소프 등은 베네딕트의 관점에 동의했으며, 모두 캄-타이, 먀오-야오 두 어족을 중국-티베트어족에서 분리시켜야 한다고 주장했다. 심지어는 李方桂 본인(1974)도 "그것과 중국-티베트어족의 관계는 아직까지 명확하게 설정되지 않았다"라고 하여 타이어에 대한 자신의 견해에 약간의 미묘한 변화를 가져온 것 같아 보였다.

매티소프는 베네딕트의 이론을 발굴, 추진, 발전시키는데 있어서 중요한 역할을 하였다. 그는 티베트어족 언어의 전문가로, 張琨 등은 그를 티베트-버마어를 깊이 연구하여 티베트-버마어 연구에 견고한 기반을 다진 인물로 평가하고 있다.[6] 그는 베네딕트의 분류이론을 계승하는 동시에, 그 중 일부

....

6 徐通鏘(1984b:234) 참조.

견해에 대해서는 약간의 수정을 가하였다. 그는 티베트-버마어족의 언어를
6개의 어지語支로 나눌 수 있다고 하였다.

1. 로로-버마어지(Lolo-Burmese)
2. 카렌어지(Karen)
3. 카친어지(Kachin)
4. 티베트-히말라야어지(Bodish)
5. 羌어지
6. 쿠키-나가-보도어지

이러한 구분은 베네딕트와 다음과 같은 차이를 보인다. 첫째, 카친어조
가 중심이 된 방사성의 확산파가 보이지 않으며, 카친어가 티베트-버마어
족 중에서 특수한 지위를 차지한다는 견해를 부정하였다. 둘째, 카렌어가
티베트-버마어족과 병렬되는 대어족에 속하는 지위를 갖는다는 견해를 부
정하고 티베트-버마어족에 포함시켜, 그 중의 하나의 가지가 되도록 하였
다. 매티소프는 자신이 이러한 수정을 하게 된 원인을 이야기할 때, "카렌
어와 티베트-버마어족의 다른 언어들 간에는 큰 차이점이 하나 있는데, 그
것은 바로 이들 언어는 목적어가 동사 뒤에 위치하지 동사 앞에 위치하지
않는다는 것이다. 과거에는 이러한 점을 근거로 카렌어는 티베트-버마어가
아니며 혹은 티베트-버마어와 아주 먼 친족관계가 있을 뿐이라고 보았다.
현재는 상황이 바뀌었는데, 카렌어는 태국어와 몬-크메르어족 중 몬어의
영향을 받아 단어의 순서가 바뀌었다. 그런데 태국어, 몬어 두 종류의 언어
는 중국어와 어순이 같아서 목적어가 모두 동사 뒤에 위치한다. 그러므로
우리는 기본적인 어순이라 할지라도 언어의 접촉 혹은 확산을 통해서 바뀔
수 있다는 것을 알 수 있다. 그러므로 친족관계가 매운 가까운 언어도 유형
상 매우 다를 수 있다"[7]라고 하였다. 이렇듯 이 방면에 대한 일련의 연구를
통해 베네딕트의 이론 체계에 있어 왔던 몇 가지 명확한 약점들은 점차적

7 徐通鏘(1984b:224) 참조.

으로 수정되었다.

또 다른 방면에서 베네딕트의 이론은 많은 언어학자들의 비평을 받았는데 張琨(1977b)은 그 중 가장 심하게 반대하였던 학자이다. "베네딕트의 책에 언어의 분류를 언급한 장이 있는데, 나는 서평에서 그의 이러한 언어 분류는 너무 간단한 분류라고 비판하였다. 어떻게 현재의 각기 다른 민족들에 대한 지리적 분류를 가지고 그것이 바로 2천 년, 3천 년 전의 분류라고 말할 수 있는가? ……그러므로 현재의 이러한 각 민족의 지리적 분포를 근거로 해서 이 언어들의 초기 분류를 하는 것은 믿을 것이 못된다." 張琨의 견해는 중국 언어학자들의 견해를 대표하는 것이라 할 수 있다. 예를 들어 羅美珍(1983:30) 같은 학자는 태국어의 귀속문제에 대해 "전통적인 관점을 취하는 것도 좋고, 오스트로-태국어족에 속한다는 관점을 취하는 것도 좋지만, 그들이 제시한 동원에 관한 자료로 볼 때, 엄격한 어음상의 대응규율이 있다는 증거가 불충분하여 아직 충분한 설득력을 갖지 못할 뿐 아니라, 그의 재구도 어느 정도 임의적이다"라고 하며 비판하였다. 王輔世(1986:1~18)도 베네딕트의 의견에 동의하지 않고 먀오-야오어족은 중국-티베트어족 중 중요한 가지라고 여겼다.

베네딕트의 ≪概論≫은 40년대 초에 완성된 것으로, 당시로서 수집 가능한 자료를 모으기는 했지만 결국 한계가 있었다. 베네딕트의 이론을 비판하는 사람들 대부분은 베네딕트가 사용한 자료의 신빙성 문제를 언급하였다. 張琨(1977b)은 "그의 책에는 몇 십 년 전의 자료가 쓰였으며 지금의 새로운 자료는 전혀 사용되지 않았다. 어떤 자료는 몇 십 개의 글자만 있을 뿐 성조가 있는지 없는지도 언급하지 않았으며, 음성기호도 정확하지 않다. 그러한 자료를 가지고 비교연구를 한다는 것은 백사장에서 큰 건물을 짓는 것과 같은 것으로 절대로 불가능한 일이다"라고 하였다. 밀러(R. Miller, 1974:195~209)도 이와 비슷한 비평을 한 적이 있는데, "베네딕트의 ≪概論≫에서 증명한 것이 있다면, 그것은 단지 지금은 그렇게 시대에 뒤떨어지고 오래된 언어 자료들은 버려야 할 때라는 것을 증명한 것에 불과하며, 이러한 자료들은 방법론적 의미에서 엄격한 비교방법에 전혀 적용할 수가 없는 것들이다"라고 하였다. 이러한 비평에 대해서 베네딕트(1984b)는 도리어 모두를 비난하면서 답하기를 "샤퍼(R. J. Shafer)가 30년대부터 60년대 말까지 행한 연구의 부족한 점은, 기본적으로 그가 40년대 초에 행한 연구와 같이 언어학 지식의 부족에 기인하는 것이지 언어 자료의 부족(중점을 두는 것들은 원래부터 있던 것이다)에 기인한 것이 아니며", "≪槪論≫의 친필 원고는 40년대 초에 완성되었으나, 대부분의 주해는 25년 후에 단 것이다. 이때는 이미 새로운 자료들이 대량으로 나왔고, 아울러 중국어, 티베트어, 버마-로로(彝)어 및 기타 언어들에 대해서도 대량의 학술 연구가 되었으며, 원시 보도-가로어, 원시 버마-로로어와 원시 카렌어 등에 대해서도 재구를 진행하였다. 그러나 '새로운' 주석(증가된 자료)을 검토해 보면, 즉 상술한 연구 성과와 관련시켜 본다면 예외 없이 새롭고 의의가 있는 발견과 결론은 당연히 적다는 것을 발견할 수 있으며, '문제에 대한 재인식'이자 오래된 문제에 대한 새로운 견해라고 말할 수 있을 뿐"이라고 하였다. 이것은 곧 베네딕트는 근본적으로 張琨과 밀러의 비평에 동의하지 않으며, 중국-티베트어족 언어의 계통 분류 문제는 이미 해결되었다고 여기고 있다는 것을 말하는 것이다. 우리는 이들의 옳고 그름은 잠시 덮어두더라도 반드시 긍정해야 할 점이 있는데, 바로 베네딕트가 중국-티베트어족 언어의 계통 분류 및 유관 어족의 연구에 역사적 비교방법을 운용하여, 각 방면의 학자(찬성자 혹은 반대자)들로 하여금 모두 논쟁이 되는 문제를 직시하고, 진지하게 고려해 보도록 하였으며, 오랫동안 잠잠한 상태에 머물러 있던 중국-티베트어족 언어 연구가 활기를 띠게 하였다는 것이다.

4.2.6 베네딕트의 ≪槪論≫은 중국어 상고음계 연구에 대해서도 크게 영향을 미치기 시작했다. ≪槪論≫에서 가장 충분히 연구된 것은 티베트-버마어족으로, 티베트-버마어족이 중국어와 친족관계가 있다는 점에 대해서는 쌍방 모두 이의가 없다. 周法高(1972:160, 168)는 ≪槪論≫의 연구

성과를 이용해서 중국어 상고음계의 재구를 검증, 개진하였는데, "중국어에 대하여, 그리고 중국어를 연구하는 데 있어서 전인들의 테두리를 벗어나기가 결코 쉽지 않다. 만약 우리가 국학을 연구하는 방법과 현대 언어학을 연구하는 방법을 이해하는 것 이외에, 중국-티베트어족의 전모에 대해 인식하고, 중국어와 관련 있는 티베트-버마어, 태국어에 대해서도 이해하는 바가 있다면, 우리는 연구의 영역을 확대하고, 우리의 견해를 개진할 수 있을 것이며, 우리의 방법은 더욱 세밀해지고 진일보하여 원시중국어(Proto-Chinese)의 단계까지 거슬러 올라가 중국-티베트어에 대해 재구를 해 볼 수 있을 것이며", "지금은 베네딕트의 이 책이 있어서 훨씬 쉬워졌는데", "과거 우리가 고음을 연구한 것은 단지 중국어의 자료에 국한된 것이었지만 현재는 시야를 더 넓힐 수 있게 되었다"라고 하였다. 周法高는 음운과 의미 두 방면에서, 각각 중국어와 유관한 현상들이 티베트-버마어에 반영된 형식에 대하여 고찰하여, 거기에서 전인들이 미처 발견하지 못한 것들을 발견하였다(§5.3.4).

총괄해보면, 베네딕트의 ≪槪論≫은 그 이론의 정확성 여하를 막론하고, 중국어와 중국-티베트어족 언어의 연구에 활기를 불어 넣었음은 분명하다고 하겠다.

4.3 대립적인 분류원칙

4.3.1 중국-티베트어족에 대한 서로 대립적인 분류는 대립적인 분류 원칙에서 비롯되었다. 李方桂의 계통 분류는 기본적으로 단음절과 성조, 이 두 가지 기준에 근거한 것으로, 이 두 가지 기준으로 인하여 이들 언어가 공통된 내원을 갖는다고 여겼다. 또 어떤 사람은 진일보하여, 구조 유형의 공통성이라는 기준을 이용해 중국-티베트어족 언어의 계통을 분류하여, "동일한 계통의 언어는 그 구조상의 유형도 마땅히 같은 것이어야 한다. 台語는 인도네시아어와 유형이 다르다. 그러나 타이어와 중국어에는 상술

한 것과 같은 여러 동원어가 있고, 아울러 공통된 구조적 특징과 변화 양상을 지니고 있는데, 이 점이 바로 그들 사이에 존재하는 친족관계를 증명해 주는 것이다"[8]라고 하였다. 베네딕트, 매티소프 등은 이와 반대로 단음절, 성조 등 유형상의 공통성은 언어의 친족관계를 확립하는 근거가 될 수 없으며, 단지 어음 대응 관계만이 언어의 친족관계를 확정짓는 증거가 된다고 보았다. 1939년 베네딕트(1939:218)는 다음과 같은 두 가지 원칙을 제시한 적이 있다. 즉, 밀접하기는 하지만 엄격하지는 않은 의미상의 동등(equi-valence)은 엄격한 의미상의 동등보다 우위에 있으며, 완벽한 어음상의 대응은 문제가 있는 어음상의 대응보다 우선한다는 것이다. 이 두 가지 원칙은 일리가 있다. 언어는 변화하는 것이므로, 설사 동일한 原始母語에서 기원한 언어라 하더라도 각기 다른 자신의 변화 방향을 가질 수 있다. 막 모어에서 탈태해 나오기 시작한 방언을 제외하고, 두 언어 간에 엄격하게 의미가 하다는 것은 믿을 수 없는 경우가 많으며, 우연한 일치하거나 차용의 결과일 가능성이 크다. 반대로, 피차간에 밀접한 관계가 있지만 구별이 되는 의미상의 동등(semantic equivalence)은 언어의 변화 규칙에 부합하는 것이다. 완전한 어음상의 대응이 의심스러운 어음상의 대응보다 우선한다는 것은 그 이치가 비교적 명백한 것으로, 어음 변화의 규칙성과 그것이 가지고 있는 특징은 필연적으로 두 언어 사이의 완전한 어음상의 대응 관계를 형성할 수 있기 때문이다(§5.1.3). 분류 원칙상의 이러한 대립은 언어의 유형 분류와 발생(계통) 분류간의 관계를 언급한 것으로, 앞으로 진일보한 토론이 필요할 것 같다.

4.3.2 언어의 계통 분류와 유형 분류사이의 관계에 대해서는 §2.3에서 이미 토론하였다. 19세기 어떤 학자들은 문자가 없는 언어를 연구할 때, 유형이야말로 역사적 분류와 유관한 하나의 기준이라고 적극 주장한 적이 있었다. 그러나 20세기의 언어학자들은 유형비교와 역사적 비교를 단독적

---

8 羅美珍(1983:36) 참조.

인 별개의 두 가지 분류 방법으로 간주하였다. 언어 현상에는 교차가 있을 수도 있지만 분류의 원칙은 뒤섞일 수 없다. 하나의 언어가 다른 방언 혹은 다른 언어로 막 분화하기 시작할 때, 즉 친족어가 형성되기 시작할 때에는 둘 혹은 몇 개 언어 사이에 유형상의 차이는 그다지 크지 않은데, 이는 그것들이 모체(모어)를 떠난 시간이 아직은 짧기 때문이다. 이러한 특정한 시기에는 "대체로 동일한 계통의 언어는 그 유형 또한 같은 것이어야 한다" 는 원칙이 성립될 수 있다. 그러나 각 언어는 분화한 이후 오랜 시간이 지난 뒤에는, 각 언어가 처한 사회경제, 정치, 문화 등 여러 조건의 차이, 기타 언어와 주고받은 상호영향의 차이 등으로 인해, 각자의 발전 방향에 따라 변화하게 되어, 거리는 갈수록 더욱 멀어지게 되고, 심지어는 자신의 유형을 바꿀 수도 있게 된다. 현재 로만계의 모든 언어들은 바로 라틴어의 유형을 바꿔 놓았다. 유형을 근거로 하여 언어의 계통 관계를 확정하는 것은 상당히 위험한 일이다. 서로 다른 계통의 언어가 같은 유형을 갖거나 동일한 계통의 언어가 서로 다른 유형을 갖는 것은 흔히 있는 일이기 때문이다. 매티소프는 이 문제에 대해 좋은 분석을 한 적이 있다. 그는 이러한 문제를 연구하는 한 가지 좋은 방법은 친족관계가 있다고 알려진 두 종류의 언어를 고찰하는 것으로, 그 중 하나는 외국어의 영향이 크고, 하나는 외국어의 영향이 적은 것으로 두 언어가 구조 유형상 어떤 차이가 있는지 보는 것이다. 예를 들어, 몬-크메르어족 중 월남어를 멀리 말레이 반도 남단에 있는 다른 몬-크메르어와 비교해보면, 같은 계통에 속하는 언어 유형이면서도 서로 다를 수 있음을 알 수 있다. 현재는 그 곳에 많은 중국인이 살고 있지만, 몇 천 년 전에 말레이반도의 토어는 몬-크메르어족 혹은 오스트로-타이어족에 속했는데, 이러한 언어를 사용한 부락은 밀림 속에 거주해서 기술 수준이 매우 낮고 외부와의 접촉도 적었다. 그래서 지금은 그곳에 중국인이 많이 살고 있기는 하지만, 그 언어는 이제껏 한 번도 중국어의 영향을 크게 받은 적이 없었다. 따라서 이들의 언어는 몬-크메르어 혹은 오스트로-타이어로부터 계승된 상당히 순수한 형식과 특징을 보존하고 있

는 것이다. 한편 월남어는 이미 중국어의 영향을 크게 받아서, 유형의 측면
에서 볼 때 동일한 어족의 다른 언어들과는 완전히 다르다. 즉 몬-크메르
혹은 오스트로-타이어족의 다른 언어들은 거의 모두 성조가 없으나 월남어
에는 복잡한 성조 체계가 있으며, 유형상 중국어와 가깝다. 이와 유사한
예는 매우 많은데, 예를 들면 카렌어의 어순은 같은 계통의 티베트-버마어
와 다르며, 캄어는 남도어족에 속하지만 유형은 몬-크메르어족 언어와 같
다(§2.4). 그러므로 오랜 기간을 거쳐 발전되어온 언어를 단지 유형상의
특징에만 근거해서 언어의 친족관계를 확정할 수는 없다. 베네딕트, 매티
소프 등은 태국어, 캄어, 먀오-야오어 등이 중국어와 같은 구조상의 특징을
가지는데, 그것은 중국어의 영향에서 비롯된 결과라고 생각하였다. 한족은
주변 타 민족에 비해 문화 수준이 높아서 다른 언어들에 대해 영향을 많이
주었으며, 그래서 많은 언어가 중국어의 영향을 받으며 변화하였고, 따라서
유형상의 유사점을 갖게 되었던 것이다. 이러한 견해에 대해서 구체적인
결론(예를 들면 먀오-야오어의 계통 문제 등)을 내기 위해서는 더 깊은 연
구가 필요하다. 그러나 그러한 분류 원칙의 기본 정신은 옳다고 하더라도,
유형상의 공통성만을 이용해서 언어의 친족관계를 확정할 수 없다는 것은
분명한 일이다.

4.3.3 과거에는 어음구조의 단음절성, 형태변화가 없는 것 등은 중국-티
베트어족 언어의 공통된 특징으로 여기고 이를 근거로 언어의 친족관계를
확정할 수 있었다. 지금 보면 이 견해도 역시 성립하기 어렵다. 강어羌語,
가룽어嘉戎語처럼 중국-티베트어족에 속한 많은 언어들이 단음절어가 아니
기 때문이다. 張琨도 단음절성 등의 기준을 가지고 중국-티베트어족에 속
하는 언어를 확정할 수는 없다고 여겼다.[9] 현대 중국-티베트어족의 언어가
지니는 단음절성, 형태변화가 없는 것은 대부분 어음이 간략화한 결과이

....
9 徐通鏘(1984b:236) 참조.

다. 베네딕트, 매티소프 등은 중국-티베트어족 언어에 형태변화가 없다고 말한 것은 옳지 않으며, 현재의 어음구조의 면모를 가지고 고대 언어의 어음구조를 인식할 수는 없다고 여겼다. 사실, 상고 시기의 중국어에는 형태변화가 있었음을 보여주는 접두사가 매우 많았다.

접두사는 중국어의 역사적 변화과정에서 매우 중요한 작용을 했는데 특히 성모로 쓰인 자음의 변화에 큰 영향을 미쳤다. 예를 들어 접두사 's'의 중요한 기능은 일반 동사를 사역동사(causative verb)로 바꾸는 것이다. 이 접두사는 티베트어에서는 's'이며, 다른 티베트-버마어에서는 종종 성모의 무성음화로 나타난다. 예를 들어 현대 버마어의 'lwa'는 '느슨하다'의 의미이며 'hlwa'는 '느슨하게 하다'의 의미이다. 또 景頗語로 '느슨하다'는 'lɔt'이고 '느슨하게 하다'는 'šəlɔt'이다. 티베트어에서 '느슨하다'는 'glod'이며 '느슨하게 하다'는 'hlod' 혹은 'slod'이다. 이는 접두사 's'가 실현한 결과이다. 중국어도 초기 단계에 's'접두사가 있었을 것이다. 왜냐하면 전치사 's'가 다른 발음부위의 성모(설첨파열음, 설근음 등)와 諧聲일 수 있기 때문이다 (賜-剔, 史-吏, 隋-墮, 宣-桓 등을 비교해보자). 李方桂(1980:25)는 "이 s는 접두사(prefix)로 볼 수 있으며, 또 상고 중국어의 造語法을 연구하는데 있어 매우 중요한 위치를 차지하게 될 것이다"라고 했다. 이러한 현상은 모두 중국-티베트어족 언어가 형태 변화가 없는 것이 아님을 설명한다.

중국-티베트어족 언어와 몬-크메르어족 언어의 또 다른 중요한 특징은 음절의 끝이 음절의 앞보다 안정되어 있다는 것이다. 음절의 성모 부분은 매우 불안정하여 매우 쉽게 변화가 일어나는데, 그 원인을 따져보면, 이러한 현상은 성모에 미치는 접두사의 영향으로 말미암은 것이다. 접두사는 淸聲母를 濁聲母로 변화시키기도 하고[10], 또 탁성모를 청성모로 변하게 하기도 하고, 기타 그 밖의 여러 유사한 변화(예를 들어 유기음이 무기음으로 변하는 것……)를 일으킬 수 있다. 張琨이 한자의 諧聲 계열의 모순에 대해

----

10 역주-중국의 전통 음운학에서는 무성음을 淸音, 유성음을 濁音이라 한다.

말할 때에도 이 점을 지적하였다. "현재의 독음으로 읽으면 일련의 諧聲字(예를 들어 充과 統, 終과 冬, 禪과 單……) 안에 무성음 성모도 있고 유성음 성모도 있으며, 유기음도 있고 무기음도 있는데 도대체 원래는 어떠한 것이었는가? 추측컨대 원래는 하나의 어근이었으나, 앞에 다른 접두사가 붙었을 것이다. 즉 어근의 성모는 본래 같았으나, 서로 다른 접두사의 영향을 받아서 성모에 갖가지 변이가 일어난 것이다. 티베트어에서 이 같은 상황을 볼 수 있는데, 하나의 어근 앞에 d 혹은 g, 혹은 m 등이 붙은 후에, 현대 방언에 이르러 이들은 각기 다른 음으로 읽히게 되었다. 諧聲 계열의 차이는 아마도 이러한 상황 때문에 발생했을 것이다"라고 하였다.[11] 이러한 현상을 제기한 것은 매우 중요하다. 그것은 한편으로 칼그렌의 해성 원칙을 수정, 보완하는데 언어현실의 중요한 근거를 제시하였으며 다른 한편으로는 음절의 頭音 자음의 불규칙성을 해석하는데 도움이 된다.

4.3.4 성조는 단음절과 밀접한 관련이 있다. 일반적으로 다음절어에는 輕重音이 생기기 쉽고, 단음절어에는 높낮이가 변화하는 성조가 생기기 쉽다. 먼저 몇몇 언어에서 성조의 발생과정을 고찰해보면 성조와 언어의 계통 분류와의 관계를 이해하는데 다소 도움이 될 것이다.

상고 중국어에 성조가 있었을까? 이에 대한 견해는 다양하다. 淸代 顧炎武는 '四聲一貫', 즉 서로 다른 성조가 임시로 서로 전환할 수 있었다고 주장했다. 한편 江永은 임시로 성조가 변화하였다는 것을 인정하지 않고 四聲이 뒤섞이어 쓰였다고 주장했다. 또 段玉裁는 "옛날에는 去聲이 없었다"고 여겼으며, 江有誥는 또 "고대에는 사성이 없었다"고 주장했다. 이러한 여러 가지 주장들은 중국어의 성조의 分合이 과거 어느 한 시기에 비교적 어지러웠으며, 이러한 현상은 시가의 압운에 이른바 '사성을 섞어 사용하는 것四聲雜用'으로 반영되었음을 말해준다. 이는 그 시기의 성조가 아직 발전

---

11 徐通鏘(1984b:244) 참조.

과정에 있었으며 定型이 없었던 까닭이다(§12.6). 성조가 어떻게 생겨났는 지에 대해서 아직까지는 이렇다 할 연구성과가 없다. 그러나 성조의 변화 가 성모의 淸濁과 직접적인 관계가 있다는 것은 모두가 아는 사실이다. 그리고 티베트어와 중국어 사이에 친족관계가 있음은 모든 학자들의 공통 된 관점이다. 그러나 중고시기의 티베트어 경전과 현대 티베트어의 몇몇 방언들을 놓고 보면 티베트어에는 본래 성조가 없었다. 즉 중국어에 성조 가 있던 시기(예를 들면 ≪切韻≫ 시기)에, 티베트어에는 아직 성조가 없었 다. 티베트어의 성조는 티베트어 자체가 독자적으로 변화한 결과로 중국어 성조의 유무와는 무관하다. 티베트어 라사拉薩방언을 예로 보면 성조의 발 생과정은 대체로 다음과 같다. 우선 유성음 성모의 무성음화로 인해 高低 두 개의 성조가 만들어졌는데, 원래의 무성음 성모는 高調(54)에 속하고 원래의 유성음 성모는 低調(12)에 속하였다. 그리고 자음 운미의 간략화는 라사어 성조의 재분화를 야기하였다. 그래서 처음 유성음, 무성음 성모가 만든 고저 두 성조 체계는 나아가 네 성조 체계로 분화하였다. 일반적으로 평·상·거성 운미(-m, -n, -ŋ, -r, -l)는 성조를 평평하게 하여 高調는 高平調 (55)로, 低調는 低平升(113)으로 변했으며, 파열음 운미와 마찰음 운미(-b, -d, -g, -s 등)는 성조를 降調로 변하게 하여 高調는 高降(52)으로, 低調는 低升降(132)으로 변했다. 접두음 탈락은 라사어 성조의 변화에도 영향을 미쳤는데, 주로 옛날에 접두음이 없었던 次濁 성모의 글자[12]를 지금은 高調 로 읽는 것으로 나타난다.[13] 티베트어의 성조와 중국어의 성조는 따로 따로 생겨나고 변화한 것이지, 원시 중국-티베트어의 흔적이 아니며, 그래서 대 응관계도 있을 수 없다는 것을 알 수 있다. 두 언어의 성조 발생과 변화는 모두 성모의 淸濁 등과 관련이 있으며, 그것은 언어의 유형적 특징 혹은 보편적 특징이지 발생학과는 무관한 것이다.

한 발 물러서 중국어와 티베트어는 친족어이기 때문에 성조의 발생과

---

12 역주-중국 전통음운학에서는 비음, 변음 등을 次濁音이라 한다.
13 胡坦(1980), Haudricourt(1954) 참조.

변화가 성모의 淸濁과 관계가 있다고 하자. 그렇다면 나아가 중국어, 티베트어와 친족관계가 없는 월남어에서 성조가 발생한 원인을 알아보면, 성조는 발생학과는 무관하다는 것을 한층 더 명확히 할 수 있다. 프랑스의 언어학자 오드리 꾸르(Haudricourt, 1954)는 월남어의 성조 발생과정을 구체적으로 분석하였다. 최초단계의 월남어에는 성조가 없었다. 다만 유무성음 자음의 대립이 있었으며 운미에는 무성 마찰음(淸擦音) -s와 성문파열음(喉塞音) -?이 있었다. 후에 -s는 -h로 변했고 그 뒤에 -h와 후색음 -?는 모두 소실되면서 성조만을 남겼다. 대체적인 상황은 후색음 -?이 있던 음절은 升調로 변했고 -h가 있던 음절은 降調로 변했으며, -h와 -?가 없었던 음절은 다른 성조가 되어 모두 3개의 성조가 생겼다. 대략 12~13세기경 유성음의 무성음화(동남아의 전체 언어에 이와 유사한 음운 변화가 발생하였다. 어떤 이는 이 음운 변화가 몽골의 남침과 관련이 있다고 하는데, 몽골의 남침이 언어 접촉을 촉진했기 때문이다)는 나아가 각각의 성조를 고, 저 두 가지로 분화시켜, 6개의 성조를 만들어냈다. 대체적인 상황은 다음 표와 같다.

I	II 자음운미의 소실	III 유성음의 무성음화
성조가 없음	후색음 -?이 있던 음절이 升調로	고(무성음)
		저(유성음)
	운미 -h이 있던 음절은 降調로	고(무성음)
		저(유성음)
	-h와 -?가 없었던 음절의 성조	고(무성음)
		저(유성음)

이러한 예로부터 친족어·비친족어를 막론하고 그 성조의 발생은 모두 자음의 淸濁과 관계가 있음을 발견할 수 있다. 이것은 보편적인 특징으로서 생리-물리학적으로도 설득력을 가질 뿐 아니라 실험음성학에서도 이미 증명되었다(§6.4.2). 다음절어에서는 자음의 유무성음으로 인해 생긴 고저의 차이가 변별적인 기능을 갖지 못한다. 그러나 단음절 언어에서는 유성

음의 무성음화는 본래 청탁 자질에 내재해 있는 剩餘資質인 高低가 변별적 기능을 하게 되어 후에 성조로 발전하였다. 그렇지 않으면 동음이 아니었던 형태소가 동음 형태소로 변할 수도 있었을 것이다. 과다한 동음 형태소가 의사소통에 영향을 미친다는 것은 누구나 다 아는 사실이다. 현재 대다수의 언어학자들은 성조를 가지고는 중국-티베트어족 언어의 계통을 분류할 수 없다고 여긴다. 張琨은 더 나아가 몇가지 언어현실을 근거로 성조의 유무가 언어 계통 분류의 기준이 될 수 없음을 설명하였다. 雲南 변두리의 몇몇 티베트-버마어의 방언과 이어彝語, 리스어傈僳語에는 매우 흥미로운 현상이 있다. 운남의 변경에 가까운 지역의 이어彝語, 리스어傈僳語는 성조가 적은 반면, 貴州·四川 일대에 이르면 이들 언어에는 성조가 많아지는데, 이는 중국어의 영향과 관련이 있다. 그러므로 성조를 이용해서 중국-티베트어를 기술하는 것은 그다지 적절하지 않은 듯하다.[14]

성조는 형태소가 단음절인 언어에서 보이는 보편적인 특징으로서 발생학적 분류의 근거로는 볼 수 없다.

4.3.5 단음절, 성조 등을 언어의 발생학적 분류의 근거에서 배제하면 §3.3.3에서 서술한 바와 같은 계통 분류가 가능해진다. 중국어의 구조와 비교적 가까운 감-타이侗台어족과 먀오-야오苗瑤어족은 중국어와 친족관계가 없는 반면, 구조적으로 중국어와 큰 차이가 큰 티베트-버마어족, 카렌어 등은 오히려 중국어와 친족관계가 있다. 이는 분명 평소에 가지고 있던 인상과 현저한 차이가 있다. 중국의 학자들은 대부분 베네딕트의 계통분류 이론을 받아들이지 않고 감-타이侗台, 먀오-야오苗瑤어와 중국어와의 친족 관계를 논증할 방법을 강구 중에 있다(§4.4.2). 티베트-버마어족의 구조는 중국어와 차이가 비교적 크지만 논쟁을 벌이고 있는 쌍방 모두 그들 사이에는 친족관계가 있다고 여긴다. 베네딕트(1984a:181)는 이에 대해 다음과 같이 총괄하였다, "(1) 티베트-버마어에서와 같은 복잡한 형태변화는 중국

---

14   徐通鏘(1984b:236) 참조.

어에서 거의 흔적을 찾아볼 수 없다. (2) 두 어족 사이에는 극히 소수의 동원어가 있을 뿐이다. (3) 두 어족의 어음 체계는 여러 면에서 달라 거의 공통점을 찾을 수 없다. (4) 두 어족의 성조체계는 관계가 없는 듯하다. 두 어족 사이의 발생학적 관계는 결국 다음 사실들에 기초하여 결정해야 할 것이다, 즉, 양자는 공통된 기본어근을 가지고 있으며, 아울러 이러한 어근을 바탕으로 공통된 어음규칙을 세울 수 있다." 나중에 베네딕트(1984b:424~425)는 "두 어족 사이에는 극히 소수의 동원어가 있을 뿐이다"라는 점에 대해서 또 아래와 같이 보충하였다. "≪概論≫에는 티베트-버마어 혹은 티베트-카렌어와 중국어 사이의 기본어휘가 일치한다는 사실에 대한 충분한 설명이 없다. 자료에 대하여 부단히 비교연구를 한 끝에 새롭게 발견한 중국어의 접두사 *s-로부터 지대한 도움을 얻어 ≪概論≫에서 기술한 동원어 이외에 또 다른 대량의 동원어를 발견했다. 현재 절대다수의 중국어 친족호칭과 신체부위에 관한 기본어휘는 모두 티베트-버마 언어에도 동원어가 있으며, 또한 일반적으로 의미변화가 적다는 것을 실증할 수 있다. 다만 기본어휘를 범위를 벗어난 경우에는 동원어의 수가 비로소 적어진다." 그러므로 중국어와 티베트-버마어족의 관계에 관한 학술연구는 이미 장족의 발전을 이루었으며, 중국-티베트어족의 가설은 비교적 믿을 만한 근거를 가지게 되었다. 이렇다 할지라도 중국어의 구조는 필경 티베트-버마어족의 구조와 상당한 거리가 있으므로 반드시 이론상 합리적인 해석을 해야 한다. 베네딕트(1984a:181)는 저층설을 이용해서 중국어와 티베트-버마어족 간의 차이를 해석하였다. "중국-티베트어의 성분은 단지 중국어의 표층을 구성할 뿐이며, 저층에는 각각의 원시언어가 있다. 역사적인 각도에서 말하자면, 周代 사람들은 중국-티베트어족 언어를 썼는데, 나중에 이 언어가 商代 사람들이 쓰던 중국-티베트어족이 아닌 다른 언어에 융합되거나 스며들었을 수 있다고 볼 수 있다."

저층설에는 어느 정도 일리가 있지만, 구체적인 원인(周민족의 중국-티베트어가 商민족의 비중국-티베트어에 융합되었다는 것)에는 약간 터무니

없는 면이 있다. 현재의 문헌자료를 보면, 商·周 두 민족의 언어 사이에는 그다지 큰 차이가 없었고 오히려 한족과 뒤섞여 살았던 기타 민족의 언어가 중국어에 영향을 미쳐 중국어의 변화 속도를 가속화했을 수 있다. 역사의 긴 발전 과정에서 한민족과 중국어는 많은 소수민족 및 그 언어와 융합하였으며, 중국어는 이러한 융합과정 중 시종 승리자였다. 그러나 중국어역시 끝내는 다른 언어의 영향을 받았으며, 이는 중국어의 구조에 상당 정도의 변화를 가져왔다. 이른바 '五胡亂華'시기에 鮮卑族이 중원을 점거하여 중앙 왕조를 세우고 漢化정책을 펼친 것이 그 예이다. 이렇게 해서 鮮卑語는 신속히 소실되었다. 그리고 이는 중국어에도 상당한 영향을 미쳤다. 중국어를 기록하는 한자는 표음문자가 아니어서 어음의 실제 변화를 반영하지 못하지만, 당시 새로운 글자를 대규모로 만들어 사용함으로써 언어의 변화를 어느 정도 반영하였다. 예를 들어 ≪說文解字≫에는 없으나 후세에 계속 첨가된 글자가 1,000자가 넘는데, 대부분 北魏 天興 2년(A. D. 401년) 4월부터 始光 2년(425년) 3월 사이에 나온 것이며, 그 기간은 겨우 24년에 불과하다.[15] 이렇게 짧은 기간에 그토록 많은 글자가 증가한 것은 틀림없이 언어의 상호영향으로 인하여 발생한 언어변화와 관계가 있을 것이다. 검토가능한 자료만 보아도 先秦에서 근대까지 중국어와 많은 소수민족의 언어사이에는 중국어와 鮮卑語 사이에 일어났던 것과 같은 융합이 발생했다.[16] 융합 과정에서 각 민족이 중국어를 익히던 과정은 또한 그들이 중국어에 영향을 주었던 과정으로, 중국어 자체의 변화규칙을 간략화하도록 하였으며, 구조면에서도 몇 가지 큰 변화가 발생하게 하였다. 이러한 예는 다른 언어의 변화과정 중에도 보인다. 라틴어는 일종의 종합어로 형태변화가 매우 풍부하다. 그러나 각 지역의 토착주민(이베리아인,[17] 갈리아인,[18] 쿠르드

---

15 顧炎武, ≪金石文字記·孝文皇帝弔殷比干墓文≫.
16 徐通鏘(1981a) 참조.
17 고대 스페인 사람을 가리킨다.
18 프랑스의 고대 주민을 가리킨다.

인,[19] 에트루리아인,[20] 베니스인, 다카인[21])이 자신들의 언어를 버리고 라틴어를 공동의 의사소통 수단으로 삼았을 때, 라틴어 자체는 사실상 큰 충격을 받았으며, 이로써 라틴어는 종합어에서 분석어로 바뀌어 형태변화가 많이 소실되었으며 단어의 순서는 날로 고정되었고 허사의 작용도 날로 명확해졌다. 중국어의 변화도 이와 비슷한 영향을 받았을 것이다. 이는 중국-티베트어에 대한 역사적 비교연구에 큰 어려움을 초래하였으며, 이러한 이유 때문에 현대 언어의 자료만 가지고서 중국어와 티베트-버마어의 친족관계를 증명하는 것은 쉽지 않은 일이다.

4.4 감-타이侗台, 먀오-야오苗瑤 두 어족 계통관계의 새로운 증명

4.4.1 감-타이侗台, 먀오-야오苗瑤 두 어족은 중국-티베트어족에 속하는가? 중국어와는 친족관계가 있는가? 이 질문에 대한 대답은 차용어와 동원어(§5.3)의 차이를 분명히 하는 것이 관건이다. 베네딕트는 매우 간단하게 언급하여, "중국어와 태국어 사이에 친족관계가 있다는 전통적인 관점은 반드시 버려야 한다"고만 말하였다. 그런데 중국-티베트어족의 언어는 단음절 어근과 성조를 사용하는데, 이 두 가지 특징은 감-타이, 먀오-야오어에도 모두 있어서,[22] 이론적으로 감-타이侗台, 먀오-야오苗瑤 두 어족이 중국-티베트어족 언어에 속하지 않는다고 할 이유가 없다. 나중에 베네딕트(1984b:433)는 이 문제에 대해서 구체적인 분석을 하였다. 1, 2, 3, 4와 같은 數詞는 일반적으로 기본어휘로 여겨지며 차용된 것으로 보기는 어렵다. 그래서 먀오-야오苗瑤, 감-타이侗台어의 수사와 중국어, 티베트-버마어의 유사성은 몇몇 언어학자들 사이에 깊은 인상을 심어주었고, 그들로 하여금 감-

....

19 BC6세기 이탈리아 서북부와 高盧동남부 해변의 한 부족.
20 고대 이탈리아에서 가장 오래된 한 부족.
21 고대 루마니아 사람을 가리킨다.
22 P.K. Benedict(1984a:1~2) 참조.

타이侗台, 먀오-야오苗瑤 두 어족이 모두 중국-티베트어족에 속한다고 여기게 하였다. 베네딕트는 이러한 수사의 형식을 구체적으로 분석하여 이 결론을 부정하였다. 그는 언어연대학 연구를 근거로 '2' 이상의 수사는 차용되기 쉬우므로 반드시 기본어휘인 것은 아니며, 그리하여 원시 먀오-야오苗瑤어와 원시 중국-티베트어 사이에 대응되는 어휘는 '5' 이상의 수사만이 포함되며 '5' 이하의 수사는 없다고 생각했다. 그런데 감-타이侗台어에서 중국-티베트어와 유사한 수사 범위는 '5' 이하까지 확대된다. 그러나 '1'(*et)과 '2'(*ńii~*hńii)는 단지 복합사 '11', '20' 등에만 쓰이니 분명히 차용어이지 자기 민족어가 아니다. 감-타이侗台어 자체의 '1', '2'는 어근이 (h)niŋ과 sooŋ이다. 베네딕트는 이러한 사실을 근거로 "실제로 독특한 대응관계, 심지어 수사상의 대응도 모두 발생학적 가설과는 모순되기 때문에" 감-타이侗台, 먀오-야오苗瑤 두 어족과 중국-티베트어족의 친족관계 문제는 분석할 필요가 없다고 여겼다.

4.4.2 중국의 많은 학자들은 모두 감-타이侗台, 먀오-야오苗瑤 두 어족을 중국-티베트어족 언어에서 제외시키는 것에 동의하지 않는다. 차용어는 감-타이侗台, 먀오-야오苗瑤 어족과 중국어, 티베트-버마어 사이의 친족관계를 밝히기에는 부족하며, 단음절과 성조도 언어의 계통 구분의 기준이 될 수는 없기 때문에 학자들은 동원어를 찾아 어음 대응 관계에 근거해서 감-타이侗台, 먀오-야오苗瑤 두 어족과 중국어의 친족관계를 논증하였는데, 陳其光과 李永燧(1981), 王輔世(1986) 등이 대표적이다. 그들은 모두 각각의 어족에서 의미상 유사하고, 발음상 중국어의 상고음(李方桂 등의 중국어 상고음의 재구에 근거)과 비교(王輔世가 비교한 것은 중고음이다) 가능한 어휘를 찾아내어, 그것이 같은 원시모어에서 나온 동원어라고 정하고 아울러 이를 근거로 감-타이侗台, 먀오-야오苗瑤 두 어족은 중국어와 친족관계가 있다고 여겼다. 어음의 대응관계에 착안하여 동원어를 찾고 다시 언어의 친족관계를 분석하는 것은 방법론상 나무랄 데가 없는 것으로, 이전의 단음절어와

성조라는 기준을 가지고 분석한 것보다는 한층 발전한 것이었다. 그러나 이 글들의 근거 자료와 논증 방법에는 아직 더 깊이 있는 검토가 필요한 부분이 적지 않다. 우선, 예로 든 어휘의 범위가 좁고 수가 적어서, 그 중에서 완전한 것을 정리해내고 체계 있는 어음의 대응관계를 찾아내기가 어려웠다. 이 문제에 관해 張琨은 "간혹 한 두 단어가 있기는 하다. 예를 들어 '飛'와 티베트어의 'phur-ba'는 매우 비슷하다. 그러나 조금 깊이 연구해보면 ≪切韻≫에서 微部의 얼마나 많은 글자가 티베트어의 '-ur'에 대응이 되는가? 이는 단언하기 어렵다. 어떤 사람은 '羊'[jaŋ]과 티베트어의 [luk]이 관련이 있다고 하는데, '羊'은 비음 운미, [luk]은 파열음 운미이다. 또 운두부분은 티베트어의 [l]과 중국어의 [j]가 관계가 있다고 하는데, [j]는 李方桂가 말한 것과 같이 이전에는 [r]이었을 수 있기 때문이다. 그러나 좀 더 깊이 살펴보면, 티베트어의 [-uk] 중에 중국어의 [-aŋ]과 대응되는 것이 얼마나 있는가? 이 또한 커다란 문제이다"라고 하며 훌륭한 분석을 내놓았다.[23] 張琨이 여기에서 말한 것은 비록 중국어와 티베트어 사이의 상호관계 문제이긴 하지만 언급한 원칙은 의심할 바 없이 중국어와 기타 어족 언어 사이의 동원관계를 분석하는 데에도 마찬가지로 적용된다. 체계적인 어음상의 대응관계를 찾지 못하면 동원어를 결정하기가 매우 어렵다. 둘째, 예로 든 어휘가 적어서 동원어인지 차용어인지 감별하기가 어렵다. 위의 글들이 제시한 기본어휘는 동원어인가 차용어인가? 모두 확언하기가 어렵다. 陳其光과 李永燧(1981:13)도 이 부분의 문제들을 인식하여 차용한 것은 "종종 기본어휘가 아니다" 혹은 "기본어휘는 어휘의 핵심으로……기타 언어를 차용할 가능성이 비교적 적다"와 같이 기본적인 가정을 제시하기도 하였다. 이러한 추상적인 원칙은 실제 연구에서는 운용하기가 어려울 것이다. §4.4.1에서 분석한 바와 같이 기본어휘도 마찬가지로 차용한 것일 수 있기 때문이다. 셋째, 현대의 살아있는 언어를 가지고 2,000년 전의 죽은 언어(王輔

---

23 徐通鏘(1984b:235) 참조.

世의 글은 1,000년 전의 中古음계이다)를 재구한 것과 비교하는 것은 방법론상 부적절하다. 이렇게 오랜 기간 동안 언어에는 이미 거대한 변화가 생겼기 때문이다. 陳其光과 李永燧(1981:14) 두 사람도 이러한 비교는 이상적이지 못하며 반드시 원시 중국어와 원시 먀오-야오苗瑤어를 가지고 비교해야 한다고 하였는데, 이 말이 중국-티베트어족 언어에 대한 역사적 비교연구의 핵심에 닿아 있다고 할 수 있다. 증명할 필요가 있는 친족어인 이상 당연히 믿을만한 자료와 방법론의 기초 위에서 비교를 해야 할 것이기 때문에 중국의 언어학자들은 이미 이 방면의 탐색을 시작한 것이다.

4.4.3 중국어와 감-타이侗台, 먀오-야오苗瑤어 사이의 친족관계를 확정하는데 동원어와 차용어를 구분하는 것이 관건이라면, 이 두 가지 어휘를 감별하는 원칙을 세우는데 힘을 쏟아야 한다. 이치로 보면, 이러한 원칙은 명확한 것으로, 완전하고, 체계적인 어음상의 대응관계가 있는 것은 모두 동원어이며 그렇지 않으면 차용어이다. 그러나 중국-티베트어족 언어는 상황이 비교적 복잡하여 일부 보충할 원칙이 필요하다. 張琨(1977)은 이 점을 이야기하며 "도대체 무엇이 동원어이고 무엇이 차용어인지 어떤 때는 판가름하기가 매우 어렵다"고 지적했다. 동원어를 찾을 때는 "음운, 의미 모두를 엄격하게 요구할 수 없다. 만약에 두 언어의 분파가 나누어진 지 오래되었다고 가정한다면 어떻게 두 언어의 글자가 의미상, 음운상 완벽하게 가깝기를 바랄 수 있겠는가? 이는 불가능한 일이다. 그러므로 동원어를 찾을 때에는 반드시 융통성을 가져야 하며 까다로운 요구를 할 수 없다. 의미상 비슷할 때, 음운상 비슷할 때, 말이 통한다면 충분히 동원어라고 할 수 있다. 말이 통한다는 것은 적어도 음운상 두 가지 다른 음변화규칙을 가정해야 한다는 말이다. 이 언어가 이 규칙을 통해 이러한 형식을 만들어내고, 또 저 언어는 또 다른 어음변화의 상황을 통해 또 다른 결과를 이끌어낸다고 가정하면 충분히 두 음변화의 결과를 재구해 낼 수 있으며, 그러면 두 가지가 음운상 차이가 크더라도 동원어가 된다고 해석할 수 있음을 말하는

것이다." 이는 중국-티베트어족 언어에 대한 역사적 비교연구의 핵심문제로서, 먼저 각 언어 혹은 어족의 어음변화규칙을 분명히 이해한 후 동원성분을 확정하고 역사적 비교연구를 해야 한다는 것을 언급한 것이다. "예를 들어 티베트어, 가릉어嘉戎語와 강어羌語에는 모두 성조가 없으며, 이어彝語, 나시어納西語, 리스어僳僳語, 라후어拉祜語에는 모두 성조가 있는데, 이 두 가지 말의 원시언어가 같다고 하려면, 우리는 이 성조가 어떻게 만들어진 것인지 해석해야 하니, …… 곧 비교연구를 해야 한다." 張琨은 이러한 연구를 "우리의 최근의 방법"이라고 하였는데, 이렇게 해서 "티베트어와 중국어의 음운형식상 매우 다른 형식을… 동일한 원시언어에서 기원한 것으로 해석할 수 있었다." 이것은 중국-티베트어족 언어에 대한 역사적 비교연구에 있어 풀어야 할 새로운 과제이다.

4.4.4 동원 성분을 비교하기 전에 먼저 각 언어 혹은 어족의 어음변화규칙을 명확히 해야 한다는 것은 일반적인 원칙이다. 이 원칙을 어떻게 실행할 것인가? 이는 구체적인 탐색을 더 필요로 한다. 여기에서 중요한 것은 중국-티베트어족 언어의 구조상의 특징을 잘 파악하여 거기에서 인구어에 대한 역사적 비교연구와는 다른 특수 원칙을 세우고 역사언어학의 이론과 방법을 다양하게 응용해야 한다는 점이다.

중국어와 인구어족 언어는 구조상의 유형이 다르다. 중국어 형태소의 어음구조는 현재 대부분 단음절이고 고대에도 기본적으로 하나의 형태소가 하나의 단어였기 때문에 어떤 이들은 이를 단음절어라고 했다. 이러한 특징 때문에 중국어의 단어 구조는 인구어족 언어와 큰 차이가 있다. 인구어족 언어의 조어는 파생법 위주이며 어근에 접사를 덧붙이면 새로운 단어를 구성할 수 있다. 그러나 先秦시대 중국어(심지어 더 이른 시기까지도)에서는 단어의 단음절 구조를 주요 특징으로 하는 조어법은 종종 어근내부의 어음교체를 통해 새로운 단어를 구성하는 방법이었다. '長短'의 '長'과 '生長'의 '長', '好人'의 '好'와 '愛好'의 '好' 등이 그 예이다. 이렇게 어근의 어음교체를 통해 만들어진 단어 중 어떤 것들은 나중에 자형에서도 분화가 발생하여 피차간에 연관이 없는 단어처럼 보이기도 하였다. '背'와 '負', '沒'과 '歿' 등이 그 예이다. 이러한 조어법을 이용해 새로운 단어를 만든 결과 중국어의 형태소 수는 더욱 많아졌다. ≪康熙字典≫에 실린 한자는 47,035개나 되는데 하나의 한자는 기본적으로 하나의 형태소이며 이는 인구어족 언어의 형태소 수인 4~5천 개를 훨씬 초과한다. 중국어에 정말로 그렇게 많은 형태소가 있는 것인가? 아니다. 많은 형태소들이 의미가 같거나 비슷하고, 어음상으로 규칙적인 교체가 존재하기 때문에, 사실 이 형태소들은 동일한 형태소가 분화한 것이다. 다만 한자의 서로 다른 자형이 형태소의 변체가 동일하다는 사실을 가리고, 형태소의 수량이 많아 보이도록 한 것이다. 만약 이렇게 상호연관이 있는 형태소에 대해서 정리 작업을 하지 않고 있는 그대로 단어족(word family)을 세운다면, 기타 어족의 언어와 비교를 하여 완전한 어음상의 대응관계를 찾아낼 방법이 없다. 단어족 내부에 속한 각각의 단어를 동족어라고 하는데 마치 인구어족 언어 중 동일한 어근을 가지는 각 단어가 하나의 동족을 구성하는 것과 같다. 이것은 비교연구를 하기 전에 반드시 완성해야 할 기초적 작업이다. 그밖에 감-타이侗台, 먀오-야오 苗瑤 같은 어족에 대해서도 먼저 이러한 기초 작업을 해야 한다. 이렇게 해야 비로소 단어족을 비교하여 어음대응관계를 근거로 동원어를 감별하고, 상호간의 친족관계 여부를 확정할 수 있다. 칼그렌(1934)은 일찍이 이 작업의 중요성을 깨닫고, 중국어도 다른 언어와 같이 단어가 단어족을 이룰 수 있다고 여겼다. 동족인 단어는 공통된 근원을 가지고 있다. 예를 들어 '目'의 상고음은 miôk인데 만약 먼저 miôk의 단어족을 세우지 않으면 그것과 티베트어의 mig(눈동자)이 동원관계가 있다는 것을 증명할 수 없을 것이다. '目'과 동족인 것에 '眸'가 있는데 상고음이 miôg(눈동자)이다. 이 miôg는 티베트어의 mig와 직접적으로 부합한다. 칼그렌은 이로부터 결론을 얻어내, 중국-티베트어족 언어에 대하여 역사적 비교연구를 하기 전에 어족마다 먼저 각각의 단어족을 설정해야 한다고 보았다. §4.4.2에서 제시한 글들은 이러한 기초적인 작업을 하지 않고 직접 비교하려고 했기 때문에 예상한 효과를 얻기 어려웠던 것이다.

동족어와 동원어는 동일한 개념이 아니다. 동족어는 언어내부의 조어법과 관련한 문제로서, 주로 어음교체의 방식에 근거하여 한 단어족의 형성과정을 거슬러 올라가고 아울러 거기에서 나온 원시형식을 말한다. 반면, 동원어는 어음의 대응규율을 근거로 하여 서로 다른 언어(혹은 방언)의 친족관계와 변화규칙을 추적하는 것이다. 먼저 단어족을 세우고 나서 비교를 하는 것은 중국-티베트어족 언어에 대한 역사적 비교연구가 인구어족과 구분되는 중요 특징이다. 동원어와 차용어를 감별할 때에도 이 특징을 충분히 고려해야 한다. 칼그렌은 상고 중국어 연구의 기초 위에서 이미 초보적인 시험을 했으나, 아직 서로 다른 단어족을 기초로 하여 역사적 비교연구는 하지 않았다. 王力의 ≪同源字典≫(실제로는 동족어사전이다)도 중국어의 동족어만을 연구했는데, 그 목적은 중국어의 언어학사를 연구하는 것이었으며 같은 계통의 언어와 비교하는 것이 아니었다. 嚴學窘은 이 방면에서 한발 더 나아가 동족어 연구를 통해 동원어와 차용어를 구분하고 감-타이侗台, 먀오-야오苗瑤 두 어족과 중국어 사이의 친족관계를 고찰하고자 했다. 그(1979b:4)는 '발음이 비슷함語音相似', '의미가 통함詞義相通', '형태가 부합함形態相符'이라는 3가지 원칙을 근거로 감-타이侗台, 먀오-야오苗瑤어와 중국어의 동원어를 찾았다.

예를 들면 다음과 같다.

'죽다死'를 장어壯語, 포의어布依語, 태어傣語(西雙版納)에서는 tai¹라고 읽는다. 감어侗語에서는 təi¹, 수어水語, 모난어毛難語에서는 tăi¹, 湘西, 黔東의 먀오어苗語에서는 ta⁶, 川黔滇의 먀오어苗語에서는 tāi⁶라고 읽는다. 이러한 독음과 같거나 비슷한 단어로부터 발음이 비슷한 한자 '殆'를 찾았는데, ≪說文解字≫에는 "危(위태롭다)이다. 歺가 뜻이고 台가 소리이며, 徒亥切이다." 생각건대, '殆'에는 '죽음'이라는 뜻이 있고, '瘵'와 轉注가 되어, 본래는 *dəg으로 읽었을 것으로 추측되는데, 이는 곧 장어壯語, 감어, 먀오-야오어의 독음과 대응된다.

이것은 감-타이仿台, 먀오-야오苗瑤 두 어족의 관련 단어의 독음을 근거로 중국어에서 그것과 대응되는 단어를 찾은 것이지, 중국어의 단어족과 감-타이仿台, 먀오-야오苗瑤 어족의 단어족을 근거로 하여 어음의 대응관계를 찾은 것은 아니다. 이것은 일차적으로 훌륭한 탐색이라 할 수 있으나 아직 이를 근거로 중국어와 감-타이仿台, 먀오-야오苗瑤 두 어족과의 친족관계를 확립하기는 어렵다. 嚴學窘, 董爲光, 曹廣衢(1984:105~121)은 이 문제에 대해 진일보한 연구를 하여 단어족을 기초로 하여 역사적 비교연구를 하였다. 지금 먼저 일례를 들어 일부를 살펴보겠다.

검은색, 어두움을 나타내는 중국어 단어의 조합은 감-타이어와 분명히 대응한다.

검黔: *jgəm-≪說文解字≫에서는 "검다黎이다, 秦나라에서는 백성을 黔首라고 했는데, 검은 색을 말하는 것이다." 黔은 '今'의 발음을 따랐으며, '今'의 발음을 따른 것으로는 '貪(*thəm)'이 있다. 貪은 聯綿語로는 '欸歁'라고도 한다. 이들은 '今'을 소리로 취하는 글자들이 불안정하였음을 보여준다.

黯: *ʔəm	짙은 검은색. 陰(*ʔjɔm)과 근원이 같다.
黮: *təm	구름이 검은 것.
黔黮: *ʔəmdəm	≪廣韻≫: "검은 것이다. 또한 구름이 검은 것이다."

감-타이어에서 '黑', '陰'과 '夜' 세 단어의 어음은 아래와 같다.

	壯語(龍州)	傣語	黎語	侗語	水語
黑	dam¹	kam⁵; dam¹; lam⁶	dom³	nam¹	ʔnam¹
陰	kham¹	kaːm³(德宏)	kom³	tam¹	taːm⁵
夜	kam⁶	kham⁶		ŋɐm⁵	ʔŋam(利岩)

감-타이어에서 '黑', '陰'의 의미를 나타내는 단어는 중국어에서 '黑色', '陰

暗'의 의미를 나타내는 단어족과 대응관계가 분명하다. 그러나 '夜'는 중국어에서 상응하는 단어를 찾을 수 없다. 이는 "감-타이어의 '黑', '夜'와 중국어의 연계는 연대가 아주 오래된 심층적인 연계라는 것을 설명해 주고 있다." 필자는 '黑', '陰' 같은 단어의 대응은 절대로 우연한 일치가 아니라 동원관계를 증명해주는 것이라고 여겼다. 이러한 단어족의 대응연구는 음과 뜻이 유사한 하나의 단어를 단독으로 분석한 것보다 확실히 설득력이 있다고 할 수 있는데, 왜냐하면 이런 단어들은 차용으로 해석하기가 어렵기 때문이다. 필자는 단어족의 비교연구에는 3가지 장점이 있다고 보았다. 첫째, 믿을 수 있고 근원이 가장 이른 비교자료를 선택할 수 있다. 둘째, 어음, 의미면에서 '진실에 가장 근접한 복원'이 가능하다. 셋째, 차용어의 방해를 배제할 수 있다는 것이다.

4.4.5 단어족의 비교연구는 중국어와 관련 언어의 친족관계를 연구하는데 있어 연구해 볼 가치가 있는 방법으로, 이제 막 시작 단계여서 아직은 해결해야 할 문제들이 많다. 이 방면에 대한 심도 있는 연구는 감-타이侗台, 먀오-야오苗瑤 어족의 계통관계에 가장 설득력 있는 근거를 제시할 수 있을 뿐만 아니라, 일반 언어학적 의의도 갖추고 있다. 현재 통용되는 역사적 비교연구의 원칙은 인구어족 언어를 연구한 결과로부터 총괄해 나온 것이기 때문에 중국-티베트어족 언어에 대한 역사적 비교연구에 사용하면 그 한계가 분명히 드러난다. 인구어족 언어의 비교연구에 쓴다 하더라도 다소 이상화된 것이며, 트루베츠코이가 다른 의견을 제기한 것도 당연하다고 하겠다(§3.4.2). 동족어의 정리 및 다른 어족의 동족어와의 비교연구를 통하여 역사언어학은 반드시 새로운 성과를 거둘 수 있을 것이다.

역사적 비교방법(상):
객관적 근거와 재구 단계

5.1 역사적 비교방법 및 그 객관적 기초

5.1.1 역사적 비교방법은 방언이나 친족어의 차이를 비교함으로써 언어의 변화 규칙을 탐색하는 한 가지 방법이다. 방언이나 친족어의 차이는 규칙적인 어음상의 대응관계를 내포하고 있다. 예를 들어 보자.

	可	看	苦	闊	欠	輕	勸	去
北京	kʻɤ	kʻan	kʻu	kʻuo	tɕʻiɛn	tɕʻiŋ	tɕʻyɛn	tɕʻy
廣州	ho	hon	fu	fut	him	hiŋ	hyn	høy

위의 예에서 두 방언점方言點 사이에서의 성모의 차이는 비교적 크지만, 그 차이에서 대응관계를 찾을 수 있다.

北京	廣州
kʻ-, tɕʻ(＜kʻ)	h-(開口、齊齒、撮口)
	f-(合口)

이런 대응에는 규칙이 있으며, 廣州語가 어떻게 개구, 제치, 촬구의 세 呼 앞에서 h-로 변하고, 합구호 앞에서는 f-로 변하였는지 해석할 수 있다. k'-는 유기음으로, 만약 유기음의 성분이 좀 더 강하면 바로 kh-에 상당하는데, 이로부터 대략 k'->kʰ->ᵏh->h-의 과정을 겪었음을 추정할 수 있다. 합구자의 k'-가 f-로 변한 까닭은 대개 k'-가 아직 f-로 변하기 전에 먼저 h-로 변하는 단계를 거쳤고, h-가 합구 -u-의 영향을 받아 f-로 변한 것은 -u-를 발음할 때 경미하게 입술과 앞니의 작용이 있었기 때문이다. 이런 어음상의 대응관계는 역사적 비교방법을 운용하여 언어의 변화를 연구하는 길잡이인 것이다.

5.1.2 역사적 비교방법의 기본 내용은 다음과 같다. 즉, 두 가지 혹은 여러 가지 방언이나 친족어 사이의 차이를 비교함으로써 상호간의 어음 대응관계를 찾아내어 언어 간의 친족관계와 이런 친족관계의 친소원근을 결정하고, 그런 후에 그것들의 공통된 기원-원시형식을 재구(reconstruction)한다. 이것은 언어의 변천 규칙을 연구하는 효과적인 방법이며, 메이예(1957:11)는 심지어 이것이 언어를 연구하는 유일한 방법이라고까지 여겼다. 구체적으로 역사적 비교방법을 운용하여 언어의 변천상황을 연구하려면, 적어도 아래와 같은 몇 가지를 포함한 단계들이 필요하다.

> 첫째, 자료를 수집, 감별하여 역사적 비교에 소용없는 우연한 동음 현상이나 차용 현상들을 골라낸다.
> 둘째, 방언이나 친족어에서 차이가 있는 형식으로부터 어음 대응관계를 찾아내고 아울러 이것을 근거로 동원 성분을 결정한다.
> 셋째, 차이가 있는 형식의 선후 연대순서를 결정하여 언어변화의 시간적 층위를 분명히 하도록 한다.
> 넷째, 원시형식을 재구하고, 아울러 각종 가능한 방법을 써서 재구의 신뢰성을 점검한다.

이것은 대체적인 단계에 대해 말한 것으로, 실제 연구에서도 기계적으로 첫째, 둘째…… 등으로 나눌 수 있다는 것은 아니다. 사실상 이러한 단계들은 서로 얽혀져 있으며, 단지 토론의 편의를 위해 이런 단계를 나누었을 뿐이다.

5.1.3 언어의 연구는 방법마다 모두 나름대로의 객관적인 근거를 지니고 있어야 하는데, 만약 객관적인 근거를 찾아내지 못하면 그 방법은 주관적 임의성을 띄게 되고 아무런 가치도 가질 수 없게 된다. 역사적 비교방법에는 믿을 만한 객관적 토대가 있는데, 이것은 주로 언어변화의 규칙성, 언어변화의 불균형성, 그리고 언어 기호의 임의성이다. 바로 이러한 객관적 근거들이 비로소 역사적 비교방법에 합리성을 제공하는 요소인 것이다.
언어 특히 어음은 변화가 매우 규칙적이며, 이런 규칙은 어느 정도 시간, 지역, 조건의 제한을 받아서, 원래 하나였던 요소도 다른 방언이나 친족어 안에서는 다른 속도, 다른 방향으로 변화하여, 이로 인해 다른 지역 혹은 방언마다 차이가 나타나게 된다. 언어에 나타나는 차이는 언어사 연구의 기초이다. 차이가 없으면 비교도 할 수 없으며, 비교를 하지 않으면 또한 언어가 변화한 상황도 알아낼 수 없다. 역사비교언어학에 있어서 차이의 비교는 그것이 성공을 거두게 된 가장 중요한 원인이 되는 것이다.
언어변화의 규칙성과 불균형성으로 인해 방언이나 친족어 사이에 비로소 대응관계가 있게 되며, 이것은 언어가 변화하는 과정에서 나타나는 일종의 인과 관계이다. 언어를 연구하는 데 있어서의 실제 절차는 끝에서부터 거꾸로 올라오는 것으로, '결과물'(대응관계)이 제공하는 실마리를 따라 그것의 원인과 규칙을 찾아내는 것이다. 그러므로 넓은 의미에서 규칙성과 불균형성은 어쩌면 '규칙성'이라는 한 단어로 개괄할 수 있을 것이다(§5.4.5).
그러나 단지 언어변화의 규칙성만으로는 역사적 비교방법의 가치를 나타내 보일 수 없으며, 그것을 언어 기호의 임의성과 결합하여야만 비로소 그 빛을 발할 수 있다. 언어 기호의 음과 의미의 결합이 임의적이라는 특징은 또한 역사적 비교방법의 중요한 객관적 근거 중의 하나이며, 많은 학자들은 모두 이 점을 매우 강조한다. 메이예(1957:2)는 다음과 같이 말했다. "만약 언어가 나타내는 의미와 이 의미를 표현하기 위해 사용되는 소리 사이에 일종의 느슨하거나 팽팽한 자연적 연관이 있다면, 다시 말해, 만약 언어 기호가 전통을 던져버릴 수 있고, 그것의 음가 자체만을 써서 사람이 표현하고자 하는 개념을 생각하게 할 수 있다면, 언어학자가 채용할 수 있는 것은 이런 일반적인 비교 방법밖에 없을 것이며, 어떠한 언어의 역사도 있을 수 없을 것이다." 그리고 "언어 기호는 이렇게 완전히 임의적인 성질을 갖췄으므로, 현재 연구해야 할 이런 역사적 비교방법이 있을 수 있게 되었다."

임의성과 규칙성은 대립적인 동시에 통일적이다. 언어 기호의 임의성 때문에 각각의 언어는 완전히 달라야하며, 그로부터 규칙적인 어음 대응관계를 찾아내는 것은 불가능하다. 만약 임의성을 기초로 하는 언어 기호 간에 규칙적인 대응관계가 나타난다면, 즉 바로 임의성 중에 대응의 규칙성이 나타났다면, 그렇다면 우리는 이것이 절대로 우연이 아니며 그 근원이 서로 같다고 간주할 수 있다. 예를 들어 '5'를 나타내는 단어는 불어에서는 cinq, 이탈리아어에서는 cinque, 스페인어에서는 cinco인데, 그것들은 모두 라틴어에서 온 동원어이다. 중국어는 표의문자인 한자를 사용하는데, 서로 다른 방언의 동원성분은 이미 한자의 틀에 들어 있으므로, 중국어사 연구에 있어서 아무리 연구 방법을 달리 하더라도 한자로부터 대응관계는 파악할 수 있다. 그러므로 만약 서로 다른 언어 사이에서 어음상 규칙적인 대응관계를 갖추었다면, 그들이 공통된 근원을 가지고 있다고 할 수 있는 확실한 근거라 할 수 있는데, 그것은 이런 규칙적인 대응 관계가 순전히 우연한 결과일 수만은 없기 때문이다.

총괄적으로 말해서, 언어변화의 규칙성, 불균형성과 언어 기호의 임의성은 역사적 비교방법이 언어사 연구에서 효과적이고 합리적인 방법이라는 것을 말해 준다.

5.2 자료의 수집과 선택

5.2.1 현존하는 언어를 비교 연구하는 과정에서 종종 음과 의미의 두 방면이 모두 같거나 비슷한 단어들을 발견할 수 있다. 예를 들면 독일어의 nass(축축하다)와 주니(zuni)어의 nas(축축하다), 그리스어의 ['mati](눈)와 말레이어의 [mata](눈) 같은 것들이다. 이런 어음상의 유사성은 우연한 결과인데, 왜냐하면 언어 기호의 음과 의미의 결합 관계는 임의적이며 오랜 세월에 걸쳐 일반화되어 인정된 것으로, 각기 다른 언어가 사물에 대해 명명할 때 우연히 동음으로 나타날 수 있기 때문이다. 우연한 동음으로 인해 나타나는 이러한 유사성은 역사적 비교에서는 그 지위를 차지하지 못하므로 반드시 배제되어야만 한다.

5.2.2 모든 언어는 다른 언어와의 접촉으로 인해 차용어가 있을 수 있다. 차용어는 음과 의미 양쪽 모두 외국어의 단어로부터 빌려온 것이기 때문에, 빌려오고 빌려주는 양쪽 모두 같거나 비슷한 것이 나타날 수 있다. 예를 들어, 일본, 한국, 월남 등의 언어는 일찍부터 중국어와 밀접한 관계에 있어서, 모두 중국어로부터 대량의 어휘들을 빌려갔고, 이 어휘들은 음과 의미 양 방면에서 모두 중국어와 비슷하다. 다음을 비교해 보자.

한자	중국어	월남어	한국어	일어(漢音)
巴	pa	ba	pʻa	ha
馬	ma	ma	ma	ba
沙	ṣa	sa	sa	sa
開	kʻai	kʻai	kʻɛ	kʻai
火	xuo	hua	hua	kua
談	tʻan	ɖam	tam	tan
凡	fan	fam	pəm	han
客	kʻɤ	kʻaṭ	kɛk	kaku

이들 단어의 외형은 매우 비슷해 보이지만, 그들은 차용된 결과물이므로 역사적 비교방법에서는 그 지위를 차지하지 못하며, 또한 마땅히 배제되어야한다. 일반적으로 문화어휘와 과학용어들은 비교하기가 적합하지 않은데, 그것들은 쉽게 차용되기 때문이다. 예를 들어 일어에 있는 대량의 중국어 차용어들은 대부분 문화, 학술 방면에 속한 어휘들로, 이러한 어휘의 유사성에 근거해 일어와 중국어는 친족관계에 있다고 말할 수는 없다. 핀란드-우글 제언어는 금속의 명칭에 관해 이란어로부터 차용해 왔는데, 또한 이를 근거로 그들 간에 친족관계가 있다고 말할 수는 없는 것이다.

차용어는 역사비교언어학에서는 그 지위가 없지만, 원시형식(prototype)을 재구할 때에는 중요한 참고 자료가 된다(§5.5.2). 이 점에서 차용어는 우연한 동음어 자료와는 원칙적으로 구별된다.

5.2.3 위에서 말한 자료들을 배제했다면 언어 내부에서 비교할 자료를 정선해야만 한다. 일반 어휘에 속하는 단어는 믿을 만하지 못하며, 그것으로 비교하는 것은 적합하지 않다. 감탄사와 의성어도 배제해야만 한다. 기본어휘에 속하는 단어라고 해서 모두 통시적 비교에 적합하다고는 할 수 없으므로 엄격한 선택 과정을 거쳐야 한다. 일반적으로 비교할 수 있는 것은 기본 핵심 단어, 즉 일반적으로 말하는 기본어휘 중에서도 기초어, 예컨대 대명사, 친족의 명칭, 신체 각 부분의 명칭, 가장 널리 통용되는 가금류의 명칭 및 일상적으로 통용되는 동사, 형용사(예를 들면 살다, 죽다, 오다, 가다, 붉다, 푸르다 등)이어야만 한다. 단어의 어형 변화가 있는 언어에서는 형태를 구성하는 성분과 단어를 구성하는 성분도 비교할 수 있는 믿을 만한 재료이다. 이런 자료들이 어음에서 완정하고도 규칙적인 어음 대응관계를 나타낼 수 있어야만 비로소 동원어라고 인정할 수 있는 것이며, 통시적으로 비교할 수 있는 재료로 쓰일 수 있는 것이다.

5.3 동원성분의 결정

5.3.1 역사적 비교연구에 사용할 수 있는 것은 반드시 동원성분이라야 한다. 동원성분을 결정하는 원칙은 주로 의미가 서로 같거나 가까워야 하고, 어음상 완정하고 체계적인 대응관계(§3.2.1)가 존재해야 한다는 것이다. 체계적인 어음의 대응관계는 동원성분을 결정하는데 있어 주요한 관건인데, 왜냐하면 어음에서 대응관계가 있다면 비교하는 성분들이 의미상으로도 반드시 연관이 있을 것이기 때문이다.

역사적 비교방법은 인구어족 언어에 대한 연구를 기초로 하여 탄생된 것인데, 어떻게 동원성분을 찾는지 살펴보자.

	영어	네덜란드어	독일어	덴마크어	스웨덴어	
'house'	haws	høʏs	haws	hu:ʔs	hu:s	가옥, 집
'mouse'	maws	møʏs	maws	mu:ʔs	mu:s	들쥐, 두더지
'louse'	laws	løʏs	laws	lu:ʔs	lu:s	이
'out'	awt	øʏt	aws	u:ʔð	u:t	나가다
'brown'	brawn	brøʏn	brawn	bru:ʔn	bru:n	갈색

이들 단어는 위의 여러 언어에서 머리 부분과 꼬리부분이 같고(일부는 비슷하다) 중간의 모음은 다른데, 이렇게 다른 것들은 도리어 질서정연하게 대응되고 있다.

영어	네덜란드어	독일어	덴마크어	스웨덴어
aw	øʏ	aw	u:ʔ	u:

이외에도 이렇게 대응관계에 있는 일련의 단어들은 얼마든지 찾을 수 있다. 이러한 대응관계로부터 이들 단어는 역사적으로 연관이 있으며, 동

일한 어원에서 나왔고, 동일하였던 형식이 다른 지역에서 규칙적으로 변화한 결과라는 사실을 알 수 있다. 이것은 어음 규칙에 근거하여 추론한 것이다. 일반적으로 이러한 추론은 십중팔구는 믿을 만하다. 나아가 기타 자료의 인증을 받을 수 있다면, 특히 연대순서의 인증을 받는다면 더욱 믿을 만한 것이 된 다. 위에 인용한 이런 예들은 8, 9세기의 영어 사용 지역과 네덜란드-독일어 사용 지역에서 전해 내려온 문헌에서는 모두 하나같이 hus, mus, lus, ut, brun처럼 u로 쓰였다. 이들 언어는 라틴 자모로 표기되었는데, 라틴 자모의 u는 [u]의 발음을 대표하며, 이것은 그 당시의 모음이 아직 분화하지 않았음을 설명해주는 것이다. 영어, 독일어의 aw는 단모음 u가 후에 복모음화한 결과인 것이다.

5.3.2 어음이 대응된다는 것과 어음이 유사하다는 것은 전혀 별개이다. 차용어의 어음은 매우 비슷하다. 그러나 어음상의 규칙적인 대응관계는 존재하지 않지만, 때로는 어음이 완전히 다른 단어가 도리어 대응관계를 이룰 가능성이 있으므로, 이러한 점들을 모두 고려하여 동원어를 결정할 수 있다. 이것은 비록 공통된 내원을 가졌으나 시간적, 공간적으로 멀리 오랫동안 떨어져 있던 언어들, 예를 들어 산스크리트어, 고전 그리스어, 라틴어와 고 아르메니아어 같은 언어의 상호 관계를 고려할 때, 자주 이런 상황에 마주치게 된다. 메이예(A. Meillet, 1957:4~5, 26~27, 91)는 '1'에서 '10'에 이르는 수사를 예를 들어 설명한 바 있다. 여기서 '2' 하나만 인용하여 살펴보기로 하자.

	산스크리트어	그리스어	라틴어	아르메니아어
2	d(u)vā	dyo	duo	erku

여기서 산스크리트어, 그리스어, 라틴어 사이의 대응은 뚜렷하지만, 아르메니아어와 기타 언어 간의 대응은 그다지 분명치 않다. erku와 라틴어

duo는 유사하지 않지만, 다른 것의 대응은 아르메니아어의 erku가 기타 언어의 *dw-와 서로 대응할 수 있음을 보여준다. 다음을 보자.

	그리스어	아르메니아어
무서워하다	dwi-	erki-(erkiwł)
영구하다	dwārón	erkar(길다)

여기서는 세 개의 단어만을 예로 들었지만, 인구어는 *dw-, *duw-를 머리음으로 하는 단어의 수가 적으므로, 이 몇 개 단어가 대응되는 사실로부터 조금도 주저 없이 이 언어 성분이 동원관계를 갖고 있음을 믿을 수 있게 한다. 그러나 한편으로 아르메니아어와 기타 인구어족 언어 사이에 보이는 외형상의 큰 차이는 반드시 음의 이치에 있어 합리적인 해석을 얻어낼 수 있어야 한다. 그렇지 않으면 이런 대응은 의심스러울 수 있는 것이다. 원시 인구어 *dw-, *duw-가 아르메니아어의 erk-로 변화하는 데에는 기나긴 과정을 거쳤다. 먼저 게르만어에 음변화가 일어난(§6.2) 것처럼 유성 파열음이 무성 파열음으로 변하여 d가 t로 바뀌고, g가 k로 바뀌었다. 그 다음으로 w앞의 설첨 파열음 t(즉 tw)는 w의 영향을 받아 k로 변하였으며(예를 들어 ko(너의)는 그리스어의 twe와 대응하는 것 같은), 앞에 있는 r은 t가 고대에는 유성 자음 자질을 가지고 있었음을 설명해 준다. 뒤이어 이 r은 다시 머리음 e를 이끌어 erk가 된 것이다. 이런 해석은 erku(2) 중의 말음으로부터 증명될 수 있다. 원시인구어로부터 아르메니아어로 변화하면서 이음절어의 두 번째 음절의 모음은 이미 모두 탈락하였는데, erku의 u(고대의 *-o에 상당하며, 호머(Homer)의 dyō, 고대슬라브어의 dŭva를 비교해 볼 것)가 보존될 수 있었던 까닭은 오로지 한 가지 조건, 바로 이음절어의 두 번째 음절의 모음이 탈락했을 때에는 이 단어가 이음절어가 아니었기 때문이다. 이는 곧 erku의 e는 나중에 첨가된 것으로, 원시인구어에 처음부터 있었던 것이 아니라는 것을 말해주는 것이다. 이러한 어음의 대응관계에 대한 합

리적인 해석은 커다란 설득력을 얻었으며, 언어 성분의 동원관계를 결정할 때 더 큰 자신감을 갖게 하였다. 이 사실은 또한 어음의 대응관계는 언어가 규칙적으로 변화한 결과라는 것을 말해주며, 어음의 대응관계로부터 어음의 변화 규칙을 찾아 볼 수 있게 해 주는 것이다(§6.1).

5.3.3 중국-티베트어족 언어의 특징은 인구어족 언어와 다르기 때문에, 동원성분을 찾고 결정할 때에도 자체의 특징을 고려해야 한다.

중국-티베트어족 언어 사이의 상호 관계에서 보이는 주요 특징은 대체로 다음과 같다. 첫째, 상호간의 차이가 크다. 일반적으로 차이의 대소는 대체로 언어가 변화한 시간의 길이와 정비례하는데, 다시 말하면, 차이가 클수록 언어가 분화한 시간도 길다는 것을 반영한다. 둘째, 상호간의 영향이 컸다. 이 사실은 언어의 유사성과 발생학적인 면에서의 공통성을 함께 엇섞이게 함으로써(§4.1.3) 동원성분의 연구에 큰 곤란을 초래하였다. 셋째, 형태소의 어음 구조는 현재 대부분 단음절인데, 고대 언어의 조어 규칙은 인구어족 언어와 달리 대체로 어근 내부의 어음 교체를 통해 새로운 단어를 만들었다(§4.4.4). 이러한 특징들 때문에 동원성분을 결정하는 절차, 방법, 원칙에 대해 인구어족 언어의 연구 원칙을 단순하게 기계적으로 적용하기는 어렵다. 만약 누군가 현재 언어의 차이만을 비교하고 어음 대응관계를 찾아내어 동원성분을 결정하려한다면 분명히 실패할 것이다. 중국-티베트어족 언어에 대한 역사적 비교연구에서 동원성분의 결정은 세 단계로 나누어야 할 것이다. 첫 번째 단계는, 먼저 방언간의 차이를 비교하거나 그 결과를 문헌 자료와 결합하여, 어음의 변화 규칙을 분명히 한 다음 上古 原始語 혹은 祖語를 재구한다. 두 번째 단계는, 祖語의 연구 성과를 이용하여 어음 교체와 조어 규칙 사이의 관계를 밝히고, 단어족을 세워서 잡다한 형태소를 간명하게 한다. 祖語를 재구하지 않고 단어족을 세우는 것은 불가능하다. 칼그렌(1934), 王力(1982), 嚴學宭(1979a)이 중국 상고시기 단어족에 관하여 연구를 할 때 모두 그들 자신이 재구한 상고음계를 기초로 삼았다. 세 번째로, 단어족들을 비교하여 어음의 대응관계를 찾아내고, 동원성분을 결정한다(§4.4.4). 언어의 '내적' 문제를 먼저 파악하여야만 언어의 '외적' 차이를 비교할 수 있고, 언어변화의 실마리를 찾아낼 수 있는 것이다. 분화된 시간이 길고 상호간에 차이가 크지만 피차 주고받은 영향이 크고, 또한 상호 침투된 언어들을 연구할 때에는 이런 복잡한 절차를 거쳐야만 할지도 모른다. 언어 사이의 복잡한 관계는 언어 이론을 낳는 토양이 된다. 인구어의 역사적 비교연구는 일찍이 체계를 이루어 일련의 언어 이론, 방법과 원칙을 낳았는데, 우리가 중국-티베트어족 언어의 실제 상황에 충실하고, 언어 현상의 배후에 감추어진 규칙을 잘 밝혀낼 수 있다면, 반드시 언어 이론을 세우는 과정에서도 새로운 특징을 가진 이론, 방법과 원칙을 찾아내어, 언어 연구의 화랑에서 우리의 작품을 전시할 수 있게 될 것이라고 믿는다.

5.3.4 위에서 말한 바와 같이 동원성분은 어음상 대응관계를 가지며, 의미상 서로 같거나 근접한다. 우선 어음의 대응관계에 주의하게 되는데, 그것은 어음이라는 형식으로부터 시작하여 동원성분을 결정하면, 자연히 이러한 대응관계를 따라 의미상 서로 같거나 유사한 점을 쉽게 찾아낼 수 있게 되어 어음의 대응관계라는 형식이 의미라는 내용으로부터 지지를 얻게 되기 때문이다. 그러나 만약 언어가 분화된 시간이 지나치게 길어서 어음 체계에 커다란 변화가 발생하였다면 어음의 대응관계는 찾기 어렵게 되고, 또한 단어족도 세울 수 없게 된다. 혹은 어떤 의미가 어느 한 언어에서 이미 소실되어 어음의 대응관계에 대해 의미의 측면에서 지지할 수 없다면, 이것은 동원성분을 결정짓는데 곤란을 초래할 것이다. 이 때 우리는 어쩌면 이에 정반대되는 방법을 써서, 의미를 비교함으로써 동원어를 찾아야 할지도 모른다. 베네딕트(1984a)는 이런 면에서 몇 가지 흥미로운 단서를 제공해 준다. 예를 들면, 중국어의 '爲'는 티베트-버마어藏緬語(Tibetan-Burmese Language)에서는 *mgwi(y)로, 의미는 '코끼리象'이다. ≪說文≫

에서는 "爲는 어미 원숭이母猴"라 하고 있는데, 羅振玉의 ≪殷虛書契考釋≫
의 연구에 따르면, "'爲'의 고금문 및 石鼓文에는 모두 爪를 따르고 象을
따르며, 절대로 어미 원숭이의 모습을 보이지 않는다. 卜辭에서는 손이 코
끼리를 잡는 모습이다"라고 했다. 중국어에서 이미 소실된 의미가 티베트-
버마어에서는 아직 보존되어 있는 것이다. 유사한 예들은 다음과 같은 것
들이 있다.

'出'은 ≪爾雅·釋親≫에 의하면 "남자가 여동생, 누나의 아들을 出이라
고 한다男子謂姊妹之子爲出"고 했다. ≪左傳·莊公二十二年≫에서 "陳의 厲
公은 蔡의 생질出이다陳厲公, 蔡出也"라고 했다. 이 '出'은 티베트-버마어에
서는 *tu~*du이며 '생질'의 뜻이다.

'疋'은 ≪說文≫에서 "발足이다"라고 해석하였으며, 티베트-버마어의 krey
는 '발足'이다.

'禺'는 ≪說文≫에서 "원숭이 부류"라고 했으며, 쿠키-나가어의 *ŋa-w는
'猿猴'란 뜻이다.

이런 것들은 모두 의미의 비교를 통하여 동원관계를 탐색할 수 있다는
것을 보여준 것이다. 때로는 甲언어의 두 개 단어의 뜻이 乙언어의 어떤
단어의 뜻의 도움을 받아 내재된 연계를 세울 수 있다. 중국어의 '脛(jìng,
정강이)'과 '莖(jīng, 줄기)'을 예로 들면, 전자는 "정강이胻也이다. 무릎 아래
복사뼈 위를 脛(정강이)이라고 한다胻也, 膝下踝上曰脛"이라 하고, 후자는
"草木의 줄기이다艸木幹也"(모두 ≪說文≫에 근거)라고 했는데, 티베트어에
서 rkaŋ의 의미는 '정강이'와 '줄기'이다. 그리고 중국어의 '腹'은 '배'이고,
'覆'은 '동굴'이며, 티베트어의 puk~buk이 '배'와 '동굴'인 것 등등의 예가
있다. ≪槪論≫에는 800여 한자가 있는데, 대부분 티베트어와 동원관계에
있는 것들이다.[1] 이러한 예로부터 중국-티베트어족 언어에 대한 역사적 비
교연구에 있어서 단어족을 세우는 것의 중요성을 잘 알 수 있다. 단어족이

....
1 周法高(1972) 참조.

있으면 위에서 말한 현상들은 대부분 쉽게 해석될 수 있다. 또 한편으로 그것은 의미의 비교가 동원성분을 결정하는데 있어서 중요한 작용을 한다는 것을 설명해 준다. 분화된 시간이 길고, 상호간의 차이가 큰 언어들을 연구하는 데에 참고할 만한 가치가 크다고 하겠다.

5.3.5 그러므로 동원성분의 탐색과 결정은 어족마다 상황이 다르기 때문에 각자의 특색을 띄지 않을 수 없다. 동원성분이 일단 결정되면 비교되는 성분의 선후 연대순서를 자세히 살펴야 한다.

5.4 연대순서의 결정

5.4.1 동원어의 어음 대응은 규칙적이지만, 비교를 통해 원시형식을 재건하고, 상호 대응하는 음의 연대적 상호 관계를 결정하는 것은 매우 중요하다. 언어변화의 불균형성으로 인해 상호 대응하는 음은 연대적으로 선후의 차이가 있다. 어떤 음이 더 오래되었는가를 식별하는 것은 언어의 원시형식을 재구하는데 있어 필수불가결한 절차이다. 이 문제를 해결하기 위해, 만약 문헌자료가 있는 언어나 방언이라면, 반드시 이런 문헌들이 제공하는 실마리를 이용하여 각각의 어음 및 그 결합 방식의 연대순서를 결정해야 한다. 만약 문자 기록이 없는 언어라면, 음의 이치에 따라 음변화의 순서를 결정할 수밖에 없다.

5.4.2 중국어의 한자는 어음 변화의 선후 순서를 반영할 수 없지만, 고대의 각종 문헌자료 및 反切, 諧聲, 聲訓, 異文 등의 자료들은 연대순서를 결정하는 데에 참고 자료가 될 수 있다. 여기서는 유성음의 대응을 예로 설명할 수 있다. 비교해 보자.

	蘇州	福州	梅縣	北京
蒲(창포)	꜀bu	꜀puɔ	꜀pʰu	꜀pʰu
步(걷다)	bu꜄	puɔ꜄	pʰu꜄	pu꜄

蘇州語의 [b]는 福州語에서는 모두 [p]로 무기음이고, 梅縣語에서는 모두 [pʰ]로 유기음이다. 北京에서는 성조의 平仄에 따라 [pʰ]와 [p]로, 즉 평성은 [pʰ]이고, 측성은 [p]로 나뉜다. 이러한 음들의 연대순서가 어떤 것이 먼저이고 어떤 것이 나중인지는 관련 운서가 정보를 제공해 줄 수 있을 것이다. '蒲', '步'는 중고 시대에는 모두 '並'母 글자로, '幫'(p), '滂'(pʰ)과 병렬되어 있으므로, 蘇州音이 기타 방언의 음보다 오래된 음이라는 것을 알 수 있다. 관련 문헌을 다시 참조해 본다면, 유성 성모가 북방방언에서는 대체로 언제 성조의 평측에 따라 유기음, 무기음의 두 부류로 나누어지기 시작했는지도 결정지을 수 있을 것이다. 北宋 시대 邵雍의 ≪皇極經世聲音唱和圖≫는 이런 면에서 중요한 실마리를 제공한다. 邵雍은 "그 선조가 范陽 사람으로", "雍의 나이 30세에 河南에서 여행하다가 그 부모를 伊水에서 장사지내고, 마침내 하남 사람이 되었다(≪宋史·道學列傳一≫)." 范陽은 지금의 河北省 涿縣 일대이다. ≪皇極經世聲音唱和圖≫가 반영하는 언어 현상은 대체로 중원 지역의 어음을 대표한다고 할 수 있다. 여기서 한 예를 들어 살펴보기로 하자.

		開	發	收	閉
		水	火	土	石
清	水	卜	百	丙	必
濁	火	步	白	備	鼻
清	土	普	朴	品	匹
濁	石	房	排	平	瓶

'開, 發, 收, 閉'는 대략 一, 二, 三, 四等에 해당한다. 가로줄의 '火'행의 유성음과 '水'행의 무기 무성음은 짝을 이루며 모두 측성이다. '石'행의 유성음과 '土'행의 유기 무성음이 짝을 이루며 모두 평성이다. 群, 定, 從, 崇, 澄 등 字母의 상황도 이와 같다. 이처럼 11세기 중엽, 邵雍이 근거로 삼은 방언은 유성 파열음과 유성 파찰음에 평성 유기음과 측성 무기음의 두 가지 다른 독법이 있었음을 알 수 있다. 무성음의 무기와 유기는 서로 대립하여 두 개의 다른 음소(phoneme)였으나, 유성음의 무기, 유기는 일정 조건에 따라 나타나는 동일한 음소의 두 가지 조건 변체이며, 후에 유성음이 무성음화할 때 측성은 무기 무성음으로 편입되고, 평성은 유기 무성음으로 편입된 것이다.[2]

5.4.3 입성자는 중국어의 각 방언에서 서로 다른 표현 형식으로 나타나는데, 대체적인 상황은 다음과 같다.

> 粤방언, 客家방언, 閩방언의 남부 지역(예를 들면 廈門語)에서는 -p, -t, -k로 끝을 맺는다.
> 吳방언, 湘방언, 閩방언의 북부 지역(예를 들면 福州語, 建甌語 등)과 북방방언의 어떤 지역(예를 들면 晉中, 晉北 등지)에서는 성문파열음 -?로 끝을 맺는다.
> 북방방언의 대부분 지역에는 입성이 없다.

학자들은 이런 분포 상태에 따라 입성자의 소실이 대개 3개의 단계로 나누어졌을 것이라고 추론한다. 즉 최초의 형식은 -p, -t, -k였고, 후에 이 세 개의 운미가 성문파열음 -?로 합류하였으며, 후에 이 -?도 탈락하여 북방방언(예를 들면 北京語)에서는 운미가 없는 開尾韻으로 변하였다는 것이다. 이것은 마치 교통사고의 현장에 근거하여 사고의 발생 경과를 추론하는 것과 같다. 이런 추론은 세심하지 못한 것으로, 어떤 지역에서는 사실과 부합하지 않을 가능성이 있다. 예를 들면, 중원 지역 혹은 구체적으로

....
2 李榮(1956:165~171) 참조.

河南 지역의 입성 소실 경로는 위에서 말한 추론 순서와 완전히 다른데, 唐의 玄奘이 번역한 산스크리트어-중국어梵漢 對音과 邵雍의 ≪皇極經世聲音唱和圖≫로부터 입성 소실의 경로와 실마리에 관해 많은 시사를 받을 수 있다.

玄奘(A.D 600~664)은 洛陽 부근의 緱氏에서 출생하였으며, 자신의 어음 습관을 형성한 시기는 洛陽에서 지내던 때였다. 그의 번역서는 ≪皇極經世聲音唱和圖≫와 마찬가지로 대체로 중원 지역의 어음을 반영한 것이라 할 수 있다.

≪切韻≫시대에는 입성이 있었지만, 이런 입성들은 언제 소실되기 시작했는가? 선후 순서는 어떠한가? 방언 차이의 비교를 통하여서는 이에 관련된 시사점을 얻지 못한다. 그러나 玄奘의 번역서는 이와 관련하여 몇 가지 신뢰할 만한 실마리를 제공한다. 玄奘의 불경 번역은 매우 자세하고, 산스크리트-중국어 轉寫의 정확성을 중요시 하였다. 그의 轉寫에는 운미를 뒤섞어 사용한 현상이 보이는데, 그 중에서도 입성자[3] 운미를 뒤섞은 정도가 양성자[4]보다 많으며, 입성자 중에서도 -t, -k로 끝나는 글자가 순음 -p로 끝나는 글자보다 많았다.[5] 예를 들면 다음과 같다.

≪切韻≫	玄奘의 轉寫(漢-梵)			
-k	特 dm	郁 uj	日 muc	
-t	畢 pip ·	屈 kuk	剌 rab	頒 av
	達 dhar	末 mal		
-p	泣 kṣim	颯 sam	笈 gam	答 tam

-p로 끝나는 입성자 운미는 같은 부위의 -m자와만 서로 혼용되나, -t,

----

3 역주-운미가 -p, -t, -k인 글자
4 역주-운미가 -m, -n, -ŋ인 글자
5 材料는 모두 施向東(1983)에서 인용.

-k로 끝나는 입성자는 서로 혼용되는 범위가 비교적 크며, 심지어 직접적으로 운미가 없는 開音節을 대역하는 데에도 쓰였다.

≪切韻≫	玄奘의 轉寫			
-k	綽 cha	擇 ḍha	薄 bha	洛 ra
	酌 ca	鑠 śa		
-t	達 dha	吉 ki	壹 i	剌 ra
	絰 dya			

이런 현상들은 7세기 상반기에 중원 지역에서 입성자에 이미 변화가 일어나기 시작했음을 설명하는 것이다. 첫째, 대음이 제공하는 실마리에 근거하면 입성은 아직 소실되지 않은 듯한데, 왜냐하면 여전히 입성자를 사용하여 -p, -t, -k로 끝나는 산스크리트어음을 대역하였기 때문이다. 둘째, -t, -k로 끝나는 입성자의 운미가 이미 약화되기 시작하였다 하더라도 아마도 -ʔ운미는 있었던 것 같다. 이 때문에 서로 혼용되는 현상이 나타났으며, 입성자로 개음절을 대역하거나 마찰음, 유음으로 끝나는 음절을 대역하기도 했던 것이다. 圓明字輪의 42개 글자 중에서 입성으로 개음절을 대역한 것은 6개로 14%를 차지하며, 706개의 眞言을 전사한 가운데 입성자로써 개음절을 대역한 것은 67번으로 10%에 가깝다. 셋째, -t, -k의 약화는 -p보다 심하며, -p운미는 비교적 분명한 듯 보인다. 이것은 바로 -t, -k와 -p가 河南 일대의 중원 지역에서는 동시에 -ʔ로 변화한 것이 아니며, 그것들의 변화한 연대적 순서에 선후의 차이가 있었다는 것을 나타내는 것이다. 이것이 玄奘의 번역서가 제공하는 시사점이다. 만약 우리가 그것을 邵雍의 ≪皇極經世聲音唱和圖≫에서 다시 살펴보면, 진일보한 긍정적인 답안을 얻을 수 있을 것이다. 먼저 五, 六, 七聲(韻類)의 표를 비교해 보자.

			平聲	上聲	去聲	入聲
			日	月	星	辰
五聲	闢	日	妻	子	四	日
	翕	月	衰	○	帥	骨
	闢	星	○	○	○	德
	翕	辰	黽	水	貴	北
六聲	闢	日	宮	孔	衆	○
	翕	月	龍	甬	用	○
	闢	星	魚	鼠	去	○
	翕	辰	烏	虎	兔	○
七聲	闢	日	心	審	禁	○
	翕	月	○	○	○	十
	闢	星	男	坎	欠	○
	翕	辰	○	○	○	妾

중국어의 음운학 저작 중에서 입성운이 양성운과 짝을 짓는 것은 고유의 전통인데, 상술한 운표에서는 도리어 입성운과 음성운[6]이 서로 짝을 이루고 있으며(五聲), 양성운과는 짝을 이루지 않고 있어(六聲의 日, 月), 입성의 운미에 변화가 있음을 설명해 준다. 그 다음으로, 음성과 짝을 이루는 입성은 단지 -t, -k 운미 뿐이며, -p 운미는 없는데, 이것은 -t, -k가 소실되거나 -i, -u의 운미로 변할 때 -p 운미가 아직 변화를 일으키지 않았으며, 아울러 여전히 양성운 -m운미와 짝을 짓고 있음(七聲)을 알 수 있다. 이런 상황과 玄奘의 역서가 제공하는 재료를 비교해 보면 중원 지역 입성 소실의 구체적인 경로와 순서를 설명할 수 있다. 周祖謨(1966)는 宋代에 이르러서는 중원의 방음에 순음 -p로 끝나는 입성자만이 아직 끝소리로 남아 있으며, 나머지 두 종류(-t, -k)의 입성자 운미는 모두 소실되어 짧고 급한 개음

---

6 역주-운미가 없거나 모음을 운미로 취하는 운

절로 변하였다는 사실을 증명하고 있다.

어음의 변천에는 지역적 제한이 있다. 상술한 문헌자료는 중원 지역의 입성자 변천 과정과 소실 순서만을 설명할 수 있을 뿐이다. 기타 지역에서는 어떻게 변천하였는가? 순서는 어떠한가? 이런 문제들은 여전히 구체적인 분석이 필요하다. 예를 들어 중국어-티베트어漢藏 대음 혹은 티베트어-중국어藏漢 주음의 자료에 근거하면, 서북 지역 입성의 변천 상황은 또 다르다.[7] 총괄적으로 말해서, 서면 문헌자료가 바로 자연히 연대순서를 결정짓는 중요한 근거가 된다는 것이다.

5.4.4 만약 연구의 대상인 언어와 관련한 문헌 기록이 없는 경우, 대응하는 음의 선후 연대순서를 결정하려면 반드시 엄격한 어음의 변화 규칙을 근거로 삼아 음의 이치로부터 합리적으로 해석해야 한다. 예를 들면, 산스크리트어의 모음 a는 늘 그것과 친족관계에 있는 다른 언어의 a, e, o, 3개의 모음에 상당한다.

산스크리트어	그리스어	라틴어	의미
aksah	haksos	axis	軸
bharami	phero	fero	내가 휴대한다
asthan	hosthon	os	뼈

첫 번째 음절의 모음 a가 세 언어에 반영된 형식이 모두 다르다. 이런 상호 대응하는 음들 중에 시대적으로 어떤 것이 먼저이고 어떤 것이 나중인지를 증명할 만한 문헌 자료가 없다. 19세기 전반의 역사언어학자들은 봅(Franz Bopp)으로부터 슐라이허에 이르기까지 모두 산스크리트어의 a가 고대 인구어의 원시 상황을 반영하고 있다고 생각했으나, 원시인구어 a가 어떻게 그리스어, 라틴어에서의 a, e, o로 분화되었는지 그 어음 조건을

----

7 羅常培(1933) 참조.

설명할 도리가 없었다. 이와 반대로, 만약 a, e, o가 모두 원시인구어로부터 계승된 것이라면, 산스크리트어에서는 하나의 a였을 것이라는 가정도 가능하다. 이란어도 같은 상황을 반영하므로, 이런 해석이 유력한 증거를 제공한다고 할 수 있는 것이다.

5.4.5 방언이나 친족어 사이의 차이로부터 어떻게 그것이 반영하는 연대순서를 추론해내는가 하는 것은 언어의 공간적 차이로부터 언어의 시간적인 변화 순서를 어떻게 추론해내는가 하는 것이다. 이것이 역사적 비교 방법의 핵심이다. 방언이나 친족어 사이의 차이는 조사를 통해 쉽게 파악할 수 있으나, 공간적 차이를 비교함으로써 시간적인 변화의 실마리를 찾아내어 차이의 선후 순서를 연대적으로 결정하려면 반복적인 비교 분석을 거쳐야만 하며, 이렇게 해야 비로소 무수한 우연적인 현상으로부터 필연적 규칙을 찾아낼 수 있는 것이다.

방언이나 친족어 사이의 차이는 언어변화 규칙의 불균형성으로 인해 생겨난 것이다. 언어변화의 불균형성은 흔히 어음, 어휘, 어법 세 요소의 변화 속도가 다르기 때문에 기인하는 것이라고들 한다. 물론 이것도 언어변화가 불균형하다는 표현의 일종이다. 그러나 이것이 결코 문제의 전부가 아니며, 피상적인 이해에 불과할 뿐이다. 사실 언어변화의 불균형성은 언어의 각 요소에서 나타나고 있으며, 이런 불균형성을 분석하는 것은 언어에 대한 역사비교의 연구와 밀접한 관계를 가지고 있다. 어음에 대해 말하자면, 하나의 음소가 자리하고 있는 구조상 위치의 차이로 인하여, 인접한 음으로부터 서로 다른 영향을 받는 등등의 원인으로 서로 다른 변화를 일으킬 수 있는 것이다. 즉 서로 다른 조건은 동일한 음소에 불균형적인 변화를 야기할 수 있는 것이다. 예컨대 중국어 중고음의 '見'母 /k/는 개구, 합구 앞에서는 /k/를 유지하지만, 제치, 촬구 앞에서는 오늘날의 북방방언 및 기타 많은 방언 중에서 모두 /tɕ/로 변했다. 이 현상을 두고 어쩌면 어음의 변화는 조건적이라고 할 수도 있을 것이다. 이 해석은 그럴 듯해 보이기는 하지만,

이런 조건성 또한 어음 변화의 불균형성의 일종으로, 음운체계의 변화는 음운의 전체적인 변화가 아니라 서로 다른 조건에 처한 음운변체의 변화라는 것을 설명하는 것이다. 서로 다른 어음 조건이 야기하는 어음 변화의 불균형성 때문에 원래는 정연하였던 음운체계에 불규칙적인 구조가 나타나게 했을 것이다. 이것은 어음의 변천을 탐색하는데 매력적인 실마리를 제공했다고 할 수 있다(§10).

동일한 언어를 사용하지만 다른 지역에 거주하는 사람들은 각 지역이 처한 환경이 다르기 때문에, 기타 방언 혹은 기타 언어와의 상호 영향과 달리, 각 어음 단위의 변화로부터 나타나는 연쇄 반응이 다르거나, 혹은 기타 여러 가지 원인으로 인해 원래 같았던 어음이 서루 다른 지역에서는 다른 방향, 다른 변화 규칙을 따라 변화하였을 것이며, 그 결과 서로 다른 방언이나 친족어가 나타났을 것이다. '見'母를 예를 들면, 北京에서 이것은 /i/앞에서 /ʨ/로 변하여, /i/앞의 '精' /ʦ/와 합류(經＝精)하였다. 반면 蘇州에서는 /i/앞의 '見'母가 /ʨ/로 변화하였지만, 같은 조건에 있는 '精'母는 변하지 않았으며, 廣州에서는 '見', '精' 두 字母가 모두 변하지 않아 여전히 /k/와 /ʦ/로 구분하여 읽는다. '見', '精' 두 字母는 北京, 蘇州, 廣州 세 지역에서 각기 자신의 변화 규칙을 갖고 있으며 그 규칙 또한 상당히 엄격하다. 이처럼 한편으로는 변화의 불균형성으로 인하여 방언이나 친족어 사이의 차이가 나타나고, 다른 한편으로는 어음이 각 지역마다 자체의 변화 규칙에 따라 변화하여, 그로 인해 공간적 차이가 규칙적으로 대응하게 된 것이다. 언어의 공간적 차이는 언어변화의 서로 다른 단계를 반영하며, 변화의 시간적 서열을 보여준다. '見', '精' 두 字母가 北京, 蘇州, 廣州의 세 지역에서 공존하는 차이는 역사적 변천의 세 단계를 구성한다. 첫 번째 단계는 廣州로, 그 지역의 언어는 여전히 두 字母의 원래 음운 지위를 유지한다. 두 번째 단계는 蘇州로, 동일한 조건(/i/ 앞) 하에서 '見'은 /ʨ/로 변하였지만, '精'은 변화하지 않았다. 세 번째 단계는 北京으로 '見', '精' 두 字母가 /i/ 앞에서 모두 /ʨ/로 변했다. 이것은 현존의 재료를 근거로 추론해낸 것으로, 가령 고대의 운서나 기타 참고 자료가 없다하더라도 이것이 유일하게 정확한 추론임을 긍정할 수 있는 것이다. 만약 역으로 北京語가 변천의 최초 단계를 대표한다고 한다면, /i/앞의 /ʨ/가 왜 일부분의 글자는 蘇州語에서는 /ʦ/로 바뀌었고, 다른 일부분의 글자들은 변하지 않았는지, 그리고 같은 어음 조건이 왜 다른 변화를 일으켜, 廣州語에서는 왜 각각 /k/와 /ʦ/로 나타나는지를 설명할 도리가 없다. 그러므로 만약 이 현상을 보여주는 다른 자료가 없다면, 단지 오늘날의 중국어 방언의 차이를 근거로 '見', '精' 두 字母가 /i/ 앞에서 합류 과정과 시간적 층위를 추론할 수 있는 것이다.

언어의 공간적 차이로부터 찾아낸 변천의 시간적 순서는 고찰 지역이 넓을수록 정밀하지 않을 수 있다. 만약 정밀하지 못한 시간적 층위를 정밀화하고 싶다면 비교의 재료를 확대해야만 한다. 예를 들어, '精'이 어떻게 /ʦ/로부터 /ʨ/로 변화(淸, 從, 心, 邪 등의 字母도 같은 이치로 변화)하였는지를 이해하고자 할 때, 吳방언 내부의 차이를 비교해 보면 얼마간의 시사적인 실마리를 발견할 수 있다.[8] '見'母가 어떻게 /k/로부터 /ʨ/로 변화했는지 알고 싶을 때, 客家방언과 湘방언 자료를 첨가하면 더욱 분명해질 것이다. 비교해 보자.

例	廣州	梅縣	韶山	蘇州	北京
基	ˌkei	ˌki	ˌci	ˌʨi	ˌʨi
欺	ˌhei	ˌk'i	ˌc'i	ˌʨ'i	ˌʨ'i
旗	˳k'ei	˳k'i	˳ɟi	˳dzi	˳ʨ'i
希	ˌhei	ˌhi	ˌçi	ˌɕi	ˌɕi

[c], [ɟ], [ç]의 발음 부위는 설면 가운데이며, /k/로부터 /ʨ/로 가는 과도적 단계의 음으로, 이들은 /k/가 단번에 /ʨ/로 변하지 않았을 것임을 설명해준다. [c]조 음과 모음 [i]의 발음부위는 일치하는데, 다만 [i]를 발음할 때 혀가

8 葉蜚聲, 徐通鏘(1981:236) 참조.

입천장에 닿지 않아 기류가 자유로이 통한다는 점이 다를 뿐이다. 따라서 이 음은 [i]와 같이 결합하게 되면 자연히 [ʨ]로 구개음화되기 쉬운 것이다. 이렇게 확대된 비교를 통해 /k/가 /ʨ/로 변천하는 시간 층위와 순서가 앞에서 추론한 것보다 구체적이 될 수 있는데, 대체로 다음과 같다.

1. 廣州
2. 客家(梅縣)의 구개음화는 모음의 고저와 관계가 있음을 설명해준다.
3. 湘방언(韶山)은 발음 부위가 앞으로 옮겨오는 것이 전환의 과도적 단계임을 알려준다.
4. 蘇州, 北京.

그러므로 언어의 공간적 차이는 시간적 변천 순서를 반영한다. 언어사 연구에서 공간적 요소와 시간적 요소를 어떻게 결합하며, 공간적 차이로부터 어떻게 시간을 찾아내는가 하는 것은 중요한 방법론상의 원칙이며, §7에서 이에 대해 다시 전면적으로 토론할 것이다.

5.4.6 언어변화의 연대를 결정할 때, 일반적인 음변화 유형의 보편적 특징도 참조할 수 있다. 예를 들어 an, am, en, em, on, om 등등의 음소결합은 ã, ẽ, õ 같은 비음화된 모음보다 이르며, 전설 모음 i, e 앞의 구개음화된 음은 같은 위치의 비구개음화 음보다 늦게 발생하였다. 모음 사이의 자음이 소실되어 생긴 장모음, 비강세 음절의 약화 모음 등등도 모두 늦게 일어난 현상이다. 이런 것들은 모두 연대순서를 결정하는데 참고가 될 수 있다.

5.5 원시형식의 재구

5.5.1 우리가 비교한 성분의 연대적 순서를 알고 난 다음에는 원시형식의 재구를 시작할 수 있다. 우리가 수집한 재료는 전면적인 것이 아니라

다만 소수의 방언 혹은 친족어의 자료에 대해서만 비교한 것일 수도 있기 때문에 이미 재구된 원시형식이라 할지라도 새로운 자료가 발견될 때마다 끊임없이 수정을 가해야만 한다. 일반적으로 비교의 대상이 되는 자료가 많고 풍부할수록 재구된 형식도 믿을 만해진다. 재구한 형식의 왼쪽 위에 는 '*'표를 붙여서 이 형식이 재구된 형식이지 실제 언어에서의 어음 형식이 아님을 표시한다.

재구할 때에는 일정한 순서를 준수해야 한다. 만약 어느 한 언어에 관하여 다른 시기의 문헌자료가 있으면, 먼저 이런 자료를 분명하게 정리해야 한다. 만약 문헌자료도 있고 방언의 분기도 있으면, 방언의 분기 현상을 비교하고 그 결과와 역사 자료를 결합하여 언어의 역사적 변화에 대한 실마리를 분명히 밝혀야 한다. 이 단계의 작업을 완성한 후에는 근친 언어의 자료를 골라서 비교하며, 그런 뒤에 다시 관계가 비교적 먼 언어들을 비교할 수 있다. 이런 순서를 어기면 비교 재구에 곤란한 일이 생길 수 있다. 중국어는 풍부한 서면 문헌 자료를 가지고 있으며 또한 방언도 복잡하게 갈라져 있기 때문에, 언어사를 연구하는데 남달리 좋은 여건을 갖추고 있다. 만약 이 두 방면의 재료를 결합하여 연구할 수 있다면, 한편으로는 중국어의 역사적 변화의 실마리를 분명하게 정리해 낼 수 있으며, 다른 한편으로는 또한 중국-티베트어족 언어에 대한 역사적 비교연구에도 훌륭한 기초를 다질 수 있을 것이다.

5.5.2 원시형식을 재구할 때, 만약 그 시대의 차용어(해당 언어가 외국어로부터 빌려온 차용어이거나 외국어가 해당 언어로부터 빌려온 차용어)가 있다면, 차용어의 어음을 대조하여 이 시기의 어음에 대한 실마리를 찾아낼 수 있다. 중국어는 역사적으로 변화하는 과정에서 기타 언어들과 밀접하게 접촉을 하였으며, 불경의 번역과 중국 문화의 대외적 전파는 언어에 대량의 차용어를 남겼다. 산스크리트어가 중국어에 남긴 차용어나 중국어가 일본, 한국, 월남, 티베트 등의 언어에 남긴 차용어는 중국어사 연구에

귀중한 자료가 되며, 차용 시기의 원시형식을 재구할 때에는 차용어의 독음, 전문 용어의 대음으로부터 유익한 계시를 얻을 수 있다. 예를 들어서 果攝의 歌韻, 戈韻을 고대에 어떤 음으로 읽었는가하는 문제에 대해 현대 방언의 어음으로부터는 명백한 답을 얻기가 쉽지 않지만, 만약 고대 중국어와 기타 언어의 대음 자료에서 도움을 구한다면 歌韻, 戈韻의 고대 독음을 비교적 쉽게 추측할 수 있을 것이다. 汪榮寶(1923)는 바로 산스크리트-중국어 대음, 일역오음日譯吳音, 일역한음日譯漢音 등의 자료를 근거로 "…唐宋이전에 무릇 歌, 戈韻의 글자들은 모두 a 음으로 읽었으며, o 음으로 읽지 않았다"고 단정했다. 汪榮寶의 방법은 간단한데, 중국어로써 외국어 단어를 번역한 것이나 외국어로써 중국어의 단어를 번역한 것을 대조하여, 중국어가 어떤 운의 글자를 사용하여 외국어의 어떤 음을 대역했는지, 혹은 외국어가 어떤 음을 사용하여 중국어의 어떤 운에 속한 글자를 대역했는지 본 것이다. 여기서 汪榮寶(1923:244)는 산스크리트어-중국어 대음을 특히 중시하여 "중국어-산스크리트어의 대조는 특히 고음을 고증하는데 있어서 최고의 방법"이라고 생각했는데, 이는 "산스크리트어 眞言의 음독은 종교적 성질이 강해서, 중국 고음학 연구에 있어서의 가치는 여타의 비종교적 역음에 비해 훨씬 중요하기"[9] 때문이었다. 汪榮寶(1923:242)는 이런 대조 방법을 통해 歌, 戈韻의 옛 음가를 재구하였다. 예를 들면 다음과 같다.

산스크리트어	漢譯	출처
agada	阿伽陀	華嚴經
amita	阿弥陀	西域記
karpūra	羯布羅	西域記
tāla	多羅	西域記
panasa	婆那娑	隋書 · 眞臘傳

9 鋼和泰(1985:49~50) 참조.

산스크리트어	漢譯	출처
pāramita	波羅密多	隋書·眞臘傳
sita	尸多, 尸陀	西域記
Tukhāra	吐火羅, 賭貨邏(지명역음)	
......	......	

중국어는 주로 歌, 戈韻에 속하는 글자(아래 점을 찍은 것)를 사용해서 산스크리트어의 a를 대역하였음을 알 수 있다. 이 밖에, 일역한음日譯漢音의 a, ka, sa, ta, na, ha, ma, ya, ra, wa의 10개 음은 "阿, 加, 左, 多, 那(奈), 波, 末, 也, 羅(良), 和'의 10개 글자를 사용하였는데, 歌韻에 속하는 것이 5개, 戈韻에 속하는 음이 2개, 麻韻에 속하는 것이 2개, 입성 末韻에 속하는 것이 1개 글자"이다. 이러한 대음 자료로부터 歌, 戈韻에 속하는 글자는 대역한 당시에는 a로 읽혔음을 알 수 있는 것이다.

이런 방법을 사용하여 고음을 재구하면 방법이 간단하고 쉽게 파악할 수 있으나, 많은 제약이 따르기 때문에 사용할 때 신중해야 한다. 첫째, 서로 다른 언어는 서로 다른 체계이며, 대역할 때 본 언어에 없는 음을 맞닥뜨리면 가까운 음으로 대체할 수밖에 없고, 이로 인해 단어의 대음, 역음을 대조할 때에는 반드시 구체적인 분석이 필요한 것이며, 그렇지 않으면 빈틈이 생길 수도 있다. 羅常培(1963:31~35)는 산스크리트어 자모의 역음과 산스크리트-중국어 대음, 티베트어의 산스크리트 역음 등의 자료를 근거로 知, 徹, 澄의 음가가 칼그렌이 재구한 t̪, t̪', d̪가 아니라 권설 파열음 ṭ, ṭh, ḍ임을 증명하였는데, "ṭ를 포함하는 51개의 산스크리트어 이름을 대역하는 데에 知母의 글자가 45개 쓰였으며", "ṭh를 포함하는 11개의 산스크리트어 이름을 대역하는 데에는 7개의 徹母의 글자가 쓰였고", "ḍ를 포함하는 36개의 산스크리트어 이름은 모두 31개의 澄母字로 대역되었다"는 등등의 이유를 들었다. 그러나 이런 재구는 음의 이치와 모순되는데, 知, 徹, 澄은 주로 三等의 글자로서 개음 i가 있기 때문에 결합하기가 곤란하고, 이로

인해 권설 파열음으로 발음되었을 가능성이 크지 않기 때문이다. 그 다음
으로 어음 변천과 방언에서의 불일치 현상을 해석하기 쉽지 않다는 것이
다. 陸志韋(1985:24)는 이에 대해 훌륭하게 분석한 바 있다. "錢大昕 이래로
모두들 고음의 端, 知가 類隔이 아니라는 사실을 안다. 그렇다면 상고의 '知'
류의 글자 t가 직접적으로 현재 閩音의 ti처럼 변하거나 혹은 甘肅음의 tuei
같은 것으로 변했다면, 그것은 가능한 것이다. 그러나 ≪切韻≫ 체계와 서로
가장 근접한 廣州語의 tɕi, 官話의 tʂʅ는 어디에서 온 것인가? 중고 시대의
파열음이 어떻게 마찰성분을 띠게 되었는가? 명백히 알 수 있는 것은 知가
먼저 tɕ로 구개음화되고, 그런 후에 tɕ)tʂ로 되었다는 것이다. 상고 시대의
t가 만약 먼저 중고 시대의 t로 변하고, 그런 후에 tɕ로 변하고, 그런 다음
다시 권설음의 tʂ로 돌아왔다고 하는 번거로움도 생각해 볼 수 있다. 관화
의 tʂ가 직접적으로 t로부터 변해 올 수 있었는가? 그것은 또한 절대로 불가
능한 일이다. 古官話 음계를 반영하는 ≪中原音韻≫(1324)에서는 支, 脂,
之韻系의 照母 개구자를 支思韻에 분류하고 있다. 그것의 음가는 이미 오늘
날의 tʂ에 가까웠고, 오직 知母 개구자만이 권설화되지 못하였다. ≪西儒耳
目資≫, ≪五方元音≫에 이르기까지 줄곧 照와 知는 매우 분명하게 구별되
어 있었다. 이때의 知는 분명히 tɕi이며, tʂi도 아니고 더구나 ti도 아니다.
知의 권설화는 기껏해야 300년의 역사를 가졌을 뿐이다." 陸志韋(1985:
13~14)는 대음된 한자로부터 몇 가지 의심스러운 점을 찾아냈다. 즉, "知,
徹, 澄의 세 字母 아래에는 통용되는 자가 많은데, 역자는 어째서 '吒, 咤'
같은 괴이한 글자를 써야만 했는가? 더구나 '哳嗏' 등의 '口'를 편방으로 하는
글자들을 또 만들었으니 의아스럽지 않을 수 없고", "역음에도 '吒' 등을 t에
해당하는 음으로 쓰지 않은 것도 있다. 승가 婆羅가 ≪文殊師利問經字母品≫
을 번역할 때에는 "輕多輕他~"라고 썼는데, 6세기 초(518)의 중국어는 아마
도 그에 상당하는 권설음이 없었던 것 같으며". "가장 이해할 수 없는 것은
불경을 번역할 때 어째서 때로는 來母 글자인 l로 t, ḍ를 대신하였는가 하는
것이다. …來母 글자에 대해 말할 때, 설두가 윗니나 혹은 잇몸 사이를 떠받

치고, 그렇게 해서 산스크리트어음의 권설을 모방했다. 역자는 도리어 파열 부분을 중요치 않게 여겼다. 당시 중국어에는 권설화된 知, 徹, 澄이 있을 수 없다." 陸志韋의 분석은 비교적 투철한 편으로 설득력이 있으며, 대음 재료에 대해서 반드시 구체적인 분석을 가해야 함을 설명해 준다. 王力 (1985:174), 李榮(1956:127) 등은 대체적으로 모두 陸志韋의 의견을 지지하며, 칼그렌이 애당초 재구한 음가를 유지하였다. 이런 상황은 산스크리트어의 권설 파열음이 중국어에서 그것과 근사한 음으로 대역되었을 것임을 암시해 준다.

둘째, 대음, 역음 자료를 이용하여 원시의 음가를 재구하는 데에는 반드시 자료의 시대와 자료의 출처에 주의해야만 하며, 이 점을 간과하면 마찬가지로 착오가 생길 수 있다. 汪榮寶(1923:241)가 대음, 역음의 자료를 이용하여 歌, 戈韻의 음가를 고증한 것은 믿을 만하여 정설로 인정받고 있지만, 반면 그가 상술한 자료를 가지고 魚, 虞, 模의 음가를 고증하여 "魏晉 이전 魚, 虞, 模韻에 속한 글자들도 모두 a 음으로 읽혔으며 u 음이나 ü 음으로 읽히지 않았다"고 한 것은 그다지 성공적이라 할 수 없다. 왜냐하면 그는 魏晉시기의 자료로 先秦시기의 고음을 고증하였고, 간접적인 산스크리트어 자료(吐火羅, 龜玆,[10] 焉耆[11] 등의 언어를 통한)를 사용하여 직접적인 산스크리트-중국어 대조를 하였는데, 그러한 방법으로는 자연히 정확한 결론을 내기가 쉽지 않기 때문이다.[12]

이로부터 보건대, 비록 어느 한 언어와 관련하여 이용할 만한 가치가 있는 대음, 역음 자료가 많이 있다 하더라도, 단순 비교를 통하여서는 원시형식을 재구하는 데 한계가 있음을 알 수 있다.

5.5.3 원시형식을 재구하는 주요 방법은 역시 방언이나 친족어 사이의

....

10 역주-산스크리트어로는 Kucina.
11 역주-위구르문(Qarasahr).
12 徐通鏘, 葉蜚聲(1980a) 참조.

차이를 비교하는 것으로, 우선 이러한 차이로부터 음변화의 실마리와 변화의 연대적 순서를 찾아내고, 마지막으로 원시형식을 재구해내는 것이다. 예를 들어 인구어족 언어 중 아래 열거한 언어에서 '따뜻하다'이란 의미를 가진 동원어의 대응 형식은 다음과 같다.

타지크어	garm
아르메니아어	ǯerm
산스크리트어	gharmah
그리스어	thermos
라틴어	formus
독일어	warm

타지크어의 garm과 아르메니아어의 ǯerm을 비교해 보면 타지크어의 a는 e로부터 변해 온 것임을 알 수 있다. 그리고 아르메니아어의 ǯerm의 첫 자음 ǯ은 설근음 g가 모음 e앞에서 구개음화한 결과임을 알 수 있는데, 이와 상반된 해석은 음의 이치에 부합하지 않기 때문이다. 여기에서 타지크어에서의 이 형용사의 고대 형식은 *germ였을 것으로 일차적으로 결정할 수 있다. 그것과 산스크리트어의 gharmah(어근은 gharm-)를 비교해보면 어두의 g는 유기음으로, 즉 gh가 g보다 먼저임을 말해준다. 한 걸음 더 나아가 그리스어를 가지고 비교해 보면, 어미가 h가 아니고 s임을 증명할 수 있다. 산스크리트어의 gharmah의 두 개의 a 중 첫 번째는 e에서 왔고, 두 번째는 o에서 왔다(§5.4.4). 그리스어 어두인 th는 고대의 g가 e 앞에서 변천해 온 것이며, 게다가 이것이 유기음임을 진일보해 증명할 수 있다.

타지크어의 garm과 독일어의 warm, 라틴어의 formus를 비교해 보면 그 자체에서 시사점을 얻을 수 있는데, 즉 어두의 g가 원시인구어에서는 순음화하였으며, w와 f는 순음화된 설근음이 남긴 순음화의 흔적이라는 것이다. 이러한 일련의 비교를 통해, 타지크어의 garm이 기원한 원시형식은 *ghʷermos이었음이 틀림없다고 하겠다.

5.5.4 형태소가 단음절인 언어에서 성조의 조치를 재구하는 것은 모음, 자음(성모, 운모)을 재구하는 것보다 훨씬 어렵지만, 언어에 대한 역사적 비교방법이 발전함에 따라 몇몇 언어학자들이 이 방면에서 얼마간의 유익한 탐색을 하였다.

중국어의 중고음에는 平, 上, 去, 入의 네 개의 성조가 있었다는 것은 모두가 공인한 것이지만, 각 성조의 조형과 조치가 어떠하였는지에 대해서는 한자만을 통하여서는 알아낼 방법이 없다. 현재 적지 않은 수의 학자들이 몇 가지 대음 자료를 이용해 중고 시대 네 개 성조의 조치를 재구하기 시작했다. 상성에 관해서 梅祖麟(1977)은 義淨和尙의 "脚伕伽嚧者棟社縒嗒吒……右脚 등 25자와 아래 8자는…… 모두 상성으로 읽어야만 하며, 그 글자를 보고 평, 거, 입성으로 읽을 수 없다(≪南海寄歸內法傳≫)"는 기록에 근거하여, 이로부터 상성의 조치를 추측하였다. 그는 이 33개의 글자가 모두 산스크리트어문을 대역하는 단음절로, 이로써 상성의 길이가 비교적 짧았을 것으로 추측하였다. 고저에 대해서, 梅祖麟은 두 가지 자료에 근거했는데, 하나는 일본의 승려인 安然의 ≪悉曇藏≫(880)에서 "평성은 곧고 낮다平聲直低…상성은 곧고 높다上聲直昻"라 기록한 것으로, '低'와 '昻'은 반대의 뜻이므로 그는 '昻'은 마땅히 高調를 가리킨다고 보았다. 다른 하나는 일본으로 전해진 산스크리트어 聖經譜의 "상성은 가장 높으며 가장 짧다上聲最高也最短"는 기록이다. 그는 이 두 가지 자료에 근거하여 상성은 高調라고 생각했다. 상술한 자료를 전부 결합하면 중고 중국어의 상성의 조치는 높고도 짧다. 이런 재구는 어느 정도 참고할 가치가 있지만 자료가 제공하는 정보에는 여전히 한계가 있다. 또 같은 상성에 대해, 施向東(1980)이 玄獎의 경문 번역을 근거로 총결한 조형과 조치는 "가운데에서 상승하는 짧은 조中升短調"로, 梅祖麟이 "높고 짧다"고 한 재구와 "짧다短"는 한 가지 점 이외에는 모두 다르다. 이것은 아마도 방언의 분기를 반영하고 있는 것일 수도 있고, 또한 자료 자체의 신뢰성도 의심 볼 수도 있다는 것을 말해준다.

5.5.5 재구된 원시형식은 첫째로 현실 언어에서의 차이를 합리적으로 설명할 수 있어야 하고, 둘째로 어음 변천의 규칙에 부합되어야 할 것이다. 하지만 원시형식을 재구할 때에는 자료의 제약으로 인하여 결국 어느 정도 주관성을 띨 수밖에 없게 된다. 그래서 재구된 원시형식은 반드시 반증과 검증할 방법을 세워야 한다. §2.5.2에서 말한 것처럼 언어의 유형학 연구와 발생학 연구는 서로 다른 학문 분야로, 분류의 표준은 섞일 수 없다. 그러나 언어 유형학 연구의 성과는 도리어 발생학 연구를 통하여 재구한 원시형식에 대한 신뢰성을 검증하는데 사용될 수 있다. 야콥슨(R. Jacobson, 1958)은 언어 사이에 존재하는 동형성 관계(isomorpheme)의 원칙(§2.3.5)에 근거하여 언어 간에는 반드시 보편적인 특징(universals), 특히 그 가운데에서도 음소의 보편적 특징이 존재하고 있다고 하였다. 그는 몇 가지 보편적 현상에 대한 예를 열거했는데 그것은 다음과 같다. 음절이 모음으로 시작하지 않거나 혹은 음절이 자음으로 끝을 맺지 않는 언어는 있지만 음절이 자음으로 시작하지 않거나 모음으로 끝맺지 않는 언어는 없다. 마찰음이 없는 언어는 있지만 파열음이 없는 언어는 없다. 파열음과 파찰음은 대립되면서 마찰음이 없는 언어는 없다. 전설 모음은 순음화 되었는데 후설 모음이 순음화 되지 않은 언어는 없다 등등이다. 언어의 이런 보편적인 특징에 대한 연구는 언어에 대한 역사비교의 연구에 대한 예측 능력과 검증 능력을 증강시켜, "공시적 체계에서 볼 때 어떠한 변화는 가능할 것이나 그 외의 몇몇은 (그렇게 변화할) 가능성이 비교적 적은 편이고, 몇 가지는 실제로 반드시 배제해야만 될 것"(Greenburg)임을 설명하였다. 이것은 즉 언어의 유형적 특징을 이용하여 역사비교언어학이 재구한 성과를 검증할 수 있다는 것이다. 예컨대, t - d가 대립쌍(pair)을 이루는 가운데 유성 유기음 dh가 있는 언어는 없지만, t, d와 th가 대립을 이루는 가운데 드물게 보이는 dh가 없는 언어는 자주 볼 수 있는 것이다. 야콥슨은 이에 근거하여, (일반적으로 재구되어 사용되는) 원시인구어를 재구할 때 t, d, dh 세 개의 음소를 사용한 이론은 언어 유형학의 검증을 견뎌내지 못하기 때문에

수정되어야만 한다고 생각하였다. 여전히 존재하고 있는 보편 특징인 무성/유성(淸/濁)음과 무기/유기(不送氣/送氣)음을 구분하는 언어는 모두 h 음소가 있으며, 이 때문에 야콥슨은 원시인구어를 재구하는데 어떤 h도 인정하지 않는 이론은 유형학과 모순된다고 생각했다. 결론적으로 "어떤 언어의 원시형태를 재구한 결과가 만약 유형학 연구 과정에서 발견된 일반적인 법칙과 충돌을 일으킨다면, 이런 재구는 의심해 볼만한 것이다." 이로부터 언어의 구조 유형에 대한 연구는 언어에 대한 역사비교의 연구에 대해 중요한 의의를 가진다는 것을 알 수 있는데, 이는 언어의 구조 유형에 대한 연구의 성과를 이용하여 재구의 신뢰성을 검증할 수 있기 때문이다.

5.6 祖語

5.6.1 역사적 비교방법의 연구 성과는 祖語(protolanguage)에 집중될 수 있다. 역사비교언어학이 탄생되기 이전에, 조어는 다만 신화, 전설 혹은 터무니없는 이야기에 지나지 않았으나, 역사적 비교방법을 운용하여 친족어를 연구하고 나아가 성공적으로 조어를 재건할 수 있게 되자 조어 문제는 비로소 과학적 가치를 얻게 되었다.

처음으로 조어를 재구하고자 했던 사람은 슐라이허로, 그는 인구어족 언어의 비교를 통해, 원시인구어의 단어, 어형 변화 및 음운체계를 재구하였으며, 아울러 이것이 바로 선사시기에 실제로 존재하였던 원시인구어라고 생각하였다. 그는 이렇게 재구해 낸 조어를 가지고 ≪Avis akvāsas ka(양과 말)≫라는 우화를 쓰기도 하였다. 조어를 재구하는 것은 슐라이허가 역사적 비교방법을 크게 발전시킨 것으로서, 이렇게 함으로써 간단명료한 방법으로 최근의 연구 성과를 구체적으로 눈앞에 펼칠 수 있게 되었으며, 또한 이런 재구에 대한 수요는 학자들로 하여금 어음 변화의 세부 사항까지도 주의를 기울이지 않을 수 없게 하였다. 이런 방법은 언어에 대한 역사적 비교연구에 있어서 상당히 큰 흡인력을 지니고 있었기 때문에, 조어의 재건은 당시 역사비교언어학의 주요 임무가 되었다. 그러나 실제로 존재했던 조어를 재건하는 것은 불가능하다. 메이예(1957:14)는 자신의 견해를 다음과 같이 표명한 바 있다. "재구를 통해 사람들이 말했던 진정한 라틴어를 얻어낼 수는 없다. 어떠한 재구도 일찍이 말한 적이 있는 '공통어'를 얻어낼 수는 없다. 역사상 이미 동족이라고 실증된 몇몇 언어를 사용하여 인구어를 재구해 냈다는 것은 슐라이허의 일종의 천재적인 대담함 때문이었다. 그러나 이렇게 재구되어 나온 언어로 문장을 쓴 것은 그의 또 다른 심각한 잘못이었다. 비교의 방법은 근사한 체계를 얻어낼 수 있을 뿐이며, 한 어족의 역사적 기초를 세우는 것이라 간주할 수는 있지만, 진정한 언어와 그것이 포함하는 모든 표현 방식은 얻어 낼 수 없다." 메이예의 이 말은 옳다고 할 수 있다. 언어이건 생물, 역사이건 간에 역사적 원상을 회복하는 것은 불가능하기 때문이다. 흩어져 있는 역사적 문헌자료가 지나간 시대의 사건의 원형을 제공할 수 없고, 흩어져 있는 잔해와 부스러기를 긁어모으는 것으로도 원래 실제로 존재했던 동물을 복원할 수 없듯이, 현존하는 언어 자료에 근거하여 조어를 재건하는 것도 원래 존재했던 실제 언어와 같은 모양일 수는 없다는 것은 누구나 다 아는 것이다. 그럼에도 불구하고, 조어를 재건하는 것은 언어 연구의 발생학적인 면에서 여전히 중요한 의의를 가지는데, 왜냐하면 언어의 변화에 대해 유효 적절히 설명하는 것은 조어의 재구 없이는 어렵기 때문이다.

5.6.2 조어는 친족어의 집합점으로, 비록 이것이 자료가 허락하는 범위 내에서 세워진 가설이라 하더라도, 조어를 통하여 각 친족어들을 역사적 변천의 시야에 집어넣어, 언어의 변천 과정을 효과적으로 설명할 수 있다. 이것은 대체로 옆의 그림에서 표시된 것처럼 A, B, C, 세 개의 언어는 친족관계에

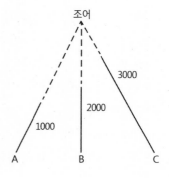

있으면서도 유사 시기의 장단이 같지 않다고 가정한다면, 역사적 비교방법을 통해 조어가 재구되기 이전에는 기껏해야 그것들의 유사 시기의 역사만을 설명할 수 있었을 뿐이었으며, 그것들의 선사 시기 상황 및 그들 간의 상호 관계에 관해서는 말하기가 어려웠다. 역사적 비교방법을 통해 조어를 재건하면 각 언어의 역사를 연장(점선 표시)시킬 수 있으며, 그들이 생겨난 원시형식을 재건하여 그것을 하나의 점(조어)에 모이게 함으로써, 언어의 변화를 설명하는데 있어 편리하고 설득력 있는 조건을 제공할 수 있다.

그러므로 조어의 재건은 친족어 자료들의 집합점이며, 혹은 음변화를 해석하는 참조점이라고도 할 수 있으며, 재구된 형식은 어느 정도 언어 현상을 해석할 수 있는 근거를 제공한다. 근거한 자료가 풍부하고 믿을 만할수록 재구한 형식도 원래의 상황에 더욱 접근할 수 있으며, 그것의 해석력도 더욱 강해진다. 참조점으로서의 조어의 재구가 없는 언어사의 연구는 자료의 퇴적일 뿐이며, 사람들로 하여금 분명한 실마리를 정리하게 할 수 있는 방법이 없다. 중국어의 어음을 연구하는 데 있어서 역사적 비교방법을 운용하기 전에는 역사적 음변화 현상을 구체적으로 묘사하는 데에 많은 어려움이 있었다.

5.6.3 조어를 재구한다는 것이 원래 존재했던 언어 상태를 회복한다는 것을 의미하지 않지만, 재구할 때에는 가능한 한 실제에 가까워야 하며, 재구를 통하여 윤곽이 드러난 언어는 반드시 진짜 언어와 '같도록' 해야 한다. 즉 가능한 한 신뢰할 만하고 정확하게 재구를 해야 한다.

조어는 현존하는 방언이나 친족어 자료에 근거하여 재구된 것이므로, 재건된 祖語(母語)는 각각의 子語(daughter language)와 합리적으로 유사해야 하며, 자어와 조어 사이의 유사함의 정도는 각 자어간의 유사도보다 높아야 한다. 왜냐하면 각 자어는 조어로부터 태어난 이후 각자 자신의 변화 규칙에 따라 변화하였으며, 시간이 길수록 상호간의 차이도 커져서 각 자어는 먼저 공동의 선조로 거슬러 올라가야만 비로소 자신의 자매어(sister language)를 효과적으로 찾을 수 있기 때문이다. 자어가 조어로부터 태어난 지 n년의 시간이 흘렀다고 가정하면, 자어 사이의 시간적인 차이는 2n년이 된다. 그러므로 자어 간의 차이는 반드시 자어와 조어 간의 차이보다 크게 마련이다.

5.7 역사적 비교방법의 성과와 한계

5.7.1 역사적 비교방법은 언어를 연구하는 방법 중 가장 일찍 생겨난 것이며, 그것의 탄생 때문에 비로소 언어의 역사적 연구가 가능하게 되었다.

언어의 변화는 규칙적이지만, 역사적 비교방법이 탄생하기 이전에는 이런 규칙을 명시하는 것은 거의 불가능한 일이었다. 淸代의 고음학은 매우 높은 성취를 거두었다고 말할 수 있지만, 그것도 ≪詩經≫의 운부와 ≪切韻≫의 韻類 간의 차이를 정리해 냈을 뿐이며, 중국어가 상고 시대로부터 중고 시기, 중고 시기로부터 현대에 이르는 변화의 윤곽과 규칙은 설명하지 못했다. 역사적 비교방법이 생겨난 이후에 어음 대응 규칙을 통해 동원성분을 결정하고, 원시형식을 재건함으로써 비로소 언어사 연구를 위한 효과적인 틀을 세울 수 있었다. 언어학사는 이미 이것이 효과적이고 과학적인 방법임을 증명한 것이다.

역사적 비교방법은 우리들로 하여금 선사 시기의 언어 형식을 성공적으로 재구해 낼 수 있게 하였다. 앞에서 비교를 통해 타지크어의 garm의 원시형식을 탐색할 때, g를 순음화한 유기 설근 유성 파열음으로 재구하였다. 이런 순음화는 기존에 알고 있던 인구어에서는 그다지 분명치 않으며, 다만 독일어의 warm, 라틴어의 formus와의 비교한 것을 근거로 일반적인 음의 이치로부터 추론해낸 것이다. 그러나 원시인구어에서 순음화했는지의 여부는 긍정하기가 쉽지 않았다. 이후에 발견된 히타이트(Hittite)어 문헌을 통하여 설근과 쌍순 파열음의 발음이 순음화한 것임이 밝혀졌는데, 히타이트어에서는 그리스어의 tis에 해당하는 것이 ku-iš로 쓰였기 때문이다. 이 발견은 앞의 재구가 정확하였다는 것을 증명하였다. 블룸필드(L. Bloomfield)는 두개의 인디안어의 šk와 hk의 비교를 통해 알곤킨어의 원시 형식을 çk로 재구하였는데, 후에 그는 다시 Swampy Cree어에서 이 음군 (cluster)의 반영 형식을 발견하여 자신의 재구를 지지하였다. 따라서 역사 적 비교방법은 사용할수록 효과적이라는 것이 증명되었고, 그렇게 때문에 신중히 사용하면 믿을 만한 성과를 거둘 수 있는 것이다.

5.7.2 우리가 재구하는 동원성분에는 어음 형식도 있고 의미도 있다. 어음 형식에 근거하여 언어 구조를 조망할 수 있고, 의미에 근거해서 조어 사용자의 몇 가지 비문화적 상태를 추론할 수 있으며, 사회사 연구에도 도 움이 될 수 있다.

언어에 대한 역사적 비교연구는 아마도 원시(모)어를 말하였던 집단의 생활환경에 대해 어떤 시사적인 실마리를 제공할 수 있다. 블룸필드(1980: 402)는 원시인구어를 사용하는 집단의 상황에 대해 간단하게 추론한 바가 있다.

> 영어의 snow(눈, 눈이 내리다)를 명사와 동사로 쓰는 것은 일반적으로 인구 제어에서 보이므로, 원시 인도-유럽 집단의 거주 구역이 인도일 수는 없다고 생각한다. 식물 명칭에서 비록 어음이 서로 부합한다고 하더라도, 의미는 다르 다. 예컨대 라틴어의 ['faːgus], 고대 영어의 [boːk]이 가리키는 것은 '너도밤나 무, (양손으로) 뜨다'라는 뜻이지만, 그리스어의 [pheˈːgos]는 도리어 도토리나 무, 상수리나무 종류를 가리킨다…

이런 현상은 역사적 비교방법의 연구 성과가 사회학, 민족학, 생물학 등 학문의 연구에도 도움이 된다는 것을 설명해 주는 것이다.

5.7.3 그러나 역사적 비교방법도 심각한 결점과 한계를 가지고 있는데, 그 가운데 어떤 것들은 방법 자체에서 생긴 것이며, 어떤 것들은 다른 원인 이 야기한 것이다.

역사적 비교방법 자체로 말하자면, 재건한 원시형식이 어느 시대에 속하는지 결정지을 수 없으며, 그래서 재구된 원시형식들은 모두 동일한 연대 층위의 언어 현상으로 여겨진다. 그러나 사실은 재구된 각각의 형식이 반드시 동일한 연대 층위에 속하는 것은 아니다. 예컨대 고대 인도어의 e, o, a가 a로 합류(phonological merge)하고, ē, ō, ā 가 ā로 합류한 것에 대해 종전의 일반적인 역사비교언어학자들은 모두 그것들을 동일한 연대 층위에 귀속시켰으나, 사실 그 가운데 장모음의 합류현상이 단모음의 합류현상보다 훨씬 먼저 발생하였던 것이다.

언어가 변화하는 상황은 복잡해서, 분화도 있고 통일도 있으며 상호 영향도 있지만, 역사적 비교방법은 단지 언어의 분화에만 적용될 뿐이어서, 마치 친족어를 사용하는 각 집단은 조어를 사용하는 집단의 돌연한 분열의 결과이며, 게다가 분열된 후에는 각자 변화하여 상호간에 영향이 없는 것 같이 보이게 한다. 그러나 실제 상황은 그렇지 않은데, 그것은 언어 현상은 확산을 통해 다른 언어에 침투할 수 있으며, 사회도 종종 돌연히 일어나는 한 번의 분열로 형성되는 것이 아니기 때문이다. 그리고 조어에도 방언의 분기가 있을 수 있지만, 역사적 비교방법은 이 점을 고려할 수 없다. 이런 것들은 역사적 비교방법 자체의 선천적 결점이라 말할 수 있으며, 방법 자체의 몇몇 세부적인 사항을 개선하는 것만으로는 극복하기 어려운 것이다. 그래서 블룸필드(1980:393)가 역사적 비교방법은 "우리를 데리고 매우 유한한 한 구역의 노정을 갈 수 있을 뿐이다"라고 했던 것이다.

위에서 말한 바와 같이, 신중하게 비교 방법을 사용하면 재구의 결과는 믿을 만한 것이 되지만, 여전히 그것의 정확하고 적절한 독음은 결정할 방법이 없다. 예를 들면 상술한 원시인구어의 순음화된 설근음은 대체 설근에 뒤이어 원순이 오는지, 아니면 설근과 입술의 閉合이 동시에 나타나는지 결정할 도리가 없다.

이외에도 몇 가지 결점과 한계가 있는데 이것은 기타의 객관적 조건들이 야기한 것으로, 방법 자체와는 무관하다. 예컨대, 언어의 변화 과정 중에

만약 어떤 요소들이 소멸하여, 방언이나 친족어 중에 어떠한 흔적도 남기지 않았다면, 이렇게 소멸한 요소의 원시형식은 재구해 낼 방법이 없다. 이런 점에서 우리가 재건해야 할 조어의 시대가 오래될수록, 역사적 비교방법이 부딪치는 자료의 한계도 더 커진다. 요컨대 역사적 비교방법을 운용해 얻을 수 있는 성과는 자료의 풍부함, 신뢰성과 정비례한다는 것이다.

　역사적 비교방법의 실질은 자료가 허락하는 범위 내에서 친족어의 변화에 대해 과학적 가설과 추론을 해내는 것이다.

역사적 비교방법(중): 규칙과 예외

6.1 어음의 대응 규칙과 변천 규칙

6.1.1 말을 할 때에는 음을 하나하나 끊어서 발음을 하는 것이 아니라 연속적으로 이어서 발음하기 때문에, 어떤 하나의 음은 그것의 앞뒤 음의 영향을 받거나 혹은 강세를 받지 않는 위치에 놓여, 同化, 異化, 音轉位 (metathesis), 약화 및 기타 여러 종류의 변화가 생길 수 있다. 이것은 일종의 공시적 변화이다. 그러나 만약 이런 변화가 일단 역사적으로 고정되어 전해져 사람들이 반드시 배워야 하는 표준 양식이 된다면, 통시적 음변화가 된다. 중고의 '見母' /k/가 북경어에서는 /i/, /y/ 앞에서 /tɕ/로 변하였는데, 이것은 공시적 동화작용이 나날이 고정되어 전해져 일종의 통시적 음변화의 예가 된 것이다.

6.1.2 어음의 변화는 무질서한 것이 아니고 일반적으로 일정한 규칙을 따르게 되는데, 변화는 하나의 음의 고립적 변화가 아니라 일종의 발음 습관의 변화이기 때문이다. 하나의 발음 습관은 한 계열의 음운의 어음 표현을 지배하고 있어, 그 변화는 자연히 이 계열의 음운 전체에 영향을 미칠 수 있다. 예를 들어 유성 자음 음소 /b/가 무성음화하여 /p/가 된 것은 자음

을 발음할 때 성대가 진동하는 발음 습관에 변화가 발생하여, 그 영향으로 모든 유성 자음이 상응하는 무성 자음으로 무성음화된 것임을 설명하는 것이다. [ki]가 변하여 [tɕi]가 된 것은 어음의 결합 방식이 발음 습관을 변화시킨 것으로서, /k/의 발음 부위를 되도록 전설 고모음 음소 /i/의 발음과 조화를 이루게 한 것이다. 이러한 발음 습관의 변화는 /k/의 발음 부위와 같으면서도 또한 /i/의 앞에 위치하는 기타 자음 음소 /kʻ/, /g/. /x/ 등의 변화에도 영향을 미칠 수 있다. 한 계열의 음운 변화는 하나의 공통적 발음 습관의 변화를 내포하고 있기 때문에, 이러한 발음 습관의 변화를 파악하면, 뒤섞여 어지러운 듯한 어음의 변화 현상으로부터 어음 변천의 규칙을 정리해낼 수 있는 것이다.

6.1.3 어음 변천의 규칙 혹은 음변화 규칙은 어음이 이전의 어떤 상태에서 이후의 어떤 상태에 이르기까지 규칙 혹은 순서가 있게 변화하는 것을 가리킨다. 똑같은 언어 현상이라 하더라도 다른 지역에서의 변천 방향, 변천 규칙이 다를 수 있으므로, 방언이나 친족어 사이의 차이에 규칙적인 어음의 대응관계가 나타날 수 있다는 것이다(§5.4.5). 대응 규칙은 변화 규칙으로부터 조성된 것이다. 어음의 대응관계를 통해 어음의 변화 규칙을 찾을 수는 있겠으나, 그것을 변화 규칙으로 간주할 수는 없다. 어음의 변화 규칙과 대응 규칙을 음변화 규칙이라 통칭하며, 하나의 언어가 한 단계에서 다른 단계로 발전할 때 어음 체계의 일련의 규칙적인 변화를 해석하거나 서로 다른 언어 사이에서 나타나는 일련의 어음상의 대응관계를 해석하는 데 사용한다.[1]

어음의 대응 규칙을 통해 어음의 변화 규칙을 탐색하고 언어의 친족관계를 확정하는 것은 역사비교언어학에서 언어사를 연구하는 기본 절차이며, 성공 여부의 관건이다. 학자들은 이 연구의 절차를 탐색하려고 일찍부터

....
1 R.R.K. Hartmann 등(1981:216) 참조.

많은 정력을 쏟았고, 몇 세대에 걸친 꾸준한 노력 끝에 비로소 분명한 단서를 정리해 냄으로써, 음변화는 규칙적이라는 관념을 사람들 마음속 깊이 심어 놓았다. 음변화의 규칙성이라는 관념이 형성됨에 따라 역사적 비교방법도 차츰 완전하게 되었다. 그러므로 역사적 비교방법과 음변화의 규칙성에 관한 연구는 보조를 같이 하며, 어음의 대응관계를 통해 음변화 규칙을 분명하게 밝히지 않고는 역사적 비교방법도 많은 한계에 부딪치게 될 것이다.

6.2 그림(Grimm)의 법칙과 역사적 비교방법의 원형

6.2.1 음변화에 규칙이 있다는 관념을 형성한 것은 게르만어 자음추이 子音推移 연구와 밀접한 관계가 있다. 게르만어파가 하나의 독립된 어파를 이루고 인구어족의 기타 언어와 분리될 수 있었던 것은 주로 이 자음추이의 결과로 말미암은 것이다. 덴마크의 언어학자 라스크(Rasmus Rask)는 북유럽의 여러 게르만계 언어를 연구할 때 그것들과 그리스어, 라틴어의 어음 사이에 질서정연한 대응관계가 있음을 발견하고, 아울러 이로부터 몇 가지 상호간의 자음추이 규칙(§3.2.3)을 귀납하였다. 라스크의 연구는 이미 역사적 비교방법의 핵심에 있었으나 "총체적 변화의 규칙성"을 보지 못했고, "그가 주요한 규칙 중에 우연히 마주치게 된 예외의 원인을 찾아낼 방법이 없었다"는 결점이 있다. 그래서 어떤 때에는 비교하는 과정에서 그런 "우연한 비슷함 혹은 대차貸借의 결과"를 제거하지 않았다. 이후의 독일 언어학자 그림(Jacob Grimm, 1967)은 이런 기초 위에서 비교의 규모를 축소하여(주로 게르만어파 여러 언어에 한해서) 게르만어 자음추이의 규칙을 구체적으로 토론하였고, "긴 예증을 들었는데, 이런 예증은 라스크의 책 속에 이미 있었던 것 외에도 더 많은 것을 추가하였으며, 게다가 대부분 정확하다."[2] 이것은 학술계에 거대한 영향을 미쳤으며, 세간에서는 이를 그

---

2 Peterson(1958:250, 257) 참조.

림의 법칙(Grimm's law)이라고 칭하였다. 이러한 음변화의 규칙성 개념은 사람들의 생각에 깊은 인상을 남겨, 실제 연구에도 광범위한 영향을 미쳤다. 이로부터 역사적 비교방법은 과학의 길로 들어서게 되었던 것이다.

6.2.2 게르만어 자음추이의 규칙은 주로 세 가지 파열 자음의 변화에 관련된다. 그림은 우선 파열 자음 체계에 대해 종합적인 서술을 했다. 그는 무성 파열음(p, t, k)을 tenues라 부르며 간단히 T라고 썼으며, 유성 파열음 (b, d, g)을 mediae라고 부르며 M이라 줄여서 썼고, 유기음(이런 음의 음가는 확정하기가 어려운데, 일반적으로 산스크리트어의 반영 형식에 근거하여 bh, dh, gh라 여기나, 어떤 학자들은 라틴어의 반영 형식에 근거하여 f, θ, h라 여기고, 또 다른 몇몇 학자들은 그리스어의 반영 형식에 근거하여 ph, th, kh라 여기는데, 여기에서는 bh, dh, gh로 쓰기로 한다)을 aspiratae 라고 부르며 간단히 A라고 썼다. 원시인구어로부터 전前게르만어까지, 파열음의 변화 규칙은 대체로 다음과 같다.

원시인구어		前게르만어
T	〉	A
A	〉	M
M	〉	T

이러한 변화 규칙은 다음과 같은 순환도를 써서 표시할 수 있다.

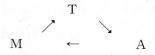

아래의 예는 이러한 규칙의 반영 형식이다(이해의 편의를 위해 게르만어 자료는 되도록 영어의 예를 써서 비교하였다).

	라틴어	그리스어	산스크리트어	영어	의미
1. T〉A					
p〉f	pēs			foot	발
	pater			father	아버지
	piscis			fish	물고기
t〉θ	trēs			three	셋
	tenuis			thin	얇다
	tacēre			['θahan] (고트어)	조용하다
k〉h	centum			hundred	백
	caput			head	머리
	cornū			horn	뿔
2. M〉T					
b〉p		['kennabis]		hemp	麻
d〉t	duo			two	둘
	dens			tooth	치아
	edere			eat	먹다
g〉k	grānum			corn	곡물
	genus			kin	친척
	ager			acre	에이커
3. A〉M					
bh〉b	ferō	['phero:]	['bhara:mi] (나는 휴대한다)	bear	휴대하다, 이겨내다
	frāter	['phra:te:r]	[bhra:ta:]	brother	형제
dh〉d	fēcī (나는 하였다)	['the:so:] (나는 놓겠다)	['a-dha:t] (그는 놓았다)	do	하다
		['methu]	['madhu]	mead	벌꿀술
h〉g			[hā'sah]	goose	거위
	vehit		['vahati] (그는 차로 실어나른다)	wegan (古영어)	운송하다
	hostis			guest (현대영어)	손님

6.2.3 이러한 한 차례의 자음 대추이를 거쳐, 원시게르만어는 원시인구 어에서 분리되어 나와 하나의 독립된 하위 집단의 어족을 형성하였다.

게르만어파는 동, 서, 북 세 개의 語支로 나누어진다. 독일어와 영어는 서부 어지에 속하고, 고트어(이미 사라짐)는 동부 어지에 속하며, 북부 유럽의 일부 언어, 예를 들면 스웨덴어, 덴마크어, 노르웨이어, 아이슬랜드어 등은 북부 어지에 속한다. 우리가 현재 볼 수 있는 게르만어의 가장 오래된 서면 자료는 4세기의 고트어 문헌이다. 영어는 5세기 중엽(A.D.449) 앵글 로색슨족이 영국의 잉글랜드, 스코트랜드, 아일랜드 세 섬을 침입함에 따라 서게르만어와 나누어졌다. 현대 독일어는 대체로 高地 독일어를 계승하여 변화한 것이다(§11.2.3). 그림(1967:46~60)은 게르만어 자음추이 규칙을 고 찰할 때, 古高地 독일어가 고트어에 비해 좀 더 발전했으며, 고트어 자체도 라틴어, 그리스어, 산스크리트어에 비해 한 발 앞서 발전하였다고 여겼다. 또한 고트어의 라틴어에 대한 관계는 古高地 독일어의 고트어에 대한 관계 와 같다고 보았다. 그림은 이 같은 고찰을 통해 원시게르만어가 인구어족 기타 언어의 변화 규칙에서 벗어났다는 사실을 발견했다. 이는 즉 그림이 이미 언어의 공간적 차이로부터 언어의 시간적 발전을 추론하기 시작했으 며, 언어에 대한 역사적 비교연구에 초보적이지만 견실한 기초를 제공하였 음을 말하는 것이다. T(무성 파열음), A(유기음), M(유성 파열음) 세 종류의 음 중에서 어떤 종류의 음이 먼저 변화를 일으켰는가? 그림의 논술이 많지 는 않지만, 이후의 학자들은 일반적으로 T가 A로 변하고 그 후에 기타 두 종류의 음의 변화가 일어났다고 생각하였다. "선-게르만어 시기에 원시인 구어(인구어의 공통 조어)의 [p, t, k]가 일찍이 원시게르만어(게르만어의 공통 조어)의 [f, θ, h] 유형으로 바뀐 이후에 비로소 원시인구어의 [b, d, g]가 원시게르만어의 [p, t, k]로 바뀔 수 있었을 것이다. 이 순서는 매우 분명한데, 게르만어에서는 실제 이들 두 가지의 음이 결코 동시에 나타나는 일이 없었음을 뚜렷이 보여주고 있기 때문이다."[3]

6.2.4 그림은 엄격한 태도로 학문을 연구한 학자로서, 언어를 비교연구하는 과정에서 상술한 몇 가지 규칙을 발견했으나, 여전히 많은 현상들이 이런 규칙과 모순되므로, 그는 게르만어 자음추이 규칙에는 예외가 있다, 즉 "어떠한 규칙도 예외가 있기 마련이다"라고 말하였다. 이것을 사람들은 그림의 음변화 규칙에 예외가 있다는 선언으로 여겼다.[4] 그림은 예외적 현상을 세 가지로 나누었는데, 대체적 상황은 아래와 같다.

1. T가 A로 바뀌지 않아, 즉 [p, t, k]가 [f, θ, h]로 바뀌지 않아서, 여전히 이전대로 [p, t, k]로 읽는다. 예를 들면 다음과 같다.

그리스어	라틴어	고트어	영어	의미
	captus	hafts	captured	포획하다
	spūo	speiwan	spew	구토
['esti]	est	ist	is	이다
[skótos]		skadus	shadow	그림자
	nox, noctis	nahts	night	밤
[ok'to:]	octō	ahtaw		

2. 게르만어파 각 언어의 M(b, g, d)은 당연히 원시인구어의 특징을 반영하는 산스크리트어의 bh, dh, gh, 그리스어의 ph, th, kh와 대응해야 하나, 실제의 상황은 그렇지 않다. 게르만어의 M은 이 두 언어에서는 모두 무기인 b, d, g와 p, t, k이다. 예를 들면 다음과 같다.

산스크리트어	그리스어	고트어	영어
['bo:dha:mi]	['pewthomaj]	[ana-'biwdan]	['be:odan] (古영어)
나는 관찰한다	나는 경험한다	지휘한다	bid(현대영어), 분부하다

3. 원시인구어의 T(p, t, k)는 게르만어에서 그림의 법칙이 명시한 것과 같이

---

3 Bloomfield(1980:457)참조.
4 Peterson(1958:292)참조.

A(f, θ, h)로 바뀌지 않고, M(b, d, g 혹은 v, ð, ɣ, 방언의 반영에 의하면 전자는 후자로부터 변화되어 나온 것이다)으로 바뀌었다. 이렇게 게르만 어의 파열 자음과 인구어족의 기타 언어와의 대응은 그림의 법칙과 부합 하지 않는다. 예를 들면 다음과 같다.

산스크리트어	라틴어	고트어	古高地독일어	고대영어	의미
	sec-o		saga		보았다
anka-m	uncu-s	-aggan-m		angan-m	갈고리
tr̥tīya-	tertiu-s	bridjan-	dritjo	bridda	셋째
			dritto		
anti-	ante	anda	ant-	and-	반대
saptan		sibun	sibun	seofon	일곱
			siban		
napât-m	nepôt-		nevo	nefa	생질

이러한 예외적인 현상에 대해 그림은 해석할 방법이 없었는데, "……이 점을 가지고 그를 나무랄 수 없다. 당시의 지식 범위로서는 어떠한 깊이 있는 연구도 이 수수께끼를 해결할 수 없었다."[5] 그러나 이런 예외적 형식 이 합리적 해석을 얻지 못한다면, 역사적 비교방법은 언어사 연구의 가치 면에서 사람들의 의심을 불러일으킬 수밖에 없었다. 이로 인해 역사적 비 교방법의 발전은 이 세 가지 예외 형식에 대한 설득력 있는 해석과 긴밀히 연계되지 않을 수 없게 되었다.

6.3 그림의 법칙의 세 가지 예외의 해석과 역사적 비교방법의 개선

6.3.1 학문 연구는 최고봉에 오른 후에도 더 높은 곳을 향해 나아가야 하는 것과 같다. 그림의 법칙이 언어에 대한 역사적 비교연구에 훌륭한 기초가 되어, 후인들은 그 기초 위에서 계속하여 위를 향해 오를 수 있었다.

....
5 Peterson(1958:258)참조.

132 역사언어학 - 중국어를 중심으로 -

그림이 열거한 세 가지 예외는 언어에 대한 역사적 비교연구가 반드시 풀어야 할 세 개의 난관으로, 그것을 풀지 못하면 사람들은 그림의 법칙은 예외현상의 검증을 견디지 못하여 '규칙' 여부조차 의심하였을 것이다. 이로 인해 그림 이후의 일부 언어학자들이 이들 예외를 연구하는데 정력을 쏟아, 마침내는 사람들이 믿고 따를 만한 해석을 함으로써 역사비교언어학은 새로운 시기로 접어들게 되었다.

6.3.2 첫 번째 예외는 비교적 간단하여 그림과 동시대인 로트너(C. Lottner, 1967)가 합리적 해석을 제시했는데, T(p, t, k) 앞에 만약 하나의 무성 자음이 있다면 T는 변하지 않고 여전히 무성 파열음이라고 여겼다. 이것은 사람들이 음변화를 관찰할 때 서로 인접한 음의 영향에 주의해야 한다는 것을 일깨워 주었다.

6.3.3 두 번째 예외는 비교적 복잡한 것으로, 그림의 뒤를 이어 40년이 지난 뒤, 즉 1862년에 그라스만(Hermann Grassmann, 1967)이 비로소 합리적인 해석을 내 놓았다. 그는 만약 인구어에서 두 개의 서로 인접한 음절이 모두 유기음을 포함하고 있다면, 산스크리트어와 그리스어에서의 첫 번째의 유기음이 異化되어 무기음이 된다고 하였다. 이 해석은 그라스만의 법칙(Grassmann's law)이라 불리어지며, 사람들이 서로 인접하는 음절의 관련 성분 사이의 관계에 주의할 것을 일깨웠고, 어음의 변화가 서로 인접하지 않는 음운의 영향도 받을 수 있다는 것을 설명하였으며, 나아가 학자들로 하여금 음변화의 조건을 관찰하는 시야를 넓히게 하였다.
그라스만의 법칙이 명시한 음변화의 조건은 사람들이 원시인구어에서 산스크리트어, 그리스어로의 발전 과정을 탐색할 수 있도록 하였는데, 그 과정은 아래와 같이 재건할 수 있다.

원시인구어	〉	코이네 그리스어	〉	그리스어
*['bhewdhomaj]		*['phewthomaj]		['pewthomaj]
*['dhidhe:mi]		*['thithe:mi]		['tithe:mi]
*['dhrighm]		*['thrikha]		['trikha]

원시인구어에서 산스크리트어로 변화하는 과정에서도 유사한 상황이 보인다.

원시인구어	〉	산스크리트어
*[bhewdho-]		[bo:dha-]
*[dhehhe:-]		[dadha:-]

유기 성분이 소실되어 산스크리트어에서는 b, d, g로 나타나는데, 그리스어에서는 p, t, k인 것은 무엇 때문인가? 여기에는 다음과 같은 사실이 내포되어 있다. 그리스어에서는 원시인구어의 bh, dh, gh가 먼저 ph, th, kh로 무성음화하였다가, 후에 두 개의 유기 음절이 서로 이어졌을 때 첫 번째 음절의 유기음이 무기음으로 이화되어서 p, t, k를 만들어 낸 것이다. 산스크리트어에서는 원시인구어의 bh, dh, gh가 무성음화하지 않아, 첫 번째 음절이 이화될 때에도 여전히 유성음 b, d, g였다. 코이네 그리스어가 유기 성분을 잃어버린 것과 산스크리트어가 유기 성분을 잃어버린 것은 각각 독립적으로 발생한 것이라고 볼 수 있다.

그라스만의 법칙이 명시한 음변화의 조건은 역사적 비교방법을 개선하고 완전하게 하는데 중요한 공헌을 하였다.

6.3.4 세 번째 예외는 가장 복잡하여 오랜 시간동안 이 예외의 원인을 설명할 방법이 없었는데, 1876년에 이르러 덴마크 언어학자 베르너(Karl Verner, 1967)가 믿을 만한 해석을 하였다. 그는 많은 예를 열거해가며 구체적으로 분석을 한 결과, 이 예외는 단어의 강세(stress) 위치와 관련이

있고 따라서 거기에는 규칙도 있다는 사실을 발견하였다. 대체적인 상황은 다음과 같다. 강세를 받지 않는 모음과 강세를 받는 모음 사이의 자음 위치를 midial(중간적) 위치라고 부르며, 이런 위치에 있는 자음은 약화되기 쉽다(무성 자음은 유성 자음으로 약화된다). 이로 인해 자음 T(p, t, k)가 강세를 받지 않는 모음과 강세를 받는 모음 사이에 위치할 때, 즉 그것의 앞이 강세를 받지 않는 모음이고 뒤는 강세를 받는 모음일 때, p, t, k로부터 변화되어온 f, θ, h는 β, ð, ɣ로 약화되고, 이후에 다시 b, d, g로 변한다. 아래에 열거한 언어에서 '부친'이라는 단어의 표현 방식을 비교해 보자.

원시 인구어	원시 게르만어	후기 원시 게르만어	古북유럽어	고트어	古영어
[pə'te:r]	[fə'θe:r]	[fə'ðe:r]	['faðer]	'fadar]	['fɛder]

이것은 즉 음운 변화의 초기 단계에서 모든 T(p, t, k)는 첫 번째 예외의 T를 제외하고는 모두 조금의 예외도 없이 일률적으로 원시게르만어의 A(f, θ, h)로 바뀌었지만, midial 위치에 있는 자음은 이후에 다시 진일보하여 무성 마찰음에서 유성 마찰음(후기 원시게르만어, 古북유럽어)으로 약화되고, 후에 다시 진일보하여 유성 마찰음에서 유성 파열음(고트어, 古영어)으로 바뀌었다는 것이다. 그러므로 그림의 법칙의 세 번째 예외는 midial 위치에 있는 자음이 두 차례 변화한 결과이다.

위에 열거한 예에서 강세 위치를 비교해 보면, 원시인구어에서 게르만어까지는 강세가 모두 뒤 음절의 모음 위에 있고, 古북유럽어, 고트어와 古영어에 이르러서는 강세가 첫 번째 음절로 이동하였는데, 이 때문에 게르만 제어를 연구하는 언어학자들이 강세 위치가 어음의 변화에 영향을 끼친다는 사실을 발견하기 어려웠던 것이다. 강세가 앞으로 이동하는 것도 원시인구어에서 게르만 제어로 발전할 때 나타난 하나의 중대한 변화로, 이로 인해 오늘날 강세 위치에 근거하여서도 어떤 것들이 영어의 고유어이고 어떤 것들이 외래어인지를 감별할 수 있는 것이다. 비교해보자.

ˈglad(모어 단어)	ˈgladly	ˈgladden	ˈgladness	ˈgladsome
ˈtransit(라틴어 차용어)	tranˈsition	ˈtransitive	transiˈtivity	

그림의 법칙은 원시인구어에서 원시게르만어로의 발전이라는 하나의 중요한 변화를 명시한 것인데, 베르너가 바로 그림의 뒤를 이어 그가 발견하지 못한 또 다른 변화를 다시 명시해내고 그림의 법칙의 세 번째 예외의 원인을 발견함으로써 인구어 발전의 실마리를 더욱 명확하고 분명하게 하였다.

베르너의 발견은 언어학사상 베르너의 법칙(Verner's law)이라 불리며, 그림의 법칙 중 마지막 하나의 예외를 해결하였다. 베르너는 비교를 통해 음변화의 조건을 찾아내어, 언어의 발전을 연구할 때 모음, 자음의 동화, 이화 등 음변화에 대한 영향에 주의를 해야 할 뿐만 아니라, 강세 등 초분절(suprasegmental) 성분의 음변화에 대한 영향에도 주의해야 함을 보여주었다. 베르너의 발견은 음변화 조건을 한층 더 명확하고 총체적으로 분석하여, 역사적 비교연구의 발전에 공헌한 바가 컸다고 할 수 있다.

6.3.5 그림의 법칙 및 그 세 가지 예외에 대한 해석은 음변화 조건에 대한 해석을 개괄해 낸 것이다. 원시인구어에서 원시 게르만어에 이르기까지, 파열음의 발전은 대체로 아래 그림과 같다.

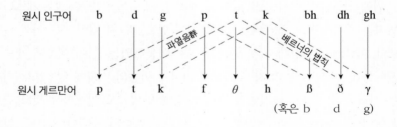

음변화에는 지역적 제한(게르만지역에서 발생한 음변화 그리고 기타 지역에서 일정하지 않게 발생하는 유사한 음변화)과 시간적 제한(코이네 그

리스어의 유성음이 무성음화된 것이 먼저이고, 첫 번째 음절의 유기음이 이화 작용으로 인해서 유기 성분을 잃어버린 것은 나중이라는 등등)이 있는데, 이러한 음변화의 조건에 대한 해석은 라스크, 그림, 그라스만, 베르너 등의 공로로 인정받고 있다. 그들은 반 여세기에 걸친 연구 끝에 음변화 조건에 대한 명확한 해석을 내 놓은 것이다. 이와 같이 언어학자들이 어음 대응 규칙을 찾을 때 자각적으로 음변화 조건에 주의할 수 있었지, 일부 표면 현상에만 미혹되지 않았던 것이다. 그림의 법칙이 역사비교언어학에 과학적 기초를 다졌다면, 베르너의 법칙은 역사비교언어학이 이미 성숙한 단계에 진입했음을 나타내는 것이다. 베르너는 예외적 음변화 가운데에서 조금도 틀림이 없는 조건과 규칙을 찾아내어 어음 변화의 규칙성을 주장하는 사람들을 기쁘게 하고 흥분시켰을 뿐 아니라, 이 규칙성에 반대하는 사람들로 하여금 어떠한 이견도 낼 수 없게끔 하였다. 그리하여 이러한 음변화 조건에 대한 완벽한 해석은 역사비교언어학에 있어서의 하나의 새로운 시기를 열었던 것이다.

6.4 "음변화 규칙에는 예외가 없다"와 청년어법학파의 음변화 이론

6.4.1 음변화 규칙의 조건에 대한 완벽한 해석은 젊은 언어학자들을 크게 고무시켜, 그들에게 어음의 변화는 규칙적이라 확신을 갖게 하였다. 셰러(Wilhelm Scherer, 1968)는 "우리가 문헌자료를 통하여 보는 어음 변천은 일정한 규칙에 따라 진행되는 것이며, 다른 규칙이 동시에 발생하여 작용했을 때를 제외하면 이 규칙들은 어떠한 혼란도 허용하지 않는다"고 말하였다. 베르너는 한 편지에서 "예외 없는 규칙은 없다"라는 것을 "규칙이 없는 예외는 없다"로 고칠 것을 건의했는데, 이는 "즉, 이미 한 언어를 지배하는 규칙이 만일 어떤 예외를 갖는다면, 이 예외는 반드시 별도의 원인이 있다"는 것을 의미한다.[6] 레스키엔(August Leskien)은 1876년에 더욱 간명하게 "음변화 규칙에는 예외가 없다"[7]는 저명한 추론을 내 놓았다. 이 구호

는 당시 역사언어학의 시대정신을 대표한다 할 수 있다. 이 구호를 주장하고 옹호하는 주요 언어학자들은 모두 당시 나이가 젊은 30세 전후였는데, 그런 젊은이들을 경시하던, 어음 변화의 규칙성에 대해 회의적이던 나이 많은 사람들은 그들을 청년어법학파 혹은 신어법학파(Neogrammarian)라고 비꼬았다.[8] 그러나 이런 청년들은 흔쾌히 이런 조소를 받아들이면서, 후에 청년어법학파 혹은 신어법학파라고 자칭하였다.

19세기 역사비교언어학이 발전하는 과정에서 1870년은 하나의 분계선이라 할 수 있는데, 그것은 이 시기에 이르러서야 비로소 언어 연구에 있어서의 비교의 효용과 음변화 규칙에 대하여 인식하였기 때문이다. 소쉬르(1980:23)는 "1870년 전후에 이르러서야 사람들은 비로소 언어의 생태 조건이 도대체 어떠한 것인가라는 의문을 제기하기 시작하였다. 그들은 그리하여 언어 간의 대응은 단지 언어 현상의 한 측면에 불과하고, 비교는 단지 사실을 재건하는 하나의 수단이자, 하나의 방법일 뿐이라는 것을 알게 되었다"라고 지적하였다. 1870년 이전 대언어학자 슐라이허는 언어의 생태는 선사시기와 유사시기로 나눌 수 있는데, 전자(선사시기)는 언어가 발전한 시기로, 어음과 형태 방면의 규칙이 나타났고, 후자(유사시기)는 언어가 퇴화한 시기로, 어음과 형태 방면에서 쇠락하여, 다량의 난삽하고 무질서한 새로운 요소들이 만들어졌다고 주장했다.[9] 쿠르티우스(Georg Curtius)도

---

6 Peterson(1958:291) 참조.

7 Leskien의 말을 영어로 하면 "Sound laws admit of no exception"(직역하면 "음변화 규칙은 예외를 허용하지 않는다")이다. Raimo Anttila, *An Introduction to Historical and Comparative Linguistics*, New York, 1972, p.291.

   또 "sound change takes place according to laws that admit no exception." W. P. Lehmann, *Historical Linguistics, An Introduction*, Second Edition. 1973, p.87.

8 역주-Junggrammatiker에서의 Jung(젊은이, 청년)이라는 단어에는 뭔가 새로운 듯한 이론을 자랑해 보이는 건방진 젊은이와 같은 나쁜 뉘앙스도 담겨져 있다.

9 이는 슐라이허가 주장한 언어타락설로 자연과학이 모든 세포 유기체의 '출생 → 성숙 → 노쇠 → 죽음'과 같은 생명기를 지니는 것처럼 언어도 하나의 유기체로 일정한 규칙에 따라 성장, 발전하며 또 쇠퇴하고 소멸한다고 주장했다.

유사한 견해를 가지고 "언어의 聲音은 결국 어느 날 소실될 수 있는 것이다. 즉, 발음의 역량과 모든 음향을 상실해 버릴 수 있다"라고 하면서, 어음은 우연적이고 어떠한 규칙에도 지배 받지 않는 변화가 발생할 수 있다고 여겼다. 1870년 이전에는 이러한 것들이 대표적인 관점이었다. 이런 의견들을 하나로 귀결해보면, 바로 언어의 발전에 반드시 규칙이 있는 것은 결코 아니며, 언어가 퇴화함에 따라서 규칙에 맞지 않는 많은 현상들이 발생할 수 있다는 것이다. 음변화 규칙의 여러 예외들이 점차적으로 완벽하게 해석됨에 따라, 청년어법학파는 슐라이허의 언어 생태의 분기에 관한 견해를 강하게 비난하면서, 언어의 변화에는 규칙이 있다고 여기며, 예외를 허용하지 않는 어음 변천 규칙으로 어음의 변화를 해석해야 한다고 주장하였다. 청년어법학파의 대표적 인물인 레스키엔(August Leskien), 오스토프와 브루크만((Hermann Osthoff & Karl Brugmann, 1967:205)과 같은 사람들은 모두 음변화 규칙의 절대성을 고수하고, 아울러 자신들의 연구 기점을 음변화 규칙의 기초 위에 두고, "과학의 주요 기초인 음변화 규칙에 엄밀히 주의해서 연구를 진행할 때 비로소 견고한 발판을 가지게 된다"고 생각하였다. 이런 관점은 분명 정확한 것이었으며, 이는 언어에 대한 역사적 비교연구를 새로운 역사 시기로 끌어올렸던 것이다.

6.4.2 음변화 규칙이 실현되는 방식에 대해서, 청년어법학파는 또한 자신들의 명확한 해석을 내 놓았다. 그들은 어음의 변화는 점진적, 연속적이나, 어휘의 변화에 보이는 특징은 돌발적이며 산발적이라고 생각했다. 어음의 점변성漸變性에 관하여서는 청년어법학파 이후 많은 언어학자들이 동의하는 견해를 내세웠는데, 그중 가장 구체적으로 설명한 사람으로 헨리 스위트(Henry Sweet)를 꼽을 수 있다. 그(1888)는 [i]가 [ai]로 바뀐 것(즉 영어의 고모음 [i]의 복모음화)은 중간에 과도 단계 [i:], [ɪi], [ei], [ɛi], [ɐ̆i], [ai]를 거쳐야 하는데, 이는 동시에 발생한 변화가 아니며, 계열적으로 발생한 변화이다. 이와 마찬가지로 [m]이 [ɸ]으로 바뀐 것도, 마찰음인 동시에

무성음인 음으로 변할 수는 없는 것이므로, 반드시 [m], [β], [β], [φ] 이런 몇몇 계열적인 단계를 거쳐야 한다고 하였다. 그러나 이러한 변화의 각 형식이 어휘에 반영되는 것을 보면 오히려 동시적, 돌발적이고, 어떤 형식 (예를 들면 상술한 [m] 혹은 [β]……)은 조건이 같다면 기계적, 맹목적, 동시 돌발적으로 변화가 발생할 수 있어, 같은 음소를 포함하는 모든 형태소의 독음에 변화가 생기는 것으로 음변화 규칙에는 예외가 없다는 특징을 나타 낸다. 오스토프와 브루크만의 다음과 같은 말은 사실상 이러한 음변화 이 론에 대한 개괄적 설명이라 할 수 있다. "…각각의 어음 변화는 기계적으로 나타나는 것이기 때문에, 모두 규칙에 따라서 발생하며 어떠한 예외도 허용 하지 않는다. 즉 어음 추이의 방향은 방언의 분화가 생기는 것을 제외하고 는, 한 언어 사회의 모든 구성원에 있어서 늘 동일하다는 것이다. 동일한 관계에서 어음 변화가 생긴 모든 단어는, 전부 예외 없이 이런 변화의 영향 을 받는다." 오스토프와 브루크만(1967:204)은 이것이 청년어법학파의 두 가지 가장 중요한 원칙 중의 첫 번째 원칙이라고 여겼다. 만약 중국어의 중고 '見母' /k/가 /i/, /y/앞에서 /tɕ/으로 변한 사실을 가지고 보면, 이 조건 에 부합하는 모든 형태소의 어음 형식이 모두 어떤 예외도 없이 동시에 변화가 발생했다는 것이다. 그러므로 어음의 점변성과 이런 변화가 어휘에 반영되는 돌변성은 청년어법어법학파가 총결해 낸 음변화 방식의 하나의 중요한 특징을 이루며, 이를 계열적 음변화라고 부른다. 어음의 점변성과 관련하여 덴마크의 저명한 언어학자 예스페르센(Otto Jespersen)은 나무토 막을 톱질하는 것에 비유를 했다. 만약 여러 나무토막을 모두 똑같은 길이 로 자르려고 할 때, 매번 톱질한 나무토막을 가지고 비교하면서 다른 나무 토막을 자르는데, 조금이라도 부주의하면, 맨 처음과 마지막 두 개의 나무 토막의 길이는 차이가 많이 날 수 있는데, 예스페르센은 어음 변화의 상황 이 이와 유사하여, 매번 조금씩 차이가 나지만, 몇 십 년, 몇 백 년이 누적되 면 그 차이는 매우 현저해 질 것이라고 하였다.

확실히 어음의 점변성은 어음 변천의 일종의 중요한 방식이며, 청년어법학파가 이 점을 강조한 것 역시 역사언어학에 대한 하나의 공헌이다.

6.4.3 음변화 규칙의 조건성과 음변화의 방식에 대한 해석이 가능해지자 청년어법학파의 언어학자들은 매우 고무되어, 역사언어학은 단지 간단하게 변화를 기록하고 묘사하는 것에 그치는 것이 아니라, 이런 변화의 원인을 발견해야만 하고, 또한 그것에 대해서 철학적이지 않게 검증할 수 있는 해석을 해야 한다고 생각했다. 청년어법학파는 대체로 생리적인 면과 심리적인 면으로부터 변천의 원인을 해석했다. 음변화 규칙이 작용하는 조건은 실제로 생리적인 면에서 보는 것이 유리한데, 앞에서의 분석은 모두 생리적 각도에서 문제를 제기한 것이다. 이는 과학적 근거를 가지는 것으로, 현재의 실험음성학에서도 이미 언어변화의 생리적 원인에 대해 설득력 있게 증명한 바 있다. 예를 들어, 왜 자음의 淸濁은 성조의 고저와 밀접한 관계가 있는가? 이것은 목의 부위와 기류의 속도와 관계가 있다. 일반적으로 무성 자음은 높은 음조와 연관되고, 유성 자음은 낮은 음조와 연관된다. 이는 생리학적 관점에서도 설명이 가능하다. 왜냐하면 유성음을 내기 위해서 목(후두)의 상하는 반드시 압력의 차이가 있어야 하는데, 그렇지 않으면 기류가 성대를 통과할 수 없어 유성음을 낼 수 없기 때문이다. 그러므로 유성음을 내기 위해서는 반드시 윗부분 후강에 일종의 반압력이 있어야 하고, 이것이 목(후두)을 낮추어 반압력을 유지해야만 윗부분 후강의 부피가 증대되어 성대를 적당한 위치에 놓이게 한다. 그래서 후두가 낮아지면서 낮은 음조를 내게 된다. 이런 상황은 다른 사람이 노래 부르는 것을 보면 더 분명하게 알 수 있다. 만약 높은 음조를 부른다면 후두는 높고, 낮은 음조를 부른다면 후두는 낮을 것이다. 유성 자음을 발음할 때, 후두는 반드시 내려가야만 한다. 후두가 아래로 내려갔기 때문에, 성조도 비교적 낮은 것이다. 이러한 현상은 어음실험실에서도 발견할 수 있는 것이다.
구개음화도 생리적인 각도에서 설명할 수 있다. /t/가 변해서 /ʧ/나 /ʨ/로 되거나, /k/가 변해서 /ʧ/나 /ʨ/로 되는 이런 유형의 변화는 다른 언어에도 많이 있다. 영어의 'what'이 뒤에 'you'가 와서, 두 개의 단어가 한데 이어지면 'what you'[hwɔt juː]가 아니고 [hwɔʧuː]이다. 중국어의 /k/가 /i/, /y/ 앞에서 /ʨ/로 변한 것도 이런 유형의 음변화이다. 왜 단순한 파열음이 파찰음으로 변하게 되는가? 이런 '마찰'이 어디에서 오는 것인가? 이것은 간단히 생리적인 관점에서 고찰할 수 있다. 경구개는 상당히 낮고 뒤의 연구개도 상당히 낮지만, 그 사이에, 즉 연구개의 앞, 잇몸의 뒤에는, 크게 구부러져 올라간 곳이 있다. 그래서 혀가 위를 향해 가로막을 때, 일반적으로 앞뒤에서는 '막기'가 쉽지만, 중간에서는 '막기'가 쉽지 않다. 여기에는 두 가지의 원인이 있는데, 하나는 경구개 중간의 그런 구부러져 올라간 곳이 너무 높아서, '막아야'할 면적이 너무 크기 때문이다. 다른 하나는 [i], [y]의 음을 발음할 때와 같이, 혀 중간은 가운데가 움푹 들어가 마치 고랑 같이 된다. 이 고랑이 경구개의 큰 면적과 접촉하므로, 파열음을 파찰음으로 변하게 하는 것이다.

그러므로 현대의 실험음성학은 청년어법학파의 음변화의 생리적인 해석에 실험적 근거를 제공했다. 王士元이 이 점에 대해 언급할 때, "우리는 19세기의 많은 사람들의 견해가 의외로 옳다는 것을 느낀다. 예를 들면 브루크만, 슈하르트(Schuchardt) 등 청년어법학파뿐 아니라 모든 학자들이 언어는 변화할 때 아주 많은 상황에서 그것의 생리적 기초를 가진다고 하였다…우리가 지금 다시 전통적 견해로 돌아가 보면, 언어의 수많은 변화에는 그것의 생리적, 발음적 원인이 있는 것이다. 이런 측면에서 보면, 중국인, 인도인, 남미인, 이탈리아인에 관계없이… 생리상의 발음 기관은 모두 대동소이한 것이므로, 언어의 변천은 같은 원칙에 따라 변화를 일으키는 것이다"[10]라고 하였다.

6.4.4 청년어법학파는 생리적 각도에서 음변화의 조건을 해석하였는데,

---

10 徐通鏘(1984b:256~257) 참조.

음변화의 일련의 예외에 대해서도 과학적으로 해석하였다. 그러나 생리상의 음변화 조건으로 해석할 수 없는 일부 예외적인 음변화가 있다. 아래 열거한 두 언어의 제1인칭 단수 현재 시제의 동사의 어음 형식을 비교해 보자.

그리스어	phérō(나는 휴대한다)	ei-mi(나는 간다)	dídō-mi(나는 준다)
산스크리트어	bhárā-mi	é-mi	dádā-mi

그리스어의 "나는 휴대한다"의 동사 어미 -o를 제외하고, 기타 동사 제1인칭의 어미는 모두 -mi이다. 왜 이렇게 형식이 일치하지 않을까? 청년어법학파는 개념적 연상으로 만들어낸 유추(Analogy)로 해석하였는데, 이는 심리적 원인으로 새로운 언어 형식의 발생을 해석한 것이다. 오스토프와 브루크만은 앞에서 언급한 글에서, 형식의 연상, 즉 유추와 같은 심리적 요소에 의해 만들어진 언어의 새로운 형식은 언어의 앞으로의 변화에도 매우 중요한 작용을 할 것이라고 하였다. 그들은 이 원칙을 "음변화 규칙에는 예외가 없다"는 원칙과 함께, 청년어법학파의 두 가지의 가장 중요한 원칙 중에서 두 번째 중요 원칙이라고 칭하였다. 무릇 "음변화 규칙에는 예외가 없다"는 원칙으로 설명할 수 없는 언어 사실은 이 두 번째 가장 중요한 원칙 '유추'로 해석하였다. 그러므로 그리스어와 산스크리트어의 제1인칭 단수 현재 시제의 동사 형식이 다른 것을 '유추'로 해석할 수 있는 것처럼, 원시인구어의 동사 제1인칭 단수 현재 시제의 어미에는 -o와 -mi 두 가지 형식이 있었는데, 후에 -mi가 발전하면서 유추를 거쳐 사용 범위를 확대하여 차츰 -o를 대체하게 되었음을 알 수 있다. 산스크리트어에서는 이미 대체의 과정이 완성되어 이들 동사의 어미는 모두 -mi이나, 그리스어에서는 -o의 잔류 형식이 아직 있었던 것으로 본 것이다.

6.4.5 유추는 언어의 변화과정에서 나타나는 중요한 현상으로, 이런 공

식으로 설명할 수 있다.

A : B = c : x
sow : sows = cow : x
x = cows(sow 암퇘지, cow 암소)

유추는 일반적으로 유추적 수평화와 유추적 창조 두 종류의 유형으로 나뉜다. 이른바 유추적 수평화는 일종의 규칙화된 구조 모델을 가지고 마치 산을 평평하게 깎는 것과 같이 함으로써 질서정연하고 획일적인 규칙을 세우게 된다. 예를 들면 영어 형용사는 등급의 변화가 있어, 원급은 형용사의 원형을 취하고, 비교급은 원형의 어근에 -er을 더하고, 최상급은 원형의 어근에 -est를 더한다. 이것은 영어 형용사 3등급 구조의 일반적 모델이다. 그러나 일부 형용사의 등급은 불규칙적으로 변하는데, 예를 들면 '老'의 의미를 표시하는 3등급은 old, elder, eldest로, 일반적인 구조 모델과 맞지 않는다. 영어는 발전하면서 일찍이 유추와 반유추의 경쟁을 거치며, 일반적 구조 격식으로써 불규칙적 변화를 균등하게 하고자 한 것이다. 1920년대에 이미 사피어(Sapir, 1985)는 older, oldest를 예로 들며 이런 유추적 수평화를 묘사하였다. 일반 언어에는 모두 이러한 유형의 유추가 있다. 중국어의 '薛'은 원래 薛韻字인데, 음변화의 규칙에 따라 '別, 列, 泄, 杰' 등의 형태소와 같은 韻으로서, 북경어로는 [ᶜɕiɛ]로 읽어야 하지만, 사실상 撮口韻 [ᶜɕyɛ]로 읽는다. 이러한 예외적인 음변화는 '雪'의 유추 영향 때문인데, 왜냐하면 '雪'은 상용자이고 의사소통에서 사용 빈도가 높지만, '薛'자는 별로 사용되지 않고 오직 성씨에만 쓰여 쉽게 동화되어지기 때문이다. ≪紅樓夢≫ 중에 "풍년에 대설이라豐年好大雪, 진주는 흙과 같고 황금은 무쇠 같다珍珠如土金如鐵"는 구절이 있는데, 여기에서는 '雪'을 써서 '薛'을 넌지시 암시하고 있는 것이다.

유추적 창조의 상황은 유추적 수평화와는 달리, 어떤 구조 모델을 근거로 그 언어에서 일찍이 없었던 새로운 형식을 창조하는 것이다. 이것은 주로 파생 조어법을 채용하여 조어하는 언어에서 더욱 분명히 드러난다. 사실 새로운 단어의 창조는 이런 유추적 창조의 방법에 따라 실현된다. 영어에서 접미사 /-əble/(-able, eble)을 더하는 방법으로 형용사를 만드는 것은 이런 유추적 창조의 좋은 예이다. 중고 영어는 불어에서 measurable, reasonable, acceptable, agreeable, comfortable 등을 빌려왔는데, 접미사 -able이 없는 어근도 빌려왔기 때문에, 명사(measure, reason)가 될 수 있고, 동사(accept, agree)가 될 수도 있으며, 혹은 명사나 동사(comfort, pro-fit)를 겸할 수도 있다. 따라서 -able은 추상화된 한 형태소가 되어서, "…할 수 있다"와 같은 의미를 나타내는 것이다. 현재 어근의 뒤에 -able을 더하여 새로운 단어를 만드는 것은 영어에서 특별히 쓸 수 있는 조어 수단으로, 특히 eatable, drinkable… 등과 같이 동사를 형용사로 만드는 데 쓰인다.

6.4.6 유추는 물론 일부 특수한 음변화 현상을 해석할 수 있지만, 청년어법학파는 이 안에서 슬며시 음변화의 연구를 다른 특수한 영역으로 전향한 것 같다. 주로 일종의 어법 현상인 유추는 "언어의 어떤 다른 규칙 모형의 영향 하에서 어법과 어휘 형식에 변화가 발생한 과정 혹은 결과를 가리킨다. 예를 들면 hisn으로써 his를 나타내는 것은, my : mine 형식으로부터 유추해 낸 것으로 간주할 수 있다… 이런 유추에 의한 변형은 흔히 언어의 일부 규칙 형식을 만들 수 있으나, 이런 규칙 형식은 종종 어음 법칙과 서로 모순된다."[11] 블룸필드(1980)는 이에 대해 구체적으로 분석을 하였다. 그래서 음변화와 유추는 실제로 두 종류의 다른 현상이고, 이들 둘 사이에는 중요한 차이가 있다. 청년어법학파가 말한 음변화의 단위는 음운 혹은 음운변체(변이음)이며, 유추의 단위는 형태소, 단어, 조어 양식 혹은 어법 격식(예를 들면 "I feel well"로부터 "I feel badly"를 창조해 내는 것)이다. 청년어법학파가 말한 어음 변화는 대체적으로 음운의 점진적 추이(§6.4.2)

---

11 Hartman, R. R. K., F. C. Stork(1972:19) 참조.

이나, 유추는 단어나 형태소 등의 돌발적 교체이다. 물론 유추가 예외적 음변화를 만들어낼 수 있지만, 이것은 주류가 아니다. 청년어법학파가 유추로 예외의 음변화를 해석하는 것은, 그들의 음변화 이론에 여전히 심각한 약점을 내포하고 있다는 것을 설명하는 것이다.

음변화 규칙에 예외가 없다는 말에는 물론 정확한 일면이 있다. 그러나 청년어법학파는 그것을 절대화하여 음변화의 유일한 형식으로 간주한 것은 자승자박이나 다를 바 없어, 그들이 '예외'라고 부르는 일부 현상들을 처리할 방법이 없었던 것이다. 유추로 음변화 규칙의 예외를 해석하는 것은 사실상 이미 '음변화 규칙'의 신조에 위배되는 것이다. 계열적 음변화 연구는 단지 음운 혹은 음운변체의 변화에 불과하며, 일종의 음변화 방식에 지나지 않는다. 언어에는 기타 여러 종류의 중요한 음변화 방식(§11, §12, §14, §16)이 있고, 또한 음변화 규칙에 방해가 되는 어법 구조의 변화(§15) 등이 있다. 이런 음변화와 청년어법학파의 계열적 음변화 사이에는 중요한 차이가 있는데, 간단하게 음운 환경의 생리 조건을 가지고 해석할 수는 없다. 이것은 "음변화 규칙에는 예외가 없다"는 음변화 이론을 모순에 빠지게 하였다. 진리에는 모두 일정한 한계가 있는데 이 한계를 초월하면 그것은 오류로 변할 수 있다. 청년어법학파의 음변화 이론의 비극은 바로 여기에서 음소를 단위로 하는 계열적 음변화로써 언어의 모든 음변화 현상을 해석하고자 하여 결국 스스로를 각종 '예외'의 포위와 반대에 빠져들게 했을 뿐이었다. 그러므로 이후의 확산학파가 청년어법학파에 대해 맹렬히 공격한 것도 일리가 없는 것은 아니었다.(§11, §12)

6.5 예외

6.5.1 청년어법학파의 음변화 이론은 후세에 매우 큰 영향을 끼쳐, 사람들은 습관적으로 계열적 음변화의 특징으로써 언어의 음변화를 해석하여, 이 음변화 특징에 맞지 않는 모든 어음 현상을 모두 '예외'에 집어넣었다.

이렇게 하는 것을 비난할 근거는 없지만, '예외'에 대한 구체적 분석이 부족하다는 것이 결점이다. 예를 들어 '寧波방언에서 '降'('降落傘')을 다수 사람들은 [tsɔ]이라고 읽는데, 이렇게 규칙과 다른 독음과 어음의 분포 조건은 관련이 없는 것이므로, 계열적 음변화의 예외(§12.5.3)라고 간주할 수는 없는 것이다.

예외, 이것은 언어 연구에 있어서의 하나의 난점인데, 왜냐하면 그것은 언어 변천의 원인과 관련되기 때문이다. 각기 다른 원인은 각기 다른 예외를 만들어낼 수 있다. 각각의 예외에 대해서는 특수한 연구를 해야 한다. 구체적인 문제, 구체적인 분석, 이것은 예외를 연구하는 가장 중요한 원칙이다. 예외에 대한 연구는 어렵기는 하지만 매우 중요하기도 한데, 왜냐하면 "지금 이후로 몇 년 후에, 나는 역사언어학이 장차 인과성, 원인 방면에 관한 연구를 점점 더 많이 전개할 것으로 생각한다. 의미 있는 것은 원시의 사실을 발견하는 것이 아니고, 무엇이 변화를 일으켰나 하는 것"[12]이기 때문이다. 예외에 대한 연구는 언어 변천의 인과 관계를 관찰하는 창구가 될 수 있으며, 중요한 방법론적 가치를 가진다(§15).

6.5.2 예외의 원인은 여러 측면에 있는데, 여기서는 李榮(1965a)을 기초로 예를 들어 설명하고자 한다.

連讀은 아마 예외적 음변화를 만드는 하나의 원인일 것이다. 북경어의 '鷄蛋'은 '木犀'[mu² ₋ɕy]라고 하는데, '犀'자는 ≪廣韻≫平聲 齊韻 先稽切로, '西'와 동음이어야 한다. 북경어의 '木犀'[mu² ₋ɕy]의 [-y]는 아마도 비원순모음 [-i]가 앞의 합구 모음 [u]의 영향을 받아서 원순모음 [-y]로 바뀐 것일 것이다. '女婿'에서 '婿'의 원래 음은 霽韻 蘇計切로, '細'와 동음이고, 모음은 [-i]가 되어야 하는데, 이 또한 앞 음절의 원순모음 [-y]의 영향을 받아 동화되어 원순모음이 된 것일 수 있다. 각 지역의 방언에서 모두 이런 유형의

12 徐通鏘(1984b:212) 참조.

예외적 음변화를 발견할 수 있다. 예를 들면, 浙江省 寧海 일대에서는 '衣廚 (옷장)'을 [ᵷy ₑdzu]라 하는데, '衣'[ᵷi]도 뒤 음절의 원순모음에 영향을 받아 동화되어 [ᵷy]로 변한 것일 수 있다.

심리적인 원인도 예외적인 음변화를 일으킬 수 있다. '死'는 사람들이 기피하는 글자로서, 사용을 회피하고자 한다. 성조를 따지지 않는다면, 止攝 開口三等의 支韻字 '斯厮撕, 璽徙, 賜'가 같은 韻이고, 脂韻의 '私, 死, 四肆' 가 같은 韻이며, 之韻의 '司絲思, 枲葸, 伺思'가 같은 韻이다. 음변화 규칙에 따르면, 오늘날의 북경어에서의 운모는 모두 반드시 [ʅ]로 읽어야 하나, 실제의 음변화 현상은 이와 같지 않고 대체적으로 두 가지로 나누어진다. 즉, 평성자와 거성자의 운모는 오늘날 일률적으로 [-ʅ]([sʅ])로 읽지만, 상성인 글자인 '璽徙, 死, 枲葸'의 독음은 합류하지 않아, '死'는 [ᶜsʅ]로 읽어 평, 거성인 글자와 운모가 같게 되었고, '璽徙'와 '枲葸'는 운모가 [i]인 [ᶜɕi]로 읽어, 음변화의 예외를 보여준다. 따라서 '死'는 오늘날의 북경어에서 동음인 글자가 없다. 이것은 심리상 '死'를 회피하려는 것 때문에 일어난 음변화의 예외현상이다.

청년어법학파가 말한 유추도 물론 예외적인 음변화 현상이다. 예를 들어 인칭대명사 '我, 你, 他'에서, '我'와 '你'는 상성이고, '他'자는 평성인데, 몇몇 방언에서는 '他'의 성조를 '我, 你'의 상성의 유추 영향으로 인해 상성으로 읽는다. 예를 들면 河北의 石家莊, 河南의 鄭州, 開封, 山東의 濟南, 荷澤 등지에서는 '他'를 모두 상성으로 읽는다. 廣州語에서는 '我'[ᶜŋɔ], '你'[ᶜnei], '佢'[ᶜkøy] 모두 陽上聲으로 읽는데, 원인은 상술한 상황과 같다. '我', '你'를 陽上聲으로 읽는 것은 음변화 규칙에 맞는다. '佢'는 ≪集韻≫에서는 평성인 '渠'이며, 음은 求於切로, 음변화 규칙에 따르면 당연히 양평으로 읽어야 하는데, 지금 양상으로 읽는 것은 아마도 '我', '你'의 성조의 영향 때문일 것이다.

중국어에서 또한 예외적 음변화를 일으키는 특수한 원인이 있을 수 있는데, 바로 한자가 언어에 미치는 영향이다. 한자는 형성자가 많은 비중을 차지하는데, 몇몇 글자는 사람들이 "글자만 보고 대강 뜻을 짐작하고, 성부만 보고 대강 글자를 읽는"것이, 오랜 세월동안 습관이 되어, 계열적 음변화의 궤도를 벗어나 일종의 예외적 음변화가 되었다. 속칭 '두드러기(風疹塊)', 학명은 '蕁麻疹'이라 부르는 일종의 피부병이 있다. 이 '蕁'은 어떤 이들은 '潛'으로 읽으나, 많은 사람들은 '尋'이라 읽는다. 도대체 어떤 음으로 읽는 것이 맞는가? '蕁麻'는 원래 雲南, 貴州, 四川 일대에서 자라는 일종의 야생풀로, 담밑, 울타리, 물가, 도로변에서 모두 이런 식물을 볼 수 있는데, 토착민들은 그것을 '蕁[ʨʻiɛn]麻'라고 했다. 杜甫는 자신이 쓴 ≪除草≫라는 시에 스스로 "蕁草를 제거하다"라고 주석을 달았다. '蕁'음은 '潛'이다. ≪集韻≫ 평성의 鹽韻 '蕁'字의 음은 滋鹽切로, '潛'과 동음이다. 그러므로 어떻게 말하든지 간에 '蕁'은 응당 '潛'으로 읽어야 하는데, 현재 사람들은 '尋'으로 읽는다. 이것은 한자의 聲符의 영향 때문이다. 또 예를 들면 '礦'자는 본래 ≪廣韻≫ 上聲 梗韻, 古猛切로, 규칙에 의하면 [ˤkoŋ]으로 읽어야 하지만, 현재는 일반적으로 모두 [kʻuaŋ]으로 읽는 것도 문자의 영향으로 나타난 예외적 음변화일 것이다. 한자가 중국어의 변화에 끼치는 영향, 이것은 하나의 흥미롭고도 중요한 문제이다. 외국의 언어학자는 이를 매우 중시하여, 한자가 중국어의 변화를 촉진시키는 것인지, 아니면 변화를 늦추는 것인지, 그렇지 않으면 중국어 변화와 조화를 이루는 것인지 깊이 있게 연구 토론 할 가치가 있다고 여겼다.[13] 그러나 이 방면의 연구는 현재는 아직 성과가 적으므로, 더 많은 노력이 요구된다.

종합해보면, 예외적 음변화를 일으키는 원인에는 여러 측면이 있으므로, 구체적인 상황을 근거로 구체적으로 분석을 해야 할 것이다.

6.5.3 예외와 규칙은 언제나 연계되어 있는 것으로, 규칙이 없다고 해서 예외라고 할 수 없다. "예외는 규칙을 검증한다. 예외를 분석 연구함으로

---

13 徐通鏘(1984b:209~210) 참조.

써, 규칙을 파악하는 데 도움이 될 수 있다."[14]

'예외'에 대한 연구는 음변화 규칙을 연구하는데 있어서 어려운 점이지만, 예외가 합리적으로 해석이 되어야만 비로소 규칙이 확립될 수 있다. 때로는 어떤 예외현상에 대해서는 현재 가지고 있는 비교 자료로는 설명하기 어려우므로, 간접적인 증거를 찾아야만 한다. 예를 들면, 彝語에서 '十'을 나타내는 음이 '二', '七'을 나타내는 음과 결합하여 '二十', '七十'이 되었을 때, '十'은 특수하게 변화하는데, 곧 성모가 유기음에서 무기음으로 변하는 것이다.

二十	$\eta^{11} + tsh\mathrm{I}^{33} \rightarrow \eta^{11} ts\mathrm{I}^{44}$
七十	$s\dot{z}^{11} + tsh\mathrm{I}^{33} \rightarrow s\dot{z}^{11} ts\mathrm{I}^{33}$

반면 '三十', '五十', '六十' 등의 결합에서의 '十'에는 이런 음변화가 없다. 왜 '二十', '七十'에서만 이런 특수한 음변화가 나타날 수 있을까? 현재 가지고 있는 자료만 가지고서는 합리적인 해석을 할 수가 없다. 이때는 비교의 범위를 확대하여, 친족어에서 실마리를 찾아낼 수 있는지 없는지 보아야 한다. 彝語의 모음에는 이완/긴장의 대립이 있는데, 彝語와 친족관계가 있는 언어, 예를 들어 티베트어, 미얀마어, 阿昌語, 景頗語, 載佤語, 獨龍語 등의 모음에는 이완/긴장의 대립이 없고, 도리어 여러 자음 어미 -m, -n, -ŋ, -b, -d, -g, -p, -t, -k 등이 있다. 이들 자음 어미를 가지고 있는 단어는 彝語支의 자음 어미가 없는 개음절인 단어의 모음의 이완/긴장 대립과 同源의 대응관계가 있다. 긴장 모음이 있는 운모는 친족관계에 있는 다른 언어의 파열음 어미를 가지고 있는 운모와 대응하고, 이완 모음이 있는 모음의 운모는 다른 언어의 비파열음운미의 운모와 대응한다. '二', '七'은 같은 계통의 기타 언어에서는 자음 운미를 가지고 있는데, 예를 들면 '二'는

14 李榮(1965a) 참조.

-t, -k로 끝난다.

미얀마어	nit^{55} , $ni\textipa{?}^{55}$
阿昌語	sak^{55}
浪速語	$\textesh\textsci k^{55}$
......	......

중국-티베트어족 언어의 운미 파열음에는 폐쇄 성분만 있을 뿐 파열 성분은 없어서, 유기음 성분을 가지고 있는 인구어족 언어와는 다르다(영어의 cat을 비교해보자). 古彝語의 '二'도 '-t' 류의 운미로 끝나는데, 이런 무기 파열음 운미가 '十'[tshɪ33] 같은 유기음과 결합하였을 때 동화작용을 일으켜, '十'의 성모가 유기음에서 무기음으로 변했다고 가상할 수 있는 것이다.[15] 이렇게 예외가 해석이 되면, 규칙은 의심할 여지가 없게 된다. 예외를 연구하는 목적 역시 규칙을 해석하기 위한 것이라는 것을 알 수 있다.

....

15 馬學良(1980:12~21) 참조.

07

역사적 비교방법(하): 공간과 시간

7.1 시공간 결합의 원칙과 문헌자료의 운용

7.1.1 언어의 공간적 차이가 언어의 시간상의 변화를 반영한다는 것은 (§5.4.5) 언어가 변화한 상황이 시간과 공간 두 방면에서 동시에 나타난다는 것을 말해준다. 언어변화에서의 시간은 한 번 가면 붙잡기 힘든 무형의 것이나, 언어의 공간상의 차이는 들을 수도 있고 명확히 볼 수도 있는(실제의 음가를 기록한 것) 유형의 것이다. 이것은 시간이 언어에 남아있는 흔적이므로, 이미 소멸된 시간을 관찰할 수 있는 창구가 될 수 있다. 그러므로 언어의 공간적 차이로 언어의 시간상의 변화 상황을 탐색하는 것은 역사적 비교방법의 하나의 중요한 원칙이 된다. 역사비교언어학의 성과는 주로 이 방법론의 원칙에 의하여 얻어진 것이다.

7.1.2 어느 한 언어가 비석에 새겨진 글과 문자로 된 문헌 등의 자료를 가지고 있다면 우리는 거기에서 언어변화의 시간상의 흔적을 엿볼 수 있다. 이처럼 언어의 공간적 차이와 문헌자료는 모두 언어의 변천을 관찰하는 시간의 창구가 될 수 있다. 따라서 실제 연구를 하는 과정에서도 이 양자를 결합하여 언어변화의 실마리와 규칙을 탐색할 수 있는 것이다. 그

리고 이것은 언어의 공간적 차이에만 의거하여 언어변화를 연구하는 것보다 훨씬 효과적이다. 인구어족 언어의 역사적 비교연구에서 로만계 언어의 연구가 우월한 지위를 차지하고 있는 것도 로만계 언어에 라틴어 문헌이 있기 때문이다. 중국어는 각 시기의 韻書, 韻表 등 문헌자료가 풍부하다. 설령 운서나 운표가 없다 하더라도 각 시기의 詩歌가 있으므로 거기에서 또 韻部를 귀납할 수 있다. 이들 자료는 중국어사 연구에 대량의 시간적 정보를 제공한다. 중국의 한자는 표음문자가 아니므로 어음 변화의 상황을 직접적으로 반영할 수는 없기 때문에 이런 시간 정보에는 여전히 미지의 요소가 많이 포함되어 있다. 이런 미지의 것을 알 수 있는 것으로 전환시키기 위해서는 공간적 차이를 비교하는 것이 필요하다. 즉, 중국어사 연구에 있어 시간의 요소와 공간의 요소를 결합시켜 공간적 차이로 한자가 반영할 수 없는 시간상의 변화 순서를 밝혀야 한다.

7.1.3 언어의 변천이 시간과 공간 두 방면에서 나타난다는 것을 옛 사람들은 일찍부터 알고 있었다. 明代의 陳第는 "때에는 고금이 있고, 땅에는 남북이 있으며, 글자에는 변혁이 있고, 음에는 변화가 있으니 또한 추세가 반드시 이르는 바이다時有古今, 地有南北, 字有更革, 音有轉移, 亦勢所必至"[1]라고 말한 바 있다. 또 "한 무리 안에 소리가 다른 것은 지역과 관계가 있고, 백년이 흐르는 동안 말에 점차 변화가 있는 것은 시간과 관계가 있다一群之內, 聲有不同, 繫乎地者也, 百年之中, 語有遞變, 繫乎時者也"[2]라고 했다. 이것은 언어의 어음이 시간과 공간의 차이에 따라 변천한다는 것을 구체적으로 설명한 것이다. 이 같은 언어변화관은 당시에는 매우 기특하고, 후에는 고음 연구의 이론적 기초가 되었다고 말할 수 있다.

옛 학자들은 언어의 변화를 시간과 공간 두 방면으로 나누어 놓기는 했지만, 이 두 방면의 내재적 연관성은 인식하지는 못했고, 언어사 연구에

---

1 陳第, ≪毛詩古音考自序≫.
2 陳第, ≪讀詩拙言≫.

있어서 언어의 지역적 차이의 가치를 깨닫지는 못했다. 따라서 전통적인 음운 연구는 문헌자료에만 주의를 기울였고, 이 자료의 분석으로 언어변화의 역사를 정리하려고 했을 뿐이다. 顧炎武로부터 시작된 淸代의 古音學은 ≪詩經≫에서 사용된 韻과 한자의 諧聲字를 이용해 先秦시기의 고음을 분석하여 ≪詩經≫의 운부를 귀납하고, 해성자 계열을 정리하여 상고부터 중고에 이르기까지 운류가 분화하고 합류하는 변천 상황을 밝혔는데, 이것은 당시의 학자들로서 할 수 있었던 최선의 결과였다. 그래서 夏炘은 ≪詩古韻表二十二部集說≫에서 顧炎武, 江永, 段玉裁, 王念孫, 江有誥 등 다섯 사람의 운부 분립에 근거하여 다음과 같이 말하였다. "좁은 소견으로는 그것을 늘리려 해도 다시 늘릴 수 없고, 줄이려 해도 또한 다시 줄일 수 없으니, 무릇 다섯 선생의 설과 다른 것은, 그 분들의 설도 모두 다르기 때문이다." 근래의 王國維(1984:394)도 같은 의견을 표명하였다. "古韻學은 崐山 顧氏에서부터…… 歙縣 江氏까지, 작가는 7명에 불과하지만, 古韻 22부의 韻目은 마침내 후세에는 늘일 수도 줄일 수도 없게 되었다. 訓詁, 名物, 文字 등 학문은 장래에 기대할 것은 매우 많지만 고운학은 이전에도 사람이 없었고, 이후에도 올 사람이 없게 될 것이다." 그러나 이 같은 "이전에도 사람이 없었고, 이후에도 올 사람이 없을前無古人, 後無來者" 정도의 최고의 성취도 단지 '운부 체계'를 정리해 낸 것일 뿐, 그것에 대해 구체적인 어음학적 묘사를 할 수는 없었다. 이것은 언어사 연구가 시간적 측면만으로 국한한다면, 결국 어느 날엔 막다른 곳에 이르는 위기에 쳐해 계속 앞으로 나아갈 수 없음을 말해준다. 張炳麟은 이미 이 같은 점을 인식하고 한자로 古韻部의 음가를 묘사하기 시작하는 등 새로운 길을 모색하였다. 그러나 이러한 새로운 길도 결코 '새로운' 것은 아니었다. 왜냐하면 그것도 한자 등의 문헌자료의 속박에서 벗어나지 못하고 여전히 시간적 측면만을 고려하여, 언어사 연구에 있어 언어의 지역적 차이가 지니는 가치를 인식하지 못했기 때문이었다. 따라서 여전히 앞으로 계속 나아갈 수 있는 길을 찾지 못하였던 것이다.

≪切韻≫ 계통의 운서에 관한 연구도 선진의 고음에 관한 연구와 마찬가지로 시간적 측면에만 국한되어 있었다. 운서는 그 편찬의 주된 목적은 시를 지을 때 압운의 표준을 정하기 위해서인데, 대체로 당시 통용되던 어음에 근거하여 만들어졌다. 清代의 潘耒는 운서를 편찬할 때 고음을 살피지 않은 것을 매우 안타까워했다. "齊梁시기는 고대로부터 멀지 않아 三代兩漢의 음은 고찰할 수 있다. 그러나 운서를 편찬한 사람은 아무 것도 묻지 않고, 단지 당시 통용되던 음만을 편집하여 책을 만들었으니, 고음은 아무 것도 남지 않게 되었다. 몇 천년동안 이어 내려오는 동안 옛 것을 좋아하는 선비가 다방면으로 고찰하고 연구하여도 겨우 10의 3, 4만을 얻을 수 있을 뿐이다."[3] 더구나 운서는 운을 근거로 편찬된 것이므로 성모의 상황은 직접 반영하지 않았고, 운 하나는 몇몇의 운모를 포함할 수 있으나 운모의 종류도 명확히 나누어진 것은 아니므로 이들은 모두 당시의 실제 언어 상황을 명확히 기술하는 것을 어렵게 하였다. 宋元시기에 잇달아 출현한 等韻圖는 성모과 운모의 배합표인데, 이것은 '等', '呼' 등의 차이로 운모의 차이를 나타냈다. 따라서 이것은 자연히 운서를 편찬하는 것보다는 진전한 것이었으나, 여전히 음소가 아닌 音類[4]를 묘사하는 틀에서 벗어나지 못하였고, 또한 음류마다 대표하는 구체적인 음가를 확실히 설명하지도 못했다. 이것 역시 음운학자가 언어사 연구를 함에 있어서 언어의 공간적 차이의 가치를 인식하지 못하고 있었다는 것을 말해준다. 만약 先秦 古音과 현대 중국어와의 시간상의 거리가 너무 멀어 오늘날의 방언의 차이가 先秦 중국어의 어음 면모를 정확히 반영하기 어렵다고 해서, ≪切韻≫의 음체계를 연구하는데 현대 방언의 차이를 참고하지 않는다면 구체적인 어음을 묘사할 수 없게 된다. 이에 시간적 요소에만 국한된 ≪切韻≫ 음체계의 연구는 '5·4 전후'에 이르러 위기를 맞게 되어, "등운도의 편제는 勞乃宣에 이르러

---

3 潘耒, ≪類音·高今音論≫.
4 역주-중국어의 어음을 분석할 때 특별히 쓰이는 용어로서, 음소와 음절의 중간개념이다. 예를 들면 중국어의 운모는 하나의 음류가 될 수 있다.

막다른 골목에 이르렀고, 宋元시기 等韻의 해석은 黃季剛에 이르러 곤경에 빠지게 되었다."⁵

7.1.4 중국어 음운에 대한 연구가 오랫동안 단지 시간적 방면에만 국한되었던 것은 중국인의 문화 전통과 밀접한 관계가 있다. 고대 음운학자들은 경전을 존중하고 道를 숭상하였으므로, 그들이 음운을 연구하는 주된 목적은 운부를 나누고 훈고하여 선진의 전적을 읽고 통달할 수 있는 길을 닦는 작업을 하는 데 있었다. "훈고와 음이 명확해지면 小學이 명확해지고, 소학이 명확해지면 經學이 명확해지기 때문"⁶이었다. 운서의 편찬은 주로 시의 압운을 위해서였고, 운도의 편제는 "책을 읽을 때 어려운 글자들이 과도히 쌓이는 것이 없도록 정리"⁷하는데 목적이 있었다. 이 같은 요소들이 모두 음운을 연구하는데 문헌자료만을 고려하고 시간적 측면만을 고려하여 공간의 요소를 소홀히 하게 한 것이다. 또 이러한 연구는 강한 전통을 형성하여 사람들의 연구 방향을 좌지우지하였다. 소수 언어의 지역적 차이를 분석하는 데에도, 왕왕 "옛 것을 옳은 것으로以古爲是", "옛 것을 기준으로以古爲準" 했고, "옛 것이 옳고 지금 것은 틀리므로是古非今", "옛 것으로 지금의 것을 바로 잡는以古正今" 등 적잖은 사람들이 ≪廣韻≫을 기준으로 당시 방음의 옳고 그름을 결정하였다. 明代 陸容은 "천하의 음운엔 잘못된 것이 많은데", "예를 들면 吳방언에서는 '黃'과 '王'은 구분되지 않으며", "북경인들은 '步'를 '布'로, '謝'를 '卸'로, '鄭'을 '正'으로, '道'를 '到'라고 하는데 모두 틀렸다'라 하며, "매우 총명하면서 운서에 항상 마음을 쓰는 자가 아니면 속된 흐름에서 스스로 벗어날 수 없다"⁸고 생각했다. 영향력 있는 학자였던 潘耒도 이러한 의견을 밝혔다. "여러 지방 사람들은 풍토가 다르고,

5 趙蔭棠(1957:315)
6 王念孫, ≪說文解字注·序≫.
7 ≪切韻指掌圖·原序≫.
8 ≪菽園雜記≫ 권4.

기풍이 각기 달라 그 발음되는 소리에 치우침이 없을 수 없다. 치우친 즉, 본연의 음에 다하지 못하는 바가 있게 마련이다. 그러나 다할 수 있는 것과 다할 수 없는 것이 만나면 항상 서로를 비웃는데…… 북방 사람들은 남방 사람들을 때까치의 소리를 낸다고 비웃었고, 남방 사람들은 북방 사람들을 황량한 가락을 가지고 있다고 비웃었다. 북방 사람들은 남방 사람들이 知/之/, 王/黃을 구분하지 못함을 비웃었고, 남방 사람들은 북방 사람들이 屋/烏, 遇/喩를 같은 음으로 읽는 것을 비웃었다. 이것은 당연한 것이거늘, 또한 그 각기 모자란 바와 뛰어난 바가 있음을 알지 않겠는가?…… 만약 서로가 침착하게 품성을 바르게 하고 자신의 단점을 버리고 다른 사람의 장점을 따르며, 다른 사람의 장점을 취하여 자신의 단점에 더한다면, 그릇된 것을 바로잡을 수 있고, 결함이 있는 것은 완전해질 수 있어 필경 본래의 음이 나올 것이다"[9]라 하였다. 이런 학자들은 방언의 차이에는 주의를 기울였으나 이 같은 차이가 언어가 변화한 결과라는 사실을 알지는 못했다. "장점을 취해 단점을 보충"하면 "필경 본래의 음이 나올 수 있다"는 것, 즉 남북 방언의 차이를 종합하여 고음의 면모를 살필 수 있다는 것은 모호하게나마 의식했다. 그러나 언어사 연구에 있어서 방언 차이의 가치를 명확히 한 것은 아니었으므로 이런 토론도 역사적 비교연구와는 무관했다. 결국 옛날의 언어학자들은 아직 방언의 차이가 언어변화의 순서를 반영한다는 것을 인식하지 못하였던 것이다. 따라서 구체적인 언어연구에서 이 두 요소를 결합시킬 수가 없었고, 이러한 사실은 언어사 연구에 어느 정도 영향을 미치지 않을 수 없었다.

7.1.5 언어사 연구에서 단지 시간적 요소만을 고려하고, 공간적 요소를 고려하지 않았다는 것은 방법론이 단편적이었다는 것을 반영한다. 방법론상의 단편성은 언어를 연구하는 데에 필연적으로 영향을 미치게 된다. 중국

---

9 潘未, ≪類音≫ 권1.

어 음운연구는 '5·4' 전야에 이르러 위기를 맞이해 일시적으로 어떻게 앞으로 나아가야 할지를 몰랐다. 이것은 결코 우연한 것이 아니며, 방법론상의 단편성이 필연적으로 만들어낸 결과였다. 옛 방법이 가지고 있던 여러 가지 문제점은 사람들에게 새로운 길을 모색해 나갈 것을 재촉했다. 그들은 시야를 넓혀 구미 각국의 연구를 살폈고 역사적 비교방법이 중국어의 음운연구 방법을 개선하고 개혁할 수 있음을 발견했다. 과거의 성과는 "우리에게 고금 변천의 대략적인 상황을 알려주었지만, 성운의 변화 과정을 명백히 알려줄 수 없다는 것을 알았다. 이것은 바로 그들이 의거한 자료 때문인데, 讀音 자료로서는 ≪廣韻≫ 이전의 것이 없었고, 諧聲, 音訓, 韻文, 異文만을 참조하여 검증했기 때문이다. 여기까지 이야기하면 비교언어학의 필요성을 충분히 느낄 수 있을 것이다."[10] 소위 '비교언어학의 필요성'은 바로 방언의 차이로부터 언어의 변화 순서를 연구하고, 공간과 시간적 요소를 결합하여 옛 방법을 크게 개혁을 하는 데 있었다.

7.2 중국어 음운 연구에서 시간과 공간의 운용

7.2.1 중국어 방언의 차이를 비교해 중국어의 역사를 연구하여, 즉 공간적 요소와 시간적 요소를 결합하여 중국어의 변화 과정을 연구해 뛰어난 성과를 내고 광범위한 영향을 미친 첫 번째 언어학 저작은 스웨덴의 한학자 칼그렌의 ≪中國音韻學硏究≫였다. 이 책 중 한 권은 '현대 방언의 기술 음성학'을 전문적으로 연구한 것으로, "그것을 이용하여 중국어 음운의 역사를 연구할 수 있도록 하기 위한 것(1948:142)"이다. 그는 중국어사 연구에 있어서 언어의 공간상의 차이와 시간상의 변화를 결합하여 전통적인 음운 연구의 틀을 깼다. 그리고 ≪切韻≫을 중추로 삼아, 아래로는 현재의 방음과 연결시켰고 위로는 先秦 고음을 추측하여 중국어어음의 역사적 변

----

10 潘尊行(1923:422)

천 연구에 하나의 명확한 틀을 제시했다.

역사적 비교방법은 인구어족 언어의 연구로부터 시작되었다. 인구어족 언어는 주로 표음문자를 사용한다. 서로 다른 시기의 문자표기법 및 현대 언어의 어음 상태와 표기법이 반영하는 어음상의 모순(예를 들면 영어의 light 중의 -gh-[x]는 현재는 발음되지 않는다)은 대체로 언어의 변천 상황을 반영할 수 있다. 그러나 이것은 유사시기까지만 해당될 뿐, 유사 이전의 언어사를 탐색하기 위해서는 현존하는 방언 혹은 친족어 사이의 차이를 비교하는, 즉 "현재의 것으로 옛 것을 증명하는以今證古' '회고'의 방법으로 연구를 해야 한다. 중국어는 유구한 역사를 가진 언어이므로, 거기에는 풍부한 문헌자료가 있다. 이것은 자연히 유사시기의 중국어사를 연구하는데 귀중한 재산이 된다. 그러나 한자는 구체적인 어음의 변모를 반영하고 있지 않기 때문에 문자, 문헌 자료의 연대의 전후 순서에만 근거하여 옛날부터 지금까지의 '전망(prospective)'의 연구를 한다면, 설령 유사시기의 중국어사로 한정하여 연구한다고 해도 중국어 변화에 대해 구체적인 어음학적 묘사를 할 수는 없다. '회고'라는 연구 방법과 결합해야만, 중국어사 연구의 새로운 국면을 열 수 있으며, '5·4' 전야의 "산도 다하고 물도 다하여 길이 없지 않을까 의심되는" 가운데에서 "버들 그늘지고 꽃이 만발한 또 다른 마을"로 가는 새로운 길을 발견할 수 있다. 칼그렌의 ≪中國音韻學硏究≫가 바로 이런 작용을 했다.

7.2.2 ≪切韻≫은 칼그렌의 중국어어음사연구에 있어 중추적인 역할을 한 자료이다. 그는 ≪切韻≫의 음체계는 현대 중국어 각 방언의 '原始母語'로, 현대 방언은 모두 그로부터 변화해 온 것으로 생각했다. ≪切韻≫ 이전의 중국어는, 현대 방언이 미칠 수 없는 것이므로 다른 방법을 고안하여 연구할 수밖에 없고, 이 때문에 ≪切韻≫ 이후의 중국어어음의 변화를 연구하려면, 칼그렌(1948:4)은 반드시 방언을 ≪切韻≫ 등의 역사 자료와 결합시켜야만 재구된 고음이 "이 언어의 역사상의 옛 자료에도 부합하고" 또

"중국 전체의 방언을 (단지 한두 곳의 방언이 아닌) 충분히 믿을만한 정도로 해석해 낼 수 있다"고 생각했다. 다시 말하면 ≪切韻≫ 이후의 어음사연구는 ≪切韻≫ 등 옛 자료와 현대 중국어의 각종 방언을 잘 운용해야 하는데, '음의 이치'로써 이 두 가지를 잘 엮어 ≪切韻≫에서 현대 중국어 방언까지의 변화를 해석해야 한다는 것이다.

운서는 운에 따라 편성한 것으로, 모든 음체계의 면모를 반영해 낼 수는 없으나 칼그렌(1948:20, 59)은 ≪切韻≫과 "같은 방식으로 이루어진" ≪廣韻≫에서 反切의 上下字로 사용된 切字를 "서로 계련하여 같은 종류의 切字를 한 세트씩 귀납해 나갔다." 결국 290여개의 운모와 47개의 성모를 찾아내 '古音字類表'를 만들었고, 그것을 ≪切韻≫의 음체계로 삼았다. 여기서는 성모 가운데 '見'母를 예를 들어 字類表의 대체적인 상황을 설명한다.

聲 母 表

1. 見

單純 : 一等切字 : 古, 公, 工, (沽)

二等切字 : 古, 佳, (革)

四等切字 : 古, 過

j 化 : 三等切字 : 居, 擧, 九, 吉, 紀, 俱

(괄호 속에 切字는 ≪康熙字典≫에서만 보이고,

≪廣韻≫에서는 보이지 않음.)

칼그렌은 三等의 반절상자가 一, 二, 四等의 반절상자와 다르다는 것을 발견하였다. 따라서 그들을 둘로 나누어, 三等字의 성모는 j화(yodisé)된 것으로, 기타 一, 二, 四等의 성모는 j화되지 않은 단순 성모로 추측하였다. 그래서 그는 見, 溪, 疑, 曉, 影, 喩, 照, 穿, 床, 審, 來, 非, 敷, 並, 明 15개 성모를 각각 단순 성모와 j화 성모로 구분하였고, 거기에 다시 一, 二, 四等이 있는 匣, 泥와 一, 四等이 있는 端, 透, 定, 精, 淸, 從, 心, 그리고 四等만 있는 邪 및 三等만 있는 j화 성모인 群, 知, 徹, 澄, 娘, 禪, 日의 7개 성모를 더하여, 총 47개의 聲類로 귀납하였다. 반절에 의하여 j화된 성모 전부를

三等의 글자에 귀속시킨 것은 칼그렌이 재구한 중국어 중고음 성모의 특징이지만, 동시에 그의 약점이기도 하다(§7.3.2).

그(1948:162)의 연구는 '역사상의 옛 문헌자료'에 근거해 정리해 낸 것으로 역사적으로 비교연구를 하는데 있어 음류의 틀로 활용되었다. 그러나 이와 같은 틀에는 단지 '음류'만이 있을 뿐, '음가'는 없다. 음가를 기술하려면, 현대 중국어 각 방언간의 차이와 차용어의 어음 표현을 참고해야 한다. 즉, "연구하려는 방언 전체의 음류(성모와 운모)를 조사하여, 모든 음류가 나타나는 회수를 보고…… 어떤 음이 中古音의 어떤 성모, 운모에 해당하는지를 보고", 그 중 옛 자료와 서로 일치하고, 또 현대 방언의 어음 변화의 어음 형식을 설명할 수 있는 것을 선택하여 "고대 음류의 표 중에 x, y류의 이름을 확실한 음가로 표기하였다(1948:452)." 예를 들면 각 지역 방언에 나타난 '端母의 발음은 아래 표와 같다.

	一等	四等
한국	t	č
일본	t, ts	t, tɕ[11]
安南(베트남 중부)	ɖ	
溫州	t(d)[12]	
기타방언	t	

칼그렌은 이것에 근거하여 端母를 t로 재구해 냈는데, 성모 체계의 음가는 모두 이 같은 방법으로 재구하였다. 운모는 等, 呼, 자음운미에 공통된 요소가 있으면 대체적인 재구를 할 수 있다. 예컨대, 소위 '合口'는 운모에 -u-(혹은 -w-)介音이 있는 것이고, '開口'는 이런 개음이 없다. 三等에는 자음성의 개음 i가 있고(i̯라고 쓴다), 四等에는 모음성의 개음 i가 있으며, 一

---

11 ts는 u앞에 나타나고 tɕ는 i앞에 나타난다.
12 Parker의 자료에 따르면, t가 d로 발음되는 경향이 있다.

等과 二等에는 이 같은 개음이 없다. 여러 운 사이에는 모음 음색에 미세한 차이가 있는데, 예를 들면 一等의 a는 후설모음[ɑ]이고, 二等의 a는 전설모음[a]이다. 음절의 자음운미에는 '-p, -t, -k'와 '-m, -n, -ŋ' 두 종류가 있다. 이와 같이 공통된 특징을 측정하면, 남는 것은 바로 주요원음을 재구하는 것이다. 이때에는 음체계에서 각 운모가 속해있는 攝 및 주요모음이 처한 위치(예를 들면 앞에 개음이 있는가, 어떤 개음이 있는가 등등)가 모음 음가에 미치는 제약을 고려해야 한다.

칼그렌은 이와 같이 '역사상의 옛 문헌자료'에 의거해 음류를 정하고, 방언의 어음 차이를 비교하여 음가를 정하여 '切韻 음체계'에 대하여 어음학적 묘사를 했다.

7.2.3 유사시기의 언어사 연구에서 방언의 어음 표현을 '역사상의 옛 자료'와 결합하는 것은 방법론상 아주 정확한 원칙이다. 역사적 비교방법을 이용하여 언어의 변화를 연구하려면 대체로 제5장에서 분석한 4단계를 거쳐야 한다.

1. 자료 수집
2. 어음 대응 규칙에 의한 同源關係 여부 결정
3. 비교한 자료의 선후 연대순서의 결정
4. 원시형식의 재구

이 네 단계는 극복하기 어려운 두 가지 심각한 결점을 가지고 있다. 첫째, 재구의 결과는 자료가 제공하는 실마리에 의해서 결정되는데, 만일 현존하는 방언 혹은 친족어에서 고대 언어의 어떤 특징이 소실되었다면, 이런 자료를 수집할 수 없게 되어 현존하는 언어 자료를 가지고서는 고대의 이미 소실된 언어 특징을 알 수 없게 된다. 둘째, 재구된 원시형식이 어느 시대에 속하는지 확인할 수 없다. 그러나 중국어사 연구에서 방언의 차이에 의거해 재구한 고음이 "역사상의 옛 자료에 부합해야하는" 원칙이 잘

지켜진다면, 역사적 비교방법의 이러한 단점은 극복할 수 있다. 반절, 운서 등 '역사상의 옛 자료'는 모두 정확한 연대가 있어 대체로 당시의 언어 상태를 반영해 낼 수 있기 때문이다. 칼그렌은 이 원칙을 이용하면 중국어를 역사적 비교방법으로 연구했을 때 나타날 수 있는 이런 단점들을 극복할 수 있다고 확신했다. 그는 ≪切韻≫을 현대 방언의 원시모어로 본 이상, 안심하고 현대 방언의 변화를 ≪切韻≫으로부터 해석할 수 있었기 때문에, 재구된 원시형식의 연대를 고려할 필요도 없었고 방언자료의 누락을 걱정할 필요도 없었다. 따라서 칼그렌은 음류의 分合에 있어 엄격하게 '역사상의 옛 자료'를 표준으로 삼아 방언의 차이를 이용해 이 같은 분합의 이유를 설명하였으며 아울러 상응하는 원시형식을 재구하였다. 즉, '역사상의 옛 자료'에 구체적인 음가를 재구하여 부여한 것이다. 이 음가는 첫째 '역사상의 옛 자료'에 부합해야 하고, 둘째, ≪切韻≫에서부터 현대 중국어의 각종 방언에 이르는 어음 변천을 해석할 수 있어야 하며, 셋째, 음의 이치에도 맞아야 한다. 이것은 중국어 음운연구에 있어 매우 중요한 성과였다. 비록 그의 ≪切韻≫과 현대 중국어의 여러 방언과의 관계에 대한 인식이 다소 단순하기는 하였지만(§7.3.3, §7.3.4) 중국어사의 연구에서 ≪切韻≫을 고음을 연계하는 틀로 본 것은 합리적이고, 가치 있는 것이었다. 이 음체계가 있음으로 해서 현대 중국어의 방언은 대체로 하나의 구심점을 갖게 되었고, 또 중국어어음의 역사적 변천을 해석하는데 비교적 편리하고 효과적인 기준을 찾았으므로 ≪切韻≫을 통해 중국어의 변화과정과 규칙을 설명할 수 있게 되었다. 이것은 전통의 음운 연구가 도달할 수 없었던 성과로, 시공간을 결합하는 방법론상 원칙이 단순히 시간만을 연구하는 방법론보다 뛰어나다는 것은 보여준 예이다.

7.2.4 칼그렌의 연구는 중국어 음운 연구에 있어 하나의 새로운 길을 개척한 것이라 할 수 있다. 이와 같은 새로운 길은 바로 유럽에서 흥기한 '역사적 비교방법'과 '전통 중국어 음운연구'의 결합이자, 언어의 공간차이

와 시간상의 변화 순서의 결합인 것이다. 전통적인 중국어 음운연구의 성과는 칼그렌이 시공간을 결합시켜 한 연구에 훌륭한 기초를 제공하였는데, 칼그렌(1940)은 스스로 자신이 중국어 음운을 연구하면서 두 번의 행운을 만났다고 말했다. ≪切韻≫의 음체계를 연구할 때는 ≪切韻≫계통의 각종 운서, 운도와 한국, 일본, 월남 등의 각종 차용음 자료들이 있었고, 상고음을 연구할 때는 詩韻과 한자의 諧聲이 있어서, "周 초기 도읍의 발음상의 주요 특징을 재구할 수 있었다"고 하였다. 이 말은 그의 연구의 실제 상황과 부합하는 것이다. 칼그렌의 실천은 언어의 공간적 차이와 시간의 변화를 결합하여 중국어사를 연구하여 목적, 자료, 방법 등 모든 분야에서 시야를 넓혀, '5·4' 전후 중국어 음운연구가 직면했던 위기를 극복하도록 하였다. 이에 중국어사의 연구는 새로운 국면에 진입하게 되었다.

7.3 자료의 부족이 언어사의 연구에 미치는 영향

7.3.1 언어사의 연구에서 시간과 공간을 결합하는 것은 복잡한 작업으로, 불완전한 자료와 세밀하지 못한 연구, 치밀하지 못한 추론은 모두 역사적 비교연구에 각각 영향을 미칠 수 있다. 칼그렌은 역사적 비교방법으로 중국어의 통시적 변화를 연구했는데 위에서 설명하였듯이 기본적으로 두 가지를 운용하여 중국어 방언 사이의 차이를 통해 '역사상의 옛 자료'에 음가를 묘사하였다. 그러나 이 같은 연구의 성과는 주로 자료의 정확성이나 음의 이치의 합리성에 의해 결정되므로, 만약 방언 자료나 '역사상의 옛 자료'가 누락되면 바로 역사적 비교연구 성과에 직접적인 영향을 미치게 된다. '三等字 성모의 j화설'은 바로 '역사상의 옛 자료'에 대한 잘못된 이해가 만들어낸 결과였다.

7.3.2 칼그렌이 역사적 비교연구를 위해 마련한 음류의 틀은 ≪廣韻≫의 반절을 정리한 것에 근거한 것이다. 그러나 그가 근거한 반절은 모든

≪廣韻≫의 반절이 아니라, 단지 3,100여개의 상용자에 지나지 않았다. 이 범위는 방언의 음체계를 조사하는 데에는 충분하다고 할 수 있으나, 반절을 기초로 하는 음체계를 추정하는 데에는 중요한 단서들을 놓치게 될 수 있다. 요컨대 칼그렌의 '三等 글자 성모의 j화설'은 근거가 부족해 학술계의 비판을 받았던 것이다.

　j화설에는 두 가지 문제가 있다. 칼그렌은 이 기준을 처음부터 끝까지 관철하지 못하여 이론상 적지 않은 모순을 낳았다. 그럼 j화는 있는가, 없는가?

　칼그렌은 반절 상자를 귀납한 결과에 근거하여 성모를 單純과 j화 두 종류로 나누었다. 그러나 精, 淸, 從, 心 네 개 성모의 반절상자도 나누어지는 경향이 있는데도 칼그렌은 이것에 근거해 성모를 두 종류로 나누지 않았다. 이것은 칼그렌이 자신의 이론 체계를 끌고 가기 위해서였는데, 章, 昌, 船, 書를 tś(tɕ) 등으로 추론한 이상, 精組의 각 성모를 다시 단순한 ts와 j화된 tsj 두 종류로 나눌 수는 없었다. 曾運乾(1927a)도 똑같이 반절에 근거하여 ≪廣韻≫의 聲類를 51개로 나누었는데, 그 원인이 바로 여기에 있다. 칼그렌이 세운 j화설은 결국 자신의 이론 체계에 약점을 남기고 말았다.

　과연 j화 성모는 있을까? 陸志韋(1939)가 제일 먼저 부정하는 의견을 제시하였다. 그는 "三, 四等의 구별은 자음이 정말 구개음화되는지 여부와는 결코 상관이 없고", "칼그렌의 설은 단지 三等과 一, 二等이 다르다는 것만을 증명할 수 있을 뿐, 三等 喩化(j화)의 여부와는 실제로 전혀 관계가 없다"고 하였다. 그는 한국, 일본, 월남 세 언어의 중국어 차용음과 중국어의 방언 자료를 분석하여, 隋唐 음체계에 j화의 흔적이 없다고 하였다. 이 문제에 대해 전문적으로 고찰을 한 사람은 李榮(1956)이다. 그(1956:83~87, 109, 128)는 ≪廣韻≫의 반절 자료에 대해 전면적인 고찰을 하여, "반절상자는 나누어지는 경향이 있는데, 一, 二, 四等이 한 組, 三等이 한 組이다. 그러나 실제는 결코 그가 말했던 것처럼 간단치 않다 … 一, 二, 四等의 글자도 三等의 글자를 반절상자로 삼은 것이 있고, 三等의 글자도 一, 二,

四等의 글자를 반절상자로 삼은 것이 있다"는 사실을 발견하였다. 예를 들면, 一等의 글자인 '蒲, 補, 火', 二等의 글자인 '下'는 三等 글자의 반절상자가 될 수도 있었고, 三等 글자인 '方, 午, 許' 등도 一等 글자의 반절상자가 될 수 있었다. 그래서 李榮은 ≪切韻≫의 성모를 '단순'과 'j화' 두 종류로 나누는 것은 근거가 없는 것이라고 생각하고, 칼그렌의 모든 j화 성모를 상응하는 '단순성모'에 포함시키고, 云 j도 匣 ɣ에 넣음으로써 칼그렌의 47개 성류를 36개로 줄였다.

반절상자는 왜 나누어지는 경향이 있는가? 李榮은 趙元任의 의견에 동의하면서 이것은 介音의 조화를 구하기 위해서이지 三等 글자 성모의 j화 때문이 아니라고 생각했다. 趙元任(1941:214)은 "칼그렌의 단순성모와 j화 성모에 대해 우리는 개음의 조화의 개념으로 j화의 개념을 대신할 수 있다. 원칙은 이와 같다. 운모가 閉 i(close i)로 시작하는 글자는, 그것의 반절상자의 운모도 閉 i로 시작하는 경향을 보인다. 운모가 開 i(open i) 혹은 기타 모음으로 시작하는 글자는 그 반절상자의 운모 또한 開 i 혹은 기타모음으로 시작되는 경향을 보인다"고 하였다. 이 같은 해석은 반절의 실제 상황에 비교적 부합한다. 그(1931)가 분석한 반절어(민간의 비밀어)에서는 개음이 성모에 속하는지 아니면 운모에 속하는지 하는 문제가 있는데, 어떤 반절어의 i개음은 성모와 운모에 다 속하며, 즉 반절상자와 하자 모두 i개음이 있어야 하며, 어떤 반절어의 i개음은 성모에 속하고, 어떤 것은 운모에 속한다. 李榮(1956:101, 102, 110)은 반절자의 等이 다른 상황을 조사하여 이와 상황이 비슷하다는 것을 발견하였다. 이것은 칼그렌이 옛 자료를 이해할 때 지녔던 큰 문제점을 교정해, 중국어에 대한 역사적 비교연구에 더욱 믿을 만한 기초를 세운 것이었다. 칼그렌(1954)년 자신의 연구를 회고할 때도 여전히 자신의 옛 주장을 견지했지만, 문헌상의 반증에 대해서는 설명하지 않았다.

7.3.3 방언 혹은 친족어 사이의 차이를 비교하는 것은 역사적 비교연구

의 기초이며, 재구의 정확성은 자료가 얼마나 풍부하고 신빙성이 있느냐에 결정된다. 칼그렌은 ≪切韻≫ 음체계를 재구할 때 33종류의 방언(일역오음 日譯吳音, 일역한음日譯漢音, 한국역음, 월남역음 등의 네 가지 역외 방언 포함, 즉 차용음)을 수집하였는데, 그 중 24종은 그가 실제로 조사해서 얻은 것이었다. 일반적으로 33종의 방언 자료면 풍부하다고 할 수 있지만 이 방언들의 대표성에는 약간의 문제가 있다. 첫째, 자료가 지나치게 북방 방언에 치우쳐 약 2/3를 차지한다. 둘째, 남방의 중요한 방언들, 예를 들면 吳, 閩, 粤, 客家 등에 충분히 주의를 기울이지 않았고, 단지 上海, 廣州, 福州 세 지방만을 조사하였다. 셋째, 湘, 贛 두 방언 지역의 자료가 없다. 따라서 복잡한 중국어 방언의 원시형식을 재구하는데 있어, 그리고 중국 전체의 방언(한 두 곳의 방언이 아님)을 믿을만한 정도에까지 해석할 수 있도록 하는데 있어 이와 같은 방언 자료는 부족해 보인다. 이렇게 방언 자료가 부족했던 것은 칼그렌의 인식과 관련이 있다. 그(1948:528)는 ≪切韻≫이 長安방언을 대표하는 현대 중국어 각 방언의 원시 선조이므로, 모든 방언을 ≪切韻≫의 언어와 직접적으로 연결시킬 수 있고, ≪切韻≫을 가지고 현대 방언의 차이를 해석할 수 있다고 생각했다. 후에 그(1949)는 "현재 차이가 큰 대부분의 방언은 하나하나씩 ≪切韻≫으로부터 합리적이고 체계적으로 이끌어 낼 수 있다"며 이전보다 더 확고한 태도를 취하였다. 이 같은 인식을 기초로 칼그렌은 ≪切韻≫을 시작으로 현대 방언의 변천과정을 소급해 갔다. 그러나 반대로 현대 방언의 분화된 상황에 근거해서 현대 방언과 ≪切韻≫의 관계를 분석하지는 않았다. 이 때문에 역사적 비교연구에 있어서 칼그렌의 방언 자료의 사용은 피동적인 부수적인 위치에만 있었다. 그는 방언 자료가 ≪切韻≫의 음류를 주석하고, ≪切韻≫ 음류의 분합을 해석할 수 있으면 그것으로 만족하였을 뿐, 분화된 현대 방언의 차이를 이용해 그의 ≪切韻≫ '母語說'의 신빙성은 검증하려고 하지 않았다. 칼그렌이 방언 자료를 사용하였을 때 지녔던 단편적인 태도, 즉 지나치게 북방 방언을 중시하고, 남방의 중요한 방언들은 경시, 심지어는 무시한 것 등등이 그의 연구 결과의 신빙성을 떨어뜨리는 중요한 원인 중의 하나이다.

7.3.4 역사적 비교방법을 이용하여 유사시기의 중국어를 연구하는 데에는 유리한 점이 많은데, 중국어에는 각종 '역사상의 옛 자료'가 많이 있을 뿐 아니라, 한자도 일정한 가치를 지니고 있기 때문이다. 인구어족 언어의 역사적 비교연구에서 동원성분을 결정짓는 것은 쉽지 않은 일이다. 그러나 중국어는 한자를 사용하므로 중국어 방언의 분화는 인구어족 제 언어보다 분화된 상황이 훨씬 더 복잡하지만 음만 있고 글자가 없는 土語 성분을 제외하면 동원성분을 결정하는 데에는 일반적으로 큰 어려움은 없다. 왜냐하면 한자의 동일한 표기 형식은 이미 어떤 것이 동원성분인지 분명하게 말해주고 있기 때문이다. 그러나 언어변화의 불평형성 때문에 서로 다른 방언에서의 이 같은 동원성분은 각기 다른 어음 형식을 갖게 되었다. 이 때문에 각 방언 사이에는 서로 보고는 이해할 수는 있으나 듣고는 이해할 수 없는 기이한 현상이 나타나기도 하였다. 이런 상황에서, 분화한 방언에 대해 전면적이고 신중한 분석을 하고, 또 '역사상의 옛 자료'를 참고한다면, 방언 간의 차이로부터 언어변화의 실마리를 정리해 낼 수 있다. 중국어는 《詩經》의 언어부터 현대 방언에 이르기까지 약 3천년의 역사를 지닌다. 방언 간의 차이를 이용해서 3천년의 중국어사를 완전히 정리해 내는 것은 어려운 일이다. 칼그렌이 고금을 연결하는 중추적 역할로서, 그리고 중국어사 연구의 기본 틀로서 《切韻》을 선택한 것은 나무랄 데 없는 것으로, 이것은 그의 탁월한 점이었다. 그러나 그것이 현대 방언의 '모어'이며, 현재 거대하게 분화된 방언이 모두 직접 "《切韻》에서 나왔다"라고 하는 것은 복잡한 언어 현상을 단순화한 것이다. 언어변화의 불균형성으로 인하여 방언의 변화 속도는 각기 다르다. 때문에 각각의 방언에는 각기 변화 단계를 대표하는 언어 현상이 남아있고, 이런 현상 가운데 어떤 것은(다수일 것이다) 《切韻》의 언어와 밀접한 관계가 있을 것이며, 어떤 것은 아직도 《切

韻≫ 이전의 언어 상태를 보존하고 있을 것이다. 그러므로 방언의 차이와 '역사상의 옛 자료'의 관계를 구체적으로 분석을 해야만 하며, 단칼에 끊어 버려서는 안 된다. 칼그렌은 ≪切韻≫이라는 '칼'로 중국어사 전체를 둘로 나누고는 현대 방언은 ≪切韻≫과만 연계할 수 있고, ≪切韻≫ 이전의 중 국어와는 무관하다고 보았다. 이것은 실제의 언어 현상과 충돌할 수밖에 없을 뿐만 아니라 필연적으로 칼그렌의 중국어사 연구에도 영향을 미쳤다. 실제로 어떤 방언의 어떤 특징은 ≪切韻≫에서 합리적인 해석을 얻어내기 어려웠다. 예를 들어 贛방언에서는 知, 章, 端 세 성모는 모두 t-로 읽고, 徹, 昌, 透 세 성모는 모두 tʻ-로 읽으며, 厦門語에서 舌頭/舌上音은 구분하 지 않고, 齒頭/正齒音도 구분하지 않는 현상 등등은 ≪切韻≫을 가지고서 는 설명을 할 수가 없다.[13] 이런 현상은 ≪切韻≫ 음체계를 연구하는 데는 이용하기 힘들지만 ≪切韻≫ 이전의 중국어를 연구하는 데는 참고 가치가 매우 크다. 知는 端에서 분리되어 나온 것이므로, t-로 읽는 것은 이상할 것이 없다. 章母의 上古音을 칼그렌은 t-로 재구했고, 李方桂 등은 t-로 재 구하였는데 모두 파열음이다. 이처럼 贛방언에 파열음의 독음이 남아 있는 것은 ≪切韻≫ 이전 上古의 파열음의 독법을 재구하는데 유력한 증거를 제공해줄 뿐 아니라 상고의 章, 昌, 船과 端, 透, 定이 서로 해성하는 현상도 설명해 준다.

7.3.5 언어사 연구에 있어 ≪切韻≫과 같은 운서가 있다는 것은 물론 유리한 조건이다. 그러나 방언 자료를 운용하고 역사적 비교연구를 하는데 있어 그것에만 의존해서는 안 된다. 후에 칼그렌 또한 자신의 현대 방언과 ≪切韻≫관계에 대한 해석에 어느 정도 문제점이 있음을 느끼고 조금씩 보충하고 개정하였다. 그는 "소수 남부 연안의 방언, 厦門語나 汕頭語는 ≪切韻≫으로 해석해 낼 수 없는 특징을 갖는데, ≪切韻≫ 이전의 언어

---

13 羅常培(1931b, 1940) 참조.

상황을 보여 준다"고 생각했다. 그러나 이런 새로운 인식들에 근거해 원래의 재구한 것에 대해 필요한 수정을 하지는 않았다.

7.4 ≪切韻≫의 성질에 대한 인식과 중국어사 연구의 이론적인 틀

7.4.1 중국어에는 예로부터 여러 갈래의 방언이 있었으며, ≪切韻≫ 이후에 이르러서 비로소 방언의 차이가 있었던 것은 아니다. 이 때문에 언어사 연구에서 지금의 것으로 옛 것을 증명하는 '회고'의 방식으로 연구할 때에는 공간적 차이와 시간적인 변화 순서를 결합해야 할 뿐 아니라, '역사상의 옛 자료'를 운용할 때에도 또한 중국어에는 방언의 차이가 있음을 잊어서는 안 되며 마찬가지로 시간적 요소와 공간적 요소를 결합시켜야 한다. 구체적으로 말해서, 역사상 보존되어 내려오는 문자와 문헌자료를 운용할 때에는 언어는 변화한다는 관념을 염두에 두고 있어야 하며 문헌자료 중에 은밀히 내포되어 있는 방언의 차이에도 주의를 기울여야 한다. 그렇지 않으면 언어변화의 단서를 단순화시킬 위험성이 있다.

7.4.2 ≪切韻≫의 성질에 대한 논쟁은 실제로 언어사 연구 가운데 공간과 시간의 관계에 대한 문제에까지 관련되어 있다.

≪切韻≫의 성질에 관해서 대체로 두 가지 대립되는 견해가 있다. 하나는 그것이 어느 한 시기, 어느 한 지방의 어음 체계를 대표한다고 보는 것이고, 다른 하나는 그것이 하나의 종합 음체계로, "남북의 옳고 그른 것을 모두 아우르고, 고금의 통하고 막히는 것을 모두 아우르는 것南北是非, 古今通塞"을 포함하고 있다고 보는 것이다. 당연히 각 인식의 내부에도 의견이 나뉜다. 예를 들면 ≪切韻≫이 어느 한 시기, 어느 한 지역의 어음 체계를 대표한다는 인식 속에서도 칼그렌은 ≪切韻≫이 장안長安 음체계를 대표한다고 여기고, 陳寅恪(1949)은 "≪切韻≫이 내포하고 있는 표준이라는 것은 東晋이 남쪽으로 이동하기 이전의 洛陽京畿의 舊音 체계이며, 楊堅의 隋나

라가 왕조를 연 仁壽년간에 長安 도성에서 널리 쓰였던 방언이 아니다"라고 여겼다. 李榮(1957a)은 陳寅恪의 설을 따라 ≪切韻≫이 洛陽 음체계를 대표한다고 생각하였다. 우리는 이 같은 의견의 시비곡직을 논하지는 않고 단지 이러한 인식과 중국어사 연구의 관계에 대해서 이야기하고자 한다. 칼그렌은 그가 ≪切韻≫성질에 대해 인식하였던 것을 근거로 중국어 변화의 완전한 윤곽을 묘사하였고, 그것은 중국어사 연구의 하나의 이론적인 틀이 되었다.

≪切韻≫이 6, 7세기의 長安 음체계를 대표한다고 하면, 시간과 공간의 관계에서 볼 때 그것은 단지 시간적 요소만 가지고 있는 것이고 공간적 성분은 고려하지 않은 것이다. 이 인식에 기초하여 ≪切韻≫을 상고 중국어와 현대 방언을 연계하는 중추라 한다면, 그것은 위로는 先秦 시기의 上古 중국어(≪詩經≫의 언어)를 직접 계승한 것이고, 아래로는 현대 중국어의 각 방언의 母語가 된다. ≪切韻≫에서 현대 방언에 이르기까지의 음체계는 단순화의 길을 걸어왔으며, 각 시기의 韻圖는 그 시기 단순화된 음체계를 대표한다. 그러므로 중국어의 변화 도식은 상고 중국어 -≪切韻≫으로 대표되는 중고 중국어 - 韻圖의 어음 - 현대 방언이다. 모든 중국어의 변화는 직선적인 변화이다. 칼그렌의 이론 체계는 이 인식의 기초 위에 세워진 것이므로 따라서 §7.2에서 서술한 방식으로 ≪切韻≫ 음체계를 연구하였고, 상고음을 연구할 때에는 한걸음 더 나아가 ≪切韻≫ 음체계의 공란(slot)을 이용하여 음류의 음가를 추론하였다.(§10.2.2)

≪切韻≫이 하나의 종합 음체계라고 말한다면, 시간과 공간의 관계에서 볼 때 그것은 시간적 요소뿐만 아니라 공간적 차이도 포괄하고 있는 것이다. 중국내에는 이런 견해를 지지하는 사람이 적지 않으나, 이 같은 인식과 중국어사 연구와의 관계가 어떠한지는 아직 구체화되지 않은 것 같다. 최근 몇 년 동안 이런 상황에 변화가 발생한 듯하다. 王力(1985)은 ≪切韻≫을 일종의 "남북의 옳고 그른 것을 모두 아우르고, 고금의 통하고 막히는 것을 모두 아우르는南北是非, 古今通塞" 종합 음체계의 반영으로 인식하고,

그것을 隋唐 음체계를 대표하는 것으로 보지 않았다. 그러므로 ≪切韻≫은 중국어어음사의 연구에 특수한 가치가 없고, 칼그렌의 견해처럼 ≪切韻≫이 고금의 음체계를 연계해 주는 하나의 중추로 볼 수 없다고 하였다. 미국 국적의 화교 학자인 張琨의 ≪切韻≫ 성질에 대한 견해와 王力의 견해는 서로 같다. 그러나 그가 취한 태도는 다르다. 張琨은 ≪切韻≫이 시간과 공간 양 방면의 요소의 특징을 겸하고 있다는데 근거하여 중국어 어음사연구에 대해 하나의 새로운 이론적인 틀을 제시하였다. 이 새로운 틀의 가치는 여전히 구체적으로 탐색해 볼 필요가 있다.

7.4.3 王力(1985)이 제기한 중국어 어음사연구에 관한 이론적인 틀은 그가 젊었을 때 칼그렌을 추종하며 진행하였던 중국어 음운 연구에 대한 1차 자기부정이었다. 그가 1930년대에 쓴 ≪漢語音韻學≫(1957년 中華書局 重印)은 이론적인 틀에 있어서는 칼그렌의 이론적 틀과 서로 동일하다. ≪廣韻≫을 기초로 하여, 위로는 고음을 추론하고 아래로는 현재의 음과 연계시킨 것이다. 1958년 출판된 ≪漢語史稿≫(上冊), 1963년 출판된 ≪漢語音韻≫은 이론상 변화를 보이고는 있으나, 전반적인 이론체계를 보면 칼그렌의 이론적인 틀에서 아직 벗어나지 못한 듯하다. ≪漢語語音史≫는 王力이 만년에 저술한 力作으로 ≪漢語史≫(上冊)에서의 어음사연구 토대 위에, 하나의 새로운 이론적인 틀을 제시하였다. 그는 ≪切韻≫을 완전히 던져버리고, 연대 순서에 근거하여 중국어사를 先秦, 漢代, 魏晉南北朝, 隋-中唐, 晚唐-五代, 宋代, 元代, 明淸과 現代의 아홉 시기로 구분하였는데 매 시기마다 한 두 명의 대표성 있는 작가를 뽑아, 그들의 운서, 운문 혹은 반절 자료에 근거해서 각 시기의 음체계를 정리한 후에 각 시기 음체계의 서로 같고 다른 점을 비교함으로써 어음의 변화 규칙을 정리하였다. 이러한 이론적인 틀은 칼그렌의 그것과 크게 구별된다. 한 예로 그(1985:164)는 ≪切韻≫은 이미 그것이 선진 고음과 현대 방언을 연계하는 중추의 지위를 상실했고, 그것은 "결코 어느 한 시기, 어느 한 지방의 음을 대표하는 것이

아니라", "陸德明의 ≪經典釋文≫과 玄應의 ≪一切經音義≫의 반절을 근거로 하여 隋唐 음체계를 고증해야 한다"고 여겼다. 인식상의 이러한 차이로 인해, 중국어사의 분기, 현대 방언과 ≪切韻≫과의 관계 및 중국어사 연구 방법론 등의 중요한 문제에 있어서 王力과 칼그렌은 각기 다른 견해를 보였다. 이는 의심할 여지없이 중국어사 연구에 대해 활기를 불어넣는 작용을 한 것이다.

王力의 이론적인 틀은 어느 날 하늘에서 갑자기 떨어진 것이 아니라 근 몇 십 년 동안의 중국어 음운연구 이론을 일차적으로 총결한 것으로서, 이로 인해 칼그렌 이후에 중국어어음의 시대구분에 대한 연구는 중요한 진전을 이루었다고 할 수 있다. 李方桂, 王力, 董同龢, 嚴學宭 등은 상고 음체계의 연구에서 칼그렌이 다소 누락시켰던 것을 교정하였다. 羅常培와 周祖謨(1958)는 兩漢시기 음체계연구와, 丁邦新(1981)의 魏晉音韻硏究는 모두 세 시기의 서로 다른 음체계에 대해 구체적으로 고증, 해석 그리고 묘사를 함으로써 중국어 어음사연구에 큰 공헌을 하였다. 특히 羅常培와 周祖謨(1958)는 참고한 자료가 풍부하고 방법이 엄밀하며, 분석이 세밀하고 자세하며 구체적이고 깊이가 있어, 더욱 중요한 가치를 지닌다. 南北朝 이후에 관하여서는 周法高(1948a, 1948b), 張世綠(1943, 1944) 등도 隋-中唐 음체계, 晩唐-五代 음체계의 묘사를 묘사하는 데 중요한 기초가 되었다. ≪中原音韻≫ 등의 운서에 대한 연구에 있어서는 중국학자들이 많은 성과를 거두었다. 이 같은 연구는 중국어어음사의 시대구분에 있어서 탄탄한 토대가 되었다. 王力(1985)은 이 같은 연구 성과를 총결하였고, 아울러 전후를 꿰뚫어서 중국어어음의 변화 맥락을 정리하여 중국어 어음사의 연구에 하나의 새로운 이론적인 틀을 세웠다고 할 수 있다. 1983년 山西에서 개최한 '語言學學科規劃會議'에서는 "몇 종의 전문저작을 선정하여 비교적 철저하고 상세한 언어학 연구를 해서 전문적인 사전 혹은 전문적인 어법서를 쓰자"고 제기하였다. 예를 들면 "鄭玄은 서기 200년에 죽었고, 朱熹는 서기 1200년에 죽었다. 두 사람의 저작을 분별하여 연구하면, 어느 정도 당시의 언어 현상을 파악할 수 있을 것이다. 또한 이들을 비교해 보면 2천년 동안의 몇몇 언어 현상의 변천을 볼 수 있을 것이다."[14] 王力(1985)은 이 방면에서 먼저 한 걸음을 내디뎠다고 할 수 있다.

王力의 이론적인 틀을 칼그렌의 연구와 비교해보면, 문헌자료의 운용 방면에 있어서는 크게 일보 전진하였으나, 방언 자료의 운용 방면에 있어서는 일보 후퇴하였다. 왜냐하면 王力은 단지 문헌자료에 근거하여 각 시기의 음체계를 정리하고, 언어사연구에 있어서 복잡한 중국어 방언의 가치를 고려하지 않았기 때문이다. 바꾸어 말하면 王力은 중국어사 연구에서 공간적 차이를 던져버리고 단순히 시간적 단서만을 추구했던 것이다. 그는 '導論' 제3장 '방언'에서 "중국어 어음사를 연구할 때는 먼저 각 지방 방언의 발음을 대체적으로 이해해야 한다. 왜냐하면 어음사연구는 우리에게 중국어어음이 몇 차례의 변혁을 겪어 지금과 같은 형태가 되었는지에 대한 설명을 요구하기 때문이다"라 하였는데, 이 말은 방언을 중국어 어음 변화의 귀결점으로 보는 것으로, 당연히 옳은 것이다. 그러나 또 다른 방면으로는 방언의 차이도 마땅히 중국어 어음사연구의 시발점이어야 한다. 즉, 방언 간의 차이를 비교함으로써 어음의 변화 과정을 찾아내고, 이 같은 연구와 관련된 문헌자료를 결합시키는 방법을 강구하여 역사상 '죽은' 문헌자료에 대한 '살아있는' 해석을 할 수 있도록 해야 한다. 王力의 이론적인 틀은 이러한 내용상의 결함이 있어 아마도 요즘 학자들의 요구를 만족시키기는 힘들 것 같다.

7.4.4 張琨은 중국-티베트어족 언어를 전문적으로 연구한 학자이다. 1963년 그는 趙元任의 일을 대신하여 미국 캘리포니아 대학 버클리 분교에 가서 중국어를 강의하면서 중국어 음운학을 연구하였다. 王力이 ≪切韻≫이 하나의 종합 음체계를 대표한다 하여 언어사 연구에서 그것을 거들떠보

---

14 ≪語文硏究≫ 제2기, 1983, pp.10~11 참조.

지 않았다면, 張琨은 정반대로 ≪切韻≫이 "남북의 옳고 그른 것을 모두 아우르고, 고금의 통하고 막히는 것을 모두 아우르는 것南北是非, 古今通塞"을 반영하고 있는 특징을 충분히 이용하여 어음 변화의 단서를 정리하고 중국어 어음사연구에 새로운 이론적인 틀을 제시하였다. 1972년 張琨과 그의 부인인 베티세프트(Betty Shefts, Chang)는 이 같은 새로운 틀에 대한 개략적인 윤곽을 그렸는데, 그의 이론적인 틀의 기본 정신은 다음과 같이 개괄할 수 있다.

1. ≪切韻≫은 南朝, 특히 齊, 梁, 陳 시기의 詩韻을 기초로 하여 편찬, 완성된 것으로, 남방 방언의 특징을 많이 반영하고 있다. ≪切韻≫은 각지의 방언('남북시비南北是非')의 특징을 포함하고 있는데, 방언의 차이는 시간의 순서를 반영하므로 ≪切韻≫ 자체는 중국어의 변화를 반영하고 중국어의 음운사를 일부 대표한다고 말할 수 있다.

2. ≪詩經≫의 언어는 黃河 중류 지방의 북방 방언을 대표하므로 ≪切韻≫과 ≪詩經≫은 직접적인 계승 관계가 없다. 따라서 ≪切韻≫을 기초로 하여 상고 중국어를 추론해서는 안 되고, 반드시 ≪切韻≫을 이용해서 원시 중국어를 건립해야 한다. 이 원시 중국어의 시기는 상고 중국어보다 조금 이르며 그 계통 또한 복잡하다. 그래서 칼그렌은 중국어의 발전을 하나의 직선적 변천으로 이해한 것은 언어의 실제 사실과 부합하지 않는다.

3. ≪切韻≫이 각 지방 방언의 특색을 포함하고 있는 이상, ≪切韻≫과 현대 중국어의 각 방언의 관계를 연구할 때 막연하게 ≪切韻≫을 모어로 간주하면 안 되고, 각기 다른 방언의 특색에 근거하여 ≪切韻≫의 音類를 간략화하는 것이 필요하다. 바꾸어 말하면, 甲방언과 ≪切韻≫과의 관계를 연구할 때는 ≪切韻≫의 종합 음체계 중에서 甲방언의 요소에 속하지 않는 것을 골라내어, 원시 甲방언에 대한 음류의 틀을 세워야 한다. 그런 다음 이 방언의 내부 분기를 비교하여 각 음류에 대해 구체적인 음가를 재구하고, 원시방언 음체계를 세운 후에 다시 원시방언 간의 차이를 비교하여 원시 중국어를 세워야 한다. 그렇게 하려면 중국어사연구에서 ≪切韻≫을 던져 버려서도 안 되고, 칼그렌처럼 완전히 ≪切韻≫에 구속되어서도 안 된다.

4. 중국어사의 연구는 시기를 나눌 필요가 없이 10~20개의 중요한 음변화를

연구하는데 모든 힘을 집중하여야 한다. 예를 들어 鼻音韻尾의 변화, 파열음운미의 변화 등등이다. 그런 후에 다시 합리적인 방법으로 이 같은 변화의 전후 시대 관계를 분석해야 한다.[15]

이 이론적인 틀의 기본 정신은 칼그렌의 그것과 대립적이다. 만일 이같이 대립하게 된 원인을 찾는다면 그것은 언어사 연구에서 시간과 공간의 관계를 어떻게 이해하였는가의 차이에 의해 생긴 것이라 말할 수 있다. 칼그렌의 중국어사 연구는 비록 제일 처음으로 중국어 방언의 공간적 차이와 고대 문헌의 시간적 요소를 효과적으로 연계한 것이지만, 그는 이러한 원칙을 끝까지 지키지 않았다. 즉 고대 문헌의 관찰과 중고 중국어의 연구에 대해 시공간 결합의 원칙을 운용하지 않았다. 張琨의 이론적인 틀은 칼그렌에 비해 일보 전진한 것으로, 그는 중국어 방언의 분기가 현대뿐만 아니라 고대에도 있었다고 인식하고, 언어사 연구에서 시공간을 동시에 고려해야 한다는 원칙이 모든 중국어사 연구의 처음부터 끝까지 일관되게 적용되어야 한다고 생각했다.

7.4.5 상고 시기의 중국어에도 방언의 분기가 있었음이 분명하다.[16] 그러나 북방 지역의 중국어에 관하여서는 문헌상의 기록이 많은데 비해, 남방의 중국어 방언에 관하여서는 기록이 부족해서, 언어사 연구에서 종종 북방 지역의 중국어를 모든 중국어의 대표로 간주하고 있다. 사실은 일찍부터 周, 秦, 漢 시기의 문헌 기록에서 이미 남방 방언 계통을 대표하는 楚나라 언어와 淮南 지역의 방언 자료를 볼 수 있다. 중국어 음운사의 연구에서 남북 방언의 차이는 정확한 묘사가 필요하다. 張琨(1975)은 이 방면에 대하여 연구한 결과, 중국어 방언의 차이는 "남북에서 평행하게 변화한 결과"라는 의미 있는 가설을 제기하였다. 예를 들어 《詩經》시대에 元韻의 글자

....

15 徐通鏘(1984b:238~250) 참조.
16 陳登原(2000:90~92) 참조.

는 이미 일부 仙韻의 글자와 합류했을 뿐 아니라, 항상 저모음 一等의 寒韻
의 글자 (*ân)와 서로 압운하였다. 月韻은 일부 薛韻의 글자와 합류하였을
뿐 아니라 항상 一等의 저모음을 가진 末韻의 글자(*ât)와 서로 압운하였
다. 그러나 南朝의 詩歌에서는 元과 仙, 月과 薛은 뚜렷이 나누어져 있으
며, 元韻은 단지 一等의 痕(*ən), 魂(*wən)과 서로 압운하였고, 薛은 단지
沒(*wət)과 압운하였을 뿐이다. ≪切韻≫은 남방 방언의 특징에 근거하여
元韻을 眞, 臻, 文, 殷(欣)의 뒤 魂, 痕의 앞에 놓았고, 月韻을 質, 物, 櫛,
迄과 沒의 중간에 놓았다. 이러한 현상은 ≪詩經≫이 남방 방언의 특징을
반영하지 않았다는 것을 보여준다. 오늘날에는 일부 남방 방언, 예를 들어
福州語와 남방 방언에 기원을 두고 있는 日譯吳音에 아직 반영되어 있다.
福州語와 吳音에서는 元, 月이 여전히 독립된 운류의 지위를 차지하고 있
으며, 그들의 운모는 모두 원순모음을 포함하여, 비원순인 仙, 薛과는 다르다.

韻類	예	福州	吳音
仙	愆	khien	ken
	乾	kien	gen
薛	杰	kiek	ketši
元	健	kion	kon
	言	ŋioŋ	gon
月	歇	kiok	kotši

이같이 ≪詩經≫에서 해석해 낼 수 없는 현상들은 원시 중국어에서도
존재하였다고 할 수 있다.[17] 유사한 현상이 아직 매우 많이 있는데 (예를
들어 淸三/庚三이 남북 방언에서 다르게 표현되는 현상 등) 張琨은 이것은
"방언의 차이는 남북이 평행하게 변화한 결과"로 설명할 수 있다고 생각했다.
張琨은 중국어사 연구에서 방언의 분기를 강조하였다. 이는 곧 시간과

---

17 Kun Chang and Betty Shefts Chang(1972:5~12) 참조.

공간을 결합하는 원칙을 중국어사 연구의 전 과정에서 일관되게 적용할 수 있는 방법을 세운 것이다. 이는 매우 올바른 것으로, 언어변화의 진실성와 복잡성을 명확히 드러내면서도 단순화를 피할 수 있게 하였다. 비록 그의 이론에는 여전히 검토해야 할 부분(예를 들면 중국어사 연구에 시기를 나누는 것은 필요 없다는 등)이 있기는 하지만 그러나 그의 전반적인 원칙은 손색이 없다고 하겠다.

7.5 ≪切韻≫과 방언의 연구

7.5.1 ≪切韻≫과 현대 방언과의 관계에 대한 각기 다른 인식은 방언 연구에도 서로 다른 영향을 주었다. 칼그렌은 ≪切韻≫이 현대 각 방언의 원시모어라고 생각했으므로 자연히 ≪切韻≫에서부터 출발하여 중국어 방언을 연구할 수 있었을 뿐 아니라 현대 방언 자료를 이용하여 ≪切韻≫의 각 음류에 대해 그 음가를 하나하나 재구해 낼 수 있었다.(§7.2.2) 이 같은 인식을 기초로 하여 중국어 방언에 대한 연구는 주로 묘사적인 조사와 분석에 주의하여, ≪切韻≫의 음류를 묘사하기 위하여 선택할 수 있는 믿을 만한 방언 자료를 제공하였으나, 방언 차이의 비교를 통하여 祖語를 재건하는 데에는 전력을 다하지 않았다. 칼그렌의 ≪中國音韻學研究≫(1948)에는 단지 '현대 방언의 묘사 어음학'만 있을 뿐 현대 방언의 비교 어음학은 없는데, 이는 우연한 것이 아니다. 제4권 '方言字彙'는 역사적으로 비교하는 데에도 사용할 수 있지만, 칼그렌은 주로 옛 음류에 대한 음가를 주석하는데 사용하였을 뿐이었다. "지금은 또한 두 가지 일을 해야 한다. 하나는 현대 방언에서의 각 운모와 고음의 운모가 어떻게 배분되는가를 면밀히 점검하는 것이고, 또 다른 하나는 이 3,125개의 글자를 하나의 자전으로 만들어 그것을 가지고 각 글자의 방언에서의 독음을 조사하는 것이다." 독음의 선택에 관해서는, "某系의 성모를 가진 글자에서 고음의 某 운모를 모두 조사하여, 만약 대부분이 하나의 독법이라면, 이것이 바로 某系에서

의 이 운에 대한 이 방언의 규칙적인 독법이다."[18] 그러므로 칼그렌의 중국어 음운 연구가 중국어 방언 연구에 미친 영향은 주로 묘사적인 것이었다. 羅常培의 ≪臨川音系≫(1940), ≪廈門音系≫(1931), 趙元任의 ≪鐘祥方言記≫(1956), 董同龢의 ≪華陽凉水井客家話記音≫(1956) 및 趙元任과 丁聲樹 등의 ≪湖北方言調查報告≫(1948), 袁家驊의 ≪漢語方言槪要≫(1983) 등은 기본적으로 이 같은 유형의 묘사적인 저작이며, 중국어 음운 연구에 있어서 방언의 기초를 넓히고 다지려고 한 것들이다. 그러나 趙元任의 ≪現代吳語的硏究≫(1928)는 약간 다르다. 거기에 기술된 방언 현상을 보면 그것은 현대 吳방언의 묘사비교어음학에 관한 저작이지만, 실제로는 이미 방언 차이의 비교와 원시 吳방언의 재건 사이에 내재된 연계를 포함하고 있다. 소위 "자료를 사용한 범위는 매우 좁고 吳語 자체에 대해서는 많은 것을 발견하였으나, 시간과 공간상 먼 거리의 재구에 대해서는 새로운 것이 없다"[19]고 한 것은 방언 차이의 비교를 통해서 "공간과 시간상 먼 거리에 있는 언어의 재구"가 가능하다는 것을 이미 암시하고 있는 것이다. 어떤 언어학자들은 이로부터 방언 내부의 차이를 비교함으로써 원시방언을 재건하는 방법을 세우거나 개발하였다.[20] 그러나 전체적으로 보면 ≪現代吳語的硏究≫는 일종의 묘사비교어음학이다. 그러므로 중국어의 음운 연구에 커다란 영향을 미친 칼그렌(1948) 이후, 중국어 방언에 대한 연구는 대부분 묘사적인 특징을 갖게 되었다. 그러나 어떻게 하면 방언 차이의 비교를 통해 문헌자료의 부족함을 보충할 것인가 하는 것은 아직 사람들의 충분한 시선을 끌고 있지 않은 것 같다.

張琨은 ≪切韻≫이 현대 방언의 원시모어라는 칼그렌의 설에 대해 동의

---

18 칼그렌(1948:538~539) 참조.
19 趙元任(1956:3) 참조.
20 원시 閩語의 창시인인 미국 언어학자 Jerry Norman은 그의 원시 閩語에 대한 생각의 정립은 趙元任의 ≪現代吳語的硏究≫에서 계발된 것이라고 필자에게 말하였다(1985년 9월). 趙元任은 비록 '원시 吳語'에 대해 말하지는 않았지만, 그러나 이미 이러한 의미를 은밀히 내포하고 있었다.

하고 있지 않다. §7.4.2에서 서술한 바와 같이 ≪切韻≫은 일종의 종합 음체계이고, 각 지방 방언의 특징을 반영하고 있으므로, ≪切韻≫과 현대 방언의 관계를 고려할 때에는 방언의 특징에 근거해서 ≪切韻≫ 음체계를 간략하게 함으로써 원시방언을 위한 음류의 틀을 세워야 할 것이다. 중국 내에서 이 이론을 이해하고 있는 사람은 많지 않아서 실제 중국어 방언 연구에 아직 별다른 영향을 미치고 있지는 않다. 張琨은 이러한 면을 고려하여 〈溫州方言的音韻歷史〉, 〈論比較閩方言〉[21] 등을 저술하였다. 그의 이론의 특징은 방언의 차이에 주의해야 할 뿐 아니라 ≪切韻≫ 등 문헌자료에도 주의를 기울어야 하고, 방언의 특징에 근거해서 ≪切韻≫의 음체계를 간략하게 하기 위해 이 양자를 비교해야 한다는 것이다. 예를 들어 閩南방언의 文讀체계를 재구할 때, 張琨은 ≪切韻≫의 '庚三淸靑蒸', '寒刪山', '覃談咸銜'…… 각각을 하나의 음류로 합하였다. 그 목적은 "또 하나의 다른 방법을 이용해서 간략하게 된 ≪切韻≫ 음체계에서 출발하면서 동시에 문언과 백화의 독음이 다르다는 것을 고려하여" ≪切韻≫에서 현대 방언에 이르는 동안의 변화 상황을 연구하고자 하는 것이었다.[22] 그러나 이것은 매우 가치 있는 연구 절차이지만 중국어 방언 연구와의 관계에 대해서는 앞으로 더 많은 논의가 필요하다.

미국의 언어학자 제리노만(J. Norman, 중국명은 羅杰瑞)은 "閩北방언의 성모와 성조를 ≪切韻≫ 음체계를 이용해서 해석하는 것은 매우 힘들다. 閩北방언은 가장 오래된 층위로서, ≪切韻≫ 계통의 운서와는 다른 성모를 보유하고 있을 가능성을 생각해야 한다"[23]라 하면서 閩방언을 연구한 결과를 가지고 ≪切韻≫ 음체계를 근거로 하여 閩방언을 비교하는 것은 적합하지 않다고 여겼다. 이 때문에 그와 해외의 한학자들은 중국어사를 연구할 때에는 ≪切韻≫ 등의 문헌자료와는 무관하게 역사적 비교방법을 엄격히

---

21 ≪語言硏究≫ 1985년 제1기 참조.
22 張琨(1985b:424~427) 참조.
23 Norman, J.(羅傑瑞, 1986:38) 참조.

운용해서, 예컨대 원시 閩語, 원시 粵語, 원시 吳語…… 등과 같은 원시방언을 재건함으로써 먼저 방언 내부의 차이를 비교하고, 이후에 다시 각 원시방언의 차이를 비교해서 원시 중국어를 재건해야 한다고 생각했다. 제리 노만은 엄격히 이 방법에 근거해서 閩방언을 연구했다. 그는 〈閩方言聲調的發展〉(1973), 〈原始閩語的聲母〉(1974), 〈原始閩語的韻母〉(1981) 등의 글을 써서, 원시 閩語를 전면적으로 재구하였다. 이러한 종류의 祖語와 《切韻》류의 문헌자료는 무관하기 때문에 완전히 방언 차이의 비교에 근거해서 추론해 나가야 한다는 것이다. 예를 들면, 《切韻》의 並母 b-의 현대 閩방언 중에서의 어음 표현은 다음과 같다.

	《切韻》	福州	厦門	建陽	邵武
爬	ba	pa^2	pe^2	pa^2	$p'a^2$
病	bieng-	$pa\eta^6$	pi^6	$pa\eta^6$	$p'ia\eta^6$
白	bak	pa^8	pe^{28}	pa^8	$p'a^8$
皮	bjie	$p'ui^2$	$p'e^2$	$p'u^2$	$p'ei^7$
被	bjie:	$p'ui^6$	$p'e^6$	$p'ui^6$	$p'ei^3$
鼻	bi-	$p'ei^5$	$p'i^6$	$p'oi^6$	$p'i^5$
雹	båk	$p'oi^{28}$	$p'au^{28}$	$p'o^8$	$p'au^7$
瓶	bieng	$pi\eta^2$	pan^2	$vai\eta^9$	$p'en^2$
步	buo-	puo^6	$p\mathrm{o}^6$	vo^6	$p'u^6$
薄	pâk	po^8	$p\mathrm{o}^{28}$	$v\mathrm{o}^8$	$p'o^6$

《切韻》에서는 하나인 b-(並)음이 閩방언에 세 종류의 대응 형식이 있다는 것은, 閩방언 연구는 《切韻》을 근거로 할 수 없으며 단지 방언 내부 차이의 비교를 통해서 閩방언의 변화를 탐색할 수 있다는 것을 설명한다. 이 때문에 그는 원시 閩語에는 세 가지 계통의 각기 다른 유성파열음이 있었다고 생각했다.

b	d	g
bh	dh	gh
-b	-d	-g[24]

이후에 b>p(爬病白), bh>ph(皮被鼻雹), -b>v(瓶步薄)로 변화하였는데,
여기에서 제3계열의 모는 아마도 그 앞에 유성접두사(voiced prefix)의 영
향을 받아 출현한 것이며 후에 약화되어 v가 된 것이다. 같은 이치로 유성
파찰음과 무성파열음, 무성파찰음에도 세 가지 계열의 성모가 있다. 제리
노만이 이 제3계열의 성모를 가설한 목적은 閩방언의 소위 "아홉번째 성조
인 第九調)'(예를 들면 建陽의 '瓶'vaiŋ⁹)를 해석하기 위해서였는데, 왜냐하
면 그(1973:222~238)는 ≪切韻≫으로써는 이 같은 현상을 해석할 수 없다
고 생각했기 때문이다. 제리노만은 이 같은 방법으로 그의 원시 閩語 체계
를 재건한 것이다.

이상의 서술을 통해 언어사 연구에서 ≪切韻≫과 현대 중국어 방언과의
관계에 대한 각기 다른 인식이 각각의 세 가지 다른 절차와 방법을 만들었
고, 중국어 방언의 연구에 서로 다른 영향을 끼쳤음을 볼 수 있었다.

7.5.2 시간과 공간의 관계에 대한 서로 다른 인식은 ≪切韻≫을 각기
다른 시간과 공간상의 위치에 놓게 되었다. ≪切韻≫을 어느 한 시기 어느
한 지방의 음체계로 보면 ≪切韻≫은 단지 시간을 반영한다고 말할 수 있
다. 그러나 ≪切韻≫이 "남북의 옳고 그른 것을 모두 아우르고, 고금의 통
하고 막히는 것을 모두 아우르는 것南北是非, 古今通塞"을 반영한 종합 음체
계라고 하면 ≪切韻≫은 시간뿐 아니라 공간을 반영하기도 한다고 볼 수
있다. 王力은 단지 시간의 관점에서만 중국어사를 연구했기 때문에 그는
음운사 연구에서 ≪切韻≫을 던져버릴 수밖에 없었다. 제리노만도 ≪切韻≫

....
24 제리노만은 이들의 성모는 softened stops(軟音)이었을 것으로 추정하고 이와 같이 표기하
였다.

을 채택하는 것에 대해 아랑곳하지 않는 태도를 보인다. 이것은 그의 입장에서 보면, 방언의 차이를 역사적으로 비교연구하는 과정에서 ≪切韻≫은 시간을 반영하지 않을 뿐 아니라 공간도 반영하지 않고 있다는 것이다. 王力과 제리노만은 한 사람은 단지 문헌자료만을 연구하였고, 한 사람은 방언의 차이만을 비교하고 연구하였지만, 중국어사 연구에서 ≪切韻≫의 지위를 부여할 때에는 그들은 보조를 같이 하여 '동맹'을 맺고 있었다.

칼그렌, 王力, 張琨의 중국어사 이론에 대해서는 앞에서 이미 구체적으로 분석을 하였다. 그러나 제리노만의 이론에 대해서는 여기에서 잠시 논의가 필요한 것 같다. 그의 이론이 우수하다는 점은 현재 방언의 분기를 중시하여 갈라진 방언간의 차이에서 언어의 변화를 탐색하였다는 것이다. 이것은 바로 중국어사 연구에서 매우 빈약했던 부분이다. 칼그렌은 중국어 음운 연구를 시작했을 때부터 방언의 중요성에 주의를 기울였지만, 그것은 단지 ≪切韻≫의 음류에 음가를 주석하기 위한 보조적인 자료로 사용하였을 뿐이었다.(§7.3.3.) 제리노만 및 기타 언어학자들의 연구는 때마침 중국어사 연구에서의 부족한 부분을 보충해 주었다. 그렇다고 해서 제리노만의 이론 상의 약점을 간과할 수는 없다. 그것은 다음 두 가지 면에서 주로 나타난다. 첫째는 閩방언 내부의 엄청나게 복잡한 차이에 대해 구체적인 분석이 결핍되었다는 것이다. 특히 언어사 연구에서 특수한 지위와 가치를 지닌 文白異讀 현상에 대하여서는 특별한 연구가 진행되지 않았기 때문에 그가 도출한 어떤 결론들은 성립될 수 없다는 것이다(§17.2.5에서 다시 토론할 것이다). 둘째는 문헌자료로부터 검증을 받지 않았다는 것이다.

방언의 차이를 비교연구하는 과정에서 ≪切韻≫ 등의 문헌자료를 고려하지 않는 것은 또 다른 극단으로 향하는 것과 같다. 칼그렌은 ≪切韻≫을 각종 방언의 시발점-즉 祖語로 보았는데, 이것은 하나의 극단이라 할 수 있지만, 그 가운데 합리적인 내부적 핵심이 없다는 것은 아니기 때문에 완전히 부정할 수 있는 것도 아니다. 언어사 연구에서 ≪切韻≫을 고금을 잇는 하나의 연결고리로 사용하는 것은 합리적인 것이다. ≪切韻≫은 음변화(mutation)를 해석하는데 하나 참조점이 될 수 있고 또한 되어야 하므로 버려둘 수만은 없다. 음변화의 규율과 예외적 상황을 연구하는 것처럼, 먼저 규율의 표준 형식에 근거하여 일련의 언어 현상을 분석한 다음에야 규율에 부합하지 않는 나머지 형식에 대해 다시 하나하나 분석을 통하여 합리적인 해석을 할 수 있는 것이다. 중국어사 연구에서 먼저 현대의 방언과 ≪切韻≫을 연계하면 대체적인 것들은 ≪切韻≫을 이용해서 해석할 수 있기 때문에 문헌자료를 최대한 이용해야 한다. 이것은 비교적 적은 노력으로 많은 효과를 얻을 수 있는 방법이라 할 수 있으며, ≪切韻≫으로 해석할 수 없는 것은 다시 하나하나 연구하고 구체적으로 분석하여 논리적으로 설명을 해야 한다. 어떠한 언어 체계도 오랜 시간동안 변화를 거듭해온 결과이므로 공시적인 차이는 곧 통시적인 변화를 반영한다(§5.4.5, §14.2~§14.3). ≪切韻≫을 현대 각 방언의 시발점이 아니라 음변화를 해석하기 위한 참조점으로 본다면, 각 방언의 서로 다른 특성에 근거해서 구체적인 문제에 대해 구체적으로 분석을 할 수 있고, 극단화를 피할 수 있게 되는 것이다. 張琨은 다음과 같이 생각했다. "원시방언을 건립하는 것은 현대 방언의 내부 분기에 근거하여, 역사적 비교방법 등을 운용하고, 단순화된 ≪切韻≫, 즉 원시방언의 음류의 틀을 위해 구체적 음가를 재구해 내는 것을 필요로 한다. 그러므로 현대의 방언 자료를 운용하여 중국어사를 연구할 때에는 반드시 ≪切韻≫을 참조해야 한다. 그러나 ≪切韻≫에 너무 구속되어서는 안 되지만 ≪切韻≫을 완전히 내버리는 것도 옳지 않다. 제리노만은 원시 閩語의 운모 체계에 대한 글을 썼는데 ≪切韻≫을 완전히 고려하지 않았고 閩語 가운데에서 文白異讀 현상을 등한시하였다. 이것은 옳지 못한 것이다. 원시방언을 재건하는 목적은 중국어사를 연구하기 위해서이며 현대 방언의 풍부한 자료를 충분히 이용하기 위해서이고, 동시에 역사상 전해져 내려오는 참고할 수 있는 모든 문헌자료와 결합시켜 중국어사 연구를 더욱 견고하고 과학적인 기초 위에 세우기 위해서이다. 만약 문헌자료와 ≪切韻≫을 전혀 고려하지 않는다면, 재건되는 각각의 원시방언,

예를 들면 원시 北方語, 원시 吳語, 원시 閩語, 원시 粤語 등은 상호간에 아무런 상관이 없을 수 있다. 그렇다면 어떻게 진일보하여 중국어의 통시적 변화를 명백히 밝힐 수 있겠는가? 그러므로 ≪切韻≫을 완전히 던져 버리면 분명히 중국어의 역사는 혼란스러워 질 것이고, 심지어 현대 중국어의 각 방언은 역사적으로 각기 다른 원류를 가지고 있다는 황당한 결론을 얻을 수도 있다."[25] 이러한 관점은 옳다고 생각한다. 중국어사를 연구할 때에는 반드시 방언의 차이와 ≪切韻≫ 등의 문헌자료를 결합하여야 하며, 방언의 차이를 고려하지 않고 혹은 ≪切韻≫과 같은 문헌자료를 고려하지 않는다면 방법론상 모두 단편적이 되고 말 것이다.

7.5.3 앞에서 중국어사를 연구할 때 방언의 차이와 동시에 역사상 전해 내려오는 문헌자료를 결합해야 한다고 하였다. 또한 문헌자료는 '죽은' 것이고 방언 자료는 '살아있는' 것이기 때문에, 어떻게 '죽은' 자료로 '살아있는' 해석할 것인지 하는 것은 현대 방언 혹은 친족어 사이의 차이를 비교하는 것과 불가분의 관계에 있다. 중국어사에는 논쟁이 되는 문제들이 너무 많은데, 방언의 차이를 비교하지 않고서는 분명히 밝힐 수가 없다. 예를 들어 ≪切韻≫ 음체계의 四等韻에 개음의 유무에 관한 문제는 이 방면의 하나의 좋은 예이다. 칼그렌은 三等韻에는 자음성의 개음 i가 있었고, 四等韻에는 모음성의 개음 i가 있었다고 생각했다. 李榮(1956:111~115)은 칼그렌의 이 같은 재구에 동의하지 않았다. 반절상자의 분류 추세에 근거하면, 一, 二, 四等이 한 組, 三等이 한 組인데, 一, 二等에는 개음이 없었고, 四等에는 i개음이 있었다고 하는 것은 논리에 맞지 않는다고 생각하였다. 그리고 성모와 운모의 결합 관계에서 보면 약한 i개음을 가지고 있는 三甲等韻은 章(tɕ)組와 결합할 수 있는데, 강한 i개음을 띠는 四丙等韻은 章組의 성모와 결합할 수 없다는 것은 논리에 맞지 않는다는 것이다. 이 때문에 李榮

25 徐通鏘(1984b:245) 참조.

은 칼그렌이 추론한 四等韻의 i개음은 취소되어야 하며, 단지 주요모음 e만 보유하고 있었다고 주장하였다. 이 같은 견해는 주로 문헌자료와 음의 이치에 근거해서 추론한 것으로서, 당시에는 아직 근거로 삼을 방언 자료가 없었다. 周法高(1948a:26)는 三, 四等韻이 현대 방언에서 나타나는 어음 표현을 근거로 하여 ≪切韻≫의 四等韻에는 여전히 i개음이 있다고 보았다. 그 견해는 칼그렌과 같다. 이와 같은 해석과 현대의 다수 방언에서의 어음 표현은 비교적 일치하지만, 반절이 제공하는 단서와는 부합하지 않는다. 이러한 상황이 출연하게 된 중요한 원인은 주로 중국어 방언에 대한 전면적인 조사 연구가 부족하였다는 것이고, 또한 ≪切韻≫의 三, 四等韻이 현재의 방언에서 어떻게 서로 다른 어음 형식으로 표현되는지에 대하여 여전히 충분한 이해가 없었기 때문이다. 金有景(1964, 1982)은 지금의 浙江의 義烏방언에서 端, 泥, 精 세 組 성모의 三, 四等韻 글자의 독음에 차이가 있음을 발견했다. 그 방언에서는 三等字는 -ie, 四等의 글자는 -iɛ로 읽힌다. 그러나 이것은 단지 三, 四等에 구별이 있다는 것만을 설명해 줄 뿐, 四等字에 개음이 있는지 없는지를 설명하기는 어렵다. 방언에 대한 연구가 발전함에 따라 과거에 이해할 수 없었던 현상들이 하나하나 발견되어 ≪切韻≫ 四等韻의 재구에 일련의 새로운 단서들이 제공될 수 있었다. 李如龍(1984)은 閩방언 자료에 근거하여 ≪切韻≫의 四等韻에는 -i-개음이 없었다고 생각하였다. 四等韻의 開口字의 어음 표현을 비교해보자.(다음 쪽의 도표)

臺灣의 張賢豹(1985)는 閩방언의 자료에 근거해서 ≪切韻≫의 순수 四等韻을 *-ai로 재구하고, 또한 -i-개음은 없다고 하여 李如龍과 같은 결론을 내렸다. 이러한 자료는 비교적 설득력이 있는 것으로, 李榮의 추론에 하나의 강력한 증거가 되었을 뿐 아니라 閩방언의 연구에 있어서 ≪切韻≫이 여전히 음변화 해석의 참조점임을 설명해 준다.

	福州	寧德	健甌	永安	莆田	廈門	汕頭
齊	ε(a) ⟨ai⟩	⟨ε⟩ ⟨œ⟩⟨ai⟩	⟨ε⟩ ai	e ⟨a⟩	e ⟨ai⟩	e ue ⟨ai⟩	oi ⟨ai⟩
蕭	⟨εu(au)⟩	⟨εu⟩	⟨au⟩	⟨o⟩		⟨au⟩	
添	εiŋ(aiŋ)	em	⟨aŋ⟩	eŋ	⟨e⟩		
帖	⟨ai'⟩	εp	⟨a⟩	e	⟨e'⟩	⟨a'⟩	⟨a'⟩
先	εiŋ(aiŋ)	en	aiŋ	eŋ	εŋ e ⟨œŋ⟩	⟨ãi⟩	õi ⟨aŋ⟩
屑	⟨ei'(ai')⟩	et	⟨ai⟩ ⟨o⟩	e ⟨a⟩	ε' ⟨œ'⟩⟨e'⟩	⟨at⟩⟨ue'⟩	oi' ⟨ak⟩
青	⟨aŋ⟩	eŋ ⟨aŋ⟩	aiŋ aŋ ⟨eiŋ⟩	⟨ã⟩⟨õ⟩ ⟨am⟩	eŋ a	⟨an⟩	eŋ ẽ
錫	εi'	ek	⟨ε⟩	a ⟨e⟩	ε'	⟨at⟩⟨a'⟩	ek e' ⟨ak⟩

설명 : 표에서 ⟨ ⟩이 없는 것은 기본 대응이고, ⟨ ⟩이 있는 것은 일부 글자의 독법이다. 아래에 __이 있는 것은 文讀音, 아래에 __이 있는 것이 白讀音이며, ( ) 안에는 福州語 중 去聲이 변화한 운이다.

7.5.4 언어의 공간적 차이와 동시에 '역사상의 옛 자료'를 함께 결합하여 언어의 통시적 변화를 탐색하는 것은 전망이 매우 밝다. 지금은 칼그렌이 ≪中國音韻學硏究≫를 썼던 시대가 아니다. 당시 중국어 방언에 대하여서는 몇몇 선교사들이 그다지 뛰어나지 못한 실력으로 조사한 것 이외에는 연구한 것이 거의 없었지만, 1949년 이후 중국어의 방언에 대하여 상당히 광범위하게 조사를 하기 시작하였다. 비록 질과 량이 균형을 이루지는 않지만, 칼그렌이 중국어 음운을 연구하던 시대보다는 많은 것이 좋아졌고 비교연구에 대하여서도 더 탄탄한 기초가 다져졌다.

o8
구조분석법(상): 구조와 음변화

8.1 언어체계 학설과 음변화 이론의 발전

8.1.1 20세기 상반기에 주류적 위치를 차지하였던 구조주의 언어학은 이론, 원칙, 방법 등 여러 방면에서 언어학의 발전에 지대한 공헌을 했다. 구조주의 언어학은 처음에는 언어의 공시적 체계만을 연구했으나, 언어에 대한 연구방법이 발전함에 따라, 몇몇의 언어학자들이 구조를 분석하는 방법을 언어사연구에 응용함으로써 청년어법학파의 이론 모형과는 다른 새로운 모형을 만들어 언어의 통시적 연구에 활력을 불어넣었다. 구조분석법은 20세기 역사언어학의 새롭게 발전한 결과이며, 언어사연구에 중요한 공헌을 하였다.

8.1.2 구조분석법은 소쉬르의 언어이론을 토대로 한다. 소쉬르(1980:36)는 빠롤(parole)은 이질적(heterogeneous)이나 랑그(langue)는 동질적(homogeneous)인 체계로 보았다. 소위 '동질적'이라는 것은 언어부호의 기표와 기의가 모두 심리적인 것이며, 반면 생리, 물리, 사회방면의 요소들 모두는 빠롤의 범위에 속한다는 것이다. 그리고 랑그는 언어부호로 구성된 일종의 체계이며, 언어부호의 각 요소는 모두 "언어부호와 언어 중 기타 요소

와의 관계, 그리고 차이로 구성되고"(1980:164), "언어에는 차이만 있으며", "언어체계는 일련의 말소리 차이와 일련의 개념 차이가 결합된 것이다.(1980:167)" 그래서 랑그는 일종의 '순전한 가치의 체계(1980:167)'이다. 다시 말해서 언어체계는 공시적인 것이지 통시적인 것이 아니며 그 내부는 단일한 것으로 변이성(§13.1.1)이 없다.

이런 언어관은 청년어법학파와는 크게 다르다. 소쉬르의 언어관은 언어 구조의 체계성에 착안하여 각종 현상을 언어체계 안에 놓고 고찰해야 하고, 그것과 다른 현상간의 상호 관계에서 실질을 파악하려고 하였고 하나의 현상을 고립적으로 고찰하는 것에 반대하였다. 청년어법학파는 음변화 규칙의 절대성을 강조하긴 했지만 체계적 관념이 결여되어, 한 요소와 다른 요소와의 관계에서 음변화 규칙의 실질을 고찰할 수 없었기 때문에 구조주의 학파로부터 原子主義라고 비판받았다. 또한 청년어법학파의 최고 성과를 이룬 헤르만 파울(Hermann Paul, 1891)은 이미 집단적 언어습관(language custom)과 개인 언어라는 두 측면을 분리하였지만, 언어습관을 개인 언어의 평균치(average)로 간주하였을 뿐이다. 이런 구분은 소쉬르가 구분한 랑그(사회적)와 빠롤(개인적)에 영향을 끼쳤을 수도 있지만, 평균치는 체계와는 다른 것이므로 소쉬르의 학설은 언어체계 학설과 관련하여 줄곧 언어연구의 '혁명'으로 평가되었다. 구조주의학파는 이 '혁명'의 성과를 계승하였고 아울러 이 성과를 언어사 연구에 응용하여 언어변천 이론의 연구에 새로운 진전을 이루었다.

8.1.3 구조주의 언어학파는 언어를 연구함에 있어 언어의 단위를 우선적으로 확정하려 했다. 언어체계에서 음소(phoneme)와 형태소(morpheme)는 가장 기본이 되는 단위이다.

-eme(phoneme, morpheme, lexeme, tagmeme, theme…)은 언어학자가 구조분석법을 운용하여 찾아낸 언어단위이다. 언어를 분석할 때는 '素'(-eme)를 기본 단위로 삼기 때문에 먼저 분포원칙에 근거하여 각종 allo-

('異', 예로 allophone, allomorph…)를 -eme으로 귀납해내야 한다. 이런 공시적 분석의 원칙은 언어사의 연구에도 응용되어 구조주의 언어학자의 음변화에 대한 특수한 이해로 표현되었다. 즉, 음변화는 반드시 음소를 단위로 삼고, 음소 간의 관계에서만 변화가 생길 수 있다고 보았으며, 음운체계의 변화에 영향을 주어야만 음변화라고 여겼다. 야콥슨(1973:103)은 "각각의 변화(modification)는 모두 반드시 그것이 속한 체계의 기능으로 보아야 한다"는 정의를 역사 음운론(historical phonology)의 첫 번째 원칙으로 정하고, "언어체계에서 이것의 역할을 충분히 설명할 수 있어야만 음운체계의 변화(phonological change)로 간주할 수 있다"고 여겼다. 이러한 견해는 소쉬르의 이론과 비교해볼 때 진일보한 것이다. 소쉬르(1980:127)는 "'변화'는 절대로 체계 전체에서 일어나는 것이 아니고 단지 체계의 요소 중 어느 하나에서만 일어나므로, 체계 밖에서만 연구될 수 있다. 물론 모든 변화는 당연히 모든 체계에 대해 영향을 미칠 수 있다. 그러나 시초적 현상은 오히려 한 점에만 작용한다. 따라서 이 시초적 현상은 전체에 영향을 줄 수 있는 결과와는 어떤 내적 관계도 없다"고 인식하였다. 이런 면에서는 야콥슨의 의견이 옳은 것으로 변화와 체계가 무관하다고 볼 수는 없다. "체계 밖에서만 연구될 수 있다"에서부터 "각각의 변화는 모두 반드시 그것이 속한 체계의 기능으로 보아야 한다"로의 변화는 언어사 연구의 방법론에 있어 중대한 돌파구가 되었다.

음변화는 음소를 단위로 하므로 여러 변체적, 과도적인 변화들은 자연히 음변화의 영역 밖으로 배제된다. 따라서 구조주의학파의 많은 언어학자들은 음변화를 논할 때, change라는 단어보다는 mutation을 사용한다. 전자는 과도적인 변화를 포함하나, 후자는 "어떤 한 언어의 전체 음체계에 역사적으로 한 단계에서 다음 단계에로 영향을 미칠 수 있는"[1] 변천으로, 두 단어의 뜻은 다르다. 야콥슨(1978:105)이 이 점을 논할 때 강조하여 지적하

....

1 Hartman 等(1981:224) 참조.

기를 "우리가 mutation이라는 용어를 사용하는 것은 음체계의 변화가 비약적으로 발생하는 것임을 강조하기 위함이다"라고 했다. 그래서 어음적 변화(phonetic change)[2]는 음체계변화의 중간매개체(중개(vehicle))로 볼 수 있다. 그는 음변화의 이런 특징을 설명하기 위해서 러시아어 남부 방언에서 重音이 아닌 'o'와 'a'가 합류한 현상을 예로 들며, 이들이 합류하기 전에는 과도기적 단계가 존재했을 것이라고 생각하였다. 즉 o가 먼저 열린 o^a로 변한 후에 다시 a^o로 변하고 최후에 원순성분이 탈락하면서 a로 변한 것으로 본 것이다. 그러나 음체계의 관점에서 보면 여기에는 단지 두 단계가 있을 뿐이다. a와 대립되는 $o(o^a, a^o)$는 다시는 a와 대립하지 않는 o로 실현되었다. 즉 o와 a가 합류하여 하나의 음소가 된 것이다. 이 현상은 곧 중개성의 변화(o^a, a^o)는 음소의 변화와 무관하며, 비약적인 변화만이 음소를 소실시키거나 하나의 새로운 음소를 형성하게 하여 음체계에 어느 정도의 변화가 일어나도록 한다는 것을 보여주고 있는 것이다.

청년어법학파는 어음이 점진적으로 변한다고 여겼다. 그러나 구조주의 학파는 어음의 변화를 중개성의 변화와 비약성의 변화라는 두 유형으로 나누어 비약성의 돌변을 연구하는데 목표를 두었고 중개성의 점진적인 변화는 비약적 변화를 연구하는데 있어서 하나의 수단으로 삼았다. 구조주의 학파 후기 대표인물인 호켓(C. F. Hockett)의 말은 상당히 전형적이다. 그는 자신의 1958년 저서의 중역본 서문(1985:3)에서 "역사언어학에서 유일하게 수정해야할 부분은 어음변화(sound change)와 語音推移(sound shift)를 명확히 구분해야 한다는 것이다. 즉, 언어의 음소체계는 어음변화의 수단을 통해 의외의 새로운 구조를 구성할 수 있게 되는데, 이것이 바로 어음추이이다"라고 이야기했다. 어음추이와 mutation의 함의는 같으며 모두 비약적인 변화를 지칭한다. 그러나 현재는 '어음추이'라는 용어를 더 많이 사용한다.

----

2 역주-특정 언어의 역사적 음변화 안에서 음소를 구성하는 하나 혹은 그 이상의 변이음에는 변화가 있지만 그 언어의 음소체계에는 변화가 미치지 않는 것을 지칭.

8.1.4 어음체계는 어떻게 비약적으로 推移하는가? 구조분석법은 음체계의 구조는 돌변을 위한 활동의 무대를 제공한다고 보았기 때문에 음체계구조 내에서만 답안을 찾을 수 있었다.

8.2 음체계의 구조

8.2.1 언어구조의 체계성은 언어의 각 구조 층면에서 가장 선명하게 드러난다. 소쉬르와 그 이후에 출현한 구조주의언어학의 언어이론에 의하면 언어에서 집합관계와 결합관계가 언어의 체계를 구성한다는 것이다. 언어체계의 최소 단위는 음소이며, 이 음소는 한 묶음의 변별적 자질로 구성된다. 모종의 공통된 변별적 자질을 가진 음소는 하나의 집합을 이룬다. 예를 들어 북경어의 /p/ /p'/ /m/은 '쌍순'집합군을 구성한다.[3] 집합군은 음체계 구조의 기초이다. 집합군에서 각 단위는 서로 대립관계에 놓이며 각 단위의 가치는 주로 그것과 다른 단위와의 관계에 의해 결정된다. 음소와 음소의 결합은 음소의 결합 관계를 구성한다. 음소가 결합하여 이루는 최소구조는 음절이다. 음절에서 음소 간의 결합은 피차간의 상호 작용에 의해 그 안에서의 어떤 음가를 변화시킬 수 있는데, 이로 인해 음소대립의 中和 (neutralization)와 변이음이 출현하게 된다. 이러한 것들은 모두 어음 변이에 구체적 조건을 제공해 줄 수 있을 것이다.

어음체계는 어휘체계나 의미체계와는 달리 폐쇄적이며, 이러한 폐쇄성은 어음체계의 중요한 특징으로 작용한다. 이것은 다음과 같이 나타난다. 즉 체계를 구성하는 음소는 제한되어 있어서 한 언어는 보통 몇 십 개의 음소를 가질 뿐이다. 따라서 음소들의 결합과 음소가 결합하여 이루는 최소구조인 음절의 구조 역시 제한적일 수밖에 없다. 이들 제한적인 음소는 또 공통된 변별적 자질에 근거하여 각종 집합군으로 귀납함으로써 집합군

---

3 음체계의 관점으로 볼 때, /f/도 이 집합군에 속한다. 여기서는 간단히 분석하였으므로 /f/를 잠시 제외시켰다.

내의 각 음소 간의 상호관계와 집합군 간의 상호관계를 연구하고 어음구조의 규칙성을 보여주기가 쉽다. 이러한 폐쇄적인 체계 안에서의 연구는 비교적 쉽게 성과를 얻을 수 있다. 반면에 어휘와 의미는 모두 개방적 체계이기 때문에 연구하기가 상당히 곤란하다.

어음체계의 또 다른 특징은 구조의 대칭성이다. 하나의 음소는 다양한 변별적 자질을 가지고 있어 동시에 다른 몇 개의 집합군에 포함될 수 있다. 예를 들어 북경어 /p/음소는 부위 상으로는 '순음'의 /p p' m/에 속하지만 발음 방법상으로는 '-유기(무기)'파열음 집합인 /p t k/에 속한다.

$$
\begin{array}{ccc}
p & t & k \\
p' & o & o \\
m & o & o
\end{array}
$$

세로는 '쌍순'의 집합이고, 가로는 (-유기) '파열음'의 집합으로 /p/는 두 집합(발음 부위와 발음 방법)의 교집합인 셈이다. 이 집합군의 음소들은 구조상 대칭적인 특징을 갖는다. /p/의 '쌍순'집합군은 유기 파열음 /p'/, 비음/m/와 이미 대립하고 있으므로, /t/ 와 /k/ 두 음소도 반드시 이에 상응하는 유기 파열음/t'/ /k'/와 비음/n/ /ŋ/이 대립적으로 존재하여 상호간에 평행적이고 대칭적인 계열이 드러나게 된다. 이에 따라 위 표의 'o'자리는 바로 /t'/ /n/ 과 /k'/ /ŋ/으로 채울 수 있다.

$$
\begin{array}{ccc}
p & t & k \\
p' & t' & k' \\
m & n & ŋ
\end{array}
$$

가로와 세로는 각각 평행과 대칭을 이룬다. 집합군 간에 평행과 대칭을 이루는 특징은 음소구조가 체계를 이룬다는 것을 보여주는 것이다. 우리가 집합군에서 어떤 음소의 특징을 알고 있다면, 그것이 속한 동일 집합군의 기타 음소의 특징도 이로 인해 짐작할 수 있다. 만약 이 대립-대칭의 구조 중에 한 요소가 부족하게 된다면(예: 북경어 성모체계에서의 /ŋ/의 부재), 구조에 공란(slot)이 생긴 것으로 음변화가 일어날 수 있는 하나의 창구가 될 수 있다(§10.2).

8.2.2 雙向집합은 음운체계의 주류를 이루므로, 평행과 대칭 역시 음운 체계의 중요한 특징이 된다. 그러나 음운체계 내의 일부 음소는 동일 부위 의 음소집합에 속할 뿐 발음방법상으로 어느 집합에도 속하지 않는 경우가 있는데, 이런 음소는 單向집합만을 가지고 있다고 설명할 수 있다. 북경어 의 폐쇄마찰음과 마찰음의 계열을 살펴보자.

ts	tsʻ	s	
tʂ	tʂʻ	ʂ	ʐ
tɕ	tɕʻ	ɕ	

/ʐ/는 발음방법상 같은 계열의 음소가 없고 유사한 /l/이 있을 뿐이다. 음운체계에서 이 음소의 위치는 많은 사람들의 흥미와 토론을 유발시켰다. 어떤 이는 /ʐ/음소를 /ʂ/의 유성음으로 생각하는데, 이는 북경어 음운체계 에는 단 한 쌍의 유무성 대립만이 있다는 것으로, 실제 음운체계와 조화를 이루지 못한다. 또 어떤 이는 이 음을 마찰성분이 비교적 약한 반모음/ɹ/으 로 보기도 한다. 이처럼 분석의 방법에 대해서는 의견이 분분하다. 한어병 음방안에서 /ɹ/음을 兒化韻의 '兒尾'(모음의 권설작용)와 합하여 하나의 음 소로 삼은 것 또한 하나의 방법으로 간주할 수 있겠다.

8.2.3 모음체계의 구조도 쌍향대립과 단향대립으로 나눌 수 있는데, 이는 다음에 관련 있는 부분에서 다시 분석해 보자.

쌍향집합과 단향집합의 구분은 음운의 체계성을 분석하고 어음의 변천을 설명하는데 편리하다. 일반적으로 쌍향집합 중의 음소가 변화할 때는 동일집합 내의 다른 음소의 변화를 이끌어내며 정체성과 체계성의 특징을 갖지만, 단향집합 중의 음소의 변천은 보통 다른 음소에까지 영향을 끼치지 못하며 개별적인 특징만을 갖는다.

8.3 쌍향대립과 음운변화의 체계성

8.3.1 쌍향대립 중의 음소는 어떤 변별적 자질 혹은 음소의 결합관계에 변화가 생기면 종종 집합 내의 모든 음소에 영향을 미칠 수 있어, 음변화가 계열적 특징을 갖게 한다. 중고 중국어의 유성자음의 무성음화가 중국어 북방방언에 반영된 사실이 아마도 전형적인 예가 될 것이다. 비교 재구에 근거한 중고음의 성모 계열은 대체로 다음과 같다.

```
p    p'    b    m
t    t'    d    n                    l
ʈ    ʈ'    ɖ
ts   ts'   dz         s    z
tʂ   tʂ'   dʐ         ʂ    ʐ
tɕ   tɕ'   dʑ    ɲ    ɕ    ʑ
k    k'    g     ŋ    x    ɣ
ʔ

o
```

네모 안의 음소는 모두 유성자음인데 언어가 변화하면서 '유성음'이란 변별적 자질의 소실로 인해 '유성음'으로써 구별되던 음소가 북방방언 지역 내에선 해당하는 무성음으로 변했다. 즉, 유성마찰음은 해당하는 무성마찰음으로 합쳐졌고 유성파열음과 유성파찰음은 성조의 平仄에 따라 해당하는 유기 혹은 무기무성음으로 합쳐졌다.

b	仄	p	步 部 備 抱
	平	p'	蒲 菩 派 皮
d	仄	t	杜 道 豆 但
	平	t'	徒 道 頭 談
g	仄	k	共 柜
	平	k'	狂 逵

유성자음 음소의 변화는 음소의 소실과 분화로 나타났다. 반대로 무성자음 음소의 변화는 음소의 합류로 표현되었다. 이처럼 유성음이라는 변별적 자질의 소실로 인해 생산된 음소의 분화와 합류는 계열을 이루었으며, 이들은 중국어 어음체계에 큰 변동을 일으켰다. 요컨대 세 계열이었던 자음체계의 대립관계가 두 계열로 변한 것이다. 따라서 유성음과 무성음의 상관관계(correlation)는 소실되었고, 유기와 무기의 상관관계만 남게 되었다.

8.3.2 쌍향집합에서 음운변화의 체계성은 또 음소의 결합 관계에서도 드러난다.

동일 집합에서 음소는 어음체계의 체계성, 폐쇄성, 대칭성에 근거하여 같은 결합관계를 갖는다. 예를 들어 북경어의 파열음과 파찰음은 '－유기(무기)'와 '＋유기' 두 집합에 나누어 속한다. 운모는 대략적으로 양성운(운미가 -n, -ŋ인 음절)과 음성운의 두 종류로 나뉜다. 무기와 유기 두 집합에서 음소와 양성운의 결합관계(결합할 수 있는 것은 한 글자를 대표로 예를 들고, 결합할 수 없는 것은 '○'를 그려 넣었다)는 다음과 같다.[4]

무기		유기	
陰平	陽平	陰平	陽平
般	○	潽	盆
奔	○	噴	盆
邊	○	篇	便
賓	○	拼	貧
單	○	灘	檀
顚	○	天	田
當	○	湯	堂
登	○	熥	騰
丁	○	聽	亭
端	○	湍	團
敦	○	吞	屯
光	○	筐	狂
堅	○	牽	虔
今	○	欽	琴
精	○	淸	晴
將	○	槍	墻
瞻	○	攙	蟾
眞	○	嗔	陣
張	○	昌	長
征	○	稱	程
中	○	冲	蟲
尊	○	村	存
宗	○	葱	從

　　모든 '−유기(무기)' 집합군의 음소에는 양평자가 없고 '＋유기' 집합군의 음소에만 양평자가 있다. 동일 집합군의 음소는 결합관계에서도 공통된 특징을 갖추고 있음을 볼 수 있다.

4　丁聲樹(1952)에서 예를 인용함.

8.3.3 이상의 분석은 모두 북경어 어음체계의 공시적 구조규칙이다. 그러나 이러한 공시적 구조규칙은 갑자기 생겨난 것이 아니라 어음변화의 결과로서, 쌍향대립하는 음소의 변화과정 속에서 갖게 되는 계열적 특성을 구체적으로 잘 보여주고 있다. 이미 §8.3.1에서 말했듯이 '유성음'이라는 변별적 자질의 소실로 인해 중고 시기의 유성음은 모두 상응하는 무성음으로 바뀌었고, 그 중의 유성 파열음과 유성 파찰음이 성조의 平仄에 따라 유기와 무기로 나누어졌다. 양성운 평성자의 유성 파열음과 유성 파찰음은 그 성조가 平이지 仄이 아니기 때문에 오늘날 북경어에서는 모두 유기음으로 변하였다. 따라서 무기음인 음소와 양성운이 결합할 때는 양평자가 있을 수가 없다. 음성운의 상황은 양성운과 달라서 북경어의 무기음인 음소에는 양평자가 있다. 이는 성조의 변화규칙인 '入派三聲'의 결과 때문이다.

무기		유기	
陰平	陽平	陰平	陽平
巴	拔	趴	爬
逋	醭	鋪	蒲
掰	白	拍	牌
包	薄	抛	袍
低	笛	梯	題
都	讀	禿	圖
多	奪	拖	駝
歌	格	科	咳
基	極	欺	期
居	局	區	渠
焦	嚼	愀	樵
知	直	痴	遲
渣	煠	叉	茶, 察
齋	宅	釵	柴
周	軸	抽	稠
遭	鑿	操	曹

무기음 음소에서의 양평자를 자세히 살펴보면 모두 입성자에서 왔다는 것을 알 수 있는데, 이는 입성의 성조가 仄聲이기 때문이다. 따라서 '入派三聲' 때에 지금의 북경어 대다수가 무기음으로 바뀌었고 소수의 몇 글자만이 유기 성모(僕, 察, 噘, 棄)로 유입되었다. 이렇듯 규칙적인 형식을 가지고 음변화의 계열적 특성을 설명할 수 있다. 북경어에는 고대 평성에서 온 양평자에는 무기 성모가 없고 단지 고대 입성에서 온 양평자에만 무기 성모가 있다.[5]

8.3.4 어음 변천의 계열적 특성은 우리가 내적 재구의 방법을 운용하여 규칙적인 원시구조를 다시 재건하고, 언어의 변천 규칙을 찾는데 필요한 언어이론의 기초를 제공해 준다.

8.4 단항대립과 음운변천의 특수성

8.4.1 단항대립인 음소의 변화는 일반적으로 다른 음소에 영향을 미치지 못하기 때문에 계열적 특성이 부족하다. 프랑스어의 小舌顫音/R/은 몇몇 지방에서는 舌尖顫音/r/로 변하였지만 다른 음소는 이로 인해 영향을 받지 않았다. 이런 유형의 음소는 보통 두 가지 방향으로 변천한다. 첫 번째 경우는 자기의 변별적 자질을 잃고 다른 음소에 합류하는 것이다. 따라서 단항대립인 음소는 그 위치를 잃어버리거나 바꾸게 된다. 또 다른 경우는 다른 음운계열로 하여금 함께 짝을 이룰 새로운 음운을 만들게 하여 음체계에 새로운 쌍항대립 구조를 출현하게 하는 것이다. 결국 어느 방향으로 변하느냐는 대체로 그 당시에 작용하는 음변화의 역량에 의해 결정된다.

8.4.2 단항대립이 특수한 변천을 한 예로는 중국어의 日母가 전형적이

5　丁聲樹(1952:15~17) 참조.

다. 고대에 日母의 음가는 무엇이었을까? 이는 언어학자에게는 커다란 고민거리였다. 칼그렌(1948:338)은 "고대 중국어의 성모체계를 재구할 때 日母는 가장 위험한 암초 중 하나이다"라고 했으며, 현대방언에서 표현되는 형식도 대단히 복잡하기 때문에 "근대의 모든 日母字의 음과 연계시킬 수 있는 하나의 음을 찾아내기 어렵다"고 여겼다. 陸志韋(1946)는 이 성모의 특수성을 감안하여 그 음을 'ʑ'로 재구하였다. 이 음은 "ş의 유성음인 ʐ도 아니고 ɕ의 무성음인 ʑ도 아니므로 ' ' 안에 표시하였으며, 그 성질은 '軟音'(mouille)과 '硬音'(dur) 사이에 있어 비교적 ʐ음에 가깝다"고 했다. §8.3.1의 성모표에서 日母를 n̠라고 하고 쌍향대립에 놓인 음소처럼 보았으나, 언어가 변천한 상황으로 볼 때 이 음은 변천방식이 동일한 집합에서 다른 음소와는 다르기 때문에 진정한 n̠으로 볼 수는 없다. 예로 북방 방언에서 日母의 변천은 매우 특이한데, 우선 武漢과 濟南 두 곳의 日母字 어음형식을 비교해보자.

	繞	染	人	日	乳	軟	絨	(銳)
武漢	ᶜnau	ᶜnan	₍nən	₍m̩	ᶜy	ᶜyɛn	₍ion	ɹuei°
濟南	ᶜʐau	ᶜʐæ̃	₍ʐ̩	ʐ̩°	ᶜlu	ᶜluæ̃	₍luŋ	luei°

武漢에서 日母는 이미 독립성을 상실했다. 개구운 앞에서는 泥母(n-)와 합류했고, 다른 상황에서는 대개 零聲母이다. '銳'는 以母의 글자인데, 武漢에서의, ɹ성모는 以母의 글자가 변천하면서 日母로 합류하는 과정에서 남긴 흔적으로 볼 수 있다. 濟南語는 武漢語처럼 그렇게 철저하지 않아서 日母는 합구운 앞에서만 l로 변하여 來母와 합류하였다. 그러나 음의 특수한 변천과정은 이미 시작되었다. 北京과 太原 등지에서의 상황은 武漢語와는 완전히 달라, 음체계에서 日母의 지위는 확고부동하고 도리어 순음계열에서 새로운 음소 v를 만들어서 日母와 같이 하나의 유성 마찰음집합을 구성한다. 북경대 중문과 중국어 전공자들의 조사에 따르면 북경어에서 합

구호 영성모인 음절은 wu(wu, wo)와 wen(wen, wan, wa, wai, wei, wang)의 두 부류로 나뉜다. 실제 언어생활에서 발음되는 것을 보면, wu 부류는 주로 영성모이나 wen부류는 대다수의 사람들이 마찰성분이 약한 성모 v를 발음한다.[6] 錢玄同(1927)은 이 점에 유의하여서 말하길 "万(v)에 관한 한 북경음에는 해당하는 음이 없다고 할 수 있다. 합구의 여러 운모를 단독으로 쓸 때, 시작의 w는 대부분 v(그러나 여기서의 v는 영국, 프랑스의 v에 비교하면 힘이 적게 들고 유기도 비교적 약하다)로 변한다. 예를 들어 '蛙, 爲, 穩, 望'은 va, vei, ven, vang로 읽지 wa, wei, wen, wang으로는 읽지 않는다. 단지 '烏' '我'는 변하지 않아 여전히 wu, woo로 읽고 vu, voo로 읽지는 않는다"고 했다. 왜 새롭게 생겨난 성모 v의 마찰성분은 약한 것일까? 이는 v가 ʐ의 구조적 필요에 의해 생겨났기 때문이다. ʐ자체의 마찰성분은 비교적 약해서 유성 마찰음인가의 여부를 두고 학계에선 끊임없는 논쟁(§8.2.2)을 벌여왔다. ʐ는 유성 마찰음 계통인 새로운 음소 v와 짝을 이루게 되므로 마찰 성분은 자연히 ʐ보다 강할 수가 없다. 山西省 太原 등지의 日母字는 z로 읽히며 마찰 성분도 매우 강하기 때문에 합구호 영성모가 만들어낸 새로운 음소 v- 역시 강한 마찰 성분을 갖는다. 이는 언어구조에 있어 체계적인 특징을 잘 보여주는 예라 할 수 있다.

日母의 변천과정상의 이러한 특징은 단향대립인 음소가 변천과정에서 드러내는 특수성을 비교적 선명하게 설명해 주고 있다고 하겠다.

8.4.3 북경어의 모음 체계는 일반적으로 다음과 같다.

---

6 沈炯(1987) 참조.

이 체계에서 /y/는 '원순'의 특징을 지니지만 다른 음소와 구별되기 때문에 단항대립의 집합에 속한다. 정상적으로는 이 음소는 쉽게 변화해야 하나 실제로는 상당히 안정되어 있는데, 이는 아마도 음소의 결합관계와 연관이 있는 것 같다. 開, 齊, 合, 撮은 중국어가 음소의 결합을 통해 음절을 만드는 구조적인 모형이다. 구조적인 모형은 음소의 변화를 제약하여 되도록 그 모형을 유지하게끔 할 수 있다. /y/음소의 상대적인 안정성은 바로 /y/음소가 촬구운을 대표하면서 동시에 이런 모형을 유지하려는 요구에 부합하기 때문이다.[7] 이는 영어의 /θ/와 /ð/의 대립과 유사하다 할 수 있다. 영어의 /θ/와 /ð/의 대립의 기능은 매우 약해져서 이들(/θ/와 /ð/)에 의하여 단어 형태가 구분될 수 있는 어휘는 몇 되지 않아 음체계에서 거의 존재하지 않는다. 그러나 이 두 음소는 유성음과 무성음이라는 상관계열 중한 쌍의 구성원으로서 각자 쌍향대립 집합에 속하기 때문에 결합의 체계성은 이 두 음소에 안정적인 대립을 유지하게 하며 쉽게 변화가 일어나지 않게 한다.

이런 삼각 모형도(configuration)의 모음체계에서 /a/는 단항대립인 듯하나, 전/후의 대립이 /a/ 중간에서 합쳐져 하나가 되기 때문에 실제로는 감춰진 쌍향대립이라 할 수 있다. 이는 위에서 설명한 /z/ 혹은 /y/의 음소지위와 크게 구별된다. 그래서 삼각형의 모음체계 내에서 /a/는 영어(§9.2.3)처럼 전설모음으로 변할 수 있고, 寧波방언(麻韻의 *a가 높아져 o가 되었다. §9.2.5)처럼 후설모음으로 변할 수도 있다. 이러한 것들은 단지 서로 다른 상황에 근거하여 분석할 수 있을 뿐이다.

8.4.4 단항대립의 음소가 만약 모종의 강력한 힘을 가진 변화의 흐름을 탄다면 원래의 음운체계의 영향을 받지 않을 뿐 아니라, 원래 체계의 구조도 개조할 수 있어, 유관한 계열에 새로운 음소를 증가시키기도 하여 새로

---

7 일부 원순 후설모음 앞에서 그것이 비원순모음으로 되는 경향이 있는 듯하다. 예를 들면, '君'은 일부 사람들은 [tɕioŋ]로 읽는다.

운 雙向대립을 형성하기도 한다. 滿洲語는 중국어의 영향을 받으며 발전하여 새롭게 雙向대립을 형성한 전형적인 예를 보여주고 있다.[8]

만주문자는 몽골문자를 개량한 것으로 "몽골문자로 만주어음을 나타낸다. 연속하면 句를 이룬다. 따라서 文으로써 뜻을 드러낸다(≪淸史稿·達海傳≫)"는 원칙에 의해 제정되어, 파스파 문자의 영향을 비교적 크게 받았다. 그러나 만주어 자체의 특징에 대한 고려는 불충분하였기 때문에 일부 만주어는 명확하게 표시할 수 없었다. 즉, "열 두 개의 문자는 구별이 없어 上下字가 상동하다. 어릴 적에 배우면 널리 쓰는 말은 여전히 쉽게 통달하지만 사람의 성명, 산천, 토지는 文意를 찾을 수 없어, 대체로 착오가 있다." 그래서 淸 太宗은 達海에게 "참작하여 방점을 찍어라"고 명하여 만주어를 정확하게 서사하는데 유리하게 하였다. 만주어는 후에 몽골어와의 관계가 점점 멀어지고, 중국어와 점차 가까워졌으며, 이 과정에서 문자의 서사형식에서도 중국어와의 관계를 더 고려하게 되었다. "또한 國書와 한자의 대음으로 부족한 점을 보완하였다. 達海가 일컫기를 '예부터 있어온 열두 개 문자를 正字로 삼고 새로이 보완한 것을 外字로 삼아도 여전히 모두 조화를 못 이루는 것 같아 두 자를 合音해서 한 글자로 만드니 漢文번역이 비교적 정확하고 적절해졌습니다'라 하였다. 이로써 國書는 비로소 완비되었다." 이런 '비로소 완비된 국서'로 된 淸代의 만주어 재료를 근거하면 만주어의 자음 체계는 다음과 같다.

---

8 만주어 자료는 주를 달아서 출처를 밝힌 것 이외에는 모두 당시 연구생이었던 趙杰의 졸업논문 〈漢語對滿語的影響和滿語的連鎖式演變〉에서 모두 인용하였다. 이 논문의 연구 성과는 대부분 그의 저서인 ≪現代滿語硏究≫(民族文化出版社, 1989)에 있다.

p p' m f v

t t' n l r

k k' ŋ x

tʂ(tɕ) tʂ'(tɕ') s(ɕ)

ʂ

j

모두 19개의 자음 음소로 이중 /v/, /l/, /s/, /j/는 모두 단향대립 집합에 속하여, 가지런하지 않고 비대칭적인 특징을 보여준다. 그러나 삼백년 동안 만주어는 중국어의 영향으로 크게 변화하였다. 단향대립의 음소는 거의 모두가 중국어의 영향을 받아, 만주어 음체계의 기초를 바꾸었고, 새로운 계열의 음소의 대립을 형성하여, 원래 단향대립이던 음소를 쌍향대립으로 변하게 하였고, 가지런하지 않고 비대칭이던 음체계의 구조를 가지런한 중국어의 북방 방언의 음체계에 가까운 새로운 음체계가 되게 하였다.

먼저 하나의 새로운 자모를 만들어 음소 /ʐ/만을 표기하도록 하여 중국어의 차용어를 옮겨 썼다. 예로 ʐəpən(日本), ʐənɔ(熱鬧, 戲)가 있다. 중국어 차용어는 만주어에서는 중요한 지위를 차지하므로 일상생활에서 자주 운용해야 했다. 그래서 /ʐ/역시 점차 만주어의 음체계에 침투하게 되었고, 이러자 /v/는 단향집합의 음소에 더 이상 속하지 않게 되었다.

둘째, /tʂ tʂ' s/는 /i/와 같이 결합할 때(/s/뒤의 /i/는 나중에 생겼다. 그래서 tʂ tʂ'와 배열하지 않았다) 청대의 만주어는 단어의 첫 음절에서 구개음화된 [tɕ tɕ' ɕ]로 읽혔지만 단어 중간이나 끝에 있는 /tʂ tʂ' s/는 변하지 않고 여전히 [tʂ tʂ' s]로 읽혔다. 그러나 청대 말기와 현대의 만주어에서는 /i/앞의 /tʂ tʂ' s/는 어떤 위치에 놓이든지 모두 [tɕ tɕ' ɕ]로 읽힌다. 黑龍江의 만주어 방언을 보자.

단어의 처음	단어의 중간	단어의 끝
/tʂ/ : tʂixa〉tɕixa(돈)	atʂkə〉ɛtɕkə(작다)	jamtʂi〉jamtɕi(저녁)
/tʂʻ/ : tʂʻixə〉tɕʻiɣə(이)	tʻatʂʻikʻu〉tʻatɕʻikʻu(학교)	tʂʻaitʂʻi〉tɕietɕʻi(두 번째)
/s/ : siŋli〉ɕiŋli(짐)	usin〉uɕin(밭)

이 상황은 변이음[tɕ tɕʻ ɕ]를 독립된 음소로 등극시킨 결정적인 한 걸음을 내디뎠음을 보여주는 것이다. 동시에 tɕiou(就), tɕʻiau(橋), ɕiaŋ(香) 등과 같이 대량의 [tɕ tɕʻ ɕ]로 중국어 차용어의 성모를 묘사하였는데, 이것 역시 [tɕ tɕʻ ɕ]가 독립적인 음소로 전환하는데 촉진제 역할을 한 것이다. 이렇게 하여 변이음 [tɕ tɕʻ ɕ]은 독립된 음소로 그 지위가 상승된 것이다. 물론 [tɕ tɕʻ ɕ]가 고모음인 /i/앞에서만 출현하기 때문에 이론적으로는 이들을 음소 /tʂ tʂʻ ʂ/의 조건 변체로 볼 수도 있다. 그렇지만 상보적 분포가 반드시 음운을 결정하는 유일한 조건은 아니다. 중국어의 /tɕ tɕʻ ɕ/와 /tʂ tʂʻ ʂ/ 혹은 /ts tsʻ s/ 역시 모두 상보적 관계를 갖지만 이들을 두 가지 변이음으로 보지는 않기 때문에 만주어의 /tɕ tɕʻ ɕ/는 마땅히 하나의 독립된 음소로 보아야한다.

셋째, /s/는 청대 만주어의 마찰음으로 /tʂ tʂʻ/와 짝을 이루나, /ʂ/는 오히려 다른 계열로 간주되었다. 이는 아마도 /ʂ/뒤에 바로 /i/음운이 없었기 때문일 것이다. /s/는 단어 첫머리의 /i/앞에서 역시 구개음화된 [ɕ]로 읽혔는데 변화의 원칙은 /tʂ tʂʻ/의 경우와 같다. 이런 공통적인 변화를 제쳐두더라도, /s/는 실제로 단향대립에 속하는 음소였음을 어렵지 않게 발견할 수 있고 이것을 기점으로 /s/의 변천을 분석할 수가 있다.

만주어는 중국어의 영향 하에 변화한 것이다. 중국어의 파찰음, 마찰음의 음소는 세 조로 나뉜다.

tʂ	tʂʻ	ʂ
tɕ	tɕʻ	ɕ
ts	tsʻ	s

　이 세 조의 음소 구조는 평행적이고 대칭적이며, 이러한 구조의 틀은 만주어의 단향대립음소 /s/를 기초로 한 /ts tsʻ s/의 음소 계열을 변화시키는데 유리하게 작용했다. 이외에 만주어 자체에도 /ts tsʻ s/라는 음소 계열이 나타나게 한 구조적 기초를 가지고 있었다. 우선 /tɕ tɕʻ ɕ/는 이미 독립 음소 계열로 상승되었고, 이로써 /s/를 음체계의 구조에서 더욱 고립되게 하였는데, 이는 /s/가 변화하는데 유리하였다. 다음으로 더욱 중요한 것은 /s/자체가 /ts tsʻ s/로 분화하는 기초가 되었다는 점이다. 李德啓(1931)가 소개한 바에 따르면 청대 초기 만주어에서는 [s]와 [z]는 구분이 없어, 하나의 자모로만 표기했다고 한다. 그러나 [z]는 중국어의 [ts]와 유사하였으므로 만주어에서는 '罪'[sui], '蝎子'[xiyese] 등의 예에서와 같이 /s/로 중국어 차용어의 /ts/를 전사하였다. 중국어의 만주어에 대한 영향이 커짐에 따라 중국어를 사용하는 사람들이 갈수록 많아지게 되자 [s]와 [ts]가 다르다는 사실을 인식하게 되었고, 따라서 [ts]를 나타내는 새로운 자모를 따로 만들어 중국어 차용어를 전사하게 되었다. 이렇듯 중국어 차용어의 영향으로 만주어의 /s/는 점점 분화하여 /s/와 /ts/로 나누어졌고, 이로써 대체 현상이 나타나게 되었다. 예를 보자.

pʻutsɿ(가게)로써 pʻusəli를 대체
mɛtsɿ(보리)로써 maisə를 대체
lytsɿ(나귀)로써 liusə를 대체

　/s/의 변화에는 또한 체계 내부적 원인이 있는 듯한데, 이는 아마도 /ʂ/의 변화와 관련이 있는 것 같다. 본래 청대에 만주어의 /ʂ/뒤에는 /i/가 없었기

때문에 /s/는 /tʂ tʂʻ/와 짝이 될 수밖에 없었다. 그러나 언어가 변화하면서 /ʂ/뒤의 모음도 고모음화하여 /i/가 되었다. ʂanjan〉ɕiɛnŋin(희다)가 바로 그 예이다. 따라서 /ʂ/에도 /tʂ tʂʻ/와 마찬가지로 변화가 발생하여 /ɕ/로 변하였고, /s/에 대해서는 '밀어내는' 압력을 가하여 /i/앞의 /ɕ〈s/를 다른 방향으로 바뀌게 함으로써 그 자리를 대신하게 하였다. 이처럼 /s/에서 온 /ɕ/는 일부 상용되는 단어(예로 '你'[ɕi〈si] 등)를 제외하고 대부분 /ts/(모음 역시 상응하는 변화가 생김)로 변하였다. 예를 들면 다음과 같다.

uɕin〉utsʅn(논밭)	toɕimpi〉totsʅm(들어가다)
kuɕin〉kuotsʅn(삼십)	aiɕilampi〉ɛtsʅlmi (돕다)
aiɕin〉ɛtsʅn(금)	……

/ts/와 /s/가 생기자, /tsʻ/은 집합의 공란(slot)이 되어, 더욱 쉽게 중국어의 영향을 받아들이게 되었다. 예를 들면, 중국어의 paitsʻɛ(배추), tsʻun(촌寸), xuo tsʻai(성냥), tsʻopʻatsʅ(풀벌레) 등의 차용어가 만주어로 침투한 후에 /tsʻ/ 음소의 운용 범위는 점차 확대되어, /tsʻ/음소의 발생에 유리하게 작용했다. 이와 같은 배경 하에 만주어의 고유어에 있던 몇몇 /s/조차도 /tsʻ/로 바뀌었다.

mursa〉mŏltsʻa(무)	sətʂən〉tsʻʅtsən(수레)
saman〉tsʻamən(샤만)	sapkʻa〉tsʻapkʻə (젓가락)

이렇게 새로운 음소 계열의 /ts tsʻ s/가 형성된 것이다.

tsʻol(토적) ≠ sol(수염)
tsɛ(다시) ≠ tsʻɛ(선택의문식)

즉, 원래 단향대립이었던 음소 /s/가 현재 쌍향대립으로 변하게 된 것이다.

넷째, 만주어는 원래 교착어로서 거기에는 모음조화가 있었다. 그러나 중국어의 영향으로 이러한 모음조화는 파괴되었는데, 단어의 모음이 먼저 영향을 받아 일부 위치의 /o/ /a/ /ə/가 /u/로 변하였고, 그 다음 이후 /u/앞의 자음 /f/ /p/ /x/등이 동화작용에 의해 반모음 /w/로 변하였다.

oforo〈owul(ə)(코)	tʂuxə〉tʂuwuo(얼음)
təpərən〈təwulə(자식)	səfu〉tsʻowuo(師傅)
foxolon〈fəwulo(짧다)	xatufun〉xatouwuo(낫)
tʂafampi〈tʂawumi(잡다)	intaxuun〉intawuo(개)

(오른쪽의 네 개 단어의 'uo'는 중국어의 영향으로 생긴 복모음이다.) 이러한 자음 체계에 반모음 음소 /w/가 생겼고, 원래의 반모음 음소 /j/와 짝을 이루게 되었다.

이외에 /r/ /l/는 원래 두 개의 독립된 음소였다. /r/는 단어 중간 혹은 단어 끝에서 출현하며, 현재 단어 중간에 있는 /r/는 대다수 /l/로 읽히고 있다. 예를 들면 다음과 같다.

tara〈talə(허리)	tərə〉təl(ə)(얼굴)
mərə〈məl(ə)(메밀)	sərə〉sul(ə)(총명하다)

어떤 상황에서 /r/ /l/는 자유변이음이 될 수도 있다. 예를 들면 다음과 같다.

ərə~ələ(이것)	tʻɛrmi~tʻɛlmi(씨를 뿌리다)

이런 변화 또한 만주어로 하여금 중국어에 한층 더 가깝게 하였다.

총괄적으로 만주어는 중국어의 영향으로 전체 어음체계에 한 차례의 큰 변화(모음체계 역시 유사한 변화가 발생했다)가 생겨 원래의 단항대립의 음소가 쌍항대립으로 (/r/ /l/ 제외) 바뀌었고, 원래의 비대칭의 구조도 대칭의 구조로 변한 것이다.

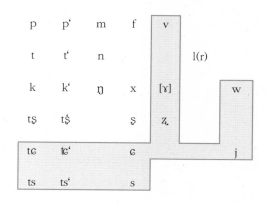

네모 안에 있는 음소는 모두 중국어 영향으로 새로이 형성된 쌍항대립의 음소 계열이다. 이런 조정을 거쳐 만주어의 자음 체계와 중국어의 북방어의 어음 체계는 상당히 비슷해졌다. 그 중에서 [ɣ]는 현재 아직도 하나의 변이음이지만, 시간의 추이에 따라 이 역시도 독립된 음소의 지위를 차지할 수 있을 것이다.

8.4.5 만주어의 예는 단항대립에 있던 음소가 일정한 조건에 놓이면 쌍항대립으로 전환되고 음체계의 구조는 이 체계의 범위 내에서 개조될 수 있음을 생동적으로 설명해준 것이다. 이런 광범위하고 심도있는 변화는 일반적으로 외국어의 강력한 영향과 거주민 사이에 보편적으로 나타나는 양층언어(diglossia) 현상과도 밀접한 관계가 있다. 단지 본 언어의 자발적인 변천에만 의거한다면 아마도 위와 같은 변화를 일으키는 힘은 부족했을 것이다. 만주족이 중국 관내로 들어온 이후 중국어를 사용하는 사람들이

나날이 늘어나게 되자, 만주어의 語氣, 句法에서 중국어의 영향이 나날이 확대되었고, 이런 상황에서 만주어의 교착어적인 구조 유형이 해체되어, 길었던 음절 구조도 간단해지고, 고정강세가 자유강세로 변하였으며, 모음 조화도 해체되었다.[9] 이런 기타 등등의 변화 속에 만주어 음체계의 개혁은 큰 변동 속에서의 작은 삽입곡에 불과하다. 이렇듯 언어변화의 이러한 총체적인 배경과 연계해야만 비로소 어음 변화의 원인과 결과를 효과적으로 이해할 수 있는 것이다.

단향대립의 음소가 일정한 조건에서 쌍향대립으로 전환할 수 있는 이상, 쌍향대립의 음소도 몇몇 조건에서 자연스럽게 단향대립으로 전환될 수 있다. §5.4.3에서 분석한 宋代 河南 일대의 중국어 방언에는 단지 -p를 운미로 하는 입성운만 있었다. 이것은 하나의 음소가 쌍향대립에서 단향대립으로 전환된 일례가 된다. 음소의 결합과 연계하여 음소의 단향대립과 쌍향대립의 상호 전환을 탐색하는 것은 음체계 변천을 연구하는 중요한 과정이라 할 수 있다.

8.5 발음기관의 발음능력 불평형과 음체계 중의 비대칭구조

8.5.1 음체계 중의 단향대립과 쌍향대립이 상호 전환이 가능하다는 사실로 인해 마치 이상적이고 대칭적이며 내부 조화가 잘 이루어진 음체계를 건립할 수 있을 듯 해 보인다. 하지만 실제 상황은 그렇지 않다. 음체계에는 언제나 일부 비대칭 현상이 존재하여 구조의 체계성을 파괴시키기도 한다. 이런 '파괴'가 어음의 변천에서 오히려 중요한 작용을 한다.

8.5.2 어음은 발음기관들이 일정한 방식으로 상호작용하여 내는 소리이다. 일정한 방식으로 상호작용한다는 것이 바로 일반적으로 말하는 발음

---

9 趙杰(1989) 참조.

습관이다. 어음의 변화는 즉 발음 습관의 변화이다.

발음기관의 각 부분의 상호작용은 생리 조건의 제약을 받으므로 발음을 할 때마다 상호작용하는 힘이 달라지게 되어, 어음은 세지기도 하고 약해지기도 한다. 음체계 구조가 대칭성이라는 특징을 '파괴'한다고 하는 것은 아마도 이런 발음의 생리적인 힘의 불평형, 비대칭과 관계가 있는 듯하다. 쌍순, 설첨전, 설근 등과 같은 어떤 발음 부위는 발음할 수 있는 음이 비교적 많다. 그러나 몇몇 발음 부위는 발음기관이 서로 작용하는데 있어 생리적인 제약을 받아 발음할 수 있는 음이 비교적 적다. 예를 들면, 전설모음의 발음공간은 후설모음보다 크며, 전설모음은 비원순모음을 발음하기 쉽고, 후설모음은 원순모음을 발음하기 쉽다. 그리고 만약 상반된 상황이 출현하게 되면 음체계에서 단향대립의 음소가 출현할 수 있게 된다. 또 전설 고모음은 원순모음을 만들기 쉬우나(설령 단향 대립이라 하더라도), 전설 저모음은 원순모음을 만들기가 어려운데, 그것은 입을 크게 벌린 상태에서 입술을 둥글게 하기는 곤란하기 때문이다. 따라서 모음[œ]의 출현 빈도가 낮은데 비해 [y]는 비교적 빈도가 높다. 자음과 모음의 결합관계에서도 발음 부위가 앞으로 치우친 자음(쌍순, 설첨)은 모음과의 결합이 상대적으로 용이하여, 모음의 고저 전후에 상관없이 거의 모든 결합이 가능하다. 그러나 발음부위가 뒤로 편중된 자음(설근음)은 모음과의 결합이 비교적 어려워 개구모음(open)과 후설모음과의 결합은 용이하나, 전설 고모음과의 결합은 용이하지 않다.

따라서 전설 고모음 앞에서는 구개음화가 쉽게 일어나는데 이는 거의 모든 어음 변화에서 보이는 보편적인 현상이다.[10] 같은 부위의 자음, 예을 들면 설첨전 파열음, 파찰음, 마찰음이 전설 고모음과 결합할 때에, 파찰음과 마찰음은 이런 조건에서 쉽게 구개음화된다. 중국어에서는 비음운미를 가진 음절 중 -m으로 끝나는 음절이 가장 쉽게 운미가 소실되었고 -n이

10 메이예(1957:71~72) 참조.

그 다음이고, -ŋ은 비교적 안정적이다(적어도 중국어의 대부분 방언에서는 이러하다). 설령 -ŋ이라 하더라도 저모음 뒤에서는 역시 쉽게 소실되고 앞에 위치하는 모음을 비화시킨다. 그러나 고모음 뒤의 비운미 -ŋ은 유지되기가 쉽다. 대략 이런 사실들은 발음의 생리적인 제약으로 인한 불평형성과 비대칭성이 대립적이고 대칭적이던 음체계에 일련의 비대칭적인 현상을 낳게 할 수 있는 있음을 설명한다.

발음의 생리적인 특징으로 인하여 나타나는 각종 불평형성, 비대칭성은 언어의 현상으로부터 개괄되어 나온 것이다. 이들 대다수는 양적인 통계이지 질적인 규정은 아니다. 다시 말하자면 어떤 발음기관의 상호작용은 비교적 쉽고, 어떤 것은 비교적 어렵다. 그러나 어렵다는 것은 불가능하다는 것과는 다르다. 예를 들면, 설근음은 전설모음과 결합하기가 어려운데, 왜냐하면 하나는 앞이고 하나는 뒤이며, 하나는 높고 하나는 낮기 때문이다. 서로 모순된 부위는 발음하기에 어렵지만 그렇다고 절대로 불가능한 것은 아니다. 만약 불가능하다면 구개음화 같은 유형의 음변화는 있을 수 없었을 것이다.

8.5.3 언어는 의사소통의 수단이다. 의사소통의 수요는 무한하지만 언어는 가능한 한 가장 간단명료하고 경제적이고 효율적인 방법으로 의사소통을 실현한다. 어떻게 경제적으로 의사소통을 실현하는가 하는 것은 아마도 언어가 변천하는 과정에서 나타나는 모든 규칙과 관련이 있을 것이다.

만약 현실 세계의 각종 현상이 모두 하나의 독특한 음으로 표현된다면 모든 문장은 반드시 하나의 독특한 구조 규칙을 가질 것이며, 그렇다면 언어의 표현 방법은 어떤 경제성과 간단성은 말할 나위도 없고, 사람들의 대뇌도 이런 무궁무진한 구조 규칙을 기억할 수 없을 것이다. 다행인 것은 언어는 일종의 엄밀히 조직된 구조로서 사람들은 규칙적인 형식을 이용해 복잡한 현상을 제어하여 언어에 조리가 있고 체계가 있게 한다. 음체계 구조의 폐쇄적인 특성과 대칭적인 특성은 원래 복잡하였던 현상들로 하여금 조리가 있고 체계적이게 하는 일종의 구조인데, 쌍향대립에 의해 생겨난 음소의 계열적 변화는 이런 구조의 기초 위에 발생한 경제적이고 간단한 변화이다. 왜냐하면 사람들은 하나의 규칙으로써 한 계열의 음소와 그들의 변화를 기억할 수 있기 때문이다. 단향대립에 의해 생겨난 음소체계의 조정 역시 일종의 경제성의 표현이다. 왜냐하면 이는 고립적이고 흩어져있는 음소를 되도록 쌍향대립으로 집어넣어 규칙화함으로써 가장 경제적이고 효율적인 방법으로 구조의 공간을 이용하여 의사소통의 수요를 만족시킬 수 있기 때문이다. 만주어에서와 같이 일련의 단향대립의 음소들이 중국어의 영향으로 모두 새로운 쌍향대립의 구조로 바뀐 것은 마치 음소의 수량이 늘어난 것 같아 경제원칙과 모순되어 보이지만 실제상황은 그렇지 않다. 한 개의 단향대립의 음소는 하나의 단독적인 규칙을 필요로 하는데 이것은 오히려 비경제적인 것이다. 그러나 단향대립을 쌍향대립으로 편입시키면 쌍향대립인 음소들은 대체로 같은 규칙의 지배를 받기 때문에 그것들이 사용하는 규칙의 수량과 단향대립인 음소가 사용하는 규칙의 수량은 같게 된다. 이것은 가장 경제적인 방법으로 최대한의 의사소통의 수요를 만족시키는 일종의 표현방식이라 해야 할 것이다. 이런 상황은 음체계 구조의 폐쇄성, 대칭성 그리고 체계성 등의 특성으로 인하여 사람들은 최소량의 규칙과 최소의 정력으로 최대 수량의 언어재료를 조직할 수 있게 되고, 효율적으로 의사소통을 할 수 있다는 것을 설명한다.

가능한 한 평형을 이루고, 대칭을 이루려는 구조상의 요구로 인해 음체계에는 발음하기에 어려운 음이 나타날 수도 있는데, 그 언어를 사용하는 사람들이 어려운 발음을 피하고 쉬운 발음을 원하거나 혹은 어려운 발음을 쉬운 발음으로 변하게 한다면 언어의 변천과정에서 음체계의 구조에 변화가 일어나 음소의 집합관계 혹은 결합관계 등 구조의 대칭성에 조정 현상이 나타나게 된다.

8.5.4 음소의 집합관계와 결합관계 등 구조의 대칭성이 조정된 후 때로

는 모순된 상황이 출현하기도 한다. 다시 말하자면 새로운 대칭적 집합구조가 발생함에 따라 결합의 면에 있어서 오히려 비대칭현상이 나타날 수도 있다. 반대의·경우도 역시 그러하다. 중국어사에서 나타난 일련의 현상을 가지고 이 문제를 분석할 수 있다.

쌍순, 설첨, 설근은 발음 능력이 가장 강한 세 부위인데, 이들이 조성하는 집합계열은 ≪切韻≫보다 약간 이른 ≪經典釋文≫의 시기에는 가지런하고 대칭적이었다. 守溫三十字母의 명칭을 빌리면 그들의 쌍향집합군은 아래와 같다.

不　　芳　　並　　明

端　　透　　定　　泥

見　　溪　　群　　疑

이들과 네 개 等의 결합도 가지런하고 대칭적이었다.

聲紐 \ 等	一	二	三	四
不	+	+	+	+
端	+	+	+	+
見[11]	+	+	+	+

대체로 唐중기에 이르러[12] 端組의 성모는 분화되어, 一, 四等은 端, 透, 定이 되고, 二, 三等은 知, 徹, 澄이 되었다. 이렇게 되면 새로운 쌍향대립의 집합체계를 형성할 수 있다.

....

11 群母는 李榮(1965b), (≪音韻存稿≫(1982))를 따랐다.
12 ≪切韻≫에서는 端, 知가 이미 두 조로 분화되었다. 王力(1985:164~173) 참조.

	不	芳	並	明
	端	透	定	泥
	知	徹	澄	(娘?)
	見	溪	群	疑

그러나 결합의 면으로부터 보면 도리어 비대칭이 나타났다.

聲紐 ＼ 等	一	二	三	四
不	+	+	+	+
端	+	−	−	+
知	−	+	+	−
見	+	+	+	+

不(幫)組에서 非組가 분화된 상황도 이와 같다. 설첨음과 설면음, 순치음과 쌍순음의 분화는 중국어 성모체계에서 발생한 두 차례의 큰 변화로서 중국어 음체계 구조에 중대한 영향을 가져왔다. 이는 어쩌면 Grimm이 제시한 제1차 게르만어의 자음 대추이 규칙(§6.2.1-§6.2.2)과 비슷하다고 할 수 있다. 閩방언은 이 두 차례의 변화를 겪지 않아 그 성모 체계가 다른 방언과 큰 차이를 갖는다.

8.5.5 음소의 쌍향대립을 기초로 하는 음체계 구조의 대칭성은 생리적 제약으로 인한 비대칭성을 기초로 하고 있기 때문에 내부적으로 일부 비대칭적 현상이 나타나는 것은 피할 수 없는 일이다. 모종의 평형 상태의 음체계 구조가 대칭성을 유지한다는 것은 언어의 변천과정에서는 잠깐 동안의 일이며, 발음기관의 생리적 특성상 나타나는 불평형성, 비대칭성은 영원한 것이다. 따라서 음체계의 구조는 대칭과 비대칭, 평형과 불평형의 모순을 보이면서 끝없이 변화한다. 때문에 음체계에는 마치 채워지지 않는 공란

(§10.2)이나 평평하게 깎이지 않는 단향대립이라는 오래된 산봉우리 같은 비대칭적인 요소는 항상 존재한다. 마치 오래된 산봉우리가 평평하게 깎인다 해도 어느새 새로운 산봉우리가 생겨나는 것과 같다. 어떤 언어학자는 이런 사실로 인해 사람들의 의사소통과 표현의 수요와, 사람의 생리(육체)·정신(지력)상의 자연스러운 타성간의 기본적인 충돌의 결과 언어가 끊임없이 변화하는 것이라고 여기기도 하였다. 이들 두 방면의 요소가 상호 충돌한 결과 언어는 계속해서 변화하는 상태에 있게 될 뿐만 아니라 의식적이든 무의식적이든 사람들이 언어활동에서에서 가능한 한 에너지 소모를 적게 하려는 경제적 요구에 부응하며 변화하게 되는 것이다.[13] 이러한 주장은 매우 일리가 있는 것으로 적어도 불룸필드(Bloomfield)가 말한 음변화의 원인은 알 수 없다는 주장에 비하면 더욱 발전된 것이다.

8.6 대립의 중화

8.6.1 음소와 음소의 결합으로 음절을 구성하여 발음을 할 때, 조음상 난이도의 불평형성 때문에 음소 사이에는 서로 영향을 주어 음가에 변이를 발생시켜 다양한 변이음을 만들어낼 수도 있다. 어떤 경우에는 두 개의 음소가 어떤 위치에서는 "이도 저도 아닌" 제3의 음소로 변하기도 한다. 혹은 그 중의 하나의 음소가 어떤 위치에서는 다른 음소의 영향을 받거나 혹은 그 위치에서는 비강세로 읽힘으로 인해 자신의 변별적 자질을 상실하고 어음상 다른 음소와 동일하게 변하기도 하여, 바로 음소 대립의 중화(neutralization)를 야기시킨다. 중화는 음소가 합류하는 것으로 음체계의 구조에 일부 비대칭성의 변화를 출현시키는 또 다른 한가지 중요한 경로이다.

모든 언어에는 일정한 수량의 중화한 음소가 있다. 가장 간단한 예로 러시아의 유성자음은 단어 끝이나 무성자음 앞에 위치하는 경우에는 상응

---

13 마르띠네(1978:150) 참조.

하는 무성음으로 변한다. 영어의 /i/와 /ɪ/는 대립한다(beat[bi:t](때리다), bit[bɪt](약간)). 그러나 beer(맥주)중의 ee는 /i:/도 아니고 /ɪ/도 아니며 두 음소와 서로 보완하는 관계에 있어 어느 음소로 귀납해야하는지는 말하기 어렵다. 일반적으로 /i/와 /ɪ/는 '-r' 앞에서 중화된다고 해석한다. 영어의 '-r' 위치는 중요한 중화 환경 혹은 중화 위치로, 다른 음소로 하여금 자기의 변별적 특성을 잃게 한다. 예로 Mary, merry, marry는 동음이의어이다. 중국어에서도 이와 유사한 현상이 있다. 권설모음 앞에 위치한(兒化) 대립적이었던 음소에 중화가 일어날 수 있다. 북경어의 '鷄'[tɕi]과 '今'[tɕin]은 다른 음이다. 그러나 "鷄兒과 今兒은 동음"이 되어. 대립되었던 음소(여기서는 음류이다)가 중화한 것이다. "小裸兒는 小罐兒와 동음"인 것도 兒化 후에 대립이 중화한 결과이다. 四川의 榮昌방언의 모든 운모는 兒化한 후에 모두 -3r, -i3r, -u3r, -y3r 네 개로 합류하였다.

중화는 중요한 형태음소론적 현상으로 음소보다 우선한다. 중화 위치에서 그 음소는 두 개 혹은 몇 개의 음소를 포함하고 있다. 그래서 어떤 이들은 대립 중화의 음소를 대음소(archiphoneme)라고 부른다.

8.6.2 대립적인 음소가 중화되는 현상은 아마도 언어의 변화과정에서의 과도단계임을 보여주는 것 같다. 즉, 대립되었던 음소가 중화를 거쳐 합류를 향해 변화한다. J. Kuryłowicz(1964)는 Grimm의 법칙을 언급할 때 유성음과 무성음의 대립(예: d/t)은 어떤 위치에서는 중화되어 무성음이 된다고 하였다. 그는 유표기적 음소M(b, d, g)가 중화의 경로를 통해 무표기적 음소T(p, t, k)로 변하였고, 원래 무표기적이었던 음소가 동시 혹은 조금 앞서 유기음A(f, θ, h)으로 전환되었고 유성 유기음(bh, dh, gh)은 유기 성분을 잃어버리고 M(b, d, g)로 변하였다고 추측하였다. 이러한 J. Kuryłowicz의 논리상의 추론은 증명하기가 어렵다. 도리어 중국어에서 대립적이던 음소가 중화에 의한 어음 변천을 유도한 상황을 연구하는 것이 비교적 실제적이다. 중고음 '見'(k-)와 '精'(ts-)가 -i, -y앞에서는 tɕ로 변하는 것은 대개 대

립 중화의 결과이다. 현존하는 방언에서 중화를 통해 음류의 합류 혹은 변화하는 실례는 더욱 많다. 우리는 여기서 일련의 예를 들어 분석할 수 있다.

8.6.3 중국어에서 하나의 漢字는 하나의 음절을 대표하며 성모, 운모, 성조 세 부분으로 구성된다. 중국어가 변천하는 과정에서 성조가 분화하고 합류한 현상은 대부분 중화의 경로를 거쳐 실현된 것이다. 上海 郊縣 崇明語에는 여덟 개의 성조가 있는데 평상거입과 각각의 음양으로 나뉜다.

조류	陰平	陽平	陰上	陽上	陰去	陽去	陰入	陽入
조치	55	24	435	241	33	213	55	23
예	詩	時	水	是	四	自	識	食

이렇게 상호 대립하는 성조는 연독변조에서 종종 대립의 중화가 발생하여, 원래 다른 성조가 어떤 위치에서는 동일한 성조로 읽혀 성조의 합류현상이 출현한다. 두 글자가 연결되었을 때의 연독변조에는 "앞 글자의 성조가 뒷 글자의 성조에 합류할 때는 음조류와 양조류는 섞이지 않는다. 음조류의 음상과 음거는 합류하고, 음거는 때로는 또 음평으로 합류한다. 뒤의 글자가 잎 글자의 성조에 합류할 때는 음조류와 양조류가 섞인다. 양평은 음평으로 합류하고, 양입은 음입으로 합류하며, 상성과 거성은 음거 혹은 경성이 된다. 단 상성과 거성은 평성과는 서로 섞이지 않는다"[14] 이렇게 중화를 통해 실현된 합류현상은 同音인 글자를 비교하는 방법을 통해 검증한다. 예를 보자(조류는 부호로 대신 표시한다. 즉 1~8은 음평, 양평, 음상, 양상, 음거, 양거, 음입, 양입을 대표한다).

....
14 張惠英(1979:291) 참조.

(1) 뒷 글자 陽平이 陰平으로 합류

3 2 [ᴍ↘ ᴀᴦ] = 3 1 [ᴍ↘ ᴀ] 　　好鹽 = 好煙 [hɔ ˀie]

5 2 [ᴅ↘ ᴀᴦ] = 5 1 [ᴅ↘ ᴀ] 　　曬鹽 = 曬煙 [so ˀie]

4 2 [ᴺ↘ ᴀᴦ] = 4 1 [ᴺ↘ ᴀ] 　　買羊 = 買秧 [ɦɑ ˀiã]

6 2 [ᴺ↘ ᴀᴦ] = 6 1 [ᴍ↘ ᴀ] 　　賣鹽 = 賣煙 [ɦɑ ˀie]

8 2 [ʔ˩ ᴀᴦ] = 8 1 [ʔ˩ ᴀ] 　　撥還 = 撥彎 [baˀ ˀʋa]

(2) 뒷 글자 陽入이 陰入으로 합류

3 8 [ᴍ↘ ʔᴦ] = 3 7 [ᴍ↘ ʔᴦ] 　　小匣 = 小鴨 [ɕiɔ ˀaˀ]

5 8 [ᴅ↘ ʔᴦ] = 5 7 [ᴅ↘ ʔᴦ] 　　教學 = 教育 [tɕiɔ ˀyoˀ]

7 8 [ʔᴦ ʔᴦ] = 7 7 [ʔᴦ ʔᴦ] 　　弗滑 = 弗挖 [fəˀ ˀʋaˀ]

2 8 [˩ ʔᴦ] = 2 7 [˩ ʔᴦ] 　　調藥 = 條約 [diɔ ˀiɑˀ]

8 8 [ʔ˩ ʔᴦ] = 8 7 [ʔ˩ ʔᴦ] 　　綠葉 = 六一 [ɦloˀ ˀieˀ]

연독변조의 뒤 글자의 위치에서 음조류와 양조류가 중화하였다. 이는 吳방언에서는 어느 정도 보편적인 현상으로, 蘇州, 寧波 등지의 방언도 다 이런 특징을 갖고 있다. 이는 매우 중요할 뿐 아니라 재미있는 현상이다. 왜냐하면 최종적으로 유성음이 무성음화되는 문제와 유관하기 때문이다. 중고 유성음이었던 각 자음은 중국어의 대다수 방언에서는 이미 무성음화 되었지만, 吳방언에서는 여전히 유성음으로 읽히고 있지만 유성음 자질인 '濁'은 이미 전형적인 성대가 울리는 자질이 아니다. 현대 실험언어학의 연 구에 의하면, 유성 자음은 "단독으로 읽히거나 혹은 연독할 때의 앞글자는 그 성모는 무성자음이며, 연독할 때의 뒷글자는 성모가 비로소 진정한 유성 자음이다." 다시 말하자면 吳방언의 '탁음'은 단지 연독하는 뒷글자에서만 보유되고 있는 것이다. §6.4.3에서 언급했듯이 청탁은 성조의 고저와 관계 가 있다. 현재, 유성음 성모는 연독변조의 뒤 글자에 나타나고 그것의 성조 는 이미 상응하는 음조류에 합류하여 낮은 성조였던 특징을 잃어버렸다. 이는 연독변조가 이미 陰陽의 대립이 중화되었을 뿐 아니라 유성음의 무성 음화를 위한 구조적인 틀을 이미 갖추었음을 말해 준다. 즉 陰陽의 대립이 중화된 것은 유성음의 무성음화를 위해 앞길을 터놓은 것이라 할 수 있다.

성모와 운모는 대립의 중화를 통해 음변화를 일으켰다. 이는 방언에서도 일어나는 보편적인 현상이다. 浙江의 溫州의 교외에 있는 몇몇 현에서는 옛 端, 透, 定 세 字母가 제치, 촬구운 앞에서 t-, t'-, d-로 읽히지 않고 설면음 tɕ-, tɕ'-, dz-로 읽혀, 상응하는 知·章組의 글자와 합류했다. 대체로 t-, t'-, d-가 설면 고모음 앞에서 구개음화되어 설면음으로 변했고 知·章組의 글자와 대립의 중화가 실현되었음을 보여준다. 비교해보자.

음가 \ 조건 \ 지역 \ 예	刁	招	典	展	店	占	頭	綢
	蕭端	宵章	先端	仙知	添端	鹽章	侯定	尤澄
시 내	₌tiɛ	₌tɕiɛ	ꜛti	ꜛtɕi	tiꜜ	tɕiꜜ	₎dɤu	₎dziu
시 외	₌tɕye	₌tɕye	ꜛtɕi	ꜛtɕi	tɕiꜜ	tɕiꜜ	₎dziu	₎dziu

시내에서는 고대 端, 透, 定이 여전히 t-, t'-, d-로 읽혀 知·章組와의 대립이 중화되지 않았다. 그러나 교외에선 端, 透, 定의 세 字母가 제치, 촬구호 앞에서 상응하는 知·章組의 tɕ-, tɕ'-, dz-와 중화되어 음류에 일련의 중요한 변화를 일으켰다. 중국어에서 음소의 합류는 대부분 모두 중화의 경로를 통해 완성된 것이다.

구조분석법(중):
음운의 연쇄변천과 음운체계의 변천

9.1 음변화音變와 추이

9.1.1 현대의 음변화 이론에는 '교체(mutation)'라는 개념 외에 '편류偏流 (Sound drift)'라는 개념이 있다. 구조주의 언어학에서는 음변화를 음계 구조에 영향을 미치는 일종의 비약적 변화라고 보고, '교체'라는 개념을 이용해 이러한 변화를 표시하였는데, 이에 대해서는 §8.1.3에서 이미 언급하였다. 음운 편류 개념에 대해서는 더 구체적인 토론을 해야 하겠다.

9.1.2 'drift'의 개념은 미국의 언어학자 사피어(1985)가 제일 먼저 제시한 것으로, 사람들의 의지로 규제할 수 없는 언어 변천의 과정, 방향, 힘을 가리킨다. 사피어(1985:134, 138, 154)는 "언어는 단순히 공간적으로 퍼져나가는 어떤 것, 말하자면 한 장의 동일한 무시간적 그림에 담긴 개인들의 마음이 투영된 일련의 반사 영상 이상의 그 무엇이다. 언어는 스스로를 만들어가면서 시간을 따라 흘러간다. 언어에는 편류偏流가 있는데", "언어의 편류偏流에는 방향이 있다. 다시 말해서 개인의 변이들만이 일정한 방향으로 움직이는 그 편류偏流를 구체화하거나 수행할 수 있다. 이는 마치 항구

에 든 어떤 파도의 움직임만이 조류의 윤곽을 알 수 있는 것과 마찬가지이다.……모든 단어, 모든 어법성분, 모든 화술, 모든 음성과 악센트는 언어의 생명 그 자체인 보이지 않고 비인격적인 편류偏流에 의해 조절되면서 서서히 변화하는 구조물이다."[1] 이는 단지 시간의 각도에서 언어의 점진적인 변천을 고찰한 것이다. 페이와 게이너(Mario Pei & Frank Gaynor, 1954)에서는 기본적으로 사피어의 견해를 계속 사용했는데, 'drift'는 "언어 모델 중 연속적으로 일어나는 통시적 변화로, 즉 언어 자체가 형성한, 그리고 시간의 흐름에 따라 운동하는 조류이며, 그 결과 특수한 어음의 추세로 인해 방언으로 분화된다"고 여겼으며, 하트만과 스톡(1982)에서의 이해는 비교적 광범위하여, "어떤 방언의 통시적 변화과정에서 일어나는 것을 가리키며, 음추이音推移(Sound shift), 차용(borrowing) 및 기타 변화를 포괄한다"고 풀이하였다. 이러한 해석은 이미 사피어의 견해와는 거리가 멀어졌다. 현재 언어학에서 논의되는 편류(sound drift)는 대체로 사피어의 생각을 계승하였지만, 조금 수정을 가해 하나의 음소가 시간의 추이에 따라 한 위치에서 다른 위치로 이동하는 것을 가리킨다. 즉 음소의 물질 매개체(carrier)는 변화를 일으키지만, 음체계 내부에 음소의 증감이 없다. 그리고 형태소(혹은 단어)의 독음에는 변화가 발생하였지만 음소의 범주에서는 분화나 혼동이 일어나게 하지 않고, 異音 형태소를 同音 형태소로 변하게 한다든지, 혹은 반대로 同音 형태소를 異音 형태소로 변하게 한다. 예를 들어 그림의 법칙이 명시한 제1차 게르만어 자음추이 규칙은 일종의 음운 편류로 볼 수 있는데, 왜냐하면 음운 성분의 증감을 발생시키지 않았고, 또 음소의 범주에 변화가 발생하지도 않았으며, 단지 T, M, A 세 가지에 한 차례 순환적인 변화가 발생했을 뿐이기 때문이다(§6.2.2).

....

1 역주-중국어 번역본에서는 drift를 '연류沿流'로 옮겼고, 여기에서는 이정민·배영남 등의 ≪언어학사전≫에 따라 편류偏流라는 용어를 사용하기로 한다. 여기의 번역은 김정우의 번역 ≪언어: 말의 연구를 위하여≫을 주로 옮긴 것임.

9.1.3 전통적인 언어 연구에서는 언어 요소의 성질을 그 자체의 특징으로부터 규정하였다. 예컨대 [p]처럼 단지 그것의 생물-생리 특징(쌍순, 막힘, 무기, 무성음)만을 설명하면 되었던 것이다. 그러나 구조주의학파의 언어체계설에서는 언어 요소의 성질이 그 자체의 물질 매개체(carrier)의 특징과는 무관하고, 그것과 기타 요소와의 상호 관계로부터 결정된다고 여겼다. 왜냐하면 "단어에서 중요한 것은 음 자체가 아니라 이 단어를 다른 모든 단어와 구별하게 하는 음의 차이이다. 이러한 차이가 바로 의미를 지니기 때문이다."[2] 그래서 이 일파의 몇몇 언어학자들은 음소 간의 구조 관계가 변해야 비로소 음변화로 여길 수 있고, 그 물질 매개체(carrier)에 무슨 변화가 있는지 없는지는 음변화와 무관하다고 생각한다. 예를 들면 다음과 같다.

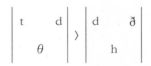

왼편의 세 음소에서 오른편의 세 음소까지 어음상으로는 분명히 변화가 발생했지만, 음소의 분합 관계는 변화하지 않았다. 즉 음소는 변화 전후 모두 세 개이며, 변화 후의 음소는 변화 전의 음소와 하나하나 대응되고, 구조와는 무관하다(……irrelavant to structure). 이로 인해 몇몇 구조주의학파의 언어학자들은 이러한 현상은 음변화의 범주에 속하지 않는다고 여겼다.[3] 이러한 이해에 근거한다면 §6.2.2에서 언급한 그림의 법칙이 명시했던 게르만어 자음추이 규칙 역시 음변화가 아니다. 왜냐하면 변화 전후의 음소의 분합 관계에 어떤 변화도 발생하지 않았기 때문이다. 음변화에 대한 이러한 이해는 구조주의학파의 언어이론으로부터 말하자면, 자신들의

2 소쉬르(1980:164) 참조.
3 A. A. Hill(1936:15~22) 참조.

학설은 스스로 완전하게 할 수는 있었지만, 상식적인 이치에는 위배되어 라보브(1968:141) 등은 '기괴한 결론'이라고 하기도 하였다.

9.1.4 음운 편류를 음변화의 범주에 넣을 수 있을까? 음소를 단어의 의미를 구분하는 최소 어음 단위로 여긴다면, 그것의 구조 관계의 변화를 보는 것은 쉽지 않을 것이다. 만약 음소를 변별적 자질이나 표기(marker)로 분해한다면, 그것의 음변화로서의 성질이 분명하게 나타날 것이다. 그림의 법칙이 명시했던 음변화를 예로 들어 음운 편류의 성질을 설명할 수 있다. 아래의 두 그림을 비교해 보자.[4]

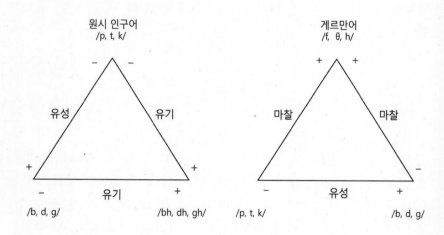

인구어에서 /p/와 /b/는 '-유성'과 '+유성'의 대립이고, /p/와 /bh/는 '-유기'와 '+유기'의 대립이며, /b/와 /bh/ 역시 '-유기'와 '+유기'의 대립이다. 그리고 게르만어에서 /p/와 /f/는 '-마찰'과 '+마찰'의 대립이고, /p/와 /b/는 '-유성'과 '+유성'의 대립이다. 유기의 여부는 인구어에서는 변별적 자질이지만, 게르만어에서는 그렇지 않다. 마찰음의 유무는 게르만어에서는 변별적 자질이지만 인구어에서는 아니다. 여기에서는 순음, 치음,

....
4 J. Lyons(1977:124) 참조.

연구개음 세 가지 변별적 자질은 다루지 않았는데, 왜냐하면 이들 특징은 상술한 두 가지의 변천 과정에서는 가치가 변하지 않았기 때문이다. 이러한 분석에 근거하여 그림의 법칙은 변별적 자질에 작용하는 세 가지 '규칙'을 가지고 기술할 수 있다.

1. − 유성 〉 + 마찰
2. + 유성 〉 − 유성
3. + 유기 〉 − 유기

 그러므로 변별적 자질이 변화한 상황을 볼 때, 게르만어의 자음추이 규칙은 자연히 음변화의 범주에 속한다.

 '표기'는 변별적 자질과 관련이 있는 구조언어학의 한 개념으로, 한 쌍의 성분 중 변별적 자질을 지니는 성분을 가리킨다. 예를 들면 /p/ : /b/에서 /b/의 유성음이 유표기적 성분이다.

 '표기'라는 개념은 프라그학파가 최초로 제시한 것이다. 야콥슨(1981:56~59)이 이 개념을 이용해 몇몇 문제들을 분석했는데, 그것이 널리 전파되면서 현대 언어학의 기본 개념 중 하나가 되었다. 야콥슨은 이 글에서 어린이는 일반적으로 무표기적 음소를 먼저 터득하며, 다른 한편으로 사람이 대뇌가 손상되어 음소의 운용이 자유롭지 못하게 된다면 가장 먼저 영향을 받는 것이 유표기적 성분이라고 하였다. 각 언어에는 거의 모두 r과 l 두 개의 음소가 있는데, 야콥슨은 이는 아동이 가장 마지막으로 습득하는 음소이며, 또한 실어증 환자가 가장 먼저 손실하는 음소라고 생각했다. 모든 언어에는 이러한 현상이 있으며, 그것은 음체계 구조를 지배하는 원칙과 관계가 있을 것이라고 추측했다. 그래서 그것을 '보편적 특징(universals)'이라고 칭하였으며, 이 개념은 나중에 구조주의언어학에서 광범위하게 운용되었다.

 표기의 소실은 종종 음운체계에 중대한 변동을 일으킬 수 있다. §8.3.1에서 말했던 중국어 유성음의 무성음화가 일으켰던 어음체계의 변동이 좋은 예이다. 게르만어 자음추이 규칙은 실제로 표기로 말미암아 구현된 음소의 상관관계가 재조정된 것이다.

p, t, k	〉	f, θ, h	무표기	〉	유표기(유기)
b, d, g	〉	p, t, k	유표기	〉	무표기
bh, dh, gh	〉	b, d, g	유기의 표기를 잃어버리고 새로운 유성음의 표기로써 p, t, k와 상관 관계를 구성

이것은 음소의 상관 관계에 변동이 생겼으므로, 자연히 음변화의 범주에 속한다는 것을 설명해 준다.

야콥슨(1978:109)은 이러한 복잡한 상황을 감안하여 재음소화(rephono-logization)라는 개념을 제시하여 음소의 대립 관계는 변하지 않으나 대립을 실현하는 방법에 변화가 생긴 현상에 대해 설명하였는데, 이것은 적절하게 편류를 음변화의 범주에 귀납시킨 것이라 할 수 있다.

9.1.5 편류는 음변화 규칙의 중요한 표현 방식이다. 이러한 방식의 형성은 쌍향대립, 단향대립이 일으키는 음변화 규칙과 마찬가지로 모두 언어의 경제 원칙과 관계가 있을 것이다. 의사소통의 수요는 언어를 부단히 자극하고 변화하게 하는데, 편류는 한편으로 언어의 '변화'의 요구를 만족시키고, 다른 한편으로는 수량 '불변'의 경제적인 방법을 이용하여 이러한 '변화'를 실현하는 것이다. 이러한 변천 방식으로 음계 중의 중요한 변화를 해석할 수 있다.

9.2 끌기연쇄(drag chain)와 밀기연쇄(push chain)

9.2.1 편류의 방식을 통해 발생한 음변화는 어음 체계에서 일련의 연쇄 반응을 일으켜 음체계의 구조에 큰 변화를 가져올 수 있다.

청년어법학파는 어음 규칙에는 예외가 없으며, 같은 어음 조건만 갖고 있다면 음변화의 규칙은 기계적, 맹목적으로 작용하고, 사람들의 의사소통 수요와는 아무 관계가 없다고 하였다. 야콥슨, 마르띠네(Martinet) 등 구조주의학파에 속하는 역사언어학자들은 이러한 견해에 동의하지 않고, 음변화에는 목적이 있다고 보았다. 다시 말하면 음변화 규칙의 작용은 사람들의 의사소통 수요에 따라야 하며, "음변화의 방향, 심지어 음변화의 면모를 결정하는 요소 중의 하나는 유효한 음소 대립을 보호하여 상호 이해의 기본 수요를 확보하는 것이다(A. Martinet, 1978:126)"라고 생각하였다. A, B, C 세 개의 음소가 있는데 그 중에 B가 C의 방향을 향해 변한다고 가정한다면 세 음소의 상호 관계는 다음과 같다.

$$A \quad B \to C$$

만약 음변화의 규칙이 맹목적으로 작용한다면, B는 반드시 C와 합류할 것이다. 만약 B와 C의 합류가 사람들의 의사소통에 영향을 미치지 않는다면, 두 음소는 합류하여 하나의 음소가 될 수 있다. 그러나 만약 B와 C의 합류로 말미암아 대량의 동음 현상을 조성하여 의사소통에 곤란과 혼란을 가져온다면 필연적으로 아래와 같은 상황이 발생할 것이다. 즉 C는 할 수 없이 동일한 방향으로 추이된다.

$$A \quad B \to C \to$$

혹은 B와 C가 합류하였으나 새로운 보상 수단을 만들어 언어 단위의 변별성을 유지함으로써 의사소통이 순조롭게 진행될 수 있게 한다. 예를 들면 중국어의 변천 과정 중에 유성음의 무성음화 때문에 생긴 성조의 음양 구분, 다음절어의 증가, 兒化, 경음, 연독 변조 현상의 발생 등이 그러하다.[5] 티베트어에서 유성음의 무성음화로 인해 성조가 생긴 것 역시 변화로

....
5 葉蜚聲、徐通鏘(1984:190) 참조.

말미암아 발생한 일종의 보상 수단이다(§4.3.4). 만약 A, B, C 세 개의 음소 중 A와 C도 B와 똑같은 방향으로 변화한다면 다음과 같이 나타날 수 있다.

$$A \rightarrow B \rightarrow C \rightarrow$$

이와 같이 어음이 변화하는 과정에는 단단히 연결되어 있는 쇠사슬 모양의 변화가 나타나 의사소통이 순조롭게 행해질 수 있는 것이다. 이러한 쇠사슬 모양의 변화가 바로 일반적으로 말하는 밀기연쇄(push chain)와 끌기연쇄(drag chain)로서, 이들은 음변화의 중요한 방식이다.

9.2.2 밀기연쇄와 끌기연쇄는 음변화 중의 상반되는 변화 방식이다.

$$A \rightarrow B \rightarrow C \rightarrow$$

이 공식에서 만약 C가 먼저 변하여, 예컨대 먼저 D로 변하여 공간을 남기고, 그런 후에 B를 끌어 당겨 C로 변하게 하고, 다시 A를 끌어 당겨 B로 변한다면, 이렇게 하나가 다른 하나를 당기는 변화 방식을 끌기연쇄라고 한다. 앞서 §6.2.3에서 말했던 그림의 법칙이 명시했던 게르만어 자음추이의 어음 변화 순서는 바로 끌기연쇄의 개념과 방식을 이용해서 해석되는 것이다. 만약 A, B, C 세 개 음소의 변화 방식이 역으로 A가 먼저 B의 방향으로 변하고, B가 A와 합류되는 것을 피하기 위해 바로 C의 방향으로 추이하고, C가 똑같은 이유로 B와 합류되는 것을 피하여 다른 방향(예를 들어 D)으로 추이한다면, 음변화 중에 하나가 다른 하나를 밀어내는 밀기연쇄의 방식이 나타날 수 있다. 밀기연쇄와 끌기연쇄는 음변화의 중요한 방식으로, 일반적으로 끌기연쇄의 방식이 비교적 보편적이며 밀기연쇄의 방식은 비교적 드물다. 끌기연쇄와 밀기연쇄식의 음변화로 어음의 변천은 정연한 체계를 이룬다.

9.2.3 끌기연쇄는 어음 변천 중 자주 볼 수 있는 음변화 방식으로 가장 유명한 예가 영어 장모음의 대추이이다. 먼저 아래의 세 그림을 비교해 보자(N. Chomsky & M. Halle(1968:187) 참고).[6]

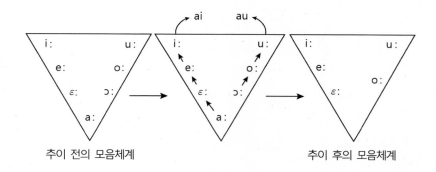

추이 전의 모음체계   추이 후의 모음체계

이 장모음체계의 추이에서 /i:/와 /u:/가 먼저 복모음화하여 고모음의 공백을 남기고, 순서대로 /e:/가 고모음화하여 /i:/가 되고, /ɛ:/가 고모음화하여 /e:/가 되고, /a:/가 고모음화하여 /ɛ:/로 되며, 후설모음 역시 이와 대칭되는 고모음화가 발생하였다. 한편 문자의 표기법은 비교적 보수적이어서 여전히 추이 전의 모음의 흔적이 남아 있다. 비교해 보자.

divine[diˈvain](신의)	divinity[diˈviniti](신성)
keep[kiːp](유지하다, 현재 시제)	kept[kept](유지하다, 과거 시제)

여기에서 /i/와 /e/는 모두 추이 이전의 옛 발음이다. 블룸필드는 일찍이 이러한 추이규칙에 대하여 다음과 같은 결론을 내렸다. "고대 영어와 중고 영어의 장모음 [iː, uː], 예를 들어 [wiːn], [huːs]는 조기의 현대 영어에서 복모음화의 경향으로 말미암아 없어지고 오늘날의 wine[wajn], house [haws]로 변하였다. 그러나 거의 같은 시기에 고대 영어와 중고 영어 [geːs,

---

6 구체적인 분석은 James M. Anderson: 〈*Structural Aspects of Language Change*〉, Univ. of Calgary, Longman, 1973, pp.138~141(English Vowel Shift)을 참조할 수 있다.

go:s] 중의 長中母音이 높아져서, 18세기의 영어에 이르러서는 geese, goose에 다시 [i:, u:] 유형이 생겼다. 그런데, 이들 새로운 [i:, u:]가 나타난 시기는 너무 늦어서 중고 영어의 고모음이 [aj, aw]로 변한 과정을 따라잡을 수 없었다."[7]

9.2.4 밀기연쇄는 끌기연쇄와 서로 대응하는 음변화 방식이지만 언어가 변천하는 과정에서는 비교적 드물게 보인다. 19세기 말 20세기 초 몇 십 년 동안에 걸친 寧波방언의 음체계에서 고모음화한 현상은 전형적인 밀기연쇄식 음변화이다.

1876년 모리슨(Morrison)이 ≪*An Anglo-Chinese Vocabulary of the Ningpo Dialect*(寧波方言字語彙解)≫(이하 ≪彙解≫로 간칭)를 출판했는데, 대체로 1860년 이후의 寧波방언의 상태를 반영한 것이라 할 수 있다.[8] 1901년 寧波 세관의 독일 관원 몰렌도프(Möllendoff)는 ≪*The Ningpo Syllabary*(寧波方言的音節)≫(이하 ≪音節≫로 간칭)을 출판했다. 몰렌도프는 1910년 또 ≪*The Ningpo Colloquial Handbook*(寧波方言手冊)≫를 썼는데, 어음 체계가 ≪音節≫과 같아 여기에서는 생략하기로 한다. 1928년 趙元任은 ≪現代吳語的硏究≫(이하 ≪硏究≫로 간칭)를 출판했는데,[9] 거기에 寧波 음체계에 대한 자료가 있다. 현대 寧波 음체계와 역사상 전해 오는 寧波 음체계의 같은 점과 다른 점을 비교해 보면, 현대 寧波 음체계와 ≪硏究≫가 기본적으로 같고, ≪音節≫과 ≪彙解≫가 서로 같으나, 양자 간에는 오히려 분명한 차이가 존재한다는 것을 알 수 있는데, 여기에서 寧波 음체계의 고모음화 규칙을 발견할 수 있다. ≪彙解≫에서 고모음화와 관련이

---

7 Bloomfield(1980:456) 참조.

8 ≪彙解≫의 저자의 언어 사실에 대한 태도는 비교적 엄밀해서 음표기는 대체로 믿을 만하며, 적어도 음류의 구분은 신빙성이 있다. 음표는 ≪彙解≫에 따라 æ를 ɛ로 고치고(≪音節≫에 따르면 æ의 발음이 ä인데 이것은 [ɛ]의 전사 기호이다.), ô를 ɔ로, ky를 tɕ로, '□를 ɦ로 고쳤다.

9 역주-이하 1956년 판본을 근거로 한다.

있는 것으로는 주로 아래의 몇 가지 운류가 있다('____'은 백독白讀의 어음 형식이고, '━━━'은 문독文讀 형식이다).

1.	a 帶 拜 太	ia 借 且 茄	ua 怪 快 壞	
2.	ɛ 拜 改 開 帶	iɛ 者 且 也	uɛ 怪 快 壞	
3.	e 悲 推 追		ue 貴 龜 危	
4.	ɛn 班 贊	iɛn 念 驗	uɛn 關 患	
5.	en 干 男 漢	in 邊 田 尖	un 官 寬 歡	yn 損 專
6.	o 波 多 火			
7.	ɔ 巴 朵 茶			
8.	ao 包 刀	iao 表 招 刁	uɔ 挂 花 蛙	

앞의 다섯 항목은 전설모음 계열에 속하고 나머지 세 항목은 후설모음에 속한다. 寧波방언 고모음화의 첫 번째 원동력은 비음 운미 -n의 소실이다. ≪彙解≫, ≪音節≫의 시대에 -n운미가 이미 약화되었고, 그 앞의 모음은 비음화하였다. -n운미는 이미 "거의 들을 수 없게(hardly audible)" 되었으나,[10] 완전히 들을 수 없는 것은 아니었다. 그래서 그때는 -n운미를 가진 운모(4, 5열)가 여전히 독립된 운류의 지위를 유지할 수 있었다. 1922년 -n운미는 이미 완전히 소실되었으나, 모음에는 아직 비음화 성분이 있었다. 왜냐하면 ≪彙解≫의 en, in, un, yn 운모에 상당하는 것이 寧波語에서는 여전히 '陽音'이기 때문에 기류의 "반이 콧구멍에서 나와야 하고", 또한 그 것들을 위해 전문적인 주음기호를 설정해야 했다.[11] ≪研究≫에 이르러, ≪彙解≫중의 -un을 -ũ('半' [pũ])로 읽는 것 외에, 제4, 5열의 운모의 비음성분은 전부 소실되었다. 그리고 현대 寧波방언에 이르러서는 ≪研究≫ 중의 -ũ의 비음화성분 역시 이미 소실되어, -u韻과 합류하였다(半＝布). -n 운미의 소실은 어음 체계에 한 차례 큰 조정을 일으켰다. 먼저 아래 세 시기의

---

10 P. G. Von Möllendoff(1901:7~8) 참조.
11 寒濤(1922) 참조.

언어 상태를 비교해 보자.

≪彙解≫≪音節≫	≪研究≫	現代
扮 pɛn ≠ 拜文 pɛ	扮 pɛ ≠ 拜 pa[12]	扮 pɛ ≠ 拜 pa
拜白 pa		
嵌 kʻɜn ≠ 開 kʻɛ	嵌 kʻɛ ≠ 開 kʻe	嵌 kʻɜ ≠ 開 kʻe
貪 tʻen ≠ 推 tʻe	貪 tʻEI = 推 tʻEI	貪 tʻɜI = 推 tʻɜI
顛 tin ≠ 低 ti	顛 ti = 低 ti	顛 ti = 低 ti
捐 tɕyn ≠ 居 tɕy	捐 tɕey = 居 tɕey	捐 tɕey = 居 tɕey
半 pun ≠ 布 pu	半 pū ≠ 布 pu	半 pu = 布 pu

세 시기의 어음 상태의 유사한 점과 다른 점을 비교해보면 모음체계에 이미 큰 변화가 발생하였다는 것을 볼 수 있다. 변화한 상태는 대체로 아래 표와 같다.

예	조건	≪彙解≫	≪研究≫	현대	변화 방향
單嵌	咸、山開口一、二等非見系	-ɛn	-ɛ	-ɛ	ɛn 〉 ɛ
災開	蟹開一哈、泰	-ɛ	-e	-e	ɛ 〉 e
甘看	咸、山開口一等見組	-en	-I	-i	en 〉 i
探南	咸開一覃端系	-en	-EI	-ɜI	en 〉 ɜI
堆悲	蟹泰帮, 灰帮、端, 止帮	-e	-EI	-ɜI	e 〉 ɜI

'변화 방향'란에서는 모음체계의 변동 과정을 볼 수 있는데 대체로 다음 과 같다.

....

12 ≪研究≫ 시기의 皆、佳韻(上去聲 포함)의 글자는 여전히 文白異讀이 있지만, 독음은 모 두 [a, ɛ, e]로 기록하여 정확하게 구분하지는 못했다.

첫 번째 단계, -ɛn韻이 -n의 소실로 인해 -ɛ로 변하자, 제2열의 '災, 開'류 글자의 -ɛ 및 '拜'류 글자의 문독 형식 -ɛ와 충돌하여 서로 경쟁한다. -n운미의 소실로 말미암아 발생한 음변화의 힘이 크기 때문에, 한편으로 '拜'류 글자가 문독 형식을 통해 -ɛ로 변화하는 것을 저지하면서(§16.2.4), 다른 한편으로는 -ɛ를 '몰아내고' 그 자리를 차지한다. -ɛ는 -ɛn 〉 -ɛ의 음변화에 내재된 힘의 '침범'에 '저항'할 수 없어서 이로 인해,

두 번째 단계, -ɛ는 옮겨 갈 수밖에 없고 -e를 향해 고모음화함으로써 스스로의 존재를 찾는다. 그러나 이는 곧 표 제3, 4열의 '甘' '探'(비음 운미 -n의 소실로 인해 -e로 변한다)과 제5열의 '堆'류 글자의 운모 -e와 충돌하여, 다시 -e운을 강제로 옮겨 가게 한다.

세 번째 단계, 그러나 -e韻의 운수는 -ɛ만큼 그렇게 좋지 않아서, 뒤에는 '침입'의 추격부대가 있고, 앞에는 강대한 -i 韻 글자의 '차단'이 있다(원래 咸、山攝의 三, 四等 글자와 見系의 二等 글자 상당 부분이 -i로 변하였으므로, 언어 체계 내에 -i 韻 글자가 특히 많다. 동음자가 과다하면 의사소통의 번거로움을 불러일으킬 수 있으므로 이는 자연스레 -e의 고모음화를 저지할 수 있다). 다만 -i 앞에 있는 見組 성모 k-, k'- 등은 이미 tɕ-, tɕ'('基' '欺' 등)로 구개음화되어 체계 내에는 ki, k'i 같은 음은 오래 전부터 없었다. 즉 k-, k'-의 뒤에 "지키고 차단하는" -i가 없는 구멍이지만, -e가 고모음화하기에는 유리하였다. 이렇게 -e는 조건에 따라 두 갈래 길로 옮겨 갔다. k-, k'- 뒤의 -e(〈-en)가 -i로 고모음화 하였고, 기타 상황 하의 -e는 -ɛi로 복모음화하였다. 寧波방언에서 k-, k'-가 -i와 결합할 수 있는 것은 어음 변화의 결과이지, 중고시기의 어음 구조가 남아 있는 것이 아니다. 고모음의 복모음화는 어음의 변천 과정 중에 보이는 보편적인 현상으로, 전술했던 영어 고모음의 복모음화가 바로 그 예인데, 寧波방언이 다른 점은 -e가 -i로 고모음화하기 전에 복모음화하였다는 것뿐이다. 이는 서로 다른 언어의 구체적인 어음 구조의 특징을 반영한 것이다. 마르띠네의 말을 이용해 말하자면, 이는 의사소통의 수요로부터 결정되는 것이다.

모음의 이러한 단계적인 고모음화 과정은 ≪研究≫에 이르러 이미 완성되었다. 이는 寧波방언의 고모음화 과정이 ≪彙解≫, ≪音節≫로부터 ≪研究≫에 이르기까지 몇 십 년 사이에 완성되었다는 것을 말하는 것이다.

寧波방언의 이러한 고모음화 규칙은 질서정연한 것으로, 조건이 같기만 하면 대체로 모두 같은 방식으로 변천한다는 것을 보여주는 것이다. 그러나 여기에도 역시 예외는 있는데, 예를 들면 ≪彙解≫ 見母 뒤의 -e(⟨-en) 韻은 모두 -i로 고모음화 하였지만,('感甘柑泔敢干肝竿桿幹乾秤'은 모두 ki로 읽힌다), 溪母 글자는 단지 '看' 한 글자만 k'i로 읽히고, 다른 글자들은 모두 k'ε로 읽힌다. 이는 또 다른 유형의 어음 변화를 언급하는 것으로, §12.5.2에서 다시 분석하기로 한다.

9.2.5 寧波방언에서 전설모음의 고모음화는 모두 -εn 등의 -n운미의 소실로 말미암아 일어난 단계적인 추이로, 음변화 중의 일종의 밀기연쇄 방식이다. 어음의 구조에는 매우 강한 체계성이 있어, 각종 음변화는 모두 이런저런 방식으로 다른 음변화와 서로 연관된다. 이제 시야를 좀 더 넓혀 전설모음 간의 관계를 주의하고 동시에 전설모음과 후설모음 간의 관계도 고찰해 보면, 전설모음과 후설모음 사이에 평행적, 대칭적 변화가 있었음을 발견할 수 있을 것이다. 전술했던 영어에서는 전설과 후설 고모음의 복모음화로 말미암아 모음의 단계적인 고모음화가 일어났는데, 전설과 후설모음의 변화는 평행적이고 대칭적이다. 전설과 후설모음의 이러한 대칭적이고 평행적 변화에는 생리적인 어음 기초가 있다. 왜냐하면 구강이 열리고 닫히는 발음 습관은 전후가 일치하기 때문인데, 전설모음 혀 위치의 고저 혹은 전후의 변화는 상응하는 후설모음에도 똑같은 변화를 일으키고, 반대도 역시 그러할 것이다. 그래서 어떤 이는 "전후의 대칭성은 어음 변천 중 보편적인 특징에 가까운 조건"[13]이라고 말한다. 寧波방언의 모음 음소의 추이 역시 이러한 보편적 특징에 가까운 전설·후설모음 음소의 평행적, 대칭적인 변

13 W. Labov 등(1968:175), 참조.

화를 구체적으로 설명하는 것이다. 즉 전설모음 음소의 단계적 고모음화 및 이로 말미암아 일어난 반고모음의 복모음화는, 후설모음 계열에서도 역시 똑같은 변화를 일으켰다는 것이다. 먼저 아래 예의 현상을 비교해 보자 (평성이 상성, 거성을 포괄한다).

예	조건	《彙解》	《研究》	현대	변화 방향
胞	豪, 肴	pɑo	pɔ⊤	pɔ	ɑo〉ɔ
標	宵, 蕭	piɑo	piə⊥	pio	iɑo〉io
巴	麻 開	pɔ	po⊤	po	ɔ〉o
瓜	麻 合	kuɔ	kuo⊤多ko少	kuo, ko	uɔ〉uo, ɔ〉o
波	歌, 戈	po	pɜʊ⊥	pɔʊ	o〉ɔʊ

이 표가 나타내는 후설모음 음소의 추이(ɑo〉ɔ, ɔ〉o, o〉ɔʊ)는 전설모음의 -ɛn〉-ɛ, -ɛ〉-e, -e〉-ɛɪ와 완전히 평행적이다. 이러한 대칭식의 변천 방식은 어음 구조의 체계성과 변화의 규칙성을 구체적으로 구현한 것이다.

9.2.6 寧波방언 모음체계의 변동은 -n운미의 소실로 말미암아 일어난 것으로, -n운미의 소실이 모음체계 대변동을 일으킨 제일 큰 추진력이었다.

앞의 분석을 종합하면, 寧波방언의 모음 음소의 추이 규칙은 아래 그림을 이용하여 나타낼 수 있다.

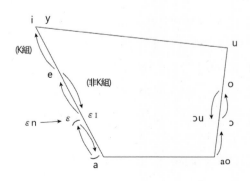

a)ɛ는 文白異讀을 통해 나타난 모음 교체로 그것이 모음의 고화高化는 아니지만, -n운미의 소실이 일으킨 음변화와 관계가 있기 때문에(§16.2.4), 도표 상에서 괄호로 묶어 그것이 기타의 음변화 방식과는 다르다는 것을 표시하였다.

9.3 순환적인 변화

9.3.1 언어가 변천하면서 이러한 밀거나 당기는 변화로 음변화에 모종의 순환적인 변화가 나타날 가능성이 있다. 언어는 사람들의 의사소통 도구이며, 변화는 의사소통의 수요에 부합해야 한다. 명료성, 경제성, 변별성은 의사소통의 기본적인 요건이다. 만약 어음의 변천으로 인하여 어떤 표현 수단이 혼동되고, 서로 다른 현상을 분명하고 변별성 있게 구별해내는데 어려움이 생긴다면, 언어 표현의 명료성, 변별성의 요구에 따라 언어는 보상적인 표현 수단을 만들려고 할 것이다. 어음으로 말하자면, 발음의 범위는 작은 구강 안에 있으며, 혀의 활동 범위는 이론상으로는 무한한 것이라고 할 수 있으나, 의사소통의 명료성, 경제성, 변별성의 요구가 그것의 활동범위를 제한한다. 따라서 어음의 변화 방식은 그 발음부위든 발음방법이든 모두 유한하기 때문에 자주 보이는 변화 역시 단지 몇 가지 종류일 뿐으로, 구개음화, 순음화, 무성음화, 유성음화, 고모음화, 저모음화, 복모음화, 단모음화 등등에 한한다. 언어가 장기적으로 변화하는 데에는 밀기연쇄식 혹은 끌기연쇄식의 변화로 말미암아 순환적인 현상이 나타날 가능성이 있다. 그림의 법칙이 명시했던 게르만어 자음추이의 음변화 현상은 바로 어음체계 중 일종의 국부적인 순환 변화이다. 상술한 寧波방언에서 밀기연쇄식의 어음 변화로 인해 발생한 반고모음의 복모음화 역시 일종의 순환적인 변화이다. 학자들의 연구에 근거하면, 중고 蟹, 效, 流攝의 운은 모두 복모음으로서, 그 중 蟹攝의 一, 二等韻은 -ɑi와 -ai이고, 效攝의 一, 二等韻은 -ɑu와 -au이었다. 이들 복모음은 寧波방언의 변화에서는 이미 단모음화했

기 때문에 음체계에서는 본래 다시 이러한 복모음이 있어서는 안 될 것이다. 그러나 음변화 중의 밀고 당김으로 말미암아 어떤 음들은 "안전하게 있을 곳을 찾지 못하였기" 때문에, 복모음이 단모음화하면서 남긴 공백으로 되돌아오고 따라서 어음 체계에는 상술한 -ɛi, -ɔʊ와 같은 복모음이 다시 출현하게 된 것이다. 물론 순환은 음변화로 말미암아 이미 소실되었던 현상이 다시 부활하는 것을 말하는 것이다.

9.3.2 山西 祁縣(城關)방언에는 두 개의 새로운 운미 -m과 -β가 있다.[14] -m운미는 중고 咸, 深攝 글자의 연속이 아니라 臻, 曾, 梗, 通攝의 합구자에서 온 것이다. 다음의 예를 보자(평성은 음양으로 나누지 않았다).

昆	均	弘	兄	瓊	鋒	東
₌kʼʊm	₌tɕiʊm	₌xʊm	₌ɕiʊm	₌tɕʻiʊm	₌xʊm	₌tʊm

-β운미는 중고의 遇攝의 글자로부터 왔는데, 대체로 북경어에서 -u운으로 읽히는 글자는 祁縣(城關)에서는 -əuβ로 읽힌다.

舖	租	姑	初	夫	牡
₌pʻˀuβ	₌tsˀuβ	₌kˀuβ	₌tsˀuβ	₌xˀuβ	₌mˀuβ

-ˀuβ중의 -ˀ-는 과도음으로 발음이 매우 촉급한데, -u가 복모음화하는 방향으로 변화하고 있다는 것을 보여준다(§14.2.4).

-m과 -β 두 운미가 새로 생김으로써 祁縣방언의 어음체계의 구조에 큰 변화가 발생하였는데, 변화의 특징 중의 하나는 바로 약간 '복고'적이라는 것이다. 이는 어음이 일정한 방향과 목표를 향해 변천하면서 낳은 일종의

14 이 두 운미는 변이 형식이 매우 많은데, 여기에서는 음운을 단위로 이들 운미의 음운사에서의 지위만 분석하였다. 자세한 상황은 §14.2.4와 §14.4.3을 참고. 여기에서의 어음은 范俊(56세, 교사)의 발음을 근거로 하였다.

순환적인 변화일 수 있음을 설명하는 것이다.

9.3.3 중국어 음절 구조의 특징은 陽聲韻, 陰聲韻, 入聲韻으로 나누어진
다는 것이다. ≪詩經≫과 한자 諧聲 시대에는 음성운과 입성운이 압운하거
나 해성할 수 있었는데, 일반적인 상황은, 중고에 -k 운미를 가진 입성자는
之, 幽, 宵, 侯, 魚, 佳部의 음성운의 글자하고만 압운 혹은 해성했고, 중고
에 -t 운미를 가진 입성운의 글자는 祭, 微, 脂部의 음성운의 글자하고만
압운 혹은 해성했다.[15] 그래서 많은 학자들이 -k 운미와 압운, 해성하는 음
성운은 -g 운미로 끝나고, -t 운미와 압운하거나 해성하는 것은 -d 운미를
취한다고 여겼다. -b 운미는 ≪詩經≫ 시대에 이르러서는 이미 소실되었으
며,[16] "해성자가 나타내는 현상은 일반적으로 시운이 나타내는 현상보다 이
르다. 그래서 우리는 * -b 운미는 해성 시대에만 존재했으며, ≪詩經≫ 시
대에 이르러서는 * -d로 변하였다고 말한다."[17] 이러한 양성운, 음성운, 입
성운의 음절 구조는 중국어의 음운체계에서 정연하고 대칭적이다.

음성	양성	입성
(-b)	-m	-p
-d	-n	-t
-g	-ŋ	-k

....

15 董同龢(1970:266~267) 참조.
16 상고 음성운에 자음 운미가 있는지에 관해서는 학자들의 견해가 일치하지 않는다. 王力는
    상고 음성운의 구조가 ≪切韻≫과 비슷해서 자음 운미가 없다고 여겼다. 하지만 그렇다면
    자음 운미가 없는 운이 자음 운미가 있는 운과 압운할 수 있다는 것을 인정해야 한다.
    이는 중국 시가 압운의 전통과 맞지 않는다. 문헌 자료가 제공하는 실마리로 보자면, 음성
    운에 자음 운미가 있다는 견해는 믿을 만하다. 음성운 운미의 구체적인 음가에 대해서는
    -b, -d, -g로 보기도 하고 -β, -ð, -ɣ로 보기도 한다. 일반적으로는 -b, -d, -g로 할 수
    있다고 본다.
17 董同龢(1970:269) 참조.

후에 이러한 음운체계에 변화가 발생하였다. 우선 음성운의 운미 * -b가 이러한 구조의 틀에서 '빠져'나가고, 나중에 * -d, * -g 역시 따라서 소실되었다. 그래서 ≪切韻≫ 시대의 음성운에 이르러서는 이미 자음 운미가 없어졌다. 그러나 양성운, 입성운이 서로 대응하는 틀에는 아무런 변화도 없었다. 후에 양성운이 변천한 상황은 음성운과 유사한 점이 있는데, 즉 쌍순음 -m이 먼저 소실되어 일반적인 상황에서는 -n에 합류하였는데, 山西방언에서는 이 -n은 나중에 -ŋ에 합류하였다가 후에 -ŋ은 또 약화되어 소실되었다. 그러나 그 앞의 모음을 비화시키거나, 어떤 특수한 조건하에서는 새로운 운미-m을 만들었다.[18] 입성운 -p, -t, -k가 山西방언에서 소실되는 과정은 여전히 불분명하다. 그러나 현재의 山西방언 중 세 개의 입성운의 운미는 이미 후색음 -ʔ으로 합류하였고, -ʔ도 역시 지금은 이미 소실되는 경향이 있다.[19] 이러한 현상은 山西방언에서 양성, 음성, 입성 세 형태의 음절 구조에 큰 변화가 일어나 원래 구조의 틀이 이미 소실되었거나 혹은 소실되는 경향이 있음을 보여주는 것이다. 현재 祁縣방언에 새로운 운미 -m과 -β이 나타나 중국어사에 이미 소실되었던 음운 구조를 다시 부활시켰는데, 이는

....

18 徐通鏘(1984:2~3) 참조.
19 晉中방언의 입성에는 다음과 같은 몇 가지 특징이 있다. 첫째, 단독으로 읽을 때는 후색성분이 매우 경미하지만 연독 시에는 비교적 분명하다. 둘째, 발음이 그다지 촉급하지 않은데 이 점은 중국어의 기타 방언의 입성조와 별로 같지 않다. 셋째, 조치는 舒聲調 중의 한 가지와 가까운데 대체적인 상황은 음입조는 평성조와 비슷하고 양입조는 상성조와 가깝다(입성에 아직 후색운미가 있기 때문에 조치 앞에 ʔ를 덧붙인다).

조류＼방언점 조치	楡次	太谷	祁縣	楡社	平遙	介休	靈石	孝義
평 성	21	32	33	21	33	33	42	21
음 입	ʔ21	ʔ22	ʔ33	ʔ21	ʔ23	ʔ44	ʔ52	ʔ21
상 성	53	213	324	42	512	423	313	423
양 입	ʔ42	ʔ312	ʔ213	ʔ42	ʔ512	ʔ412	ʔ213	ʔ312

324와 213류의 조치의 차이는 실제로 인위적인 구분으로, 두 조류를 구분하기 편하도록 한 것이다. 晉中방언의 성조가 이러한 방향에 따라 발전한 결과 반드시 상술한 각 방언점의 음입, 양입은 각각 평성, 상성과 합병할 것으로 예견할 수 있다.

어음체계에서 확실히 순환적 변화가 나타났음을 설명한다. 음체계의 구조로 볼 때, 이러한 변화가 나타내는 특징은 이미 소실되었던 음운 구조와도 같은 점이 있다. 첫째, 쌍순이 쌍순과 대응하여 운미 체계에 새로운 대칭성이 나타났다. 둘째, 역사적으로 음성운, 양성운의 쌍순음 운미가 가장 먼저 소실되었는데, 祁縣방언에서는 가장 먼저 소실되었던 음운 구조가 가장 먼저 부활하였다. 이는 아마도 우연한 일치이겠으나 발음의 생리-물리적 기초와 음체계의 구조를 자세히 고찰한다면, 이런 순환 변화의 원인을 발견하기는 어렵지 않을 것이다.

9.3.4 새로운 운미 -m와 -β는 모두 쌍순음으로 이들의 출현에는 공통된 특징이 한 가지 있다. 즉, 원래 모두 합구자였으며, 운모 중 주요 모음의 혀의 위치도 모두 비교적 높았다는 점이다. 합구라는 것은 -u- 개음이 있거나, 혹은 주요모음이 -u라는 점에서 보면 -u-가 새로운 운미를 생산하는 하나의 중요한 조건이었던 것이다.

[u]는 원순 후설 고모음인데, 그것의 발음상 특징은 혀뿌리와 두 입술이 동시에 작용을 한다는 것이다. §9.3.1에서 예로 든 글자의 어음 표현과 비교해보면, 祁縣 음체계에 이미 중요한 변화가 생겼음을 발견하게 된다. 즉, 합구호가 개구호를 향해 변화하였고, 촬구호는 제치호로 변화하였다. 합구운이 개구운으로 변화하는 과정에서는 -u의 설근자질은 약해졌고, 쌍순자질이 강해졌다. 말하자면, -u가 순음화의 방향으로 변한 것이다. 새로운 운미 -m과 -β의 출현은 이렇게 발음부위가 앞으로 이동한 것과 밀접한 관계가 있는 것이다.

그러나 단지 발음부위가 앞으로 옮겨지는 것만으로는 결코 -β 같은 마찰음 운미를 만들어낼 수 없다. -β의 출현은 발음방법에 있어 마찰 성분도 나타났음을 설명한다. 우리는 祁縣방언과 그 주변 지역의 방언과의 차이로부터 이러한 마찰 성분이 나타난 과정을 볼 수 있다.[20] 비교해 보자.

음가 예 방언점	租	樹	姑
楡次	-uv	-uv	-uv
太谷	-uv	-uv	-uv
祁縣	-^{ə}uβ	-^{ə}uβ	-^{ə}uβ
楡社	-u$_w$	-u$_w$	-u$_w$
靈石	-u	-u	-u
孝義	-u	-u	-u
平遙	-ɣu	-ц	-u

먼저 u의 순음자질이 강해짐에 따라, 경미한 마찰성분 -ω(楡社) 혹은 -v (楡次, 太谷)가 수반되어 출현하였다. 그런 다음 혀뿌리가 하강하여 과도음 -ə-가 출현하였고, 쌍순작용이 강화되어 -β가 출현하였다. 그러므로 발음의 생리적 기초로 말하자면, -m과 -β의 출현은 [u]의 발음부위의 전이前移와 발음방법의 마찰화의 결과이다. -m운미는 마찰음이 아니고, 두 입술의 접촉과 원래 운모 중의 비음성분이 하나로 융합한 결과이다. 왜냐하면 기류가 이미 콧구멍에서 나왔기 때문에 양 입술은 자연히 마찰할 수가 없기 때문이다.

§9.2.5에서 전설·후설모음 간의 평행적이고 대칭적인 변화는 "어음 변천 중의 보편적인 특징에 가까운 조건이다"라고 했지만 새로운 운미 -m과 -β의 출현은 단지 후설 고모음 [u]와 관련이 있다. 만약 전설 고모음 [i], [y]또한 [u]와 더불어 서로 대응되는 변화가 있다면, 즉 마찬가지로 발음부위가 전이前移하였고 발음방법에 있어서 마찰이 일어났다면, 앞서 고찰했던 [u]로 인해 일어났던 변화 및 그 원인을 해석하는 데 훌륭한 증거가 될 수

20 각 방언점의 발음자(1964년 조사에 근거함).
楡次(麻地溝), 楊雲枝, 여, 22세, 학생.　　太谷(城關), 王傳義, 남, 18세, 학생.
楡社(南河底), 王鐵鋼, 남, 18세, 학생.　　靈石(柳樹村), 李姣香, 여, 20세, 학생.
孝義(禪房頭), 任寶寧, 남, 21세, 학생.　　平遙(岳壁), 雷通賢, 남, 22세, 학생.

있을 것이다. 晉中 지역의 전설과 후설 고모음 간에는 평행적이고 대칭적인 변화가 있었음을 보여주고 있는데, 만약 일정한 조건하에서 후설 고모음 [u]의 전설모음화가 순음화로 나타난다면 전설 고모음은 다시 전이前移하여 설첨화로 표현되어 i>ɿ, y>ʮ가 될 것이다. 祁縣방언과 그 주변의 몇몇 방언점의 어음만 비교해보아도, 곧 이러한 변화의 방향을 볼 수 있다.

	楡次	祁縣	楡社	介休
妻西鷄彌泥	-i	-i~-iɿ	-ɿi	-ɿ
呂取須居女	-y	-yᵘ	-ʮy	-ʮ

이러한 현상은 晉中의 몇몇 지역에서는 이미 설면 전설 고모음의 설첨화 과정이 완성되었으며(介休), 어떤 지방에서는 아직 변화하는 과정 중에 있다는 것을 설명하는 것이다(祁縣, 楡社).

발음부위가 앞으로 이동한 것과 동시에 발음방법에서도 마찰음화 경향이 나타났다. 이러한 경향은 조건에 따라 다르게 나타났다. 만약 앞의 성모가 유기음이면, 이 유기성분은 마찰성분으로 강화되었다. 예를 들면 楡次의 '批'는 [ȶpʰi]로 읽히며, 太谷의 '條'는 [ȶtʰiɤ]로 읽는 것과 같다. 그리고 앞의 성모가 비음 성모이면 같은 부위의 마찰 성분을 지니게 된다. 예컨대 楡社의 '牛'는 [ɳnziɤu]로 읽는다. 또, 만약 -i, -y가 이미 -ɿ, -ʮ로 변화했다면 분명히 같은 부위의 유성 마찰음 [z]를 지니게 된다. 예를 들면 楡社, 平遙, 介休, 孝義 등의 방언에서의 -ɿ, -ʮ는 [p pʻ m t tʻ l]과 조합할 때 모두 [z]가 있는 성분을 수반한다. 楡社에서는 '梯'를 [ȶtʰɿ]로 읽으며(혹은 [ȶtʰɿz]로 기록한다), 祁縣의 일부 주민의 발음에도 이러한 특징이 있다(§14.2.1). 이러한 유성 마찰 성분도 아마도 언어가 진일보 변화함에 따라 성모의 일부분으로 강화되어 (새로운 운미 -m, -β를 만들어낸 것과 같이) pz, tz류 같은 복자음 성모를 만들 수도 있을 것이다. 물론 이것은 단지 일종의 추측일 뿐이지만, 가능성이 없는 것도 아니다. 영성모 글자에 새로운 성모 z-(예를 들면, 汾

陽, 沁縣, 離石 등의 지역의 '于', '魚'와 '衣', '醫'는 각각 [ʐzʮ]와[ɿzʮ]로 읽는
다)가 나타나는 것은 이러한 변화의 전조前兆라고 볼 수 있다.

9.3.5 그러므로 고모음의 발음부위가 전이前移하고 고모음화(§14.4.2)
함으로써 발음방법에 있어 긴장모음화(마찰 성분이 증가하는 것)한 것은
성모와 운모의 음가의 변화에 영향을 끼쳤다. 우리가 이러한 배경을 이해
한다면 새로운 운미 -m, -β의 발생 원인을 비교적 쉽게 이해할 것이다. 몇
몇 고음 학자들은 이렇게 새로 출현한 음운 구조의 특징을 보고 고무되어,
이것이 고음을 재구하는 데 약간의 단서를 제공할 수 있을 것이라 여기기
도 하였다. 周法高(1983)는 미국 시애틀에서 개최한 제16회 국제 중국-티베
트 언어학 회의에 참가한 후 "워터 싸이먼(Water Simon)은 상고 음성운에
는 자음 운미가 있다는 견해를 제시했고, 칼그렌, 董同龢, 李方桂 등은 모두
양성운 -m, -n, -ŋ과 대응되는 음성자는 -b, -d, -g라고 가정했다(운미 -b가
사라진 시기는 비교적 이른데, 아마도 東周 이전이었을 것이다). 필자는
음성운의 운미는 -β, -r, -ɣ라고 가정한다. 현대 방언에서 찾아낸 쌍순 유성
마찰음 운미는 그것이 상고음에서 실제로 존재했을 가능성을 설명해 준다.
그러나 그것은 단지 쌍순 유성 파열음 성모 b의 조건변체이다. 왜냐하면
상고음에서 쌍순 유성 파열음은 성모 부위에서 출현했고, 쌍순 유성 마찰음
은 운미 부위에서만 출현했기 때문에, 이로 인해 양자는 하나의 음운으로
합류할 수 있었던 것이다"라 하였는데, 이와 같이 방언 연구는 확실히 음운
연구에 있어서 실마리를 찾는데 많은 계시를 줄 수 있는 것이다.

10

구조분석법(하): 내적 재구

10.1 소쉬르의 원시 인구어 후두음의 재구와 내적 재구의 방법의 원형에 관하여

10.1.1 앞의 두 장에서는 구조분석법을 이용하여 어떻게 언어의 변화를 탐색하는지에 대하여 중점적으로 토론하였다. 이 장에서는 원시구조의 재구에 대해 집중적으로 연구해보기로 한다.

구조주의학파는 원시구조를 재구하는 방법을 사용하였는데, 그들이 사용한 방법을 일반적으로 내적 재구의 방법(Internal reconstruction)이라 칭한다. '내적 재구의 방법'의 '內'는 '외부비교' 즉, 역사적 비교방법의 '外'의 상대적인 개념이다. 역사적 비교방법은 여러 방언이나 친족어의 차이를 비교하여 그 속에서 어음의 대응 관계를 찾아내고, 나아가 음운의 변화 규칙을 탐색하는 것인 반면, 내적 재구의 방법은 오로지 하나의 언어 체계로만 제한하여, 언어구조의 체계성에 착안하여 특이한 분포, 공란(slot), 그리고 불규칙적인 형태 변화 등을 이용해서 어음의 변화 및 그것의 원시구조를 연구하는 방법이다.

10.1.2 '내적 재구'라는 용어는 1930, 1940년대에 인구어족의 제언어를

연구하던 V.Pisani,[1] H.M. Hoenisgswald,[2] G. Bonfonte[3] 등 몇몇 언어학자들이 학술적 전문 용어로 제시한 것으로, 그 목적은 언어 재료의 공시적 분석으로부터 통시적인 결론을 얻고자 하는 것이었다. 즉, 체계 내의 비체계적인 요소를 돌파구로 삼아, 언어의 변화를 탐색하여 이미 소실된 원시구조를 재건하려는 것이었다. 저명한 구조언어학자인 J. Kuryłowicz(1964)는 오슬로에서 열린 제9회 국제언어학자회의에 제출한 논문에서 원시 인구어의 재구를 목표로 삼아, 내적 재구의 방법에 대하여 전면적으로 토론을 하였는데, 그는 내적 재구의 방법의 운용은 언어 체계 자체로부터, 즉 언어 요소의 상호 관계에서부터 언어의 변화 규율을 찾아야 하며, 사회의 변동, 이민, 전쟁, 발음 등 일체의 비언어적 요소들은 배제해야 한다고 생각하였다. 구체적으로 "연구 대상이 되는 요소들 간의 내부 관계의 변화야말로 유일하게 관련 있는 사실이다. 변화의 외부 요인과 음소 체계의 변화는 아무런 관련이 없으며", "언어 연구의 범위로 보면, 연구되는 요소의 언어적 방면, 즉 변화 전후의 실제 상황으로 제한되어야 한다. 변화는 마땅히 체계적인 변화로 간주하여 분석과 설명을 해야 한다. 따라서 먼저 중화, 합류, 그리고 새로운 음소 대립의 출현에 주의해야 한다"고 하였다. 그러므로 넓은 의미로 말하자면, 앞의 두 장에서 토론한 방법들은 모두 내적 재구의 방법이라고 할 수 있다. 그것은 외부와의 비교나 문자, 문헌 자료의 도움 없이 완전히 언어 체계 내의 사실에만 착안한 것이기 때문이다. 반면에 원시구조의 재건이란 면에서 말하자면, 내적 재구의 방법이 비교적 관심을 기울인 것은 구조 중의 공란(slot)과 불규칙적인 형태 교체, 그 중에서도 특히 불규칙적인 형태 교체를 강조하였다. 왜냐하면, 불규칙적인 형태 교체는 어음변화는 규칙적이라는 전제로 한 것으로서, 불규칙적인 형태 교체를 통해 규칙적인 어음변화를 찾아낼 수 있다고 생각했기 때문이다. T.

1 ≪Paleontologia Linguistica≫, 1938, p.32.
2 ≪Studies in Linguistics≫ No.4, 1944, p.78.
3 ≪Word≫, 1945, p.13.

Bynon(1979:90)은 "공시적인 형태 교체의 개별적 예증에 근거하여, 통시적인 음운규칙(phonological rules)을 재구하는 것을 내적 재구의 방법이라고 한다"로 내적 재구의 방법을 정의하였는데, 어떠한 방식으로 이해를 하든지 간에 체계 내의 모든 체계에 부합하지 않는 요소를 창구로 삼아서 언어의 변천을 관찰하는 것이 내적 재구의 방법이다.

10.1.3 소쉬르는 현대언어학의 창시자이자, 내적 재구의 방법을 운용하여 언어사를 연구한 선구자이다. 그는 일찍이 1878년에('내적 재구'라는 이 개념이 제기되었던 때보다도 반세기 정도 앞선 시기이다) 내적 재구의 방법의 정신을 가지고 원시 인구어의 구조를 연구하여 "원시 인구어의 장모음은 단모음에 향음성분(sonant coefficients, 즉 m, n, r, l, i, u)이 더해져 변화한 것"이라는 유명한 가설 한 가지를 제기하였는데, 이 가설은 후에 히타이트(Hittite)어가 발견된 후에 증명되었다. 소쉬르(1967:217~224)는 인구어의 어근(root)의 어음 구조 형태에 근거하여 소실된 자음에 대한 재구에서도 탁월한 성과를 거두었다. 그는 인구어의 e를 모음으로 갖는 다수의 어근의 어음 구조가 bher-(bear, 의무, 책임을 지다, 부담하다), g^{w}em-(come, 오다), sed(sit, 앉다) 등과 같이 CeC (C는 자음을 대표한다)구조이고, 그러나 아주 일반적인 몇몇 어근의 어음 구조에서는 ag-(lead, 거느리다, 리드하다), dhe-(place, 장소), es-(be, 이다)등과 같이 도리어 하나의 자음만을 갖는 경우도 있다는 사실을 발견하였다. 소쉬르는 이렇게 하나의 자음만을 갖는 어근의 어음 구조도 초기에는 CeC의 구조와 동일하였으나, 다만 그 중 하나의 C(자음)가 후에 소실된 것이며, 이 소실된 자음은 대개 후두음(laryngeals)이라고 생각했다. 소쉬르의 이 가설은 당시 사람들에게는 받아들여지지 않다가, 1927년에 이르러 Kuryłowicz가 히타이트(Hittite)어를 연구할 때, 몇 개의 동원 성분들 중에서 히타이트어가 h를 써서 표기한 자음이, 소쉬르가 전적으로 형태구조모형(patterns)의 음소 분석에 근거하여 제기했던 바로 그 소실된 자음과 대응 관계가 있다는 사실을 밝혀냈

다. 따라서 이후의 역사언어학자들은 하나의 자음만을 갖는 어근의 어음을 여전히 CeC로 재구하여, 원시 인구어를 재구할 때 heg-로 ag-를 대체하고, dhe?-로 dhe-를 대체하고, ?es-로 es-를 대체하게 되었다. 소쉬르가 내적 재구의 방법을 사용해서 원시 인구어를 재구한 것은 대단히 성공적이었기 때문에, 블룸필드(1970)는 소쉬르가 인구어의 역사적 연구에 있어 위대한 공헌을 했다고 말하였다.

10.1.4 소쉬르의 원시 인구어에 대한 재구는 이후 언어 연구의 방향이 전환될 것이라는 것을 알리는 하나의 신호였다. 1870년대는 청년어법학파의 전성시기였으며, 소쉬르도 이 청년어법학파의 일원이었다. 1876년, Leskin은 "음변화 규칙에는 예외가 없다"는 가설을 제기하였고, 1878년, 소쉬르는 역사적 비교방법과는 다른 새로운 방법으로 원시 인구어의 몇몇 구조를 재구하였다. 이들은 마치 완전히 다른 두 종류의 방법 같지만, 실제로는 내적으로는 연계가 있었다. 그래서 소쉬르는 인구어 어근의 소실된 후두음에 대하여 가치 있는 추론을 할 수 있었는데, 그 이론의 기초는 "음변화 규칙에는 예외가 없다"는 것과 "규칙이 없는 예외가 없다"라는 가설이었다. 다만, 그림(Grimm)의 법칙의 예외를 설명할 때처럼 발음 조건으로 해석한 것이 아니라, 언어구조의 차이로부터 해석하였을 뿐이다. 다시 말하자면, 소쉬르는 언어에서 규칙과 다른 현상에서 시작하여 "규칙이 없는 예외가 없다"라는 신조를 위해 언어구조 이론을 해석하였던 것이다.

구조주의언어학은 청년어법학파의 언어 연구가 원자주의라고 비평을 하며, 언어에 대하여 다른 태도를 취하였으나, 실질적으로는 비슷한 결과를 낳았다. 즉, 똑같이 언어를 일종의 엄밀한 구조로 간주하였는데, 다만 강조의 측면, 중점, 그리고 정도에 있어서 약간의 차이가 있었을 뿐이다. 청년어법학파는 음변화 규칙에는 예외가 없다, 즉 어음변화 규칙의 절대성을 강조하였으나, 구조주의학파는 언어 공시적 구조의 체계성을 강조했다. 원칙적으로 말하자면, 규칙은 실제로는 일종의 통시적 구조인 반면, 체계는 일종의 공시적 규칙이다. 따라서 현재 일부 언어학자들이 종종 이 두 학파를 함께 논하는 것에 이유가 없는 것은 아닌 것이다.[4] 소쉬르의 원시 인구어에 대한 재구는 청년어법학파에서 구조주의학파로 넘어가는 매개라고 볼 수 있는데, 이 논문이 청년어법학파 이론의 정수를 담고 있을 뿐만 아니라, 언어체계 학설에 관한 구조학파의 합리적인 핵심 내용도 담고 있기 때문이다. 소쉬르는 19세기와 20세기의 전환기에 옛 것을 이어받아 변화시킨 걸출한 언어학자라 할 수 있다.

내적 재구의 방법은 소쉬르의 연구에서 이미 그 원형을 드러내고 있었다.

10.2 공란

10.2.1 공란(slot)은 폐쇄적인 대칭체계 내에 출현하는 비대칭 현상의 일종으로, 어음변화를 관찰할 수 있는 가치 있는 창구가 될 수 있다. 상술한 소쉬르의 원시 인구어의 후두음에 관한 재구는 실제로 이러한 창구를 통해서 그 흔적을 관찰한 것이다.

10.2.2 '공란'이 언어사 연구에 있어 구조 분석법의 하나의 전문 용어가 된 것은 비교적 늦은 시기의 일이지만, 실제 연구에서는 일찍부터 이러한 방법을 운용하였다.

중국어사의 연구에서 제일 처음으로 공란의 방법을 운용하여 어음의 변천을 탐색한 사람은 아마도 스웨덴의 한학자 칼그렌일 것이다. 그(1930)는 중국어 상고음의 연구 방법에는 네 가지가 있다고 생각했는데, 그 네 가지는 1. 중국-티베트어족 언어의 역사비교 연구, 2. ≪詩經≫의 押韻, 3. 한자의 諧聲, 4. ≪切韻≫ 음체계의 공란을 보충하는 방법이다. 첫 번째 방법은 비록 중요하기는 하지만, 당시에는 조건이 성숙하지 못하였다. 두 번째,

---

4 Weinreich, U., Labov, W. & and Herzog. M.I.(1968:129)

세 번째 방법은 상고 음체계의 音類를 정리해 낼 수 있을 뿐, 음가를 정할 수 없었다. 상고 음체계에 대하여 구체적인 음성학적 기술을 하고자 한다면, "고음(즉, 《切韻》) 체계 내의 공란이 우리에게 많은 중요한 암시를 준다." 예를 들어, 開口와 合口의 대응은 《切韻》 음체계의 중요한 특징 중 하나인데, 예를 들어 -n을 운미로 하는 山攝은 개구와 합구의 분포가 매우 가지런하다. 그러나 그것과 유사한 -m을 운미로 하는 咸攝에는 三等 凡韻을 제외하고는 합구자가 없기 때문에, 분포상 커다란 공란을 남기게 되었다. 칼그렌은 이것은 어음변화의 결과라고 생각했다. 그는 咸攝의 각 等에도 상고 음체계에서는 합구가 있었는데, -m과 그 앞의 介音 -u- 혹은 -w-가 모두 순음이기 때문에, -m이 異化하여 -n이 되었고 山攝의 합구와 합류하여, 《切韻》 음체계 내에서는 이같이 비대칭적이고 정연하지 못한 큰 공란이 나타나게 되었다고 추론하였다. 칼그렌은 오늘날의 汕頭방언에서 -m운미로 끝나는 '喚', '患' 등 山攝의 글자를 찾아내어 앞서 말한 주장의 증거로 삼았다. 그러므로 그는 상고음을 재구할 때, 상술한 공란을 메움으로써 -m운미를 가지는 합구운을 재구할 수 있다고 생각하였다. 칼그렌은 《切韻》 음체계의 공란을 매우 중시하여, 그것을 상고음을 연구하는 기본 방법 중의 하나라고 칭했다. 그는 어음의 체계성에 착안하여 《切韻》 음체계의 공란을 찾아내려고 노력하였다. 예를 들어, 그는 자신이 재구한 《切韻》 음체계에 근거해서, 성모 체계 내의 무성파열음과 무성파찰음에는 무기와 유기 두 계열이 있으나, 유성파열음과 유성파찰음에는 유기 계열만 있을 뿐, 무기 계열은 없기 때문에, 여기에 무기 유성파열음과 무기 유성파찰음의 공란이 존재하고 있다고 추론하였다. 그는 韻圖에 근거하여, 《切韻》 음체계의 幇組와 見, 溪, 疑는 四等을 완전히 갖추고 있으나, 端組는 一, 四等에만 있고, 知組는 二, 三等에만 있어 端組와 知組가 상보적 분포를 이루고, 精組는 一, 四等에만 있고, 莊組는 二等에만 있으며, 章組는 三等에만 있어서, 이 세 조는 상보적 분포를 이루고 있으며, 또 群母는 三等에만, 匣母는 一, 二, 四等에만 있으므로, 群과 匣도 상보적 분포를 이루고 있는 것을 발견했다. 이러한 상보적 분포에 있는 각 종류의 음은 상대방의 공란을 서로 보충할 수 있으므로, 그들은 상고시기에 하나의 동일한 근원에서 갈라져 나왔을 가능성이 있다고 보았다. 칼그렌이 찾아낸 이러한 공란은 진일보한 증명이 필요한 가설이기는 하지만, 전통적인 어문학의 방법으로써는 도저히 미치지 못한 바이기도 하다.

10.2.3 공란, 상보적 분포 등의 특이한 분포는 단지 사람을 끌어들이는 단서를 제공할 수 있었을 뿐이며, 상고 음체계의 기본 구조는 문헌 자료, 주로 한자의 해성 계열과 ≪詩經≫의 압운 사용에 근거하여 세워져야 한다. 해성과 ≪詩經≫의 운은 서로 다른 성질의 자료들로서, 귀납하는 방법 역시 다르지만, 반영하고 있는 어음체계의 상황은 오히려 대동소이하여 서로 증거가 될 수 있다. 그러나 해성자가 반영하고 있는 특징은 ≪詩經≫의 운보다 조금 이른 시기의 것이기 때문에, 이 둘 사이에는 역시 차이가 있는 부분이 약간 있다. 淸代의 학자들은 이 두 가지 자료를 이용해 상고의 韻部를 연구하였으나 해성 계열을 이용해서 체계적으로 상고의 성모와 운미를 연구하는 데에는 주의를 기울이지 않았다. 칼그렌(1948, 1954)은 이 방면에 있어서의 해성자의 가치를 충분히 의식하고 있었기 때문에 해성자를 새로이 귀납 연구하였다. 그는 ≪康熙字典≫에서 비교적 자주 쓰이는 12,000개의 글자를 뽑아 해성 원리를 고찰하는 자료로 삼고, ≪切韻≫ 음체계의 음가를 이용하여 이 글자들의 상고시기 음가를 표기하였다. 그는 해성 계열 중 대체로 4/5 정도의 글자가 그 성모와 주요모음, 그리고 운미 자음 세 부분이 모두 聲符가 같거나 비슷하다는 것을 발견하였다. '般'과 '盤', '古'와 '苦' 등과 같이 해성자의 성모, 운미와 聲符에 차이가 있다하더라도, 최소한 그 발음부위는 비슷하다. 칼그렌은 이런 해성원칙을 발견하고 나서 바로 그것에 따라 상고의 성모와 운미의 음가를 재구하였다. 어음상 성부와 해성자가 크게 차이가 나는 경우에는, 그는 어음 구조의 체계성에 착안하여 그 불일치의 원인을 추론하고 상고의 음가를 재구하였다. 지금 두

조의 해성자를 예로 들어서 칼그렌이 어떻게 각종 요소들을 종합적으로 고려하여 성모를 재구했는지 살펴보자.

甲: 余 i̯wo-除 d̂i̯wo	敍 zi̯wo	途 dhuo
塗 dhuo	茶 dhuo	稌 thuo
乙: 爲 ji̯wiĕ-嬀 kji̯wiĕ	僞 ngji̯wiĕ	撝 xji̯wiĕ

예로 든 이 두 조의 글자를 대략 살펴보면, 상술한 해성 원칙과 일치하지 않는다. 성부에는 성모가 없으나, 被諧字에는 성모가 있다.[5] 칼그렌은 성부와 해성되는 글자 간의 모순을 구체적으로 분석하였는데, 이것은 성부의 성모가 소실되어서 만들어진 결과라고 여겼다. 甲조 被諧字의 성모는 모두 齒音(舌尖前)이고, 乙조 被諧字의 성모는 모두 舌根音인데, 이는 두 조의 성부에도 상고 시기에는 성모가 있었는데, 甲은 치음이고, 乙은 설근음이었다는 것을 증명하고 있다고 보아야 비로소 상고의 해성 계열을 해석할 수 있다고 본 것이다. 자음에는 무성음도 있고 유성음도 있다. 또 파열음과 파찰음에는 유기와 무기의 구별이 있는데, 그렇다면 소실된 자음은 어느 종류에 속하는가? 칼그렌은 상술한 甲, 乙 두 조의 성부가 ≪切韻≫ 음체계에서는 모두 喩母의 글자(혹은 '爲'와 같은 喩母三等이나 '余'와 같은 喩母四等)인데, 그것들은 중고 중국어에서 현대 방언에 이르기까지의 변화에서 성조가 모두 유성음 성모가 성조의 분화 과정 중에서 보여주는 특징인 陽調였기 때문에 소실된 성모는 모두 유성음이라고 확정하였다. 치음 계열 중의 유성음은 파열음 d와 마찰음 z이었을 것이고(예를 들어, '羊'은 '詳', '祥' 등의 성부인데, 그것의 성모는 변화과정 중에 역시 탈락했다), 설근음 계열 중의 유성음은 파열음 g와 마찰음 ɣ이었을 것이다. 그러면, 도대체 어느 것이었는가? 칼그렌은 파찰음, 마찰음 ts, tsh, dzh, s, z는 일반적으로

---

5 역주-예를 들어 '淇, 棋, 期, 基, 箕, 祺, 琪, 騏……'에서 '其'는 主諧字, 원래 글자들은 被諧字라 한다.

파열음 t th dh와 해성하지 않는다는 점에 근거해서, 甲조에서 소실된 성모는 마찰음은 아니고, 분명히 유성파열음 d이었을 것이라고 추론하였는데, d는 또 마침 ≪切韻≫의 치음 계열 중 무기유성파열음의 공란을 채우고 있다. 그는 또 중고 시기의 '群'(gh)과 '匣'(ɣ)가 상보적 분포를 이루어, 전자는 三等에서 나타나고, 후자는 一, 二, 四等에서 나타난다는 것에 근거하여 이것들이 상고 시기의 하나의 같은 근원에서 나왔을 것이라고 추론하였다. 또, 설근음 k는 무성마찰음 x와 해성하는 경우가 매우 드물고('幹', '罕'처럼 서로 해성하는 예는 매우 적다), 오히려 유성마찰음 ɣ와 자주 해성한다는 사실에 근거하여('古'와 '胡' 등) ɣ가 gh에서 나와야 이러한 해성 관계가 존재할 가능성이 있다고 추론했다(파열음은 파열음과 해성하지, 마찰음과 해성하지 않는다는 것을 말한다). 그리고 乙조의 喩母의 글자는 모두 三等이어서, '群'母와 분포와 같기 때문에 乙조 성부의 소실된 성모는 분명히 무기유성파열음 g라고 추정하였다. 그가 추론한 이 g는 또 ≪切韻≫ 설근음 계열 중의 무기유성파열음의 공란을 채우고 있다. 칼그렌은 이러한 방법에 의거하여 앞서 거론한 ≪切韻≫ 음체계의 공란을 모두 채웠다.

10.2.4 확실히 공란은 언어사의 연구에 있어서 매력 있는 부분이며, 종종 어음의 변화를 관찰하는 하나의 창구가 될 수 있고, 아울러 그 가운데에서 어음변화의 단서를 찾아낼 수 있다. 역사적 비교방법은 유형적인 어음 차이에 근거하여야지만 비로소 어음의 변천을 탐색할 수가 있으나, 공란은 오히려 체계적 배열 속에서 무형의 빈자리에 근거해서 어음의 변천을 탐색하고 예측할 수 있는 것이다. 따라서 공란은 역사적 비교방법이 가지는 몇 가지 부족한 점을 보완해 줄 수 있었다. 즉, 근거할 수 있는 자료가 있고, 그것을 타당하게 운용하면 언어사의 연구에서 가치 있는 성과를 얻을 수 있는 것이다. 칼그렌의 중국어 상고음에 관한 일부 연구(예를 들어 喩四를 *d로 재구한 것 등)는 이미 이 방면에서 계시적인 예증을 풍부하게 제공하였다. 그러나 공란, 상보적 분포 등의 특이한 분포 상황은 좀 복잡하기 때문

에, 만약 충분하고 믿을 만한 자료를 근거로 삼지 못한다면, 공란을 메우거나, 상보적 분포로 처리하는 것 등에 있어 형식주의적 오류를 범하게 될 것이다. 예를 들어, 칼그렌은 '群'(三等韻 앞에 출현함)과 '匣'(一, 二, 四等韻 앞에 출현함)가 상보적 분포를 이루는 것에 근거하여, 그것들이 하나의 동일한 근원에서 나왔다고 추정하고, '匣'(γ)는 상고의 gh에서 왔다고 보았는데, 이것은 어떠한 근거도 없는 것이다. 曾運乾(1927b), 羅常培(1938), 葛毅卿(1932, 1939) 등은 이 문제에 대해서 연구를 한 적이 있는데, 각자 문헌자료에 근거하여, 匣母는 群母와는 관계가 없으나, 喩三과 관계가 비교적 밀접하고 또 상보적 분포를 나타내므로, 6세기 초에는 본래 하나였을 것으로 간주하였다. 李榮(1965b)은 또 다른 각도에서, 현재의 방언 자료에 근거하여 옛 群母에도 一, 二, 四等이 있었다는 것을 증명하였는데, 즉 '群'과 '匣'은 분포상으로 상보적 관계가 아니라는 것이다. 이것은 '群'과 '匣'는 동원同源이라는 칼그렌의 결론을 근본적으로 뒤엎은 것이다. 오로지 형식에만 근거하여 공란을 채우고, 상보적 관계를 처리하는 것은 문제가 생기기 쉽다는 것을 알 수 있다. 董同龢(1944:19)는 특별히 이 점을 강조했는데, 그는 공란이 비록 흡인력이 있다 할지라도, 만약 자료의 근거가 불충분하다면 억지로 공란을 채우려 해서는 안 되며 재구할 때 모든 공란을 반드시 다 채워야 하는 것은 아니라고 지적하였다.

그러므로 공란의 분석은 언어사의 연구에서 그 나름의 가치는 있으나, 그것을 운용할 때에는 반드시 신중해야 하고 자료의 근거를 구하는데 힘써야 하며 주관적인 억측은 피해야 한다.

10.3 불규칙적인 형태 교체와 내적 재구

10.3.1 언어에서의 불규칙적인 형태 변화는 구조주의언어학자들이 내적 재구를 하도록 이끈 중요한 안내자이다. 여기에는 한 가지 중요한 이론적인 가설이 내포하고 있다. 즉 현재 불규칙적인 형태 변화는 원래는 모두

규칙적인 것이었으나, 어음 조건을 전제로 하는 계열적인 음변화의 결과가 불규칙적인 형태를 언어 중에 일부 잔존하는 현상으로 남아 있게 하였을 뿐이라는 것이다. 따라서 어떠한 어음 조건이 원래 규칙적이었던 구조를 오늘날의 불규칙적인 변화로 바뀌게 하였는지는 자연히 언어학자들이 최우선적으로 관심을 갖는 문제가 되었다.

10.3.2 불규칙적인 형태 변화를 발생시키는 원인은 아주 많은데, ablaut 와 umlaut는 그 중 특수한 두 가지 유형이다.

ablaut와 umlaut 이 두 개념은 그림(Grimm)이 제시한 것이다. 그는 이 두 개념을 전문과제로 삼아 연구하였으며, 언어 연구에 대한 그림의 '거대한 공적 중 하나'로 여겨지게 되었다.[6]

ablaut는 일반적으로 '모음교체'(alternation 혹은 gradation, 혹은 mutation), '모음변환' 혹은 '모음호환'으로 번역되는데, 원시 인구어의 모음을 연구하는데 있어 인기 있는 주제 중 하나였다. 그림 이후, 슐라이허, 브루크만(Brugmann), 소쉬르와 같은 영향력 있는 언어학자들도 모두 이에 대해 심도 있게 연구하여 인구어의 모음교체 중의 몇 가지 중요한 문제들을 해결하려고 하였다. 소쉬르의 원시 인구어 장모음 형성에 관한 분석은 (§10.1.3) 그 목적이 이러한 모음교체(ablaut)중의 문제를 해결하기 위한 것이었다. 이 문제는 아주 복잡해서, 인구어 제어의 모음변화 문제까지 언급해야 하므로, 우리가 여기에서 자세하게 토론할 필요가 없겠다. 우리가 연구해야 하는 문제와 직접적으로 관련 있는 것은, 이러한 모음교체(ablaut)가 언어체계에서, 예컨대 영어의 begin/ began/ begun과 같은 불규칙적인 형태 변화를 남길 수 있다는 것이다. 현대 언어학은 일반적으로 언어에서의 이러한 불규칙적인 변화에 근거해 ablaut를 간략하게 해석한다. 예를 들어, 하트만(Hartman, 1982) 등은 이렇게 해석하고 있다. "(ablaut는) 어간

....

6 Petersen(1958:39) 참조.

변화 중 모음을 통해서 단어의 다른 기능을 나타내는 수단의 일종이다. 예를 들어, 영어의 수많은 불규칙 동사의 세 개의 주요 부분이 그러하다(노래하다; sing/ sang/ sung)". 이러한 i~a~u와 유사한 모음교체 현상은 바로 역사비교언어학에서 토론한 원시 인구어의 ablaut가 영어 속에 잔존해 있는 것이다. 다시 말하자면, 원시 인구어의 규칙적인 모음교체는 어음 변천의 결과이기 때문에 일부 상용되는 단어 안에 남아있게 되었고, 일종의 불규칙적인 형태 변화가 되었다.

umlaut는 일반적으로 '모음변이' 혹은 '모음변화'로 번역된다. 이것은 하나의 모음이 뒤 음절 내의 모음, 특히 i나 j, 혹은 u나 w의 영향을 받아 발생한 변화를 가리키는데, 이 때문에 umlaut를 imlaut나 i-umlaut라고 하는 책도 있다. 불룸필드(1980)는 이 현상과 관련된 적지 않은 예들을 인용한 적이 있다. 그 예들은 다음과 같다.

	전 영어	고대 영어	현대 영어	의미
1.	*[gold]	gold	gold	금
2.	*['guldjan][7]	gyldan	gild	도금
3.	*[mu:s]	mus[mu:s]	mouse	쥐
4.	*[mu:si]	mys[my:s]	mice	쥐들(복수형)
5.	*[fo:t]	fot[fo:t]	foot	발
6.	*[fo:ti]	fet[fe:t]	feet	발들(복수형)
7.	*[gans]	gos[go:s]	goose	거위
8.	*['gansi]	ges[ge:s]	geese	거위들(복수형)
9.	*[drank]	dranc[drank]	drank	마셨다
10.	*['drankjan]	drencean['drenkan]	drench	침투하다, 뜨다

이들 예는 두 개가 한 조가 되며, 짝수 번호 예들의 첫째 음절의 모음이

----

7 이 형식 중의 [u]는 더 이른 동화작용으로 인한 것이다. [o]가 뒤의 [j]의 영향을 받아서 고모음의 혀 위치로 변한 것이다.

뒤 음절 모음의 영향을 받아 변화가 발생한 것을 알 수 있다. 실제로 이것은 어음의 동화작용의 일종인데, 단지 특수한 유형의 동화작용이기 때문에 특수한 전문용어를 사용해서 나타낸 것이다.

ablaut와 umlaut가 인구어에서 언어의 공시태를 구성하는 불규칙적인 어음 교체의 두 가지 중요한 현상이라는 것은 불규칙적인 어음 교체는 원래는 규칙적이고 체계적이었기 때문에 언어의 변천 과정을 거슬러 올라가는 데 안내자가 되어 규칙적인 원시구조를 재건할 수 있다는 것을 말해 준다.

10.3.3 인구어 제어에서, 영어와 같은 불규칙적인 형태 변화를 하는 언어는 매우 많이 있다. 이것은 외국인들이 이 언어를 배우는데 있어 어려운 점이겠지만, 언어사의 연구에 있어서는 오히려 중요한 자료가 된다. 메이예(1957:23)는 일찍부터 이 점에 주의하여 원시 공통어의 재구는 예외와 불규칙적인 변화를 되도록이면 많이 고려해야 한다고 생각했는데, 왜냐하면 "예외의 형식은 '공통어'의 형식을 확정짓는 데 사용하기에 가장 적합하기" 때문이다. 우리는 영어의 일부 불규칙 변화를 가지고 이 문제들을 설명할 수 있다. 먼저 다음 두 조의 영어 명사의 복수 접미사를 비교해 보자.

一		二	
단수	복수	단수	복수
book	books	wife /waif/	wives /waivz/
cat	cats	mouth /mauθ/	mouths /mauðz/
stamp	stamps	house /haus/	houses /hauzɪz/

첫 번째 조와 두 번째 조의 명사 복수 접미사는 서로 다르다. 첫 번째 조는 무성음 -s이고, 두 번째 조는 유성음 -z, -ɪz이다. 현대 영어의 명사 복수의 변화 규칙에 근거하여, 무성자음의 뒤에서는 -s로 읽고, 유성자음과 모음의 뒤에서는 -z로, 치찰음(s, z, ʃ, ʒ, ʧ, ʤ)의 뒤에서는 -ɪz로 읽는다. 첫 번째 조 명사의 단, 복수의 변화는 현대 영어의 음변화 규칙에 부합되지

만, 두 번째 조의 명사 복수 접미사를 유성음으로 읽는 것은 문자의 표기가 나타내는 어음과 모순된다. 단수 명사 어간의 마지막 자음은 분명히 무성음인데, 복수로 변할 때에는 왜 유성음으로 읽어야 하는가? 공시 음체계 중 이러한 규칙에 부합되지 않는 어음 교체는 어음변화 규칙이 복잡하게 얽혀서 반영된 것일 것이다. wife라는 단어의 단, 복수 형식을 한 예로 들어 보면, 어간 말미의 자음 'f', 'v'는 전자는 무성음이고, 후자는 유성음이라는 점에서만 구별되며, 기타 발음부위나 발음방법은 모두 같다. 이러한 불규칙적인 어음 교체는 언어학자들이 언어사의 중심부로 들어가 변화 규칙을 살필 수 있도록 이끄는 중요한 안내자가 된다. 우리는 유관한 현상들을 연계하여 이런 불규칙적인 변화에 대해 구체적으로 살필 수 있을 것이다.

영어의 명사와 명사에서 파생되어 나온 동사는, 어음상 wife~wives의 f/v 교체와 유사한 특징을 갖는다. 비교해 보자.

a mouth /mauθ/ (입)   to mouth /mauð/ (말하다)
a house /haus/ (집)   to house /hauz/ (집에 살다)

이러한 同形의 명사와 동사의 단어 끝에 오는 자음의 유, 무성의 교체는 명사 단, 복수의 불규칙적인 어음 교체 형식과 일치한다. 이러한 일치는 어간 말미의 무성자음을 유성음으로 읽는 것이 원래 규칙적인 어음변화 형식의 잔류일 것이라고 믿는 이유가 된다.

영어의 명사 복수와 동사의 파생 형식은 원래 모두 접미사를 덧붙이는 방법을 통하여 이루어진 것이다. 이 두 형식의 어간 말미의 무성자음을 전부 유성음으로 읽는 것은 아마도 접미사와 관련이 있는 것 같다. 이것은 우리에게 진일보한 탐색을 하도록 계시해 주고 있다.

고대 영어(A.D. 450~1050, 앵글로 색슨족의 침입부터 노르만 왕 윌리엄이 영국을 정복할 때까지), 중고 영어(1050~1450) 시기의 명사 복수 접미사에는 -es와 -en 두 가지가 있었다. 현대 영어의 많은 명사의 복수 형식은 전자의 형식인 -es의 변화이고(그 중 -e-[-ə-]는 변화 과정 중 소실되었다),

oxen과 children 등과 같은 단어 중의 -en만이 후자의 복수형식이 남아 있는 것이다. -es와 -en은 모두 古영어 시기에는 규칙적인 복수 형식이었다. 중고 영어 시기에 복수 접미사는 유추의 방식을 통해 간단하게 변하는 추세에 있었다. -es는 끊임없이 자신의 영역을 확대해 갔으나, -en의 운용 범위는 날이 갈수록 축소되었다. house, eye 등과 같은 단어의 복수 접미사는 원래 -en이었으나, 후에 하나하나씩 -es로 대체되었다. 앞에서 말한 불규칙적인 어음 교체에 대하여 말하자면, 문제는 이러한 대체에 있는 것이 아니라, 유, 무성의 교체에 있다. 이러한 교체는 아마도 동일한 음소의 분화였을 것이다. 그렇다면, 분화 전의 원형 음소는 무성음이었는가 아니면 유성음이었는가? 영어에서는 무성마찰음, 특히 모음 사이의 무성마찰음의 유성음화는 아주 흔하게 보이는 현상이지만 이와 반대로, 유성자음의 무성음화는 비교적 드물게 보인다. 따라서 이를 근거로 다음과 같이 가정할 수 있다. 무성자음의 음소는 다른 교체 형식의 두 가지 원형으로서, 이는 서면 자료를 통해 검증할 수 있다. 중고 영어 시기에 명사 복수 접미사의 어음 형식은 -es([-əs])였고, 초기 현대 영어(1450~1700, 세익스피어의 작품을 주요 대표로 한다)에 와서는 유성화되어 -ez가 되었다. 그리고 후기 현대 영어(1700 이후)에 이르러서는 어음의 동화작용으로 인해 'books'의 -s와 같은 종류의 복수 형식이 나타났다.

	중고 영어		초기 현대 영어				현대영어
books	[boːkəs]	〉	[buːkəz]	〉	[bukz]	〉	[buks]
dog	[dɔgəs]	〉	[dɔgəz]	〉	[dɔgz]	〉	[dɔgz]
rose	[rɔːzəs]	〉	[roːzəz]			〉	[rozɪz]

다시 말하면, 복수 접미사를 유성음 -z, -ɪz로 읽는 것은 규칙적인 형식이며, books의 -s류와 같은 무성음으로 읽는 것은 후기 현대 영어가 그 앞의 무성자음의 동화를 받아 만들어진 새로운 형식이다. 이러한 배경을 이해하

고 나서 앞에서 본 두 번째 조의 불규칙적인 복수 형식을 다시 보면, 그것은 일종의 규칙적인 형식임을 알 수 있다. 왜냐하면 그것들은 모두 상용어이기 때문에, 어음이 변화하는 과정에서 비교적 완고하여, 다른 어음에 동화되는데 대해 강하게 저항하였을 뿐만 아니라, 역으로 다른 어음을 동화시킬 수도 있었다. mouths[mauðz]와 같은 류의 '불규칙'형식은 어미가 유성음의 특징을 유지하였기 때문에 거꾸로 그 앞의 무성자음이 동화되어 그에 상응하는 유성음이 되었다. 이렇게 공시태 중의 불규칙적인 어음 교체는 규칙적인 것으로 해석할 수 있었으며, 언어학자들은 이에 근거하여 초기 영어 규칙의 구조를 재구할 수 있었다.

그러므로 형태 구조 중의 어음 교체에 착안하든지, 불규칙적인 변화 속에서 규칙적인 형식 및 어음변화의 흔적을 탐색하든지 간에, 언어 연구의 방법론의 측면에서 말한다면, 모두 그 나름의 가치가 있는 것이다.

10.4 내적 재구의 방법의 성과와 한계

10.4.1 내적 재구의 방법은 규칙적인 체계 내의 불규칙 현상에 착안하였는데, 실제로는 언어 체계 속의 구조적 차이에서 시작하여 언어의 변화를 연구하는 것이다. 차이는 언어사 연구의 객관적 기초이다. 역사적 비교방법은 동원성분同源成分이 각 방언이나 친족어에서 대응을 이루는 어음 차이를 비교하여 언어의 변화를 탐색하여 중요한 성과를 거두었지남, 음체계 구조 내부의 차이는 고찰하지 않았기 때문에, 이런 귀중한 자료를 이용할 방법이 없었다. 역사비교언어학의 시대에는 친족어를 찾지 못하고 고립되었던 언어는 그 역사를 연구할 방법이 없었다. 그래서 메이예(1957:10~11)는 "만약 어떤 언어가 고립되어 있다면, (그 언어에 관해) 언급할 수 있는 역사는 없다.…… 만약 바스크어를 가지고 모종의 다른 언어와 대비할 방법을 생각해 내지 못한다면, 이 언어의 역사를 건립할 희망은 영원히 사라지게 된다. 바꾸어 말하면, 만약 Marr와 Oštir는 이 방면에서, 그리고

Trombetti가 다른 방면에서, 바스크어와 지중해 연안의 여러 언어들을 비교했다면, 특히 코카서스계(Caucasian) 언어에 대한 시도가 성공했다면, 바스크어는 더 이상 고립된 언어가 아니라 역사의 영역 안으로 들어왔을 것이다"라 하였다. 메이예가 이로부터 얻은 결론은 비교 방법은 "언어사를 건립하는 유일한 방법"이라는 것이다. 지금은 내적 재구의 방법이 있음으로 해서, 체계 내부의 불규칙적인 변화나 공란, 특이한 분포 등의 현상에 대한 고찰을 통하여 언어의 변화를 탐색하고 그것들의 원시구조를 재구할 수 있으며, 역사적 비교방법이 힘을 발휘하기 힘들었던 영역에서도 지금은 대응할 방법이 생기게 되었다. 내적 재구의 방법은 역사적 비교방법의 부족한 점을 어느 정도 보완해주었고, 역사언어학의 변화를 촉진시켰다. 따라서 내적 재구의 방법은 언어사 연구에 있어 중요한 가치를 지닌다고 할 수 있다.

10.4.2 내적 재구의 방법은 소쉬르의 언어 체계 동질설의 이론에 근거하고, 인구어 제어 연구에 기초하여 탄생한 것으로서, 이론의 불완전함(§13.1.1)과 언어 자료의 한계는 내적 재구의 방법에 심각한 영향을 가져오지 않을 수가 없었다.

내적 재구의 방법은 언어 체계 내의 구조의 차이에 착안하였는데, 이 점에 대해서는 비난을 받을 이유가 없다. 그러나 어음 분포를 조건으로 하는 공시 구조의 차이에만 착안한 점은 그것의 심각한 결점을 드러낸다. 언어 내부의 차이는 여러 가지로 다양하다. 가령, 현대 寧波방언의 '酒'는 사람들의 독음에서 tɕiɐy, tɕiᵉY, tɕiY, tɕy (이때 '酒'와 '擧'는 음이 같고, 현재는 소수의 젊은 사람들로 국한되어 있다)의 차이가 있다. 이는 어음의 분포 조건과는 무관하며, 따라서 내적 재구의 방법은 어음체계 내의 이러한 차이를 이용할 방법이 없다. 중국어에는 이러한 어음과 유사하게 어음체계 내에는 광범위한 文白異讀 현상이 존재하고 있는데, 이 또한 중요한 차이이다. 구조분석법은 동질의 언어 체계 내부의 차이만 고려하였기 때문에, 자연히 이러한 방언의 상호 영향으로 인해 생겨난 차이를 이용할 방법이 없다(§16). 이것은 내적 재구의 방법이 협소한 범위 내로 국한될 수밖에 없도록 하여, 체계 내의 각종 변이 현상을 이용해 광범위하게 연구를 할 수 없었기 때문이다. 바로 이 때문에 내적 재구의 방법은 구조의 차이로부터 규칙적인 원시구조를 재건할 수밖에 없었다. 즉, 음변화의 '처음'과 '끝'에만 주의를 기울였을 뿐이었고, 각종 변이 현상을 이용하여 음변화의 구체적인 과정과 변화의 시간적 층위를 명확하게 정리해 낼 방법은 없었던 것이다.

내적 재구의 방법의 이러한 결점은 언어 체계 동질설의 이론적 기초와 관련이 있다. 왜냐하면 동질설은 방법론상 어음의 분포 조건을 기초로 하는 구조 차이 이외의 변이를 운용하는 것을 허용하지 않기 때문이다. 내적 재구의 방법을 개선하려면 반드시 그것의 이론적 기초를 개선시켜야 한다. 언어 연구의 방법론이 변화함에 따라, 이제는 언어가 동질의 체계가 아니라, 질서가 있는 이질적 구조(orderly heterogeneous system)라는 것을 알게 되었으며, 이 언어 이론에 근거하여 내적 재구의 방법의 시야를 넓혀야 하고, 각종 변이 현상을 운용하여 내적 재구의 방법을 가능한 한 수정과 보완해야 한다는 것을 알게 되었다. 이러한 문제는 어휘 확산(§12.5.2)과 언어 변이(§13, §14, §15)를 토론할 때 다시 구체적으로 분석을 할 것이다.

10.4.3 내적 재구의 방법은 어음의 분포를 조건으로 하여 발생한 음소의 분화는 처리할 수 있으나, 음변화 과정 중 발생한 음소의 합류는 처리할 방법이 없다. 예를 들면, 중국어에서 유성음의 무성음화로 인해 발생한 음소의 합류 현상(§8.3.1)은 내적 재구의 방법에만 근거한다면 음변화의 실마리를 찾기 어렵다. 왜냐하면, 우리는 현대 북방어의 어음체계에서는 원래의 유성음과 무성음의 분포 조건을 찾기가 어렵기 때문이다. 설령 북경어의 陰平과 陽平도 서면자료의 제시와 기타 방언의 증거가 없다면, 그것이 유성음이나 무성음과 관련이 있는지 알 도리가 없다. 중화는 음소의 합류와 관계가 있지만 참고할 만한 다른 자료가 없다면, 역시 공시 음체계의

음소의 중화로부터 통시적인 음소의 중화를 미루어 알기란 매우 힘들다. 따라서 음변화 과정 중의 음소의 합류현상은 아마도 내적 재구의 방법이 뛰어넘기 어려운 한계일 것이다.

확실히 음소의 합류는 내적 재구를 하는데 있어 하나의 난제이다. 왜냐하면, 그것은 차이의 증거가 부족하기 때문이다. 그러나 시야를 넓혀 어음체계 내의 각종 차이들을 고려한다면, 일부 합류현상에 대해서는 합리적이고 근거가 있는 분석을 할 수도 있다. 중국어의 성조에는 변화 과정 중에 일찍이 분화와 합류현상이 발생하였다. 일단 합류하면, 자연히 공시 음체계에서는 원래 調類와의 차이를 발견하기가 어렵다. 말을 할 때 한 글자의 성조는 상호 영향을 주어 연독변조 현상이 발생할 수 있는데, 어쩌면 이러한 성조변화로부터 가치 있는 분화와 합류의 단서를 찾을 수 있을지도 모른다. 다시 말해서, 또 다른 구조 측면의 차이나 혹은 변이를 운용하여 성조의 분화와 합류를 고찰할 수 있을 것이다. 浙江 溫嶺방언에서 한 글자의 성조는 다음과 같이 7가지가 있다.

| 陰平 | 33 | 陰上 | 42 | 陰去 | 55 | 陰入 | 55 (短調) |
| 陽平 | 31 | | | 陽去 | 13 | 陽入 | 11 (短調) |

조류의 분포로 보면, 陽上이 없는데 이것은 바로 하나의 공란이다. 이에 근거하여 溫嶺방언에는 원래 陽上의 글자가 분명히 있었을 것이라고 추론할 수 있다. 그런데 양상의 글자는 어디로 가버린 것일까? 이것은 알 길이 없다. 그러나 연독변조에 의거하면, 그 속에서 계시를 얻을 수 있을 지도 모른다. 연독변조 중 양평조에는 두 종류의 다른 규칙이 적용되는데 반해 기타 성조에는 통일된 한 종류의 규칙만 있을 따름이다. 陽平인 글자의 두 가지 변조 규칙은 다음과 같다.

  1. 두 글자가 연독변조될 때 앞 글자는 음평 앞에서는 35조로 변하고, 양평 앞에서는 24조로 변한다. 그 외의 성조 앞에서는 13조로 변한다. 뒷 글자

는 음거와 양거 뒤에서는 변하지 않으며, 그 밖의 성조 뒤에서는 51의 하강조로 변한다.

2. 연독변조의 앞 글자는 양평 앞에서는 35조로 변하고, 기타 성조 앞에서는 변하지 않는다. 뒷 글자는 일률적으로 성조가 변하지 않으며, 여전히 31의 低降調로 읽는다.

양평조가 연독변조에서 나타내는 이러한 차이는 그것이 두 종류의 서로 다른 성조가 합류하여 이루어진 것이라는 점을 설명한다. 그 가운데서 陽上調를 가려낼 수 있는데, 이것이 바로 조류 분포의 공란을 보완하는 것이다. 이 두 종류의 변조 규칙 중 어느 것이 본래 陽上字의 흔적인가? 중국어에는 서면 문헌이 있고, 비교할 수 있는 방언이 많기 때문에 자연히 두 번째 변조 규칙에 따라 변조된 것이 원래의 양상자라고 쉽게 결정할 수 있다.[8] 연독변조의 차이를 이용해서 성조가 변화하는 과정 중의 分合을 고찰하는 것은 중요한 방법론적 의의가 있다. 그것은 중국어 성조의 연구가 한글자 한글자의 성조의 분석으로부터 살아있는 언어의 연구로 진입하였으며, 이미 연독변조 등 고층위의 언어 현상과 어음 구조의 내재적 연계에 주의하고 있다는 것을 보여주고 있다. 侯精一(1980)는 어법구조의 패턴과 연독변조의 관계를 연계시켜 성조의 분합을 탐색하였는데, 이는 바로 이 방면의 문제에 대한 토론을 한 걸음 더 변화시킨 것이며, 동시에 어법 구조, 연독변조, 한 글자의 성조의 분합 사이에도 유기적 연계가 존재할 수 있다는 것을 설명해 주고 있다. 平謠방언의 한 글자의 성조는 음평과 양평이 구분되지 않으나, 偏正式, 並列式, 述補式, 名詞重疊字, 접미사 兒이 붙은 명사 등의 구조의 연독변조에서는 음평과 양평이 나뉠 수 있으며, 기타 상황에서는 뒤섞여서 구분되지 않는다. 이러한 상황은 우리에게 다른 층위의 차이를 이용하여 어음의 합류나 그 밖의 변화를 탐색하는 것이 중요한 가치가 있으며, 혹은 내적 재구의 방법의 단점을 수정하고 보완하는데 필요한 정보를 제공할 수 있을 것이라는 것을 알려준다.

....

8 李榮(1979) 참조.

11

언어의 확산(상): 지역 확산과 방언지리학

11.1 언어의 확산과 파동설

11.1.1 '확산(diffusion)'은 언어의 변천이 전파되는 방식의 일종이다. 지금까지 토론한 변화가 전 단계에서 다음 단계로의 변화를 가리킨다면, '확산'이란 것은 언어의 변화가 어느 한 지역에서 다른 지역으로 전파되어 나가는 것을 가리킨다. 혹은 체계 내의 소수의 단어들에서 시작된 변화가 점차 범위를 확대하여, 관련된 다른 단어들에까지 '확산'된다고 말할 수 있다. 물론 '전파'와 '확산' 역시 일종의 변화이지만, 착안점이 다르다. '변화'와 '변천'이라는 개념은 시간에 착안한 것이지만, '확산'은 공간에 착안한 것이다. 따라서 확산의 각도에서 언어의 변천을 연구하면 역사언어학에 있어 새로운 영역으로 진입할 수 있을 것이다.

11.1.2 역사적 비교방법의 이론적 틀과 계통수이론(§2.2.4)은 서로 관련이 있다. 즉 언어는 끊임없이 분화하는 과정에 있다고 가정하여, 분화하기 이전 시기에 있는 언어를 祖語 혹은 모어母語라고 부르며, 분화되어 나온 부분을 자어子語(daughter language)라고 부른다. 그리고 그 다음에는 같은 방식으로 끊임없이 분화하여, 현재 지구상 다양한 각종 언어 혹은 방언을

형성하기에 이르렀다는 것이다. 이러한 이론은 祖語의 내부는 통일적이며, 방언의 갈래는 없고, 방언이나 친족어가 형성된 것은 언어의 갑작스러운 분화의 결과이며, 언어가 분화된 후에는 각자 자신의 방향을 따라 변화할 뿐, 상호간에 연관도 없고 영향도 없는 것으로, 마치 나뭇가지가 나무줄기에서 갈라져 나온 후에 각기 저마다의 성장 방향에 따라 성장하는 것과 같다고 여긴다. 그러나 실제 언어 현상은 이런 모형도에 비해 훨씬 복잡한 것으로, 언어는 변화하면서 분화만 하는 것이 아니라 통일도 된다. 즉, 모든 언어는 자기만의 독립적인 변화만 하는 게 아니라, 다른 언어들과 서로 영향을 주고받기도 한다는 것이다. 또한 언어가 분화한 후에만 언어 상호간에 차이가 있는 것이 아니라, 바로 분화하기 전의 언어 내부에도 방언의 갈래가 있었다. 언어는 분화하는 과정에서 돌발적으로 분화한 경우도 있었고(예를 들면, 앵글로-색슨인이 브리튼에 정착하면서 대륙의 서게르만어와는 나누어졌다. 중세 초기에 북방의 슬라브인들이 로마 제국을 둘로 나누어서, 루마니어가 다른 라틴 언어와 나누어져 독립적으로 발전하게 하였다. 9세기 때 헝가리 민족이 동방에서 유럽으로 옮겨와 슬라브어 영역을 나누어, 슬라브어로 하여금 독립적인 변천을 하게 하였다 등등), 완만하게 분화한 경우도 있었는데, 이것이 더 중요한 의미를 지닌다. 총괄적으로 말해서, 실제 언어 현상은 매우 복잡하지만 역사적 비교방법의 가설이 언어 사이의 관계를 이상화, 단순화시켰기 때문에, 언어의 역사적 연구에 한계를 드러내게 하는 등 좋지 않은 영향을 끼쳤다. 블룸필드(1980:393)는 역사적 비교방법의 성과를 총괄하면서, "비교의 방법은 모어 내부에 존재하는 갈래를 고려하지 않았을 뿐 아니라, 친족어 사이에 발생하는 공통된 변화도 고려하지 않았기 때문에, 우리를 제한된 길로 인도할 수밖에 없었다"고 지적하였다. 이러한 원인 때문에, 어떤 사람은 계통수이론, 역사적 비교방법과는 완전히 다른 새로운 모형을 제시하여 언어의 변천과정 중의 일련의 문제들을 해결하려고 했는데, 이것이 바로 일반적으로 말하는 파동설(wave theory)이다.

11.1.3 파동설을 처음으로 제기한 학자는 슈미트(J. Schmidt)이다. 그는 계통수이론의 창시자인 슐라이허의 학생이었다. 그는 인구어족의 어떠한 어지와 다른 몇 개의 어지들 사이에 왕왕 특수한 유사점이 많이 있는데, 이것을 계통수이론을 가지고는 해석하기 어렵다는 사실을 발견하고, 1872년에 파동설을 제기하여 이 현상을 해석하였다. 우선 다음의 두 조의 예를 비교해 보자.

1					
도구격, 복수					
고트어	리투아니아어	고대 불가리아어	산스크리트어	고대 아일랜드어	라틴어
ˈwulfam	naktiˈmis	noʃtɪmi	padˈbhih	ˈferaʊ	
(to/by wolves)	(by nights)	(by nights)	(by feet)	(by men)	
여-탈격, 복수	viḷˈkams	vḷkomʊ	padˈbhjah		ˈpedibus
		(to wolves)	(to wolves)	(to/from the feet)		(to/from the feet)

2						
	산스크리트어	아베스타어	리투아니아어	그리스어	라틴어	고대 아일랜드어
'100'	çaˈtam	satəm	ʃimtas	he-kaˈton	kentum	ke:ð

제1조의 예를 보면, 명사의 굴절 접미사의 변화에서 게르만어와 발트-슬라브어에서는 m을 포함하고 있지만, 산스크리트어 등 기타 인구어 제어에서는 오히려 bh을 포함하고 있어서, 상호간에 평행적인 어음상의 대응 관계가 없기 때문에, 이를 근거로 게르만어와 발트-슬라브어는 역사적으로 어느 한 시기에는 일찍이 같은 변화를 하였던 적이 있고, 원시 인구어에서 분화되어 나온 하나의 어족이라는 가설을 세워야 할 것 같다. 그러나 이 가설은 제2조의 예와는 모순이 된다. 제2조의 예는 리투아니아어 등 발트-슬라브어와 동부의 산스크리트어 등과 같은 언어 사이에 공통된 유사점이 있어 전통적으로 사템어군(satem-languages)이라고 불리는데, 이들과 전통

적으로 켄툼어군(centum-languages)이라고 불리는 게르만어 등과 같은 언어와는 무관하다는 것은 말해 주므로, 게르만어와 발트-슬라브어가 어느 한 시기에는 같은 변화를 하였을 것이라는 가설은 부정된다. 계통수이론으로는 이런 모순되는 상황을 설명할 방법이 없다는 것을 감안하여, 슈미트는 파동설로 해석할 것을 제시하고, 원시 인구어 내부에도 방언의 갈래가 존재하고 있었다고 보았다. 각 방언의 특징은 마치 돌을 연못에 던졌을 때 생기는 파동과 같이 확산되어, 그 다음에 오는 다른 어족들로 하여금 상호 교차하는 공통된 특징들을 많이 나타내게 하는 것이다. 아래 그림의 각종 교차 현상을 비교해 보자.

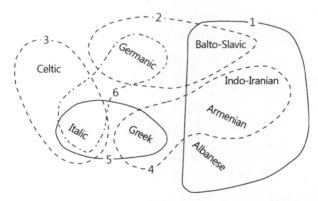

인구어족 제어 가운데서 특수한 유사성을 보이면서 중복되는 일부 자질의 분포. 이들 자질은 언어계통수 그림과 갈등을 빚고 있다. -Schrader에서 인용
1. 일부 형태에서 연구개음을 대신한 치찰음
2. [m]이 [bh]를 대신한 격어미 형식
3. [r]을 가진 수동태 어미
4. 과거시제에 나타나는 접두사 [ˈe]
5. 남성(陽性)접미사를 가진 여성(陰性)명사
6. 일반적인 과거시제로 사용되는 완료시제

이 그림에서 인구어의 어느 한 언어 구역의 한 면과 인접한 다른 어떤

언어 간에는 공통된 특징이 있고, 또 다른 면에는 또 다른 인접 언어와 공통된 특징이 있어, 각각의 어족(혹은 언어)들은 마치 끊임없이 이어지는 쇠사슬을 형성하는 것 같이 보인다. 이러한 쇠사슬에는 점진적인 過渡가 있기도 하고, 분명하게 나누어지는 경계가 있기도 한데, 슈미트는 이는 쇠사슬간의 어떤 매개물이 소실되었기 때문이라고 보았다. 예를 들어, 과도적 단계에 있는 일련의 방언들인 a, b, c, d, e, f, g, h, i, j, k… 에서, 어느 한 방언, 예를 들면 f방언이 정치, 경제, 문화 등의 원인 때문에 특수한 지위에 놓이게 되고, 기타 방언 지역에 있는 사람들이 경제 유통, 문화 학습 등의 수요 때문에 f방언에 정통하게 되면, f방언의 특성은 마치 파도처럼 확산되어 나가게 된다. 먼저 영향을 받는 것은 자연히 그와 인접한 방언 e와 g이고, 그 다음은 d와 h, 다시 그 다음은 c와 i로, 경제, 정치, 문화, 종교 등 방면에서 중요한 지위를 가진 또 다른 언어의 확산파의 방해를 받게 되어서야, 이 확산의 물결은 비로소 멈추게 된다. 확산의 중심에 가까운 방언일수록, 그와 중심 방언간의 공통점이 많아진다. 만약 f방언의 확산파의 한 편이 e, d, c, b 방언을 점차 없애고, 또 다른 한 편이 g, h, i, j 등의 방언을 점차 없애게 되면, 새로운 방언 계열인 a, f, k가 형성되고, 원래 방언 사이에 있었던 점진적인 과도는 사라져, a, f, k 사이에 현저한 구별만이 드러나게 된다는 것이다. 이와 같은 이론은 후에 方言地理學에서 진일보 발전하였다.

11.1.4 언어 자체는 생명이 없으므로 확산할 수가 없다. 그의 확산은 전적으로 사람들의 유동을 통해 이루어지는 것이기 때문에, 주민의 이주, 사회환경의 변화 등과 연관시켜 언어의 확산을 연구해야 한다.

중국어의 연구에서도 근래에 파동설을 가지고 중국 방언의 형성을 분석해야 한다고 주장한 사람이 있다. 張琨은 중국어의 방언은 절대로 하나를 둘로, 둘을 넷으로, 넷을 여덟로 나누는 계통수이론 방식으로는 형성될 수 없고, 인구 유동 등의 파동식 확산을 통해 생겨난 것이라고 생각했다.[1] 이 가설의 신빙성과 가치가 어떠한지에 대해서는 연구를 더 해봐야 하지만, 몇몇 방언의 형성은 확실히 이 가설에 무게를 실어 주었다. 이미 알려졌듯이, 客家方言의 형성과 중원中原 지역에 거주하던 한족의 南遷은 밀접한 관계가 있다. 1차 대이동은 東晉에서부터 隋唐까지로, 匈奴 등 이민족의 침입 때문에 並州(지금의 山西 太原 지역), 司州(지금의 河南 汜水懸 西北 지역), 豫州(역시 지금의 河南 경내) 등지의 한족은 남쪽으로, 멀리는 江西 중부로, 가깝게는 潁, 汝, 淮 三水 사이로 이주하였다. 2차 대이동은 唐末에서 宋까지인데, 黃巢의 봉기가 일어나고, 전란이 빈번히 일어났기 때문에, 河南 서남부, 江西 중부와 북부, 安徽 남부 등의 주민은 남쪽으로 廣東의 循州, 惠州, 韶州와 福建의 寧化, 汀州, 上杭 등지까지 이주하였다. 3차는 元 몽골족의 남침 때문인데, 閩西, 閩南의 주민은 廣東의 동부와 북부로 이주하였다.[2] 주민들의 이러한 대규모 이주와 유동으로 현재의 客家方言이 비로소 형성되었던 것이다. 客家方言의 중요한 어음상의 특징은, 예를 들어 말하자면, 中古全濁聲母의 파열음, 파찰음이 일률적으로 유기음으로 읽히는 것인데, 이는 宋의 西北方音의 특징을 반영하는 晉南方言의 백독음白讀音(§16.3.2)과 일치한다. 客家方言의 어떤 지방의 中古濁聲母 去聲字는 上聲으로 읽히는데 이 역시 晉南 지역의 어떤 방언과 서로 같다(§11.4.3). 지리적으로 멀리 떨어져 있는 두 지역에서, 각자 비슷한 聲韻상의 특징을 유지하고 있는 것은 우연일 수가 없는 것으로, 아마도 客家方言의 기원, 즉 언어확산파의 자취를 탐색하는 중요한 실마리가 될 수 있을 것이다.

北京方言의 형성 역시 이러한 확산의 파동설에 시사성이 강한 근거를 제공할 수 있다. 北京語와 그 부근 각 지역 방언과의 특징을 비교해보면, 흥미로운 일련의 현상들을 발견할 수 있다. 동쪽의 順義에서는 그 성조 체계가 北京語와 일치하지만, 그 옆의 平谷에서의 陰平과 陽平의 調値는 오히려 북경과 정반대이다. 북경 사람이 "墻上挂着一杆槍"을 平谷사람이

---

1 徐通鏘(1984b:248)
2 羅香林(1992) 제2장 참조.

말하는 것을 들으면, 마치 "槍上挂着一杆墙"처럼 들리는데, 이는 '槍', '墙' 두 글자의 調値가 두 지역에서는 완전히 반대이기 때문이다. 楊村은 天津에서 불과 2, 30리 밖에 안 떨어져 있지만, 그 聲調체계는 天津語와 다르고, 오히려 200여리 밖의 北京語와 일치한다. 다시 더 먼 곳으로 확대시켜 보면, 北京語의 聲調는 東北의 언어와 같거나 비슷하다. 이로써 北京語의 근원은 東北에 있었는데, 만주족이 山海關 안으로 들어옴에 따라 주민들은 안쪽으로 이주하고, 東北方言의 확산파가 북경과 그 부근 지역까지 확대되어, 원래의 北京 土語를 덮어버리고 그것이 밑바닥이 되도록 하였다고 가

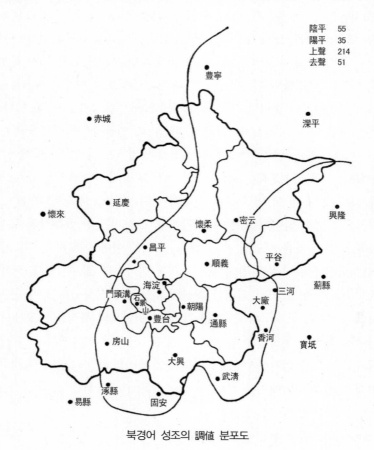

북경어 성조의 調値 분포도

정해 볼 수 있다. "옛 北京音은 본래 津浦線 상의 東南에서 西北에 이르는 大河北方音과 매우 비슷하였다. 후에 비로소 山海關에서 保定까지의 이 경계선과 충돌하게 되었다."[3] 만약 調値로 기준을 삼아 한 언어의 확산파를 그리게 되면, 北京語의 언어구역은 東北까지 곧바로 뻗어나가는 것을 볼 수 있다. 따라서 北京語라고 해서 그것의 구역이 '北京'이라는 지명의 제한을 받아서는 안 된다. 위의 그림을 보도록 하자(이 그림은 林燾 교수가 제공한 것임).

파동설을 가지고 중국어 방언의 형성을 해석하는 것도 일리가 있어 보이지만, 각 방언의 형성 과정은 사회 발전의 역사를 참조하여 구체적으로 탐구해야 할 것이다.

11.1.5 파동설의 언어확산도와 계통수이론의 언어계통도 간에는 차이가 많으므로, 두 가지는 각기 서로 다른 측면에서 언어의 변화를 연구하고, 각자의 결론을 내려야 한다. 파동설이 계통수이론보다 뛰어난 점은 언어 간의 관계와 상호영향에 대해 유연성 있게 설명할 수 있다는 것이다. 이 두 이론은 줄곧 대립되는 모형으로 여겨져 왔지만, 사실은 서로 대립적인 것이 아니라 상호보완적이다. 즉, 계통수이론은 언어의 분화에 착안한 것이며, 파동설은 언어 간의 상호영향에 착안한 것이고, 계통수이론은 돌발성을 띤 분화에 착안한 것이지만, 파동설은 점진성을 띤 확산에 착안한 것이다. 계통수이론은 시간에 착안한 것이지만, 파동설은 공간에 착안한 것이라는 등등이다. 만약 언어사 연구가 역사적 비교방법을 기초로 삼는다면, 파동설은 바로 역사적 비교방법의 부족함을 보충할 수 있는 것이다. 따라서 어떤 사람들은 이 두 가지를 모두 발생학적 연구의 틀에 넣으려고 시도하였는데, 계통수이론은 언어 관계의 動態에 관한 모형으로서 언어 분화의 과정을 도식화한 것이고, 파동설은 언어 관계의 靜態에 관한 모형으로서

---

3 俞敏(1984:284). '토지구획선'은 청대의 공신들이 山海關 안에 들어와 차지하였던 땅이다.

과거 어떤 단계에서의 언어 간의 共時發生學的 관계를 설명해준다고 생각하였다. 따라서 현대의 역사적 비교방법은 광범위하게 이 두 가지 종류의 모형을 다 사용하는데, 이는 결코 우연이 아니다.

11.2 방언지리학의 흥기와 음변화 규칙설에 대한 충격

11.2.1 파동설의 언어확산이론은 후에 방언지리학에서 진일보 발전하였다. 방언지리학은 언어지리학이라고도 하는데, 언어의 특징이 지리적으로 분포한 상황을 연구하며, 이러한 분포를 나타내는 지도를 그리기도 한다. 하지만 방언지리학과 언어확산이론을 서로 연결시키는 것, 이것은 일종의 '아이러니'로, 방언지리학이 최초 의도하였던 바와는 완전히 상반되는 것이다.

11.2.2 19세기 70년대, 어음의 변화규칙에 대한 연구는 빛나는 성과를 거두었는데, 이 때 음변화 규칙에는 예외가 없다는 주장(§6.4.1)이 제기되었다. 그러나 표준어에도 늘 불규칙성을 나타내는 일련의 성분들이 있기 때문에 학자들은 표준어는 혼합된 것이지 순수한 것이 아니며, 외딴 시골의 방언에는 순수하고 단일한 언어 형식이 존재할 수 있으므로, "음변화 규칙에는 예외가 없다"는 이론을 위한 충분한 근거 자료를 찾을 수 있을 것으로 생각하였다. 이것이 바로 방언에 대한 조사와 연구를 촉진시켰다.

초기의 방언지리학의 연구에 가장 영향을 많이 준 것은 독일의 언어학자 벤커(Georg Wenker)의 언어 조사였다. 벤커는 청년어법학파의 열렬한 지지자로서, 방언의 연구를 통해 "음변화 규칙에는 예외가 없다"는 가설을 실증하고자 하였다. 레스키엔(August Leskien)이 음변화 규칙에는 예외가 없다는 가설을 제기한 바로 그 해(1876)에 벤커는 라인강 지역의 모든 초등학교 교사에게 한 부당 약 300개의 단어로 이루어진 40여개의 단구들이 포함된 조사표를 부치면서, 각자의 방언으로 그 문장들을 바꾸고, 그것을 통용되는 자모표를 사용하여 써 줄 것을 부탁하였다. "음변화 규칙에는 예

외가 없다"는 가설에 근거하여, 벤커는 "高地독일어와 低地독일어 사이에
는 당연히 확연히 드러나는 경계선이 있을 것"이라는 가설을 세웠다. 그러
나 실제로 상황은 그의 바람대로 되지 않았고, 완전히 반대로 나타났다.

11.2.3 高地독일어와 低地독일어의 구분과 제2차 게르만어 자음추이의
규칙은 서로 연관되어 있다. 그림(Grimm)의 법칙이 나타내는 음운규칙
(§6.2.1)은 세칭 제1차 게르만어 자음추이의 규칙으로, 이 규칙의 작용으로
인하여 원시 게르만어와 인구어족의 기타 언어가 나누어지게 되었다. 제2
차 게르만어 자음추이의 규칙은 그 시간이 한참 늦은데, 대개 문자 기록이
있기 이전 오래지 않은 시기에 독일 남부 지역에서 일어났던 1차 음운변화
에서 발생하였다. 바로 이 음운변화로 인하여, 독일어는 남과 북 두 개의
大方言으로 나누어져 남부 방언은 高地독일어, 북부 방언은 低地독일어라
고 불린다. 이 음운변화는 파열음의 첫 음, 중간음(음절사이), 마지막 음에
서의 음운변화와 관련이 있다. 영어는 앵글로-색슨인이 잉글랜드를 침입함
에 따라 서게르만어파의 각 언어와 이미 분리되었기 때문에, 이 음운변화
의 영향을 받지 않았다. 영어와 독일어의 어음 차이를 비교해 보면, 바로
제2차 게르만어 자음추이규칙(표에서 z=[ts], ph=[pf], 33=[s], (h)h, ch=[x])
을 발견할 수 있다.

서 게르만어	현대 영어	古 低地 독일어	古 高地 독일어	표준 독일어
*p	pipe	pīpa	phīfa	pfeife
	apple	appul	aphul	Apfel
	sleep	slāpan	slāfan	schlafen
	ship	scip	scif	Schiff
	'play	spil	spi	Spiel
*t	two	twē	zwei	zwei
	heart	herta	herza	Herz

서 게르만어	현대 영어	古 低地 독일어	古 高地 독일어	표준 독일어
	eat	etan	eȝȝan	essen
	water	watar	waȝȝar	Wasser
	that	that	daȝ	das
	stone	stēn	stein	stein
*k	break	brekan	brehhan	brechen
	I	ik	ih	ich
	shine	skīnan	skīnan	scheinen

　　제2차 게르만어 자음추이의 규칙을 거쳐, 독일어는 高地독일어와 低地독일어라는 두개의 大方言 지역을 형성하였다. 두 방언의 어음 차이를 비교해 보면, 그 음운변화의 주요 규칙은 다음과 같이 귀납될 수 있다.

低地독일어(변화 전)	高地독일어(변화 후)		
	게르만어 마찰음 */f/ */s/ */h/ 뒤	첫음절, 마찰음 이외의 다른 자음 뒤, 중첩	모음 사이, 마지막음절
/p/	/p/	/pf/	/f/
/t/	/t/	/ts/	/s/
/k/	/k/	[k][kx][x]	/x/
		(방언의 차이)	

　　11.2.4 벤커는 원래 라인강 지역의 언어 조사를 통해 高地독일어와 低地독일어 간의 명확한 경계선을 가상하였지만, 조사 결과를 지도에 표시할 때 같은 특징을 가진 방언점들을 선으로 이어 보니, 음운변화의 규칙이 단어에 반영된 것에는 분명한 경계선이 없다는 것을 바로 발견할 수 있었다. 이처럼 서로 같은 언어적 특징을 가진 선을 일반적으로 등어선(Isogloss)이라고 부른다. 예를 들면 다음과 같다(그림은 T. Bynon(1979:176)에서 가져옴).

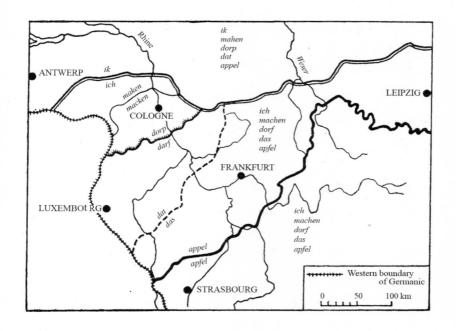

그림의 위쪽에 동서로 가로지르는 등어선이 maken/maxen선으로, 高地독일어와 低地독일어를 구분하는 중요한 등어선이다. 이 등어선은 서쪽을 향하여 라인강 동쪽 약 40km되는 지방까지 뻗어나가다 부채꼴의 형식으로 서북과 서남으로 펼쳐져, 소위 '라인강의 부채'를 형성하였다. 이 부채 안에서 우리는 제2차 게르만어 자음추이의 규칙이 어떤 등어선과도 일치하지 않음을 알 수 있다. 'ik'와 'ich'를 구분하는 등어선을 윌딩겐선(Ürdingen line)이라고 부르는데, 이 등어선이 윌딩겐 마을의 북쪽에서 라인강을 횡단하기 때문이다. 'maken'과 'machen(maxen)'을 구분하는 등어선을 벤라트선(Benrath line)이라고 부르는데, 이 등어선은 벤라트 마을의 북쪽에서 라인강을 횡단하기 때문이다. 이 두 선은 'k'의 변화를 보여주는 등어선이 불일치하다는 것을 보여주는 것으로, "음운변화는 같은 방식으로 모든 단어에 영향을 줄 수 있다"는 청년어법학파의 추론이 음운변화의 지역 분포에 있어서의 복잡성을 고려하지 않았다는 것을 설명해 주는 것이다.

여기서 부채꼴로 전개되는 서로 다른 등어선들은 대체로 정치, 행정 구역의 구분과 일치한다. 벤라트선은 "대체로 이전의 베르크(Berg, 라인강 동쪽)와 윌리히(Jülich, 라인강 서쪽) 두 지역 영토의 북쪽 경계에 상당하는 것"이고, "윌딩겐선은 북쪽 경계에 바짝 붙어 있는데, 한 면은 1789년에 없어진 나폴레옹 이전의 윌리히와 베르크 두 나라이고, 다른 한 면은 쾰른(Cologne) 選諸侯領이다. 바로 윌딩겐의 북쪽에서 칼덴하우젠(Kalden-hausen) 마을이 윌딩겐선에 의해 나누어져, 서쪽 지역에서는 [ex]라고 하고, 동쪽 지역에서는 [ek]라고 발음한다. 조사에 의하면, 1789년까지 줄곧 마을의 서쪽은 쾰른 선제후령(천주교)에 속하고, 동쪽은 뫼르스(Mörs) 伯爵領(신교)에 속했었다고 한다. 지도상에는 또 서남쪽을 향해 갈라지는 두 개의 등어선이 있다. 하나의 선은 '마을[dorp-dorf]'이라는 단어를 북쪽에서는 [p]라고 읽고, 남쪽에서는 [f]라고 서로 대립되게 읽는 것으로 대표된다. 이 선은 대개 1789년의 남부 경계에 해당되는데, 한 면은 윌리히, 쾰른과 베르크이고, 다른 한 면은 트리어(Treves) 선제후령이다. 다시 남쪽으로 가서, '그것'이라는 뜻의 [dat-das]라는 단어를 북쪽에서는 [t]로, 남쪽에서는 [s]라고 서로 대립되게 읽는 등어선이 갈라져 나가는데, 이 선은 또한 이전의 트리어 선제후령과 대주교 관구의 남부 경계선과 대체로 일치"한다. "이 모든 것들은 언어 특징의 분포가 사회 조건에 의존하고 있음을 보여주는 것이다."[4]

벤커가 시작한 작업은 매우 의의가 있는 것으로, 방언지도는 청년어법학파의 주장이 단편적이라는 것을 처음으로 드러냈고, 언어 변천의 또 다른 일면을 보여주었다. 그러나 그의 작업에도 결함이 있었는데, 음을 기록하는 사람이 엄격한 음성학적 훈련을 받지 않아서, 어음을 기록할 때 가지고 있었던 자신만의 특징을 고칠 수도 없었고 심지어는 확정할 수도 없었다는 것이다. 벤커의 계획은 어음을 조사하는 데에는 적합하였지만, 어음을 연

4 블룸필드(1980:428~429).

276 역사언어학 - 중국어를 중심으로 -

구하기에는 특히 부족함이 많았으며, 형태변이에 대한 자료 역시 너무 적었다. 후에 독일의 언어학자들이 이 결점을 인식하고 연구를 진행하여 벤커의 부족한 점을 보충하였다.

11.2.5 벤커의 뒤를 이어 방언지리학 방면에서 중요한 위치를 차지하며 큰 영향을 끼친 사람은 프랑스 언어지도의 편찬자인 질리에롱(J. Gilliéron)이다. 그는 벤커의 교훈을 받아들여, 시작하자마자 바로 에드몽드(Edmond Edmont)라는 사람을 훈련시켜서 그로 하여금 각지에 가서 자료를 수집하게 하였다. 에드몽드의 귀는 매우 예민하였으며, 자전거를 타고 도처를 다니며 직접 사람들에게 물어보았다. 그는 2,000여개의 단어와 단어구로 된 조사 수첩을 가지고 정확하고 믿을만한 많은 자료들을 기록하여, 질리에롱이 방언지리를 연구하는데 좋은 토대가 되었다.

질리에롱은 슈하르트(Hugo Schuchardt)의 학생이었다. 슈하르트는 청년어법학파의 반대파로서, 청년어법학파의 전성기에도 그들의 음변화 규칙설에 반대하였다. 그는 단어와 사물(Wörter und Sachen)은 밀접한 관계에 있어서 사물을 연구해야만 비로소 단어를 연구할 수 있으며, 사회 환경(예를 들어 농민의 관습)을 잘 알아야만 이러한 환경과 서로 연관이 되는 언어를 연구할 수 있다고 생각하였다. 사물과 단어에는 각기 자신만의 역사가 있고, 이러한 역사는 자신만의 특징을 가지고 있으므로, 확정된 규칙을 가지고 연구하기는 어렵다고 생각하였다. 슈하르트가 당시의 음변화 규칙에 대한 학설에 반대하자, 사람들은 그를 "한 사람이 혼자 창을 들고 적진에 뛰어들어 거대하고 힘 있는 학파 전체를 반대하는 돈키호테식의 반란을 일으킨 전형"[5]이라고 하였다. 질리에롱은 슈하르트에게 수업을 받으면서 그로부터 크게 영향을 받았다. 그가 프랑스 방언지리학을 연구하던 시기는 어휘를 중점적으로 연구하던 시기였다. 에드몽드의 조사 수첩은 바로

---

5 말키엘(1964:15~25) 참조.

2,000여개의 단어와 단어구로 되어 있었는데, 그는 엄격하게 각 단어의 모든 세부적인 사항과 그 역사를 확정하여, 어음이 단어의 역사적인 상황을 이해하는데 도움을 주는 경우만을 고려하였다. 그는 독립적인 어음의 변화는 존재하지 않고, 단지 단어의 변화만이 있을 뿐이라고 생각하였다. 즉, 음변화 규칙은 단지 일종의 허구일 뿐이라는 것이다. 질리에롱과 마리오 로퀘스(J. Gilliéron & M. Roques(1911))의 글은 바로 이러한 허구를 버리기 위한 것으로, 외부 영향을 가지고 어음의 변화를 해석하는 방법을 세웠다. 그래서 그는 방언지도를 만들 때 주로 지리적 분포에서 단어의 특징을 살펴, 결국 언어의 각 특징들은 거의 모두 자체의 등어선을 가지고 있음을 발견하고, "모든 어휘에는 자체의 역사가 있다"라는 유명한 슬로건을 제시하였다. 이 슬로건의 기본 정신은 슈하르트의 이론과 일맥상통하는 것이다. 언어에 단지 단어의 역사만이 있는 이상, '방언', '토어'와 같은 개념은 존재할 여지가 없게 되는 것이다. 질리에롱(1919)은 "우리들의 생각은……토어라고 불리어지는 이 허위적인 언어단위는 충분히 파괴할 수 있는데, 이 개념이 가리키는 것은 단지 어떤 마을 사람들 혹은 심지어 어떤 무리의 사람들이 라틴어의 유산을 충실하게 보존하고 있다는 사실에 지나지 않을 뿐이다. …이것이 바로 우리로 하여금 과학적인 활동의 기초로 삼는 토어를 버리지 않을 수 없게 하니.…따라서 단어에 대한 연구와 토어에 대한 연구가 서로 대립하게 되었다." 이와 같이 질리에롱은 "모든 어휘에는 자체의 역사가 있다"는 주장을 기초로 하여, 더 나아가 방언과 토어의 존재와 음변화가 규칙적이라는 학설을 부정하였으며, 각 단어의 역사를 연구하는 것이 방언사 연구를 대체하게 될 것이라고 생각하였다. 이로써 이론과 실천에 있어서 일련의 문제가 제기되었는데, 즉 어음의 변화에는 규칙이 있는가 없는가? 방언, 토어가 있는가 없는가? 등어선이 방언, 토어를 구분하는데 어떤 작용을 하는가? 등등이다. 이러한 문제들은 모두 깊이 있게 탐구할 만한 가치가 있는 것들이다.

11.3 등어선과 방언 구역의 구분

11.3.1 언어의 확산은 점진적인 것으로서, 만약 어휘를 단위로 삼아 서로 같은 독음을 가진 어휘를 선으로 이어 지도에 표시를 한다면, 방언 구역의 경계선에서는 반드시 각기 다른 방언 특징들이 교차되는 양상이 드러나므로, 분명한 경계선을 그을 수가 없게 된다. 과거에 방언을 조사했던 어떤 사람이 프랑스의 보르도(Bordeaux)에서 출발하여 북부와 남부 갈리아로마의 토어 간의 경계선을 확정하려 하였는데, 결과적으로 예기한 가설을 증명할 방법이 없어서, 목적을 달성하지 못하고 중단한 적이 있다. 그러나 이것이 방언, 토어를 구분할 수 없다는 근거로 간주될 수는 없다. 각 방언의 중심 지역에서는 언어가 비교적 통일적이고, 단지 가장자리 지역에서만 각종 특징의 등어선들이 복잡하게 한데 뒤엉키어 하나의 등어선 밀집 지역을 형성하게 되는데, 이것을 등어선 다발이라 부를 수 있다. 이러한 밀집 지역을 지나게 되면 또 다른 방언의 중심 지역으로 들어갈 수 있다. 이와 같은 등어선 다발을 서로 다른 방언의 연접지역 혹은 서로 다른 방언의 분계선이라고 부를 수 있다. '라인강의 부채'에서 각 등어선들은 바로 高地독일어와 低地독일어를 구분하는 등어선 다발이 되는데, 남쪽은 高地독일어에, 북쪽은 低地독일어에 속한다. 이와 같은 등어선 밀집 지역으로써 언어의 확산 과정을 설명할 수 있기 때문에, 언어사의 연구에 있어서 중요한 가치를 지니고 있는 것이다.

11.3.2 등어선 밀집 지역이라 하더라도, 방언을 구분할 때 각 등어선의 가치 또한 모두 같은 것은 아니다. 예를 들어, 吳方言과 기타 방언의 접경 지역의 각종 등어선 중에서, 유성음의 등어선이 가장 중요하다. 趙元任 (1956:1)은 "광의의 吳語는 江蘇의 동남부와 浙江의 동북 대부분을 포괄한다. 이러한 吳語 관념에 대한 정의 혹은 이 관념의 성립 가능 여부는 자세한 연구가 행해지고 나서야 알 수 있을 것이므로, 현재의 잠정적인 '가설'은

잠시 幇滂並, 端透定, 見溪群의 三級分法을 吳語의 특징으로 삼는 것이다"
라 하였다. 확실히 이 三級分法은 吳語의 중요한 특징으로, 중국어의 북방
방언과 대부분의 남방 방언의 파열음과 파찰음은 모두 유기음과 무기음의
두 급으로만 구분되므로, 유성음의 유무가 吳方言과 기타 방언의 경계를
짓는 관건이 되는 등어선이 되어야만 한다. 현재 중국어의 방언지도는 바
로 이 등어선을 근거로 吳方言과 기타 방언의 경계를 나눈 것이다. 310쪽의
그림(≪方言≫, 1984년 제2기에서 가져옴)은 吳方言의 북쪽 경계 일부 지
역의 상황을 표시한 것이다.

따라서 이와 같은 결정적인 등어선을 찾아낼 수 있다면, 바로 방언 구역
을 구분하는 열쇠도 찾아낸 것이라 할 수 있다.

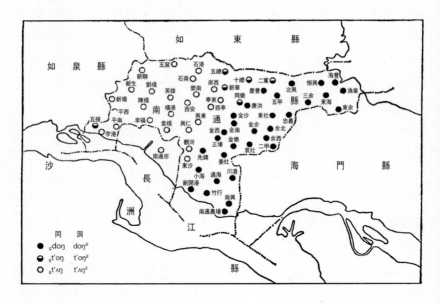

11.3.3 등어선은 언어의 기준에 근거하여 나누어진 것이다. 그러나 이
언어의 기준이란 것은 종종 사회적, 문화적, 심지어 종교적 조건과도 밀접
하게 연관되어 있다. §11.2.4에서 분석한 '라인강의 부채' 중의 각 등어선은
모두 사회, 정치, 종교 등의 사회 조건과 서로 연관되어 있다. 중국어의

방언이나 하위 방언의 구분 역시 明, 淸代의 '府'나 '州'의 설치와 밀접한 관계가 있다. 우선 아래의 두 방언지도(≪方言≫, 1984년 제1기에서 선택)를 비교해 보자.

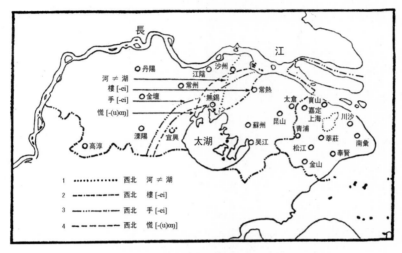

[그림 1] 上海, 蘇南지역 吳語의 4가지 어음특징 분계선

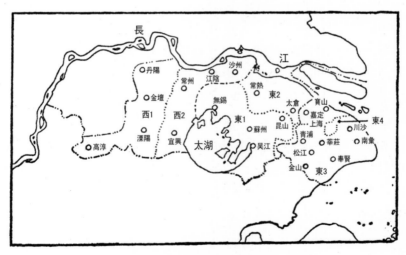

[그림 2] 上海, 蘇南지역의 吳語 지역구분

그림 1에는 4개의 등어선이 있는데, 上海와 蘇南 지역의 吳語를 동서 두 구역으로 나누었다. 첫 번째 등어선은 歌, 戈韻과 模韻의 독음의 차이를 나타내고 있는데, 등어선의 동쪽은 '河＝湖'이고, 등어선의 서쪽은 '河≠湖'이다. 두 번째 등어선에서 侯韻의 글자가 등어선의 서쪽에서는 현재 [ei]로 읽히고, 등어선의 동쪽에서는 [ɤ], [œ], [e] 등으로 읽는다. 세 번째 등어선에서 尤韻(知·照系와 日母)이 등어선의 서쪽에서는 현재 [ei]로 읽히고, 등어선의 동쪽에서는 [ɤ], [œ], [e] 등으로 읽는다. 네 번째 등어선은 '慌, 荒'이 등어선의 서쪽에서는 [uaŋ] 혹은 [aŋ]으로, 등어선의 동쪽에서는 [ã] 혹은 [uã]로 읽히는 것을 가리킨다. 이 네 개의 등어선 중에서 방언 경계선을 구분할 때에는 어느 선이 더 중요할까? 만약 단지 언어 자체의 기준에서만 본다면 말하기 무척 어려울 것이다. 만약 이러한 기초에서 더 나아가 사회 역사적 조건을 참조한다면, 방언의 차이가 明, 淸代의 행정구역 '府'나 '州'와 밀접한 관계가 있음을 찾아내는 것이 어렵지는 않을 것이다. 이 하나의 구역이 과거에는 松江(上海, 莘莊, 川沙, 南匯, 奉賢, 金山, 松江, 靑浦), 太倉(寶山, 嘉定, 太倉), 蘇州(蘇州, 常熟, 昆山, 吳江), 常州(常州, 無錫, 江陰, 沙州, 宜興) 등 네 개의 府로 나누어져 있었다.

어음의 차이에서 보면, 無錫은 蘇州에 가깝고, 宜興, 江陰, 沙州는 常州와 더 가깝다. 이것에 근거하여, 동서 두 구역의 하위 방언의 분계선은 당연히 네 번째 등어선을 기준으로 하여, 常州, 江陰, 沙州—無錫, 常熟의 사이로 정해야 한다. 이렇게 서쪽 구역은 대체로 옛날의 常州府의 관할 구역과 서로 일치하며, 동쪽 구역은 옛날의 松江, 太倉, 蘇州 세 府의 관할 지역과 가깝다. 만약 한 구역 내에서 다시 어음 차이에 근거하여 더 세밀하게 구분을 한다면, 더 작은 次方言으로 나누어질 수 있다. 그림 2에서 보이는 것처럼, 동쪽 구역의 하위방언의 구분은 옛날의 府가 통치하던 관할 구역과 대체로 일치한다.[6]

----

6 許寶華, 游汝杰(1984) 참조.

상술한 각각의 상황은 모두 등어선은 단지 언어의 특징뿐 아니라 사회정치, 경제, 문화, 종교 등의 조건과도 밀접한 관계가 있는데, 이러한 조건들이 사람들 간의 교류의 빈도에 영향을 줄 수 있기 때문이다. 블룸필드 (1980:428)는 "비교적 오래된 환경조건 하에서도 새로운 정치적 경계가 설정되면 50년 이내에 모종의 언어 분기가 생기고, 오랫동안 유지되던 정치적 경계에 따르는 등어선은 경계가 철폐되고 나서도 약 200년 동안이나 별다른 움직임이 없이 지속되는 것으로 알려져 있다. 이는 기본적인 상관관계로 보인다. 만일 중요한 등어선이-이를테면 북부 독일에서 볼 수 있는 농촌가옥의 구조 차이를 표시하는 것과 같은- 문화적 구분을 나타내는 다른 등어선과 일치하거나 혹은 강이나 산맥과 같은 지리적 장벽과 일치한다면, 이들 (지리적) 자질 역시 정치적인 경계와 일치한다는 사실을 천명하는 방증일 뿐이다"라고 하였는데, 이러한 주장은 매우 일리가 있는 것이다.

11.3.4 이제 질리에롱(J. Gillieron)이 제기한 몇 가지 문제로 돌아가 논의해 보자. 첫째, 방언과 토어가 존재하는가? 방언과 토어를 구분할 수 있는가? 이에 대한 대답은 긍정적이다. 우리는 많은 힘을 들여 방언과 토어를 연구해야 하지만, 개개 어휘의 역사적 연구로 방언과 토어 연구를 대신할 수는 없다. 따라서 질리에롱의 결론은 옳지 않다. 단 방언지리라는 방법으로 어휘의 역사를 연구한 것은 좋은 방법이며 큰 가치를 지니고 있다. 방언지리를 이용하는 방법은 언어 차이를 지도상에 나타내어 일별하면 한눈에 알 수 있게 하는 것이다. 후에 많은 학자들이 이런 방법을 광범위하게 사용한 것도 결코 우연이 아니다.

둘째, 질리에롱은 음변화의 규칙성은 일종의 환상이며, 허구이기 때문에 버려야만 하고, "모든 어휘에는 자체의 역사가 있다"라는 것으로 "음변화 규칙에는 예외가 없다"라는 개념을 대신해야 한다고 생각했다. 분명 이 주장 역시 옳지 않다. 우리는 서로 다른 방언구역을 구분할 수 있으며, 방언교차지역에서 관건이 되는 등어선을 찾아낼 수도 있고, 이러한 사실 자체가 명확하게 어음의 변화에는 규칙이 있다는 것을 설명해 주고 있기 때문에 음변화의 규칙성은 환상이나 허구가 아니다.

방언지리학파는 청년어법학파의 언어이론에 반대한다. 그런데 재미있는 것은 방언지리학파의 연구 성과는 오히려 역사적 비교연구에 쓰일 수 있으며, 게다가 참고 가치가 상당히 크다. 메이예(1957:54, 57)는 이 점에 대해서 언급하며 다음을 지적했다. 역사적 비교방법이 지리적 방법을 사용했기 때문에 "비교의 방법은 우리의 예상을 뛰어넘는 정밀성, 보편성, 편리함을 얻었다", 왜냐하면 "각종 대응체계를 연구하는 비교문법이 고찰한 것은 각종 토어보다 동일한 '공통어'로부터 전해 내려온 전체 토어 내부에 존재하는 어떤 同類의 사실을 우선하였기 때문이다." 또한 이 '동류의 사실'은 등어선으로 드러나기 때문에 "직접 비교할 수 있는 온전한 일련의 자료가 처음으로 생기면 연구의 모든 영역에 분포시키고, 아울러 분명하고 깨끗하게 배치하여", "지리적 방법을 사용해 얻은 결과는 매우 놀랍다." 이는 어쩌면 '역사적 아이러니'이기도 하여, 방언지리학파는 청년어법학파의 이론에는 반대했지만 그들의 방법론은 오히려 청년어법학파의 연구 방법 위에서 꽃을 피웠다고 할 수 있다. 사실 이 점은 이상할 것이 없다. 왜냐하면 방언지리학이 연구한 것은 바로 청년어법학파가 소홀히 한 내용이었으므로, 그 연구 성과는 자연히 청년어법학파의 부족한 부분을 보충할 수 있었기 때문이다. 방법에는 옳고 그름의 구분은 없고 좋고 나쁨의 구별만 있다. 객관적 태도를 취하기만 하면, 다른 이론과 방법, 가령 대립한 이론과 방법에서도 자신에게 유용한 요소를 섭취할 수가 있다. 방언지리학과 역사적 비교방법 사이의 관계는 이에 관한 좋은 예이다.

셋째, "모든 어휘에는 자체의 역사가 있다"는 것은 방언지리학파 이론의 핵심이므로, 방언지리학파의 업적과 한계를 분명히 하고자 한다면, 이 가설에 대하여 구체적인 언어 사실과 연계하여 심도 있고 자세한 토론이 더 필요할 것이다.

11.4 "모든 어휘에는 자체의 역사가 있다"

11.4.1 "모든 어휘에는 자체의 역사가 있다"는 방언지리학파의 대표적인 구호로서 청년어법학파의 "음변화 규칙에는 예외가 없다"는 주장과 서로 다투었다. 이 둘은 역사언어학에서 대표적이며 권위 있는 가설로서 서로 다른 두 개의 이론을 대표했다. "음변화 규칙에는 예외가 없다"는 주장은 음변화 규칙의 절대성을 강조한 것이고, "모든 어휘에는 자체의 역사가 있다"는 주장은 음변화의 규칙성을 부정한 것이다. 이 두 가지 구호를 각각 지지하는 학자들 사이에는 백여 년 간 논쟁이 벌어졌다. §6.4.4에서 말한 대로, "음변화 규칙에는 예외가 없다"는 이론은 편협하고, "모든 어휘에는 자체의 역사가 있다"는 가설은 한 극단에서 다른 한 극단으로 향해 간 것으로 또 다른 편협함에 빠져있다. 이 가설에서의 '어휘'라는 개념은 모호하다. 그래서 "모든 어휘에는 자체의 역사가 있다"는 말이 반드시 규칙이 없음을 의미하는 것인가 하는 문제는 여전히 더 살펴볼 필요가 있다. 만약 우리가 그 속에서 "모든 어휘에는 자체의 역사가 있다"라는 것의 원인을 찾아낼 수 있다면, 그 원인도 규칙 명시할 수 있을 것이다. 요약컨대, 모든 가설은 구체적인 분석을 필요로 한다.

11.4.2 "모든 어휘에는 자체의 역사가 있다"라는 가설은 질리에롱이 제기한 것이다. 이 점에 대해서는 반대파에서도 아무런 이의가 없었다. 그렇지만 비록 질리에롱이 실천적인 면에서는 훌륭한 탐구자였고, 프랑스 방언 지도에 방언지리의 대규모 지도 제작 기술을 펼쳐 이후 언어 연구에 큰 영향을 끼쳤다 하더라도, 이론 방면에서는 우수한 연구자가 아니었다. 이 방면에서 그는 주로 스승인 슈하르트(H. Schuchardt)의 사상을 따랐다.[7] 그러므로 질리에롱의 "모든 어휘에는 자체의 역사가 있다"는 구호 역시 청

---

7 말키엘(1964:15~25) 참조.

년어법학파에 반대한 슈하르트를 계승한 것이라고 말할 수 있다.

"모든 어휘에는 자체의 역사가 있다"는 하나의 가설이며, 警句이며, 격언이지 과학적인 공식은 아니다. 언어 연구에서 '어휘'라는 말은 정의를 내리기가 어려우며, 함의가 모호하다. '역사'라는 어휘에 대해서도 사람들에 따라 이해를 달리 할 수 있다. 그러나 이 같은 의미의 모호함 혹은 중의성도 우리가 "모든 어휘에는 자체의 역사가 있다"라는 가설을 이해하는 데 방해가 되지는 않는다. 이해의 관건은 이 구호에 '독립적'이라는 수식어가 나타나지 않았다는 점이다. 즉 이 구호의 실제 함의는 "모든 어휘에는 자체의 독립적 역사가 있다"라는 것이다. '독립적'이라는 형용사를 어떻게 해석하는가가 문제의 관건인 듯하다.

어휘 자체에는 생명이 없어서 그 자체만 가지고 말한다면 '독립적인 역사' 따위는 거론할 수 없다. 어휘의 생명은 사람들의 운용에 달려있으므로, 그 '독립적 역사'는 사람들이 부여하는 것이다. 즉, 언어의 사용 상황과 연결시켜야만 비로소 어휘의 '독립적인 역사'를 효과적으로 이해할 수 있으며, 아울러 이런 역사를 낳은 원인을 분명히 알 수 있는 것이다. 山西 聞喜방언의 성조를 예로 이에 관한 몇 가지 문제를 논의할 수 있다.

11.4.3 聞喜방언 성조의 가장 큰 특징은 '혼란함(亂)'이다. 이 복잡함은 적지 않은 사람들이 '詩、時、使、是、試、事、識'을 같은 음이라고 생각하고, '梯、題、體、弟、替、第、滴'을 똑같이 읽을 정도이다. 또한 聞喜방언은 몇몇 聞喜사람들이 "聞喜방언에는 성조가 없다"라고 여길 정도로 혼란스럽고 복잡한데, 사람들은 변한 성조만을 알고 본래 성조는 모르는 지경이다. 만약 어느 글자가 서로 다른 결합 환경에서 세 가지 변조를 가진다면, 발음하는 사람은 변조 A를 그 글자의 본래의 성조라고 하다가, 또 금세 변조 B 혹은 C를 그 글자의 본래 성조라고 하여, 한 글자에 고정된 調値가 없는 듯한 상태를 보여준다. 이 '혼란한' 상황은 "모든 어휘에는 자체의 역사가 있다"라는 구호와 다소 비슷한 모습이다. 그러나 만약 '혼란한'

상황을 몇가지 각도에서 심도 있는 분석을 한다면, '혼란함'에도 원인이 있으며, '혼란함' 속에도 여전히 규칙이 있음을 쉽게 발견할 수 있다.

聞喜縣은 면적이 겨우 1,166km²이다. 그러나 성조에 관한 한 다중심多中心 방언지역이다. 표면적으로 聞喜(城關)방언의 성조 체계는 단지 네 가지 성조로 간단해 보인다.

陰平: 31   陽平: 213(11)
上聲: 44   去聲: 53

(양평의 調値는 내부에 갈래가 있어, 어떤 이들은 低平 혹은 低降 21으로 발음하지만, 聞喜사람들은 이 조치의 차이에 신경 쓰지 않고 모두들 동일한 조치라고 여긴다). 네 가지 성조로 분류되는 것은 聞喜縣 각지에서 모두 같지만, 실제는 서로 겉모습만 같을 뿐 속은 딴 판이다. 調類가 포함하는 예시 글자의 근원을 보면, 서로 간에 커다란 구별이 있다. 대체로 聞喜방언의 성조에는 세 가지 유형이 있다.

1. 城關語
2. 河底語
3. 東鎭語

≪切韻≫ 체계의 성조와 이 세 종류의 성조 유형과의 관계는 대체로 아래의 표와 같다.

調類 來源 方言點	陽平	陰平	上聲	去聲
城關	清平	濁平, 全濁上, 全濁去, 全濁入	清上, 次濁上	清去, 次濁去 清入, 次濁入

調類 來源 方言點	陽平	陰平	上聲	去聲
河底	清平	濁平, 全濁入	清上, 次濁上 全濁上, 全濁去	清去, 次濁去 清入, 次濁入
東鎮	清平	濁平, 全濁入	清上, 次濁上	清去, 次濁去 全濁上, 全濁去 清入, 次濁入

城關語는 城關 및 그 주변의 西官莊, 下陽, 嶺西東, 郭家莊, 柏林 등 지역의 언어로 북쪽으로 峨眉嶺 산맥까지 이른다. 산맥의 북쪽은 東鎮型인 瓬底語를 쓴다. 동남쪽으로는 鳴條崗 구릉지까지 이르는데, 구릉지의 동쪽은 河底語를 쓰며, 裴社 및 夏縣 북부의 일부 지역이 여기에 포함된다. 동북쪽은 東鎮語를 쓰는데, 瓬底, 薛店, 東鎮, 禮元, 侯村, 橫水 및 絳縣, 新絳, 萬榮 등 城關과 河底 두 곳을 제외한 지역이 이에 포함된다.[8] 이 세 가지 성조 유형의 지리적 분포는 대체로 다음 쪽의 그림과 같다.

---

8 城關, 河底, 瓬底, 東鎮, 橫水, 項家溝, 裴社의 재료는 우리의 실지 조사에 근거했다. 聞喜縣 境內의 기타 각 지점은 문희현 현지의 자료에 근거했다. 주위의 각 현은 山西省 방언 조사팀이 엮은 ≪山西方言槪況≫(1961)에 따랐다.

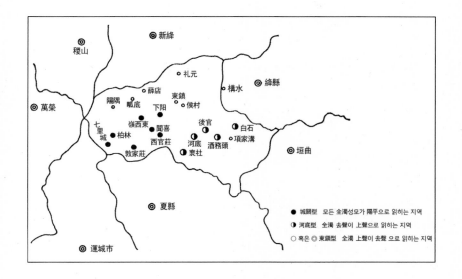

東鎮型 성조의 調類歸字는 大北方語의 체계와 비교적 일치하는데, 이는 유성음성모 상성자가 거성이 되는 것濁上作去으로 나타난다. 城關, 河底 두 方言點의 調類歸字는 각각 특징이 있는데, 城關에서는 入聲을 제외한 유성음성모 상성자, 유성음성모 거성자가 양평성으로 들어가지만, 河底에서는 유성음성모 거성자가 상성으로 들어간다. 이러한 歸字 방법은 다른 북방 방언에서는 보기 드물다. 이렇게 작은 지역에 세 가지의 성조 유형이 모여 있으니, 언어확산파의 상호 간섭이 발생하지 않을 수 없다. 城關鎮은 縣 전체의 정치, 경제, 문화의 중심으로 각 기관, 단체 및 학교가 모두 집중되어 있으며, 각지에서 온 노동자들이 많다. 게다가 한 달에 엿새는 장이 서고 교역이 이루어진다. 그리하여 河底型과 東鎮型의 방언확산파는 때때로 城關語의 성조를 어지럽혀, 결국 잘 정돈되어 있던 성조 체계에 혼란을 초래 했다. 예를 들면 '奇'는 본래 유성음성모 평성, '技'는 본래 유성음성모 상성, '忌'는 원래 유성음성모 거성의 글자인데, '奇' 외에 '技'와 '忌' 두 글자는 같은 방언점, 심지어는 같은 단위 안에서도 몇 개의 다른 성조가 다투기도 한다.

聲調 / 例 \ 方言點	城關	河底	東鎮
奇	陽平 213	陰平 213	陽平 213
技	陽平 213	上聲 44	去聲 53
忌	陽平 213	上聲 44	去聲 53

같은 글자의 세 가지 조치는 서로 영향을 주며, 자연스럽게 홑 글자의 성조가 다른 성조로 끼어 들어가는 竄調 현상을 낳았다. 원래 유성음성모였던 389개의 예시 글자를 선택하여, 여러 사람들의[9] 발음에서 나타나는 성조를 보고 확실히 심각한 竄調 현상이 있음을 발견하였다. 이러한 현상은 특히 젊은이들에게서 가장 분명하게 드러났다.

例	발음	城關(王)	城關(任)	城關(李)	城關(紅)
步	pʻu	陽平	去聲	去聲	去聲
拒	tɕy	上聲	上聲	去聲	去聲
雉	tsᴝ	上聲	去聲	上聲	陽平
導	tʻao	上聲	去聲	上聲	陽平
兆	tsao	上聲	陽平	陽平	去聲
段	tuæ	陽平	陽平, 去聲	上聲	去聲

....

9 우리는 城關에서 7인의 실험 대상을 선택했다. 피실험자는 다음과 같다.

王安淸, 男, 57세, 敎員.　　　　　　본문에서의 약칭: 城關(王)
陳可喜, 男, 58세, 幹部.　　　　　　　　　　　　　城關(陳)
任傳家, 男, 65세, 퇴직교원.　　　　　　　　　　 城關(任)
李喜慶, 男, 41세, 농민.　　　　　　　　　　　　　城關(李)
任海紅, 女, 19세, 농민.　　　　　　　　　　　　　城關(紅)
賈國輝, 男, 14세, 학생.　　　　　　　　　　　　　城關(賈)
張旭東, 男, 15세, 학생.　　　　　　　　　　　　　城關(張)

城關(王)과 城關(陳)은 기본 피실험자로 동시에 조사한다. 두 사람의 성조는 작은 차이가 있으며, 城關(陳)의 양평성 조치는 11이다.

例	발음	城關(王)	城關(任)	城關(李)	城關(紅)
蛋	<u>tæ</u>[10]	陽平	陽平	陽平	去聲
	t'æ				
健	<u>tɕiæ</u>	陽平	陽平	陽平	去聲
笨	<u>pẽi</u>	陽平	陽平, 去聲	陽平, 去聲	陽平, 去聲
	p'ẽi				
杖	<u>tsʌŋ</u>	上聲	去聲	上聲	去聲
狂	k'uʌŋ	陽平	上聲	上聲	陽平
瞪	tʌŋ	陽平	陽平	上聲	去聲
病	<u>piʌŋ</u>	陽平	陽平, 去聲	陽平, 去聲	陽平
	<u>tiɛ</u>				
並	piʌŋ	上聲	去聲	去聲	上聲
撞	pfʌŋ	上聲	上聲	上聲	陽平
儲	tsu	陰平	上聲	陽平	陽平
自	ts'ɿ	上聲	上聲	陽平, 上聲	陽平
瀑	pu	去聲	陽平	上聲	陽平, 去聲

(성모와 운모 발음 기록은 城關(王)의 발음에 근거함)

표에 나열된 현상은 같은 글자가 발음하는 사람에 따라 다른 성조로 읽힐 수 있음을 분명히 보여준다. 심지어 같은 사람도 때에 따라서 성조를 다르게 읽을 수도 있다. 예를 들어 '蝴蝶'라는 두 글자를 城關(紅)은 처음에 거성으로 읽었다가, 두 번째에는 양평성으로 읽었다. 이러한 상황은 언어의 공시적인 상태를 어지럽히지 않을 수 없다. '혼란紛亂'의 총체적인 추세를 보면, 城關語 중 원래 유성음성모 평성, 유성음성모 상성, 유성음성모 거성에서 온 글자들의 혼란이 가장 심한데, 그 대부분은 양평조 213으로 들어갔지만, 음평, 상성과 거성으로 바뀌어 들어간 글자도 적지 않으며, 그 중에서 거성으로 바뀌어 들어간 비율이 가장 높다. 竄調의 대체적인

....
10 하나의 밑줄이 있는 것은 白讀音, 두개의 밑줄이 있는 것은 文讀音이다. 아래도 같다.

상황은 아래 표와 같다(표에서 竄調된 글자의 수는 두 부분으로 나누어져 있다. 괄호가 없는 숫자는 본래 유성음성모 평성자, 유성음성모 거성자, 유성음성모 입성자였던 글자를 포함하고, 괄호 안의 숫자는 그 중에서도 유성음성모 평성자였던 글자의 숫자만을 말한다).

竄調字數 \ 聲調 發音人	陰平	上聲	去聲	總計	百分率
城關 (王)	26(21)	16	67(1)	109	28%
城關 (陳)	19(18)	17	70(1)	106	27.2%
城關 (任)	21(15)	17(2)	108(2)	146	37.5%
城關 (李)	6(3)	23(3)	119(13)	148	38%
城關 (紅)	5(4)	8(1)	132(13)	145	37.2%

이 표에서 두 가지 분명한 추세를 볼 수 있다. 첫째, 城關語에는 유성음성모에서 나온 글자(아래에서는 陽平字라고 하겠다)는 거성으로 바뀌어 들어간 것이 가장 많고, 음평, 상상으로 바뀐 글자는 비교적 적다. 노년, 중년, 젊은이 3대의 차이로 보면, 젊은이들의 말에서는 양평이 거성으로 바뀌는 비율이 크게 증가하고, 음평과 상성으로 바뀐 글자는 오히려 줄어드는 추세이다. 둘째, 거성과 상성으로 바뀌어 들어간 글자 중에서 본래 유성음성모 평성인 글자는 매우 적고, 절대다수가 본래 유성음성모 상성인 글자이거나 유성음성모 거성인 글자이다. 그러나 음평조로 바뀐 상황은 정반대로서, 원래 유성음성모 평성자였던 글자가 竄調한 글자수의 대부분을 차지한다. 이 두 가지 추세는 또 다음과 같은 두 가지 문제를 말해준다.

첫째, 東鎭型의 조류귀자는 대북방 방언, 특히 북경어의 유성음성모 상성인 글자가 거성이 되는 규칙과 일치한다. 따라서 그 확산파를 통해 城關語의 모든 글자의 '역사'에 대한 영향이 커서 본래 유성음성모 상성 글자, 유성음성모 거성 글자들로 하여금 점차 양평과는 분리되어 거성으로 들어가게 했다. 그러나 河底型의 조류귀자 규율은 분포지역이 좁고 표준어에서의 유성음성모 上聲인 글자가 去聲으로 변한 濁上作去 규칙에 부합하지 않는다. 그래서 그 힘이 약하고 城關語에 대한 영향도 줄어들어 上聲으로 들어가는 글자의 수가 많지 않다.

둘째, 陰平調로 바뀌어 들어간 글자는 주로 본래 유성음성모 평성인 글자들로서, 이것은 또 다른 방언확산파의 聞喜 城關語에 대한 영향을 반영한 듯하다. "성 서남쪽 십리 밖은 유성음성모 평성인 글자가 없어서, '同'도 '通'이라 읽고, '田'도 '天'이라 읽고, '情'도 '淸'이라 읽어"(1919년 ≪聞喜縣誌≫에 근거함), 대략 城關 서남쪽 십리 밖 夏縣과의 접경 지역까지 음평과 양평을 구분하지 않는다. 城關語는 그 영향을 받아서 본래 유성음성모 평성이었던 글자의 일부분이 음평에 속하게 된 듯하다.

11.4.4 따라서 방언 확산파의 상호영향은 聞喜語(城關語)에서 성조의 혼란을 초래한 중요한 원인이다. 그 외에 聞喜語(城關語) 성조의 '혼란'에 '혼란'을 더한 두 가지 원인이 있다. 하나는 陰平과 去聲이 調型이 서로 같고 調値도 비슷하여(陽平의 실제 調値는 42와 비슷하다), 합류하는 경향이다. 城關(王)은 陰平과 去聲 두 부류의 글자들(')'를 써서 분리한다)을 구분해서 발음했으나, 城關(陳)은 같은 소리라고 생각하여 구분하지 않은 것이 그 예이다.

菠玻, 鉢撥博剝駁卜;
波頗坡, 潑勃泊拍魄;
莊, 桌捉;
科棵顆課, 括闊廓擴;
遭槽澡皂竈朝今~趙召招詔昭, 罩笊~籠照;
…………

위의 예가 반영하는 상황에서 보면, 去聲이 陰平과 섞이는 것은 원래 入聲이었던 것이 다수를 차지하는 듯하다. 이는 아마도 노년층의 언어 상황인 듯한데, 청년층에서는 이러한 제한은 이미 완전히 사라졌기 때문이다. 우리는 일찍이 '姑故'型의 성모와 운모는 같지만 성조는 다른 25雙의 글자를 골라 20세 정도의 여성 두 명으로 하여금 두 글자를 구별하게 했는데, 그 중 5雙만을 구분할 수 있었고, 나머지 20雙은 모두 同音字라고 생각했다. 城關(紅)은 기본적으로 이미 두 종류의 글자를 혼동하였고, 구분할 수 있는 글자는 많지 않았다.

또 다른 원인은 兒化變調이다. 聞喜語 兒化變調의 기본 규칙은 陰平字는 兒化하면 上聲으로 변하고, 유성음성모 평성자, 유성음성모 입성자에서 온 陽平字는 兒化하면 去聲이 되며, 본래 유성음성모 상성자, 유성음성모 거성자였던 陽平字는 兒化할 때 성조가 변하지 않는다. 예는 아래와 같다.

尖 + 兒 　　$t\varphi i\varpi^{31} + \vartheta \rightarrow t\varphi i\vartheta r^{31}_{44}$

花 + 兒 　　$xua^{31} + \vartheta \rightarrow xu\vartheta r^{31}_{44}$

村 + 兒 　　$ts'u\tilde{e}r^{31} + \vartheta \rightarrow ts'u\tilde{e}r^{31}_{44}$

哥 + 兒 　　$k\vartheta^{31} + \vartheta \rightarrow k\vartheta r^{31}_{44}$

鉤 + 兒 　　$k\vartheta u^{31} + \vartheta \rightarrow k\vartheta \breve{u} r^{31}_{44}$

盤 + 兒 　　$p'\varpi^{213} + \vartheta \rightarrow p'\varepsilon r^{213}_{53}$

桃 + 兒 　　$t'ao^{213} + \vartheta \rightarrow t'\alpha or^{213}_{53}$

錢 + 兒 　　$t\varphi'i\varpi^{213} + \vartheta \rightarrow t\varphi'i\vartheta r^{213}_{53}$

蟲 + 兒 　　$pf'\Lambda\eta^{213} + \vartheta \rightarrow pf'\tilde{\vartheta} r^{231}_{53}$

笛 + 兒 　　$t'i^{213} + \vartheta \rightarrow t'i\vartheta r^{213}_{53}$

(畵 + 兒 　　$xua^{213} + \vartheta \rightarrow xu\vartheta r^{213}$)

(杏 + 兒 　　$xi\varepsilon^{213} + \vartheta \rightarrow xi\vartheta r^{213}$)

이런 兒化變調는 陰平과 上聲을 뒤섞이게 만들고, 陽平과 去聲을 섞이게 하여, 성조의 혼란함을 부채질했다. 특히 어떤 어휘는 항상 兒化하여 쓰이므로, 어떤 사람(특히 청년층)은 兒化變調만을 알 뿐, 본래 성조로 되돌릴 줄은 몰랐다. 예를 들어, 城關(賈)와 城關(張)이 기본 글자를 읽을 때(그들의 음운체계만을 조사했다) 이런 현상이 나타났다.

花　　xua(r)^{44}　　　　竿　kæ(r)^{44}
間　　tɕiæ(r)^{44}
魂　　xueĩ(r)^{53}　　　　活　xuə(r)^{53}

성인들에게도 이러한 현상이 있는데, '軸', '笛' 등의 글자는 '兒' 없이 읽은 적이 없는 소리인 까닭에 항상 거성으로 읽지 陽平調로 읽지 않았다.

11.4.5 홑 글자의 성조 혼란은 連讀變調에 심각한 영향을 가져오지 않을 수 없었다. 만약 陰平, 陽平, 上聲, 去聲 네 가지 성조가 상호 결합하는 상황에서는, 그 변조 방식은 상당히 혼란스러워져, 각 결합형식마다 모두 여러 가지의 변조 방식을 가지게 된다. 우선 아래의 變調의 방식 리스트를 보자.

上字 / 變調例 / 下字	陰平	陽平	上聲	去聲
陰平 24, 31	陰天	青年	端午	
24, 213[11]		山洞		車票
31, 44		擔任	風雨	陰曆
31, 53		軍隊		相信
53, 31	飛機	中學		冬至
53, 44			伸手	
53, 213				工業
陽平 24, 31	農村	皮球		墙壁
24, 213		羊毛		郵票
53, 31	鐮刀	長城	皮襖	芹菜
53, 213		黃豆		麻雀
31, 44	牙膏	承認	紅棗	煤礦
31, 53		煤球		鹹菜
上聲 24, 31	手槍	酒瓶	老虎	野菜
24, 213		草鞋		眼鏡

上字 \ 變調 例 \ 下字		陰平	陽平	上聲	去聲
去聲	53, 44	指揮	早稻		解放
	53, 44	稱鉤	竹簡	報紙	鐵鏽
	53, 31	背心			正式
	53, 213		鴨蛋		
	24, 31	細心	發揚	鐵鎖	慶祝
	24, 213		證明		出嫁
	31, 44	桂花	孝順	懊悔	迫切
	31, 53	救星	少年		炸藥

상술한 連讀變調의 조치로 보아, 24가 連讀變調로 '變'한 것 이외에, 다른 連讀變調의 調値는 여전히 31, 213, 44, 53 네 종류의 조치에서 맴돈다. 이렇듯 連讀變調의 혼란과 홑 글자 성조의 혼란은 실제로 서로를 교란하는 '혼란'스러운 순환관계에 있다. 즉, 홑 글자 성조의 혼란은 連讀變調의 혼란을 가중시켰고, 連讀變調의 어지러운 調類歸字도 역으로 홑 글자 성조의 혼란을 심화시킨 것이다. 몇 가지의 힘(방언 간의 상호 영향이나 근접한(유사한) 조치로 인해 생겨난 홑 글자 성조의 합류, 兒化變調의 교란과 連讀變調의 영향)이 한데 얽혀 서로 영향을 미쳤고, 최종적으로 聞喜방언의 성조에 혼란을 초래하여, "모든 어휘에는 자체의 역사가 있다"와 유사한 홑 글자에 고정적인 성조가 없는 현상이 나타났다.

11.4.6 聞喜방언 성조의 '혼란한' 상태를 이해했으니, 이제 한 걸음 더 나아가 "모든 어휘에는 자체의 역사가 있다"는 가설과 관련된 몇 가지 원칙적 문제를 토론할 수 있을 것이다.

첫째, 변천의 단위는 어휘인가 아니면 어휘가 지닌 어떤 특징인가? 聞喜

---

11 뒤 글자의 213調値를 11로 읽는 사람도 있다. 이는 聞喜語 陽平調가 가지는 調値이다. 그래서 이 213의 變調는 사실상 이미 양평으로 변해 들어갔다.

방언의 상황으로 보아, "모든 어휘에는 자체의 역사가 있다"라는 말에서의 '어휘'는 어휘가 아니라 어휘가 지닌 한 '音類'이다. 위에서 토론한 범위 내에서 말한다면, 곧 어휘의 語音 구조에서의 성조인 것이다. 이것은 좀 '이상한' 단위이긴 한데, 調素(toneme)는 아니다. 왜냐하면 '城關'에서는 '步' 등의 글자를 陽平에서 去聲으로 바꿔 읽는다고 해서, 陽平이라는 調素가 그로 인해 소실된 것은 아니기 때문이다. 그리고 이 단위는 또 간단히 '音類'의 변천이라고 할 수도 없는데, 그것은 어떤 글자들의 竄調는 調類의 숫자에 영향을 주지 않았기 때문이다. 音類는 '어휘 중의 음류'로서, '어휘 중'이라는 말은 절대로 빠져서는 안 된다. 그래서 변천의 단위는 '音類'이기도 하며, 또한 '어휘'이기도 하다. 두 가지를 결합하면 그것은 音類와 어휘 두 방면과 모두 관계가 있다. 하지만 아직은 적당한 용어가 없으므로 중국어의 '字'라는 말을 써도 무방할 것 같다. 이런 단위의 변화 방식은 음소와는 다른데, 음소에 변화가 생긴다면, 동시에 그 음소를 포함하고 있는 모든 형태소(단어)(§6.4.2)에까지 영향을 미치게 될 것이나, 이 '어휘 중의 음류' 혹은 '字'는 변화할 때에는 오히려 확산의 방식을 취하여 하나씩 하나씩 변화를 일으켜서 확실히 "모든 어휘에는 자체의 (독립적인) 역사가 있는" 듯하여 변천과정이 완성되기 이전에는 산만하고 불규칙한 상황을 드러낸다. 물론 방언지도를 그릴 때에는 어휘를 단위로 삼을 수도 있겠지만, 음변화의 각도에서 보면, 변화를 일으키는 것은 단지 어휘의 어떤 음류나 특징(어떤 형태변화)일 뿐이지, 어휘 전체가 될 수는 없다. 이는 중국어든 영어 같은 서구어의 언어이든지 간에 모두 마찬가지이다. 어휘 자체가 없어지거나 생길 수 있지만, 통째로 변할 수는 없으며, 변화할 수 있는 것은 단지 그 중 어떤 특징일 뿐이다. 그래서 "모든 어휘에는 모두 그 자체의 (독립적인) 역사가 있다"에서의 '어휘'의 함의에 엄격한 제한을 두어야 하며, 어휘 중에 어떤 특징을 가리킬 따름이다.

둘째, "모든 어휘에는 자체의 역사가 있다"는 "음변화 규칙에는 예외가 없다"에 대립하는 구호로서 제기된 것이며, 그 목적은 음변화의 규칙성을 부정하기 위해서였다. 聞喜방언의 홑 글자에는 고정된 성조가 없는 상황으로 보아, 성조 체계의 규칙은 확실히 방해를 받으며, 이는 "모든 어휘에는 자체의 역사가 있다"는 말과 같은 모습을 보여준다. 그러나 이에 근거하여 聞喜방언의 성조에는 규칙이 없다고 단언할 수는 없을 것 같다. '혼란'에는 원인이 있는데, 이 원인을 찾아내면 또한 '혼란'의 규칙을 찾게 되기 때문이다. §11.4.3~5에서의 분석이 바로 '혼란' 속에서 규칙을 찾는 방법을 강구한 것이며, 그런 까닭에 그 안에서 언어 변천의 단서를 엿볼 수 있었다. 다른 한편으로 언어는 일종의 여러 층위로 구성된 구조여서 아래층의 구조 단위가 위층의 구조 규칙의 지배를 받으면 같은 형식으로 변할 수 있다. 예를 들어 북경어의 '罐'과 '褂'는 발음이 다르지만, 兒化規則의 지배를 받을 때에는 同音 형식인 '小罐兒＝小褂兒'로 변한다. 어휘의 단위는 복잡한 것이어서, '花, 草, 蟲, 魚' 등은 모두 다른 단위이지만, 이들이 어법구조규칙의 지배를 받을 때에는 동일한 사실로 변하는데, 모두 '명사'라는 것이다. 같은 이치로 聞喜語는 홑 글자 성조도 어지럽고 연독변조도 어지럽지만, 이러한 혼란의 배후에는 이 어지러운 현상을 제어할 수 있는 의외로 간단한 규칙이 숨어있다. 만약 상술한 連讀變調의 변조규칙을 세밀히 분석한다면, 그것도 상당히 간단한 것이며, 이리 저리 바뀌어도 결국 아래의 몇가지 규칙을 벗어날 수 없음을 쉽게 발견할 것이다. 이제 상술한 連讀變調의 형식을 다시 정리하면 아래와 같은 7가지 변조규칙을 귀납해 낼 수 있다.

1. 24 + 31	陰天	靑年	端午	農村
	皮球	墻壁	手槍	酒瓶
	老虎	野菜	細心	發揚
	鐵鎖	慶祝		
2. 24 + 213	山洞	車票	羊毛	郵票
	草鞋	眼鏡	證明	出嫁
3. 31 + 44	擔任	風雨	陰曆	牙膏

	承認	紅棗	煤礦	桂花
	孝順	懊悔	迫切	
4. 31 + 53	軍隊	相信	煤球	鹹菜
	救星	少年	炸藥	
5. 53 + 31	飛機	中學	冬至	鐮刀
	長城	皮襖	芹菜	背心
	正式			
6. 53 + 44	伸手	指揮	早稻	解放
	稱鉤	竹簡	報紙	鐵鏽
7. 53 + 213	工業	黃豆	麻雀	鴨蛋

이상이 聞喜방언의 기본적인 변조규칙이다. 변조규칙도 어음규칙의 일종인데, 聞喜방언에서의 변조규칙은 일종의 句法구조와 유관하며, 구조의 층위에서는 단어의 연독변조보다 높은 층에 있는 것으로 보인다. 혼란스러운 홑 글자 성조와 연독변조는 모두 이같이 간단한 변조 규칙의 지배를 받으며, 이것이 聞喜(城關)방언 내부의 일치성을 보증한다. 그래서 聞喜(城關)방언의 성조는 혼란 속에서도 질서를 유지하고 있으며, 변이變異 안에도 은연중에 규칙이 내포되어 있어, 간단하게 "모든 어휘에는 자체의 역사가 있다"가 곧 그 자체에 규칙이 없다고 말한다고는 할 수 없다.

12

언어의 확산(하): 어휘확산

12.1 변형생성학파 이론의 약점과 어휘확산 이론의 탄생

12.1.1 11장에서 분석한 확산이 언어의 외부확산이나 지역확산이라고 한다면, 어휘의 확산이 가리키는 것은 언어체계 내부의 단어 변화에 의한 전파이다. 먼저 소수 특수한 단어로부터 시작하여 뒤에 관련 있는 단어까지 확산된다. 이런 이론의 기본정신은 청년어법학파가 고수하는 "음변화 규칙에는 예외가 없다"는 관점과는 다른 것이나, 방언지리학파의 확산이론과는 명확한 관계가 있다. 따라서 어휘확산 이론은 새로운 역사조건 아래 "모든 어휘에는 자체의 역사가 있다"는 구호의 소생이라고 말할 수 있다.

12.1.2 새로운 이론의 구호는 종종 자못 영향력 있게 받아들여지고 있는 옛 이론에 대한 반박이다. "모든 어휘에는 자체의 역사가 있다"라는 구호는 청년어법학파의 "음변화 규칙에는 예외가 없다"라는데 대한 반박이었다. 그리고 어휘확산 이론은 "음변화 규칙에는 예외가 없다"는데 대한 재반박일 뿐만 아니라, 소쉬르 이래의 언어체계의 동질·균등 학설에 대한 반박이다. 그러므로 새로운 이론의 생성배경을 이해하는 것은 언어연구 사조의 발전과 연계하여야만 가능할 것이다.

어휘확산 이론은 재미 중국인 학자인 王士元(1969)이 제기한 것이다. 그와 거의 동시에 라보브 등(1968)이 언어의 변이(variation)에 관한 문장을 발표하였다. 어휘확산 이론은 언어변이 이론과는 다른 측면에서 언어체계 내에서의 변이를 연구하였고, 구조주의학파와 변형생성학파에 의해 홀시되던 일부 중요한 언어현상 및 그것들의 언어연구에 있어서의 가치를 강조하였다. 서로 관련이 없는 상황에서 영향력 있는 두 가지 학설이 동시에 탄생한 것은, 새로운 학설이 탄생할 수 있는 객관적 조건이 이미 갖추어졌음을 설명한다. 王士元도 이 두 문장은 "거의 같은 연도에 발표된 것이다. 분명히 이때에 이르러 언어학이 발전할 수 있는 조건이 성숙하였기 때문에 이런 생각들이 형성되고 발전할 수 있었다"라고 하였다.[1]

12.1.3 소쉬르 이후, 언어학자들은 줄곧 언어를 동질적 체계(homogeneous system)로 보았으며, 또한 이에 근거하여 언어연구의 방법을 설계하였다. 구조주의학파는 代置(substitution)를 강조하였고, 변형생성학파는 生成(generation)을 강조하였다. 변형생성학파는 "언어이론은 주로 순수하게 동질적인 언어사회집단에서의 이상적인 화자와 청자의 언어능력(competence)을 연구하는 것이다"[2]라고 여겼다. 이런 능력이 일련의 어법규칙에 의거하여 언어에서 모두 어법에 부합되는 문장을 생성할 수 있는 것은, 컴퓨터가 먼저 설계한 프로그램에 의거하여 모든 가능한 기술 데이터를 생성할 수 있는 것과 같다. 이렇게 해서 언어체계 동질설을 극단적인 지위로까지 밀고 나아갔고, 이로 인해 언어 이론의 연구에서 많은 모순이 드러나지 않을 수 없게 되었다. 첫째, '순수하게 동질적인 언어사회집단'은 존재하지 않는다. 언어사회는 그 자체가 복잡하여 계급, 계층, 연령, 성별, 문화정도 등등의 차이가 있고, 이로 인해 언어의 운용상에도 여러 가지 차이가 있게 된다. 이렇게 복잡한 환경 속에서 '이상적인 화자와 청자'란, 이

---

1 徐通鏘(1984b:251) 참조.
2 N. Chomsky(1965:3)

런 관점을 고수하는 학자가 자기 자신의 발음을 표준으로 삼는 것이 아니고서는 불가능한 것이다. 둘째, 언어학자들이 설계한 일련의 어법규칙에 근거하여 언어에서 모두 어법에 들어맞는 문장을 만들어 낼 수 있다는 것은 어떤 가능성도 없는 지나친 욕심이다. 언어의 구조는 매우 복잡하고 그 규칙은 컴퓨터 프로그래밍과 대조해 볼 수 있는 것이 아니며, 사람들은 아직 익숙한 언어현상으로부터 언어의 모든 구조 규칙을 엿볼 수 있는 능력이 없기 때문이다. 王士元(1981b)은 이 방면의 문제를 언급할 때, 변형생성학파는 이론상 약점이 많으나 보완할 방법이 없어, "한 곳을 여미면 열 군데가 터지니, 약점은 오히려 점점 명확해진다"라고 하였다. 그는 자기의 실제 체험에 근거하여 변형생성학파의 언어 이론에 대해 총괄적으로 검토를 하였다.

변형생성이론이 구법과 어음방면에 공헌한 것은 인정해야 한다. 그러나 반드시 다음과 같은 것을 지적해야 한다. 첫째, 이런 공헌은 많은 부분 전인의 성과를 계승 것이지, 결코 그들이 창시한 것은 아니다. 둘째, 그들의 이론상의 기본적인 가정은 일련의 완정한 규칙을 가지고 무한히 많은 문장을 만들어 낼 수 있다는 것인데, 이 목표는 너무나 높게 잡은 것이다. 우리의 현재 언어에 대한 인식으로 볼 때, 이는 도달할 수 없는 것이다. 셋째, 아마도 가장 기본적인 약점은 바로 이런 관점으로써 언어를 연구하다보면 분명히 조금씩 추상적인 쪽으로 향할 수 있고, 언어자체 혹은 사회현실과의 연관성을 점점 잃게 될 것이다. 가령 MIT에서 공부하는 학생이 영어 뿐 아니라 음향학도 별로 공부하지 않고, 온종일 방 안에 틀어박혀 화살표를 그리며, 쇠뿔 끝을 뚫으려고 한다면, 결과는 당연 어떠한 것도 연구해 낼 수 없는 것이다. 나 자신도 1957년 Chomsky의 ≪Syntactic Structures(句法結構)≫를 봤을 때는 젊고 또한 쉽게 충동이 일어, 이 책이 이미 언어학의 모든 문제를 다 해결했다고 여겼다. 그래서 수년간의 노력을 들어 그것을 깊이 연구하였고, 또한 중국어로 번역도 하였다. 그러나 깊이 들어갈수록 문제가 결코 그리 간단하지 않다는 것을 발견하였다. 언어는 그렇게 복잡한 것이며, 인간의 생리, 사회 교제와 모두 매우 밀접한 관계가 있다. 방 안에서 한 권의 책을 끼고 늘 그렇게 공식을 쓰고 그렇게 연구하는 것은 그다지 큰 전망이 없다. 본래 언어란 代數체계가 아닌 살아 움직이는 것이다. 몇 십 만년을 통해 변해 내려온, 매우 오묘하게 생동하는 것이다. 언어는 대수체계나 논리체계보다 훨씬 복잡하다. 변형생성이론은 이점을 보지 못하였고, 연구해 낼 수 없는 가치 없는 사소한 문제를 파고들었다. 대체로 60년대 후기부터 시작하였으나, 많은 사람이 이에 대해 실망하였고, 점차 그것으로부터 멀어지게 되었다.

王士元 자신이 1960년대 후기에는 변형생성이론의 충실한 신도에서 철저한 반역자로 변하였고, 또한 전환하면서 중국어의 방언을 연구하여, 북경대학 중문과의 ≪漢語方音字彙≫ 및 中古音·일역오음日譯吳音·일역한음日譯漢音 등 거의 30종에 다다르는 방언자료를 컴퓨터에 입력하여, '어휘'를 단위로 하는 음변화 방식을 연구하였고, 학술계에 자못 영향력 있는 어휘확산 이론(lexical diffusion theory)을 제시하여, "모든 어휘에는 자체의 역사가 있다"는 가설의 기본 정신을 다시금 새롭게 부활시켰다.

12.2 어휘확산 이론의 기본 특징

12.2.1 어휘확산 이론의 기본은 청년어법학파의 관점과는 상반된 것이다. 청년어법학파는 어음의 변화는 계열적이고 점진적이나, 이런 어음 변화가 어휘 내에서 실현되는 것은 산발적이고 돌변적이라고 여긴다. 그러나 어휘확산 이론은 오히려 정반대이다. 어음의 변화는 돌발적이고 산발적이나, 어휘 내에서 이런 어음 변화가 확산되기에는 오히려 점진적이고 계열적이다. 王士元(1981a)은 이런 두 가지 이론의 기본적 구별을 다음과 같이 귀납하였다.

	어휘	어음
청년어법학파	돌발적 변화	점진적 변화
어휘확산 이론	점진적 변화	돌발적 변화

어음의 돌발적인 변화는 언어 속에서 그 실례를 찾아볼 수 있다. 예를

들면 중국어 표준어의 두 개의 上聲字를 연이으면, 첫 번째 음절의 상성의 조치는 214에서 35로 변하여 陽平과 같아진다. 그 결과 '土改'의 어음은 '塗改'와 같아지고, '粉筆'의 어음은 '焚筆'와 완전히 같아진다. 첫 번째 음절의 상성조의 조치의 변화는 돌발적인 것이므로 더 작은 변화 단계로 세분화할 수 없다. 또한 영어의 know와 같은 것은 고대 영어의 시기에는 앞머리 자음의 발음이 [kn-]이었으나, 지금은 [n-]만을 발음하고(만약 [k]앞에 모음이 있으면, acknowledge [əkn-]와 같이 [k]를 여전히 발음해야 한다) [k]는 소실되었다. 그러나 이것이 소실되는 과정 또한 여러 개의 서로 다른 단계로 세분할 수 없다. "k가 있어서 들리거나, 없어서 들리지 않거나이다. 있거나 없는 것에는 어떠한 중간적 과정이 존재하지 않는다. 이렇게 볼 때, 변화는 당연히 돌발적인 것이지 점진적인 것은 아닌 것 같다."

그래서 어휘확산 이론에서 보면, 어음의 변화는 돌발적이고 산발적이지만, 어휘 내에서의 이런 갑작스런 변화의 확산은 도리어 점진적이고 계열적이다. 즉 시작할 때에는 일부 단어에서만 변화할 수 있고, 시간의 추이에 따라 소수의 단어에서 먼저 발생한 변화가 관련있는 모든 단어로 점점 확산되는 것이지, 청년어법학파가 말하는 것처럼, "같은 조건에서 음변화가 발생하는 모든 어휘"가 돌변적이고 예외 없이 동시에 이런 변화의 영향을 받는 것이 아니다. 이런 점진적이고 계열적인 확산방식을 아래 표로 나타낼 수 있다.

	변하지 않은 것	변화 중인 것	이미 변한 것
w_1			w_1
w_2		$w_2 \sim \bar{w}_2$	
w_3		$w_3 \sim \bar{w}_3$	
w_4	w_4		
...			

w는 하나의 단어를 나타내며, w는 이미 변화된 단어를 나타낸다. 표에서 w_1은 이미 변화하였다. w_2와 w_3은 아직 변화과정 중에 있어, 때로는 변화하기 전의 어음형식으로 읽히기도 하고, 때로는 이미 변화된 어음형식으로 읽히기도 한다. w_4는 아직 변화하지 않았음을 나타낸다. 영어의 [u:] (대부분 쌍자모 -oo로 나타낸다)는 현재 확산식의 변화가 진행 중에 있다. 어떤 것은 [ʊ]로 읽는데, 즉 장음에서 단음으로 변하고, 혀의 위치가 낮아지고 이완된다. book, took, look 등과 같이 -k운미로 끝나는 단어는 대체로 이미 이런 변화가 완료되었다. whose, zoos, shoes, mood, wood, coed, choose, lose, loose, goose, nose, tool, pool, spool, drool 등과 같은 설첨자음인 -s, -d, -l로 끝나는 단어는(철자법으로 표시된 단어 끝의 모음은 발음하지 않는다) 대체로 변화가 일어나지 않아서 여전히 [u:]로 읽는다. -t운미로 끝나는 단어는 세 단계의 변화가 있다. boot, loot 같은 것의 독음은 아직 변하지 않아 모음이 여전히 [u:]로 발음되고, soot, root는 변화하는 과정 중에 있어 두 가지 독법이 모두 가능하다. 그러나 foot는 이미 변화과정이 완료되어 모음을 [ʊ]로 읽는다. 순음으로 끝나는 단어에는 대체로 두 단계가 있다. 아직 변하지 않은 것으로는 boom, loom, gloom, groom, spoof가 있으며, 변화 과정 중에 있는 것으로는 roof, room, broom, coop 등등이 있다. 이것은 모음 [u:]가 [ʊ]로 변하는 것은 돌발적인 것이나, 이런 변화가 어휘로의 확산은 오히려 점진적이라는 것을 설명하는 것이다. 어휘확산 이론의 음변화 방식에 대한 이런 이해가 바로 청년어법학파의 이론과의 중요한 차이다.

12.2.2 어휘확산 이론은 어휘에서의 음변화가 점진적으로 확산된다는 것에서 착안하였으므로, 자연히 단어를 음변화의 단위로 본 것이다. 王士元(1981a)의 이 이론은 어휘의 확산이 어린아이가 말을 배우는 것과 같다고 여겼다. "아동이 말을 배울 때, 음소를 하나씩 하나씩 배우는 것이 아니고, 변별적 자질을 하나씩 배우는 것은 더욱이 아니며, 한 단어 한 단어씩

배우는 것으로, 일부분의 단어를 배우고 난 후에 다시 천천히 단어와 단어 사이의 관계를 탐색하는 것이다. 음소와 변별적 자질은 결코 어린 아이가 어음을 배우는 기본 단위가 아니다…아동이 말을 배울 때 기억 변동의 단위는 단어이다. 그리고 '어휘확산'의 가장 작은 단위도 바로 단어이다." 어휘확산 이론은 이 점에 있어서도 청년어법학파의 음변화이론과 첨예한 대립을 이룬다. 물론, 청년어법학파 시기에는 아직 음소의 개념이 없었지만 음변화에 대한 실제 연구는 음소를 단위로 삼았다(§6.4). 이런 대립적 견해와 앞에서 서술한 음변화 방식에 대한 서로 다른 이해는(§12.2.1) 긴밀히 같이 연관되어 있다. 음변화가 음소를 단위로 삼는다면, 반드시 동일 음소의 다른 조건하에서의 변이에 주의하여야 하고, 그것의 서로 다른 지역에서의 표현 방식에 주의해야 한다. 그리하여 어음의 차이로부터 음변화의 구체적 과정을 발견할 수 있게 된다(§5.4.5). 음변화가 '단어'를 단위로 한다면, 단어의 독음의 변화는 이것이 아니면 저것이므로, 자연 돌발적인 것이다. 다른 한편으로 단어의 독음의 변화는 하나하나씩 진행되는 것일 뿐이므로, 돌발적으로 같이 모두 변할 수 없다. 그래서 음변화의 단위에 대한 서로 다른 관점은 실제로 일련의 대립적 견해를 만드는 중요한 근원인 것이다.

12.2.3 어휘확산 이론이 어휘 내에서 음변화는 확산된다는 것에서 착안한 이상, 자연히 청년어법학파가 말하는 어음규칙은 고려하지도 않고, 단지 어휘 내에서 음변화의 확산과정이 가지런하지 않다는 사실을 발견할 수 있었을 것이고, 중단된 변화(thwarted changes)와 이로 인해 언어체계 중에서 예외로 남게 된 잔존현상(residue)을 볼 수 있었을 것이다.[3] 이것이 어휘확산 이론의 정수精髓이기는 하지만, 이로부터 얻어낸 음변화에는 규칙이 없다는 결론을 내리기에는 여전히 부족함이 있는 듯하다. 이 문제에 대하

---

3 Wang, William S-Y(1969:9~25) 참조.

여서는 아직 심도 있는 토론이 필요하다.

12.3 어휘에서의 음변화의 확산과 산발적 음변화

12.3.1 어휘확산 이론은 어휘 내에서 음변화의 확산을 연구하는 이론이다. 확산은 청년어법학파가 아직 연구해보지 않았던 음변화 현상이며, 또한 청년어법학파가 방법론에 있어서 원칙적으로 용납할 방법이 없었던 음변화 현상이다. 어휘확산 이론은 이런 음변화를 연구하고 어휘 내에서의 음변화의 점진적, 계열적 확산을 제기한 것으로서, 이것은 청년어법학파 음변화이론의 속박을 타파함으로써 음변화 연구에 지대한 영향을 주었다. 王士元 자신도 이 점에 대해 꽤 만족하여, "과거 중국 언어학은 단지 중국 내의 언어연구에만 영향을 주었을 뿐, 마치 독립된 파벌 같아, 일반 언어학과는 그다지 큰 관계가 없었다. 혹은 어떤 시기에는 (중국언어학이) 서양의 언어학의 영향들을 받았으나, 일반 언어학에 미친 영향은 매우 적었다. 어휘확산 이론은 내가 아는 바에 의하면 중국 언어학이 처음으로 전 역사언어학에 영향을 미쳐서, 역사언어학에 한 신예부대를 더한 것이다…어휘확산 이론은 이미 언어의 친족관계 문제, 단어사용의 빈도문제와 같은 다방면의 연구에 영향을 끼쳤고, 또한 어린아이가 말을 익히는 문제에까지 영향을 주었다"[4]고 하였다.

어휘확산 이론과 방언지리학은 청년어법학파와 반대되는 두 가지 중요한 이론이다. 방언지리학은 체계 밖에서의 음변화, 즉 지역적인 확산을 연구하지만, 어휘확산 이론은 체계 내에서의 음변화의 확산을 연구하여, 이들 두 이론은 서로 호응하며 청년어법학파의 음변화이론의 약점이 드러나게 하였다. 이것은 의심할 것 없이 역사언어학으로 하여금 한 발짝 앞으로 나아가게 한 것이지만, 어휘확산 이론 자체에는 아직 불완전한 부분이 있으

---

4 徐通鏘(1984b:254) 참조.

므로 수정이 필요한 것 같다.

12.3.2 어휘확산 이론은 어휘 내에서 음변화의 확산을 연구하기 때문에 단어를 음변화의 단위로 본다. 이것은 이해할 수는 있으나, 꼭 정확한 것이라고 할 수 없을 것 같다. 먼저 아래에서 예로 든 寧波방언의 '群', '德' 두 류의 형태소의 독음의 변천 상황을 관찰해 보고, 이밖에 '窮', '答' 두 류의 단어를 덧붙여서 대조해 보자. '群'이 dzyŋ에서 dzyoŋ으로 바뀌게 된 것은 형태소 독음의 변화이다. 이런 형태소 내의 변화는 하나하나씩 진행된 것이므로, 언어사회집단 내에서의 독음은 상당히 균일하지 못하다. 이런 음변화 방식을 산발적 음변화라고 한다. 산발적 음변화는 계열적 음변화(§6)와는 다르기 때문에 음소의 분포상황을 통하여서는 변천하는 조건과 진행 과정을 찾을 방법이 없고, 단지 형태소 독음의 단편적이고 균일하지 않은 변화만을 발견할 수 있을 뿐이다.

예	조건	《彙解》	《研究》	현대		
				노년	중년	청소년
群	臻合三, 見系	dzyŋ	dzɤŋ	dzyŋ 多 dzyoŋ 少	dzyŋ ~ dzyoŋ	dzyoŋ
窮	梗合三庚 通合三 見	dzyoŋ	dzyoŋ	dzyoŋ	dzyoŋ	dzyoŋ
德	沒, 德等	teʔ	tæʔ	taʔ	taʔ	taʔ
答	陌合麥等	taʔ	tæʔ	taʔ	taʔ	taʔ

'群'類 글자[5]가 dzyŋ에서 dzyoŋ으로 변독된 것을 예로 들어보면, 위의 표로부터 가지런하지 않은 확산식 변화를 볼 수 있다. 《彙解》, 《研究》

---

5 '群'類 글자: 均鈞窘菌勻隕允尹君軍群裙郡熏勛薰訓熨云雲韻運暈.

의 시대에는 '群'類 글자는 분명히 '窮'자[6]와 구별되었고, 현재 노인들도 아직 대체로 서로 구별되는 독음을 가지고 있으며, '勻', '云', '訓' 등과 같은 극소수의 글자만이 -yoŋ으로 읽힌다.[7] 그러나 40, 50세의 중년층에 이르면, '群'類 글자의 독음은 상당히 복잡하여, 어떤 이는 운모를 -yŋ으로 읽고,[8] 어떤 이는 -yoŋ으로 읽는다.[9] 설령 같은 사람이라도 어떤 한 글자의 독음을 종종 -yŋ과 -yoŋ 두 가지로 읽기도 한다. 그리고 20, 30세의 청년층에 이르면, '群'類 글자는 대부분 -yoŋ으로 읽는데, 이는 청소년 사이에서는 '群'類가 이미 '窮'類 글자와 합류하는 과정이 완성되었음을 설명한다. 표면적인 현상으로 보면, 확산될 때 형태소(단어)가 단위가 되어, '群'類 글자가 하나하나씩 '窮'類 글자에 합류한 것처럼 보인다. 그러나 좀 더 자세히 헤아려보면, 변천의 단위가 형태소(단어)도 아니고 음소도 아닌 운모라는 것을 발견할 수 있다. '群'이 dzyŋ에서 dzyoŋ으로 변할 때, 성모는 변하지 않았고 성조도 변하지 않았으며, 단어의 의미 역시 변하지 않았고 심지어 그 글자의 단어 결합조건이나 언어사용의 환경도 변하지 않았다. 변화가 일어난 것은 단어의 운모뿐이다. 즉, 모두 운모가 -yŋ이었던 것이, 확산의 방식을 통하여 -yoŋ으로 변한 것이다. 여기에서는 운모(음류)가 변천의 단위이다. 위의 표에서 두 가지 입성자의 상황도 이와 비슷하다. 그러나 합류한 시기는 이 두 陽聲韻이 합류한 시기보다 좀 이르다. ≪彙解≫의 범례에 기록된 바에 따르면, 적지 않은 '德'類의 글자의 운모가 -eʔ나 -aʔ로 읽혔는데, 현지인의 독법이 많이 상이했던 것은,[10] 이 두 가지 음류의 합류가 그 시기에 이미 상당한 정도까지 진전되었지만, 단지 합류의 전 과정이 완성되지 않았을 뿐이었다는 것을 설명한다. ≪硏究≫의 시기에 이르러서는 이 두 개의 입성운은 이미 합쳐져 하나가 되었으므로 趙元任(1956:71)은 寧波語의 입

6 '窮'類 글자: 兄榮永泳咏穹窮熊融胸凶兕雍擁容鎔庸甬勇涌用.
7 발음한 사람: 張明余, 남, 65세(조사 때의 연령, 이하동일), 회계사, 현재 퇴직, 시내에 거주.
8 何漢英(여, 47, 엔지니어, 시내 거주), 忻美英(여, 51, 교사, 시내 거주)의 발음.
9 鄭芳懷(남, 46, 교사, 시내 거주), 洪可堯(남, 48, 점원, 시내 거주)의 발음.
10 W. T. Morrison(1876:16) 참조.

성은 "가장 엉성하게 나뉘어졌다"고 하였는데, 당시 浦東지방에서는 다섯 가지 음류로 분류되어 있었으나, 寧波에는 æ밖에 없었다.

이러한 상황은 모두 어휘 내에서 음변화가 확산되는 단위가 단어가 아니라 단어 내부의 하나의 음류라는 것을 설명한다. 중국어로 말하자면, 음절 중의 聲, 韻, 調이다. 이 논지는 영어 등 기타 언어에도 마찬가지로 적용되며, §12.2.2에서 열거한 영어 단어들 중 변화를 일으킨 것도 단지 단어 내부의 어떤 하나의 어음 특징일 뿐이다. 王士元은 그의 음변화 이론을 '어휘확산'이라고 하였고, '확산'은 매우 치밀한 것이라고 말하였지만, 이러한 확산을 하는 것이 '어휘'라고 말하는 것은 적절하지 못하다. 왜냐하면 확산하는 것은 '어휘'가 아니라 단어 내부의 하나의 음류 혹은 특징이기 때문이다. 아무튼 확산이란 음변화의 한 방식이다.

12.3.3 어휘 내에서 음변화가 확산되는 것은 음류를 단위로 하기 때문에, 그것의 변천 방식은 자연히 청년어법학파의 계열적 음변화와는 같지 않다. 계열적 음변화의 단위는 음소이며, 어음 분포의 조건으로부터 음변화 및 그 예외적 규칙을 찾을 수 있으나, 음류에는 음소와 같은 분포조건이 없으므로 그것의 변화는 단어 독음의 변화를 통해서 산발적으로 표현될 수밖에 없다. 음변화의 단위가 다르기 때문에 음변화에서는 §12.2.1에서 서술한 것과 같은 그러한 변천방식의 차이를 나타낸다.

어휘확산 이론이 어음의 돌변성과 어휘 내에서의 음변화 확산의 점진성을 제기한 것은 가치가 있는 것이며, 청년어법학파가 홀시하였던 부분의 음변화에 주의하도록 하였다. 이것은 청년어법학파 음변화이론에 대한 보충이지, 그에 대한 부정이 아니라 할 수 있는데, 그것은 이 두 이론이 연구하는 것이 두 가지 다른 유형의 음변화이기 때문이다. 청년어법학파가 연구한 것은 어음조건에 따라 추이되는 음소 및 그 변천 방식이지만, 어휘확산 이론이 연구한 것은 형태소 독음의 산발적인 변화이며, 형태소 음절 중의 음류와 그것의 변천 방식이다. 음소와 음류는 두 개의 서로 다른 개념이다. 그들의 물질 운반체는 같을 수가 있어서, 예를 들면 모음 [i]는 중국어 방언에서는 음소 /i/일 수 있고, 음류 -i(운모)일 수도 있다. 이 두 경우의 표면형식은 서로 같으나, 변천 과정에서 그것들의 신분은 다른 것이다. 음소의 지위로서 변천에 참여한다면, 그것은 어음 분포조건에 따라 추이한다는 청년어법학파의 음변화 방식 즉, 계열적 음변화일 것이다. 이렇게 해서 어음체계 내에서 어떤 어음 조건하에서는 /i/라는 음소가 다시는 없게 된다. 그러나 그것이 음류의 지위로서 변천에 참여한다면, 확산의 방식을 취할 것이다. 즉 어떤 형태소 독음의 변화가 음류 i의 어음체계에서의 지위에 결코 영향을 미치지 않는다. 山西 聞喜방언의 蟹, 止攝 중 幫組 성모를 가지고 뒤에 운모가 -i인 ('杯'[ₑpiˌ, '眉'[ₑmiˌ' 등)글자들 중 어떤 글자들은, 현재 표준어의 영향으로 운모가 이미 -ei로 읽힌다('倍', '北' 등). 그러나 이것은 음류 -i의 음운 지위에는 아무런 영향을 미치지 않았는데, 다른 형태소의 운모는 여전히 -i로 읽히기 때문이다. 중국어의 복합운모와 음소의 구별은 매우 명확하다. 예를 들어 寧波語의 어음체계에서 하나의 음류인 -yŋ은 소실되었으나, 이것이 이 음류를 이루는 음소인 /y/와 /ŋ/가 어음체계 내에서 차지하고 있는 독립적인 지위에 대하여서는 아무런 영향을 끼칠 수 없다. 그리하여 음류와 음소 이 두 가지 개념은 서로 다른 것으로, 음변화의 연구에서 그 개념들을 마땅히 명확히 구별해야 할 것이다.

청년어법학파의 음변화이론이 어휘 확산식의 음변화를 받아들일 수 없는 것과 같이, 어휘확산 이론 역시 계열적인 어음 변화를 받아들이기 어렵다. 어휘확산 이론의 결점은 어음의 돌변성과 어휘확산의 점진성을 절대화하였다는 것으로, 방언지리학같이 또 다른 단편성에 빠져 일부 언어학자들의 비판을 받았다. 사실, 이 두 가지 음변화 방식은 역사상 모두 존재하는 것이므로, 이 방식을 가지고 저 방식을 부정하고 비난할 수 없는 것이다 (§14.3.5). 어휘확산 이론의 창시자인 王士元은 후에 이 문제에 있어서 견해가 조금 변하여, "그러나 처음에는 내가 약간 과격하게 말했던 것 같다. 나는 아마도 모든 음변화는 어휘확산의 방식을 통해서 진행되는 것이라고 하였다. 사실 모든 음변화는 결코 모두 같은 과정을 거치는 것은 아니다. 그래서 그(1982)는 각기 다른 음변화는 어음의 성질이나 사회환경 등의 차이로 인해 서로 다른 길로 갈 수 있는 것이라고 하였다…우리의 다음 임무는 '서로 다른 음변화의 경로는 대체 어떤 요소에 의해 결정되는가'라는 문제를 명확히 풀어야 하는 것이다"라고 하고,[11] "분명히 해야 할 것은 현재의 어휘투시가 어떤 원인에 의해 일어나는 것인가 하는 것이지, 청년어법학파가 이미 이루어 놓은 견실한 공헌을 낮게 평가하는 것이 아니다"라고 여겼다. 이런 상황에서 볼 때, 이 문제와 관련한 학술상의 토론과 연구는 이미 새로운 진전을 이룬 것이다.

12.4 산발적 음변화에서의 시간 층위와 그것의 변천 규칙

12.4.1 어휘확산 이론은 산발적 음변화를 연구하여 음변화 과정의 가지런하지 않은 현상을 드러내 보였으나, 아직 이런 가지런하지 않음을 이용하여 음변화 과정 중의 복잡한 문제들을 탐색하지는 못하였다. '차이'라는 것은 언어사 연구의 객관적 기초가 된다(§1.3.1, §10.4). 산발적 음변화 과정에서의 가지런하지 않은 현상은 어음체계 내의 중요한 차이이므로, 이러한 차이를 가지고 음변화의 시간적 층위를 연구할 수 있다. 이것은 구조주의 학파의 내적재구의 방법도 해결할 방법이 없었던 어려운 문제이다(§10.4.2). 寧波방언의 성조를 예로 들어 이 문제를 토론해 볼 수 있다.

12.4.2 현대 寧波방언의 성조는 상당히 복잡하여, 한 글자의 성조가 많은 것은 7개(음평, 양평, 음상, 양상, 거성, 음입, 양입)이고 적은 것은 4개(원래 음평, 음상, 음거가 하나로 합류하고, 원래 양평, 양상, 양성, 양거가 하나로 합류함)만 있다. 4개의 성조를 쓰는 寧波사람에게는 한 글자마다

---

11 徐通鏘(1984b:252~253) 참조.

일정한 성조를 지니고 있는데, 이를 제외하고는 다섯 개(혹은 여섯, 일곱)의 성조를 쓰는 寧波사람들의 성조는 귀납하기 상당히 복잡하다.

다음 쪽의 표로부터 寧波방언 성조 체계의 내부차이를 발견할 수 있다. 방언이나 친족어 간의 차이가 역사적 비교방법에 의해 언어변화의 과정을 고찰하는데 사용되는 것처럼, 이런 체계 내부의 차이를 가지고도 음변화의 과정을 설명할 수 있다. 첫째, 발음하는 사람들 간의 각기 다른 성조의 차이를 비교하면, 寧波방언의 성조는 7개에서 4개로 단순화하는 과정에 있으며, 또한 도시 중심부에 가까워질수록 조류가 단순해지는 것 같다고 추론할 수 있다. 1928년 趙元任이 ≪現代吳語的硏究≫를 썼을 당시에도 寧波語에 7개의 성조[12]가 있었다는 사실은 이 추론의 방증이 될 수 있다. 둘째, 단순화의 경로는 -i, -y앞의 k-, kh-, x-가 tɕ-, tɕh-, ɕ-類로 변한 것과 같이 가지런하고 획일적인 계열적 음변화 방식을 취하지 않고, 산발적 방식을 취하였다. 무성/유성, 이완/긴장의 경계가 섞이지 않은 것 외에는 모두 하나하나씩 합류하는 방식을 취하여, 즉 원래 무성음 거성, 무성음 상성 글자는 하나하나씩 음평으로 들어갔고, 원래 유성음 상성 글자도 하나하나씩 양평으로 들어갔다. 또한 전반적으로 보면 비상용 글자가 먼저 변하고 상용 글자가 후에 변하여, 발음하는 사람들이 원래의 성조대로 읽는 글자들은 대부분 상용 글자이다.

발음한 사람 조치 조류	시내[13]	西門[14]	江東[15]	南門[16]	교외[17]	예
음평	42 (44,435)	42(44)	42(44)	42	42	詩高專
양평	24	24(313)	24(313)	24	24	時題陳
음상		435	435	435	435	紙走短
양상				313	313	在趙厚

....
12 趙元任(1956:76~77)

조류 ＼ 발음한 사람 / 조치	시내[13]	西門[14]	江東[15]	南門[16]	교외[17]	예
거성				(44)	44	蓋正醉
음입	5	5	5	5	5	識滴急
양입	23	23	23	23	23	識滴急
조류 총수	4	5	5	6(7?)	7	

　　네 개의 성조만을 가진 寧波사람들조차도, 일부는 상용자인 '走', '紙' 등의 글자를 자기도 모르게 435의 조치로 읽었다. 확산의 속도는 서로 다르게 발음하는 사람마다 다르기 때문에, 어음체계에서 드러나는 것도 균일하지 않게 되는 것이다. 설령 같은 사람이 발음한다 해도 때에 따라 차이가 있을 수 있다. 江東지역의 자료를 가지고 예를 들면, '死'자의 일차 발음은 음평

13　발음한 사람은 鄭芳懷, 何漢英 등이다. 작은 부분에서 서성 양거성 글자를 우연히도 44 조치로 읽기도 했다. 원래 소수의 음상성 글자는 435조치로 읽을 수 있으나 규칙은 없다. 발음한 사람은 이미 이런 조치의 차이를 따지지 않아, 435의 조치의 '紙'와 42로 읽는 '支'와 동음으로 여기는 것과 같다. 신뢰를 위해서, 필자는 '支, 紙, 至, 私, 死, 四'유형의 '동음'인 글자 96조를 골라서, 발음하는 사람의 반응을 고찰했는데, 결과는 모두 '동음'이었다.

14　발음한 사람은 王綱平, 남, 27세, 학생, 西門에 거주한다. 원래 음상자중에서도 80여개의 글자는 435 조치로 읽을 수 있는 것도 있다. 원래 탁평, 탁상, 탁거는 이미 합류하였으나, 내부적으로는 두 가지의 조치가 있어, 대략 60여개의 글자의 조치는 313이 된다. 분포상 어떤 조건은 없다. 구체적인 예는 徐通鏘(1991) 참조.

15　발음한 사람은 袁逸, 남, 28세, 학생, 江東에 거주한다. 원래 음상성 글자 약 110여개가 435조치로 읽는다. 원래 양조 서성자는 이미 합류하였으니 일부 글자에는 두 가지의 조치가 있다. 가령, '胃, 偉, 魏'는 24 혹은 313으로 읽는다.

16　발음한 사람은 沈亞萍, 여, 23세, 학생, 南門에 거주한다. 음거성 글자는 대부분 음평성 글자와 합쳐졌으나, 일부분은 여전히 44의 조치를 보류한다. 상당히 완정하게 음상의 조치를 보류하고 있는데, 자료 중 음상성 글자의 83%는 435 조치로 읽는다. 60여개 글자만이 음평으로 들어갔다. 양상은 일종의 잔류로, 313 조치로 읽는 34개의 글자 중에서 32개는 원래 양상자이다. 자료표에 탁상성 글자 총수는 11%를 차지한다.

17　발음한 사람은 荊逸民, 남, 23세, 학생, 寧波市에서 약 10km떨어진 鄞東 五鄕礮에 거주한다. 음평, 음상, 음거성 글자의 조치는 항상 서로 섞였으나, 여전히 3개의 독립된 조류로 억지로 나눌 수 있다. 양거성 글자는 대체로 양평과 합류하였는데, 313 조치로 읽는 것 대부분의 원래의 양상성 글자와 일부 양거성 글자를 포괄한다.

(42)이었고, 이차 발음은 음상(435)이었다. '蔣, 獎' 두 글자는 처음에는 음평으로 읽었고, '奬'자만을 상성으로 읽었으나, 후에는 이 세 글자의 음을 모두 같은 조치인 435로 읽었다. 그래서 성조표의 통계 숫자는 그 중 한 차례의 발음에 근거하여 대략인 추세를 나타낼 뿐, 절대적인 것이 될 수는 없다. 이런 것들로 볼 때 복잡하고 규칙이 없는 현상은 바로 산발적 음변화의 전형적인 특징이다. 셋째, 단순화의 단계는 거성이 먼저 평성에 합류하고(음거는 음평으로, 양거는 양평으로 들어갔다), 후에 상성자가 다시 하나하나씩 평성으로 들어간 듯하다(음상은 음평으로, 양상은 양평으로 들어갔다). 넷째, 성조표가 제공하는 단서에 의하면 寧波방언 調類의 단순화의 시발점은 陽去가 없어, 다른 성조들이 각각 陰陽으로 나누어져 있는 구조 방식과 대칭을 이루지 않은 듯한데, 그것은 구조상 하나의 공란이라는 것을 설명하는 것이고, 내적 재구의 방법을 이용하여 다시 양거조를 세울 수 있다(§10.2).

이렇게 해서 체계내부의 산발적 차이로부터 寧波방언의 성조가 8개에서 4개로 단순화하는 구체적인 과정과 시간적인 순서의 층위를 찾아낼 수 있다.

12.4.3 산발적 음변화의 과정은 이렇듯 복잡한데, 그렇다면 규칙은 없는 것인가? 확산을 말하는 사람은 일반적으로 모두 음변화의 규칙성을 부인하거나, 적어도 음변화의 규칙성을 강조하지는 않는다. 우리는 규칙에는 서로 다른 표현 형식이 있다고 여긴다. 만약 계열적 음변화의 규칙을 가지고 어휘 내에서 음변화가 확산되는 것을 따져보고 고찰하면 규칙이 없어 보인다. 이것은 어휘 내에서의 음변화의 확산이 너무도 복잡하고 들쑥날쑥하여, "모든 어휘에는 자체의 역사가 있다"는 양상과 조금 비슷한 것 같아 보이기 때문이다. 그러나 좀 더 긴 시간을 가지고 관찰하고, 음변화의 시종에 주의하여 어휘 내에서의 음변화의 확산 과정과 추세로부터 최후 완성단계에 이르기까지를 고찰하면, 이런 음변화에도 역시 규칙이 있는데, 다만 그 형식이 청년어법학파가 말하는 음변화 규칙과 다르다는 것에 불과하다

는 것을 발견하기란 어렵지 않다. 寧波語 성조의 단순화 과정이 아직 완성되지 않았다고 한다면, 지금 그것을 가지고 산발적 음변화 규칙의 예로 삼는 것은 적당치 않다. 知·照系가 精系로 합류하는 과정은 이미 완성되었으므로 이것으로써 산발적 음변화 규칙의 특징을 설명할 수 있다.

　중고에 知·照系 글자가 寧波방언에서 精系에 합류한 현상은 아주 긴 과정을 거친 것처럼 보인다. 淸代 乾隆 53년(1788) 때의 ≪鄞縣志≫의 기록에 따르면 "사방 명나라 사람들의 齒音이 바르지 아니하여, 精·照, 從·床, 心·審 여러 성모가 섞임이 더욱 심하다. 招를 焦로 이르고, 張을 將으로, 震을 晋으로, 潮를 譙로, 全을 傳으로, 陳을 秦으로, 雪을 濕으로, ㅔ을 星으로, 少를 小로, 壽를 就라 하는 것과 같은 것이다."(생각건대 全과 傳, 雪과 濕 두 쌍의 예의 위치는 당연히 바뀌어야 한다). 이것은 1788년 이전에 이미 이런 합류과정이 시작하였으나, 그 때에는 아직 합류의 과정이 아직 완성되지는 않았다는 것을 말해주고 있다. 왜냐하면 역시 "齒音 대다수가 바르지 않은 것"이지, "전부 바르지 않은 것은 아니고", "精照⋯여러 성모의 섞임이 더욱 심해진 것"이지 각각의 상응하는 치음이 모두 서로 섞인 것은 아니기 때문이다. 예로 든 것들은 모두 三等의 글자로, 백년전 ≪彙解≫가 반영한 寧波어음체계와 결부시켜보면 二等 莊組가 ≪鄞縣志≫의 시대에는 이미 精系와 완전히 합류하였고, 三等의 글자는 아직 "섞임이 더욱 심해지는" 합류 과정 중에 있었다는 것을 설명한다. 100년이 지나 ≪彙解≫, ≪音節≫시기에 이르러서, -i 개음 앞 三等 글자의 성모는 완전히 精系의 글자와 합류하여 尖音으로 읽혔다. 예로 '脂', '姉'가 [tsi]로 같았고, '者', '借'가 [tsia]로 같았으며, '張', '將'이 [tsiaŋ]으로 같았던 것 등등이 있다. 이는 乾隆 때의 ≪鄞縣志≫의 기록과 서로 부합하는 것이나, 이 시기는 "섞임이 더욱 심해지는 것"이 아니라, "완전히 서로 섞인 것"이다. 그러나 개구운의 앞에서 知·章組 성모의 음가는 대체로 설엽음 ʧ-(ʧʻ, ʤ, ʃ, ʒ를 포함. 이하 같음)이어서, 여전히 자기의 독립적 음류의 지위를 유지하고 있었으나 일부 운모(대부분 원래의 합구운이다)의 앞에서는 분명 ts로 변화하는 산발적 음변화의 특징을 나타낸다. ≪音節≫의 머리말에 이러한 설엽음을 기술하면서 말하기를, o 앞의 ʧ-는 ts처럼 들리고, ʤ는 dz처럼 들린다고 하였다.[18] ≪彙解≫ 중 어떤 형태소의 성모가 ʧ-, ʦ- 두가지 음으로 읽히는 예들이 대부분 운모의 모음 중 -o, -ɔ 음절 위에 나타난다는 것은 ≪音節≫의 작자가 관찰한 것이 믿을 만하다는 것을 설명한다. 아래 모두가 ≪彙解≫ 중 두 가지 독음을 가진 예들이다.

粥	ʧoˀ~tsoˀ	掌	ʧɔŋ~tsɔŋ
囑	ʧoˀ~tsoˀ	娼	ʧʻɔŋ~tsʻɔŋ
終	ʧoŋ~tsoŋ	常	ʤɔŋ~dzɔŋ
中	ʧoŋ~tsoŋ	臟	ʤɔŋ~dzɔŋ
充	ʧʻoŋ~tsʻoŋ	辱	ʒoˀ~zoˀ
章	ʧɔŋ~tsɔŋ	鑽	ʧyn~tsøn

이러한 예는 산발적 음변화가 여전히 진행 중이라는 것을 설명한다. 대개 '5.4 운동'시기에 이르러서야 이러한 산발적 음변화가 그 변천의 과정이 완성되었다. 1922년 발표된 ≪寧波方言與國音的札記≫라는 글에서의 寧波방언의 성모체계는 이미 현대 寧波방언과 일치하여, 知·照系의 三等의 글자와 精系의 글자는 이미 대립의 흔적이 없다.

≪彙解≫가 제공하는 단서에 의하여, 知·照系의 글자가 精系에 합류하는 과정과 규칙은 대체로 아래와 같이 귀결시킬 수 있다.

1. 莊組 글자가 먼저 ts-, ʦ-, dz-, s-, z-로 변하여, 精系와 합류하였다.
2. -i개음 앞의 知·章組가 尖音 ts로 변하여, 見系에서 온 단음 tɕ와 대립하고 있었지만(≪彙解≫는 아직 명확한 尖團의 대립을 보존하고 있다), 후에 尖音인 글자가 구개음화하여 團音과 합류하였다.[19] ≪硏究≫ 때에는 이미 이런 합류의 과정이 완성되었다.

....
18 Möllendoff, P. G. Von(1901:10)
19 徐通鏘(1991) 참조.

3. 개모음 앞의 합구 개음은 변천 과정에서 없어졌으나, 성모에 아직 그것의 기생 흔적이 남아 있는 듯하다. 왜냐하면 이들 부분적인 글자가 ≪彙解≫에서는 대부분 설엽음 ʧ-로 읽혔는데, 이 ʧ-는 다시 산발적 음변화를 통해 오늘의 ts로 변하였기 때문이다. 예로 든 글자 중에 '章, 娟, 常(陽韻, 開口, 三等) 등과 같이 원래 개구였던 일부 글자의 성모를 ʧ-계열로 읽는데, 이 것은 아마도 운모 중의 모음이 이미 원순 후모음으로 변하였기 때문에 二等의 '莊裝' 등과 같아진 것으로 보인다.
4. 음변화의 과정이 완성되어, 知·照系의 글자가 전부 精系와 합류하여, 어음체계 내에는 가지런한 구조의 틀이 출현하였고, 산발적 음변화의 규칙이 나타났다.

그리하여, 산발적 음변화의 전 과정을 주의하여 보면, 어휘 내에서의 음변화의 확산은 아무런 목적도 없는 마구잡이식 확산이 아니라, 그것의 명확한 방향과 목표가 있다는 것을 볼 수 있다. 결국, 그 원인은 산발적 음변화가 음류를 단위로 하고, 이러한 음류는 변천과정에서 일단 확산의 모든 과정이 완성되면, 그 복잡한 흔적은 전부 소실되고, 규칙 있는 구조의 틀이 형성되기 시작한다. 이렇게 산발적 음변화도 그 자신의 변천 규칙을 가지고 있는 것이다.

12.4.4 모든 유형의 음변화 규칙에는 나름대로의 특징이 있다. 계열적 음변화 규칙의 특징은 이른바 "음변화 규칙에는 예외가 없다"와 "규칙이 없는 예외는 없다"(§6.4.1)이다. 산발적 음변화 규칙의 특징은 이와는 다르다. 중요한 것은 첫째, 두 개의 가지런한 체계의 중간은 어지럽다는 것이다. 즉, 변화 이전의 단계와 변화가 완성된 후의 단계에서 그 언어의 상태는 가지런하며 규칙이 있다. 그러나 음변화가 진행되는 과정에는 복잡하고 마치 규칙이 없는 것 같아서, "모든 어휘에는 자체의 역사가 있다"의 양상과 약간은 비슷하다. 둘째, 이런 음변화가 거치는 시간은 매우 길다는 것이다. 寧波방언의 성조 같은 것은 거의 일세기의 기간을 거쳐도 아직 그것의 전 과정이 완료되지 않았다. 知·照系가 精系에 합류한 것은, 乾隆 53년(1788)

부터 '5·4운동'시기까지로, 전후 130~40년을 거쳤는데, 다시 乾隆 53년 이전의 시간을 더하면, 이 음변화 과정의 완성은 아마도 200년도 훨씬 넘을 것이다. 그러므로 어휘 내에서의 음변화 확산과정은 실제로 중시적 언어사(language meso-history)를 구체적으로 보여주었고, 몇 천년 혹은 몇 만년을 반영하는 거시 언어사(language macro-history)나 지금 진행 중인 음변화를 고찰하는 미시 언어사(language micro-history)와는 같지 않다.

이러한 현상들은 산발적 음변화에도 역시 규칙이 있고, 단지 이러한 규칙의 실현 방식과 청년어법학파식의 음변화 규칙이 다를 뿐이라는 것을 설명한다. 청년어법학파식의 음변화 규칙은 어음의 분포를 조건으로 하는 것으로 바꾸어, 서로 조건만 같으면 어휘 내에서의 음변화는 동시적이고 가지런하며, 행진하는 일렬의 횡대의 모든 구성원이 거의 동시에 목적지에 도달하는 것과 같이 발생하여, 길지 않은 시간 안에 가지런한 규칙성을 나타내게 된다는 것이다. 산발적 어음규칙의 표현형식은 이와 달라, 변천과정 중에는 어음규칙이 균일하지 않고 복잡한 상태를 나타내지만 변천의 방향은 분명하여, 행진하는 일렬 종대의 각 구성원이 목적지에 도달하는 시간이 다른 것 같이 선후가 있어 어느 정도 긴 시간을 지나서야만 그 변천의 규칙성을 드러낸다. 이 두 가지 음변화 방식의 결과로 볼 때, 길은 다르지만 이르는 곳은 같으니, 모두 음변화의 규칙성을 나타낸 것이라 할 수 있다. 역사적으로 이미 완성된 음변화는 청년어법학파식의 음변화 규칙을 거쳐서 실현된 것인가, 아니면 산발적 음변화를 통해서 이루어진 것인가? 지금으로서는 아직 분명히 알 수 없다. 아마도 아직 완성되지 않은 산발적 음변화가 보유하고 있는 일부 잔존현상 중에서도 또한 산발적 음변화의 흔적들을 볼 수 있을 것이다.

12.5 중단된 변화와 어음체계 중의 불규칙 현상

12.5.1 산발적 음변화가 하나씩 하나씩 변천하는 방식으로 음변화의 과정을 실현하는 데에는 어느 정도 긴 시간을 거쳐야 하기 때문에, 변천 과정 중에 뜻밖의 변수가 발생할 수 있다. 대체로 음변화가 거치는 시간이 길어지면 길어질수록 이런 돌변적 변수가 일어날 가능성이 크다. 만일 개별적 '낙오된 구성원'이 종대식의 행진 과정 중 너무 느리게 가게 되면, 대오에서 멀리 떨어지게 되어 자기의 대열을 찾지 못하고 잘못 들어가 다른 대오에 끼게 될 수도 있다. 이렇게 하여 음변화의 예외가 나타날 수 있다. 산발적 음변화가 변천 과정 중에 다른 음변화의 힘으로부터 간섭을 받거나 혹은 다른 원인을 만나게 되면 곧 중단된 변화가 일어날 수 있는데, 이 중단된 변화는 산발적 음변화 과정에서 출현하는 중요한 현상이다.

12.5.2 어휘 내에서의 확산 과정에 만약 다른 음변화가 가지고 있는 힘의 간섭을 받지 않는다면 이 변화는 규칙적이게 되며, 만약 두 가지 혹은 그 이상의 변화가 동시에 어떤 무리의 형태소에 작용을 일으키면 상호간의 간섭으로 인하여 언어에 잉여형태나 잔존형태를 남기게 된다. 음변화가 거치는 시간이 길수록 나타날 수 있는 상호 경쟁적 변화도 많아지기 때문에 '규칙성의 가설'은 부득이 상호 경쟁적 변화에 의해 생겨나는 잉여현상을 수용하는 방향으로 수정해야 할 것이다.[20]

언어가 변화하는 과정에서 하나의 변화가 어떤 방향을 향해서 진행한다면 그 변화는 관련된 모든 형태소에까지 확산될 가능성이 크지만, 또 다른 변화의 힘의 간섭으로 인해 변화가 중단되어, 이미 변화가 일어났던 음과 아직 변화가 발생하지 못한 음이 여기에서 갈라져서 각자 서로 관련하지 않게 될 수도 있다. 그 결과 어음체계에서 규칙에 벗어나는 불규칙 현상이 남게 된다. 앞에서 서술한 寧波語의 知·照系 글자가 精系에 합류하여 최후

....
20 Wang, William S-Y(1969:9~25).

에는 가지런한 구조의 틀을 가지는 것과는 다르게 된다. 이것은 재미있는 현상으로, 새로운 각도에서 어음체계의 구조적 차이를 고찰할 수 있게 한다. 寧波방언의 咸, 山攝의 글자는 어음체계 중에서 상당히 규칙적이나, 咸攝 중의 覃(상, 거성을 포함, 이하 같음)韻의 일부 글자는 규칙에 어긋나는 예외이다. 먼저 寧波방언에서 覃, 談, 寒 세 운의 端, 精, 見 세 조 글자들의 어음을 보도록 하자.

운류 예 음가	覃	談	寒
-ɛ	耽 潭譚 篸(다수 사람) 參慘 堪龕坎砍勘	擔膽 坍毯 談痰淡 瞰	丹單旦 灘攤坦坦嘆 擅壇彈誕但憚蛋 難 蘭攔欄懶爛 餐爛 刊侃
-ɪɜ	貪探 南男 篸(소수 사람) 簪 蠶		
-i	感	甘柑泔敢	干肝竿乾~濕杆秆赶幹看

談, 寒이 합류한 것에는 문제가 없지만 覃韻의 글자는 오히려 균일하지 않은 상황을 나타내고 있는데, 어떤 것은 談, 寒韻과 합류하고 어떤 것은 스스로 하나의 류를 이루어 내부가 일치하지 않는다. 만약 언어를 하나의 정태적이고 동질적 구조로 본다면 이런 차이가 있는 음들은 각자 관련된 韻類에 들어가(-ɛ는 모두 談, 寒韻의 글자가 되고, -ɪɜ는 '杯梅…' 등의 灰韻에 들어가고, -i는 '祭基…'류의 祭, 之 등의 운으로 들어갔다), 체계내부에

응당 있을 가지런하지 않음을 가릴 것이다. 중국어에는 운서 등의 서면 자료가 있고, 기타 방언을 자료 삼아 비교할 수 있기 때문에, 어음체계 중에서 同源인 글자 사이에도 音類의 차이가 있다는 것을 발견할 수 있다. 이런 현상의 생성은 언어학자들로 하여금 당혹함을 느끼게 한다. 張琨(1983:8)은 覃韻의 글자의 내부 차이를 분석할 때 각주에서 "黃岩, 溫嶺방언 중 ≪切韻≫ 覃韻의 설두 성모의 글자는 *an으로 읽는다. 寧波방언에서는 -Ei로 읽는데, (이런 현상들이)도대체 무엇을 나타내는 것인지 잘 모르겠다"고 하고 있다. "음변화 규칙에는 예외가 없다"의 계열적 음변화 규칙에 근거하여서, 이런 현상을 해석하기는 분명 어렵다. 寧波방언에서 覃韻의 글자의 독음이 균일하지 않은 것은 계열적 음변화가 만든 것이 아니라, 산발적 음변화가 중단된 결과로 보인다. 覃, 談, 寒 세 韻에 대한 칼그렌(1948), 張琨, 李榮(1959)의 재구는 아래와 같이 구별된다.

작자 \ 구음 \ 운류	覃	談	寒
칼그렌	ɑṃ	ɑm	ɑn
張琨	əm	ɑm	ɑŋ
李榮	ɐm	ɑm	ɑŋ

이 세 가지 운이 吳방언에 반영된 상황으로 볼 때, 張琨과 李榮의 재구음이 어음의 실제에 가깝다. -m운미가 어음의 변화 과정에서 -n에 합류하였기 때문에 談과 寒이 합류하였다. 覃韻은 그 모음이 談, 寒과 비교적 큰 차이가 있으므로, 고대 寧波방언에서는 그 독립성을 지킬 수 있었다. ≪彙解≫(1876)가 제공하는 단서에 의하면 談, 寒韻의 글자는 -ɛn으로 읽혔고, 覃韻의 글자 중 일부는 -ɛn으로('耽, 譚' 등), 나머지 일부는 -en으로 읽혔다('探, 南, 感' 등). -en은 운미 -m이 -n에 합류한 후의 覃韻의 글자의 독음으로 *-əm에서 온 것으로 보인다. 어음체계에서 談, 寒韻의 글자수는 많아지

는 추세였고, -en운의 글자수는 오히려 더욱 적어져 음변화 중 다른 음류의 '끌기'와 '밀기'현상을 견디어 낼 수 없었다. 그러므로 확산의 방식으로 음가가 비교적 비슷하고 역사적으로 연관이 있는(다른 방언에서는 同韻이 되는 것을 반영) -en운에 하나씩 하나씩 합류하였다. 언제 이런 변화가 시작하였는지는 조사해 볼 방법이 없지만, ≪彙解≫의 시대(1860~1876)에는 이러한 변화가 진행과정 중에 있어, 일부의 글자는 이미 -ɛn으로 읽히고('眈, 譚' 등), 일부의 글자는 여전히 -en으로 읽혔다('探, 男' 등). 覃韻의 글자가 이런 산발적 음변화를 할 때, 비음 운미 -n의 소실로 인해(§9.2.4) 이 음변화는 중단되었다. 이렇게 하여 ɛn이 ɛ으로 변하고, -en이 -e로 변하였으며, 이 -e는 '杯, 胚, 培, 梅, 堆, 推…悲, 조, 眉'류 글자의 운모 -e와 합류하여 어음체계 내부의 구조의 틀을 변화시킨 것이다. -ɛ(⟨-ɛn)로 읽는 覃韻의 글자는 이미 談, 寒韻의 글자와 합류하였기 때문에, 그들은 같은 운명을 가지고 함께 변하였으며, -en으로부터 변한 -e는 같은 시기의 어음체계 중에서 覃韻의 글자의 독음과는 관계를 끊고, '새로운 친구'인 -e(즉, 杯류 글자의 운모)운을 따라 같이 변천하여, 다시는 원래의 산발적 음변화 규칙의 지배를 받지 않게 되었으므로 어음체계 내부에 규칙에 위배되는 예외로 남게 된 것이다. 寧波방언의 모음체계가 고모음화함에 따라, e는 성모 k-, kʻ-의 뒤에서 고모음화하여 -i가 되었고, 다른 성모의 뒤에서는 복모음화하여 ɛi가 되었는데(§9.2.4), 이것이 일부 覃韻의 글자가 -ɛi로 읽히게 된 역사적 원인이다.

12.5.3 산발적 음변화 과정에서 어떤 구성원의 변화의 속도가 느려져서 종대 행진식의 음변화 과정에서 자기의 대오에서 멀리 떨어져 처지고, 그 결과 변화의 과정 중에 길을 잘못 들어, 원래 그것과 아무 상관없는 音類에 끼어 들어가게 되기도 하며, 이로 인해 음변화의 예외가 나타나게 된다. 현대 寧波방언에는 -yɔ운의 글자는 '降' 한 글자밖에 없는데, '降落傘', '降旗' 등에서의 '降'자는 tɕyɔ로 읽을 수 있다. Möllendoff(1901)에 의하면, -yɔ (〈yɔŋ〉)운의 글자는 '降, 講, 江, 浲, 筓, 茳'이 있다. 이것들은 모두 원래 江韻의 見母 글자인데, 溪母의 '腔'은 이미 tɕ'iaŋ으로 읽혔다. ≪研究≫의 시대에는 이 글자들의 독음이 여전히 ≪音節≫의 어음구조 틀을 유지하고 있어, '腔'이 ㄱiɑ로 읽혔던 것을 제외하고 다른 글자들은 모두 -yɔ로 읽혔다. 현대의 寧波방언에서는 '降'자 이외에, 다른 '江, 講' 등과 같은 글자들에서는 이미 음변화가 발생하여 구어음에서는 kɔ로 읽혀 唐韻의 글자인 '剛' 등과 합류하였으며, tɕiɑ으로 읽히는 독서음에서는 陽韻의 글자인 '疆' 등과 합류하였는데, '降'자의 독음은 매우 '완고'하여, 사람들은 줄곧 tɕyɔ로 읽는다. 그러나 그렇게 읽히는 글자는 단 한 글자밖에 없어 고립되고 힘이 약하여, 다른 음류의 '밀기'와 '끌기'를 견딜 수 없다. 그 결과 다른 음류와 할 수 없이 합류하여야 하는데, '江, 講' 등의 독음과는 이미 연관이 없어져, 이들의 독음을 따라서 변하지 않고, tsɔ으로 읽힌다. 우리가 조사한 청년들 중, 어떤 이는 tɕyɔ~tsɔ 둘 다 읽었지만, tsɔ이 상용음으로서 다수의 사람들은 tsɔ로만 읽었다. 중고의 見母가 ts-로 변한 것 외에, 寧波방언에 다르게 변한 예는 아직 없는 것 같다. 이러한 예외적인 음변화는 확산식 음변화의 틀에 넣어 고찰하지 않는다면 이해할 방법이 없는 것이다.

12.5.4 중단된 변화는 어음체계 내부를 가지런하지 않게 하지만 언어변화의 복잡성과 예외현상의 해석을 이해하는데 중요한 경로를 제공한다. 중단된 변화는 어휘확산 이론의 정수며, 이로 인해 학술계의 적극적인 지지를 받았다.[21] "가장 훌륭한 부분은 중단된 변화, 즉 이미 시작했으나 아직 진행이 끝나지 않은 변화이다". 이것은 "1969년 ≪Language≫에 발표된 王士元의 논문 중 가장 훌륭한 특징 중의 하나이다". 중단된 변화는 틀림없이 산발적 음변화에서 보이는 중요한 현상으로, 어음체계 내의 일부 가지런하지 않은 원인을 이해하게 하고, 음변화의 층위와 과정을 탐색하는데 새로운

....
21 徐通鏘(1984b:209) 참조.

실마리들을 제공할 수 있다. 우리는 이에 근거하여 내적재구의 방법에 대해 수정을 가해야 한다(§13.3, §13.4). 그러나 王士元이 중단된 변화를 다루는 데에도 약점이 있었는데, 그가 사용한 文白異讀의 자료 때문이다. 文白異讀이 반영하는 것은 다른 체계간의 관계이나(§15), 어휘확산 이론이 연구한 것은 체계내부에서의 확산으로, 이 둘은 서로 다른 성질의 문제이다. 서로 다른 음변화의 방식(계열적 음변화, 산발적 음변화)에는 서로 다른 특징이 있기 때문에, 중단된 변화를 연구할 때에도 마땅히 산발적 음변화의 특징을 염두에 두어야 하고, 체계내부에 착안하여 다른 성질의 것인 文白異讀의 자료를 사용하지 말아야 함을 다시 강조한다.[22]

12.6 역사상 이미 완성된 음변화 확산의 해석

12.6.1 산발적 음변화는 계열적 음변화와 마찬가지로 어음체계 자체가 가지는 일종의 성질로, 오늘날의 언어에만 이러한 음변화가 있는 것이 아니라, 역사적으로도 이러한 유형의 음변화가 있었다. 이로 인해 우리가 역사적으로 이미 완성된 음변화를 해석할 때, 계열적 음변화라는 한 유형에만 국한할 것이 아니라, 음변화의 서로 다른 특징에 의하여 구체적으로 고찰할 필요가 있다. 특히 처음에는 복잡하였으나 나중에는 가지런하게 된 음변화를 "음변화 규칙에는 예외가 없다" 혹은 어떠한 규칙에도 모두 예외가 있을 수 있다는 등의 틀을 적용하여 해석할 수는 없다. 상고 중국어의 성조를 예로 들어 이 방면의 문제를 탐색할 수 있다.

12.6.2 先秦시기의 중국어에 성조가 있었는가? 몇 개의 성조가 있었는

....
22 필자가 〈百年來寧波音系的演變〉을 쓸 때 비록 이미 음변화를 세 가지 층위로 나누었으나 음변화의 방식은 여전히 계열적과 산발적 두 가지로만 여겼다. 그리하여 이 문제에 있어서 王士元과 마찬가지로 문백 두가지 형식의 경쟁과 대체를 음변화의 일종의 확산 방식이 된 것으로 보았으며, 아울러 이러한 자료를 가지로 중단된 변화를 설명했다. 지금 보면, 이는 부적합한 것으로, §12.5와 §15.2의 분석에 근거하여 수정해야 한다.

가? 언제부터 平·上·去·入 네 개의 성조가 생기기 시작했는가? 陳第, 顧炎武 이후 각종 서로 다른 학설이 있어 왔다. 어떤 이는 ≪詩經≫의 韻에서 다른 성조의 글자가 서로 압운한異調相押 일부 상황에 근거하여 고대 중국어에는 성조가 없었다고 하기도 하고,[23] 어떤 이는 같은 성조가 서로 압운하는 상황을 근거로 하여 당시의 중국어에는 성조가 있었으나, 단지 적지 않은 예외가 있었을 뿐이라고 하기도 하였다.[24] 두 의견 자체는 대립하지만, 그들이 문제를 관찰한 방법론상 원칙은 오히려 일치하여, 모두 계열적 음변화의 규칙에 의하여 그 시기의 성조를 해석하였기 때문에 그런 복잡한 현상들을 다루기 어려웠다. '예외'를 가지고 ≪詩經≫韻에서 다른 성조의 글자가 서로 압운한 현상을 해석하면 설명하기 힘든 문제가 많이 생긴다. 첫째로, '예외'의 현상은 왜 그리도 많은가? 張一昇의 통계에 따르면 ≪詩經≫韻에서 다른 성조끼리 서로 압운한 상황은 다음과 같다.

	상성	거성	입성
평성	361	293	10
상성		166	39
거성			161

이외에도 평·상·거 세 성조가 서로 압운하거나, 평·상·거·입 네 개의 성조가 서로 압운한 상황도 있다.[25] 周祖謨(1984:82)는 새로 근래 출토된 漢代 竹書와 帛書의 通假字를 근거로 "≪周易≫ 帛書에서는 심지어 평상거의

---

23 예를 들면 陳第는 "四聲之變, 古人未有… 舊說必以平叶平, 仄叶仄也, 無亦以今泥古乎"(≪毛詩古音攷≫)라 하였고, 江有誥는 "古無四聲, 確不可易"(≪古韻凡例≫)이라 한 것 등이다. 江有誥는 후에 ≪唐韻四聲正≫에서 이러한 견해를 바꾸었다.

24 예를 들면 董同龢(1981:313)가 "이치에 따르면, 韻語의 성조에 대한 요구는 운모에 대한 것만큼 엄격할 필요가 없다"고 한 것, 또 謝紀鋒은 "같은 성조로 서로 압운하는 것은 ≪詩經≫韻의 기본규칙에 하나이다. 그러나 결코 예외를 절대적으로 배제하는 것은 아니고, 소수의 예외는 또한 규칙의 존재에 영향을 주지 않는다"라 한 것 등이다.

25 여기에서는 丁邦新(1981)을 따랐다.

구분도 엄격하지 않았으며", "金文에도 이와 같은 예들이 많이 있다"고 하였다. 이런 상황은 '예외'를 가지고 해석하기 어렵다. 둘째, 만약 예외라면 예외가 생겨난 조건과 원인이 필히 있어야 한다. 즉 예외에도 규칙이 있다는 것이다. 그러나 우리는 아직 사람들이 이런 '예외'의 원인에 대해 이론상의 해석을 내놓은 것을 보지 못했고, 앞으로도 이런 해석은 하기 어려울 것 같다. 셋째, 만약 예외라면 이런 예외인 글자들의 성조는 후에 왜 관련된 성조에 귀납되어, 가지런하고 획일화된 평상거입의 성조체계가 만들어졌는가? 先秦시기에 그리 가지런하지 않았던 성조는 계열적 음변화를 가지고 해석하기가 매우 어려운 것으로, 그것은 현재 진행 중인 산발적 음변화처럼, 중국어의 성조는 없었던 것에서 있는 것으로, 조금씩 형성되던 때로부터 최후 정형화될 때까지, 산발적 음변화를 통해 진행된 것으로 볼 수 있다. ≪周易≫, ≪詩經≫의 시기는 아직 변천의 과정에 있었기 때문에, 복잡하며 규칙이 결여되어 있다가 沈約 등이 平上去入의 성조체계를 발견하기 얼마 전에 중국어의 성조체계는 비로소 형식을 갖추어, 복잡함(1984:82)에서 가지런함에 이르는 산발적 음변화의 과정이 완성된 것이다. 周祖謨의 이 문제에 대한 고찰은 先秦시기 성조 변화의 실제 상황에 비교적 가깝게 접근한 것이라 할 수 있다. 그는 "이것은 마땅히 문자가 변화한 각기 다른 단계와 문자를 사용하여 언어를 기록할 때의 소리가 변하였는지의 여부와 관계가 있으며", "각기 다른 역사적 단계를 나누어 인식한다"고 하였다. 周·秦 시기 중국어의 세 개, 혹은 네 개의 성조는 "장기간에 걸쳐 점차 변화하여 형성된 것이며", "周·秦시대 각기 다른 韻部의 調類가 다소 같지 않은 것도 변화의 과정이었다. 陰聲韻인 之, 支, 魚 등과 같은 韻部에는 평성을 제외하고도, 우선 상성이 있었고, 진일보 변화하여 거성이 있었으며, 陽聲韻 각 韻部와 冬, 蒸 두 韻部에는 상성과 거성이 없었고, 陽, 侵, 眞 세 韻部에는 상성은 있었으나 거성은 없었고", "거성이 하나의 조류를 이룬 변화는 비교적 늦었다. 거성이 평성·상성이나 입성으로부터 변화하여 나온 원인은 여러 방면에 있다. 일부는 아마도 글자의 의미가 인신됨으로 인해 음이 변한 것이고, 일부는 아마도 성모의 변이變異나 운미의 변화 심지어 탈락으로 인해 다른 성조가 되었던 것"이라고 여겼다. 이런 고찰은 비교적 객관적이고, "음변화 규칙에는 예외가 없다"와 "예외에도 예외적인 규칙이 있을 수 있다"는 신조의 속박에서 벗어났기 때문에, 이치에 맞는 해석이라 할 수 있으며, 그리하여 '예외'와 같은 학설에 얽매어 일부 풀기 어려운 사실을 회피할 필요가 없는 것이다. 이것은 우리가 산발적 음변화의 연구로부터 얻은 계시와 일치하는 것이다.

산발적 음변화의 기본정신도 마땅히 계열적 음변화의 정신과 같이 언어사 연구에 잘 활용되어야 한다.

13
언어의 변이(상):
'질서 있는 이질성' 이론과 언어사 연구의 새 영역

13.1 언어 변이와 '질서 있는 이질성' 이론

13.1.1 언어의 구조가 동질적 체계(homogeneous system)라는 것은 소쉬르 이래로 언어학자들의 머릿속에 깊이 뿌리박혀 온 언어관이다. 이러한 언어관 아래에서 구조언어학파, 변형생성학파의 노력을 통해 언어의 구조는 비교적 명확하고 체계적으로 기술할 수 있게 되었다. 이것은 언어 연구에 있어 한차례 비약이었으나 시간의 추이에 따라 그 내부에 숨겨진 약점 또한 날로 드러나 새롭게 탐구를 해야만 하게 되었다.

언어체계 동질설은 첫째, 언어의 '내'와 '외'를 구분하여, 언어가 사회와 관련되는 요소들을 언어의 '외'적 영역으로 배제시키고, 그것이 언어체계의 연구 범위에 속하지 않는다고 여겼다. 이렇게 언어 연구의 영역은 갈수록 협소해졌고, 최후에 변형생성학파에 이르러서는 '완전히 동질적인 언어 공동체 가운데 이상적인 화자와 청자'의 '언어 능력(competence)'만을 연구하여, 대량의 생생한 언어 현상들을 '언어 수행(performance)'으로 보았을 뿐 연구 대상으로는 보지 않았다. 이는 많은 언어학자의 불만을 사지 않을 수 없었다(§12.1.2).

둘째, 언어체계 동질설은 언어 연구에 있어 정연성, 대칭성, 규칙성을 추구하며, 언어 내의 변이성은 꺼리는데, 이는 변이가 구조의 체계성을 파괴할 수 있다고 보았기 때문이다. 소쉬르(1980:144~145)도 언어의 공시태 중에 존재하는 변이는 단지 변화가 매우 작고 중요하지 않으므로 생략할 수 있다고 인정하였다. 구조주의언어학의 방법론의 핵심은 대치(sub-stitution)로, 대치의 원칙(분포)을 사용하여 언어 내의 변이를 통제하고 그 것을 변체(allo-)로 나타내고자 하였다. 그러나 언어 내의 변이에는 여러 가지 형식이 있으므로, 대체의 원칙으로는 각종의 변이를 분석할 방법이 없다. 예를 들어 §10.4.2에서 이야기했던 寧波방언의 '酒'는 성조를 따지지 않으면, ʨiθɤ, ʨiᶿɤ, ʨiɤ, ʨɤ(酒=擧) 등의 여러 가지 어음 형식이 존재한다. 이러한 변이는 언어체계 동질설에 큰 번거로움을 가져다 주었다. 언어체계 의 단일성과 규율성을 지키고 변이의 방해를 피하려면, 개인어(idiolect)를 연구할 수밖에 없게 되는데, 그러나 이렇게 하면 소위 소쉬르식의 모순에 빠지게 된다. 소쉬르식의 모순이란 "언어와 사회가 관련되는 방면(langue) 을 연구할 때는 단지 어떤 개인을 관찰하든 상관이 없지만, 언어와 개인이 관련되는 방면(parol)을 연구할 때는 오히려 사회 환경으로부터 고찰해야 한다"[1]라는 것이다. 개인어의 이러한 '개별'은 '일반'을 내포하고 있기 때문에 '개별'로부터 언어 구조의 '일반'적 특징을 고찰할 수는 있지만, 모든 '일반'을 포함할 수는 없는 것이다. 즉, 개인어로 언어체계의 성질과 특징을 고찰하는 데에는 한계가 있다는 것이다. 실제 언어를 조사해 보면 사람에 따라 그들이 사용하는 언어에는 각종 원인으로 인하여 차이가 있고, 같은 사람이라 할지라도 그 사람의 언어체계는 때에 따라 차이가 있을 수 있다 는 것을 발견할 수 있다. 언어체계 동질설은 언어를 사회와 관련짓지 않고 연구하는 것에서 개인어를 연구하는 방향으로 나아갔는데, 이것은 언어 연구의 방법을 더욱 협소하게 하여, 자연히 언어학자들의 불만을 사지 않을

---

1 Labov(1979) 참조.

수 없었다.

셋째로 언어체계 동질설은 언어의 공시태에만 주의하였을 뿐, 통시적 개입은 절대적으로 배제하여, "'공시'적 현상은 '통시'적 현상과 아무런 공통성도 지니지 않는다. 전자가 동시적 요소 간의 관계라면, 후자는 시간 속에서 한 요소가 다른 요소를 대체하는 일종의 사건이다"[2]라고 하였다. 그러나 언어체계 동질설이 말하는 언어의 공시태에서는 언어체계가 어떻게 해서 하나의 공시태로부터 다른 공시태로 넘어가는지에 대한 어떠한 과도적 메커니즘과 원인도 찾아낼 수가 없다. 이렇게 되면 언어는 다만 정체된, 죽은 체계가 될 뿐이며, 의사소통 중에 보이는 언어의 생생하고 구체적 내용도 결핍되게 된다. 따라서 언어가 공시태에서 변화를 일으키는(actuation) 원인과 변천의 경로를 찾아내어 공시와 통시를 연관시켜야 하며, 그렇게 하기 위해서는 언어의 각종 변이를 언어 연구 영역에 끌어 들여 변이로부터 언어 변화의 메커니즘을 고찰하고, 아울러 역사적으로 이미 이루어진 음변화의 특징을 상세히 살펴볼 필요가 있는 것이다.

요컨대 언어체계 동질설이 가진 내재적 모순은 언어 변이 이론이 탄생하는데 충분한 조건을 마련하였다.

13.1.2 언어의 변이 이론은 어휘확산 이론과 거의 동시에 탄생하였다 (§12.1.2). 이것은 새로운 언어 이론의 모델로, 언어는 동질적 체계가 아니라, 질서 있는 이질적(orderly heterogeneous) 구조라고 간주하였다. '질서 있는 이질성'의 핵심은 "질서가 있다"는 것이다. 언어에는 각양각색의 변이가 나타나는데, 이들은 번잡하고 질서가 없는 무작위적 분포를 드러낸다. 예를 들면 서로 다른 사람, 혹은 동일한 사람이라도 때에 따라 모음 a를 발음하는 것이 절대로 똑 같을 수 없다. 즉 上海사람이 표준어를 말하는 것 또한 北京사람이 말하는 것과 같을 수 없다. 만약 일련의 변이 형식이 비언어적 이질 요소(예를 들어 어떤 사회구성원, 풍격 변체 등) 혹은 동질

---

2 소쉬르(1980:131).

적 언어 구조 요소와 어떠한 고정된 연계를 갖는다면, 즉 일정한 조건으로 부터 통제를 받게 된다면, 이러한 변이 형식은 무질서한 상태에서 벗어나 규칙적이고 질서 있는 행렬에 진입하여 자신의 변천 과정을 시작하게 될 것이다. 변이는 질서가 있게 되는 근원이며, 또한 질서가 있다는 것은 언어가 생명력을 지닌 살아있는 의사소통 수단이 되게 하는 필요조건이다. 언어는 질서 있는 변이를 통해서만이 비로소 끊임없이 그 구조를 개선할 수 있는 것이다. 그러므로 변이는 언어의 구조 밖에 내버려 둘 수 있는 성분이 아니라 언어 구조가 본래 갖추고 있는 특징이며, 언어 연구에 있어서도 마땅히 중요한 지위를 차지해야 하는 것이다.

변이를 통제하는 요인을 찾으려면, 먼저 언어를 사회 환경 가운데 던져 놓고 연구하여 그것이 '언어집단(Speech Community)'의 어떤 사회집단과 관련이 있는지 살펴야 한다. '언어집단'이란 무엇인가? 현재 통일된 인식은 없다. 검퍼스(John J. Gumperz, 1985:36)는 "대다수의 오래 지속된 집단, 작게는 일대일로 교제하는 친구에서 크게는 지역을 나눌 수 있는 현대 국가 혹은 동업협회, 지역 파벌 등을 막론하고, 연구할 만한 가치가 있는 언어 특색을 나타내기만 한다면 모두 언어집단이라고 볼 수 있다"고 하였다. 이러한 견해는 너무 광범위하여 언어집단을 정의하는데 객관적인 기준이라고는 할 수 없을 것 같다. 여기에서 말하는 '언어집단'이 가리키는 것은 언어 혹은 방언을 말하는 사회집단이라고 할 수 있다. 집단 내부는 성별, 연령, 사회 분업과 계층 등의 차이에 따라 서로 다른 사회집단으로 나눌 수 있으며, 각각의 사회집단의 언어는 대체로 모두 자신만의 특징을 지녀, 우리가 평소에 일컫는 '관료적인 말투', '선생님 말투', '학생 말투' 등에서의 각종 '말투'는 실제로 모두 이러한 공통된 특징에 대한 통속적인 표현법이라 할 수 있는 것이다. 그래서 그것을 어떤 사회집단과 서로 연관된 언어 변이라고도 칭할 수 있다. 검퍼스가 말한 '언어집단'은 우리가 여기서 말한 '사회집단'과 대체로 같은 것이다. 언어 변이에 대한 연구는 반드시 이러한 사회집단과 연계되어야 하는 것이다.

13.1.3 '질서 있는 이질성'을 견지하는 언어 이론은 각각의 언어집단이 말하는 언어는 몇몇의 하위체계(subsystem)로 나뉠 수 있다고 보는데, 이러한 하위체계는 바로 소쉬르가 말한 언어체계에 해당한다. 방언끼리 맞닿은 곳에 사는 사람들의 머릿속에는 항상 두 가지 하위체계(A방언의 체계와 B방언의 체계)가 있으며, 방언 지역에서 온 사람들 대다수는 본래의 방언과 표준어 두 개의 하위체계를 가지고 있고, 교육을 받은 교양 있는 사람들은 옛날과 지금 언어의 두 가지 하위체계를 가질 수도 있다. ······ 각각의 하위체계는 모두 자체의 어음, 어휘와 어법 체계를 가지고 있으며 공기共起 (co-occurrence) 규칙의 지배를 받는다. 예를 들어 北京에서 일하는 上海사람은 같은 고향 사람과 이야기할 때는 上海語의 하위체계를 사용하게 되는데, 이 때 上海語의 어음, 어휘, 어법을 동시에 사용한다. 즉 세 가지 층면의 규칙이 함께 나타나는 것이다. 그리고 그 밖의 상황에서는 표준어의 하위체계를 사용하는데, 이때에는 동시에 표준어의 어음, 어휘, 어법을 사용하여 의사소통의 필요에 따라 코드 전환을 통하여 끊임없이 두 개의 서로 다른 하위체계를 교체한다. 즉 上海語의 코드를 표준어의 코드로 전환하거나 혹은 그 반대로 하는 것이다. 일반적으로 말해서 문화 수준이 높고 생활이 복잡하며 자주 외지에서 장사를 하는 사람들의 머릿속에 있는 하위체계는 비교적 많은 반면, 생활이 단순하고 일생을 폐쇄된 작은 범위에서 생활하는 사람들이 가진 하위체계는 적다. 하위체계간의 관계는 상호 보완적인 것이 아니라 상호 경쟁적인 것으로, 화자는 서로 다른 언어 환경, 대화 상대에 따라 하나의 하위체계를 선택하여 의사소통을 하게 된다.

13.1.4 언어의 하위체계에는 변항變項(variable)이 포함되어 있다. 上海 사람이 표준어의 하위체계를 사용하여 의사소통을 할 때 上海語의 요소를 띨 수 있는데, 이는 그의 표준어 하위체계의 변항이다. 또한 上海語의 하위체계를 이용하여 의사소통을 할 때도 마찬가지로 표준어의 요소를 띨 수 있으니, 이는 그의 上海語 하위체계의 변항이다. 이것은 즉 두 가지 하위체

계가 그 사람의 언어 능력 중에 공존함으로써 하나의 하위체계의 성분이 다른 하나의 하위체계에 들어가 변항이 될 수 있다는 것이다. 만약 어떤 변항이 언어집단의 어떤 사회집단에서 확산, 전파된다면, 그것은 즉 변천이 시작되었음을 의미하는 것이다. 이러한 변항을 사용하는 사회집단이 언어 집단 안에서 특수한 지위를 차지하고 있다면, 이 변항은 기타 사회집단의 모방 대상이 될 수 있고, 따라서 한 사회집단으로부터 또 다른 사회집단으로 확산하여 변천 과정을 완성하게 된다. 변항과 어떤 통제 요소(여기에서는 비언어적 이질 요소) 사이에는 일종의 공변共變(co-variation) 관계가 존재하므로, 관련된 통제 요소들과 연계하여 연구할 필요가 있다.

변항을 분석하는데 사용하는 것이 변이 규칙이다. 변이 규칙의 공식은 다음과 같다.

$$A \rightarrow g[B]/X[ə]Y$$
$$g[B]=f(C, D, E)$$

이 공식의 의미는 다음과 같다. A는 X[ə]Y의 조건 하에서 g[B]로 변한다는 것이다. g[B]는 일련의 수치를 나타내는데, 구체적으로 어떤 수치로 나타나는가는 규제 요소 C, D, E에 의해 결정된다. 즉 서로 간에 일종의 함수관계가 존재한다는 것이다. 흔히 보이는 통제 요소에는 풍격, 연령, 계층 등이 있다.[3] 예를 들어 미국 뉴욕시의 영어에는 변항 r이 있는데, 즉 car, card, ear, four, fourth 등에 있는 r로, 이는 2차 대전 이전에는 일반적으로 발음되지 않았으며, 2차 대전 후에는 어떤 사람들은 발음하고 어떤 사람들은 발음하지 않았는데, 발음하고 안하고는 그 집단의 사회적 지위, 계층 구분과 밀접한 관계가 있었다. "가령 뉴욕시 현지 사람 중에 어떤 (임의의) 두 개 집단이 사회 계층의 단계에서 높이가 다른 지위에 처해있다면, 그들이 r음을 발음하는데 있어서도 그에 상응하여 명성의 높고 낮음의 차이를 구현해

---

3 Uriel Weinreich, William Labov and Marvin I. Herzog(1968).

낼 것이다."[4] 변이 규칙을 이용해 이 변항을 분석한다면 다음과 같이 기술할 수 있다.

$$r \rightarrow g[r]/-\left\{ \begin{array}{c} k \\ \# \end{array} \right\}$$

$$g[r] = f(풍격, 계층, 연령)$$

이 공식의 의미는 r은 자음 앞 혹은 단어 끝의 위치에서 변화가 발생하며, 구체적으로 어떻게 변화하는가는 풍격, 연령, 계층 등의 요소에 의해 결정된다는 것이다. 아래의 그림은 변항 r의 서로 다른 계층, 풍격의 상황에서의 변이 상황을 나타낸다.

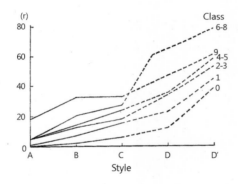

그림에서 세로축은 r의 지수 즉 car, card, where, ear 등의 단어에 r이 출현하는 백분율을 가리키는 것으로, 그 지수가 높을수록 r의 표준 형식이 많이 쓰임을 나타낸다. 가로축은 서로 다른 풍격(태도)의 단계를 나타내는 것으로, A는 일상적인 말투, B는 면접상황 말투, C는 읽기 말투, D는 단어 리스트를 읽는 말투, D'는 최소대립어(minimal pairs) 출현 시의 말투이다. 서로 다른 계층의 사람들이 서로 다른 풍격에서 r을 사용하는 상황의 차이

----

4 라보브(1985:121) 참조.

를 곡선을 사용하여 나타낸다. 즉 0과 1은 하층 계층을 나타내며, 2~3과 4~5는 근로자 계층을, 6~8은 하층 중산 계층을 나타내며, 9는 상층 중산 계층을 나타낸다. 여기에서 변항 r의 출현은 사회 계층의 제약을 받을 뿐 아니라, 또한 풍격 요소의 제약도 받는다는 것을 알 수 있다. 뉴욕 영어에서 변항 r은 일종의 위세자질威勢資質로서, r을 사용하는 것은 사회 지위가 높고 교양이 있는 표지로 간주되어 하나의 표준 형식을 대표한다. 그래서 계층이 다른 사람들이 이야기할 때는 이러한 표준 형식을 따라야 하며, 공식적인 자리일수록 r이 출현하는 지수는 높다. 이 면에서는 각 계층 간에는 대체로 평행적인 상황이 나타난다. 눈여겨 볼만한 점은 하층 중산 계층의 백분율이 과도하게 높다는 것인데, D와 D'의 두 번의 상황에서 상층 중산 계층을 넘어섰다. 이렇게 지나치게 높게 나타나는 현상은 어느 정도의 보편성을 지니고 있으며, "이러한 현상은 신분 상승 욕구가 큰 계층에서 위세형으로 지향하려는 욕구가 더 적극적으로 나타나며, 이것은 곧 언어를 변화시키는 중요한 메커니즘이다."[5]

r은 용법상으로는 큰 차이가 있지만, r에 대한 사람들의 주관적인 반응(혹은 주관적인 평가)은 오히려 매우 일치한다. 사회언어학에는 하나의 원리가 있는데, 그것은 변항의 규칙적인 성층분포(regular stratification)와 관련된 것은 사람들의 이 성분에 대한 주관적 반응(평가)과 일치한다는 것이다. 아래의 (a), (b) 두 개의 도표는 뉴욕 사람들의 r에 대한 언어 행위와 주관적 반응의 비교이다.

5 Weinreich, Labov & Herzog(1968:181) 참조.

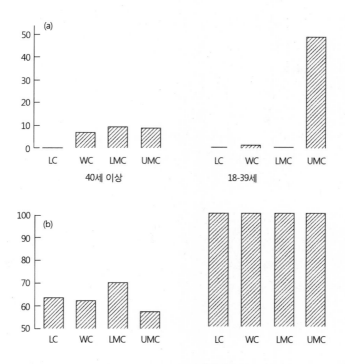

그림 a는 각 계층[6]의 연령이 다른 사람들의 일상 회화 중에서 r의 성층분
포를 나타낸 것인데, 40세 이상의 사람들한테는 r을 사용하는 상황이 사회
계층과 필연적인 연관성이 없으나, 40세 이하의 사람들에서는 상층 중산
계층과 기타 계층 간에 현저한 차이가 존재한다는 것을 보여준다. 그림
b는 40세 이상의 사람들의 r에 대한 주관적 반응의 측정 결과가 무작위
수준(random level)에 접근하나, 18~39세 사이 사람들의 주관적 반응은 완
전히 일치한다는 것을 보여준다. 즉, 42명의 측정 대상은 모두 무의식적인
반응에서 자신들이 발음하는 r을 표준 형식으로 보고 있음을 나타내준다.

그러므로 이러한 상황으로 볼 때, 변항과 비언어적 사회 요소 사이에는

----

6 LC는 하층 계층을, WC는 근로자 계층을, LMC는 하층 중산 계층을, UMC는 상층 중산
계층을 가리킨다.

일종의 공변 관계가 존재하므로, 언어는 반드시 사회 환경과 연계하여 연구해야 하는 것이다.

13.1.5 계층, 연령, 풍격 등의 사회 요소와 함께 공변하는 변항의 변이도 언어체계에서 일련의 연쇄 반응을 일으킬 수 있다. 예를 들면 뉴욕 영어의 모음에 변항 /ah/가 있다. 즉 car, father, guard, bar 등의 형태소 중의 모음인데, 그것은 또 다른 변항 /oh/(coffee, more, lost 중의 모음)의 함수(function)로 즉, /ah/의 변이는 /oh/의 제약을 받는다.

$$ah = f(oh)$$

좀 더 진일보하여 고찰해보면, 변항 /ah/의 변이는 또한 세 번째 변항 /eh/(bad, bared, dance 중의 모음)의 제약을 받는다.

$$ah = f((eh)(oh))$$

이러한 연쇄식 제약의 대체적인 상황은, /eh/가 /oh/보다 높으면 /ah/는 상대적으로 앞이어야 하며, /oh/가 /eh/보다 높으면 /ah/는 조금 뒤여야 한다는 것이다. 이러한 변항의 변이는 /ay/, /oy/와도 관련이 있는데, 여기에서는 일일이 열거하지 않겠다.[7] 이렇게 거시적이고, 중시적인 음변화 과정에서 밀기 연쇄(push chain)와 끌기 연쇄(drag chain)식의 변화(§9.3)는 이러한 미시적인 변이에서 실마리를 찾을 수 있다. 이것이 시사하는 바는 큰데, 바로 연쇄식 음변화의 가설은 근거가 있으며, 그것과 변항 간의 연쇄식 변화와의 차이는 다음과 같은 점에만 있을 뿐이라는 것을 말해주고 있다. 즉, 연쇄식 음변화의 가설은 언어 자체의 사실에만 착안한 반면, 변항 간의 상호 함수 관계는 그것의 첫 번째 변항의 변이와 어떤 사회 요소 간에

....

7 Uriel Weinreich, William Labov and Marvin I. Herzog(1968:171~176) 참조.

는 일종의 공변 관계가 존재하나, 나머지 부분은 언어 내부의 변이의 제약을 받을 뿐이라는 것이다.

13.1.6 변항과 변이 규칙은 언어의 '질서 있는 이질성' 이론의 핵심으로, 그것을 통해 언어 변천과 관련한 일련의 문제들을 고찰할 수 있다.

13.2 언어 변이의 연구와 음변화 이론의 새로운 진전

13.2.1 언어의 변이는 새로운 개념이 아니며 사피어(1985), 블룸필드(1980) 등의 언어학자들 모두가 일찍이 이러한 현상에 대해서 분석한 적이 있다. 그러나 이러한 현상을 지극히 중요한 방법론적 지위로 끌어올려 인식하게 된 것은 '질서 있는 이질성'의 언어 이론(혹은 간략히 언어 변이 이론이라 칭함)의 중요한 공헌으로, 이로써 언어사 연구는 새로운 영역으로 진입할 수 있게 되었다.

청년어법학파나 방언지리학파 혹은 문자, 문헌 자료를 대상으로 하는 중국어 음운학이 이전에 행한 음변화에 대한 연구는 모두 역사상 이미 완성된 음변화였지 현실언어의 변화는 아니었으므로, 어느 정도 "옛 것을 중시하고 지금 것을 경시한" 면이 있었다. 설령 어휘 확산 이론도 "중고 영어와 중국어의 중고음으로부터 몇 백 년, 천 년이 넘는 역사 자료로부터 출발하였다 하더라도 역시 중시 언어사(meso-history)에서 시작하여 확산에 이른 것"[8]이라는 것이다. 그러나 언어 변이의 연구는 진행 중인 음변화에 착안하여 이로부터 미시 언어사(micro-history) 영역에 속하게 되는 것이다.

이전에 청년어법학파는 언어의 통시적 변화를 연구하였고, 구조주의 언어학파는 언어의 공시적인 구조를 집중적으로 연구하였다. 그들 각자의 연구에서 공시와 통시는 서로 어긋나는 것으로, 사람들은 언어가 하나의 공시 구조가 다른 공시 구조로 변화하는 메커니즘, 과정, 원인을 분명히 할 수가

....

8 徐通鏘(1984b:252) 참조.

없었으며, 어떻게 언어에 변화를 일으키는지(actuation) 알지 못하였는데, 지금은 변이 규칙을 사용하여 언어의 변이에 대해서 구체적으로 분석할 수 있게 되었다. 변이 이론은 공시와 통시를 이어줄 교량을 가설함으로써, 이 교량을 통해 미시적인 언어사로부터 중시적, 거시적인 언어사로 나아가고, 언어의 공시적 변이로부터 언어가 어떻게 변화하기 시작하였는지를 고찰할 수 있게 하였다. 그 밖에도 언어의 변이를 통해서 우리는 언어와 사회, 변이와 구조간의 긴밀한 관계를 알게 되었다. 이 이론은 언어 연구의 시야를 넓혔고, 이전에는 연구하지 않았던 변이 현상을 언어 연구 영역에 이끌어 들였으며, 혹은 이전에 고립적으로 연구했던 언어 현상들을 연관시켜서 종합적으로 고찰하게 하였다.

13.2.2 언어의 변화는 우선 변항의 변이로부터 시작하여 점차 하나의 사회집단으로부터 다른 사회집단으로 확산되어 변천 과정을 완성하게 된다. 이러한 언어 변화에 대한 관점은 블룸필드의 언어 변천 이론에 비하면 장족의 진보라 말할 수 있다. 블룸필드는 언어는 일종의 고정된(rigid) 체계로, 탄력성이 없으며, 사람들은 언어가 어떻게 하나의 상태에서 다른 상태로 변화하는지 전혀 알지 못한다고 여겼다. 그(1970b)는 다음과 같이 말한 적이 있다. "언어의 변화는 최종적으로 개인이 고정된(rigid) 체계를 벗어나는 데에서 비롯된다. 그러나 설령 그렇다 하더라도 개인의 변이 또한 효력이 없다. 하나의 변화를 이루려면 전체 화자들이 우리가 모르는 어떤 원인에 의해 똑같이 벗어나야 한다. 언어의 변화는 결코 개인의 변이를 반영한 것이 아니라 집단적, 획일적, 점진적인 변천으로, 그것은 어떠한 때에도 다른 때와 같이 그렇게 고정되어 나타나는 것이다." 전체 화자들이 동시에 고정된 체계를 벗어나는 것은 불가능한 일이다. 언어는 일종의 사회 습관이지, 사회 계약이 아니다. 그것의 변화는 소수의 사람으로부터 시작될 수 있을 뿐이며, 그 후에 많은 사람들이 이를 수용하여 일종의 사회 습관으로 형성, 고정된 결과이다. 블룸필드의 주장은 언어체계 동질설에서 추론하여

나온 것으로, 언어 변천의 규율은 항상 절대적인 것이고, 전체 화자들이 고정된 체계를 엄격히 준수하여 변화가 없거나, 아니면 전체 화자들이 동시에 이 고정된 체계를 벗어나 언어변화를 일으켜 양자 사이에는 다른 것이 끼어들 가능성이 없다고 간주하였다. 언어 변이 이론은 이러한 이론의 속박에서 벗어나 언어는 일종의 질서 있는 이질적 구조로서 그 내부에는 많은 변이 형식이 존재하며, 어떤 사회집단과 연관된 변항은 이 사회집단의 사회적 지위 때문에 그에 상응하는 사회적 가치를 지니게 되고, 사람들의 모방 대상이 되어 그것은 하나의 사회집단으로부터 다른 사회집단에 전파되어 원래 사용하던 구형식은 점차 없어지다가 소실될 수밖에 없게 된다는 것이다. 언어의 변화는 바로 변항의 확산을 통해 점차 완만하게 자체의 구조를 개선하여, 가장 효과적으로 사람들로 하여금 의사소통의 수요를 만족하게 하는 것이다.

13.2.3 언어의 공시태에는 변이가 존재하며 변이는 또한 언어의 변화를 구현하는 것이므로, 변이로부터 언어가 변화하는 구체적인 과정을 고찰할 수 있다. 언어체계 동질설이 지배적인 지위를 차지했던 시기에는, 언어는 사회와 격리된 자족적인 체계였으므로 다만 언어로써 언어를 분석했을 뿐이었고 비언어적인 이질적 요소는 고려하지 않았다. 뿐만 아니라 공시적 분석에서는 반드시 통시적 요소의 간섭과 변이의 교란을 배제시켜야 했다. 그래서 언어의 변화는 일종의 신비하고 관찰할 수 없는 것이 되었다. 블룸 필드(1980:432)는 "언어의 변천 과정은 본래 직접 관찰할 수 없는 것이다. 설령 현재 유리한 조건이 많이 있을지라도 이러한 관찰은 여전히 상상하기 어려운 것임을 우리는 장차 알 수 있을 것이다"라고 하였다. 호켓(Charles F. Hockett, 1958:456~457)도 이러한 관점을 계승하여 음변화는 본래 일상적이고 완만한 것이나, 서로 다른 음소의 합류(예를 들어 초기 현대 영어에서 중음을 띠는 /æ/와 /ɔ/는 상호 접근에 의해 /a/에 합류하였다)는 갑작스런 것인데, 이 두 가지 과정은 모두 관찰할 방도가 없는 것이라고 여겼다.

이와 같이 언어의 변천에 대한 연구는 피동적으로 변천의 결과를 관찰할수 있었을 뿐 주동적으로 변천의 기인과 과정은 관찰할 수 없었기 때문에, 그 가운데에서 변천의 메커니즘을 이해하고 살필 방법이 없었다. 현재는 변이 규칙을 통해 변항의 변이를 연구하여, 공시태의 변이로부터 언어변천의 메커니즘과 변화의 초기 상태를 살필 수 있으며, 언어변화가 어떻게 양적 변화에서 질적 변화로 나아갔는지의 점진적인 변화 과정, 즉 변항이 어떻게 점진적인 변화를 통해 변하지 않는 안정된 성분으로 변하여 그 변천 과정을 완성하는지를 볼 수 있다(§14). 이것은 언어사연구에 있어서 중요한 진전이라고 말하지 않을 수 없다.

13.3 현재의 변이를 이용하여 과거의 변천을 해석한다

13.3.1 언어의 공시적 변이가 언어의 변화를 구현하는 이상 자연히 미시적 변이를 통해 중시적, 거시적인 언어사를 연구할 수 있게 되었으며, 역사상 이미 완성된 음변화를 새롭게 구체적으로 해석할 수 있게 되었다. 라보브(1978)는 이 문제를 토론하며, 어음의 연구와 사회언어학의 연구에서 총결된 일반 원칙을 운용하여 역사언어학이 오랫동안 안고 있었던 문제를 해결하고자 하였다. 라보브가 제기한 가장 중요한 원칙은 일치성 원칙(uniformitarian principle)이다. 즉, 역사적 기록에서 일찍이 작용을 했던 음변화의 힘과 현재 작용을 하고 있는 힘은 서로 같다는 것이다. 그러므로 이전의 충분한 경험이 뒷받침해주는 원칙을 근거로 하여 역사상 이미 완성된 음변화에 합리적인 해석을 할 수 있는 것이다. 현재로써 과거를 설명하는 것은 마치 우리가 과거를 이용해 현재를 설명할 수 있는 것과 같다. 라보브가 제기한 두 번째 원칙은 수반성 원칙[9]이라 해도 무방한 것으로,

---

9 역주-필자의 용어. Labov가 "…the centralization of (ay) to [əʰ] was accompanied by the secondary centralization of (aw) to [əu] among the Yankees."라 한 말에서 'accompanied'란 단어를 이용하여 '수반성 원칙'이라는 용어를 만든 것 같다.

즉 상호 관련된 변화가 한 집단에서 다른 집단으로 확장될 때, 그에 따라 다른 요소에도 바로 변화가 발생하여 구조에 어느 정도의 변동이 생길 수 있다는 것이다. 예를 들면 /ay/가 고모음화하여 [əi]가 될 때, /aw/도 그것을 따라 [əu]로 중앙모음화하였던 것이다. 라보브는 이 두 가지 원칙을 근거로 하여 현재 진행 중인 음변화에 나타나는 음변화 원리를 이용하여 역사상 이미 완성된 음변화 현상을 동일하게 해석하여 몇 가지 모순된 현상에 대하여 새로운 해석을 내 놓았다.

13.3.2 영어사에서는 ēa로 표기되는 모음은 장모음 ā, ē와 얽혀 있었다. 1569, 1582년의 서면자료의 기록에 의하면 이 세 개의 모음은 각기 다른 것이었다(meet≠meat≠mate). 그러나 1575, 1580, 1592년의 몇몇 서면자료에 따르면 ā는 ēa와는 같았고(mate=meat), ē(meet)와는 달랐지만, 셰익스피어(1564~1616)의 저작에서는 ēa와 ē는 압운하여 같은 모음이 되었지만 장모음 ā와는 오히려 분리되었다.

이렇게 상호 모순적인 기록을 어떻게 분석해야 하는가. 단지 서면자료만으로 "과거를 이용해 현재를 설명"하는 것은 정확한 판단을 어렵게 하지만 현재 진행 중인 음변화에 대해 구체적으로 고찰한다면 그 안에서 유익한 시사점을 얻을 수 있을 것이다. 언어의 변화는 종종 외지로부터 온 어떤 사회집단으로부터 시작하여 점차 다른 사회집단에까지 확산되기도 한다. 영어의 장모음 연쇄식 고모음화 과정(§9.2.2)을 보면 고모음화가 선도적 지위에 처했던 동남 지역(Kent, Essex) 주민들이 대거 런던으로 모이게 됨으로써 이러한 변화의 과정을 가속화 시켰다. 16, 17세기 초기에 두 주민 사이에 ā의 발음은 서로 달랐는데, 동남 방언 지역 사람이 kāpn(capon)을 kēpn으로 말한 것에서 시작하여, 17세기 이후에 ā는 마치 어휘 확산의 방식을 통해 ēa로 추이된 것 같다. 그러나 아직 변천 과정은 완성되지 않았다. 역사상 이 음변화 과정은 현재 영국 노르위치(Norwich) 지역에서 진행 중인 e→ʌ/_ɭ의 음변화 현상을 이용해 설명할 수 있다. 'el'은 스펙트로그램

상에서 노년, 중년, 젊은이 3대의 어음에 차이가 있음(세로축은 제1포먼트 (F1), 가로축은 제2포먼트(F2)를 나타낸다[10])을 보여준다. 다음의 3개의 그림을 비교해보자.

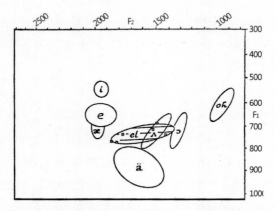

그림 a. Backing of (el) in Norwich: James Wicks, 74.

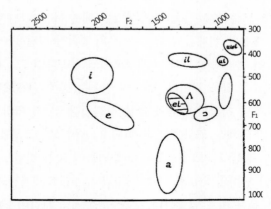

그림 b. Backing of (el) in Norwich: Les Branson, 42.

....

10 F1은 혀의 높낮이와 관련된 것으로 혀 위치가 높을수록 F1은 낮아지고, 혀 위치가 낮을수록 F1은 높아진다.
    F2는 혀의 전후 위치와 관련된 것으로 혀 위치가 앞쪽이면 F2가 높고 혀 위치가 뒤쪽이면 F2는 낮다.

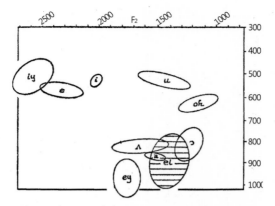

그림 c. Backing of (el) in Norwich: Jean Suffling, 42.

　그림 a는 74세 노인 위크스(J. Wicks)의 발음을 나타내는데 'el'은 보기의
단어 중 반은 전설 모음으로 발음되고 그 밖의 것은 /ʌ/의 음역과 교차한
다. 그림 b가 나타내는 것은 42세의 중년남자 브랜슨(L. Branson)의 발음으
로 'el'은 전체적으로 /ʌ/의 음역에 포함되어 있다. 그림 c는 15세 소년 서플
링(J. Suffling)의 발음으로, 'el'의 혀 위치는 /ʌ/보다 낮고 뒷쪽이며, 어떤
것은 /a/의 음역과 교차한다. 라보브는 16세기에 장모음 ā와 ēa의 변화 상
황이 이것과 유사하다고 여겼다. 이러한 변이 형식을 상인들에게서 가장
쉽게 볼 수 있었는데, 아버지 세대의 ā와 ēa는 서로 다른 모음(ā는 저모음,
ēa는 중저모음)이었지만 그들의 아들 세대는 동남 방언의 영향을 받아 ā의
고모음화를 촉진시켜 중저모음으로 발음되었다. 그래서 서면자료에 기록
된 것과 같은 ā와 ēa의 합류현상이 나타났던 것이다. 그러나 장모음 ā가
ēa와 합류한 이후, ēa가 왜 또 장모음 ā와 분리되어 장모음 ēli:]와 합류하였
는가? 현대 영어에서 ēa를 사용해 표기하는 모음은 대부분 [i:]로 읽는데,
단지 great, break, yea, drain과 wear, swear, tear, bear 등 소수 단어들만
[ei] 혹은 [ɛə]로 읽는다. 영어사에 있어 어떤 사람들은 그것을 합류한 이후
에 재분화한 것이라고 말한다. 재분화인가? 여기에서 깊이 탐색해 볼 필요

가 있는 중요한 문제에 이르게 된다.

　13.3.3 역사상 이미 완성된 변화가 우리에게 남겨준 것은 단지 몇 가지 변화의 결과일 뿐이며, 변화의 원시 상태에 대해서는 이미 알 도리가 없다. 하지만 현재 진행 중인 음변화에서 보여주는 일련의 대등한 상황을 근거로 역사상 이미 완성된 음변화의 상황을 추론할 수 있다. 라보브는 이를 위해 전문적으로 line과 loin의 모음의 소위 '합류'와 '재분화'의 문제를 연구하였다. 서면자료의 기록에 따르면 /oy/(oi)는 18세기 중엽 이전에 이미 장모음 i/ay/와 합류하였는데, 19세기에 그것들은 다시 두 가지 서로 다른 음으로 분화하였다. 과거에는 일반적으로 그것을 표기법의 영향을 받았기 때문이라고 해석하였는데, 이러한 해석은 분명히 설득력이 결여되어 있다. 영어의 방언 중 어떤 지역(예를 들어 Essex 지역)에서의 /ay/와 /oy/의 합류는 중요한 특징으로 여겨졌으며, 게다가 지금까지 역행적인 재분화 현상도 발견되지 않았다. 라보브는 이 방언에 대해 현지 조사를 실시하여 line-loin, vice-voice, bile-boil과 같은 최소변별쌍(minimal pair)을 가지고 발음하는 사람들에게 질문하였는데, 거의 모두 직감적으로 "발음이 같다"고 대답했다는 것이다. 또 /ay/와 /oy/를 가진 대조어 몇 개를 선택, 어지럽게 배열해 놓고 발음하는 사람들에게 분별해 보도록 하였는데, 결과는 역시 '테스트'를 통과한 사람이 없었으니 그 둘은 이미 '서로 같았음'을 확실히 보여주는 것이었다. 그러나 /ay/와 /oy/의 발음이 스펙트로그램 상에서 보여주는 현상에는 오히려 분명한 차이가 있다. 아래 두 개의 그림은 부부 두 사람의 발음의 스펙트로그램을 나타낸 것이다.

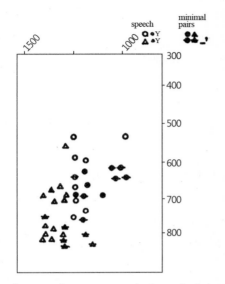

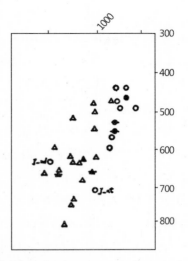

[그림 10a] Distribution of /ay/ and /oy/ in the vowel system of Mrs. Leonard Raven, 69 Tillingham (Essex) England.

[그림 10b] Distribution of /ay/ and /oy/ in the vowel system of Mrs. Leonard Raven, 69 Tillingham (Essex) England.

'○'와 '△'는 일상 언어를 나타내며, '●'와 '▲'는 최소대립어일 때의 음이다. 어떤 상황이든 막론하고 동일한 지역, 동일한 환경에서 생활하는 두 노인의 어음은 모두 분명한 차이를 드러낸다. 즉 /ay/는 낮은 편이며, /oy/는 높은 편이다. 작자는 이로부터 다음과 같은 결론을 얻어내었다. 즉 생각(주관적인 생각)과 말(실제 발음) 사이에는 모순이 있어서 '생각하는 것'이 같다고 해서 '말하는 것'도 반드시 같다는 것을 의미하지는 않는다. 이는 /ay/와 /oy/는 역사상 합류한 적이 없으며 다만 그 둘은 매우 근접하게 변화하여 어형을 구분하기 어려운 데까지 이렀던 것임을 설명해준다. 그러므로 역사상 표준음 학자들이 /ay/와 /oy/가 합류하였다고 한 기록은 믿을 수가 없다. 정말로 이미 합류한 두 음이라면 역전의 재분화는 발생할 수가 없다. 여기에서 언어 이론의 중요한 문제를 언급하였는데, 즉 발음하는 사람의 직감(intuition)은 믿을 수 없는 것이며, 최소대립쌍(pair)의 측정도 반드시 전적으로 효과가 있는 것은 아님을 설명해준다. 이 두 가지 점은 실제로 변형학파와 구조학파의 이론을 보충하고 수정한 것이다. 장모음 ā와 ēa의 이른바 '합류'하였다는 기록에 대해 라보브는 /ay/와 /oy/의 '합류'한 상황과 유사한 것으로 그 둘은 역사상 단지 매우 근접하게 변화했을 뿐이지 실제로 합류한 적은 없었다고 하였다. 그러므로 나중에 따로 변화할 수 있어서, 장모음 ā는 [ei]로 읽히고 ēa는 ē와 합류한 후 함께 고모음화하여 [i:]로 읽혔다고 생각했다. 왜 great 등의 단어의 ēa는 [i:]로 고모음화하지 않았는가? 그것은 어음 조건으로 인한 것이다. 라보브는 미국 각 도시의 /æh/(단모음 ǎ)의 고모음화와 긴장모음화(tensing)에 대한 연구를 근거로 하여 grab의 모음의 혀 위치가 stab의 모음보다 낮고 중앙임을 발견하고 dr-, gr-, br- 등의 유성음의 음군音群(cluster)이 모음의 고모음화에 매우 큰 영향을 미쳤다고 설명하였다. 스펙트로그램도 이 점에 있어 유력한 근거를 제공하였다.[11] 그러므로 모음 ēa는 전치자음 /r/ 앞이 무성자음이면 고모음화하고(예를 들면 treat, creak, streak), /r/ 앞이 유성자음이면 [ei]로 읽혀 고모음화하지 않았다. 그밖에 yea 등과 같은 단어의 독음도 구체적인 원인을 찾아낼 수 있다. 요컨대, 거의 모든 상관된 위치에서의 변화는 모두 어음 조건으로 설명할 수 있으나, 과거 역사언어학자들은 이러한 어음 조건에 대하여 충분히 고려하지 못하였다. 그러므로 라보브는 불규칙적인 음변화에도 규칙성이 포함되어 있는데, 이 사실은 곧 ēa가 [i]로 고모음화한 것은 그것이 ā와 합류한 후 재분화한 결과가 아니라는 것을 설명하기에 족하다고 여겼던 것이다.

13.3.4 '일치성 원칙'을 근거로 진행 중인 변화의 '현재'를 사용하여 역사상 이미 완성된 음변화의 '과거'를 해석할 수 있게 된 이상 자연히 미시적

---

11 Baldi, P. & R. N. Werth(eds)(1978:293) 참조.

변이를 근거로 하여 언어사 연구에서 논쟁이 끊이지 않고 있는 문제에 대해서도 이론적으로 만족할 만한 해석을 할 수 있을 것이다. 이것은 중요한 문제로 다음 장(§14)에서 구체적으로 토론하도록 하겠다.

13.4 규칙과 불규칙의 상호 전환과 변이 이론의 발전

13.4.1 언어 변이에 대한 연구의 가치는 언어의 공시태 중의 일련의 세부 사항 및 그것과 사회 요소간의 관계를 관찰할 수 있다는 것에만 있는 것이 아니라 더욱 중요한 것은 언어 이론과 관련한 여러 가지 문제를 해결할 수 있는 길을 열었다는 점에 있다. 예를 들어 '계열'과 '산발'이라는 이 한 쌍의 철학적 범주는 여타 어떠한 학문분야와도 이러저러한 연관을 가질 수 있다. 이왕의 언어학은 산발성과 관련된 언어 현상만을 연구하고 계열성은 배척하여 언어체계는 "산발성의 단일한 근원으로 조성된 것으로, 계열성과는 조금도 타협하지 않으며," "무릇 계열성과 관련된 일체의 것들은 모두 언어의 범위 밖으로 배제해야 한다"고 여겼다.[12] 언어 변이 이론이 변이를 언어 연구에 끌어들인 것은 또한 곧 계열성을 언어학에 끌어들인 것이며, 상응하는 처리 방법도 제시한 것이다. 이로써 언어 연구는 새로운 영역에 접어들게 되었다.

계열성을 언어 연구의 방법론에 끌어들인 것은 언어학자들에게 언어를 시공과 무관한 완전히 정태적인 언어'송장'으로 보고 한 번에 해부하는 것이 아니라, 언어를 일종의 시공 중에서 살아있는 실체로서 연구하게 하였다. '계열'과 '산발'은 언어에서 각기 다른 작용을 한다. 산발적인 단위는 언어 구조의 기초로서 상호간에 명확한 경계가 있어 섞일 수 없으나, 계열적인 단위는 일종의 연속적인 변이의 흐름으로서 사람들은 '흐름(流)' 중의 단위에 무슨 차이가 있는지 느낄 수 없다. 계열적인 단위는 언어체계가

------

12 馮志偉(1985:60) 참조.

하나의 상태로부터 다른 상태로 넘어가는 메커니즘과 과정을 구현하는 것이다. 언어 변이 연구에 있어 실질적인 문제는 바로 계열적인 단위가 어떻게 변이를 통해 산발적인 단위로 전환되고 언어의 구조를 변화시키는가를 탐색하는 것이다. 그러므로 규칙, 불규칙의 개념을 끌어들여 변이의 발생, 과정과 그것의 변천 방향을 고찰하고 언어체계에 대해 동태적인 연구를 해야 할 필요가 있는 것이다. 라보브와 그 밖의 언어학자들이 이미 이점에 대해 가치 있는 연구를 하여 많은 진전을 보였지만, 아직 약점이 존재하므로 앞으로 더 많은 탐색과 수정이 필요한 것이다.

13.4.2 언어의 변천이 변항의 변이로부터 시작된다고 하는 것은 나무랄 데가 없다. 그러나 이러한 변이가 어떻게 언어 구조 체계에 변화를 일으키는지는 아직 잘 연구되어 있지 않은 것 같다. 라보브(1968, 1978)가 변항 간의 상호 함수 관계에 대해 토론하고, 수반성 원칙을 제기하긴 했지만, 영어의 어음체계의 틀이 어떻게 조정이 되었는지는 언급하지 않은 것 같다. 실제로 변항의 변이와 음운 구조의 변화는 밀접한 관계가 있다. 예를 들어 寧波방언에서 -n의 소실은 모음 음소체계의 조정을 야기했고(§9.2.3) 山西 祈縣방언의 고모음의 변이는 몇몇 음류의 개구와 합구, 제치와 촬구 사이에 상호 전환되는 현상(§14.4)을 초래하였다. 이것은 혼란스럽고 질서 없는 변이가 어떻게 질서 있는 구조로 전환되었는가를 보여주는 것이다.

언어의 변이는 그 자체의 성질을 말하자면, 언어와 비언어 및 언어 내부의 변화와 불변 사이에 있는 일종의 주변 현상으로, 언어의 공시태에서는 불규칙적인 것이다. 언어의 변이에 대한 연구는 질서 없는 변이가 어떻게 질서 있는 구조가 되는가, 어떤 조건하에서 전환되는가, 전환된 후에는 체계의 구조에 어떤 영향을 가져다 주는가 등을 탐색한다. 이러한 전환에 대한 연구가 있어야 변이는 체계적 범주에 들어갈 수 있으며, 그리하여 언어의 공시 구조에 대하여 동태적으로 분석할 수 있다. 그렇지 않으면 각각의 변이 형식은 일종의 고립된 현상일 뿐이어서 언어의 깊이 있는 연구에 큰 도움이 될 수 없다. 이러한 전환에 대한 연구가 충분하지 못한 것은 앞으로의 변이 이론 연구에 있어서도 심각한 약점이 될 것이다. 변이 이론이 일종의 언어관으로서 제기된 지는 이미 오랜 시간이 지났지만, 언어 연구에 미친 실제 영향은 아직 충분히 폭넓고 깊지 못하며 청년어법학파의 음변화 이론, 소쉬르의 언어체계학설, 촘스키의 변형-생성 이론이 당시의 학술계에 매우 빠르게 광범위한 영향을 미쳤던 상황과는 비교적 큰 거리가 있는 것 같다. 이런 상황을 조성하게 된 원인은 아마도 변이의 무질서가 어떻게 질서 있는 구조로 전환되었는지에 대해 주의를 기울이지 않았고 필요한 연구도 충분히 하지 않아서 이러한 전환과 관련한 이론을 찾지 못하였기 때문이다. 연구 방향이 뚜렷하지 않았기 때문에 사람들은 고립되고 분산된 변이 현상을 기술하는 것에만 만족하고 전환 중에 나타난 여러 문제들은 연구하지 않았다. 라보브와 같이 변이로부터 이론적인 문제들을 토론한 학자는 그리 많지 않았다. 언어 변이를 연구한 많은 사회언어학자들은 변이 성분에만 주의를 기울였고 심지어는 사회 문제의 고찰에 주로 힘을 기울였을 뿐, 변이와 구조의 관계에 대한 연구는 충분하지 않았다. 언어 변이 중의 무질서, 질서 간의 전환 및 그 인과 관계를 밝혀야 언어의 변이에 대한 연구는 빛을 발할 것이다.[13]

13.4.3 라보브는 일치성 원칙에 근거하여 현재의 변이를 이용하여 문헌 기록에서는 이미 합류하였던 음류가 '재분화'한 문제는 시사하는 바가 있다고 보았지만, 음변화의 분합에는 여러 가지 가능성이 있을 수 있다는 사실에 대해서는 충분히 고려하지 않은 듯하다. 어음의 변화는 종종 외지에서 옮겨온 어떤 사회집단으로부터 시작된다. 즉 외부 방언이 영향을 미친 결과일 수 있다는 것이다. 이것은 라보브가 재차 강조한 문제로서, 이러한 현상은 지금도 있고 과거에도 있었다. 일치성 원칙에 따르면 합류한 음소의

---

13 徐通鏘(1989a)은 질서와 무질서의 상호 전환 문제에 대해 구체적인 연구를 한 바 있다.

재분화도 이런 원인에 기인하여 발생한 것일 수 있다. 영어의 상황은 그다지 명확하지 않으나, 중국어에는 이러한 현상이 있다. 江西 高安의 筠陽語에는 일부 노년층의 발음에 촬구운이 없으며, 북경어에서 제치, 촬구로 대립되는 글자가 그곳에서는 모두 동음자이다. 예를 들어 보자.

妻[ₑtɕʻi] = 蛆[ₑtɕʻi]   犁[ₑli] = 驢[ₑli]

砌[tɕʻiʔ] = 脆[tɕʻiʔ]   錢[ₑtɕʻiɛn] = 泉[ₑtɕʻiɛn]

信[ɕinʔ] = 迅[ɕinʔ]   列[liɛtₐ] = 劣[liɛtₐ]

표준 중국어의 제치, 촬구 대립의 영향을 받아 현재 청년층의 어음에 촬구호가 나타나기 시작하자 원래 하나로 합류하였던 음이 다시 분화하여 '豫, 擧, 居, 區, 虛' 등의 글자의 운모를 -y로 읽게 된 것이다. 이것은 외부 방언의 영향을 받은 결과이지, 역사적으로 합류한 것 같아 보이지만 실제로는 합류하지 않은 변화 현상은 아니다. 이것은 언어 중에서 질서와 무질서 간의 일종의 전환이다. 문헌 기록상 이미 합류한 음소(혹은 음류)의 재분화 문제를 고찰할 때, 반드시 이 점을 중요한 원인으로 삼아 고려해야 한다.

13.4.4 라보브의 음변화 이론에는 검토할 만한 문제가 좀 더 있는데 다음의 몇 장에서 중국어의 상황과 결부시켜 구체적으로 토론해 보고자 한다.

언어의 변이에 대한 연구는 언어 연구의 새로운 영역으로 전망이 매우 밝다. 무질서와 질서 사이의 상호 전환 문제에 연구역량을 집중할 수 있다면 앞으로 언어 이론을 세우고, 언어 변화의 연구와 언어 연구 방법을 발전시키는데 크게 도움이 될 것이다.

14

언어의 변이(중): 변이의 규칙과 어음체계의 조정

14.1 어음체계에서의 변이층과 변이층의 구조

　14.1.1 언어체계 동질설에서 언어는 기본적으로 개인어(idiolect)가 기초라 한 것은, 언어는 단위 사이의 관계로부터 구성된 완전한 정태적 구조로 인식한 것이다. 언어를 하나의 구조로 보고, 언어 분석법의 형식화, 정밀화를 위해 언어 이론의 기초를 다지고, 언어 내부의 조직과 구조를 보게 한 것은 언어체계 동질설의 중요한 공헌이다. 그러나 문제는 언어체계 동질설이 언어의 구조가 정태적이라는 점을 절대화하고, 언어체계에서 변이를 배제했다는 것이다. 변이 이론이 언어체계의 '질서 있는 이질성'을 강조하여 언어체계 동질설이 설명할 수 없었던 언어 현상을 합리적으로 설명할 수 있었던 것은 이전 사람들에 비해 한 걸음 앞으로 나아간 것이다. 그렇지만 변이 이론은 변항의 변이 및 변항과 사회 통제 요소간의 연계에는 주의를 많이 기울인 편이나, 변이가 어떻게 구조로 전환되는지에 대해서는 아직 잘 논의가 되지 않은 듯하다. 그러므로 이 두 가지 이론 모형은 각각의 장점이 있으며, 우리는 이로부터 그들의 합리적인 핵심을 흡수하여, 장점을 취하고 단점을 보완해야 하는데, 그 방법은 몇몇 대표적인 개인어를 대상으로 그것들의 차이를 비교하고, 그런 다음 서로 다른 부분에 대해 세밀하게

조사한 결과를 기초로 하여 언어의 구조를 동태적으로 분석을 하는 것일 것이다. 어음은 줄곧 체계성이 가장 강한 엄밀한 구조라고 여겨져 왔는데, 이로부터 접근하여 山西 祁縣방언의 어음체계를 해부해 봄으로써 그 가운데에서 변이와 체계, 변이와 변화의 관계 및 동적 공시태의 어음체계 구조의 특징을 고찰하고자 한다.

14.1.2 祁縣은 山西 지역 가운데 위치하며 어음체계 중에 흥미로운 언어 변이 현상을 많이 포함하고 있다. 1985년 5, 6월 두 달에 걸쳐 우리는 城關鎭을 중점으로 하여 東觀, 城趙, 古縣鎭, 賈令, 里村(원래의 西村), 來遠 등 각 鄕과 鎭의 방언을 조사하여 보충하고, 단계적으로 21명의 언어 상태를 조사하여,[1] 이로부터 변이와 변화, 변이와 규칙의 관계를 분석하였

1	지역	이름	연령	성별	직업	조사항목	글에서의 약칭
	城關	閻沛章	72	男	敎員	字表, 變調	城關(閻)
		陳效祖	49	男	農民	字表	城關(陳)
		段達海	44	男	幹部	音系, *4專題**	城關(段)
		彭啓新	35	女	敎員	專題縮編***	城關(彭)
		武德云	28	男	農民	音系, 專題縮編	城關(武)
		閻小全	15	男	學生	專題縮編	城關(全)
		柳鐵平	16	男	學生	專題縮編	城關(平)
		武素强	16	男	學生	專題縮編	城關(强)
		閻 紅	18	女	學生	專題縮編	城關(紅)
		柳瑞萍	15	女	學生	專題縮編	城關(萍)
		韓迎春	18	女	學生	專題縮編	城關(韓)
	古縣	氾 俊	61	男	敎員	字表	古縣(氾)
	東觀	程殿元	64	男	農民	音系, 4專題	東觀(程)
		王正愛	32	女	農民	音系, 4專題	東觀(王)
		程曉鵬	12	女	學生	專題縮編	東觀(鵬)
		程素萍	12	女	學生	專題縮編	東觀(萍)
	城趙	楊映沅	61	男	農民	音系, 4專題	城趙(楊)
		楊文藝	20	女	農民	音系, 4專題	城趙(藝)
	賈令	杜培功	52	男	敎員	音系, 4專題	賈令(杜)
	里村	田 庄	42	男	敎員	音系	里村(田)
	來遠	張太平	27	男	敎員	音系, 4專題	來遠(張)

다. 각 조사 지점의 분포 및 그 주변 지역은 아래 그림과 같다.

각 지점의 조사 대상은 모두 현지에서 나고 자란 祁縣사람이다. 한 사람 한 사람의 말은 모두 전형적인 개인어로 어음체계가 완정하며 엄밀하다. 그러나 만약 이들의 각기 다른 개인어를 비교한다면, 상호간의 차이를 발견할 수 있으며, 이런 차이들로부터 언어 변천의 과정과 경향을 탐색할 수 있는 것이다.

....

* '音系'는 ≪方言調査字表≫의 맨 앞에 3페이지의 聲, 韻, 調를 의미한다.
** '4專題'는 1. 山, 臻, 曾, 梗, 通 등 攝의 합구운 운미에 관한 조사, 2. 遇攝 글자 운모의 특징에 관한 조사, 3. 설면음 모음인 -i, 및 -i와 관련된 문제에 관한 조사, 4. 백독 음의 음류의 분합에 관한 조사. 이러한 문제들의 조사 리스트가 韻攝에 대한 절대 부분의 예를 포함한다.
*** 4專題 중에서 80몇 개의 대표 글자를 뽑아 음가의 서로 다른 점과 같은 점에 대해 조사한다. 따라서 '專題縮編'이라고 한다.

14.1.3 아래는 城關(閣)의 발음을 기초로 각 발음하는 사람의 어음 상태를 다시 비교하여 정리한 성모, 운모, 성조 체계이다.

1. 성조는 縣 전체에서 일치하며 모두 5개이다.

平聲	33	詩梯高, 時題陳
上聲	324	使體古五女老
去聲	45	世替漢, 近柱是, 共陣助
陽入	ˀ33	識滴急竹月麥
陰入	ˀ213	石食局合雜

(음평, 양평은 나뉘지 않는다. 입성은 단독으로 읽힐 때 음길이 (두 음간의 거리 즉, 두 음간의 높이의 차이)가 비교적 길며, 喉塞 성분은 경미하다. 음입성의 조치는 평성과 동일하며, 양입성의 조치는 상성에 가깝지만 구별을 위해 조치 앞에 후색 성분을 덧붙였다.)

2. 성모

p	布步爬	pʻ	怕盤爬	m	門母			
t	到道桃	tʻ	太同桃	n	難女			l 蘭呂
k	貴干	kʻ	開跪	ŋ	案襖	x	飛灰馮紅	
tɕ	精經窮	tɕʻ	秋丘窮全			ɕ	修休	
ts	糟祖主泉	tsʻ	倉醋處全			s	散書師旋	
tʂ	招知蒸	tʂʻ	昌潮			ʂ	扇聲	ʐ 日認
o	延言, 午武, 遠元							

3. 운모

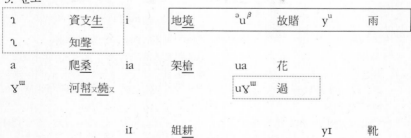

ɿ	資支生	i		地境	ˀuᵝ	故賭	yᵘ	雨
ʅ	知聲							
a	爬桑	ia	架槍	ua	花			
ɤɯ	河幇ㄨ燒ㄨ					uɤɯ	過		
		iɪ	姐耕				yɪ	靴

U^u	過幇燒光	iʊ^u	條橋		uei	桂貴
ei	倍盖	iei	介			
ɛɜ	開盖				uɛɜ	怪帥
cɑ	飽燒	ɑɒi	條橋			
əu	鬪醜	iɐi	流			
əŋ	盤竿				uəŋ	短官
		iɛ̃	連年			yɛ̃ 權元
ã	膽黨	iã	間銜	uã	光關	
ɔÛ̃	根爭	iʊŋi	精繁心	Um	紅東	yUm 雲群
a?	色割	ia?	接鐵	ua?	刮活	ya? 缺月
ə?	木日	iə?	北急	uə?	鹿國	yə? 欲
ɭ	耳而					
ɳ	你					

일부에는 부가 표기가 있으나, 대부분의 음류에는 아무런 부가 표기도 없는데, 그것은 祁縣방언 어음체계에서 안정된 부분이다. 祁縣사람은 연령, 성별, 직업, 계층 등의 차이를 불문하고 발음의 음가가 모두 비슷하며, 혹은 그것들 차이가 있다하더라도 그 차이는 무질서한 분포를 나타내어, 변화와는 무관하기 때문에 그것들을 어음체계내의 안정층이라고 부를 수 있다. 기타 음류가 각기 다른 부가 표기를 달고 있다는 것은 그것들이 어음체계 내에서 변이가 있다거나 혹은 그것들이 어음체계 내에서 변항이라고 할 수 있다. 변이의 특징이 다르기 때문에, 이것을 세 개의 변이층으로 나누었다.

1. 예로 든 글자 아래 두 개의 가로줄이 있는 것('=')은 문독文讀형식이며, 가로 줄 한 줄이 있는 것(─)은 백독白讀형식이다. 文白異讀은 방언간의 상호 영향으로 인하여 체계 내에 생겨난 중첩이다.(§16)
2. 점선으로 테두리를 그린 음류는 그 변이의 특징이 단어 중에서의 음류의

비약적, 돌발적 교체이다.

3. 실선으로 테두리를 그린 음류는 그 변이의 특징이 음가의 점진적인 변이이다.

첫 번째 종류의 文白異讀은 어음체계에서 특수한 유형의 변이로, §16에서 다시 토론할 것이다. 각기 다르게 발음하는 사람의 어음상 차이는 주로 두 번째, 세 번째 종류의 변이 형식에서 나타나는데, 실제로 이른바 '변이'란 것은 바로 서로 다르게 발음하는 사람의 어음 차이를 비교하여 발견된 이질적 요소와 연계된 변항이다. 이것은 어음체계의 구조에 대해 동태적인 분석을 하는데 귀중한 자료가 되며, 과거에는 그것을 언어 연구의 영역 밖으로 배제시킴으로써 중요한 정보와 실마리를 많이 상실하였던 것이다.

14.1.4 변이형식이 여러 층위로 구분될 수 있다는 사실은 변이는 비단 언어체계 자체만의 고유한 특징일 뿐 아니라, 규칙적인 것이며, 일정한 원칙에 의거하여 분석될 수 있다는 것을 말해 준다. §13.1.2에서 말한, 언어가 일종의 '이질'적이며 '질서 있는'구조라는 것의 기본적인 함의 또한 여기에 있다. 구체적으로 언어의 변이를 분석하면 우리는 현재 진행되고 있는 어음 변천과 그것의 규칙을 볼 수 있고, 어음 변천이 어음체계 구조에게 주는 구체적인 영향 및 사회 요소가 언어의 변이에 끼치는 영향을 볼 수 있으며, 또 언어집단(language community) 내부에서 발생하는 변이와 공간적 차이와의 내재적 연계를 볼 수 있다. 게다가 언어의 변이를 구체적으로 분석하면, 우리는 어음의 이런 미시적 변천으로부터 역사상 이미 완성된 음변화의 특징을 관찰할 수 있으며, 한걸음 더 나아가 역사상 논쟁이 끊이지 않았던 문제에 대해서도 얼마간 유익한 탐색을 할 수 있다.

14.2 음소의 점진적 변이와 계열적 음변화

14.2.1 고모음 계열의 변이는 祁縣방언의 중요한 특징이다. 공간적 차

이에서 볼 때 고모음 i는 동쪽으로부터 서쪽으로 차츰 i에서 -ɿ로 전환되고 있다. 동쪽의 東觀鎭에서는 '鷄≠資'(₋tɕi≠₋tsɿ)이나, 서쪽의 城趙鎭에서는 다수의 발음이 '鷄=資'이며, 모두 ₋tsɿ로 읽는다. 가운데 끼어 있는 城關鎭에서는 어떤 사람의 발음은 '鷄=資'이고, 어떤 이들은 그렇지 않다. '+'가 '鷄=資'를 나타내고, '−'가 '鷄≠資'을 나타낸다고 하면 상황은 대체로 이러하다.

예 \ 변이 \ 방언점	東觀	城關	城趙	文水[2]
鷄=資	−	±	+ (−)	+

文水縣은 祁縣의 서쪽에 위치하며, 그 경계는 城趙鎭에서 10여 리 떨어져 있다. 그 곳의 어음체계는 祁縣방언의 고모음 i의 변이 향방을 고찰하는 데 참고자료로 삼을 수 있다. 어음의 공간적 차이는 고모음 i의 변이하는 방향을 구체적으로 보여준다. 이제 城關지역이 차이를 집중적으로 고찰해 보기로 한다. 먼저 아래 표에서의 어음 현상을 비교해 보자.

발음인 \ 어음 \ 예	批	梯	鷄	資	衣
城關(閻)	₋pʼiₙ	₋tʼiₙ	₋tɕiₙ	₋tsɿ	₋jiₙ
城關(彭)	₋pʼiₙ	₋tʼiₙ	₋tɕiₙ	₋tsɿ	₋jiₙ
城關(全)	₋pʼĩ	₋tʼĩ	₋tɕĩ	₋tsɿ	₋jĩ
城關(段)	₋pʼiₙ	₋tʼĩ	₋tɕiₙ/₋tsɿ[3]	₋tsɿ	₋jiₙ₍ₙ₎
城關(武)	₋pʼɿ~₋pʼiₙ[4]	₋tʼɿ~₋tʼiₙ	₋tɕiₙ~₋tsɿ	₋tsɿ	₋jiₙ~₋ɿ
城關(紅)	₋pʼɿi	₋tʼɿi	₋tsɿi	₋tsɿi	₋ɿi
城關(强)	₋pʼɿi	₋tʼɿi	₋tsɿi	₋tsɿi	₋ɿi
城關(王)[5]	₋pʼɿ	₋tʼɿ	₋tsɿ	₋tsɿ	₋ɿz

....

2 胡雙寶(1984)에 근거함.
3 c_1/c_2는 어떤 글자는 c_1으로 읽고 어떤 글자는 c_2로 읽는 것을 나타내는데, 여기서는 바로 어떤 글자는 ₋tɕiₙ, 어떤 글자는 ₋tsɿ로 읽히는 것을 말한다. 이하 같다.

城關방언 i의 공시적 변이는 언어의 공간적 차이와 마찬가지로, 어음의 점진적 변이 즉, $in → \widehat{in} → ni → n$로의 변이를 보여준다. 사람마다 그 중 어느 하나의 음가를 취하는데, 연령, 직업, 가정환경의 영향을 받는 것으로 보인다. 閻, 彭, 全은 한 집안의 조손 3대로, 노인으로부터 아이에 이르기까지 음가에 있어서 작은 변화를 보인다. 즉 제 3대(全)는 i를 발음할 때 따라오는 n의 색채가 위의 두 세대 보다 좀 더 강하다. 그러나 연령은 변이를 제약하는 관건적 요소는 아닌 것으로 보이는데, 왜냐하면 같은 청소년이라 하더라도 城關(全), 城關(紅), 城關(强) 세 명의 어음 형식이 일치하지 않기 때문이다. 閻의 조상 세대는 상업에 종사하였고, 城關(閻) 때부터는 상업을 그만두고 학교에서 교사로 있다. 이런 가정환경은 -i음소의 음가를 유지하는데 도움을 주어, 위세방언威勢方言과 일치하므로 그것(-i)의 변천 속도가 비교적 느린 편이다. 그러나 같은 교원이라도, 城關(王)의 어음 변화 속도는 비교적 빨라서, -i가 -n로 변화하는 과정이 이미 완성되어, 그로 인해 '鷄'와 '資'가 같은 음으로 되었다. 이것은 아마도 그의 가정환경과 관련이 있는 듯한데, 그의 집안은 도시 주민으로, 모친은 기독교 교도이며 사용하는 언어는 하층 일반인들에 가깝다. 그의 모친은 1985년에 당시 62세로, '鷄'류의 글자는 이미 모두 '資'류를 포함시켰다. 그러므로 가정환경이 음가의 변이에 대해서 커다란 제약으로 작용한다는 것을 알 수 있다. 조사 기간 중에 이미 4명의 여자 아이를 만나서 그녀들에게 '鷄'와 '資'가 같은 음인지의 여부를 물은 적이 있다. 결과는 2 : 2로, 두 사람은 같은 음이라고 했고, 두 사람은 서로 다른 음이라고 말했는데, 그 원인을 살펴보면 그녀들의 부모님의 언어 상황과 밀접한 관계가 있다. 표에서 城關(段), 城關(武) 두 사람이 두 가지 발음으로 읽은 현상은 표준어의 영향을 반영하며, 이것

---

4 '~'은 자유변이음임을 나타낸다. 이하 같다.

5 王艾錄과 楊述祖(1984)에 근거함. 필자는 王艾錄 본인의 발음을 들었는데, 그의 어음이 다른 사람에 비하여 다소 빠르다는 것을 발견했다. 그는 39세, 남자, 교원이며 城關에 거주한다.

은 또 다른 성질의 문제로 다음에 다시 토론할 것이다. 이와 같이 언어의 공시태에서의 변이는 종종 많은 비언어적인 사회 요소의 제약을 받는다.

14.2.2 변이 중 점진적 변이는 언어 환경, 즉 음변화 조건과도 밀접한 관계가 있는 것으로 보이는데, 왜냐하면 한 사람의 발음(개인어)에 서로 다른 어음 조건 아래에서 다른 변이가 생기기 때문이다. 음변화가 일정한 어음 조건의 제약을 받는다는 것은 청년어법학파의 음변화 이론에서의 한 가지 중요한 관점이다. 구조주의언어학에서는 '변이음(allophone)'도 어음 조건으로 고려하고 있지만, 그것의 공시적 분포 관계를 분석할 뿐, 변이의 통시적 향방을 설명하지는 않았다. 변이가 반영하는 음변화의 경향을 보면, 어음조건은 확실히 작용한다는 것을 알 수 있다. 이런 측면에서 城關(段)의 어음은 구체적인 예증을 제공한다. 비교해 보기로 하자.

어음 조건	음가	예	說明
영성모의 뒤	-i₍ı₎	椅易	약한 설첨 모음 -ı의 색채를 지녀서, ( )를 더했다.
쌍순음의 뒤	-iı	皮米	수반한 -ı의 색채는 영성모의 뒤에 있는 것보다 약간 강하다.
설첨음 t組 성모 뒤	-iı	梯地	설첨 색채가 비교적 강하여, i는 ı와 함께 결합한다.
ts/(tɕ)의 뒤	-ı/(-iı)	鷄齊星	'鷄'류의 글자는 -ı/-iı 두 개의 독음이 있는데, -iı는 보통화 영향의 결과로, '星'의 土語는 단지 cısı(星宿)로 읽는 것으로 보는 것은 바로 이들의 증명이다.

이런 변이들은 점진적 어음 변천의 구체적인 과정을 반영한다. 만약 이런 변이 형식들을 이미 음변화 과정이 완성된 城關(王)의 어음과 비교해 보면, 다음과 같이 추론할 수 있다. 먼저, 하나의 음소에는 그것이 결합하는 환경의 차이에 따라 다른 변이가 있게 된다. 그 다음으로 음변화의 범위가

차츰 확대되어 하나씩 하나씩 그 변화의 과정을 완성하게 된다. 城關(段)의 어음에서부터 城關(王)에 이르기까지, 대개 tɕ-(tɕʻ-, ɕ-포함, 이하 같음) 뒤의 -i가 먼저 -ɿ로 변하고, t-뒤의 i가 그 다음이며, p-뒤의 것이 또 그 다음이 되어 결국에는 영성모에까지 확대되어서 음변화의 과정을 완성하면, 전부 -ɿ의 형식으로 나타나게 되어 정연한 규칙성을 나타낸다. 그러므로 이런 변이는 음소를 단위로 하며, 어음 조건이 같기만 하면 해당 음소를 포함하는 형태소의 어음이 한 사람의 발음에서 같은 방식과 같은 속도로 변화한다. 그러나 음변화의 과정이 전부 완성된 후에는, 변이를 제약하던 사회 요소가 변이의 영역에서 전부 밀려나게 되고, 이로 인해 음변화에 대한 어음 조건의 영향만이 남게 된다. 청년어법학파는 이미 완성된 음변화를 연구하였기 때문에, 어음 조건의 작용만을 볼 수 있었을 뿐 어음 변천 과정에서의 몇몇 생생한 구체적인 내용은 보지 못했다. 현실 언어에서는 이렇게 지금 진행되고 있는 음변화가 우리에게 역사적으로 이미 완성된 음변화를 상세히 살피는데 얼마간 가치 있는 계시를 제공해준다. 음소의 점진적 변이는 어음의 분포 조건과 관련되어 있고, 청년어법학파가 말하는 음변화와도 성질상 차이가 없기 때문에, 우리는 계열적 변이를 계열적 음변화의 미시적 구현이라고 본다.

14.2.3 음소의 점진적 변이는 음변화의 구체적 과정을 반영하며, 이것은 곧 음변화는 어느 정도의 시간을 거쳐야 한다는 것을 말한다. 만약 어음 체계 내에 두 개의 다른 음소 A와 B가 있는데 이 중 A가 변이를 통해 C로 향하는 추이를 하고 있지만 아직 변천의 전 과정이 완성되지는 않은 상태에서 B는 변이를 통해 A방향을 향해 변천하여 마침 A가 C의 방향을 향하는 추이를 쫓아간다면, B는 A와 합류하여 함께 C를 향해 변천하게 되는데, 이것은 음변화 과정에서 시간이 중요한 작용을 한다는 것을 말해주는 것이다. 이것도 청년어법학파의 음변화 이론에서의 중요한 관점이며, 그들은 음변화는 어느 한 기간 동안만 작용한다고 여겼다. 만약 이 기간을 따르지

않았다면 같은 어음 조건에 놓여있다 하더라도 동일한 음변화가 일어나지는 않는다. 祁縣방언에서 고모음 계열의 변이 가운데, -y가 어떻게 -u의 변이를 따라잡아 동일한 방향을 향해 변화하여 음변화의 시간성과 규칙성을 드러내주는지를 보았다.

14.2.4 北京語의 -u(遇攝 一等 模韻과 三等 魚, 虞 두 韻의 知·照系 글자)는 祁縣방언에서는 대체로 모두 -əuβ로 읽혀, 새로운 운미인 -β가 생겨났다. 이것은 중국어 방언에서는 드물게 보이는 새로운 운미로서, 祁縣방언의 내부 차이로 볼 때 아직 형성 과정 중에 있다. 비교해 보자.

어음 / 발음인	補	睹	猪	姑	胡	五
城關(閻)	$_cp^{(ə)}u^β$	$_ct^{(ə)}u^β$	$_cts^{(ə)}u^β$	$_ck^{(ə)}u^β$	$^sx^{(ə)}u^β$	$^{cə}u^β$
城關(陳)	$_cp^{(ə)}u^β$	$^ct^{(ə)}u^β$	$_cts^{(ə)}u^β$	$_ck^{(ə)}u^β$	$^sx^{(ə)}_ɔu^β$	$^{cə}u^β$
城關(彭)	$_cp^{(ə)}u^β$	$^ct^{(ə)}u^β$	$_cts^{(ə)}u^β$	$_ck^{(ə)}u^β$	$^sx^{(ə)}u^β$	$^{cə}u^β$
城關(段)	$_cp^{ə}u^β$	$^ct^{ə}u^β$	$_cts^{ə}u^β$	$_ck^{ə}u^β$	$^sx^{ə}u^β$	$^{cə}u^β$
城關(武)	$_cp^{ə}u^β$	$^ct^{ə}u^β$	$_cts^{ə}u^β$	$_ck^{ə}u^β$	$^sx^{ə}u^β$	$^{cə}u^β$
城關(청소년)	$_cp^{ə}u^β$	$^ct^{ə}u^β$	$_cts^{ə}u^β$	$_ck^{ə}u^β$	$^sx^{ə}u^β$	$^{cə}u^β$

노년의 城關(閻)과 중년의 城關(陳, 彭)의 과도음過渡音은 분명하지는 않기 때문에 과도음 'ə'를 괄호로 묶었다. 그들의 발음에서 -β운미의 음색音色은 비교적 약한 편이긴 하지만, 이미 발음의 시간과 공간을 점유하고 있기 때문에 -u의 부가적 경향은 아니다. 그래서 그것을 오른쪽 윗부분에 표기하였다. 중년의 城關(段, 武)과 청소년은 과도음 -ə-와 운미 -β를 모두 비교적 분명하게 발음하였는데, 그 중 특히 청소년에게서 더욱 두드러졌다. -β운미의 뚜렷한 정도는 과도음-ə-의 강약과 정비례하는 것 같다. 즉 과도음 -ə-가 강할수록 -β운미도 더욱 분명해진다. 동일한 사람에게서 성모가 다른 것도 -β의 뚜렷한 정도와 관련이 있으며 대체적인 상황은 이러하

다. 영성모 글자의 -β가 가장 분명하며, 다른 것들은 발음 위치가 前移하며 차츰 약화되었다. 즉 설근음 뒤에 있으면 다음으로 약하고, 설첨음 뒤에 있으면 또 그 다음, 쌍순음 뒤에 있으며 가장 약하다. -u가 -ᵊuᵝ를 향해 추이한 것은 u의 발음 부위가 前移하고 마찰음화한 결과이다(§9.3.3).

14.2.5 y는 본래 i, u와 대립되는 독립적 음소이다. 祁縣 주변의 楡社, 平遙, 文水 등의 방언 지역에서는 후고모음 u에 변화가 일어나지 않아서 遇攝 글자의 -u는 여전히 안정층에 있으나, 祁縣에서는 -u가 -ᵊuᵝ를 향해 변하고 -i가 -ɿ를 향해 변하여, 모두 변이층 가운데에 있다. 어음의 변화는 일종의 발음 습관의 변화이다(§6.1.2). 고모음 i, u의 변화는, 필연적으로 고모음계열 y의 변화에도 영향을 주게 되는데 왜냐하면 '높은高' 발음 습관이 그것들을 연계시키기 때문이다. i, u와 비교하여, -y가 변이한 시간상의 시작점은 비교적 늦은 것으로 보인다. y는 -i와 '앞前'이라는 자질을 공유하며, -u와는 '둥글다圓'는 자질을 공유하는데, 변이할 때에는 어떤 것을 버리고 어떤 것을 따를 것인가? 어떤 발음습관을 따라 변할 것인가? 이런 문제는 -i, -u가 변이하는 중에 가지는 힘에 따라 결정되는 것 같다. 祁縣 주변 지역에서는 -i>ɿ하는 동시에 -y도 -u를 향해 변화하였는데, 이는 '앞前'이라는 발음 습관이 같은 '앞前' 자질을 가진 舌面前高元音의 舌尖化라는 변화를 일으키도록 하였기 때문이다(§9.3.4). 그러나 祁縣에서는 아마도 표준어의 영향으로 인해, -i가 -ɿ으로 전환하는 과정은 이미 제약을 받았고, 이미 -ɿ로 전환된 글자들이 다시 -i로 읽히는 추세가 나타나기 시작했다(§14.5.2). 그러나 -u가 -ᵊuᵝ로 전환하는 것은 아직 활발하게 진행되고 있는 상태에 있기 때문에 '둥글다圓'는 자질이 -y와 -u를 함께 연결하여 -y가 -iuβ을 향해 변천해가도록 하였다. 이런 변천의 과정은 현재 여전히 진행 중에 있으며, 우리는 언어의 변이(다음 쪽의 표를 볼 것)로부터 그것의 변천 과정을 볼 수 있다. 古縣(范)에서는 -y를 발음할 때에만 설근이 약간 뒤로 움직여 끝맺는 동작을 하나, 가볍고 미약하며, 있는 듯 없는 듯한 -u의 색채

를 띠어, 만약 자세히 관찰을 하지 않으면 이렇게 미세한 발음상의 특징은 경시되어 버리기 쉽다(80년 우리가 古縣(范)의 어음체계를 조사할 때에는 이 점에 주의를 기울이지 못했다). 그래서 -y의 오른쪽 윗부분에 괄호를 친 u를 더했다. 古縣(范)의 발음은 -y가 -iuβ로 전환하는 첫 시작 단계라고 할 수 있다. 城關(閻) 등 노인들에서는 -y운이 이미 -u운미의 음색을 띠고 있는 것을 비교적 분명하게 들을 수 있었지만 그다지 강하지 않았으므로 그것은 오른쪽 윗부분에 기록하였다. 연령의 추이를 따라 원래 -y의 음가는 차츰 소실되어 -iu로 나뉘어져 齊齒韻으로 전환하였다. 城關(段)에서는 이미 i가 발생하는 기색이 나타나기 시작하였으나 주요 음색은 여전히 -y이다. 城關(彭, 王, 청소년)에 이르러서는 -iu의 음색이 점차 강화되었으며 그 중 -i는 개음이 되고, -u는 주요원음이 되었다. -iu에서의 -u와 -u는 동일한 음소가 되었고, -u가 -ᵘᵖ로 전환할 때, -iu의 -u도 마침 이 전환의 시간을 좇았기 때문에 일부분의 중년층과 청소년의 발음에도 -β운미가 더 생겨나게 된 것이다. 이것은 하나의 음소가 변천 과정에서 마침 또 다른 음소의 변화를 좇아가 이로부터 함께 변천해가는 생동하는 살아있는 예증인 것이다. 祁縣 남부 산지의 來遠의 -y는 이미 -iuβ로 변하였는데 이것도 역시 城關語의 변천 향방에 유력한 증거를 제공한다.

예\어음 발음인	女	舉	去	虛	魚
古縣 (范)	ᶜɳ̣y^(u)6	ᶜtɕy^(u)	tɕʻy^(u)ɔ	₌ɕy^(u)	₌ʨy^(u)
城關 (閻)	ᶜɳ̣y^u	ᶜtɕy^u	tɕʻy^uɔ	₌ɕy^u	₌ʨy^u
城關 (段)	ᶜɳ̣y^{i u}	ᶜtɕy^{i u}	tɕʻy^{i u}ɔ	₌ɕy^{i u}	₌ʨy^{i u}
城關 (彭)	ᶜɳ̣i^y u	ᶜtɕi^y u	tɕʻi^y uɔ	₌ɕi^y u	₌ji^y u
城關 (王)	ᶜɳ̣iu^β	ᶜtɕiu^β	tɕʻiu^β ɔ	₌ɕiu^β	₌jiu^β
城關 (청소년)	ᶜɳ̣iu^β	ᶜtɕiu^β	tɕʻiu^β ɔ	₌ɕiu^β	₌jiu^β

6 [ɳ]의 실제 음가는 [n̠ʲ]이다.

14.2.6 위에서 말한 언어 변이 현상은, 언어의 공시태에는 변이의 요소가 매우 많으며, 이런 요소들은 또 각종 언어적 혹은 비언어적 요소들의 제약을 받아 정리되어 이질적이면서 또한 질서 있고, 규칙적이며 체계 내에 있는 구성 성분이 된다는 것을 설명해 준다. 이런 유형의 변이는 어음의 공시적 결합 조건과 관련이 있어 음변화는 일정한 조건 아래에서 진행되며, 어떤 지역, 어떤 시기에 완성된다는 청년어법학파식의 음변화 규칙의 특징을 갖추고 있다. 청년어법학파와 구별되는 점은 오로지 다음과 같은 것들이다. 하나는 미시적 연구로서, 즉 현재 진행 중에 있는 음변화를 연구하는 것으로서, 연령, 직업 등 비언어적 사회 요소가 음변화에 일으키는 작용을 볼 수 있다는 것이며, 다른 하나는 역사상 이미 완성된 음변화를 연구하는 것으로서 일찍이 음변화에 작용했던 비언어적 사회 요소는 일찌감치 역사의 무대에서 배제하고 다만 음변화의 조건만을 살폈다는 것이다. 청년어법학파는 음변화의 조건을 절대화하여 그것을 음변화에서 유일하게 작용하는 요소이며, 그 조건은 특정한 역사적 조건 하에서의 산물로 보았다. 그러므로 진행 중에 있는 음변화와 이미 완성된 음변화 간에는 뛰어넘을 수 없는 큰 격차가 있으며, 이미 완성된 음변화의 특징은 진행 중에 있는 음변화로부터 암시를 얻을 수 있다. 따라서 변이는 공시와 통시를 잇는 교량인 것이다.

14.3 단어에서 음류의 교체와 산발적 음변화

14.3.1 방언지리학과 어휘확산 이론에서 음변화는 단어를 단위로 하며 "모든 어휘에는 자체의 역사가 있다"고 보고, 그 때문에 음변화에는 규칙이 없다고 인식한다. 우리는 이미 §11, §12 두 장에서 이 문제를 토론한 바 있으나, 토론한 대상이 이미 완성된 음변화였던 까닭으로 어떤 면에서는 여전히 추리에 맡길 수밖에 없었다. 이제 진행 중에 있는 음변화를 고찰하는데, §14.1.3에서 점선으로 테를 두른 것에서의 음류 변이는 이런 유형의

변이에도 여전히 그 자체의 규칙이 있으며, 다만 청년어법학파식의 계열적 음변화와는 다를 뿐이라는 것을 알려준다. 이것은 즉 음변화의 미시적인 연구가 거시적 연구에서 나타나는 어떤 모호한 점들을 밝힐 수 있으며, 이로써 역사언어학에 새로운 광채를 더하게 하였다는 것을 의미한다.

14.3.2 tʂ-류의 성모가 있는가 없는가? 어떤 글자들이 tʂ-류의 성모로 읽히는가? 祁縣방언에서는 내부적으로 차이가 매우 크다. 城關(閻)은 tʂ-류 성모를 가지고 있으나, 그렇게 읽히는 글자가 北京語와 모두 같은 것은 아니다. 중고 시기의 知·照系의 글자는 北京語에서 모두 tʂ-류 성모로 읽히는데, 祁縣에서는 중고 시기 知·照系의 합구자는 모두 ts로 읽히며 tʂ-로 읽히지 않는다. 개구자 가운데에서도 知組의 二等과 照組의 二等(莊組)은 모두 ts로 읽히며, 止攝 開口三等의 章組도 ts로 읽힌다. 그러므로 祁縣방언에서는 일부 開口三等字만이 tʂ-류 성모로 읽힌다. 개구운에서 知, 莊, 章 세 組의 이런 分合관계는 ≪中原音韻≫과 완전히 일치한다. 현존하는 tʂ-류 성모자의 多寡와 有無는 사람들마다 큰 차이가 있다. 먼저 아래 표에 제시된 공간 차이를 비교해 보자.

예 \ 성모 \ 발음인	城關(閻)	古縣(范)	東觀(程)	城趙(楊)	里村(田)	賈令(杜)	來遠(張)
知[7]	tʂ-	tʂ-	ts-	tʂ-	tʂ-	ts-	ts-
蒸白	tʂ-	tʂ-	ts-	tʂ-	tʂ-	ts-	ts-
招	tʂ-	ts-	ts-	tʂ-	tʂ-	ts-	ts-
燒白	tʂ-	ts-	ts-	tʂ-	tʂ-	ts-	ts-

7개 방언 지역 중 城關, 城趙, 里村 세 지역에서는 tʂ류 성모의 분포가

7 이들 모두는 대표 글자로, 文白異讀 중의 두 가지 다른 운모 조건을 대표한다. '知', '蒸白'의 운모는 -ɿ 혹은 -ɿ가 되고, '招', '燒白'의 운모는 개구운이 된다.

일치한다. 古縣은 '知', '蒸白' 두 부류의 글자만이 tʂ-로 읽히는데, 즉 설첨모음의 조건에서만 tʂ/ts-의 대립이 존재하며, 기타 각 지역(東觀, 賈令, 來遠)에서는 tʂ류 성모가 이미 전부 소실되어 ts-로 합류했다. 현존하는 언어 사실과 공간의 차이는 대체로 tʂ-류의 권설성모가 소실되는 단계로 가고 있음을 보여 준다.

1. 합구운 앞의 tʂ-는 ts로 변하였다.
2. 개구운 중에서 2等 글자의 성모는 ts-로 변하였다.
3. 止攝 開口 三等의 章組는 ts로 변하였다.
4. 설면모음 앞의 tʂ-는 ts-로 변하였다(古縣).
5. 설첨모음 앞의 tʂ-는 ts-로 변하였다(東觀, 賈令, 來遠).

이런 것들은 모두 이미 완성된 음변화의 사실로부터 귀납하여 도출된 음변화 과정이다. 우리의 흥미는 여전히 현재 진행 중에 있는 음변화에 있다.

14.3.3 tʂ-류 성모의 祁縣에서의 공간적 차이 및 그것이 반영하는 tʂ-류 성모의 변천 추세는 실제로도 祁縣 城關방언에서 tʂ-류 성모가 변천하는 축소판이다. 城關의 노년, 중년, 청년 3세대의 음류 변이 상황은 아래 표와 같다.

예 \ 성모 \ 발음인	城關 (閻)	城關 (段)	城關 (陳)	城關 (彭)	城關 (武)	城關 (청소년)
知	tʂ-	tʂ-	tʂ-	ts-	ts-	ts-[8]
蒸白	tʂ-	tʂ-	tʂ-	ts-	ts-	ts-
招	tʂ-	tʂ-	ts-	ts-	ts-	ts-
燒白	tʂ-	tʂ-	ts-	ts-	ts-	ts-

8 필자가 만난 청소년 중에서 城關(紅) 한 사람의 경우에만 각각의 글자(知, 繩文, 正白)에 권설음을 남기는 독법을 가졌으며, 음운 조건의 제약은 발견할 수 없었다.

城關 지역의 변이 상태와 공간적 차이는 완전히 같다. 이런 변이는 연령과 비교적 밀접한 관계에 있는 것으로 보이는데, 노인층 특히 교육과 상업에 종사하고 외지와 접촉이 비교적 잦은 노인층[9]에서는 tʂ-/ts-가 분화되고, 청소년층에서는 합쳐지는 경향이 보여, tʂ-가 모두 ts-로 변하였다. 중년층은 과도적인 현상을 보여서, 분화와 합류가 일정하지 않다. 이런 차이는 tʂ-류 성모가 소실되는 방향으로 변천하고 있음을 보여준다.

14.3.4 위의 표에서 보이는 어음 현상을 비교해 보면, tʂ-류 성모가 소실되는 과정과 방식이 §14.2에서 분석한 계열적 음변화와는 다른 점이 있다는 것을 볼 수 있다. '招'의 독음에는 ꞔtʂaɔ나 아니면 ꞔtsaɔ의 두 가지가 있을 뿐 중간의 과도 형식이 없는 것과 같이, 변이 형식에 tʂ->ts-로 발음 부위가 점차 앞으로 옮겨가는 순서를 찾을 수가 없다. 이것은 tʂ->ts-의 변천이 발음 부위가 점진적으로 앞으로 옮겨감으로써 실현되는 것이 아니라, 단어에서의 성모 tʂ-/ts-가 돌발적으로 교체함으로써 완성되는 것임을 설명해준다. 이러한 변이도 일종의 산발적 음변화라 볼 수 있는데, 그것의 특징이 어휘확산의 방식과 유사하기 때문이다. 계열적 음변화와 마찬가지로, 산발적 음변화도 비언어적인 사회 요소의 제약을 받지만, 음변화를 제약하는 언어 요소의 측면에서 이 두 음변화 방식은 원칙적으로 구별된다. 첫째, 음변화의 단위가 다르다. 계열적 음변화의 단위는 어음적인 음소이나, 산발적 음변화의 단위는 그 표현 형식이 비교적 복잡하고, 실질적으로는 음류 - 즉 어음체계 내의 聲類, 韻類와 調類를 변화의 단위로 삼는다. 그러나 이런 단위의 변화는 변천이 완성되었을 때 비로소 겉으로 드러날 뿐, 변천 과정 중에는 단지 형태소(단어)의 어음 형식의 변화로만 나타난다. 예컨대 城趙(藝)의 '招'는 ꞔtʂaɔ에서 ꞔtsaɔ로 변해서 읽히지만, tʂ-음류는 어음체계

----

9 필자는 또 77세의 노인 何春仁에게 물었는데, 그의 tʂ-/ts-의 분리와 합치는 城關(閭)과 같았다. 그는 중청년기에 일찍이 외지에서 상업을 하였고, 1949년 이후 일을 접고 祁縣으로 돌아왔다.

내에서는 소실되지 않았는데, 어음체계 내에서 '潮, 蛇' 등 다른 글자들은 여전히 -tʂ 류 성모로 읽히기 때문이다.

두 번째로, 중국어에서 음소와 음류에서 나타나는 현상은 때때로 교차한다. 예컨대 tʂ는 祁縣방언에서 하나의 음소일 뿐만 아니라 하나의 음류이기도 해서, 단어의 어음 형식에서는 성모의 역할을 충당한다. 음소 /tʂ/와 성모 tʂ-의 물리적 특징은 같으나, 위상은 다르다. /tʂ/는 하나의 음소로서 어음 차원에서의 한 단위이며, 그것을 제약하는 변이 요소는 앞에서 말한 직업, 연령 등의 사회 요소 외에도, 그것의 공시적 어음 분포 조건에 의해 결정된다. 그러므로 동일한 하나의 음소는 동일한 어음 조건 아래에서 개인 어는 반드시 같은 변이 형식을 갖게 되며, 음변화는 이 음소를 포함한 모든 어휘 항목에까지 미치게 되므로, 음변화의 균등성과 동시성을 나타내게 된다. 이것은 계열적 음변화의 특징이다. 그런데 하나의 음류로서의 tʂ-는 상황이 다르다. 음류로서의 tʂ는 단어(형태소)의 어음 형식의 한 구성성분-성모로서 나타나며, 그러므로 그것의 변이는 공시적인 어음 분포 조건과는 무관하며, 통시적 어음 조건의 통제를 받는다. 예컨대 '招'라는 형태소는 성모의 위치에서 tʂ-/tʂ-의 교체가 일어났는데, 이미 완성된 음변화로부터 보면 통시적 어음 조건과 관계가 있다(합구운 앞에서는 tʂ로 읽히고, 開口 二等韻 앞에서는 tʂ로 읽으며, 止攝 開口 三等의 章組에서 tʂ로 읽힌다). 현실적인 음변화로부터 보면 어떤 하나의 공시적 음운 조건하의 tʂ가 모두 다 tʂ로 읽히는 것이 아니라, 어떤 단어들은 tʂ로 읽히고 어떤 글자들은 tʂ로 읽혀서 마치 음변화가 단어(형태소)를 단위로 하고 어음 조건의 제한을 받지 않는 듯하여, 이 음류를 포함하는 단어의 어음 형식이 하나하나씩 변화를 일으켜 누적되면서 변천하므로 가지런하지 않은 특징을 보여주는 것이다. 이런 면에서 城趙(藝)의 발음은 하나의 전형이다. '招', '燒白' 두 부류의 글자들 가운데 城趙(藝)는 '招, 張白, 張文, 昌, 扇, 蒸文, 聲文, 繩文, 丑, 蛇白'과 같은 것들은 tʂ류 성모로 발음하였고, '潮文, 少文, 正文, 蛇文, 賒, 直, 舍, 惹, 收, 潮白, 燒白, 少白'와 같은 것들은 tʂ로 발음하였으며, 그 중에서 '潮文, 潮白, 燒文' 등은 또한 ts-류 성모로도 발음하여 가능한 두 가지 독법이 있었다. 이것이 바로 산발적 음변화의 특징이다. 그러나 城趙(藝)의 tʂ-〉ts-의 변화는 '知', '蒸白'의 두 부류의 글자들에까지는 미치지 않았다. 즉 설첨모음 -ㄱ 앞의 tʂ-에는 전혀 변화가 없었는데, 이것은 또한 어음 조건의 제한을 구현하는 것으로 보이며, 음류의 교체는 다만 舌面 開口韻 앞의 tʂ-에만 한정되었다는 것을 설명해준다. 이런 현상은 몇가지 암시를 하고 있다. 즉 산발적 음변화는 음변화가 진행되는 과정에는 그 어음 조건이 겉으로 드러나 있지 않으므로 어떤 어음 조건 하에서 진행되는지 깨닫기 쉽지 않으며, 음변화 과정이 완성된 후에라야 숨겨진 어음 조건이 비로소 표면화된다는 것이다.

세 번째, 계열적 음변화에서는 어떤 한 음소의 음가는 어떤 한 가지 어음 조건 아래에서는 같이 변화를 일으킨다. 이러한 변화는 음소의 평면에서 볼 때, 어음체계 내의 각 구성원간의 고, 저, 전, 후의 변화에 영향을 주어, 음의 편류(sound drift)가 일어나게 하고 어음체계구조를 조정할 수 있다 (§14.4). 그런데 형태음소(morphophoneme)의 평면에서 보자면 계열적 음변화에 음류의 합류나 분화가 일어나지 않으면 단어의 독음에는 음가의 변화(예를 들어, '姑'의 ₅ku에서 ₅kᵘuᵖ로의 변화)만 있을 뿐이며, 음류의 경계에도 변동이 없어 음이 다른 단어를 같은 음으로 변화시키지 않는다. 산발적 음변화는 이와 달라서, 음변화 과정이 완성되기 전에 어음의 평면에서 교체가 발생하는 두 개의 음류가 여전히 존재하며, 게다가 체계 내의 어음 지위에도 변화가 없으므로, 어음체계 구조에는 영향을 미치지 않는다. 그러나 형태음소의 평면에서는 단어의 독음은 도리어 음류의 비약적 교체를 일으켜서 원래 음이 달랐던 단어가 음이 같은 단어가 되게 하거나, 혹은 원래 음이 같았던 단어를 음이 다르게 변화시켜 단어의 음류가 본래 지니고 있던 분포관계를 혼란시키기도 한다. 산발적 음변화는 음변화 과정이 완성된 후에라야만 어음체계에 영향을 미칠 수 있게 된다(예를 들어 tʂ-류 성모가 어음체계에서 소실되는 것).

상술한 바를 종합하면, 두 종류의 음변화 방식의 차이는 아래와 같이 귀납시킬 수 있다.

	계열적 음변화	산발적 음변화
음변화 단위	음소	단어 내의 음류
음변화 조건	공시적	통시적
음변화 방식	점진적 변이	돌발적 교체
어휘구현	균등한 돌발적 변화	불균등한 점진적 변화
어음체계에의 영향	비교적 빨리 반응을 얻을 수 있음	음변화 과정 중에는 반응 없음

14.3.5 산발적 음변화는 단어를 단위로 하며 각각의 어휘마다 모두 그 자체의 역사가 있으므로 어음 조건의 제한을 받지 않으며 규칙이 없다고 할 수도 있겠지만, 이런 견해는 적절치 않다. 첫째, 음변화의 단위는 표면적 현상으로 보면 단어이며 단어의 어음이 변화를 일으키는 것으로 보이지만, 실제로는 단어가 아니라 단어 중에서 어떤 한 음류가 변화하는 것이다. 한 걸음 더 나아가 음류에서 보면, 이 음류를 포함하는 각각의 단어는 그 교체의 변이 방식은 서로 같다. 예를 들면 祁縣방언에서는 tʂ-/ts-의 교체만 있었을 뿐 tʂ-/k-나 tʂ-/p-의 교체는 없었던 것이다. 뿐만 아니라 이렇게 교체하는 중에 결국 어떤 음류의 讀音은 차츰 감소하고 또 다른 음류의 독음은 차츰 증가하여 음변화의 방향성과 목적성이 드러난다. 祁縣방언에서 tʂ-의 변천 방향은 ts-류로 편입되는 것이었다. 만약 단어를 단위로 하여 어휘마다 모두 각자의 역사가 있다고 한다면 음변화는 이런 방향성과 목적성을 가질 수 없었을 것이다. 둘째, 음변화의 단위가 단어 내의 음류이므로 변천할 때에는 여전히 어느 정도의 통시적 어음조건의 제약을 받게 되지만, 그것은 음류 교체의 방향성과 목적성 가운데 가려져 아직 표면화되지 않을 뿐이다. 음변화의 방향성과 목적성도 음변화의 규칙이다. 그것은 일종의 "종대로 행진하는 방식의 음변화로 구성원이 동시가 아닌 따로따로 목적지

에 다다르는"그런 규칙일 뿐이다(§12.4.4).

14.3.6 계열적 음변화와 산발적 음변화는 음변화의 두 층면과 두 가지 방식을 대표하여 각자의 특징을 갖고 있다. 이른바 "음운규칙에는 예외가 없다"는 주장은 계열적 음변화에만 적용될 뿐이며, "모든 어휘에는 자체의 역사가 있다"는 주장은 부분적으로 산발적 음변화에만 적용되어, 각기 자체의 적용 범위와 조건을 지니고 있다. 이 두 개의 서로 다른 음변화 층면과 음변화 방식을 엄격하게 구분하는 것은 중요한 문제이며, 그렇지 않으면 음변화의 규칙을 혼란하게 만들어 방향을 잃게 할 수 있다. 여기서의 관건은 음변화의 단위를 분명하게 하는 것이다. 우리는 §11에서부터 줄곧 음소와 음류 두 개념을 구분하는 중요성을 여러 번 강조하였는데, 그것들은 두 가지 서로 다른 음변화 방식을 발생시키는 언어의 기초이기 때문이다. 중국어에서 음소와 음류의 두 개념을 분명하게 가르는 것은 비록 어려움이 있지만, 그래도 비교적 쉽게 구분할 수 있다고 할 수 있는데, 중국어 형태소의 聲, 韻, 調의 어음 구조가 음류를 분별하는데 매우 편리하기 때문이다. 특히 운모는 음소와의 구별이 매우 뚜렷하다. 언어 사실에 충실하여 음소와 음류의 활동 방식을 분명히 밝힐 수만 있다면 두 가지 서로 다른 음변화 층면과 음변화 방식을 비교적 분명하게 가를 수 있을 것이다. 그런데 영어 등 인구어족 언어에서는 음소와 음류의 물질적 캐리어(carrier)가 완전히 같다. 예를 들어 영어에서 -oo로 나타내는 모음 [u:][ʊ] 등의 음(§12.2.1)은 과연 음소인가? 아니면 음류인가? 형식상으로는 사실 구분하기 어렵다. 이처럼 표면적으로 일치하는 어음 현상이라 하더라도 변천할 때에 어떤 것은 계열적인 변화를 하여, "음운규칙에는 예외가 없다"는 말에 충분한 자료를 제공하는 반면, 어떤 것은 산발적인 변화를 하여 "모든 어휘에는 자체의 역사가 있다"는 말에 충분한 근거를 제공한다. 이 때문에 두 개의 서로 다른 음변화 층면을 구분할 필요성과 중요성에 주의를 게을리 하기 쉬웠고, 각각의 가설마다 적용 범위와 조건도 자연히 분명하게 할 수 없어서, 결과

적으로 몇몇 언어학자들은 종종 이 가설을 가지고 저 가설을 부정하여, 두 가설 사이의 논쟁은 백년 이상을 지속하였지만(슈하르트가 청년어법학파의 이론을 반대한 때로부터 계산하여) 효과적인 해결을 얻어내지 못하였다.

Labov(1981:267~305)는 이 논쟁을 해결하기 위한 방법을 제안하였다. Labov는 언어의 '질서 있는 이질성'을 이론적 기초로 하여 구체적인 언어 현상을 분석함으로써 몇 가지 중요한 결론을 얻었는데, 대체로 다음과 같이 요약될 수 있다. 첫째, 음소를 단위로 하는 청년어법학파식의 음변화와 단어를 단위로 하는 산발적 음변화는 모두 음변화 과정 중에 실제로 존재하는 음변화의 방식이지만 주로는 청년어법학파식의 음변화 방식을 따라 변한다. 둘째, 두 가지 음변화는 각각 서로 다른 음변화 층위에 속한다. 즉 청년어법학파식의 음변화는 저층위 출력 규칙(low-level output rules)적 변화로서, 어휘항목(dictionary entries)에서는 여전히 하나의 단위로 수록하며, 분화되지 않고 기저음소에까지 영향을 미치지는 않는다. 반면 어휘확산식의 산발적 음변화는 높은 층위의 변화에 속하여 어휘항목에서는 둘로 나누어 수록하며, 기저음소의 변화에 영향을 미친다. 셋째, 청년어법학파식의 음변화는 일차원적(dimension)인 것으로 모음의 고/저, 전/후와 자음의 발음 방법의 변화가 이런 음변화에 속한다. 반면 어휘확산식 음변화는 다차원적이며, 고/저, 전/후의 변화를 수반하는 모음의 긴장/이완과 자음의 발음 부위의 변화가 이런 유형의 음변화에 속한다.

이것은 우리의 연구에 시사해 주는 바가 크지만, 구체적인 문제를 인식하는 데에 있어서는 우리와 몇 가지 의견을 달리 하는 부분이 있다. 첫째로 변천의 단위는 단어가 아니라 단어 가운데의 한 음류 혹은 한 자질이라는 것이다. 이 점은 중국어에 대해서는 비교적 분명한 것이며, 영어 등 서양 언어에 있어서는 상황이 좀 복잡하기는 하지만, 그래도 '음류' 혹은 단어의 어떤 한 자질을 산발적 음변화의 변천 단위로 봐야할 필요가 있다. 왜냐하면 -oo가 표시하는 형태소의 독음의 변화(§12.2.1)는 단지 단어 내의 모음에만 영향을 미칠 뿐이며, 동사인 affix(/əfíks/)를 명사로 쓸 때에는 액센트 위치를 바꿔서 áffix(/ǽfiks/)로 읽는데, 이것은 단어의 액센트에만 영향을 줄 뿐 단어의 다른 자질에는 영향을 주지 않기 때문이다. 또 유아가 'baby', 'book', 'box' 등과 같은 단어들을 습득할 때 나타나는 '어휘확산'현상은 오로지 자음 'b'에만 영향을 미치기 때문이다.[10] 바로 이러한 이유로 사람들은 비로소 -oo-가 확산된 어음 흔적(§12.3.1)을 인식하고 음변화의 방향과 목표를 분명하게 했던 것이다. 따라서 단어를 음변화의 단위로 간주하는 것은 언어현실과도 위배된다고 할 수 있다.

두 번째로, 청년어법학파식의 음변화와 어휘확산식의 음변화를 두 개의 각기 다른 음변화 층면으로 본 것은 매우 정확하다. 그러나 언어 체계 동질설을 반대하는 변이 이론은 도리어 극단적 동질설의 이론적인 틀과 술어(변형생성학파)를 취하여 분석하고 있는데, 사실 그렇게 해야 할 필요도 없었고 오히려 어떤 문제들은 분명해졌다고 하기도 어렵게 되었다. 예를 들어 어휘항목에서는 말 그대로 자연히 단어의 문제일 뿐이지만, Labov의 문장에서 예로 든 필라델피아의 a의 분화를 자세히 보면, æ(sad, dad 등의 모음)과 e:ᵊ(mad, bad, glad…의 모음)은 실제로는 어음의 문제이지 단어의 문제가 아니다. 여기에서 어음의 조건을 찾아낼 수 있는데, 그것은 자음 -d 앞의 a의 긴장(앞에 위치한 자음은 이런 긴장을 일으키지 않는다)은, 어느 일부분의 형태소 독음에서는 변화의 과정을 이미 완성하여 e:ᵊ로 읽히고, 어느 일부분의 형태소의 독음에서는 아직 변하지 않아서 여전히 æ로 읽혀 음소적인 면에서 두 개로 갈라졌다는 것이다. 이것은 知·照系의 글자가 祁縣방언에서 일부는 아직 변화하지 않은 tʂ로 읽히고, 일부는 이미 변화한 ts로 읽히는 것과 같은 의미이다. 그러므로 실제로 '어휘항목의 분화'는 완성되지 않은 산발적 음변화를 반영한 것이며, 어음체계 내에 같은 음을 지닌 형태소들이 서로 다른 음을 지닌 형태소로 변하게 하거나 서로 다른 음을 지닌 형태소가 같은 음을 지닌 형태소로 변하게 하는 것이다.

10　王士元(1981a:121~126) 참조.

이러한 비교적 명확한 의미의 변화에다 변형생성학파의 술어인 '기저음소의 분화'라는 말을 그 앞에 덧붙여 의미가 오히려 더 모호해 지고 말았다. 저명한 역사언어학자인 말키엘(Y. Malkiel)이 王士元이 변형생성어법의 틀로 어휘확산 현상을 분석한데 대해 비평한 것은 (王士元은 이 비평을 겸허히 받아들였다)[11] 마찬가지로 Labov에게도 그대로 적용된다고 할 수 있다.

세 번째, 자음의 발음 부위의 변화는 산발적인 것에 속하고 발음 방법의 변화는 청년어법학파식에 속한다는 등의 견해는 지나치게 절대화된 것으로, 실제 언어 현상은 그렇지가 않다. 예컨대 자음의 발음 부위의 변화가 반드시 산발적 음변화인 것은 아니며, Labov 본인이 인용한 통계 자료를 예를 들더라도, 일곱 가지 발음 부위의 변화 가운데에서 다섯 가지는 어휘적 조건이 없는 청년어법학파식의 음변화이고 두 가지만이 어휘적 조건이 있는 산발적 음변화이다. 그러므로 발음 부의의 변화에는 두 가지 음변화 방식이 모두 존재한다고 할 수 있다. 이를테면 祁縣방언의 경우, tʂ-)ts-는 산발적 변화이며, tɕ-)ts-(i가 ɿ로 차츰 바꾼다는 조건하에서)는 청년어법학파식의 변화이다.

이런 서로 다른 인식들 중에서 관건이 되는 것은 음변화의 단위에 대한 서로 다른 이해이다. 이것은 아마도 서로 다른 이론 배경과 언어 배경이 빚어낸 것일 것이다. 우리는 중국어의 재료에 근거하여 역사적으로 끊임없이 논쟁되어온 이 문제에 대해 구체적으로 고찰하였으며(§12, §13, §14), 아울러 논쟁의 안개 속에서 빠져나오기 위하여 이론적으로도 필요한 해석을 상세히 하였다. 음변화 단위와 음변화 층위를 다르게 구분하는 것은 매우 중요한 이론적 문제이며, 이 방면의 연구와 탐색은 아직 시작단계에 있다.

---

11 徐通鏘(1984b:208~209) 참조.

14.4 변이와 어음체계 구조 틀의 조정

14.4.1 언어에서의 각 층의 변이는 어음체계의 구조가 국부적으로 조정되도록 하는 기제와 경로이다. 각종 변이는 나름대로의 특징을 가지고 있지만, 모두 구조에 의해 조정되기 때문에 상호 간에는 어떻게든 연계를 맺게 된다. 조정된 구조의 틀과 무관한 변이는 어쩌면 몇몇 소수의 사람들의 언어에서 나타나거나, 또 좁은 범위 내에서 유행할 수도 있겠지만, 그것은 언어의 변천 추세와는 맞지 않기 때문에 시간의 추이나 사회 조건의 변화에 따라 점차 사라지게 될 것이다.

14.4.2 祁縣방언의 운모 체계의 변이 및 그것과 연계되는 계열적 음변화는 왜 고모음 i, u, y와 비음운미 -m, 마찰음운미 -β와 유관한 음류에 집중되어 있는가? 이것은 아마도 모음의 고모음화와 관련이 있는 듯하다. 文白異讀은 언어변화의 각기 다른 단계를 반영하며, 백독白讀은 본 방언의 土語를 대표한다(§16). 만약 祁縣방언의 백독음의 어음 형식을 중고 ≪切韻≫의 어음체계와 비교해 보면 모음 체계가 고모음화 과정을 한 번 거쳤음을 알 수 있다. 우선 아래 표의 어음현상을 비교해 보자.

어음 방언지역 / 예 조건	切韻[12]	祁縣 白讀	祁縣 文讀
耕 梗開二耕	-ɛŋ	-iɪ	-õ̃ũ
杏 梗開二庚	-ɑŋ	-iɪ	-iɔuɲ
鏡 梗開三庚	-iɑŋ	-i,(-ʅ)[13]	-iɔuɲ
晴 梗開三清	-iɛŋ	-i,i,(-ʅ)	-iɔuɲ
聽 梗開四青	-eŋ	-i,i,(-ʅ)	-iɔuɲ
蠅 曾開三蒸	-iəŋ	-i,i,(-ʅ)	-iɔuɲ
桑 宕開一唐	-ɑŋ	-a	-ã
香 宕開三陽	-iaŋ	-ia	-iã

예 \ 조건 \ 어음/방언지역	切韻[12]	祁縣 白讀	祁縣 文讀
講	江開二 江見系	-ɔŋ	-ia	-iã
荒	宕開一 唐合三陽	-uɑŋ, -iuɑŋ	-ᴜᵘ	-uã
窗	江開二 江知系	-ɔŋ	-ᴜᵘ	-uã

두 줄 '=' 위는 양성운에서의 '전설모음계열'의 변천을 반영한다. 현대 방언에 남아 있는 흔적들로 볼 때, 梗, 曾 두 攝은 먼저 비음운미를 잃음으로써 梗開二의 백독음은 假開三의 麻운 *-ia와 합류하고, 三等 글자는 관련된 韻攝(蟹開三, 四等과 일부 止攝 개구운)과 합류하여, 이후로는 각자 麻三과 蟹, 止攝의 관련 운류를 따라 함께 변화하였다. 즉, 麻三은 耕, 庚二과 함께 (*-ia)-iɪ, 麻三인 '寫'를 [ᶜɕiɪ], '爹'를 [ₗtiɪ] 등과 같이 읽는 것처럼) -iɪ로 고모음화하고, 庚三, 淸, 靑, 蒸과 蟹, 止攝의 관련 운류는 -i로 고모음화하였는데, 일부 사람들의 어음에서는 이 -i가 더 나아가 -ɿ로 변하였다. 이러한 불일치한 형식은 대체로 전설모음이 고모음화한 과정을 반영하는 것일 수 있다. 그러나 이것은 아직은 이론상의 추측일 뿐이고, 방언의 차이는 언어변화의 진행 과정을 반영하는 것이므로 만약 방언의 차이를 비교해보면 이런 추측을 뒷받침하는 직접적인 근거를 찾을 수 있을 것이다. 文水와 太谷은 각각 祁縣을 서쪽·동쪽으로 이웃하는 縣들이다. 70년 전 칼그렌은 ≪中國音韻學硏究≫에서 이 두 縣의 방언에 대해 조사한 적이 있다. 현대 文水語, 太谷語를 70년 전과 차이를 비교해 보고, 또 현대 文水, 祁縣, 太谷 방언 간의 차이를 비교해 보면 고모음화의 직접적인 궤적을 볼 수 있다. 비교해 보자('/' 앞은 문독 형식이므로 고려하지 않아도 됨).

....
12 李榮(1956)을 따름. 표에서 平은 上, 去를 포함한다.
13 대부분 사람들은 -i로 읽고, 일부의 사람들만 -ɿ로 읽는다.

조건 \ 예 (어/음, 방언지역)		文水		祁縣	太谷	
		《研究》	현대		《研究》	현대
刀/高	效開一	ɑu/ɯ	ɑɯ/ɯ	ɑɔ/ɔ^u	ɔ/o	ɑɯ/uo
宵喬/挑	效開三, 四	ieɯ/eɯ	i	iᵘ	ye	io
借 邪	假開三	ie	i	iɪ	ɜi	ie
批 地	蟹開三, 四止三	i	ɿ	i,(ɿ)	i	i

(표 중에 '宵', '借'류 글자는 知·照系를 포함하지 않고, '地'(止)류 글자는 精, 知·照系를 포함하지 않는다.)

공간적인 배열로 볼 때, 서쪽으로 갈수록 모음의 고모음화가 더욱 빨라진 것 같다. 동쪽의 太谷은 70년 동안 큰 변화가 없었지만,[14] 서쪽의 文水는 모음이 끌기식(drag) 혹은 밀기식(push) 추이를 이미 한 차례 겪었다. 즉, 蟹攝의 三, 四等과 止攝 글자의 -i가 -ɿ로 '전설모음화'하여 공란을 남겼고, 이로 인해 麻三의 -ie를 끌어 들여 -i로 고모음화하게 하였다. 效開三四의 宵, 蕭韻 글자는 70년 전에는 아직 운미 -ɯ를 가진 복모음이었으나, 후에 운미를 소실하고 麻三의 -ie와 합류한 다음 같이 고모음화하여 현대의 -i가 되었다. 祁縣의 모음이 고모음화하는 과정은 文水와 太谷의 중간 형태인데, -i가 일부 사람들에게서만 -ɿ로 읽힐 뿐 일반적으로는 아직 -i라는 옛 독음을 유지하고 있고, -iɪ도 -i로 고모음화할 가능성이 없다. 이것은 즉 麻三은 蟹, 止攝과 유관한 운류와는 늘 일정한 거리를 유지함으로써 음류의 대립을 유지하여, 음변화에서 음류끼리 상호 제약한다는 것을 보여주고 있다.

전설모음의 고모음화에 호응하여 후설모음도 이에 상응하는 변화를 일

---

14 太谷音은 楊述組의 ≪太谷方言志≫(≪語文研究≫ 증간3)을 따른 것이며, 아래도 동일하다. 칼그렌과 楊述組가 사용한 음표를 보면 어음은 고모음화된 듯 하나 실제로 차이는 크지 않다. ≪太谷方言志≫ 운모표의 설명은 아래와 같은 음가에 대해 이렇게 묘사하고 있다. [io]와 [uo]의 [o]는 혀의 위치가 비교적 닫혀 있고(關), 입술은 매우 둥글다(圓). [io]는 [ʨ]組 성모 뒤에서 약간의 [y]의 성분을 가진다. [ie][ye]의 [e]는 비교적 열려 있어(開), [ɛ]에 가깝다.

으켰다. 이것은 주로 宕, 效攝 글자의 백독음을 통해 반영되어 있다. 백독음의 어음 형식은 일반적으로 어음체계에서의 잔존 현상으로 글자의 수는 많지 않은 듯하다. 效攝 一等 豪韻의 백독음은 -Uᵘ로, 현재는 '高, 膏, 鰲, 蒿' 등 몇 글자에만 있고, 그 밖에 三等 宵韻의 '趙潮燒少饒繞' 등 知·照系 글자들도 -Uᵘ로 읽힌다. 三, 四等의 宵, 蕭韻의 '膘瓢苗調挑撩澆橋消腰…' 같은 글자들의 백독음은 -iUᵘ로 읽힌다. 이런 어음 형식이 적용되는 예들은 비교적 많은 편으로 ≪方言調査字表≫에서 宵, 蕭韻 글자의 약 40%를 차지한다. 宕攝 합구자의 백독음은 비음운미를 버린 후 豪韻 글자의 백독음과 합류하여 똑같이 -Uᵘ으로 읽히므로 光白＝高白이다. 백독음의 형식은 일반적으로 문독과 백독 사이의 경쟁에 따라 차츰 의사소통의 영역에서 밀려나 결국 소실되기에 이르렀다(§16.2.2). 백독의 형식은 변화의 과정에서 힘이 그리 강하지 않았다. 그러나 여기의 -Uᵘ와 -iUᵘ의 상황은 좀 특수한데, 이들은 어음체계 내에서 원래 개구운과 제치운에 속했으나 현재는 오히려 합구운과 촬구운으로 바뀌면서 관련된 합구운과 촬구운을 자리에서 밀어내고 그 자리를 차지함과 동시에 어음체계 내에서 갖는 지위를 공고히 하여, 백독음이 소실되는 일반적인 운명을 피했던 것이다.

果攝 글자의 祁縣(城關)방언에서의 독음은 개구자는 -ɣᵚ로 내부에 불일치 현상이 없는데, 합구 글자는 일부의 사람(주로 노년층)은 -uɣᵚ로 읽고,[15] 절대다수(주로 청장년층)의 사람들은 -Uᵘ로 읽는다. 예를 들어, '鍋'를 城關(閣)은 ₌kuɣᵚ로 읽고 다른 사람들은 ₌kUᵘ로 읽는다. 그러나 -uɣᵚ로 읽는 노인들 중에서도, 어떤 합구자들은 또한 -uɣᵚ/-Uᵘ의 두 가지 방식으로 읽는다. 이런 상황들은 -uɣᵚ운이 현재 확산의 방식으로 祁縣방언의 어음체계에서 물러나 -Uᵘ에 자리를 내어주고 있음을 말해준다. 청장년층의 사람에서는 이미 이런 변천의 과정이 완성되었다. 이것은 즉 -Uᵘ가 개구운에서 합구운으로 바뀌어 果攝의 개구운인 -ɣᵚ와 짝을 이루었다는 것을 의미한다.

---

15 1964년, 필자는 祁縣 東關 大賈村의 방언에 대해 조사하였는데 (발음하는 사람: 齊鳳英, 여, 17), 果攝 합구의 精系와 來母도 -uɣɯ로 발음하여 城關 노인들과 같았다.

-U^u운의 이러한 변화는 또한 어음체계 내부의 성, 운 결합 관계에서 더 구체적으로 증명된다. 唐, 江韻의 脣音 글자의 백독음 '綁棒忙(이하 '幫'類 글자로 약칭)'과 宵韻의 知·照系 글자의 백독음 '趙潮燒少饒繞(이하 '燒'類 글자로 약칭)'의 聲, 韻 결합 관계는 비교적 혼란스러운데, 대체로 아래와 같이 다른 형식이 있다.

幫_白 : pU^u, pɣ^ɯ
燒_白 : ʂU^u, ʂɣ^ɯ, sU^u, sɣ^ɯ

이런 불일치는 -U^u의 음운 지위가 개구에서 합구로 바뀐 것과 관련이 있다. 果攝 합구자가 -uɣ^ɯ로 읽히는 어음 체계에서는 p-, tʂ-의 두 組의 성모는 합구운과 결합할 수 없다. 즉, -U^u는 개구운이므로 당연히 p-, tʂ- 두 組의 성모와 결합할 수 있다. 그러나 -U^u의 음운 지위가 변화함에 따라 -U^u과 p-, tʂ 두 組 성모의 결합 관계에 모순이 생겨나면서 어쩔 수 없이 약간의 조정을 하게 된 것이다. '幫_白'類 글자의 p-가 합구인 -U^u와 결합할 수 없어, 상응하는 개구운 -ɣ^ɯ으로 바꿔 읽힘으로써, '幫_白'의 독음이 ₍pU^u에서 ₍pɣ^ɯ로 변하게 되었다. 이러한 변화는 城關 이외의 각 방언 지역(東觀, 古縣, 城趙, 來遠)에서는 이미 완성되었으며, 城關에서도 다수의 사람들에게서는 이미 이러한 변화를 하였다. '燒_白'類 글자의 독음의 차이는 비교적 큰 편으로, 그 원인을 살펴보면 복잡한 음류 교체의 현상과 관련이 있는 듯하다. '幫_白'類 글자는 운모의 교체와 연관이 있을 뿐이지만, '燒_白'類 글자는 운모의 교체 이외에도 성모가 tʂ에서 ts로 확산(§14.3.3)된 것과도 연관이 있다. 원래 tʂ에서 ts로의 확산 방향은 확고하게 정해진 것으로, 운모의 결합 관계와는 무관하다. 그러나 -U^u와 -ɣ^ɯ의 교체는 선택적인 것으로, -U^u가 본래 -ɣ^ɯ으로 향해 변화한다는 필연적인 추세는 없으나, 단지 -U^u가 개구운에서 합구운으로 바뀌어 tʂ-類 성모와 결합할 수 없기 때문에 tʂ- 뒤의 운모가 -ɣ^ɯ를 선택하도록 하였던 것이다. 이렇게, 성모의 확산이 먼저든 운모의 교체가 먼저든, 모두 '燒_白'類 글자의 어음 변이에 영향을 미쳤다.

1. ʂυᵁ 성모, 운모 모두 변화 없음.
2. ʂɤᵚ 운모는 이미 변화, 성모는 아직 변화 없음.
3. ʂυᵁ 성모는 이미 변화, 운모는 다시 변화할 필요 없음, 왜냐하면, ts-類
   성모는 합구운과 결합이 가능하므로.
4. ʂɤᵚ 성모, 운모 모두 이미 변화, 단 운모가 먼저 변한 듯함.

그러므로 -Uᵁ가 果攝의 합구운으로서 개구의 -ɤᵚ와 짝을 이루게 된 것,
-Uᵁ와 p-, tʂ- 두 조 성모와의 결합 관계가 달라진 것 모두 -Uᵁ의 음운 지위
에 이미 큰 변화가 일어나 개구운이 합구운으로 변하였음을 설명해준다.
이와 서로 호응하여, 아마도 -iUᵁ의 음운 지위 또한 같은 변화를 일으켜
제치에서 촬구로 바뀌어, 어음체계 내의 -yɪ운(果合三戈)과 경쟁이 일어났
던 것이다. -yɪ운의 글자는 많지 않아서, ≪方言調査字表≫에는 '靴, 瘸' 두
글자만 있을 뿐이며, -iUᵁ는 -yɪ 를 대체하는 추세에 있다. 남쪽 來遠방언
지역에서는 '靴, 瘸'의 운모는 이미 -iUᵁ로 읽혀 效攝 三, 四等의 宵, 蕭韻의
백독음과 합류하였다. 이것은 城關방언의 -iUᵁ가 음운 지위상 촬구운으로
변화해 가고 있는 대체적인 방향을 보여주고 있다고 할 수 있다.

모음이 고모음화하고 -Uᵁ, -iUᵁ의 음운 지위가 성질상 변화를 하였기 때
문에, 祁縣방언에서는, 고모음 -i, -u, -y의 음가에 매우 근접한 -iɪ, -Uᵁ,
-iUᵁ(-yɪ포함) 등이 잇달아 나타났으며, 이로 인해 밀기식의 음변화가 고모
음 계열에 변이를 촉진시켰던 것이다.

14.4.3 그렇다면 -m운미의 변이는 왜 나타났는가? 이것은 고모음화 현
상과 직간접적으로 관계가 있는 듯하다. -m운미는 臻, 曾, 梗, 通, 네 攝의
합구운으로부터 비롯되었다. 祁縣방언에서 어떤 韻攝의 개구와 합구, 제치
와 촬구는 음운 지위상 상호 전환되는 추세를 보이는 듯하다. 예컨대 앞에
서 말한 -Uᵁ는 개구로부터 합구로 전환하였고, -u가 -ᵊuβ로 변화한 것은
합구에서 개구로 전환한 것이고, -y가 -iuβ로 변화한 것은 촬구가 제치로

변한 것 등등이다. 臻, 曾, 梗, 通의 네 攝에도 이런 추세가 있는 듯한데, 합구 개음 -u-가 반고모음 앞에서 혀의 위치가 낮게 이완되어(아마도 -u가 -ᵊuβ로 변화한 것과 관련이 있는 듯함), 쌍순 작용이 운미에까지 미치게 되고, 또 운모의 비음화 성분과 결합하여, 새로운 운모 -um 혹은 -əm을 생겨나게 했다. -Uᵚ가 어음체계에서 원래 개구운에 속했던 것과 마찬가지로, 이 -um도 원래 개구운에 속했던 듯하다. 즉 臻, 曾, 梗, 通 네 攝의 합구운은 합구개음의 쌍순 작용의 추이와 새로운 운미인 -m을 만들어지는 과정을 거쳐 개구운으로 바뀌었다는 것이다. 어음체계에서의 변이는, 이런 전환이 현재 아직 진행 과정 중에 있으며, 이로부터 -m운미가 발생한 흔적을 볼 수 있음을 말해준다. 비교해보자.

예 어음 발음인	東	准	松	工	群	雲	文	穩
城關(閭)	tuᵚm	꜀tsuᵚm	꜀suᵚm	꜀kuᵚm	꜀tɕ'yuᵚm	꜀ɥyuᵚm	꜀ʔˀə͡um	ꜛˀᵊ͡um
城關(陳)	꜀tum	ꜛtsum	꜀sum	꜀kum	꜀tɕ⁴yum	꜀ɥⁱyum	꜀ʔˀ͡um	ꜛˀ͡um
城關(段)	꜀təm	ꜛtsəm	꜀səm	꜀kəm	꜀tɕˀⁱəm	꜀jiəm	꜀ʔˀ͡um	ꜛˀ͡um
城關(彭)	꜀tᵊm̩	ꜛtsᵊm̩	꜀sᵊm̩	꜀kᵊm̩	꜀tɕˀⁱm̩	꜀jiᵊm̩	꜀ʔᵊm̩	ꜛˀᵊm̩
城關(청소년)	꜀tᵊm̩	ꜛtsᵊm̩	꜀sᵊm̩	꜀kᵊm̩	꜀tɕˀⁱm̩	꜀jiᵊm̩	꜀ʔm̩	ꜛˀm̩

城關(閭)의 -m운미는 아직 형성 단계에 있는데, 이는 -ŋ운미가 아직 완전히 소실되지 않고 두 입술이 한데 합쳐져 -m운미를 발음하기 전에 여전히 -ŋ의 음색이 남아 있기 때문이다. 때로 말을 조금 느리게 하면 -ŋ운미가 비교적 뚜렷이 들리며, -m운미는 도리어 비교적 모호해진다.[16] 운미의 변이도 주요모음의 음색에 영향을 미치는데, -ŋ이 비교적 뚜렷하면 주요원음의 개구도는 낮아져 -o에 근접한다. 그러나 발음의 전체적 경향으로 보면, -m운미가 이미 주류를 차지하고 있고 -ŋ운미는 거의 소실되었으므로, 우리는 -Uᵚm으로 기재한다. 城關(陳)의 -m운미는 이미 완전히 형성되었으며,

....
16 77세의 何春仁은 발음이 城關(閭)과 같다. 그들은 노인들의 어음 상태를 대표하는 것 같다.

城關(彭)과 청소년에서는 이 -m운미가 한층 더 발전하여 聲化韻 -m̩이 되고, 원래의 주요모음은 과도음으로 물러났다. 비교해보면 청소년의 과도음은 더 급하고 더 짧으며 더 약해서, 실제로는 다만 성모에서 -m̩으로 가는 하나의 완충음일 뿐이다. 城關(段)의 어음은 -m운미에서 聲化韻 -m̩으로 전환하는 전형적인 현상을 보여준다. 모음의 음가가 확실하지 않은 듯 빨리 말할 때에는 모음 -ə가 과도음이 되고 -m̩이 두드러져 성화운이 되고, 천천히 말하거나 글자표의 글자를 읽을 때에는 모음이 때로는 -ə-, 때로는 -u-나 혹은 -o-로 되어, 중년층의 과도적인 특징을 반영하고 있다. 원래의 촬구운은 노년부터 청소년까지 이미 점차 제치운으로 전환되고 있다. 이것은 -y의 변화 추세와 일치한다(§14.2.5). 동일한 발음 제공자에게서도 -m운미의 강약은 성모의 조건과 관련이 있는 것으로 보인다. 전체적인 상황은, 영성모의 조건에서의 -m 혹은 -m̩이 가장 강하며, -m운미가 아직 형성 과정 중에 있는 城關(閻)도 이미 분명한 -m운미를 형성하고 있는데, 다만 발음 시 설근이 동시에 위로 들려서 -u-의 음색을 띤다. 따라서 우리는 이것을 ûm으로 표기하여 이 두 음이 동시에 발음됨을 나타내고자 한다.

공간적 차이도 시간적인 면에서의 -m운미의 형성과 변화를 잘 설명해 준다. 먼저 東觀, 古縣, 城關, 城趙 네 지역의 네 명의 노인들의 어음 차이를 비교해보자.

예 　어음　발음인	東觀(程)	古縣(范)	城關(閻)	城趙(楊)
官	₌kʊm	₌kuə̃	₌kuə̃ŋ	₌kuẽ
船	₌tsʼʊm~₌sʼuə̃ŋ	₌tsʼuə̃	₌tsʼuə̃ŋ	₌tsʼuẽ
東	₌tʊm	₌tʊm	₌tʊᵐm	₌tʊŋᵐ
准	₌tsʊm	₌tsʊm	₌tsʊᵐm	₌tsʊŋᵐ
工	₌kʊm	₌kʊm	₌kʊᵐm	₌kʊŋᵐ
文	₌ᵊ̃ûm	₌ᵊ̃ûm	₌ᵊ̃ûm	₌ᵊ̃ûm

'官', '船' 두 글자는 山攝 합구자인데, 東觀 한 지역에서만 -m운미로 읽는다. 네 방언 지역의 어음 차이를 비교해 보면, 동에서 서로 가면서 -m운미가 강에서 약으로 변하는데, 이로부터 -m형성의 몇 단계를 배열할 수 있다. 즉 城趙(楊)은 첫 번째 단계에 위치하며 城關(閻)이 그 다음, 古縣과 東觀은 이미 형성과정이 완성되었는데, 이것은 城關의 서로 다른 연령층의 어음 상황과 대체로 같다.

시간과 공간 두 측면의 어음 차이로 볼 때, -m운미의 발생은 시간상 오래되지는 않았으나 그것의 발전 속도는 매우 빨라서 상술한 각 지역 청소년의 어음에서 -m 음가가 이미 일치되는 경향을 보여 모두 성화운 -m̩으로 읽는다. 이는 아마도 어음체계 구조의 조정과 관련이 있는 듯한데, -u-가 어음체계에서 개구운의 지위를 잃었고(§14.4.2), 그로 인해 -um이 -əm을 거쳐 -ᵊm으로 전환하여 -u- 개구운 지위를 다시 회복하였기 때문이다. 이것은 발음 습관상 -u가 -ᵊuβ로 복모음화한 것과 일치한다(§9.3.4).

14.4.4 역사적 내원으로 보면, 臻, 曾, 梗, 通 네 攝의 합구 글자에 -m운미가 나타난 것은 祁縣방언의 어음체계 내의 비음운미 체계에 크게 영향을 끼쳐, 북방방언에서 일찍이 소실된 -m운미를 부활시켰다. 이 부활은 네 攝의 합구자와만 연관이 있기 때문에, 개구, 합구가 서로 짝을 이루는 운미 체계를 교란시켜, 개구의 비음화(예: 增[tsɔ̃]), 제치의 -ŋ운미(星[ɕiɔuŋ]), 합구와 촬구의 -m운미와 같이 서로 대응하지 않는 틀이 등장하였다. 어음의 구조는 체계성이 강한데, 이런 불평형, 비대칭, 부조합의 틀은 어음 구조의 체계성에 모순된다. 아마도 바로 이런 까닭으로 臻, 曾, 梗 세 攝의 개구운·제치운도 합구운·촬구운과 짝을 이루는 운미를 만들어냈을 것이다. 城關에서 臻, 曾, 梗 세 攝의 개구운, 제치운의 새로운 운미의 음색은 이미 어음의 변이로부터 그 실마리를 볼 수 있다. 비교해 보자.

예＼발음인＼어음	城關(閻)	城關(陳)	城關(段)	城關(彭)	城關(武)	城關(청소년)
蒸	$_c$tʂɔ̃ũ˺	$_c$tsɔ̃ũ˺	$_c$tʂɔ̃ũ^m	$_c$tsɔ̃ũ$^{(ɱ)}$	$_c$tsɔ̃ũ$^{(m)}$	$_c$tsɔ̃ũ^m
生	$_c$sɔ̃ũ˺	$_c$sɔ̃ũ˺	$_c$sɔ̃ũ^m	$_c$sɔ̃ũ$^{(ɱ)}$	$_c$sɔ̃ũ$^{(m)}$	$_c$sɔ̃ũ^m
緊	^{c}tɕiɔuŋ˺	^{c}tɕiɔuŋ˺	^{c}tɕiɔuŋ^m	^{c}tɕiɔuŋ$^{(ɱ)}$	^{c}tɕiɔuŋ˺	^{c}tɕiɔuŋ^m
硬	$_{cm}$ȵiɔuŋ˺	ȵiɔuŋ˺$_c$	ȵiɔuŋ$^{(m)}$˺$_c$	ȵiɔuŋ$^{(ɱ)}$˺$_c$	ȵiɔuŋ˺$_c$	$_{cm}$ȵiɔuŋ^m

城關(閻), 城關(陳)의 개구운에는 아직 아무런 비음운미가 보이지 않지
만, 청장년(段, 彭, 武)에는 -m운미의 음색이 나타나기 시작하며, 그 중 개
구운의 -m이 제치운의 -m보다는 좀 더 분명하다. 아주 분명하지는 않지만
이미 확실하게 나타나기 시작한 음색에 대해서는 괄호를 쳐서 구별을 도왔
다. 총괄적으로 말하면, 이 운미는 아직 형성의 초기 단계에 있다. 첫째,
음가가 아직 안정되지 못하여 城關(彭)은 순치비음(ɱ)으로 발음하나 대다
수 사람들은 쌍순비음으로 발음한다. 둘째, 운모의 주요 음색은 여전히 모
음의 비음화(개구) 혹은 -ŋ운미(제치)이다. 다만 발음의 말미에서 두 입술
이 다물어지면서 약간의 -m혹은 ɱ의 느낌을 지닐 뿐이다(이렇게 입술이
다물리는 것은 발음 마지막에 발음 기관이 복원하는 것과는 다른데, -ã운이
나 기타 운과 대조해 보면 이런 특징이 없다). 셋째, -m운미의 선명도는
발음의 속도와 관계있는 것으로 보이는데, 천천히 읽을 때는 모음의 비음화
나 -ŋ운미가 -m이나 -ɱ의 음색을 삼킬 수 있으나, 정상적인 대화나 강조
어기가 아닌 상태에서 단어표를 읽을 때에는 -m이나 -ɱ이 나타난다. 전체
적인 변화 추세로 보면, 청소년의 비음미 경향이 중년층보다 약간 강하나,
城關(段)의 어음은 조금 특수해서, 그의 -m운미의 음색은 비교적 분명하다.
이 -m 혹은 -ɱ은 현재 운미의 자격으로서는 불충분하기는 하지만 어음체
계 구조에서나 어음의 변화 경향으로 본다면, 우리가 연구하는 것은 바로
현재 진행 중에 있는 음변화로, 이로부터 변이와 구조의 관계를 고찰하기
때문에 이것을 형성 중에 있는 운미로 볼 수 있다.

여기서 말하는 開, 齊, 合, 撮은 전통적인 개념이다. 현실적인 어음 구조로 볼 때, 원래 臻, 曾, 梗, 通 네 攝의 합구운은 이미 개구운으로 전환하였으며, 촬구운은 이미 제치운으로 전환하였으므로(§4.4.3) 개, 제, 합, 촬의 전통적인 틀은 조정이 될 것이며, 그 특징은 개구와 합구의 음운지위가 호환되고, 제치와 촬구의 음운 지위가 호환되어, 다음과 같이 형성될 것이다.

개구	제치	합구	촬구
工	軍	跟	精
$_c$k^{ə}m	$_c$tɕi^{ə}m	$_c$kɔ̃ũ^m	$_{m}$tɕiɔŋ^m$_c$

이 '합구'와 '촬구'는 억지로 밀려간 것으로 앞으로 어떻게 변화할지는 두고 볼 일이지만, 예측하는 것이 불가능한 것도 아닌 것이다. 실제로 현대 北京語에 유사한 어음 구조가 있다.[17]

개구	제치	합구	촬구
鞎	精	公	炯
$_c$əŋ	$_c$tɕiŋ	$_c$koŋ	$_c$tɕioŋ

14.4.5 山西 祁縣방언의 어음체계는 각 층차의 변이를 거쳐 어음체계의 구조에 한차례 큰 조정이 나타나게 될 것이다. 이런 조정의 주요한 추세는 tʂ-류 성모가 ts-로 바뀌고, tɕ-류 성모가 -i>-ı라는 조건 하에서 ts-로 변하며, -i, -u, -y가 각각 -ı, -^{ə}uβ, -iuβ로 전환되어, 현재의 -iI, -U^u, -iU^{u}나 -yI가 장차 -i, -u, -y가 남긴 공란을 메울 것이다. 臻, 曾, 梗, 通 네 攝에 새로운 운미 -m이 생기고, 어떤 운류들의 개와 합, 제와 촬의 음운 지위가 곧 상호 전환될 것이라는 것 등이다. 어음체계의 이런 조정은 현재로서는 아직 조

---

17 역주北京語에서 실현되는 어음구조는 아래와 같지만 음운지위는 여전히 開齊合撮로써 대응된다.

정 과정 중에 있으며 만약 다른 음변화를 일으킬 수 있는 힘의 간섭이 없다면, 이런 조정의 추세는 곧 현실이 될 것이다.

14.5 어음체계 내부의 변이와 언어의 공간적 차이간의 내재적 연계

14.5.1 앞에서 고찰한 바로부터 우리는 어음 체계가 그 내부 구조의 특징에 따라 각기 다른 층위로 나뉘는 것을 보았다. 안정층은 언어의 공시체계가 안정을 유지할 수 있게 하는 기초이며, 방언 내부의 일치성을 유지하게 하는 핵심이다. 각각의 변이층은 나름대로의 특징을 갖고 있어서 변이층으로부터 서로 다른 활동 규칙을 찾을 수 있다. 그러므로 어음 체계(더 나아가 전체 언어체계)는 靜中動의 상태라 할 수 있다. 거시적인 각도에서 보면 의사소통에 있어서의 언어는 '정'적이며 변하지 않고 안정적이지만, 미시적인 각도에서 보면, 의사소통에서 언어는 또한 '동'적이며 끊임없이 변화를 일으키고 있는 것이다. 체계 내에서 '동'적이며 변이하는 부분은 끊임없이 언어체계의 구조를 개진하며 체계의 구조적 틀을 조정하나, 일단 새로운 틀이 형성되면 변이 부분은 그것의 변이 과정을 끝내고 체계 내의 안정층으로 들어가게 된다. 그러므로 살아 있는, 즉 현재 변이를 일으키고 있는 언어 현상을 고찰하여 그로부터 변이의 방식 및 그것이 구현하는 언어변화의 실마리, 특징과 원인을 정리해 낸다면, 미시적 연구로부터 거시적 특징을 찾아낼 수 있다. 이 장에서 토론하는 것은 어음체계 구조의 미시적 분석일 뿐 아니라 이런 분석을 통해 앞의 각 장에서 토론한 문제들에 대한 이론적 총결인 것이다.

14.5.2 어음체계 내에서의 변이와 언어의 공간적 차이는 긴밀하게 연계되어 있다. 앞에서 말한 바와 같이 변이는 성별, 연령, 직업, 계급, 문화 수준 등의 사회적 요소와 관계가 있다. 실제로 이러한 사회 요소 또한 일종의 공간으로 지역적 공간이 아닌 사회 구조의 공간이다. 언어의 변이는

이 두 종류의 공간을 연결한다. 언어 사회 집단에서 하나의 음변화는 늘 일부 사람들로부터 시작되고 그리고 나서는 질서 있게 다른 사람들과 다음 세대로 확산되어 가면서 체계 내부의 변이가 나타나는 한편, 또한 기타 방언으로 질서 있게 확산되어가면서 언어의 지역적 차이가 나타나게 된다. 이 때문에 체계 내부의 변이와 지역적으로 나타나는 언어의 차이는 놀랄 정도로 일치한다. 앞의 몇 개의 절에서 분석한 내용은 모두 이런 일치성을 구체적으로 보여주고 있다. 언어의 사회적 공간에서의 변이이든 지역적 공간에서의 차이이든 간에, 같은 원류에서 나온 각각의 변이 형식은 하나의 계열로 배열할 수 있으며, 이것은 언어의 시간적 변화 순서를 나타낸다고 할 수 있다. 예를 들어, $y^{(u)}$로부터 y^u, $i^y u$, $i^y u$, iu를 거쳐 $iu\beta$에 다다르는 것은 바로 앞뒤가 서로 연결되는 음변화 과정의 순서를 나타낸다. 즉 하나의 변이 형식은 하나의 확산파 물결을 형성하여 앞뒤가 상호 연결되면서 차츰 넓게 퍼져 나간다. 그러므로 언어의 공간(사회적, 지역적)적 변이는 유형적이지만, 언어의 시간적 변화 서열은 무형의 것으로 공간적 변이 혹은 차이 안에 포함되어 있다. 다시 말하면 공간적 변이 혹은 차이는 시간적 변화를 내포하고 있어서, 우리는 공간적 변이 혹은 차이를 통해서만 시간적 변화를 찾을 수 있다고 할 수 있다.

언어의 시간적 변화라고 하면 사람들은 자연스레 먼저 서로 다른 연령층의 언어 차이를 떠올리면서, 노인의 언어가 젊은이의 언어보다는 보수적이며 변천의 초기 형식을 대표한다고 생각한다. 전체적으로 보면 이런 견해도 일리가 있기는 하지만 절대적이라고 볼 수는 없다. 그것은 주민 중 어떤 사람들이 확산파의 영향을 먼저 받는가와 관련하여서는 연령이 유일하고도 절대적인 요소가 아니고, 사회 환경, 문화 수준, 가정의 전통, 계급, 계층, 성별 차이 등의 기타 요소들 모두가 중요하게 작용하기 때문이다. 심지어 때로는 연령이외의 요소가 연령 요소보다도 더 중요하게 작용하기도 한다. 그러므로 어떠한 특수한 상황에서 노인과 젊은이의 어음차이가 반드시 언어변화의 선후를 반영한다고는 할 수 없다. 우리가 접촉한 실험인 중에서 가장 전형적인 예는 城趙(楊)과 城趙(藝) 부녀 두 사람의 -i, -ꞁ의 분합문제였다. '鷄', '資' 두 부류의 글자에 대해서 城趙(藝)의 어음은 같아서 운모를 모두 -ꞁ로 발음하였지만, 城趙(楊)은 앞에서 언급했던 城關(段), 城關(武)와 마찬가지로, 확산의 방식으로써 이미 합류한 tsꞁ로부터 다시 tɕi로 분화되어 나오는 추세를 보였고, '資'類의 글자는 tsꞁ로 읽어서 불일치 현상은 없었지만, '鷄'類의 글자를 城趙(楊)는 대체로 반 정도만 tsꞁ로 읽고, 나머지 반은 이미 tɕi로 읽었다. 즉 두 가지 독음이 나타나고 있는데, 개별자(妻, 祁, 器 등)는 이미 tɕ'i類의 음으로만 읽었다. 부녀 두 사람 중 딸 쪽의 어음이 현지의 비교적 이른 시기의 방음을 대표하는 반면, 아버지에게서는 새로운 독음이 비교적 많이 나타났는데, 이것은 아마도 그들의 생활 경험과 유관한 듯하다. 城趙(藝)는 고향을 떠나 본 적이 없으며 생활권이 비교적 좁아 그녀의 언어 상태는 모친의 영향을 크게 받았다. 반면, 城趙(楊)는 젊은 시절 외지에서 일했던 경험이 있으며 귀향 후에도 사회 활동의 폭이 넓고 빈번한 편이었으므로, 확산의 방식으로 표준어에 접근해 가는 이런 음변화에서는 딸보다 새로운 조류에 더욱 접근하고 있었다. 이런 현상은 어디에나 있다. 上海語는 新派와 老派로 나뉘어서 "때로는 나이가 비교적 어린 사람이 노파의 특징을 많이 갖고 있는 편이고, 나이가 많은 사람이 도리어 신파의 특징을 더 많이 갖고 있다. 이것은 각 개인의 생활환경, 문화 수준, 직업, 경력등과 모두 유관하다."[18] 그러므로 연령만을 기준으로 하여 언어의 시간적 차이를 고찰하는 것은 불충분하며 기타 각종 제약 요소를 고려해야만 한다.

사회 구조의 공간과 서로 연계되는 변이는 현재 진행 중에 있는 음변화의 구체적 구현이어서 변이의 확산파를 통해 언어가 하나씩 고리를 지어가는 사슬식으로 변화하는 과정을 볼 수 있다. 공간적 차이가 나타내는 언어의 변화 상황도 대체로 이와 같다. 음변화의 중심으로부터 나오는 확산파

---

18 沈同(1981:275) 참조.

는 지역적으로 차츰 흩어져 거리가 멀어질수록 확산파의 힘도 약해지며 중심점과의 차이도 더욱 커지게 된다. 그렇지만 일반적 상황에 비추어 말하면, 경제가 발전할수록 그리고 문화가 발달할수록 확산파의 힘 또한 더욱 커지며, 확산 지역도 더욱 넓어진다. 그러나 그 힘이 얼마나 크건 간에 확산파에는 항상 끝이 있다. 시간의 추이에 따라 음변화가 자신의 전 과정을 완성하였다면 확산파의 물결(변이 혹은 차이 형식)은 하나씩 사라지며, 확산파를 형성한 사회적 요소도 음변화의 역사의 무대로 물러난다. 이렇게 해서 언어집단 내의 언어 변이도 사라지고 지역적 차이도 균등하게 되어서, 원래 변이의 확산파로부터 영향을 받던 사슬도 끊어지고 공간적 차이가 반영하는 시간적 변화도 알아볼 수 없게 된다. 다시 말해 시간적 사슬도 끊어지면 언어변화에서의 공간과 시간의 일치성을 알아볼 수 없게 되어, 이로부터 얼마간의 심각한 논쟁을 낳게 된다.

14.5.3 역사언어학에는 두 가지 음변화 이론의 모형이 있는데, 한 가지는 청년어법학파의 음변화 규칙에 대한 이론으로, 언어의 시간적 변화에서 착안한 것이다. 다른 하나는 파동설(wave theory)과 방언지리학의 확산이론으로 언어의 공간적 확산에 착안한 것이다. 이 두 가지 이론은 장기간 상호 대립하는 이론 모델로 여겨져 왔지만, 사실상 그것들은 각기 다른 각도에서 언어의 변화를 연구한 데에서 비롯된 것일 뿐이다. 이 두 가지 이론이 대면한 것은 모두 역사적으로 이미 완성된 음변화로, 이미 공간과 시간적 연결 고리가 끊어진 것이다. 청년어법학파가 고찰하는 것은 중간이 이미 끊어진 시간 사슬의 양끝이었다. 즉 한 쪽은 이미 음변화의 과정이 완성되었으나, 다른 한 쪽은 확산파의 영향을 아직 받지 않아서 원래의 상태를 여전히 유지하고 있다가, 만약 다른 한 쪽이 이미 또 다른 방식으로 변천하였다면, 두 개의 방언이나 친족어 사이의 어음 대응 관계를 근거로 하여 확산파의 시작지점—원시 형식(prototype)—을 재건한 후, 다시 언어의 변화를 토론하여 음변화의 규칙을 찾아낸다. 반면 확산이론이 연구하는 것은

공간적 사슬의 양끝에서의 확산파로, 한 쪽은 중심 지역의 언어 상태이며 다른 쪽은 주변 지역의 언어 상태인데, 두 끝을 잇는 확산파가 이미 소실되었기 때문에 두 끝의 차이를 쉽게 알 수 있다. 중심 지역에서는 음변화 과정이 완성되었지만, 주변 지역에서는 갖가지 원인(예를 들어, 방언간의 상호 영향 등)으로 중심 지역과의 연계에서 이탈하여 음변화 과정이 완성되지 않았거나, 혹은 음변화 과정이 기타 다른 확산파의 간섭을 받아, 언어에 중단된 음변화를 남김으로써 갖가지 예외와 불규칙적인 혼잡 현상을 드러낸다. 확산이론이 중점을 두어 연구하는 것은 확산파의 주변 지역으로, 청년어법학파가 간과했던 몇몇 언어 특징을 강조한다. 두 가지 이론은 연구하는 치중점에 차이가 있고, 음변화 중의 공간과 시간적 연계체가 단절되었기 때문에, 두 가지 대립되는 이론적 모형으로 간주되었다. 현대 언어학은 이미 이 두 가지 상호 '대립'하는 이론에 상호 보완적인 면이 더 많다는 사실은 발견하였지만, 구체적인 분석은 아직 부족한 편이다. 언어의 변이에 대한 연구가 이 방면의 부족한 점을 보충해 줄 수 있으며, 진행 중에 있는 음변화의 공간, 시간적 연계를 통해 역사적으로 이미 완성된 음변화의 공간적, 시간적 연계를 투시할 수 있다. 다시 말하면, 미시적인 연구로 거시적인 원리와 원칙을 투시하여, 서로 다른 시간과 서로 다른 지역에서의 음변화의 규칙 및 각종 특징을 탐구한다. 이렇게 한다면, 음변화가 진행하는 과정에서 나타내는 변이성과 이미 완성된 음변화의 규칙성, 언어의 지역적 차이 및 시간상에서의 변화, 주변 지역의 음변화의 혼잡성과 중심 지역의 가지런한 규칙성 등을 종합적으로 살피고 공간, 시간적 연계를 재건함으로써 언어의 공간적 차이로부터 언어변화의 시간상의 서열을 탐색하는데 방법론적 근거를 제공할 수 있다.

15

언어의 변이(하): 어법의 침투와 예외적 음변화

15.1 어음 변화 중의 어법 요소

15.1.1 언어는 여러 층위로 구분될 수 있는 구조이다. 각 구조의 층위는 모두 변이를 통해서 자체의 구조의 틀을 조정할 수 있지만, 동시에 다른 구조의 층위에 침투하여, 그 층위의 구조의 구성에 영향을 끼칠 수도 있다. 서로 다른 층위 간의 이런 침투는 언어에서 불규칙 현상을 조성하는 하나의 중요 원인이다.

15.1.2 청년어법학파는 음변화는 일종의 순수한 어음만의 과정이라고 생각한다(§6.4). 블룸필드(1980:452~453)는 또한 한 걸음 나아가 이 이론에 대해, 언어 구조의 각도로부터 더욱 이론 색채가 강한 해석을 하여, "언어가 두 가지 습관 층위로 구성되어 있다는 전제를 받아들인다면, 하나는 음소 층위이고 …, 다른 하나는 형식-의미의 습관 층위를 포함한다. … 이러한 습관이 언어의 어법과 어휘를 구성한다"고 생각했다. 블룸필드는 또 나아가서 가수와 외국어학습자를 예로 삼아 두 층위로 구분하는 것의 합리성을 설명하였는데, 가수는 "프랑스 샹송을 부르는 것을 배우면 발음을 정확하게 해내며, 혹은 프랑스어를 이해하지 못하는 배우도 프랑스인이 영어를

이야기하는 것을 모방할 수 있으나", 외국어 학습자의 상황은 정반대로서, "비록 이 언어의 발음습관을 획득하지 못했다 할지라도 의미를 지니고 있는 어휘를 말할 수 있으며, 프랑스어와 영어를 하는 일부 사람들도 이와 같아서 그들은 서로 상대방의 언어로 자유롭게 이야기할 수 있으나", "발음은 도리어 엉망진창이다"라고 여겼다. 즉, 어음의 층위은 독립적이기에, 어휘와 어법의 습관은 그에 대해 영향을 끼치지 않는다는 것이다. 이런 이론을 음변화의 연구에 응용하는 것은, 음변화가 일종의 "순수히 어음만의 과정으로서, 음변화는 언제 어디서나 혹은 엄격히 제한된 어음조건의 제약 하에서 음소나 동일한 유형의 몇몇 음소에 영향을 미치며, 따라서 이 음소를 포함하는 형태의 의미 특징 때문에 촉진되거나 저지되지 않는다"고 생각하는 것이다. 과거 어음연구가 발전한 기본적인 틀은 바로 이런 이론의 기초 위에서 이루어진 것이다.

음변화를 일종의 순수한 어음의 과정이라고 말하는 것은 합리성을 가지는데, 그것은 어음의 구조는 확실히 하나의 독립적 층위를 구성할 수 있기 때문이다. 우리가 앞의 몇 장에서 연구한 계열적 음변화, 산발적 음변화는 모두 어음 층위의 음변화이다. 그러나 결코 이런 합리성을 절대화하여, 어음과 어법사이에는 조금도 관계가 없으므로 어법요소로부터 완전히 벗어나서 순수하게 어음을 연구할 수 있다고 생각하면 절대 안 된다. 사피어 (1985:166)는 일찍이 이 같은 경고를 한 적이 있다. "언어학자는 모두 어음이 변화할 때 항상 형태론적으로 새로운 조정을 일으킨다는 것을 알고 있으나, 그들은 자주 형태는 어음 역사의 전개과정에서 매우 적게, 혹은 전혀 역할을 하지 않는다고 가정하곤 한다. 나는 지금의 추세와 같이 어음과 어법을 고립시켜서 서로 상관하지 않는 어음학 영역으로 간주하는 것이 불행한 사건이라고 생각한다. 어음과 어법의 사이와 그것들 각자의 역사 사이에는 기본적인 관계가 있을 수 있으며, 다만 현재 충분히 파악해내지 못한 것일 뿐이다." 어음에 대한 연구가 발전함에 따라 이러한 연계에 대하여 점점 이해하게 되었고, 이에 따라 청년어법학파와 블룸필드의 음변화이론이 가지고 있는 몇몇 한계를 분명하게 인식하게 되었다.

15.1.3 어음 중의 일부 현상과 어법 요소는 긴밀한 연관이 있기 때문에 언어를 구성하는 두 가지 층위를 기계적으로 확연히 나눌 수는 없다. 중국어의 방언을 예로 들어본다면, 連讀變調(tone sandhi)는 분명히 순수한 어음의 과정인 것 같으나, 실제의 언어 현상은 그렇지가 않다. 똑같은 형태소가 같은 순서로 결합하더라도 그 변조의 방식은 그 어법 구조에 따라 다르기 때문에 방언마다 서로 다른 형태의 변조현상이 나타난다. 이는 연독변조)가 순수한 어음의 과정이 아닐 수 있다는 것을 설명해준다. 예를 들면, 山西 平遙방언의 연독변조는 어법의 구조패턴과 밀접한 관계가 있어, 대체로 세 종류의 유형으로 나눌 수 있다.[1]

A.	述賓式	開車	$k'æ^{13}$ $tʂ'ιE^{13}$	
	主謂式	跌高	xu^{13} $kɔ^{13}$	腳面高
B.	偏正式	開車	$k'æ^{13}_{31}$ $tʂ'ιE^{13}_{35}$	옛날 木輪車
	並列式	裝穿	$tsuə^{13}_{31}$ $ts'uaŋ^{13}_{35}$	시신을 단장하다
	謂補式	開開	$k'æ^{13}_{31}$ $k'æ^{13}_{35}$	打得開 : 門~咾
	名疊式	開開	$k'æ^{13}_{31}$ $k'æ^{13}_{35}$	主意 : 謀下~啦
	名兒式	開兒	$k'æ^{13}_{31}$ $zʌ^{13}_{?35}$	主意 : 謀下~啦
C.	動疊式	開開	$k'æ^{13}_{35}$ $k'æ^{13}_{31}$	開一開 : ~大門

예로 든 글자의 본래 성조는 모두 '평성＋평성'이지만, 어법구조의 차이에 따라 세 종류로 나뉜다. A류의 특징은 앞뒤 글자 모두 성조의 변화가 없는 것이다. B류의 특징은 앞의 글자는 13의 低升調로부터 31의 低降調로

---

1 侯精一(1980). 平遙방언의 5개의 單字調는 平聲:13, 上聲:53, 去聲:35, 陰入:ʔ23, 陽入:ʔ54 이다.

변하며, 뒤의 글자는 低降調로부터 35의 高升調로 변하는 것이다. C류의 특징은 앞의 글자는 低降調로부터 高升調로 변하고, 뒤의 글자는 低降調로 변하는 것이다. 일부 단어의 구성 요소(형태소)와 그 배열순서는 똑같다, 그러나 어법구조가 다르기 때문에 서로 다른 변조가 생겼다. 이것은 어음의 변화는 어법적 요소를 포함하고 있을 수 있음을 설명해주며, 혹은 어법의 구조가 어음의 구조적 층위를 침투할 수 있음을 말한다.

'兒化'는 중국어에서 일종의 특수한 조어 현상으로, 그것이 종속되어 있는 어근의 성모, 운모, 성조의 변화에 영향을 미칠 수 있다. 현대 중국어의 성모에는 복자음이 없다. 그러나 일부 방언에서는 兒化가 성모의 단자음을 복자음으로 변화시켜, 이상한 유형의 성모를 출현시켰다. 山西 平定방언의 兒化는 '兒[l]을 (음가는 ㄹ이다) 성모와 운모 사이에 삽입한다. 예를 들어 보자.

豆兒	tʏuˀ + l → tlʏuˀ
跑堂兒(的)	ˎpʼ ˎcɑŋ + l → ˎpʼ ˎtʼlɑŋ
棗兒	ˎtsɒɔ + l → ˎcɑtsl
牌兒	ˎpʼæ + l → ˎpʼl͡e²
坑兒	ˎkʼʏŋ + l → ˎkʼlʏŋ
尖兒	ˎtɕiæ + l → ˎtsle(성모가 tɕ-에서 ts-로 변함, 이하 같음)
球兒	ˎtɕʼiʏu + l → ˎtsʼlʏu
杏兒	ɕiʏŋˀ + l → slʏŋˀ
豆芽兒	tʏuˀ ˎia + l → tʏuˀ zlA(聲母z-증가)
魚兒	ˎy + l → ˎzlu

중국어에서는 하나의 형태소는 기본적으로 단음절이며, 소수의 형태소만이 여러 개의 음절로 구성된다. 형태소 '兒'자의 음은 平定방언에서는 하

2 연음부호 '⌢'는 두개의 음소의 발음이 시간상으로 함께 융합이 된다는 것을 나타내는 것으로, 즉 성모를 발음할 때 이미 혀가 말리기 시작한다는 것을 뜻한다.

나의 성모화된 운모, 즉 聲化韻母로, 스스로 하나의 음절을 이룬다. 兒化란 원래 하나의 형태소인 '兒'이 다른 형태소의 접미사로 쓰여, 형태소의 기능을 읽고 앞 음절의 구조에 비집고 들어가 원래의 두 음절을 단음절로 변하게 하는 것이다. 그런데 平定방언에서와 같이 '兒'를 성모와·운모의 사이에 삽입하면 그것이 자연스럽게 하나의 접요사(infix)가 되어, 어음상에 있어서 '兒'자와 성모와의 관계가 더욱 밀접해진다. 예를 들면 tɕ, tɕ', ɕ가 ts, ts', s로 변화하는 것, 영성모가 兒化하면 새로운 유형의 성모 z를 만들어내는 것, 다른 방언에서 성모 ts, ts', s를 tʂ, tʂ', ʂ로 변화시키는 것[3] 등등을 보면 명확해진다. 이로 인해 이런 접요사 '兒'[l]은 자연스럽게 성모의 일부분이 된다. 이렇게 tl- 같은 종류의 음은 분명히 복자음인데, 이로부터 조어상의 어법현상이 어음의 구조로 스며들어 어음층위가 순수한 어음의 구조가 아닐 수도 있음을 설명해준다.

15.1.4 어법과 어음의 이러한 연계는 어음의 변천에 영향을 끼쳐, 음변화 가운데 각종 예외가 나타나게 한다. 이 사실은 음변화 중의 예외 현상을 분석할 때 그 이면에 숨어있는 규칙을 명시함으로써 그것에 대한 이론적인 해석을 하도록 하는데 도움을 준다.

15.2 특수한 예외와 그것의 원시 형식의 추측

15.2.1 언어를 연구할 때 늘 음운규칙에 어긋나서 그 내력을 밝히기 힘든 일부 잔존 현상을 마주칠 때가 있다. 이러한 현상은 해석하기는 어렵지만 이론상으론 도리어 중요한 의미를 가지는 문제가 되기도 한다. 예를 들어, 寧波방언의 '鴨'자에는 aˀ 와 ε 두개의 독음이 있다.[4] '鴨'은 중고 咸攝

---

3 山西 平定방언 종류에서의 兒化는 아직 山東 濟寧의 金鄕語에 남아있다.
4 '鴨'을 ε로 읽을 때의 성조는 ≪鄞縣通志≫, p.2892에 따르면 '唵' 평성으로 발음한다고 하고, 趙元任(1956)은 상성으로 발음한다고 하며, 필자가 조사 중인 것에 따르면 듣기에 44의 값으로 발음하는 것으로 나타났다. 이러한 종류의 일치하지 않은 정형은 寧波語의

狎韻의 글자로서 a²로 읽는 것은 음변화 규칙과 일치한다. 그러나 '鴨'을 ε로 읽는 것은 사람들로 하여금 난해하게 하지만, 그것이 계열적 음변화의 예외라고 말할 수 있는 근거는 어디에도 없다. 왜냐하면 같은 조건하에 있는 입성자(예를 들면 '甲押壓' 등)에서는 결코 유사한 변화가 발생하지 않았기 때문이다. 또 그것이 산발적 음변화의 예외라고 볼 수 있는 어떠한 이유도 없다. 왜냐하면 寧波語의 입성운에는 舒聲韻[5]을 향해 변천해 가는 산발적 변화가 발생하지 않았고, 더욱이 중단된 변화는 없었으며(§12.5) 게다가 어음체계 내에서 산발적 음변화의 규칙과는 다른 예외로 남아있기 때문이다. 그렇다면, 일종의 중첩적 변이(§16)인가? 즉, 그것은 일종의 잔존하는 文白異讀 현상인 것인가? 그렇게도 보이는데, 寧波사람들도 이렇게 생각하고 있다. 그들은 '鴨'의 口語형식은 ε로 읽기 때문에 a² 와 ε는 '鴨'의 文白異讀 현상이라고 생각한다. 趙元任(1956:55)도 '鴨白 : E上'이라 하였다. 요컨대, 매우 긴 기간 동안, 전문가로부터 일반 사람들까지 모두 ε을 '鴨'의 백독형식이라고 생각했다. 그러나 만약 '鴨'을 ε음으로 읽는 몇몇 특징을 세밀하게 분석하고 아울러 기타 방언에 존재하는 어음 표현과 비교해 본다면, 그것이 文白異讀의 성질(§16.1)과는 현저한 차이가 있다는 것을 쉽게 발견할 수 있을 것이다. 또한 '鴨'을 ε로 읽는 것은 어음체계 내에서 보아도 특이한 것이 아니어서, 이와 유사한 형식을 갖는 다른 운류도 많다. 다음을 보고 비교해 보도록 하자(문장을 쓰기 편하게 하기 위해, 우리들은 위에서 상술한 '문독'형식을 '本音'으로 부르고, '백독'형식을 '變音'이라고 부르겠다).

성조가 간화된 과정과 관계가 있다. (§12.4.2) '鴨' 이 ε⁴⁴로 읽힐 때는 또한 연속변조와 관계가 있을 수 있는데 왜냐하면 寧波語의 평, 상, 거성 무성음 성모인 글자는 연독변조를 하는 글자의 뒤에 올 때 대개 44나 33의 평조로 읽히기 때문이다. '鴨[ε]類의 글자는 원래 복합어의 앞글자로 쓰이는 경우가 없는데, 이로 인해 이러한 종류의 음치가 나타날 가능성은 비교적 큰 편이다. 이러한 복잡한 정형 때문에 아래의 문장에 성조를 표기하지 않았다.
5　역주 平·上·去聲. 즉, 非入聲韻을 가리킴.

예	韻類	本音	變音	變音으로 읽히는 단어의 예
鴨	狎	aˀ	ɛ	水~, 野~
猫	肴	mɔ	mɛ	小~, 一隻~
帕	禡, 陌[6]	(p'aˀ)	p'ɛ	絹~
牌	佳	ba	bɛ	紙糊~, 撲克~

서로 다른 음류가 동일한 '백독'형식(운모는 모두 ɛ이고, 성조도 모두 44의 평조인)을 가지고 있는 예는 방언에서는 찾을 수 없다. 만약 ɛ를 '鴨'의 백독형식이라고 한다면, mɛ, p'ɛ, bɛ도 '猫', '帕', '牌'의 백독이라고 인정해야 하는데, 그렇게 되면 이렇게 많은 운류가 원래 한 종류에 속하였다는 것으로, 분명히 이것은 언어 사실과는 서로 모순된다. 그러므로 ɛ를 '鴨'의 백독형식으로 간주할 수 없고, 그것을 중첩적 음변화(§16)의 예외로도 간주할 수 없다.

위에서 얘기한 분석을 근거로 보면, '鴨'을 ɛ로 읽는 어음형식은 계열적 음변화의 예외가 아니며, 산발적 음변화의 예외도 아니며, 중첩적 음변화의 예외는 더더욱 아니다. 그것은 일종의 앞의 세 가지와는 다른 예외이며, 반드시 달리 방도를 찾아 '鴨'을 ɛ로 읽는 음의 원인을 해석해야 한다.

15.2.2 서로 다른 음류가 동일한 어음표현 형식을 갖는 것은 언어변화의 관점에서 보면 매우 이상한 현상이며, 어음의 변화 과정 중에 어음의 구조 층위보다 상위의 어떠한 구조 규칙을 내포하고 있음을 설명해준다. 이런 규칙에 대해서 말하자면, 음류는 다만 일종의 개별적 사실로, 마치 단어가 어법 규칙에 있어서는 개별적 사실인 것과도 같다. 서로 다른 음류는 이런

....

6 '帕'에는 두가지 反切이 있다. 普駕切은 禡韻인데, 음변화의 규칙에 따르면 寧波語에서는 응당 [p'o]라고 읽어야 한다. 또 다른 하나는 莫白切로 陌韻이다. 음변화의 규칙에 따르면 寧波語에서는 응당 [p'aˀ]라고 읽어야 한다. 현대 寧波방언의 '陌'자는 단독으로 읽힐 때에 단지 뒤에 나온 하나의 독음밖엔 없다. '陌'의 [p'ɛ]음은 의미상 분명 禡韻의 '陌'에서 온 것이다.

일반 규칙의 지배를 받아야 비로소 서로 다른 운류의 음가에 똑같은 변화가 발생하도록 할 수 있다. 하지만 이런 규칙이 현재는 이미 소실되어 말을 하는 사람의 의식 중에 이미 존재하지 않는 듯하지만, 여전히 일상 회화 중에 잔존해 있는 흔적이 조금은 남아있다. 따라서 이런 잔존해 있는 흔적을 좇아서 이미 소실된 일반 법칙을 회복하거나 재건한 다음, 한걸음 더 나아가 유관한 현상을 해석할 수 있는 찾아야 한다. 寧波방언의 -ɛ는 원래 咸, 山攝 글자가 변화한 것이다. 아래 열거한 현상을 비교해보자.

pɛ	扮班斑頒板扳般(山)
p'ɛ	盼攀襻紐~(山)
bɛ	辨瓣爿(山)
mɛ	邁慢漫幔蠻(山)
tɛ	耽擔膽(咸)丹單旦(山)
t'ɛ	坍毯(咸)灘坦炭歎攤(山)
....	

咸攝 글자는 원래 -m韻尾이고, 山攝 글자는 -n韻尾인데, 언어가 변화하는 과정에서 -m이 -n에 합류하였다. 즉, 현대 寧波방언의 -ɛ韻의 글자는 원래는 모두 -n운미를 가졌었다. 이런 음변화 규칙에 근거하여 상술한 '鴨'類의 단어의 -ɛ도 원래 당연히 -n운미를 가지고 있었을 것이다. 그렇지 않다면 그것이 오늘날 어떻게 咸, 山攝 글자와 같은 운인가를 해석할 방법이 없다. '鴨'類의 단어는 그것이 속한 운류로 말하자면, 그 자체는 -n운미를 가질 수 없는데, 그것이 咸, 山攝 글자와 같이 변천할 수 있었던 까닭은 바로 '鴨'類 단어의 운모의 말미에 이미 하나의 -n이 더해지고, -n이 더해진 후에는 서로 다른 운류가 똑같은 어음 형식을 가지게 되었기 때문이라고 설명할 수 있다. 이런 -n은 당연히 어음 층위보다 상위에 있는 언어 단위인 것이다.

'鴨'類의 단어와 유사한 것으로 또한 '伯'類의 단어가 있다. '伯'은 寧波방언에서 두 가지의 독음(pa˘와 pā)을 가지고 있다. ≪鄞縣通志≫(2790쪽)에 기재되어 있는 것에 근거하여 보면, "寧波에서 아버지의 형을 불러 이르길 '伯伯'이라 하는데, 뒤의 '伯'자는 '浜'과 같이 읽으며, 俗音은 거성이다 ……", "寧波에서 아버지의 남동생을 불러 이르길 '叔叔'라 하며, '阿叔'이라고도 부른다. 뒤의 '叔'자는 모두 '宋'과 같이 읽는다. 남들한테 자기 아버지의 남동생을 '阿叔'이라고 부를 때에도, '叔'자는 '宋' 평성과 같이 읽으며, 때로는 本音으로 읽는데, 약간 구별된다." '浜'은 현대 寧波語에서는 pā로 읽고, '宋'은 soŋ으로 읽는다. '伯', '叔'과 독음이 유사한 것으로는 또 '脚'과 '雀'이 있다. '脚'의 本音은 tɕia˘이지만, 단어 '拐脚'(瘸子-절름발이)에서의 '脚'은 變音인 tɕiã으로 읽는다. '雀'의 本音은 tɕʻia˘이고, 變音은 tɕiã인데, 예를 들면 '麻雀'은 mo tɕiã로 읽는다. '雀'의 本音과 變音은 운모가 구별되는 외에, 성모 또한 서로 다르다. 本音의 성모는 유기음이고, 變音은 무기음이다. '雀'은 원래 精母 글자로, 당연히 무기음이며, 變音의 성모는 精母 글자의 특징을 여전히 보유하고 있는 것이다.

현대 寧波방언의 비화음인 -ã, -ɔ̃는 梗, 宕攝 陽韻의 글자에서부터 온 것이고, -oŋ은 通攝의 舒聲韻 글자로부터 온 것으로, 고대에는 모두 -ŋ운미가 있었다. 즉, 위에서 얘기한 '伯'類 입성자의 -ŋ운미는 '鴨'類 단어의 -n운미와 똑같은데, 원래 가지고 있던 것이 아니라 이후에 그 위에 더해진 것으로서, 똑같이 어음 층위보다 상위의 언어 단위인 것이다.

15.2.3 이상의 모든 것은 음변화 규칙에 근거해서 나온 추론이다. 이 추론을 만약 역사 자료로부터 증명할 수 있다면, 그것은 더욱 설득력을 가질 것이다. 매우 운 좋게도, 1876년에 출판된 ≪彙解≫에는 寧波방언자료가 풍부하게 수록되어 있고, 기록된 음도 대체로 믿을 만하여, 寧波방언의 역사적 변천 연구에 귀중한 자료를 제공한다. 이 책에서도 위에서 추론한 -n과 -ŋ을 볼 수 있을 뿐 아니라, 그 밖의 운류 뒤에도 이 두 개의 비음운미

가 있는 것을 볼 수 있어, 지금까지 한 분석이 믿을만하다는 증거가 될 수 있다. 우선 먼저 비음운미를 갖고 있는 '鴨', '伯'類와 관련 있는 단어들을 다음과 같이 추려서 적는다(원문은 성조를 표시하지 않았다. 표음부호와 국제음성부호는 유사하여, 일반적으로 원문에 기록된 것을 따르며, 이해에 지장이 있는 상황에서만 국제음표 주석을 달았다. 원래 부호의 æ(ä)는 본 서에서는 일률적으로 ɛ로 바꿨다. 230쪽의 주 참고).

例	≪彙解≫ 注音	단어 예
鴨	ah ɛn	~蛋, ~肉 野~, 水~.
貓	mao mɛn	~拌飯 小~, 香狸~
帕	p'ɛn	絹~
娃	wɛn	小~
牌	ba bɛn	紙糊~, 神主~, 一副紙~
筷	k'uɛn	
茄	gyia[dzia] gyiɛn[dziɛn]	小辣~, 番~
頭	deo den	骨~, 磚~, ~發 門口~, 奶~, 娘子, 山頂~, 老~, 腳指姆~
頭	me min	~眼
味	mi min	~道 氣~
味	'en[ɦen]	木頭~, 菖蒲~, 玉~.
挖	w̌ah w̌ɛn	爬山~嶺 鏤耳朵~(挖耳勺)

例	≪彙解≫ 注音	단어 예
蝦	hô[hɔ]	~仁, ~米

이런 비음운미를 가지고 있는 어음형식은, 본음의 변화과정과 비교해 보면 모두 어음의 변화 규칙에 어긋나는 것이다. 그러나 다른 한편, 서로 다른 운류가 동일한 어음형식을 가질 수 있는 상황은, 특히 비음운미가 있을 수 없는 운류에 비음운미가 나타나는 상황은, 언어사의 연구에 귀중한 정보를 제공하였으며 어음 층위의 변화에 非語音的 층위(형태소적, 어법적)의 요소를 내포하고 있음을 설명해주었다. 이제 앞으로 분명히 밝혀야 하는 것은, 이런 남아있는 요소의 성질 그리고 그 성질과 음변화와의 관계이다.

15.3 원시형식의 성질의 확정

15.3.1 '鴨', '伯'類 단어의 -n, -ŋ운미의 성질을 분명히 밝혀야만, '鴨', '伯'類 단어의 本音과 變音의 의미 및 사용범위에 있어서의 차이를 비교할 수 있다.

15.3.2 本音과 變音은 사용범위에 있어 서로 구별된다. 즉, 本音은 사용상 어떤 제한도 받지 않아서, 단독으로 쓰이거나 복합어에서 앞 글자나 뒤 글자로 쓰이는 것 모두 가능한 반면 變音은 일반적으로 단독으로 쓰이거나 복합어의 뒤 글자로만 쓰일 수 있다. 예를 들면 다음과 같다.

例	本音	變音	
貓	mɔ	~眼, 家~	mɛ〈nɔm 小~, 一隻~
雀	tɕʻiaʔ	~斑, 燕~	tɕiã〈tɕiaŋ 麻~, 麻~牌

또한 몇 개의 예외가 있는데, ≪彙解≫에는 다음과 같은 몇 개의 예를

수록하고 있다.

眉毛	min-mao	雁鵝	ngang ngo
眉眼	min-ngɛn	鋸齒	ken ts' [ts'ɿ]

이런 예외는 대개 후에 나타난 것으로, '眉', '鋸'는 원래는 모두 단음절어
인데, 이후에 복음화하는 과정에서 이런 -n을 가지고 있는 단음절 단어형식
이 여전히 복합어에 보존되고 있는 것이다. 마치 '麻雀[tɕiã]'의 뒤에 '牌'를
더하여 '麻雀[tɕiã]牌'라 할 때, '麻雀[tɕiã]'의 '雀[tɕiã]'은 여전히 그것의 본래
변음 어음 형식을 유지하고 있는 것과 같다. 요즘 많은 사람들이 '麻雀[tɕiã]
牌' 중 tɕiã의 본래의 글자를 몰라서 '麻將牌'로 오인하기도 한다.

15.3.3 본음과 변음의 의미상의 구별은 寧波語에서 선명하게 드러나지
않으나, 일부 복합어에서 감정색채가 조금 다른 흔적을 볼 수 있다. 다음에
열거한 현상을 비교해보자.

例	本音 의미	變音 의미
鴨	일반적으로 오리를 가리키지만, 지금은 홀로 쓰지 않고, 단독으로 쓰려면 '子'를 덧붙인다.	뜻이 같음
貓	보통 고양이	앞과 같으나, '小貓'의 '貓'는 구어에서 모두 mɛ로 읽는다.
牌	큰 패와 작은 패에 모두 사용 가능	작은 패('神主牌')와 완구('紙牌')를 지칭
麻雀	작은 새	뜻이 같음
老頭	나이 든 남자를 지칭하며, '頭'는 dœɤ로 읽는다.	'頭'는 지금 deɪ⁷로 읽으며 '隊'와 동음이다. 원래 사람들이 싫어하는 늙은 남자를 지칭하여 ≪彙解≫에서 특별히 'not respectful'이라는 주를 달았다. 지금은 '老頭'의 감정색채가 변하여 친밀한 색채를 띤다.
伯	아버지의 형을 지칭	뜻이 같음

이런 상황은 본음과 변음 사이에서의 의미가 크게 구별되지 않음을 설명해 준다. 의사소통수단으로서의 언어는 경제성과 명확성 그리고 구별성을 추구하는데, 본음과 변음이 나타내는 의미는 그 같고 다름에 있어 매우 모호하다. 이러한 점은 매우 의심스럽다. 그러나 寧波語의 예가 너무 적어서 앞에서 열거한 것이 거의 우리가 발견한 예의 전부이므로, 본음과 변음이 나타내는 의미가 원래 구별이 있는지 없는지를 살펴보기가 매우 어렵다. 이런 상황에서는 인근 방언과의 비교에 도움을 청할 수밖에 없다. 趙元任이 1928년 쓴 ≪現代吳語的研究≫에서 '鴨'은 余姚의 口語에서 "(小者): Ê라고 읽는다"[8]고 주를 달아서 변음이 표시하는 의미를 조금 알 수 있다. 그러나 ≪研究≫는 단지 하나의 예만 들고 있어 문제를 효과적으로 설명하기가 어렵다. 寧波부근의 定海懸(舟山群島, 현재는 區가 되었다)의 방언은 寧波語와 대동소이하다. '5·4 혁명'즈음에 출판된 ≪定海縣志·方言志≫에 기재된 것에 따르면, 寧波는 7개의 邑으로 구성되었는데, 鄞慈鎭이 스스로 하나의 어음체계를 이루고, 奉象南은 또한 스스로 하나의 어음체계를 이루어, 定海는 鄞系에서 80~90%를 얻고, 奉系에서 10~20%를 얻었다"고 하고 있다. 定海방언의 '鴨', '伯'類 단어는 비록 잔존 현상일지라도, 이는 寧波語에 비해 많은 편이다. 여기서 '鴨', '伯'類 단어를 다음과 같이 예를 들어보자 (원문은 개선한 주음부호를 사용하여 주음을 하였으며, 여기에서는 ≪彙解≫ 주음과 현대방언의 상황을 참조하여 국제음성부호로 고쳐 썼다).

---

7 寧波방언의 ·ɛr는 ·ɛ韻으로부터 왔으며, ·e韻을 지닌 일부분의 글자는 ·en으로부터 왔다. '老頭'의 '頭'는 ≪彙海≫시기에는 den으로 읽혔다(§9.2.4).
8 趙元任(1956:55) 참조.

'鴨'類 단어	本音	變音	'伯'類 단어	本音	變音
哥	ko	kuøn	伯	paʔ	paŋ
弟	di	din	叔	soʔ, syʔ	soŋ
姊	tsi	tsin	腳	tɕiaʔ, tɕiʔ	tɕiaŋ
妹	me	men	鵲	tɕʻiaʔ	tɕʻiaŋ
		m̥en	鴉	ia, yɔ, ɔ	ɔŋ
婆	bo	buøn	雀	tsʻiaʔ	tsiaŋ
眉	me	min(~毛)	蝦	hɔ, ɕia	hɔŋ(도시)
	mi(皺~頭)				hiɛ(시골)
頭	dœɤ	den	籆	ɦoʔ	ɦoŋ
背	pe	pen	六	lɔʔ	loŋ
奶	na	ŋɛn			
淚	le	lin			
瞎	xaʔ	xɛn			
雞	tɕi	tɕin			
鵝	ŋo	ŋuøn			
鴨	aʔ	ɛn			
狗	kœɤ	kiƟɤ kin			
貓	mao	mɛn			
梅	me	men			
茄	dzia	dziɛn			

이들 단어의 본음과 변음은 대부분 의미상 뚜렷이 구별된다. 이것은 우리가 寧波방언의 '鴨', '伯'類 단어의 변음의 성질을 이해하는데 도움을 준다. 여기서 몇 가지 예를 초록하여, 자료로 참조해 보자(여기에서 '讀音'은 독서음을 가리키고, '土音', '城鄉土音'은 현지의 일상적인 구어형식을 가리키며, '語音'은 위에서 얘기한 두 종류의 독음을 총괄하여 가리킨다).

例	注釋
貓	讀音: mao// 語音: 명사 앞 mao ('貓頭'), 명사 뒤–mɛn('小貓').
婆	讀音, 土音: bo// 노부인을 '老太婆'(무시하는 어감)로 부를 때에만 '婆'는 buøn, '太'는 t'ao.
背	讀音: pe// 語音: 일반적 pe, 명사의 의인화 pen('駝背').
奶	讀音: na// 語音: 유모를 '奶娘'으로, 지위가 높은 부인을 '奶'로 부를 때 na, '乳房', '乳汁' 및 유모를 '奶奶'로 부를 때 nɛn.
瞎	讀音: ha? 語音: 일반적 ha?, 명사를 의인화시킨 경우 시골에서–hɛn('算命瞎').
腳	讀音: tɕia? 語音: 일반적 tɕia?, 시골에서는 간혹 tɕi?로 하는데 명사를 의인화 시킨 경우는 tɕiaŋ으로 발음('拐腳', '爛腳').
鵲	讀音과 城鄉土音은 모두 tɕ'ia?. 시골에서는 tɕ'iaŋ로 발음('鴉鵲').
六	讀音과 語音 모두 lo?. 속어의 보름 전후를 가리키는 '十五六'에서 五는 ŋ으로, '六'은 loŋ로 발음.

이들 단어는 '鴨', '伯'類 단어의 -n, -ŋ운미의 성격을 이해하는 데에 많은 도움을 준다. 그것들은 '鴨', '伯'類 단어에 -n, -ŋ가 더해진 후에 의미색채 면에 있어서 변화가 생겼음을 보여주고 있다. 다시 말해서, 이 -n, -ŋ 자체 는 의미가 있는 것으로, '班', '晏'과 '浜', '將' 등과 같은 단어의 순수한 어음 성 운미 -n과 -ŋ과는 그 성질이 완전히 다른 것이다. 定海방언이 寧波市 지역의 방언과 약간 구별이 되지만, 이것은 중요하지 않으며 두 곳에서의 동원성분의 차이를 비교하는 것은 언어의 변천을 분석하는데 도움을 준다. 일반적으로 말하면, 도시중심지역은 주변지역에 비해 빨리 변하며 도시는 농촌에 비해 그 변화가 빠르기 때문에, 주변지역과 농촌 언어에서 보이는 일부 특징은 종종 도시 지역 언어의 초기상태를 드러낸다. 定海語와 寧波 語를 비교하면, 定海語의 '명사를 의인화'한 '鴨', '伯'類 단어는 寧波語에서 이미 매우 드물게 보인다. 이는 寧波語에서는 뚜렷이 조어작용을 가지고 있던 '鴨', '伯'類 단어가 먼저 소실되자 변화 과정 중에 조어작용이 이미 마모되고 파손되어 그다지 뚜렷하지 않은 단어만 약간 남게 되어서 본음과

변음의 큰 차이가 없어지게 되었음을 말해주고 있다. 그러므로 定海방언의 '鴨', '伯'類 단어는 寧波語가 가지고 있지 않은 특징이 되어, 寧波語에서의 "鴨', '伯'類 단어의 변음의 성질을 밝히는데 도움이 될 수 있다.

15.3.4 '鴨', '伯'類 단어의 변음에 관해 상술한 두 방면(사용범위와 의미)에서의 특징은 두 단어의 -n, -ŋ이 어음단위가 아니고 형태소의 일종임을 말해준다. 이들이 어떤 형태소인지 알아보기 위해서는 이들의 특징과 유사한 北京語의 '兒化'를 연계하여 생각해 볼 수 있을 것이다. 혹은 이 형태소는 '兒'이며, 소위 '變音'은 '兒化'라고 말할 수도 있을 것이다. 李榮(1978, 1983b)은 溫嶺방언, 廣州방언에서 나타나는 일반적인 연독변조와는 다른 특수한 변조현상을 '變音'으로 해석하고, 이 '變音'과 北京語의 兒化는 같은 것으로, 예를 들면 '花兒', '鳥兒'의 '兒'은 의미가 있는 것처럼 이 변음도 비록 모호하고 개괄적이긴 하지만 의미가 있다고 말할 수 있다"고 여겼다. 寧波방언의 '鴨', '伯'類 단어의 변음은 溫嶺방언의 특수한 변조(升變音과 降變音)의 작용과 같으며, 또한 일종의 兒化형식이다. 寧波語, 定海語의 變音과 北京語의 兒化를 비교한 것을 예로 들어, 寧波語의 변음이 兒化와 같은 성질의 것이라는 것을 이해할 수 있다.

例	寧波, 定海	北京
牌兒	bɛ‹bɛn	pʻɚ
鴨兒	ɛ‹ɛn	iɛr
(麻)雀兒	tɕiã‹tɕiaŋ	tɕʻiaor

北京語의 '兒'은 이미 앞의 운모와 합쳐져, 어음상 독립적으로 하나의 음소를 이루기는 어렵다. 그러나 北京 주위의 일부 지역, 예를 들면 房山縣에서 '兒'은 여전히 독립적으로 음절을 이루는 접미사로서, 北京語 '兒化'의 '化('兒'이 영성모가 되어 앞 음절의 접미사가 되어 독립된 음절을 이루지

못하게 된 현상-역주)'한 시간이 그렇게 멀고 오래되지 않은 일이라는 것을 설명해준다. 만약 北京語의 兒化가 서면어가 기록한 바('牌兒', '猫兒')와 같다면, 寧波, 定海방언의 -n, -ŋ과 北京語와의 대응 관계는 매우 분명하게 나타날 것이다. 현재, 北京語의 '兒'은 兒化하면서 소실되었으나 여전히 뚜렷한 흔적이 남아있다. 寧波語의 '兒'도 '兒化'하면서 소실되었으나 北京語에 비해 빨리 또 철저하게 '化'하여, 심지어 흔적조차도 찾기 어렵다. 그러므로 두 방언의 이러한 공동적 특징(의미상, 사용 범위 상 그리고 어음의 '化'의 특징상)은 모두 寧波語의 '鴨', '伯'類 단어의 변음이 北京語의 兒化에 상당한다는 것을 설명한다. 寧波語도 역사적으로 일찍이 兒化한 시기를 거친 적이 있었던 것이다.

15.3.5 '兒'은 오늘날의 寧波방언에서 두 가지의 발음을 가지고 있어서, 文讀일 경우에는 l로, 白讀일 경우에는 ŋ으로 읽는다. l은 北京語의 영향을 받아 새로 만들어진 어음형식으로 이는 본 장에서 토론하는 문제와 무관하기 때문에 여기에서는 다루지 않겠다. 寧波주위의 일부 방언(예를 들면 定海, 奉化 등)과 비교해 보면, 寧波語의 '兒'은 ŋ로 읽히기 전에 n으로 읽혔던 시기가 있었다. 즉 ŋ은 n에서 변화한 것이다. '鴨', '伯'類 단어의 -n, -ŋ는 이미 형태소 '兒'의 어음 형식이 되었는데 왜 동일한 형태소가 다른 어음형식을 가지고 있는가? 이런 다른 형식은 시대의 선후를 반영하는 것인가? 아니면 동일 형태소의 서로 다른 형태소변체인가? 이 두 가지 비음운미의 출현조건을 세밀히 분석하여 보면 그것들이 동일 형태소의 두 가지 변체라고 보는 것이 말하는 것이 당연하다. 즉, '鴨'類 단어의 변음은 대체로 원래의 陰聲韻과 -p, -t 운미를 가진 入聲韻으로부터 생겨난 것이며, '伯'類 단어는 -k 운미를 가진 입성운으로부터 생겨난 것이다. 寧波, 定海 두 지역에서는 陽聲韻의 兒化 형식을 발견하지 못했다. 이것은 아마도 兒化와 양성운의 어음형식이 완전히 같아, 이들이 일찍이 한데 섞여 구분할 수 없게 되었기 때문일 수 있다. 다시 말하면, 입성운은 兒化할 때 관련 있는 서성운의

변천방식을 따랐기 때문에 동일형태소에 서로 다른 어음형식(변이음)이 나타나게 된 것이다. 寧波, 定海 두 지역의 '鴨', '伯'類 단어의 변음은 대체로 이 규칙에 부합하지만, 몇 가지 예외가 있다. 寧波語의 '雁'[ŋā⟨ŋaŋ], 定海語의 '鴉'[ɔŋ], '蝦'[hɔŋ]은 규칙대로 응당 '鴨'類 단어에 속해야 하지만 지금은 도리어 '伯'類 단어에 포함된다. 이것은 어음의 동화작용과 관련이 있을 수 있다. '雁'은 단지 '雁鵝'이라는 단어에서만 ŋā⟨ŋaŋ로 읽을 수 있는데, 이것은 뒤의 글자 '鵝'[ŋo]의 성모의 동화에서 기인한 것일 수도 있다. 定海語의 '鴉', '蝦'의 주요모음은 모두 후설모음이며, 후설모음 뒤의 변음은 ≪定海方言志≫의 자료에 근거하여 보건데 -n운미가 없다.

15.4 어법 수단의 약화와 잔존 형식의 출현

15.4.1 兒化는 작은 것을 부르는 애칭 형식이다. 작은 것을 애칭을 사용하여 부르는 것은 인류가 공통으로 지니고 있는 일종의 심리 상태일 수 있다. 그러므로 각 언어는 모두 자체적으로 작은 것을 가리키는 애칭형식을 가지고 있다. 예를 들면, 독일어에서는 명사 뒤에 -chen, -lein을 더하면 이것은 일종의 작은 것을 가리키는 애칭형식을 나타낸다. 영어의 mammy, dad도 mother, father의 일종의 애칭형식이다. 중국 각지의 방언의 상황도 대체로 이와 유사하여, 모두 자체의 작은 것을 가리키는 애칭형식을 가지고 있다. 방언의 연구가 활발해짐에 따라, 중국어에서 각종 작은 것을 가리키는 애칭의 兒化 현상도 차츰 사람들에 의해 관심을 받게 되었다. 과거에는 일반적으로 北京語에만 兒化가 있다고 생각했는데, 실제로 지극히 큰 오해이다. 지금 분명히 알아야 하는 것은 兒化의 조어수단이 어떻게 변이를 거쳐 일종의 음변화가 되었는가 하는 것이다.

15.4.2 '兒'은 支韻 日母의 글자로, 그 중고음을 칼그렌은 n̠zjiɐ로 재구하였고, 李榮은 n̠ie로 재구한 것으로 보아, 중고 '兒'의 성모는 비음성분을

가지고 있었음이 분명하다. 언어가 변화함에 따라서 이 형태소의 어음은 방언마다 서로 다르게 변화하여, 吳방언의 구어에서는 여전히 비음성분은 유지하고 있지만 원래의 운모는 전부 상실하고, 하나의 聲化韻母로 변하여, n 혹은 ŋ으로 읽힌다. 寧波방언에서는 현재 모두 ŋ로 읽히고, 北方方言에서는 '兒'은 많은 변화 끝에 권설모음 ə로 변하였다. '兒'의 발음에 나타나는 음질의 차이는 분명히 각기 다른 방언의 兒化에 차이를 가져다주었을 것이다. 언어의 변화 단계로부터 보면, 鼻音은 권설모음보다 이르며 寧波방언의 兒化 현상도 北京語의 兒化 현상보다 이르다. 즉, 寧波語의 兒化는 이미 소실 중에 처해있는 잔존 현상이며, 北京語의 兒化는 도리어 발전 중인 신흥 현상이다. 잔존 현상이든 신흥 현상이든 이들 모두는 언어의 변화를 관찰하는 하나의 창구가 된다.

兒化는 일종의 조어 현상이며, 형태소 층위의 문제로, 그 본질을 가지고 말하자면 어음 문제는 아니다. 청년어법학파와 블룸필드 등은 음변화를 순수한 어음 과정이라고 여겼는데, 만약 상황이 확실히 그렇다면, 무엇 때문에 寧波방언 중의 조어현상이 어음의 변화로 되어, §16.2.2에서 말하는 어음 규칙(본음으로 말하면, 어음규칙의 예외이다)으로 표현되는가? 다시 말해서, 어음변화에 왜 비어음적 요소가 포함되어 순수한 어음과정이 아닌 것으로 표현될 수 있는가? 이것은 중국어 어음구조의 특징과 관련이 있을 수 있다.

15.4.3 ≪切韻≫이래의 韻書, 韻圖의 기록과 중국어 각지 방언의 어음 체계에 근거하면, 중국어 음절의 운미는 -p, -t, -k (혹은 -ʔ)와 -m, -n, -ŋ 등의 소수 자음만이 될 수 있다.[9] 중국어 형태소의 어음구조는 기본적으로 단음절이다. '兒'은 하나의 형태소이며, 兒化는 곧 하나의 형태소 위에 다시 하나의 '兒'을 더한 것으로, 그런 후에 '化'에 이르러서는 원래 두개의 다른

....
9 贛방언의 -i('筆'[pill])은 t가 변한 것이다.

음절인 형태소를 하나의 음절로 단음절화하는 것이다. 이렇게 '化'를 실현
하는 과정에서, '兒'은 방언마다 다른 어음으로 표현되기 때문에 兒化할 때
앞의 음절과 다른 특징을 지닌 兒化 형식이 나타난다. 北京語의 兒化는
앞 음절 운모의 어음에 변화가 일어나게 한 것이며, 山西의 平定, 山東 濟
寧의 金鄕방언의 兒化는 성모가 다른 형식으로 변화(§16.1.2)하게 한 것이
다. 이런 특징은 '兒'의 독음과 관련이 있다. 北京語의 '兒'[ɚ], 山西 平定語
의 '兒'[l], 金鄕語의 '兒'[ɻ]은 단음절화할 때 음절 끝에 놓이는 것을 허용하지
않기 때문인데, 이는 중국어의 음절에 이런 유형의 구조가 없기 때문이다.
吳방언의 '兒'은 구어에서 n̩ 혹은 ŋ̍으로 읽히고 兒化할 때는 n̩ 혹은 ŋ̍을
음절의 뒤에 더하게 되는데, 이는 전통적으로 -n, -ŋ운미를 가지고 있는
양성운의 음절구조의 특징과 일치하여 단음절화할 때 운미역할을 확실하
게 한다. 당연히 음절의 끝에 더해지는 것으로부터 운미역할을 맡는 것까
지는 하루아침의 일이 아니며 하나의 변화 과정이다. 먼저 아래 열거한
浙江방언에서의 현상을 몇 개 비교해보자.

方言點 \ 音價 \ 例	寧波	被兒	茄兒	李兒	狗兒	碗兒10	雞兒	鴨兒
平陽11	$tœ^{44}ŋ^{13}$	$bi^{45}ŋ^{13}$						
	$tœːŋ^{34}$		$dziːŋ^{13}$	$liːŋ^{21}$				
義烏					kɤːnˀ	uaːnˀ	ꞔteiːn	
金華	ꞔtɯn			linˀ	kɯnˀ	uanˀ	ꞔtein	uanˀ
定海			dziɛn		kin		tein	ɛn
寧波 1876			dziɛn		ki¹²			ɛn
寧波 現代			dziɛ, dze					ɛ

---

10 '碗'은 원래 양성운이나 金華, 義烏방언의 구어에서는 일찍이 비음운모가 소실되어 두 지방
   모두 ua로 읽는다. 그래서 여기의 n은 원래 비음운모가 남아 있는 것이 아니라, 兒化의
   표지이다. 즉, 상성인 글자를 거성의 兒化 변조로 읽는 것 또한 이를 설명해 준다. '鴨',

이러한 방언의 차이에서 兒운미로부터 兒化까지, 더 나아가서 소실에 이르기까지의 개략적인 변화 과정을 설명할 수 있다. 平陽방언의 兒운미를 보면 일종의 잔존형식이며, 변화의 제1단계로 간주할 수 있어, 북방 일부 지역의 兒운미와 같다. 음절 뒤에 -n 혹은 -ŋ의 비음운미를 더하여도 중국어의 음절구조에 부합하기 때문에 '兒'(n 혹은 ŋ)는 차츰 앞의 한 음절의 뒤에 붙게 되었다. 그러나 처음부터 붙은 것 같은 흔적이 있는데, 이는 그것이 앞의 모음을 장모음으로 변하게 했기 때문이다. 이때에 두 개의 형태소가 하나의 음절로 '化'하기 시작하였는데, 平陽방언의 여러 兒化 형식과 義烏의 兒化는 모두 이런 단계에 있다. 金華방언의 兒化는 변화의 순서상 平陽, 義烏에 비해 한 발짝 나아갔으며, 모음이 長音인 특징까지도 소실되어, 두 개의 형태소가 이미 하나로 합해져서, 전통적 양성운의 어음구조와 완전히 같아졌다. '碗兒'[uanˀ]의 -n은 형태소에는 포함이 되지만, 운미로서 음가를 가지지는 않는다. 金華방언에서, 전설 저모음 뒤의 양성운 운미는 오래 전에 소실되었기 때문에, 사람들이 uanˀ이 '碗'의 兒化 형식이라는 것을 쉽게 깨닫게 하였다. 그러나 定海, 寧波는 이와 달리, 兒化할 때에 원래 陽聲韻 운미는 아직 소실되지 않고, 하나의 음절로 될 때에 어음상 상응하는 陽聲韻과 합류하였기 때문에 寧波방언에서는 원래 양성운의 兒化 형식을 찾을 수 없다. 寧波방언의 兒化는 한 발짝 발전하여 이미 소실의 단계로 진입해 가고 있다. 왜냐하면 寧波방언에서는 兒化 형식의 수가 많지 않으나 양성운의 글자는 많아서, 소수의 兒化 형식이 다수의 陽聲韻 글자 중에 파묻혀 兒化의 조어 등과 같은 어법 작용이 점점 사라짐에 따라 사람들의 兒化에 대한 심리 의식도 차츰 희미해져 갔다. ≪彙解≫의 작자가 그 책의 서문에서 말한 na-hwun('嬰兒')이란 단어가 이 현상을 보여주는 좋은 예이

'狗', '李'는 모두 兒化 후 거성으로 읽는다.
11 平陽, 義烏의 재료는 李榮(1957b:140~141)에서 가져왔다. 金華의 재료는 北京大 중문과 80학번 朱加榮학생이 제공한 것이다.
12 ≪彙解≫에는 '狗'의 兒化 자료가 없다. 여기에서는 趙元任(1956:42)에 근거하였다.

다. na를 '奶'로 보는 것에 대해 사람들의 견해는 서로 다름이 없다. 그렇다면 hwun의 한자는 도대체 어떻게 써야하는가? 이에 대해서는 의견이 분분한데, 어떤 사람은 '歡', 또 어떤 사람은 '喚', 또 어떤 사람은 '花'(hwô[huɔ])라고 하여 어느 글자를 써야할지 분명치가 않다. ≪定海方言志≫에 실린 것에 따르면, hwun은 '花'의 '바뀐 音轉音'이다. '일반적으로 우유를 먹는 영아를 일컬어 '奶歡' 혹은 '奶花'라고 하는데, 젖으로 키우는 것이 꽃과 같다는 것이다. '花'음이 변하여 '歡'이 된 것이다." 소위 '음의 바뀜音轉'도 바로 兒化이다. 다만 당시 사람들이 "그런 줄만 알고 그렇게 된 까닭은 몰랐던 것"일 뿐이다. 이와 같이 兒化는 陽聲韻에서는 진면목을 숨기고 섞여 들어가서, 그것이 사람들의 의식에서 차츰 소실되어, 언어가 변화하는 과정에서 같은 형의 양성운을 따라 "음운규칙은 예외가 없다"라는 가지런하고 획일적인 계열적 음변화를 따라 변화한 것이다. 즉 음절 끝의 비음운미(n)가 소실되자, '鴨兒'과 '嬰'이 동음이 되어, 현대에는 똑같이 ɛ로 읽히거나, 혹은 鼻化音으로 약화되어(저모음 뒤의 -ŋ), '雀兒'와 '醬'이 동음이 되어, 현대에는 똑같이 tɕiã로 읽히게 된 것이다. 이렇게 형태소 층위도 그것이 변화할 때에는 순수한 어음의 과정과 완전히 같다. 寧波방언에서 나타난 변화현상으로부터 보면, 청년어법학파와 블룸필드의 음변화 이론(음변화는 순수한 어음의 과정이라고 하는)은 약간의 수정이 필요하고, 적어도 조금은 제한을 하여야 할 것이다. 왜냐하면 실제 음변화 현상에는 분명히 일부 비어음적 사실이 포함될 수 있기 때문이다.

15.4.4 寧波방언에서 兒化韻이 비록 양성운을 따라 변천하더라도, 兒化韻은 어디까지나 다른 부류이다. 양성운의 각 글자는 한 종류의 어음형식을 가지고 있지만, 兒化韻 글자는 현재 모두 단음절음으로 변하여, 현지인은 '兒'의 어떠한 흔적도 의식하지 못하기 때문에, 한 글자에 두 종류의 발음이 존재하는 상황이 나타났다. 예를 들면, '鴨'은 하나는 aʔ이고 하나는 ɛ인데, aʔ가 '鴨'의 본음이다. 양성운에 섞여 들어간 兒化韻 글자는 경쟁을 통하여

'계속해서 양성운자와 한데 섞일 것인가, 아니면 본음으로 돌아갈 것인가'의
문제에 직면하게 되었다. 본음자의 사용빈도는 높고 범위도 넓다. 게다가
문화가 전파되고 발전함에 따라, 독서음과 다른 구어형식은 사용되는 과정
중에 점차 사라졌다. 이런 상황은 잔존하는 兒化韻 글자의 사용빈도를 갈수
록 낮게 하고, 점차 원래의 양성운자와의 관계에서 벗어나 본음을 향해 접
근할 수 있게끔 하였다. 그러나 이번 변천의 방식은 원래 양성운과 함께
변천하는 계열적 음변화와는 다르다. 왜냐하면 잔존하는 兒化韻 글자는 각
각 자체의 본음을 가지게 되었으나, 각 본음이 가지는 여러 방면의 조건(예
를 들면 사용 빈도, 사용 범위 등)이 모두 달라, 음소 및 그 변이음들이
가지는 기계적 분포 조건과는 같지 않았기 때문에, 그 결과 산발적, 확산식
으로만 하나하나씩 각자의 본음을 찾아 돌아갈 수 있었을 뿐이며, 조금 빨
리 변한 것은 兒化의 흔적조차 잃어버렸고, 조금 늦게 변한 것은 잔존 현상
을 남겼기 때문이다. 바로 이러한 잔존형식이 우리가 음변화 규칙에 근거하
여 언어 변화의 실마리를 찾을 수 있게 하는 조건을 제공해주는 것이다.
定海방언과 寧波방언을 서로 비교해보면, 寧波는 중심도시이기 때문에, 언
어가 조금 빠르게 변하므로 兒化의 잔류형식도 비교적 적다. '5·4 혁명'
즈음하여, 定海語가 아직 '哥', '姊', '弟', '妹'類의 兒化 잔존형식을 보존하고
있을 때에, ≪彙解≫ 시대의 寧波語에서는 이런 단어의 兒化 형식이 이미
자취를 감추었다. 이처럼 인근 방언과의 비교가 아니면, 寧波語에 일찍이
이런 兒化 현상이 있었던 것을 알 길이 없다. 兒化韻의 각 잔존형식의 소실
에 대해 말하자면, 잔존형식은 어차피 점차 '역사무대'에서 물러나는 것으로
서, 비상용 단어에서 먼저 소실되고, 상용 단어에서 약간 늦게 소실된다.
'狗'의 兒化형식이 소실한 것으로부터 어떤 시사점을 얻을 수 있다. ≪定海
方言志≫에 실린 것에 따르면, '狗'의 "독음은 kœɣ이고, 어음은 3개가 있다.
즉, 도시는 kæɣ이고, 시골은 kieɣ이며, 오직 '黃狗'를 연이어서 말하면 곧
kin으로 발음한다." 즉 상용하는 '黃狗' 한 단어에서만 여전히 兒化의 흔적이
보존되고 있는 것이다. 20년대 寧波방언의 '狗'에는 아직 ki라는 음이 있었

는데, 이것도 자연히 兒化의 남은 흔적으로서, 현재는 이미 없어졌다. 兒化의 잔존형식은 이렇게 점진적으로 소실되어 갔는데, 대체로 말하자면 중심 도시일수록 소실은 점점 빨라져, 寧波는 定海에 비해 빨리 소실되었으며, 上海는 또한 寧波에 비해 빨리 소실되었다. 1911년 출판된 자료에 따르면,[13] 上海語에서 '筷'는 khwan으로 읽혀, 安徽 休寧의 '筷'[kʻuan], 寧波, 定海의 '筷'[kʻuɛ⟨kʻuɛn]와 같았다. 이는 上海語에도 일찍이 兒化의 현상이 있었음을 설명해 준다. '蝦'는 현재 上海語의 구어에서 hø으로 읽히는데, 이는 '安'[ø] 과 운이 같으므로 마땅히 兒化의 잔존 형식으로 간주해야 할 것 같으나, 上海語에서 이미 이런 현상을 찾기는 어려워졌다.

현대학자들이 吳방언을 연구한 바에 따르면, 吳방언은 변화하는 과정 중에 일찍이 자체의 兒化韻을 가진 적이 있었다. 언어 변화의 불평형성 때문에, 吳방언의 兒化현상은 현재 江蘇省, 浙江省, 安徽省 지역에서 서로 다르게 분포되어 있다. 전반적인 상황을 보면, 남부(예를 들면 溫州)는 북부(예를 들면 浙江省 동부, 江蘇省 江蘇省 남부와 安徽省 남부의 休寧 등)에 비해 풍부하고, 서부(예를 들면 金華, 義烏 등지)는 동부(예를 들면 寧波, 定海 등지)에 비해 뚜렷하다. 다른 각도에서 보면, 江蘇省 남부, 安徽省 남부의 休寧 등 북부지역은 남부의 溫州에 비해 빨리 변하였으며, 동쪽의 寧波, 上海는 서쪽의 金華, 義烏에 비해 빨리 변하여 이미 거의 소실되었다.[14] 종합해 보면, 吳방언의 兒化는 자체의 발생, 변화와 소실의 규칙을 가지고 있어 북방방언과는 매우 다르다. 寧波방언에서 兒化韻의 잔존형식이 우리에게 시사하는 점은 이것이 바로 이런 변화규칙의 축소판이라는 점이다.

15.4.5 앞에서 '麻雀'(寧波방언 '鴨'類 단어의 盛衰)의 분석을 통해 조어의 어법수단이 약화 혹은 마모되거나 파손됨으로써 음변화의 규칙을 방해

---

13 *Introduction to the Study of the Shanghai Vernacular*, 上海廣協書局, 1911, p.14 참조.
14 平田昌司(1982), 李榮(1978), 鄭張尙芳(1980, 1981) 참조.

하여 어음체계 중에 특수한 유형의 예외를 출현시킬 수 있다는 것을 보았다. 이것은 寧波방언만이 가지고 있는 특별한 현상이 아니고, 언어에서 늘 마주칠 수 있는 일종의 잔존형식이다. 과거에는 일반적으로 그것을 계열적 음변화의 '예외'라고 간주하여 도외시하였으나, 지금은 이런 특수한 예외에 대해 심도 있게 연구한 결과 언어변화의 중요한 실마리를 많이 발견하였다. 말키엘 교수는 라틴계언어의 연구에서 굴절의 어형 변화가 "많은 사람들을 번뇌하게 하는" 예외현상을 생성해내는 중요한 원인임을 발견하였다. 이 때문에 그는 전문적으로 이런 특수한 예외에 대해 깊이 있게 연구한 한 편의 문장을 써서, 사람들이 믿고 따를 만한 해석을 도출해냈다. 胡坦 (1984:4~12)은 티베트어의 연구에서 어음의 변천이 형태소의 변이를 일으킬 수 있다는 것을 발견하였다. 따라서 어떤 때에는 형태소 변이의 연구를 통해 어음 변천의 실마리를 탐색할 수도 있다. 예를 들면 고대 티베트어의 복자음이 현대 라사어(Lhasa語)에서는 대체로 단자음으로 변하여, 어두에는 st-, re-, sgr-, lng-, rng-, md- 類의 자음군이 없고, 어미에도 -ms, -gs, -nd, -bs 類의 복자음이 없다. 그러나 몇몇 복합어에서 여전히 복자음을 볼 수 있다. 예를 들면 다음과 같다.

-p-	tɕu ˥	(十)	+	ɕi ˩	(四)	→	tɕu ˥	pɕi ˥	十四
-k-	tɕu ˥	(十)	+	tɕiʔ ˧	(一)	→	tɕu ˥	ktɕiʔ ˧	十一
-r-	tɕu ˥	(十)	+	ku ˩	(九)	→	tɕu ˥	rku ˥	十九
-m-	tɕ'u ˥	(水)	+	ta ˩	(箭)	→	tɕ'u ˥	mta ˥	水槍
-n-	mi ˩	(不)	+	tuʔ ˧	(有)	→	mi ˩	ntuʔ ˧	沒有
-ŋ-	tɕ'u ˥	(水)	+	ko ˩	(頭)	→	tɕ'u ˥	ŋko ˥	水源

공시적 어음체계의 구조로부터 보면, pɕ-, mt- 류의 복자음은 음변화의 규칙과 일치하지 않아, 마치 형태소의 결합으로 인하여 음의 증가현상이 출현한 것 같이 보인다. 그러나 사실은 "역사적으로 보면, 여기에는 결코 음의 증가가 없고, 단지 일정한 조건 하에서 몇몇 고대의 복자음을 보존하

고 있을 뿐이며", "오늘날의 특별한 예외는 어제의 일반적인 법칙일 수 있다. 우리는 많은 불규칙적 형태소의 변체로부터 몇몇 역사상 음변화의 흔적을 볼 수 있다." 이로부터 어법구조와 연계하여 어음의 변화를 연구하는 것은 전통적인 음변화 이론이 해석할 수 없었던 예외를 해석할 수 있게 해 준다는 것을 알 수 있다.

15.4.6 寧波방언의 兒化의 남은 흔적이든 티베트어의 형태소변이이든 간에, 이들은 모두 언어이론의 연구에 중요한 문제를 제기했다. 즉, 반드시 음변화에 대한 규칙의 표준에 근거하여 각종 예외 현상을 분류하여 각각의 위치를 갖게 한 이후에, 다시 각종 유형의 예외(계열적 음변화의 예외, 산발적 음변화의 예외, 조어 혹은 조형 類의 어법수단의 약화로 인하여 출현한 예외)에 대해 구체적으로 분석을 하며, 아울러 이론상의 해석을 하여야 한다는 것이다.

규칙과 예외, 이것은 본래 모순된 통일이다. 규칙이 없으면 예외를 논할 수 없고, 역으로 예외는 규칙을 검증할 수 있게 한다. 예외는 규칙에 관한 연구의 기초 위에서 발견되는 것이다. 때문에 예외를 연구할 때에는 먼저 규칙을 확실히 파악한 후에 규칙을 가지고 예외의 성질을 감별해 내야 한다. 과거에는 일반적으로 계열적 음변화의 어음조건을 표준으로 하여 예외를 고찰하였는데, 오히려 예외와 음변화의 규칙 간의 관계를 혼란하게 하여 합리적인 결론을 얻을 수 없게 하였다. 음변화 이론에 대한 연구는 당연히 이러한 단편성에서 벗어나야 할 것이다.

언어의 공시태에서 '예외'는 소수의 불규칙적인 잔존현상이다. 그러나 이런 현상의 배후에는 오히려 언어변화의 일반규칙이 내포되어 있기 때문에 '예외'는 언어의 변천 과정을 연구하는데 좋은 안내자가 될 수 있다. 寧波방언 '鴨'[ɪ]類 단어에 대한 연구는 이런 특수한 예외를 안내자로 삼아 언어변화의 중요한 규칙을 발견한 셈이다. 그러므로 언어 중의 잔존 현상은 언어사 연구에서 중요한 가치를 가지며, 과거와 같이 그렇게 간단히 '예외'

의 쓰레기통에 버려두고 방치하면 안 된다.

예외의 현상을 찾아내거나 음변화 현상을 나열하는 것이 언어 연구의 진정한 목적은 아니다. 중요한 것은 현상의 배후에 숨어있는 규칙을 찾아내고 아울러 인과적 해석을 해내는 것이다. 이것이 앞으로 역사언어학에 있어 중요한 발전 방향이 될 것이다.

16

文白異讀(상): 중첩식 변이와 내적 재구의 방법

16.1 文白異讀의 발생과 체계에서의 중첩

16.1.1 언어가 변천하는 과정에는 '변화'와 '경쟁' 두 가지 방식이 있다. '변화'는 A에서 B로 변하는 것으로 변화 전후의 두 형식 사이에는 계승관계가 있다. 대표적인 변화의 패턴은 계열적 변화와 산발적 변화인데, 시간적으로 고대에서 현재까지의 언어의 종적인 변천을 보여준다. '경쟁'은 이와 달리 A와 B가 공존하면서 상호 경쟁하는 것으로, 하나가 다른 하나를 따돌리게 되면 그것을 대신하는 변천과정이 완성되는데, 이는 공간적으로 언어의 횡적 확산을 보여준다. 그런데 중국어의 文白異讀은 '경쟁'의 방식에 의해 변화한 전형적인 형식이다. 이것은 역사언어학이 개척해야 할 중요한 처녀지이다.

16.1.2 중국어에서 文白異讀은 흔히 볼 수 있는 언어현상으로, 단어에서 '雅/土'의 서로 다른 두 가지 풍격상의 색채를 구현할 수 있는 음류 차이이다. 보통 말하는 '백독白讀', '문독文讀'와 같은 표현은 모호하며 정확하지 않다. 왜냐하면 文白異讀의 '異'는 단어의 '異'가 아니라 단어에서의 어떤 한 음류의 '異'이다. 예를 들면, 祁縣방언의 '爬'는 백독으로는 $_cpa$, 문독으로

는 $_c$p'a로 읽어 성모만이 다르다. 또 聞喜방언의 '糠'은 백독으로는 $_c$kʻə, 문독으로는 $_c$kʻʌŋ으로 읽어 운모만 다르고, '步'는 백독으로는 $_c$pʻu, 문독으로는 pʻu⁼로 읽어 성조만 다를 뿐이다. 따라서 文白異讀의 '異'는 음류의 '異'이므로 이것도 음변화의 범주에서 연구해야 한다.

산발적 음변화의 변화 단위는 음류이고(§14.3), 文白異讀의 '異' 또한 음류를 단위로 하므로 표면적으로 같은 것처럼 보이나 실제로 상호간에 원칙적으로 차이가 있다. 文白異讀의 '異'는 풍격상 색채의 차이를 나타낼 수 있다. 일반적으로 토어에서는 백독형식을 많이 사용하여 '土'의 색채를 갖는 반면 신조어와 서면어 및 비교적 공식적이고 엄숙한 의사소통의 상황에서는 문독형식을 많이 사용하여 '雅'의 색채를 갖는다. 심지어 어떤 단어는 단지 백독형식으로만 쓰일 수 있고, 또 어떤 단어는 문독형식으로만 사용되어 서로 교환하여 사용하는 것이 불가능한 경우도 있다. 산발적 음변화에서의 음류에는 이 같은 특징이 없다. 祁縣의 '招'는 $_c$tʂɑɔ 혹은 $_c$tsɑɔ 로 읽히는데 그것이 구성하는 단어에서는 모두 자유롭게 교환될 수 있으며 풍격색채의 차이는 없다. 그러므로 文白異讀의 '異'와 산발적 음변화의 음류 차이를 섞어서 함께 이야기 할 수 없는 것이다.

16.1.3 '文'과 '白'은 두 가지 서로 다른 어음체계를 대표하는데, 대체로 백독은 본 방언의 토어를 대표하고, 문독은 본 방언 어음체계가 허용하는 범위에서 어떤 (현대 혹은 고대의) 표준어의 성분을 흡수하여 어음상 이 표준어를 향하여 근접한다. 예컨대 山西 聞喜방언의 '床(知·照系의 합구자를 대표)'의 문독형식은 본래 $_c$pfʻʌŋ이고, 백독은 $_c$pfʻə인데 1950년대 이후 정책적으로 표준어를 보급하고 학교에서 실시한 표준어 교육의 결과로 '床'에는 새로운 문독형식인 $_c$tsʻuʌŋ이 생겼다. 성모는 왜 tʂʻ-가 아닌 tsʻ-인가? 聞喜방언 어음체계에서 대다수의 사람에겐 이미 tʂ-류의 성모가 소실되었기 때문인데 이는 표준어 음류를 받아들일 때 그 음가가 聞喜방언 어음체계의 특징에 부응한 것이라 설명할 수 있다. 寧波방언 또한 이러한 고찰을

하는데 중요한 증거를 제공할 수 있다. 아편전쟁 이후 寧波는 상업도시가 되어 외부와의 교류가 비교적 빈번하였다. 방언의 분기는 서로간의 의사소통에 어려움을 조성했는데 이 같은 어려움은 북방관화의 영향으로 많은 부분 해소되었다. 대문을 활짝 열게 되었다. 寧波 세관의 독일 관원이었던 몰렌도프(1901)의 ≪音節≫에서는 이 점을 명확히 지적하였다. 寧波방언에서는 매우 많은 글자들이 文白異讀의 형식을 갖고 있는데, 백독의 구어 형식은 비교적 옛날 독음을 대표하고, 문독의 현대형식은 각 省의 교사가 학교로 가지고 온 것으로 글자의 독음이 일반적으로 현대 관화이다. 1876년에 출판된 모리슨의 ≪彙解≫의 자료를 보면, 看韻의 見系 글자(交, 膠, 敎, 絞, 酵……)의 백독음은 -ɑo(예: '一敎[kɑo]就會')이나, 문독은 -iɑo(예: '異敎[tɕiɑo]')로 문독형식은 대체로 북방관화와 비슷하다. 이 같은 상황은 문독형식의 발생은 외부방언, 주로 위세방언으로부터 영향을 받은 결과이며,[1] 하나의 언어체계의 요소가 다른 하나의 언어체계로 침투해간 것임을 설명한다. 때문에 어음체계 중 文白異讀이 보여주는 어음차이는 실제로 방언 사이의 어음대응관계에 해당된다. 만약 방언 사이의 어음대응관계가 언어분화의 결과라면, 어음체계 내부에서 문백의 두 형식의 차이에 의해 나타나는 대응관계는 언어융합 혹은 통일의 결과라 할 수 있다. 언어분화에 의해 조성된 다른 어음체계간의 어음대응관계는 역사적 비교방법의 기초이며, 언어사 연구에서 매우 중요한 가치를 지닌다(§3~§7). 같은 이치로 文과 白 두 가지 어음형식의 대응관계도 똑같이 중요한 가치를 지니지만 이것들은 모두 하나의 어음체계에 속해있는 것이기 때문에 사람들이 그 가치를 쉽게 알지 못할 뿐이다. 文白異讀의 발생은 방언 간의 접근을 의미하는 것으로, 언어의 분화 과정과는 정확히 상반된 것이므로, 文白異讀에

---

1 표준어의 文白異讀 상황은 어쩌면 이와 다를 것이다. "개괄하자면 북경의 文白異讀은 문언음이 종종 本地 발음이고, 백화음은 종종 타지역에서 빌려온 것이다. 기타 방언구의 文白異讀는 백화음이 本地 발음이고, 문언음이 외래음이며, 아울러 이 발음은 북경음과 유사하다."(李榮(1982:114))

대해서는 따로 분석을 해야 한다. 먼저 문독형식의 발생 이후의 음과 음 사이의 관계에 대한 내부구조를 분석할 필요가 있다.

16.1.4 하나의 방언이 다른 하나의 방언의 요소를 흡수하여 문독형식을 발생시키는 것은 체계에서 중첩으로 나타난다. 여기서는 山西 聞喜방언의 宕攝 글자의 文白異讀 및 宕攝 글자와 果攝 글자와의 관계를 예를 들어 이러한 중첩 상황을 분석하겠다.

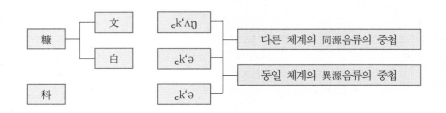

同源음류의 중첩은 하나의 형태소가 갖고 있는 서로 다른 음류의 교체형 식이다. 이 같은 교체는 §10.1.1과 §10.3.2에서 설명한 불규칙한 형태교체 와는 별개이다. 동원음류의 중첩으로 형성된 교체는 언어 변화 중 두 개의 자매방언간의 관계를 반영하지만, 불규칙한 형태교체는 어음체계에서 조 건적인 음변화가 어음체계에 가져다주는 구조의 차이이다. 동일체계에서 의 異源음류의 중첩은 본래 서로 다른 음류가 같은 어음형식을 취한 것인 데, 이것은 동일체계내의 다른 음류가 변화하는 과정 중에 나타나는 상호관 계를 반영한다. 여기에서의 관건은 문독형식의 발생이다. 문독형식이 없었 다면 '糠'과 '科'는 합류하여, 지금처럼 합쳐지기도 하고 나뉘기도 하는 중첩 의 상태를 이룰 수 없었을 것이다. 성격이 다른 두 종류의 중첩은 변천 중에 백독형식의 운명을 다르게 결정한다. 백독형식이 체계에서 생존할 수 있는 권리를 얻을 수 있을지는 백독형식과 문독형식의 경쟁에 의해 결정된 다. 백독형식의 어음 자체가 어떻게 변화하는가는 백독형식과 중첩되는 異 源음류의 변화에 의해 결정된다. 어음체계에 중첩이 존재하기 때문에 소쉬

르의 언어체계 동질설은 수정되어야 하고, 이 이론을 기초로 세웠던 기존의 내적 재구의 방법 또한 보충되어야 한다(§15.3, §15.4).

16.1.5 다음에서 山西 聞喜방언을 위주로 어음체계 내의 중첩 및 중첩과 관계있는 문제들을 분석하고자 한다. 서술의 편의를 위해 먼저 聞喜방언의 文白異讀의 몇 가지 주요 형태를 아래에서 살펴보자.

문독음류	백독음류	출현조건	예
p, p', m	t, t', l	幇組開口三, 四等	閉, 飄, 病, 米[2]
p, pf. t, k, ts, tɕ	p', pf', t', k', ts', tɕ'	유성파열음, 파찰음, 仄聲	敗, 柱, 在, 待, 局
tsu-, ts'u-, su-, zu-	p', pf', f, v	知·照系合口	主, 蟲, 帥, 軟
ʌŋ, Iʌŋ, uʌŋ, yʌŋ	ə, iə, uə, yɤ	宕江攝	湯, 墙, 桑,[3] 王
	ẽi, iẽi	曾攝	燈, 層, 升, 蠅
	iɛ, uiɛ, yɛ	梗攝	棚釘, 横, 永
	ẽi, uẽi	通攝	馮中, 瓷董[4]
iɜ	a/ia[5]	假開三	車社/爹斜
uei/(e)i	y/u[6]	蟹, 止合三	穗嘴葦/水吹錐
ə	iɜ	假開三知·照系, 入聲 일부	車賒, 熱舌
去聲	陽平	유성음 상성, 유성음 거성	站皂造郡

....

2 '米'의 백독은 城關에서는 [ᶜli], 四鄉에서는 [ᶜni](n은 발음할 때 파열음성분이 있어서 실제 음가는 [ᶜnᵈi]이다)

3 精組와 來母 글자의 백독은 합구이다.

4 '馮村', '中村', '瓷村', '董村' 네 지역에서만 보인다.

5 a/ia는 성모의 조건에 따라 분화하여 ts組성모 뒤에서는 -a이고 기타성모 뒤에서는 -ia이다.

6 성모조건에 따라 분화하여 pf組 성모 뒤에서는 (e)i/u의 교체이고, 기타성모 뒤에서는 uei/y의 교체이다.

이 異讀表를 통해 어음체계 중 중첩의 개략적인 상태를 볼 수 있다.

16.1.6 어음체계의 구조는 엄격해서 외부체계의 요소에 대해서는 일반적으로 배타적인 태도를 취한다. 그런데 왜 다른 체계의 성분을 흡수 혹은 차용하여 文白異讀을 형성하였을까? 이것은 전적으로 의사소통의 필요에 의해 결정되며, 위세방언이 다른 방언의 변화 속도와 방향에 충분히 영향을 줄 수 있다는 것을 보여준다. 어음이 여러 가지 요인으로 인해 변화 과정 중에 소실될 수 있다는 것을 보여주는 예는 많다. 예를 들어 비음운미는 여러 방언에서 비화모음으로 변하고 또다시 비화성분이 소실되어 구강모음으로 변화하는 과정을 거쳤다. 聞喜방언의 宕, 江, 梗攝 등의 양성운의 백독음도 이 같은 과정을 겪었다. 예를 들면 '糠 *kʼaŋ은 비음운미가 소실된 후 果攝 글자와 합류하여, 糠白=科로 지금은 ₎kʼə로 같이 읽힌다. 이렇게 하여 糠과 같은 이러한 宕攝 글자는 宕攝 글자의 특징을 상실하게 되었다. 이러한 상황은 방언의 음류의 음변화 속도가 위세방언보다 빠르다는 것을 설명한다. 다른 한편으로 이와는 상반된 상황, 즉 방언의 어떤 음류의 변화 속도는 위세방언에 비해 느린 상황이 있을 수 있다. 동원의 음류가 위세방언에서 이미 다른 음류와 합류하였기 때문에 그것은 오히려 자신의 독립적인 음운지위를 유지하고 있는 것이다(예를 들면 見系의 開口二等 글자는 표준어에서는 성모가 대부분 이미 구개음화하였지만, 많은 방언에서는 그 설근음의 발음지위를 유지하고 있다). 일반 방언과 위세방언의 음변화 속도에서의 이와 같은 모순은 만약 언어집단이 이러한 분합이 의사소통에 가져오는 영향을 느끼지 못하였다면, 방언의 음변화 속도는 위세방언의 영향에서 벗어나게 되어, 어음체계에서 음류를 합류하게 하거나(속도가 빠르다), 원래의 구조를 유지하게 할 것이다(속도가 느리다). 만약 언어집단이 이 같은 분합현상이 의사소통에 영향을 주고 있다는 것을 느꼈거나, 혹은 원래 다른 형태였던 단어를 정확하고 명확하게 구별할 수 없거나, 혹은 어음체계에 불필요한 구분이 있다고 느꼈다면, 언어표현의 경제성, 명료성과

변별성의 필요에 의해 음류의 분합 구조를 조절할 것이다. 文白異讀 현상의 출현으로 인하여 음변화의 속도가 조절되기도 하고 혹은 방언에서 음류의 分合의 구도가 조절되기도 한다. 위세방언은 음류를 제공함으로써 동원음류 변화의 속도가 너무 빠른 방언을 느리게 변하게 하여 이미 다른 음류와 합류한 그 음류의 독립성을 회복시키거나(예를 들면 聞喜방언의 宕攝 글자의 문독음), 변화속도가 너무 느린 방언은 빠르게 변하게 한다. 어떠한 상황에 속하든지 조절의 모든 방향은 방언의 어음체계를 되도록 위세방언의 어음체계에 근접하게 하는 것이다. 언어 그 자체로 말하자면, 이같이 조절이 될 수 있는 이유는 주로 변화과정에서 나타나는 불균형성과 평형성 때문인데(§5.1.3), 왜냐하면 동원인 음류가 서로 다른 자매방언에서 서로 다른 어음형식으로 나타나는 것은 文白異讀이 형성될 수 있는 객관적인 조건이 되기 때문이다. 단지 의사소통상 필요하다면, 어음체계가 허락하는 범위 내에서 '이화접목移花接木-꽃을 이식하거나 나무를 접목시키다'의 방식으로 자매방언(일반적으로 위세방언이다)에게서 동원음류의 어음표현형식을 차용함으로써 중첩을 형성하여, 어음체계에서의 음류의 분화와 합류의 구도를 새로이 조절할 수 있을 것이다. 따라서 文白異讀을 발생시킨 이 같은 어음조건은 계열적 음변화, 산발적 음변화와는 다른 것이다. 계열적 음변화와 산발적 음변화는 모두 체계내부에서 발생한 변화이나, 文白異讀은 방언 간 상호영향의 결과로 역사상 동원인 음류가 방언에서 분합되는 상황에 의해 결정되며, 동원인 음류가 방언에서 다른 어음형식으로 표현된다는 것이 전제조건이다. 특수한 조건은 특수한 음변화를 발생시킨다. 어음체계에서의 문독형식의 발생은 음변화에 하나의 새로운 유형인 중첩식 음변화를 출현시켰다.

16.2 중첩식 음변화와 산발적 음변화와의 구별

16.2.1 文白異讀의 중첩이 존재하는 체계에서 '동일 체계의 異源음류의

중첩'은 체계내부에서 음류가 분합한 상황을 반영하는데, 그 음변화 방식은 계열적 음변화, 산발적 음변화와 일치한다. 그러나 '다른 체계의 同源음류의 중첩'은 각기 다른 체계의 요소들이 하나의 체계 속에 있게 되는 것이므로 서로 간에 경쟁을 하게 되는데, 만약 그 중 한 요소가 경쟁에서 지게 되면 의사소통의 영역에서 쫓겨나게 된다. 그러면 언어체계 내에서 중첩의 흔적은 없어지고, 두 체계의 요소는 통일을 이룬다. 이 같은 경쟁과정을 중첩식 음변화라고 한다.

16.2.2 문독형식이 발생한 후 언어체계에서는 문과 백의 경쟁이 출현하였고, 경쟁의 대체적인 추세는 일반적으로 모두 문독형식의 점진적인 승리였다. 백독형식은 점차 '패퇴'하여 결국 개별적인 특수 단어만을 가지고 문독형식과 경쟁할 수 있었다. 이 같은 과정은 대체로 세 단계로 나눌 수 있다.

첫 번째 단계의 주된 특징은 '문약백강文弱白强'으로 문독형식은 운용범위에 있어서 매우 엄격한 어휘조건의 제약을 받는다. 聞喜방언에서 麻三의 章組 글자의 문독은 -ə이고, 백독은 -iɤ이다. 모두 15개의 형태소(遮者蔗車扯蛇射麝奢賒捨赦舍佘社)에서 중노년 세대[7]는 '社會主義'라는 단어에서의 '社'만을 문독형식인 ɕsə로 읽고, '人民公社'와 같은 신조어를 포함한 기타 다른 단어에서는 '社'를 ɕsiɤ로 읽었다. 그러므로 하나의 형태소가 처음 생겨났을 때 그것으로 구성되는 단어 중 모두 문독형식으로 읽히는 경우는 없었다. 문독형식의 출현은 매우 엄격한 어휘조건의 제약을 받아야 했던 것이다.

두 번째 단계의 주된 특징은 '문백대치'로, 힘이 서로 엇비슷하다. 시간의 흐름에 따라 문독형식은 단어에서 점차 자신의 발음권을 빼앗아 가는데, 이 때문에 운용범위도 점차 넓어져 문독형식을 따라가는 형태소가 나날이

---

7 발음한 사람의 소개는 §11.4.3의 각주에 있으며, 이하 같음.

증가하게 된다. 백독형식은 비록 점차 밀려나지만 단어의 사용에 있어서 자신의 영역을 결코 쉽게 포기하지 않는다. 이 때문에 어떤 단어의 독음에는 문백의 형식이 공존하여 雅/土의 풍격색채를 보여준다. 예를 들면 麻三章組 글자의 文白異讀은 청소년과 노인세대에 분명한 차이가 있었다. 청소년의 문백분포 상황이다.

문독: -ə 遮蛇社射麝扯舍捨
문백병용: -ə/-iɛ 蔗車佘
백독: -iɛ 奢賒

형태소의 문독형식이 이미 주류를 차지하고 있다. 소수의 새로운 단어뿐만 아니라 많은 일상용어에서도 문독형식을 채용하여, 文白이 並用되는 현상이 나타나고 있다.

火車 ₂tsʻə / ₂tsʻi   汽車 ₃iₐtsʻə / ₂tsʻiɛ
甘蔗 ₃istsə / ₃isiɛ   佘 ₂sə / ₂siɛ

이 같은 쌍방 대치현상에는 문백경쟁 과정의 특징이 잘 반영되어 있다. 산발적 음변화에서는 이 같은 雅/土의 서로 다른 풍격색채의 경쟁인 쌍방대치 상태는 찾아볼 수 없다.

세 번째 단계의 주된 특징은 '문강백약文强白弱'으로 첫 번째 단계와는 정반대의 상황이다. 첫 단계에서 문독형식이 엄격한 어휘조건의 제약을 받는 것이라면 세 번째 단계에서는 백독형식이 어휘조건의 제약을 받아 어떤 형태소는 단지 몇 개의 제한된 단어에서만 백독형식이 있을 뿐이고, 심지어 어떤 형태소는 지명에서만 백독형식이 나타나기도 한다. 예를 들면 다음과 같다.

一丈 ₂tsʻʌŋ / 丈人 ₂tsʻə   娘(어머니) ₂niʌŋ / 娘(할머니) ₂niɑ

表揚 ₌iʌŋ / 揚場 ₌iə 　　倉庫 ₌tsʰʌŋ / 倉底村 ₌tsʰuə

健康 ₌kʰʌŋ / 康村 ₌kʰə 　　揚樹 ₌iʌŋ / 揚家莊 ₌iə

太陽 ₌iʌŋ / 下陽(村) ₌iə 　　兩個 ⁼liʌŋ / 三兩 ⁼liə

예를 든 단어에서 사선 전후의 독음은 서로 바뀔 수 없다. 문과 백 두 형식이 같은 단어에서는 나타나지 않으므로 동일한 형태소의 언어 사회 집단에서의 심리적인 연계가 약화되어 종종 문과 백 두 형식은 두 개의 서로 다른 형태소로 간주된다. 예를 들면 '星宿'을 ɕiɛ ɕiəu로 읽지만, 사람들은 이미 ɕiɛ가 '星'의 백독이라고 인식하지 않는다. 이 같은 상황은 오히려 백독음의 보존에 유리하다.

지명에서의 백독은 매우 완강하여 심지어 이것을 문독형식에 '대항'하여 생존 권리를 견지하는 최후의 '보루'라고도 할 수 있다. 聞喜방언에서의 많은 백독음은 지명에서만 보인다. 예를 들면 다음과 같다.

王法 ₌uʌŋ / 王村 ₌yɤ 　　姓董 ⁼tuʌŋ / 董村 ⁼tuɛ̃

水甕 uʌŋ⁼ / 甕村 uɛ̃⁼ 　　中間 ₌pfʌŋ / 中庄 ₌pfɛ̃

姓馮 ₌fʌŋ / 馮村 ₌fɛ̃ 　　土坑 ₌kʰʌŋ / 坑東 ₌kʰə~₌kɛ̃

만약 지명에 이 같은 백독형식의 자취가 없었더라면 우리는 聞喜와 城關 주변 지역에 일찍이 이 같은 백독형식이 있었다는 사실을 아예 알지도 못했을 것이다. 이 같은 잔존현상은 언어사 연구에 중요한 의의를 지니며, 언어변화를 연구하는 데에 중요한 일련의 단서를 제공한다.(§16.2.5)

16.2.3 경쟁에서 문백 두 형식 중 어느 것이 이기고 지는가의 속도와 쌍방대치 단계가 지속되는 기간은 주로 문백 두 형식이 가지는 힘의 대비에 의해 결정된다. 토어의 힘이 크면 외래방언의 문독형식을 억제하는 힘이 강하여, 경쟁에서 토어의 '패퇴'속도는 늦어지며, 반대의 경우는 빨라진다. 토어의 힘의 크기는 백독형식을 따르는 형태소의 수량과 공간적인 분

포지역의 넓이에 의해 결정된다.

방언에서 어떤 백독형식은 그것을 따르는 형태소의 수량이 매우 많은데 반면 어떤 백독형식은 경쟁 초기단계일지라도 또한 제한된 형태소에서만 나타나 문독형식에 대항할 수 있는 힘이 약해져서 이 형태소의 패퇴 속도가 빨라질 수 있다. 앞에서 서술한 庶三 章組의 文白異讀 현상은 겨우 15개의 형태소에 영향을 미쳤지만 어음체계에서는 비교적 쉽게 받아들여져 노년에서 청년에 이르기까지 서로 간에 분명한 차이를 보여주었다. 그러나 聞喜방언에서 중고의 유성파열음, 유성파찰음 성모의 백독은 유기음으로 읽혔고 그것이 미친 형태소의 수량도 매우 많아 경쟁에서의 패퇴속도는 비교적 느렸다. 北京語를 대표로 하는 표준어의 영향이 심해짐에 따라 본래 유성음 상성자, 유성음 거성자(일부 유성음 평성자, 유성음 입성자도 포함된다. §11.4.3)도 유기의 백독으로 읽히다가 점차 무기의 문독으로 읽혔다. 본래 유성 파열음, 파찰음의 무기~유기의 文白異讀이 노년과 청년[8] 두 세대에 분포된 상황을 비교해보자.

	文讀(무기)	文白兩讀	白讀(유기)
노년	96	34	97
청년	131	72	20

청년 세대의 문독형식이 노년세대 보다는 많지만, 백독의 형태소도 여전히 많아(20＋72) 백독의 패퇴속도는 비교적 완만하다고 설명할 수 있다.

백독형식이 공간적으로 분포된 넓이 역시 문백의 경쟁 속도와 밀접한 관계가 있다. 聞喜방언의 文白異讀의 가장 큰 특징은 본래 양성운의 음성화와 帮組 성모 開口三, 四等이 端組 성모로 읽히는 현상이다. 이 두 종류 백독현상의 변화속도는 크게 다르다. 城關방언지역의 내부 어음차이와 城

---

8 여기의 통계수치는 可喜(노년), 任海洪(청년)에 따랐는데, 任海洪의 문화수준은 비교적 낮아서, 일부 모르는 글자도 있었으므로, 총 글자수는 비교적 적다.

關과 四鄉의 어음차이를 비교해보면 본래 양성운자의 文白異讀은 노년과 청년 두 세대 사이에 차이가 비교적 적다는 것을 알 수 있다. -ʌŋ/-iɛ(梗開二庚, 耕)의 문백교체를 예로 들어 노년과 청년 두 세대 사이의 차이를 보면 다음과 같다.

	文讀	文白兩讀[9]	白讀
노년	143	48	0
청소년	159	32	0

이것을 다시 宋代 西北方音과 연계시킨다면 이러한 종류의 백독형식이 宋과 西夏가 왕래한 시기까지 거슬러 올라가 약 천여 년간 지속되어왔을 뿐 아니라(§16.3.2) 현재까지도 소실되는 방향으로 변화하고 있지 않다는 것을 알 수 있다. 이것은 백독형식이 아직도 상당한 힘을 가지고 있어 경쟁에서 여전히 자신의 영역을 고수하고 있다는 것을 말해준다. 상반되게 開口三, 四等의 조건에서 설첨음으로 읽히는 帮組 성모의 백독현상은 그 소실의 속도가 상당히 빠르다. 먼저 城關방언지역 내의 사람들의 발음에서 나타나는 백독현상의 차이를 살펴보자.

	城關 (任)	城關 (王)	城關 (李)	城關 (紅)	城關 (賈)	城關 (張)
구어 중 백독음 글자 수	63[10]	53	28	14	2	1
들어본 적은 있으나 말하지 않는 백독음 글자 수	-	-	25	26	8	9

....

9 문백양독의 예는 다음과 같다(괄호 안 글자는 청소년은 문독으로만 읽는다).
ʌŋ/iɛ   冷生甥(省坑)棚爭睜(箏)聲
iʌŋ/iɛ   (行)杏(平坪)病(鳴)明(命荊)驚鏡(慶迎)影名領嶺井清睛淨輕重贏
       (丁)釘~子釘住聽(錠)寧(零)鈴青星腥醒經緯
uʌŋ/uiɛ   橫
yʌŋ/yɤ   (永)

지금의 청소년들은 이 같은 백독음의 형태소는 이미 얼마 되지 않는다고 말한다. 비록 그중 일부는 들어본 적이 있고, 앞으로도 쓰일 수 있지만 전반적인 추세를 보면 그 수량은 급격히 감소하고 있다. 공간의 차이 또한 같은 문제를 보여주고 있다. 이 같은 현상은 南鄕의 河底語에서 가장 잘 나타나 100여개에 이르는 글자가 있는데 이는 글자표와 관계된 글자수의 약 2/3를 차지한다. 기타 각 방언지역의 수량은 들쑥날쑥 일정치 않으나 전반적인 추세는 남에서 북으로 점차 감소되고 있다. 비교해보자(각 방언지역은 §11.4.3의 도표 참고).

	河底	城關	項家溝	呱底	東鎮	橫水
p, p', m를 t, t', n으로 읽는 글자의 수	96^{11}	53	55	53	27	0

河底語의 백독은 城關보다 거의 배가 많고, 城關의 백독은 東鎮보다 배가 많다. 東鎮은 이미 소실되어가는 언저리에 있는데, 잔존하는 27개 글자의 음은 대부분 글을 알지 못하는 노인에 의해 사용되고 일반인에게는 이미 사용되지 않고 있기 때문이다. 河底에서 이 같은 현상이 나타난 것은 그리 오래되지 않은 것 같은데, 약간의 신조어와 서면색채가 비교적 강한 느낌을 주는 단어에 모두 백독형식이 있을 수 있기 때문이다. 예를 들면 다음과 같다.

....
10 63개의 글자는 다음과 같다.
  p-/t- 蓖~麻閑比秕膘表彪鞭編變~戲法辯~論繁邊蝙匾檳~榔筆畢姓逼兵餅壁: p'- / t' 皮被~子屁鼻飄瓢漂票漂~亮偏便~宜片辮匹憑~據平坪家~村病僻辟劈瓶萍水~草: m- / l- 米眉描廟妙綿棉面滅麵篾竹~抿~住嘴密蜜鳴叫~明天~命名.
11 각 방언지역에서 발음한 사람: 河底 屈克己, 남, 45세, 농민. 項家溝, 張冬民, 남, 19세, 점원. 呱底, 張平安, 남, 26세, 농민. 東鎮, 程鴻, 達, 남, 58세, 교원, 橫水, 張登科, 남, 59세, 간부. 城關지역의 어음은 城關(王)을 따름.

批評	₌pʻi ₌pʻiʌŋ / ₌tʻi ₌tʻiʌŋ		疲勞	₌pʻi / ₌tʻi
包庇	pʻiˀ / tʻiˀ		標準	₌piɑo / ₌tiɑo
勉强	ᶜmiæ / ᶜniæ		把柄	ᶜpiʌŋ / ᶜtiʌŋ
聘請	ᶜpʻiẽi / ᶜtʻiẽi		銘刻	₌miʌŋ / ₌niʌŋ

城關에서는 이들 단어를 백독음으로 읽을 수 없는데, 이것은 언어의 공간적 차이는 언어가 시간적으로 변화한다는 것을 반영한다. 상술한 각 방언지역의 차이는 바로 백독음이 빨리 소실되고 있는 추세를 보여주고 있다. 橫水語에는 p-/t- 類의 문백 교체가 없는 것으로 보아 이 지역에는 일찍이 이 같은 文白異讀이 없었던 것 같다.

이 두 가지 文白異讀 현상의 변화 속도는 왜 이렇게 큰 차이가 있는 것일까? 이것은 곧 이 두 가지 백독현상이 대표하는 토어의 힘의 크기와 관계가 있다. 帮組 성모의 開口 三, 四等이 설첨음으로 읽히는 현상이 분포하는 지역은 매우 좁아 주로 聞喜縣 경내이며, 조금 더하자면 夏縣, 稷山(新絳을 포함할 수도 있다)의 일부 지역으로 그것이 미치는 힘도 매우 작다. 따라서 경제가 발전하고 교통이 발달한 상황에서, 그리고 표준어가 널리 보급되는 물결 속에서 쉽게 대치될 수 있었던 것이다. 그러나 宕, 江, 曾, 梗, (通)攝 등에 비음운미가 없는 백독현상이 분포하는 지역은 상당히 넓은데, 西夏시기의 문헌에 반영된 상황을 보면(§16.3.2) 아마도 이러한 백독현상은 당시의 모든 서북방언에 영향을 미쳤던 것 같다. 현대의 방언현실에서 보면 모든 晉南 더 나아가 晉中에서도 광범위하게 이와 같은 백독이 존재하고 있다. 이러한 백독현상은 공간적으로 분포지역이 넓고 해당 지역 사람들의 의사소통에 미친 영향은 별로 크지 않았으므로 문독형식과의 경쟁에서 '완강'함을 드러내고 변화의 속도도 느려져 老少 두 세대 간의 차이가 거의 없었다. 때문에 백독현상이 공간적으로 분포된 정도는 그것의 패퇴와 소실의 속도에 직접적인 영향을 주었던 것이다.

16.2.4 문백 간의 경쟁은 일반적으로 문독형식와 백독형식이 가지는 힘의 강약과 관련 있는데, 그 전반적인 추세는 '문승백패文勝白敗'이다. 그러나 만약 문백이 경쟁하는 중에 음변화를 발생시킬 수 있는 새로운 힘이 비집고 들어오면, 세 종류 혹은 네 종류의 힘이 서로 경쟁하게 된다. 이 새로운 힘은 문백의 두 힘이 경쟁하는 것을 방해할 뿐 아니라 백독을 성원하여 언어소통의 영역에서 문독형식을 쫓아내어 문독형식이 발생하기 이전의 언어 상태로 완전히 혹은 거의 비슷하게 회복하기도 한다. 이와 같은 현상은 적기는 하지만 중첩식 음변화의 한 종류로서 흥미를 끄는 중요한 현상이다. 聞喜, 祁縣 등 북방방언에서는 이렇게 역행하는 유형의 힘을 찾아볼수 없으나, 백여년 동안 寧波방언의 어음체계의 변천에서는 '문백대치'에서 '문패백승文敗白勝'의 경쟁과정을 살펴볼 수 있다. §9.2.4에서 이미 설명했지만 -ɛn의 -n운미가 아직 소실되지 않았을 때, 寧波방언의 -a운의 글자는 이미 文白異讀을 거쳐 -ɛ운을 향해 옮겨가기 시작하였는데 ≪彙解≫의 文白異讀에서 제시한 두 종류의 독음은 바로 이와 같이 옮겨가는 현상을 구체적으로 설명해 주고 있다. 먼저 ≪彙解≫에 반영된 언어현상과 현대 寧波방언과의 차이를 비교해보자.

	≪彙解≫		現代	
	白	文	白	文
拜擺	pa	pɛ	pa	
派	p'a	p'ɛ	p'a	
排牌敗	ba	bɛ	ba	
買賣	ma	mɛ	ma	
帶戴~帽子	ta	tɛ	ta	
太~貴拖泰	t'a	t'ɛ	t'a	
埭走一~	da		da	
□~其丫臉	da		da	

	≪彙解≫		現代	
	白	文	白	文
奶艿	na	nɛ	na	
賴癩	la		la	
戒解介芥	ka	tɕiɛ	ka	
誡械		tɕiɛ	tɕi	
揩	kʻa	tɕʻiɛ	kʻa	
外	ŋa	ɦuɛ	ŋa	ɦua
蟹	ha		ha	
鞋	ɦa		ɦa	
債齋	tsa		tsa	
寨口~(怎麼)	dza		dza	
曬灑	sa		sa	
柴豺	za		za	
雅~片矮捱	a		a	
借者姐	tsia	tsiɛ	tɕʻie多, tse少	
且	ʦʻia	ʦʻiɛ	tɕʻie多, ʦʻe少	
寫瀉	sia	siɛ	ɕia	
邪斜謝	zia	ziɛ	zia	
野也夜爺	jia	jiɛ	jia	
怪拐乖	kua	kuɛ	kua	
快	kʻua	kʻuɛ	kʻua	
壞	ɦua,ua	ɦuɛ	ɦua,ua	ɦuɛ
懷	ɦua	ɦuɛ	ɦua	ɦuɛ

이들은 모두 ≪彙解≫에서 취록해 온 예이다. 여기서 ≪彙解≫시기의
-a韻은 蟹二와 假 두 攝과 유관한 음류의 백독음이고, -ɛ은 문독음으로, 동

일한 형태소에서 문백 두 형식이 공존하면서 교체와 경쟁의 상치단계에 처해있었음을 명확히 알 수 있다. 어떤 글자에는 문독음이 없는데, 이것은 ≪彙解≫는 구어를 중시했기 때문에 문독음이 반영되지 않은 것일 수도 있고, 또한 당시의 어음에 백독음 하나의 형식만이 있었을 수도 있다.[12] 앞에서 서술한 바와 같이 문백 간 경쟁의 전반적인 추세는 '문승백패文勝白敗'이다. 그러나 寧波語의 '拜'類 글자의 文白異讀 -ɛ/-a 간의 경쟁은 정반대로, 위 표에서 제시한 바와 같이 백독형식이 승리를 거두었다. 그 원인을 생각해보면, 그것은 -ɛn운이 -n운미를 소실한 음변화와 관계가 있다. -ɛn은 -n을 소실하고 -ɛ로 변하였는데, 이것이 본래의 -ɛ운의 글자와 충돌을 일으켰고, 또한 -a가 文白異讀을 거쳐 -ɛ로 옮겨가는 음변화와는 모순이 발생하게 되었다. 이 세 종류의 변화가 가지는 힘은 동시에 함께 발생하여 상호 경쟁하다가 최후에는 -ɛn)-ɛ의 음변화 힘이 승리를 차지하였다. 이것은 한편으로는 본래 -ɛ운을 고모음화시켜 -e가 되게 하였고(§9.2.3), 다른 한편으로는 -a가 文白異讀을 거쳐 -ɛ로 옮겨 가는 것을 저지하여 '拜'類 글자의 문독형식 -ɛ를 언어소통의 영역에서 퇴출시켰으나, 백독형식은 -ɛn)-ɛ의 힘의 지지를 얻어 쇠퇴해 가던 중 자신의 견지를 굳건히 하고 언어소통의 영역에서 다시 활기를 띠게 되었다. '壞懷' 등 소수의 형태소에 문독대립의 형식('外'의 문독형식도 ɦuɛ에서 ɦua로 변하였다)이 아직 남아있는 것을 제외하고는 문백병존의 현상은 대체로 소실되었다. 이 같은 변화추세는 ≪現代吳語的硏究≫시기에서 이미 그 단서를 찾아볼 수 있다. ≪硏究≫의 자료에 따르면 문백은 서로 혼동되어 가고 있었던 것 같다. 예를 들어 '街', '鞋'에는 백독형식 -a만이 있는데 이것은 ≪彙解≫와 현대 寧波音과 일치한다. '敗', '豺', '泰' 등은 문백음이 구분되지만, 그 다음의 표음이 모두 [a, ɛ, e]로 되어 있어 명확한 구분을 찾을 수 없다. '泰', '佳' 등의 운을 대표하는 이 몇 글자들은 文白異讀이 구분되는 주류로서 ≪硏究≫에 문백의 명백한

---

12 필자는 후에 ≪鄞縣通志≫에서 文白異讀의 상황이 ≪彙解≫와 같다는 사실을 발견하였다.

구분이 없었던 것은 지금의 寧波語로 검증해보면 아마도 이 글자들의 문백 분합이 이미 혼란해져가고 있었기 때문인 것 같다. 이것은 문백형식이 그 시기에 이미 소실되어가고 있었음을 말해준다. 현대 寧波방언의 이들 글자에는 단지 -a 하나의 독법만이 있다. ≪研究≫에서 文白異讀의 구분이 명확한 것은 '也', '謝', '怪', '壞' 네 종류의 글자 뿐이다. '也, 謝'의 문독은 -iE, -i 이고, 백독은 -ia이다. '怪, 壞'의 문독은 -ue이고, 백독은 -ua이다. 이 같은 문백의 대립은 ≪彙解≫와 일치한다. 지금은 '也, 謝, 怪' 세 종류의 글자는 각각 -ia, -ua 한 종류의 형식으로만 읽혀 문독형식은 ≪研究≫시기 이후 이미 소실되었고, 壞類의 글자(壞, 懷)만이 백년 전의 문백대립의 흔적을 보존하고 있다. 그러므로 하나의 새로운 음변화의 힘이 문백경쟁에 개입하게 되면 그것은 문백경쟁을 간섭하고 변천의 방향을 변경할 수 있어 어음체계에 새로운 구조의 틀을 발생케 한다.

'문백대치'에서 '백승문패'에 이르기까지는 일종의 거꾸로 가는 음변화이다. 이 같은 현상은 드물게 보이나 중첩식 음변화에 예외가 생기게 하는 하나의 원인이므로 개별 토어의 단어에 잔존하는 백독형식과 마찬가지로 음변화를 연구할 때 주의를 기울여야 한다.

16.2.5 문과 백 두 형식의 경쟁에서 승패의 대세가 결정되면 경쟁은 완화될 수 있을 것이다. 때문에 소수의 잔존형식들은 그것이 기생하는 단어의 생명력에 기대어 호흡하며 어음체계에 남게 된다. 이것이 우리가 방언에서 볼 수 있는 잔존하고 있는 일련의 백독형식 혹은 문독형식이다. 이 같은 잔존형식은 중첩식 음변화의 예외이며, 이 예외의 성질은 계열적 음변화, 산발적 음변화의 예외와는 다르다. 이것은 문백경쟁 중의 생존자로서, 모든 잔존형식은 비록 개별적인 사실이지만 체계적인 성질을 가지고 있고 옛 음을 보존하고 있어, 개별적인 사실을 통하여 일반적인 사실을 살펴볼 수 있게 하기 때문에 언어사 연구에서 중요한 가치를 지닌다. 李榮 (1965b)는 우리에게 이 방면에 관해 중요한 계시를 주고 있다. 일반적으로

≪切韻≫에서 群母는 三等만이 있었다는 설을 전통적인 운서, 운도를 연구할 때에 연용하고 있으나, 현대의 吳방언, 閩방언의 백독음에는 오히려 一二四等의 群母 글자의 흔적이 남아있다는 것이다. 李榮이 사용한 재료는 많지 않으며, 단지 후대의 운서가 見, 溪, 疑, 匣 각 자모로 귀납한 13 글자이다.

一等：摳(見)隑(溪)寒汗猴厚(匣)
二等：摜鯁(見)咬(疑)環衙懷(匣)
四等：懸(匣)

이들 글자는 지금의 吳, 閩방언과 일부 粤방언의 백독에서는 성모가 파열음으로 읽힌다. 예를 들면 아래와 같다.

	摜扔, 甩	隑倚, 靠		摜扔, 甩	隑倚, 靠
安徽 黟縣	kua ꜗ ꜅	kuaɯ ꜗ ꜅	浙江 嘉興	ɜuɡ ꜙ ꜅	ɡɜ ꜙ ꜅
安徽 休寧東洲		kuə ꜙ ꜅	浙江 紹興	ɡuɛ̃ ꜘ ꜅	ɡe ꜘ ꜅
江蘇 泰州	꜀kʼuɛ̃ ꜗ	kʼɛ ꜓ ꜅	浙江 義烏	ɡua ꜓ ꜅	ɡe ꜓ ꜅
江蘇 如皋	꜀kuɛ̄ ꜗ	kʼɛ ꜓ ꜅	浙江 金華	ɡua ꜓ ꜅	ɡai ꜓ ꜅
江蘇 蘇州	ɡuɜ ꜗ ꜅	ɜɡ ꜗ ꜅	浙江 溫嶺	ɡuɛ ꜙ ꜅	ɡie ꜙ ꜅
上海	ɡuɛ ꜅	ɡɛ ꜅	浙江 溫州	ɡa ꜙ ꜅	ɡe ꜙ ꜅
			浙江 平陽	ɡɔ ꜙ ꜅	ɡe ꜙ ꜅

李榮은 이것들을 고대 群母가 파열음으로 읽혔던 것의 잔류로 여기면서 다음과 같이 말했다. "고대 群母의 一二四等이 나타나는 지역이 있는데, 윗글에서 서술한 바와 같이 江蘇, 上海, 浙江, 安徽, 福建, 廣東 등의 省과 도시가 있으며 이들 지역은 지리적으로 서로 연결되어 있다. 江蘇와 福建, 두 省에서 '環'과 '猴'가 파열음으로 읽히는가 혹은 마찰음으로 읽히는가의 경계선은 아마도 두 省의 고대 群母에 一二四等이 있었던 지역의 경계에

접근해 있는 것 같다." 이 같은 현상은 백독에 잔존하는 개별적인 사실들이 언어사 연구에 있어 일련의 중요한 문제의 해결에 도움을 주므로 결코 간단히 제외시켜 둘 수만은 없음을 말해준다. 臺灣의 陳新雄(1981:246)은 群母의 음가를 재구할 때, 이것을 유성 마찰음 ɣ-의 분화, 즉 -i의 앞에서 群母 g'-로 변한 것으로 여겼다. 그러나 그는 자신의 학설을 그럴듯하게 둘러대는데 만족하고 있을 뿐 李榮(1965b)이 제기한 방언 재료에 대해서는 어쩔 도리가 없고, 어떻게 대응할 수 없어 "반박할 수 있는 더 좋은 이유가 없다"고 하였다.[13] 이 같은 곤혹스러움이 생긴 것은 첫째, 그가 방언재료와 서면재료를 결합시키지 않았기 때문이고, 둘째로는 文白異讀에 구현된 음변화의 성질을 확실히 하지 않았기 때문에 언어사연구에서 잔존하고 있는 백독의 가치를 이해할 수 없었던 것이다.

16.2.6 중첩식 음변화에서 문백 두 형식의 경쟁은 음류를 단위로 하는데, 그 경쟁과정을 보면 하나하나씩 바뀌는 확산의 방식을 취하고 있어 산발적 음변화와 같아 보인다. 그러나 이 같은 유사함은 표면적인 것일 뿐이며, 실제로 중첩식 음변화과 산발적 음변화에는 원칙적으로 다음과 같은 차이가 있다.

....

13 群모의 옛 독음에 대해서는 대체로 두 개의 대립되는 견해가 있다. 칼그렌은 群과 匣母는 상보하고 두 母는 원래 한 종류인데 匣은 상고의 g'-에서 나온 것이라 여겼다. 羅常培, 董同龢는 匣과 喩三은 상보하며 본래 한 종류였으나 群母와는 무관하다고 여겼다. 陳新雄은 이 두설을 아울러 받아들여 두 대립적인 의견을 조화시키려고 하였다. 때문에 群, 匣, 喩三에 대해 아래와 같은 재구를 하였다.

$$
\gamma \left\langle \begin{array}{l} \gamma\text{-} \left\{ \begin{array}{ll} +\ 非\ \underline{i}\ 韻母 & \rightarrow\ \gamma\text{- (匣母)} \\ +\ \underline{i}\ 韻母 & \rightarrow\ \text{g'- (群母)} \end{array} \right. \\ \gamma j\text{-} \quad +\ \underline{i}\ 韻母 \quad\ \rightarrow\ j\text{- (爲母)} \end{array} \right.
$$

이 재구는 고려해야 할 필요가 있는 듯한데, 이는 언어재료의 검증을 이겨내지 못하므로 작자는 언어재료의 증거에 직면하지만 반박의 이론을 제기하지 못하고 있으므로 또한 이상하게 여기기엔 부족하다.

첫째, 산발적 음변화는 어음체계 내부 음류 간의 분화와 합류로 변화 전후의 두 음류는 일종의 '변화'의 관계에 있다. 예를 들면 祁縣방언의 일부 ts류 성모는 tʂ류 성모에서 변화한 것이고(§14.3), 寧波방언의 운모 -yoŋ의 일부는 -yŋ에서 변화한 것이다(§12.3.2). 중첩식 음변화는 이와 달라서 문백 두 형식은 체계 내부의 음류의 분합관계가 아니라, 다른 음류 사이의 '이화접목移花接木'식의 차용 관계이다. 말하자면, 문과 백은 '변화'의 관계가 아닌 것이다. 즉, 문독형식이 백독형식에서 변화한 것은 아니며, 백독형식이 문독형식에서 변한 것도 아니다. 이것은 중첩 음변화의 성질이 산발적 음변화와는 다르다는 것을 설명한다.

둘째로, 산발적 음변화와 중첩식 음변화가 모두 음류를 단위로 하지만, 실제 내포하고 있는 내용은 다르다. 文白異讀의 음류 차이는 雅/土 두 종류의 풍격색채의 차이는 구현할 수 있으나, 산발적 음변화에서 음류교체(祁縣의 '招' 성모의 tʂ/ts 교체와 같은)는 단순한 어음상의 차이로서, 어떤 형식으로 읽어도 雅/土의 풍격색채와는 전혀 무관하다. 바로 이 때문에 文白異讀의 음류 차이는 엄격한 어휘조건의 제약을 받는다. 동일한 형태소로 구성된 각각의 단어 중, 어떤 단어에서는 백독으로 읽히고, 어떤 단어에서는 문독으로 읽혀 문백이 경쟁하는, 즉 쌍방이 대립할 때의 과도기적인 상태일 때를 제외하고는 엄격한 어휘의 제약을 받아 상호교환이 불가능하나 산발적 음변화 과정에 있는 두 음류의 어휘조건에는 이와 같은 제약이 없다. 寧波방언의 형태소 '軍'의 독음을 예로 들면, 중년 세대는 대부분 tɕyŋ~tɕyoŋ 두 가지 방법으로 읽는데, 이 두 가지 독법은 어휘 조건과 무관하여, '軍'형태소로 구성되는 단어는 모두 tɕyŋ~tɕyoŋ 두 가지 방법으로 읽을 수 있으며 이것에 雅/土의 풍격색채의 차이는 없다. 바로 이 같은 이유 때문에 언어집단의 구성원은 심리적으로 文白異讀의 음류 차이를 뚜렷이 인식하고, 아울러 각기 적합한 언어소통의 영역에서 사용한다. 산발적 음변화에 의한 두 음류에 대하여서는 언어집단의 구성원의 심리에는 이러한 의식이 없어, '軍'을 tɕyŋ으로 읽든 tɕyoŋ으로 읽든, 寧波사람들은 이에 크게 개의치 않는다. 이 두 형식의 운용 상황 또한 특별한 차이가 없어, 일상적인 의사소통에서나 공식적인 상황에서도 tɕyŋ과 tɕyoŋ은 모두 사용할 수 있어 tɕyŋ~ tɕyoŋ의 어음 차이는 寧波사람에게는 모호하다고 할 수 있다. 이 같은 상황은 중첩식 음변화와 산발적 음변화에 원칙적 차이가 있음을 진일보 설명해준다.

셋째로, 산발적 음변화에는 중단된 변화가 생길 수 있는데(§12.5), 이 중단된 변화로 인하여 이미 변화한 음은 아직 변화가 다 이루어지지 못한 음과 나누어지나, 일단 변화한 음은 다시 옛 음으로 되돌아 변할 수 없다. 예를 들면, 寧波방언의 '看'은 변화가 중단되어 kʰi가 되었는데, 이는 다시 고대음으로 돌아가 kʰɛ로 읽을 수도 없고, 그 본래 같은 운이었던 형태소 '刊'과도 동음이 될 수 없다(§12.5.2). 문백경쟁 과정 중의 중첩식 음변화에는 중단이 있을 수 있을 뿐 아니라, 옛 음으로 되돌아 변할 수도 있어서 이미 변화하였거나 혹은 변화하고 있는 음류로 하여금 다시 생명력을 회복하여, '문승백패'의 경쟁 과정을 '백승문패'의 과정으로 변하게 하기도 한다. 이것은 곧 변화가 끝난 음이 다시 옛 음으로 변화하여, 경쟁 전의 어음상태와 동일하게 혹은 유사하게 회복될 수 있음을 말한다. 이러한 면에서 寧波방언은 하나의 생동적인 예를 제공한다.

이 같은 현상을 통해 분명히 알 수 있는 것은 중첩식 음변화와 산발적 음변화는 원칙적으로 구별된다는 것이다. 중첩식 음변화는 특수하며 독립적인 하나의 음변화 유형이다.

16.3 중첩식 음변화와 언어변화의 시간층위

16.3.1 '다른 체계의 同源음류의 중첩'은 체계에서 문백 두 형식의 공존과 경쟁을 의미할 뿐 아니라 언어변화의 시간층위도 내포하고 있다. 중첩 자체가 변화의 시간층위를 내포하고 있는데, 층층으로 된 포개진 언어 상태를 통해 언어 변화의 일련의 중요한 단서를 투시해 볼 수 있으므로, 우리는

여기에서 방언 간의 상호영향 및 한 방언의 변화에 대한 다른 방언의 영향을 볼 수 있게 된다.

16.3.2 체계 내에서 문독형식의 발생으로 중첩이 나타나더라도, 문독형식 그 자체의 지위는 결코 고정불변인 것이 아니며, 사회조건의 변화와 문화중심의 전환 그리고 위세방언의 교체 등에 따라 언어에는 새로운 문독형식이 생길 수 있다. 이 새로운 문독형식은 예전의 문독형식을 백독층으로 밀어 내어, 중첩의 층위는 복잡한 양상을 띠게 된다. 聞喜방언의 文白異讀은 비교적 복잡하고 청소년과 중노년층 사이에 차이가 나타나므로, 언어 변화의 시간층위를 정리할 수 있는 중요한 객관적 근거가 될 수 있다. 다음을 비교해보자.

年齡層 ＼ 例語音	床 文	床 白	水 文	水 白	社 文	社 白	車 文	車 白	蘇 文	蘇 白	陪 文	陪 白
中老年	꜀pfʌŋ꜊	꜀pfə꜊	꜀fi	꜀fu	꜀siɛ/꜀sə	꜀sa	꜀tsʰiɛ	꜀tsʰa	꜀səu		꜀pʰi	
青少年	꜀tsʰuʌŋ꜋	꜀pfə꜊	꜀suei	꜀fi/꜀fu	꜀sə	—	꜀tsʰə	꜀tsʰiɛ	꜀su	꜀səu	꜀pʰei	꜀pʰi

중노년과 청소년 두 세대 사이의 文白異讀의 차이를 비교해 보면, 중노년 세대의 문독이 청년세대에서는 이미 백독으로 변하였다는 것과 표준어에 가까운 새로운 문독형식이 청소년의 언어에서 활발히 나타나고 있다는 것을 쉽게 발견할 수 있다. 이처럼 들쑥날쑥한 중첩상태는 언어 변화를 탐색하는데 있어서 매우 가치 있는 재료가 된다. 이 같은 들쑥날쑥한 중첩상태에 의거하면 대략 세 개의 시간층위로 구분할 수 있다.

1. 新文讀層
2. 舊文讀層, 곧 중노년의 문독층
3. 土語層

신문독층의 시간층위는 비교적 명확한데, 이는 50년대 이후 표준어의 영향을 받은 결과이다. 중노년 세대는 이 새로운 문독형식에 분명한 외래 색채가 있음을 알기 때문에, 의사소통 과정에서 배타적인 태도를 보인다. 그러나 '社會主義'의 '社'자의 경우, 설사 가장 '완고'한 노인 세대조차도 이를 새로운 문독형식인 ₍sə(운은 변했지만 성조는 변하지 않음)로 읽는데, 그것이 비록 이 단어에서만 ₍sə형식으로 읽고 '人民公社', '社會' 등과 같은 그 밖의 단어에서의 '社'는 여전히 ₍siɛ로 읽는다 하더라도, 이는 또한 배척의 방어선이 이미 무너졌음을 설명하는 것이다.

구문독층의 어떤 어음형식은 청소년에게는 이미 백독이 되었지만, 상대적으로 토어층에서는 여전히 문독일 수가 있다. 그것은 실제로 문독에서 백독으로 바뀌어가는 과도적인 단계에 있으므로 일단은 '舊文讀'이라고 칭하기로 한다. 구문독이 어떠한 시간층위의 어음을 반영하고 있는지는 확실히 알기 어렵다. 구문독의 주요 내용은 다음과 같다. 知·照系의 합구자는 pf, pfʻ, f로 읽는다. 麻開三은 -iɛ로 읽히고, 蟹攝 一等의 咍, 泰韻은 -æe, -uæe로, 蟹合三四와 止合三의 각 韻들은 -uei로 읽히며, 宕(江), 曾, 梗, 通 다섯 攝은 모두 -ʌŋ, -iʌŋ,[14] -uʌŋ으로 읽혀 臻攝이 -êi, -iêi로 읽히는 것과는 다르다는 점 등이다. 1918년에 출판된 ≪聞喜縣志≫를 보면 麻開三이 -iɛ로 읽힌 흔적은 없는 것 같은데, 이는 -ia, -a로 읽히는 麻開二의 글자로 注音을 했기 때문이다.

麻馬禡韻	斜	邪	些	爺	野	夜	爹	賒	捨	借	惹
方音	讀如韻	霞		蝦	衙	訝	厯	貂牙切	紗	紗上聲	假	

지금 노인들의 백독은 대체로 이 같은 어음상태를 아직도 유지하고 있는

---

14 -iʌŋ 중의 'ʌ'은 실지로 하나의 과도음으로 짧고 약하므로, '鄉'은 약간 북경어의 '星'처럼 들린다.

데, 당시의 麻三을 살펴보면, 지금처럼 그렇게 분기된 독음은 없었던 것 같다. 麻三의 독음이 -iɛ인 것은 늦게 생겨난 어음형식으로 보이는데, 지금과의 시간적 거리가 그렇게 먼 것 같지는 않다. 宕(江), 曾, 梗, 通 각 攝의 문독이 같은 음이었는지의 여부에 대해서는 方志에서는 뚜렷이 반영하고 있지 않고, 단지 宕(江), 曾, 梗 각 攝의 운류가 당시의 聞喜방언에서 어떤 음과 叶音하였는지를 나누어 보여주고 있는데, 예를 들면 "庚青梗逈敬 등의 徑韻 글자는 佳蟹 과 같은 泰韻 글자와 叶한다"라 하여 '驚'이 '街'로 읽혔음을 밝히고 있지만 '驚에 문독이 있을까 없을까?', '江과는 같은 음인가 아닌가?' 등의 문제에 대한 설명은 없다. 이 다섯 攝의 문독의 운은 같지만 臻攝과는 다른데, 이것은 聞喜방언 주위의 위세방언(晋中, 關中, 河洛)에서는 어떠한 흔적도 찾아볼 수 없다. 이로 보아 이러한 독음은 어떠한 하나의 방언에서 온 것도 아니며, 서면전통으로 전해 내려오는 독음일 가능성도 없는 것 같다. 이러한 독음은 아마도 문독형식이 발생한 후에 또 그 이후에 변화하는 과정에 합류한 것일 것이다. 知·照系의 합구자가 pf, pf', f로 읽히는 것은 이미 方志에 분명히 반영되어 있다. 方志에서는 '中, 將, 追, 吹 ……' 글자 아래에 주석을 하며 "이하에는 注를 하기에 적당한 글자가 없는데, 脣音을 脣齒音으로 바꾸어 읽으면 맞게 된다"라고 밝히고 있다. '音變第二表'의 설명에서도 "글자가 있다는 것은 注를 할 수 있다는 것인데, 무릇 注를 하지 않는 것은 모두 注할 만한 글자가 없다는 것이니, 雅音에는 이 같은 류의 음이 없기 때문에 순음으로써 순치음을 바꿔 그것을 읽으면 가능하다"고 하고 있다. 이 같은 독음은 關中방언과는 비교적 밀접한 관계가 있는 것 같은데, 언제 이것이 聞喜방언으로 스며들었는지 현재로는 조사할 수 있는 방법이 없다. 關中지역에서의 pf, pf'의 실제 발음 특징에서 볼 때, 시간이 너무 오래되었다고는 없다고 추정한다. 白滌洲(1954:6)는 이들 음의 음가에 대해 다음과 같이 서술하였다. "知·照系의 글자를 읽을 때 혀끝으로 잇몸을 막는데, 만약 번거롭지 않다면 마땅히 pf로 써야 한다.(1933년 4월 15일 羅常培에게 보낸 편지)" 또한 "知·照系의 글자가 pf', pf'로 읽힐 때를 자세히 살펴보면, 윗니가 아랫입술을 바짝 막고 혀끝은 윗잇몸에 위치하여 파열음을 내는데, 이것은 대략 tʂ, tʂʻ에서 pf, pfʻ로 변하는 과도음이다." 1930년대에는 아직 tʂ, tʂʻ에서 pf, pfʻ로 변화한 변천과정의 과도적 흔적을 상실하지 않았는데, 이는 이러한 음변화의 시간적 거리가 지금으로부터 너무 멀 수는 없다는 것을 설명하는 것이다. 이상의 여러 자취를 통해, 어쩌면 聞喜방언의 구문독이 아마도 근대 혹은 근고시기의 어음상태를 반영하는 것일 수 있다고 말할 수 있을 것이다.

聞喜방언의 토어층에서 帮組 성모 개구 三, 四等이 설첨음으로 읽힌다는 것(예를 들면 '餠'의 문독은 ʻpiʌŋ, 백독은 ʻtiʌŋ이 되는 것 등) 외에 그의 주요 특징은 다음과 같다. 중고 시기의 유성음 성모의 파열음과 파찰음은 성조의 平仄과 상관없이 일률적으로 유기음이다. 宕(江)과 果攝 글자가 합류하였고, 曾(-ẽi, -iẽi, 臻攝의 개구운과 같음)과 梗(-iɜ, -uiɜ, -yɜ)이 분화하였으며, 通攝이 -uẽi로 읽혀 臻攝 합구운과 같다는 것 등이다. 기타 다른 방언에서는 이 같은 음변화의 특징을 찾기 힘든데, 그것과 宋代 西北方音을 반영하는 西夏文의 注音이 일치하는 것은 이 토어층이 천년 이전의 중국어 西北방언의 일련의 상황들을 반영하고 있음을 말해주는 것이다.

西夏는 1038년에 건국되어 1227년에 망하였는데, 대체로 宋 왕조(960~1279)의 활동 시기와 비슷하다. 주로 서북지역에서 활동하였는데, 지금의 寧夏, 甘肅의 대부분과 陝西의 북부, 內蒙古의 서부와 靑海 동북부를 포함하고 있으므로 西夏문헌에 반영된 중국어 방음을 宋西北方音이라 한다. 聞喜방언의 토어층과 宋西北方音은 유사점이 매우 많다. 王洪君(1987: 24~33)은 일찍이 이 문제에 대해 많은 성과를 냈는데, 지금 그 중의 한 예를 들어 일부분을 살펴보자.

중고의 유성음 성모는 그것이 평성인지 측성인지와는 상관없이 聞喜와 晉南지역의 백독층에서는 일률적으로 유기 무성음으로 읽힌다. 예를 들어 보자.

浦(並, 平) $_c$p‘u	步白(並, 去) $_c$p‘u
蟲(澄, 平) $_c$pfˆʌɳ	重白(澄, 上) $_c$pfˆʌɳ
槽(從, 平) $_c$ts‘ao	皀白(從, 上) $_c$ts‘ao
題(定, 平) $_c$t‘i	第白(定, 去) $_c$t‘i
渠(群, 平) $_c$tɕ‘y	局白(群, 入) $_c$tɕ‘y
葵(群, 平) $_c$k‘uei	跪白(群, 上) $_c$k‘uei

이 같은 어음현상은 宋西北方音과 일치한다. 우리가 만약 西夏語의 상황
를 반영한 《文海》의 반절상자를 계련하여 성모를 귀납하고, 다시 거기에
사용된 한자 注音을 살펴보고, 西夏文의 티베트어 주음과 병용하여 검증하
면, 宋西北方音에서 중고 유성음 성모의 실제 음가를 쉽게 발견할 수 있을
것이다.

p類-10개의 반절상자를 사용하였는데, 이 반절상자를 이용하여 주注한
주음한자는 '北布百柏八不筆畢篳彼碧璧錍杯寶波菠簸芭鉢兵變崩半播板攀
哺豹鞭貝背巴擺丙餅並賓稟邊'이다. 이 중 '攀哺' 두 글자를 제외하면 전부
幫母 글자 無氣音인데, 그 티베트어의 注音은 pa, pu 등이다. 이것은 자연
히 무기무성음 p-이다.

p'類-18개의 반절상자를 사용하였는데, 이 반절상자를 이용하여 주한 주
음한자는 '巴芭把(이상 帮母)普菩洎珀玻霹帕攀判破坡(이상 滂母)部白備被
鼻罷拔哺孛觺脖病鏹便(이상 並母 仄聲)葡蒲皮琶脾凭琵盤裴平瓶明龐傍旁
(이상 並母 平聲)'이다. '巴芭把' 세 글자를 제외하면 모두 유성음 성모와
유기무성음 성모인 글자이다. 이러한 한자 주음을 사용한 西夏文의 티베트
어 주음은 phi, phu, pho, phat 등이다. 기타 유성음 성모인 글자의 음류분
합 관계는 이와 같기 때문에 여기서는 하나하나 나열하지 않겠다.[15] 이 같
은 현상은 중고의 유성음 성모인 글자가 宋西北方音 시기에 이르러서 이미
무성음화하였고, 그 파열음과 파찰음도 전부 유기음으로 변화하였음을 분

....
15 黃振華(1983:66~124) 참조.

명히 설명해 준다.

宋西北方音의 기타 어음특징으로는 宕(江)과 果의 합류, 曾과 梗의 분화, 梗의 二等과 三, 四等이 두 종류로 나뉘어졌다는 것, 曾, 通 두 攝의 백독과 臻의 합류가 가져온 -n운미 등이 있는데, 이것들은 모두 지금의 聞喜방언의 토어층 어음체계 특징과 부합된다. 이같이 우리가 파악한 것을 정리하면, 聞喜방언 토어층의 음류 분합관계에는 宋西北方音의 특징이 보존되고 있다는 것이다. 그러므로 우리는 어쩌면 聞喜방언의 토어층이 대체적으로 北宋과 南宋 시기의 중국어 서북방음의 어음상태를 대표할 수 있다고 말할 수 있을 것이다.

16.3.3 이같이 聞喜방언 어음체계 내부의 가지런하지 않은 중첩상태에 의거하여 세 개의 시간층위를 나누었는데, 그 전후의 시간상 거리는 천년 안팎이다. 그러나 이렇게 시간층위를 나누는 것은 세밀하지는 않은 것이다. 사실 두 개의 시간층위 사이에서 다른 방법을 통해 일련의 과도 부분들을 찾아낼 수 있다면 층위 구분은 더 세밀하게 될 것이다.

앞에서 서술한 것과 같이 文白異讀은 단어와 문장에서 雅/土와 같은 서로 다른 풍격색채를 나타내기 위해 음류교체를 할 수 있다. 형태소에서 성모, 운모, 성조의 교체는 각각 독립적으로 진행되는데, 이 때문에 한 형태소의 文白異讀이 만약 동시에 두 개 혹은 두 개 이상의 음류교체와 관련된다면 문백이 복잡하게 뒤섞인 배합형식이 나올 수 있는데, 여기서 일련의 과도적인 상태를 찾아볼 수 있을 것이다. 聞喜語의 '道'자의 세 가지 독음을 비교해보자.

1. ₌t'ao 성모와 성조가 모두 백독형식
2. ₌tao 성모는 문독형식, 성조는 백독형식
3. tao² 성모와 성조 모두 문독형식

운모 -ao에는 문백의 대립이 없으므로 자연히 교체가 있을 수 없다. 聞喜

방언에서는 위 두 번째의 성모와 성조의 문백이 서로 복잡하게 뒤섞인 형식은 상당히 활발히 나타나고 있으며, 특히 심지어 젊은이들 사이에는 상당히 자유롭다고까지 말할 수 있다. 뒤섞여 배합된 형식이 이같이 활발하고 자유롭게 사용되고 있다는 사실은 바로 이 두 종류의 문백 교체현상이 아직도 적극적으로 증가하고 발전하는 단계에 놓여 있으며 단어와 문장의 독음에 있어서는 아직 경쟁적 대치단계에 놓여 있음을 설명해준다. 그러나 이같이 문백이 서로 뒤섞여 배합된 형식은 종종 이전 한 시기의 언어 상태가 이후 한 시기의 언어 상태로 옮겨가고 있다는 일련의 중요한 정보를 알려주고 있는데, '道'의 ₌tao와 같은 음이 바로 백독형식이 문독형식의 위치로 넘어가는 과도적 현상을 구현한 것이다. 이것은 현재 진행 중인 경쟁으로 드러난 차이지만 그것이 제공하는 정보는 역사상 이미 완성된 음변화와 똑같이 적용된다. 우리는 바로 문백이 서로 뒤섞여 배합된 형식을 이용하여 언어변화의 시간층위를 세밀하게 할 수 있다. 예를 들면 聞喜방언의 帮組의 개구 三, 四等의 문독형식은 p-, pʻ-, m- 이고, 백독형식은 t-, tʻ-, l-(혹은 四鄉의 n-)이며, 梗攝 글자의 문독형식은 -ʌŋ, -iʌŋ이고 백독형식은 -iɛ이다. 이 두 종류의 文白異讀의 교체는 아래와 같은 배합형식을 띠고 있다(표를 간단하게 만들기 위해 여기서는 성조를 고려하지 않았다).

配合方式　　語音　例	文·文	文·白	白·文	白·白
餅	ᶜpiʌŋ		ᶜtiʌŋ	
病	₌piʌŋ꜔			₌tʻiɛ
平	₌pʻiʌŋ			₌tʻiɛ
名	₌miʌŋ	₌miɛ		₌liɛ

　여기서 '文·白'과 '白·文'의 성모와 운모가 뒤섞인 배합형식은 대체로 당시의 성모와 운모의 문백교체가 비교적 자유롭고 활발했던 시기로부터 전해져 내려오는 흔적으로서, '白·白'의 성모와 운모의 결합과 '文·文'의

성모와 운모의 결합 사이에 일련의 과도기적인 상태가 있었음을 설명해준다. 그러므로 문백의 결합이 뒤섞인 형식 또한 언어의 변화 층위에 일련의 중요한 단서를 제공하는 것이다. 대체적인 상황을 말하자면, 이같이 뒤섞인 결합형식의 종류는 점차 많아지고 있으며, 그것이 언어변화의 시간층위에 제공하는 정보 또한 점차 세밀해지고 있다.

文白異讀의 중첩이 존재하는 어음체계에서는·언어변화의 시간층위를 찾아낼 수 있으므로 이는 언어사연구에 중요한 방법론적 의의를 갖는다 할 수 있다.

16.4 중첩과 내적 재구의 방법의 개선

16.4.1 §10.4.3에서 말했듯이 내적 재구의 방법에는 세 가지 결점이 있는데, 어음체계 내의 각종 변이와 언어 변화 사이의 관계를 해결할 수 어렵다는 것, 변화의 시간적 단계를 명확히 알 수 없다는 것, 그리고 어음의 합류문제를 해결할 수 없다는 것이다. 문독형식의 발생 이후 체계 내에 생겨난 중첩상태는 내적 재구를 행하는 중요한 언어 기초이다. 만약 이것을 합리적으로 분석할 수 있다면, 내적 재구의 방법을 보충하거나 수정하여 언어체계 동질설을 기초로 하는 내적 재구의 방법이 해결하지 못한 일련의 문제들을 해결할 수 있을 것이다.

16.4.2 文白異讀의 '異'는 언어변화의 시간층위를 내포하고 있으며, 이는 일찍이 사람들의 주의를 끌었다. 미국의 언어학자 제리 노먼(Jerry Norman, 1979:270~271)은 閩방언에서 한 형태소에 세 종류의 다른 어음이 있는 것에 근거해 閩방언을 세 개의 다른 시간층위로 나누었다(漢, 南朝, 唐). §16.3에서 분석한 多層 중첩과 그것과 언어변화와의 관계도 공시적인 어음체계 내의 통시적 요소를 찾아내고 변화의 단계를 배열하여, 공시적인 어음체계를 통시화하고, 이로써 언어변화의 시간층위라는 내적 재구의 방법이

밝히지 못했던 결함을 보완하기 위한 것이었다. 언어체계 동질설은 언어를 단위 간의 상호관계로 구성된 완전히 정태적인 구조로 보았기 때문에 모든 요소를 언어의 공시 체계 안에 집어넣었다. 그리하여 공시적 형식을 분석할 때, 그 역사적 근원은 고려하지 않았을 뿐 아니라 체계 이외 요소들의 간섭을 철저히 배척하였다. 그리하여 공시구조에서 내적 재구의 방법을 사용하여 통시적인 자취를 찾으려 할 때에도 체계 내에서 계열적 음변화로 조성된 차이에만 국한될 뿐이었다. 이렇게 어음체계 내의 文白異讀과 같은 차이는 누구도 관여할 수 없는 영역이 되었다. 이것은 언어체계 동질설이 이론적으로 많은 한계를 내포하고 있음을 말해준다. 어음체계에서의 중첩식 변이에 근거하여 평면구조로 압축된 공시적인 어음체계를 펼쳐 서로 다른 어음체계가 중첩되어 있는 통시적인 어음체계가 되도록 해야 한다. 이는 마치 하나의 접이식 여행용 컵과 같아서 언어체계 동질설은 단지 언어체계를 납작하게 눌린 평면구조로 볼 뿐(그림 1 같이), 그림에서 점선이 제시하는 역사적 침적은 보지 못한다. 그러나 어음체계 내의 중첩을 이용하여 접혀서 평면이 된 구조를 펼치는데, 잠시 각 평면구조 사이의 미세한 층위의 구분을 상관치 않는다면, §16.3에서 분석한 聞喜방언 어음체계의 구조는 그림 2가 보여주는 형태가 될 것이다.

그림 2에서 위의 서로 다른 두 개의 평면은 다른 층위의 백독음이 대표하는 어음체계와 같다. 언어에서 文白異讀 현상이 풍부해질수록, 형태소의 이독형식은 더욱 많아지며, 공시구조에서 뽑아 낼 수 있는 통시적 층면이 많아질수록, 내적재구에 제공할 수 있는 단서는 더욱 다양해질 수 있다. 중첩되어 있는 각각의 어음체계가 비록 서로 다른 시간층위와 서로 다른 방언체계를 대표한다고 해도, 문백 대립이 없는 음류에 연계되어 있으므로 '分' 가운데 '合'이 있고, '異' 가운데 '同'이 있게 되어 모두 하나의 어음체계 내에 있게 된다. 이것이 '다른 어음체계의 同源음류 중첩'이 언어를 내적 재구의 방법으로 연구하는 데에 제공될 수 있는 일련의 중요한 계시이며, 변화의 시간층위를 볼 수 있게 해 주는 것이다.

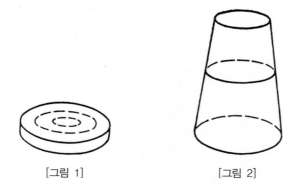

[그림 1]   [그림 2]

16.4.3 '동일 어음체계의 異源음류 중첩'의 성질은 앞에서 분석한 중첩
과는 다르므로 내적 재구에서의 그 가치 또한 다르다. 먼저 山西 祁縣방언
에서 宕攝 글자의 白讀과 그것과 중첩한 假, 效攝과 유관한 韻類 간의 관계
를 비교해보자.

例	桑白	沙	韁白	家	光白	高白
條件	宕開一唐 (非幇系) 宕開三陽 知·章組	假開二麻 (非見系)	宕開三陽 (非知·照系)	假開二麻 見系	宕合一唐, 合三陽 宕開三陽 莊組 宕開一唐 幇組	效開一豪 效開三宵知 照系
語音	$_c$sa		$_c$tɕia		$_c$ku^u	

祁縣방언에서 宕攝 글자의 문독형식은 -ã, -iã, -uã 이고 效攝 글자의 문
독형식은 -ɑo, -iɑo 인데 표에서는 생략하였다. 백독 형식과 유관한 운류와
의 중첩 관계를 비교하는 데에는, 언어 내부의 사실을 이용하여 어음 단위
가 합류한 현상을 분석하고, 아울러 그 속에서 어음이 변화한 단서와 층위
를 밝혀낼 수 있다. 이것은 언어체계 동질설을 기초로 하는 내적 재구의

방법이 해결하지 못한 난제이다. 표의 예에서는 세 종류의 중첩 방식이 나타나 있는데, 여기서 세 가지 유형이 합류한 현상의 단서를 엿볼 수 있다.

먼저 '桑白'이 대표하는 宕攝 開口 一等韻(開口 三等韻의 知·章組를 포함한다. 이하 같음)의 백독음은 假攝 開口二等의 麻韻(上聲과 去聲을 포함한다. 이하 같음)와 중첩되어 모두 -a로 읽힌다. 이는 宕攝의 글자 *-ɑŋ, *-iaŋ, *-uɑŋ, *-iuaŋ(李榮의 ≪切韻音系≫에 근거함)에서 비음운미가 탈락하여 음성운으로 읽힐 때, 果攝 글자의 모음 *-ɑ는 이미 고모음화했고, 그래서 聞喜방언에서와 같이 宕과 과果는 합류하지 않고(§16.1.3, 16.3.2) 麻二의 -a와 중첩되었다.

다음으로 '繮白'이 대표하는 宕攝 開口三等 陽韻의 글자는 비음운미가 탈락한 후 -ia로 읽히는데, 이것은 표면적으로는 麻二의 見系 글자 -ia와 합류(繮=家)하여 어음체계구조의 체계성 원칙에 부합되며 이치에도 어긋나지 않는 것 같다. 그러나 실제 상황은 그렇지 않다. 麻二 見系 글자의 -ia는 문독음으로, 백독의 -a와는 대립된다. 비교해보자.

例	文	白
下	ɕiaꜛ	xaꜛ
夏	ɕiaꜛ	xaꜛ
啞	꜊ia	꜀ŋa
舺~腰		꜀xa

이 문독형식은 후에 생긴 형식으로, 陽韻 글자의 백독형식 -ia보다 늦게 생겼음이 분명하다. 麻二 見系 글자의 백독형식 -a는 분명히 見系가 아닌 글자인 '沙'類 글자의 -a와 동일한 시간층위일 것이다. 麻三의 원래 어음형식은 *-ia이었으나, 나중에 고모음화하여 -iɪ가 되었는데(예를 들어, '姐'는 지금 ꜀tɕiɪ로 읽히고, '寫'는 ꜀ɕiɪ로 읽히는 것과 같다), 陽韻 글자의 백독음 -ia는 왜 그것과 중첩되는 것과 함께 고모음화하지 않았을까? 앞에서 이미 언급했듯이 백독음의 어음형식의 변화는 그것과 중첩하는 異源음류의 어

음변화(예를 들면, 聞喜방언의 宕攝 글자의 백독음은 果攝 글자와 중첩되었는데 그것은 果攝 글자의 모음이 고모음화 할 때 함께 고모음화 되어 지금은 -ə로 읽힌다)에 의해 결정되는데, 현재 陽韻 글자의 백독형식은 -ia이지 -iɪ가 아니다. 이것은 陽韻 글자가 -ia로 읽히기 전에 麻三의 모음 *-ia가 이미 고모음화했음을 설명한다. 이는 바로 麻三의 *-ia와 陽韻의 백독음 -ia는 동일한 시간층위에서 일어난 언어현상이 아니라는 것을 말해준다.

셋째, '光白'類 글자가 대표하는 宕攝 합구자의 백독 형식은 -uᵘ로, 唐韻 글자의 백독이 -a로 읽히고, 陽韻 글자의 백독이 -ia로 읽히는 것처럼 합구자가 이와 대칭, 평행적인 -ua로 읽혀서 麻二 합구자(瓜類)와 합류하지 않았다. 이같이 체계와 일치하지 않는 현상은 일련의 새로운 음변화의 단서를 제시할 수 있다. 우선, 합구자에서 비음운미가 떨어져 나간 시간과 그 방식은 개구의 唐, 陽韻 글자와는 다르다. 만약 *-ɑŋ, *-iaŋ, *-uaŋ으로 읽혔을 시기와 같은 시기에 계열적 음변화의 약화라는 방식으로 비음운미가 탈락하였다면, '光白'類 글자의 운모는 마땅히 -ua로서 개구와 제치의 -a, -ia와 짝을 이루어야 했을 것이나 실제 언어현상은 그렇지 않다. 이로써 단지 '光白'類 글자의 비음운미 소실은 그 시기와 방식이 개구의 唐, 陽韻 글자와는 달랐다는 것을 추론할 수 있을 뿐이다. 다음으로, '光白'類 글자의 비음운미가 탈락한 시기는 唐, 陽韻의 글자보다 빠른 듯한데, 왜냐하면 만약 반대인 경우 즉 *-ɑŋ, *-iaŋ에서 먼저 비음운미가 탈락하였다면, 그 결과는 반드시 '光白'類 글자의 ŋ운미에 영향을 미쳤을 것이다. 이 같은 흔적으로 보아, 합구 글자의 비음운미가 먼저 소실된 후에 개구와 합구의 음변화가 비로소 각각 일어날 수 있었던 듯하다. 그 다음으로, '光白'類 합구자의 비음운미는 왜 개구의 唐, 陽韻보다 먼저 변화할 수 있었을까? 이것은 祁縣방언 어음체계의 특징과 함께, 그 결과로부터 원인을 역추적해 볼 수 있는데, '光白'과 그것과 중첩인 '高白'類 效攝 글자와의 관계에서 그 변천의 자취를 탐색하고 재건해 볼 수 있다. -uᵘ로 읽히는 '光白'類 글자는 宕攝의 합구자, 開口 陽韻의 莊組(闖白, 霜白 등) 글자와 唐韻 開口의 幫組(幫白, 忙白 등) 글자를 포함한다. 陽韻의 莊組 글자는 북방방언에서는 일반적으로 모두 -u- 개음이 있어 이미 개구에서 합구로 바뀌었다. 幇組의 脣音은 본래 "개구일 수도 있고 합구일 수도 있어, 개구와 합구를 나누지 않는데",[16] 祁縣방언에서는 합구자를 따라서 변천하였다. 이는 '光ɦ'이 대표하는 이 세 組의 음이 모두 합구자임을 말해 준다. 현대 祁縣방언에서 어떤 韻類의 개구와 합구는 상호 전환하는 경향이 있는데(§14.4), -ŋ 앞의 합구 개음인 -u-가 소실되고 그 쌍순 작용이 운미의 위치에까지 전이되고, 아울러 운모의 비음성분과 결합하여 -m운미를 낳았다(§14.4.3). 이를 통하여 宕攝 합구자 또한 이와 유사한 변화를 하여, 즉 *-uaŋ의 -u-의 쌍순 작용이 운미까지 미쳐, 어음체계에서의 지위가 합구에서 개구로 바뀌는 과정을 거쳤음을 미루어 알 수 있다. 祁縣의 동쪽 이웃인 楡社(南河底)에서 宕攝의 -ŋ운미가 지금 모두 -U로 변한 것이[17] 방증이 될 수 있다. 이렇게 -uaŋ이 -au로 전환한 것은 效攝의 豪韻 글자 *-au(宵韻 知·照系의 글자를 포함한다)와 중첩하여 합류하였다. 이들은 이후에 모음이 고모음화하는 과정에서 함께 변하여 지금의 백독음 -Uᵘ가 되었다. 현대 豪韻 글자의 문독은 -ao인데, 이것은 후에 다른 방언에서 유입된 것으로 중고시기의 *-au와는 다른 시간층위의 결과이므로 여기에서는 설명하지 않아도 된다.

그러므로 우리는 동일 체계의 異源음류의 중첩에서 음류의 합류와 그 변천 과정의 자취를 살펴볼 수 있었다. 언어체계 동질설은 언어를 일종의 순수한 정태적인 구조물로 보기 때문에 -a, -ia, -ua의 공시구조에서는 그 역사적 변화과정을 탐색할 수 없었고 또한 시간층위의 차이도 해결할 수 없었다.

16.4.4 두 가지 서로 다른 성질의 중첩은 각각 내적 재구의 방법에 새로운 분야를 개척해 주었다. 이들 중첩된 상태를 근거로 하여 첫째, 공시어음

----

16 李榮(1956:134)
17 발음한 사람은 王鐵鋼, 男, 18세(1964년), 학생. 宕攝 글자의 독음은 -uɕi, -iɔu, uɔu로 나뉜다.

체계를 통시화하여 음변화의 시간층위를 해결하였고, 둘째, 동일 체계의 異源음류 중첩에서 음류의 분합과 그것이 어음체계에 가져온 영향을 보았다. 이는 모두 언어체계 동질설을 기초로 하는 내적 재구의 방법이 해내기 어려운 것들이다. p.451의 그림이 보여주는 평면 중첩은 일종의 이상화된 중첩도인데, 사실은 모든 평면이 중첩식 변이, 산발적 변이, 계열적 변이로 인해 복잡다단하고 가지런하지 않다. 이러한 변이로 인하여 발생한 가지런 하지 않은 현상은 내적 재구의 방법을 사용하여 언어사를 연구하는 길잡이 가 될 수 있는데, 그것은 언어의 변화 중의 시간은 무형이어서 포착하기 어려운 것이나, 언어에서 나타난 차이만은 유형이며, 시간이 언어에 남긴 흔적이므로 이미 소실된 시간을 관찰하는 창이 될 수 있다. §10.4의 내적 재구의 방법, §12.3~ §12.5의 산발적 음변화 그리고 여기서 분석한 중첩은 모두 이 창을 통해 언어 변화의 단서와 과정을 살펴본 것이다. 그러므로 차이를 통해 언어의 변화를 탐색하는 것은 언어사 연구의 중요한 방법론이 다. 우리가 앞에서 이야기했던 모든 것은 이것을 기초로 하여 단계적으로 음변화의 흔적과 전후 시간층위를 고찰한 것이며, 내적 재구의 방법에 대해 서는 힘을 다해 수정을 가하였다. 그러나 이로써 언어체계 동질설을 기초 로 하는 내부구조법의 결점을 완전히 극복했다고 말할 수는 없다. 만약 언어의 변화가 공시적인 어음체계에 어떠한 차이의 흔적도 남기지 않았다 면, 다시 말해 문맥대립의 잔존형식도 없고, 산발적 음변화가 남긴 가지런 하지 않은 현상도 없고, slot(공란)과 불규칙적인 형태의 교체와 같은 구조 의 차이도 없다면 여전히 언어의 변천을 탐색할 방법은 없게 될 것이다.

16.4.5 역사적 비교방법, 내적 재구의 방법, 확산법, 변이이론 및 문헌자 료에 대한 정리 등은 모두 언어사연구의 중요한 방법들이다. 이들 방법은 각기 나름대로의 활용 범위가 있고, 언어의 변화에 대하여 합리적으로 해석 할 수 있다. 그러나 이 모든 방법들은 또한 각기 한계를 내포하고 있기 때문에 언어사를 연구할 때에는 반드시 이들을 결합하여 장점은 취하고

단점은 보충해야 할 것이다.

　이 같은 방법들을 결합하여 언어의 변화를 연구하는 것은 나름대로의 객관적인 근거가 있는 것이다. 앞에서 여러 차례 이야기했던 '차이'는 언어사 연구의 객관적인 기초이다. 그리고 차이의 비교는 곧 언어사 연구의 주요 방법이다. 역사적 비교방법, 내적 재구의 방법, 확산법, 변이이론, 문헌자료의 고증 및 교정은 모두 '비교'가 없이는 불가능한 것이다. 차이의 비교는 각종 방법을 소통할 수 있는 연계이다. 이 때문에 비교에 도움이 될 만한 서면 문헌자료도 없고 친족어도 없는 언어의 역사적 연구가 아니라면, 모두 역사적 비교방법, 서면 자료 등을 결합하여 언어를 내적으로 재구하는 연구가 필요하다. 방언간의 비교를 통해서는 공시적인 어음체계의 내부적 차이(§12.5.2에서 寧波방언의 覃韻 글자에 관한 분석)를 발견할 수 있으며, 확산과 변이는 변화의 시간층위를 정리하는 데 도움을 주고, 서면자료는 정확한 연대와 어원의 단서를 제공해 줄 수 있다. 그러므로 이와 같은 기초 위에 어음체계 내의 차이에 대해 내적 재구의 방법으로 연구하면, 음변화 현상 사이에 내재하는 연계를 찾아낼 수 있으며, 음변화의 원인도 발견할 수 있고, 음변화의 과정과 시간층위를 더욱 세밀히 할 수 있어 음변화 규칙의 내용을 풍부하게 만들 수 있을 것이다.

　모든 방법은 '비교'를 떠날 수 없다. 그러나 文白異讀은 역사적 비교방법과의 관계가 다소 특수하므로 더 구체적인 연구가 필요하다.

17
文白異讀(하):
중첩식 변이와 역사적 비교방법

17.1 文白異讀과 역사언어학 중 두 가지 대립적 이론 모델의 결합

17.1.1 역사적 비교방법은 언어의 '변화'라는 관점에서 언어의 변천 방식을 연구하는 방법이다. 그것은 비록 언어사연구에서 가장 중요한 방식이지만, 이론상 약간의 약점을 지니고 있어(§11.1.2) 개선 및 보완이 필요하다.

文白異讀은 방언 간의 상호영향, 상호침투로 인해 체계 내에 형성되는 중첩식 변이로, '경쟁'을 통해 언어가 변천하도록 한다. 그것의 특징은 역사적 비교방법이 의거했던 재료, 원칙과 상반되기도 하며, 상호 보완적이기도 하다. 언어에서 서로 다른 방언체계가 중첩되어 있다는 것은 언어내부에 방언 차이가 있다는 것을 의미하는데, 그것의 변천방식은 '변화'가 아니라, '경쟁'으로, 언어사이의 횡적인 상호영향에 의한 것이다. 상보는 곧 다른 것의 장점으로써 자기의 단점을 보완하는 것으로, 하나의 이론의 틀 아래에서 서로 결합하여 상대의 결점을 보충하고 수정하는 것이다. 이는 곧 文白異讀이 만약 역사적 비교연구의 틀에 들어갈 수 있다면, 그것의 거대한 언어학적 가치를 발휘하여 역사적 비교방법의 결점을 보완하기 위한 길을 열 수 있게 한다는 것을 의미한다.

17.1.2 역사적 비교방법은 하나의 성숙한 이론 모델인데 文白異讀을 그틀에 넣으려면, 마치 남쪽으로 가려는 사람이 북쪽으로 수레를 모는 것과같이 전혀 들어맞지 않는다. 하지만 그렇다고 해서 결합 가능성이 전혀없는 것은 아니라, 이론상의 몇몇 원칙적인 문제를 해결한다면 가능할 것이다. 文白異讀에 산재하고 있는 잔존현상은 체계를 내포하고 있는가? 체계내 文과 白의 경쟁에는 규칙이 있는가? 방언 간의 횡적인 상호영향은 종적인 변화 서열로 진입할 수 있는가? 이런 문제들이 순리적으로 해결될 수있다면 文白異讀을 역사적 비교연구의 영역에 넣는 데에는 아무런 장애가없을 것이다.

어음의 대응관계는 역사적 비교방법의 객관적 기초이다(§5.1). 앞에서언급했듯이(§16.1.3), 文白異讀의 '異'는 성질상 대개 어음의 대응관계에 해당하며, 이 이론의 추론이 만약 방언에서 증명될 수 있다면, '대응관계'는곧 文白異讀과 역사적 비교방법 간에 하나의 다리를 놓을 수 있을 것이며,잔존현상의 체계성, 규칙성과 같은 문제 역시 순조롭게 해결될 것이다. 여기에서 범위가 넓지는 않지만 文白異讀 현상이 비교적 풍부한 山西방언을선택하여 이 문제를 토론해 보도록 하겠다.

17.1.3 山西방언은 北方方言 중에서 특수한 지위를 차지한다. 그것의내부에는 여러 갈래가 있긴 하지만, 중부 汾河 兩岸의 진중지역(呂梁지구의 몇몇 방언점을 포괄한다)이 가장 특징적이다. 서술의 편의를 위해 앞으로 晉中방언이라고 약칭하겠다. ≪切韻≫에는 一, 二等을 동시에 갖추고있는 攝으로 蟹, 效, 咸, 山攝 등이 있는데, 一等과 二等은 北方方言에서는이미 합류하였으며, 기본적 경로는 一等이 二等으로 진입한 것이다. 이로인해 운모 중의 주요모음이 麻二와 같아져 모두 -a가 되었는데, 晉中방언에는 여전히 나뉘어져 있는 흔적이 남아있다. 이는 '변화'와 '경쟁' 간의 상호관계를 토론하기 위한 비교적 이상적인 재료가 될 수 있다.

	非見系		見系		見系—等白讀의 잔존하고 있는 예
	一	二	一	二	
太原	-æ̃	-æ̃	-æ̃	-æ̃	
榆次	-ɛ	-ɛ	-ɛ文 -ie白	-ɛ	擀幹肝竿泔杆擗(k-)看(kʻ)俺(ŋ-)
太谷	-ã	-ã	-ẽ	-ã	-ẽ운은 見系의 모든 一等 글자 포함
祁縣	-ã	-ã	-ã文 -əŋ白	-ã	感甘柑泔敢橄幹肝乾~濕竿杆 稈擀趕幹(k-)龕坎砍看刊(kʻ-) 庵揞暗安鞍按案(ŋ-)釬罕漢寒 韓旱漢銲翰(x-)
文水	-aŋ	-aŋ	-en	-aŋ	-en운은 見系의 모든 一等 글자 포함
汾陽	-ã	-ã	-ã文 -i白	-ã	肝竿乾~濕杆稈擀趕(k-)看(kʻ-) 庵揞安鞍按(ŋ-)釬漢旱(x-)
平遙	-aŋ	-aŋ	-aŋ	-aŋ	

山(咸)攝 개구 一, 二等韻은 晋中방언에서 見系와 非見系의 두 組로 나뉘는데, 非見系 글자에는 文白異讀이 없고, 見系 글자에는 文白異讀이 있다. 위 표는 舒聲字의 어음표현 형식이다(개구운을 나열했을 뿐 합구운은 논하지 않았으며 이하도 마찬가지다).

방언점은 북으로부터 남으로 배열하였다. 太原, 平遙 두 지점을 제외한 기타 각 지점의 어음형식은 몇 가지 복잡한 관계를 나타내는데, 총체적인 특징은 一等의 非見系 글자에는 文白異讀이 없으나 그것은 見系의 문독과 같고, 二等 글자와 같은 韻이다. 이것은 一等의 非見系 글자는 음운지위상 문독층에 해당하며 백독이 그것과 경쟁하지 않기 때문에 언어사회의 심리의식에서는 문백대립의 관념이 없어져 버렸음을 말해준다.

文水,[1] 太谷[2]의 見系 一等 글자에는 文白異讀이 없으나 그 어음형식은

----

1 胡雙寶(1984) 참조.
2 楊述祖(1983) 참조.

二等韻과 같지 않고, 非見系의 一等 글자와도 역시 같지 않아 文水의 -ən, 太谷의 -ɵ는 음운지위 상 기타 방언점의 백독에 해당함을 설명한다. 그것들은 楡次,[3] 汾陽,[4] 祁縣 등지의 산발적인 백독현상에서 잘 반증되고 있다. 太原, 平遙 두 지역의 一, 二等韻의 어음형식은 같으며, 見系 글자에 역시 文白異讀이 없어, 이론적으로 말하자면, 그것들은 楡次 등 방언점의 문독층에 해당한다. 이로부터 알 수 있는 것은 楡次 등 방언점에서의 文白異讀은 문과 백은 각자 체계를 이루어, 그들 간의 차이는 서로 다른 방언체계 사이의 대응관계를 나타낸다는 점이다. 여기서의 문제는 대응관계에 있는 방언체계가 어떻게 대응관계를 소실하고, 변천과정을 완성하여 통일로 향하게 되었는가인데, 그것은 '경쟁'의 결과이지 '변화'의 결과가 아니다. 見系 글자의 어음차이는 대략 '경쟁'의 세 단계로 나누어진다.

1. 단지 백독형식만 있을 뿐, 문독의 확산파가 아직 방언체계를 침입하지 않았다(太原, 文水).
2. 문백이 병존하지만, 지역적 분포에는 여전히 차이가 있다. 祁縣은 백독이 위주이고, 楡次, 汾陽은 문독이 위주이다.
3. 단지 문독형식만 있고, 백독은 경쟁에서 패배함으로써 의사소통의 영역에서 퇴출되었음을 설명한다(太原, 平遙).

이 세 단계는 §16.2.2에서 분석했던 세 단계와 같은데, 다른 점은 단지 §16.2.2에서는 시간상으로부터 언어체계의 변천을 보았지만, 여기서는 경쟁의 공간상 분포에서 착안했다는 것이다. 그것들이 일치하는 점은 文白異讀이 공간적 분포 상 보여주는 차이는 시간상의 변화서열을 반영하는 것과 다름없으며 역사적 비교방법의 시공관계의 원칙(§5.4.5, §7)과는 성질상 같다는 것이다. 위는 山(咸)攝 一, 二等韻의 상호관계를 고찰함으로써 얻어낸 결론이다. 언어의 구조는 매우 체계적이다. 만약 蟹, 效 두 攝의 一, 二等韻

----

3 李守秀(1980) 참조.
4 ≪汾陽方言字表≫(任瑚璉, 미발표) 참조.

사이의 상호관계 역시 유사한 특징을 나타낸다면, 이 결론은 '等'의 지지를 얻어 체계적, 규칙적이라는 성질을 나타낼 수 있을 것이다. 아래 A, B 두 표의 어음 표현을 비교해보자.

A. 晉中방언에서 蟹攝 一, 二等韻의 어음 표현

	一	二	一等白讀이 잔존하고 있는 예
太原	-ai	-ai	
太谷	-ai文 -ei白	-ai	呆逮戴帶(t-)台胎苦抬(t'-)來(l-)災栽宰載再在(ts-)才材財猜裁(ts'-)改概溉丐蓋(k-)開(k'-)艾愛(ŋ-)海害(x-)
祁縣	-æɜ文 -ei白	-æɜ-	戴~帽子袋帶(t-)耐~用奈沒~何(n-)栽(ts-)猜採菜(ts'-)腮鰓(s-)該改蓋(k-)開(k'-)艾愛(ŋ-)害(x-)
文水	-ai文 -e白	-ai	怠逮帶戴代袋待(t-)台胎抬太態(t')奈耐(n-)栽災再在(ts-)才材裁猜彩眯菜(ts')改蓋該(k-)開(k'-)艾愛(ŋ-)孩害(x-)
汾陽	-æɜ文 -ei白	-æɜ-	戴帶代袋(t-)胎(t')耐奈(n-)來(l-)災栽宰載再在(ts-)猜彩採眯菜蔡才財裁纔(ts'-)腮賽(s-)改蓋(k-)艾愛(ŋ-)害(x-)
平遙	-æ	-æ	

B. 晉中방언에서 效攝 一, 二等韻의 어음 표현

	一	二	一等白讀이 잔존하고 있는 예
太原	-au文 -u白	-au	堡抱(p-)襖(Ø-)
清徐	-ɔɔ文 -u白	-ɔɔ	堡抱(p-)峁(m-, 지명)
太谷	-aɯ文 -uo白	-aɯ	高羔糕膏稿告(k-)考烤(k'-)熬鏊(ŋ-)耗豪毫號~叫嚆
祁縣	-ao文 -u白	-ao	苞(p-)高膏~油(k-)鏊(ŋ-)蒿(x-)(見系 글자의 실제음가는 -ŏu)
文水	-au文 -əɪ白	-au	高糕告膏~油(k-)靠銬(k'-)熬鏊(ŋ-)蒿毫好~吃豆腐(x-)

	一	二	一等白讀이 잔존하고 있는 예
汾陽	-ao文 -əu白, 稀 -ɯ白, 見	-ao	堡抱菢(p-)膏~車, ~油(k-)犒(k'-)熬鳌燋~白菜(ŋ-)蒿(x-)
平遙	-ɔ文 -u白	-ɔ	抱(p-)毛(m-)

蟹, 效 두 攝의 一, 二等韻이 경쟁하는 과정에서 보여주는 기본적인 경향은 山(咸)攝 글자와 같이, 모두 二等韻의 형식으로 一等韻을 합류시켰는데, 다른 점은 단지 이 두 攝 一等 글자의 백독이 見系 글자에만 국한되지 않는다는 데에 있다. 太原, 清徐,[5] 平遙 세 지점의 效攝 一等 글자의 몇 개 잔존하는 백독형식은 매우 흥미로운데, 그곳에서도 역시 일찍이 문과 백의 경쟁이 있었음을 설명해준다.

17.1.4 '等'과 '攝'은 ≪切韻≫ 음계구조의 두 가지 '벼리綱'이다. 즉, '攝'은 '等'과 종적 관계를 유지하여, '攝' 내의 一, 二, 三, 四等이 질서 있게 배열되게 하고, '等'은 각 '攝' 사이의 횡적 관계를 유지하고 있다. '攝'은 '변화'의 기초가 되는데, 계열적 변이와 산발적 변이를 통해 '攝'의 지위와 구조가 변하여, '攝'이 분화하거나 합류하여, 당연히 '攝'의 변화는 궁극적으로 '等'의 구조에도 영향을 미칠 수 있다. 文白異讀을 특징으로 하는 '경쟁'은 '攝'의 제한은 받지 않고 '等'과의 관계가 긴밀하여, 왕왕 동일한 '等'의 몇 개 '攝'과 동시에 관련이 될 수도 있다. 이는 그것이 '변화' 층위보다 높은 층위의 어음변천임을 반영한다. 晋中방언의 山(咸), 蟹, 效 각 攝 一等 글자의 文白異讀 및 그들의 二等韻과의 관계는 우리가 관찰한 다음과 같은 사실을 증명해 줄 수 있다. 二等韻이 文白異讀을 통해 一等韻와 합류한 사실은 麻二이 매우 안정되어 있다는 것을 반영한다. 반대로 만약 麻二의 음가가 불안정하다면, 文白異讀의 경로를 거쳐 一, 二等이 합류하는 것은 매우

5 潘耀武(1989) 참조.

어려웠을 것이다. 吳방언의 상황은 이를 잘 증명해 주고 있다(§17.3).

'변화'와 '경쟁'은 서로 다른 층위의 어음변천 상황을 반영한다. 이들이 보여주는 변천규칙은 각기 나름대로의 특징이 있다. '변화'의 규칙은 언어의 시간상 변천을 반영하는데, 그 전형적인 표현형식이 바로 계열적 변이와 산발적 변이가 반영하는 언어의 변천이다. 한편, '경쟁'의 규칙은 언어의 공간상 횡적 확산을 반영한다. 만약 언어 '변화'의 규칙을 종적 변천 규칙이라고 한다면, 곧 언어의 '경쟁' 규칙은 횡적 확산 규칙이라 할 수 있을 것이다. '종'과 '횡'은 언어변화에 있어서 표현형식의 차이일 뿐이지, 규칙의 성질에 어떤 실질적인 차이가 있는 것은 아니다. 그들 사이에는 내재되어 있는 관계가 있다. 횡적인 확산 규칙은 종적인 변천 규칙의 변화방향을 제약할 수 있어 그것의 작용을 중지시키고 그것을 대신하여 서로 다른 방언으로 하여금 날로 가까워지게 하고 결국 합쳐지게 한다. 이 점이 만약 실현된다면, 횡적인 확산은 곧 종적인 변천으로 바뀌어 §16.2~3에서 서술했던 것 같은 상태를 나타낼 것이다. 이렇듯, 횡적인 '경쟁'이 종적인 변화 서열에 진입하면, 文白異讀이 역사적 비교연구의 틀에 진입하는 데 부딪칠 수 있는 이론적 장애 역시 없어지게 될 것이다.

17.1.5 계통수이론과 파동설은 역사언어학에 존재하는 두 가지 대립된 이론 모델인데, 전자는 시간과 언어의 분화에 착안한 것이고, 후자는 공간과 언어 간의 상호영향에 착안한 것이다. 이 두 종류의 모델은 대립적이라기보다는 상보적이라고 할 수 있다.[6] 현재 文白異讀을 역사적 비교연구에 끌어들이는 것은 두 종류의 대립된 이론 모델을 결합하게 하여, 새로운 언어 계통도를 그려낼 수 있게 한다.

....
6 로빈스(1987:221)

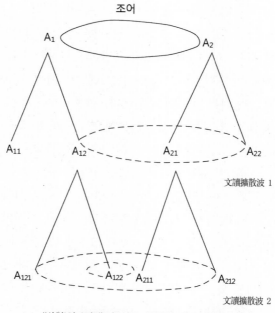

조어

文讀擴散波 1

文讀擴散波 2

'변화'와 '경쟁'이 서로 결합된 언어 계통도

A₁과 A₂는 祖語의 두 개 방언을 대표하며, 점선은 언어가 횡적으로 확산하는 파장을 나타낸다. 문독 확산파 1이 언어 A₂₁을 중심으로 하여 사방으로 확산되면, 그 파급의 범위는 A₁₂와 A₂₂까지 미쳐, 그것들에게 文白異讀현상이 생기게 한다. A₁₂의 문독은 A₂₁, A₂₂(문독)과 근친 자매방언으로 그것의 백독은 A₁₁과 근친 자매관계를 맺는다. 이렇게 관계가 가까운 방언을 먼저 비교하고 이후 차츰 층의 범위를 넓혀 나간다. 문백이 경쟁하는 과정에서 만약 문독이 백독을 이긴다면, A₂₁에 규칙은 곧 A₁₂의 상응하는 규칙을 대신할 수 있게 된다. 예를 들어, 晉中의 太原방언은 效攝 一等 백독에 잔존하는 예와 주변 기타 방언점이 제공하는 실마리에 의거해 보면, 그것이 이미 외부 방언의 영향을 받아 一, 二等韻이 합류하여 이로 인해 원래의 一, 二等韻 사이의 대립은 없어졌음을 보여준다. 이런 예를 가지고 위 그림의 언어관계는 다음과 같이 해석할 수 있을 것이다. A₂₁의 횡적 확산 규칙은

일정한 범위 내에서 A₁₂의 변화방향을 조정, 변화시켜서, 자기편으로 접근할 수 있게 한다. 이후 A_{12}의 변화는 단지 A_{21}의 이러한 규칙을 따라 A_{121}과 A_{122}로 분화할 수 있게 된다. A_{122}의 문독 확산파 2는 또 다른 방언에 지속적으로 영향을 미칠 수 있다. 갈라져 나온 방언에는 모두 각각 확산파의 흔적이 남아 있을 가능성이 있다. 현재의 방언 혹은 친족어는 대체로 모두 이런 계통수식의 분화와 파동식의 확산이 상호 결합된 방식을 통해 형성된 것이다. 분화되는 도중에는 접근과 합류가 있는데, 합류한 후에도 계보식의 분화와 변화가 계속해서 진행된다. 이 두 가지 사이에 차이도 있고 또 내재적으로 연계된 변천 방식도 있다는 것을 이해하면 역사적 비교방법을 계승, 개진, 발전시키기 위한 새로운 생각들을 낼 수 있을 것이다.

17.2 중첩의 층위와 역사적 비교연구

17.2.1 역사적 비교방법에 내재된 선천적인 약점은 비교하는 재료를 하나의 시간층위에 모두 넣는 것으로, 이로 인해 추측해 낸 원시형식 역시 시간상의 선과 후를 구별할 수 없게 된다는 점이다. 文白異讀을 역사적 비교연구로 끌어들임으로써, 문백의 서로 다른 층위를 이용해 언어에 대해 층위적인 역사적 비교연구가 가능하게 되었다.

17.2.2 文白異讀의 '異'는 음류를 단위로 한다. 음류가 분화하고 합류하는 것은 언어변천의 시간층위를 반영한다. §16.3에서 토론한 것은 체계내부의 시간층위이지만, 여기에서는 文白異讀이 '內'로부터 '外'로 향한다는 사실을 근거로 하여 서로 다른 방언체계가 변화하는 과정에서 나타내는 선후 연대순서 및 그것과 역사적 비교연구와의 관계도 고찰해야 할 것이다. 曾一과 梗二의 관계는 중국어 방언에서는 비교적 복잡하게 나타나는데, 몇몇 방언에서는 합쳐졌고, 몇몇 방언에서는 나뉘어졌으며, 몇몇 방언에서는 文白異讀을 통해 나뉘는 가운데 합쳐지기도 하였다. 예를 들어 서

성운과 입성운을 서로 비교해보면, 입성운 德, 陌(麥)의 관계는 서성운 登, 庚(耕)(平으로써 上, 去를 포괄하며, 기타 각 운은 모두 이와 같다)의 관계보다 더 복잡하다. 이러한 현상은 시간층위를 고찰하는데 있어 좋은 자료가 된다. 먼저 德, 陌(麥)의 중국어 방언 중에서의 어음표현을 비교해보자.

	德			陌(麥)			
	北	勒	黑	百	擇	策	格
北京	꜀pei	lɤˀ / ꜀lei	꜀xei	꜀pai	꜀tsɤ文 / ꜀tʂai白	tsʿɤˀ	꜀kɤ
太原	pieˀ꜕	lieˀ꜕	xəˀ꜕	pieˀ꜕	tsəˀ꜕文 / tsaˀ꜕白	tsʿəˀ꜕文 / tsʿaˀ꜕白	kəˀ꜕文 / kaˀ꜕白
蘭州	pɤˀ	nɤˀ	xɤˀ	pɤˀ	tʂɤˀ	tʂʿɤˀ	kɤˀ
西安	꜀pei	꜀lei	꜀xei	꜀pei	꜀tsei	꜀tsʿei	꜀kei
洛陽	꜀pei	꜀lai	꜀xɯ	꜀pai	꜀tsai	꜀tsʿai	꜀kai
濟南	꜀pei	꜀lei	꜀xei	꜀pei	꜀tʂei	꜀tʂʿei	꜀kɤ文 / ꜀kei白
成都	꜁pe	꜁ne	꜁xe	꜁pe	꜁tsʿe	꜁tsʿe	꜁ke
武漢	꜁pɤ	꜁nɤ	꜁xɤ	꜁pɤ	꜁tsɤ	꜁tsʿɤ	꜁kɤ
蘇州	poˀ꜕	lɤˀ꜕	hɤˀ꜕	pɒˀ꜕	zɤˀ꜕	tsʿɤˀ꜕文 / tsʿɒˀ꜕白	kɤˀ꜕文 / kɒˀ꜕白
雙峰	꜁pe文 / ꜁pia白	leˀ文 / liaˀ白	꜁xe文 / ꜁ɕia白	꜁pe文 / ꜁pia白	꜁tse文 / tso°白	꜁tsʿe文 / ꜁tsʿia白	꜁ke文 / ꜁kia白
南昌	pɛt꜕	lɛt꜕	hɛt꜕	pɛt꜕文 / pak꜕白	tsʿɛt꜕文 / tʿɔk꜕白	tsʿɛt꜕	kiɛt꜕文 / kak꜕白
梅縣	pɛt꜕	lit꜕	hɛt꜕	pak꜕	tsʿɛt꜕文 / tʿɔk꜕白	tsʿɛt꜕	kɛt꜕文 / kak꜕白
廣州	pɐk꜕	lɐk꜕	hɐk꜕ / hak꜕	pak꜕	tʃak꜕	tʃʿak꜕	kak꜕
廈門	pɔk꜕文 / pak꜕白	lɪk꜕文 / leˀ꜕白	hɪk꜕	pɪk꜕文 / paˀ꜕白	tsɪk꜕文 / toˀ꜕白	tsʿɪk꜕文 / tsʿeˀ꜕白	kɪk꜕文 / keˀ꜕白

文白異讀이 분포된 상황이 보여주는 기본적인 특징은 다음과 같이 정리할 수 있다. 黃河 이북(北京, 太原)과 長江 이남(蘇州 이하 각 방언점)에는 모두 文白異讀이 있으나, 黃河, 長江 간의 광대한 중원지역에는 文白異讀이 없다. 濟南의 문독은 마치 최근 발생한 음독과 같아서, 위에서 설명한 관찰과는 무관하다. 문독과 백독의 구별은 주로 두가지 방면에서 나타난다. 1. 문독체계에서 德은 陌(麥)과 합류하였으나, 백독체계 德은 陌(麥)과 나뉘어졌다. 2. 德韻의 주요모음은 높고, 陌(麥)韻의 주요모음은 낮다. 文白異讀이 없는 방언에서는 德과 陌(麥)韻이 이미 합류해서 다른 방언의 문독체계와 대응한다. 이들 특징은 德, 陌(麥)韻의 변천을 고찰하는 기초가 될 수 있으나 전후의 시간층위를 분명히 하려면 여전히 백독이 체계 내에서 어떤 음류와 중첩의 관계가 있는지를 보아야 한다. 중첩은 음류가 분합하며 변화하는 과정을 관찰하게 하는 이론적 근거이다. 먼저 입성운이 없는 북방방언을 보면, 우리는 중첩 이론을 이용하여 德, 陌(麥)韻의 변천을 아래와 같은 시간층위로 나눌 수 있다.

1. 德, 陌(麥)은 합류하여 -ɤ로 읽히며, 歌(戈)韻과는 중첩, 합류하였는데, 蘭州와 北京, 齊南의 문독이 그 대표이다. 이것은 현재 문독 확산파의 원천이다. 歌(戈)韻 글자와 중첩, 합류하는 입성운에는 또 宕(江)攝의 鐸, 覺(非見系)과 山(咸)攝의 合, 盍, 曷 등의 見系 글자가 있다.

2. 德, 陌(麥)이 합류하여 그것의 독음은 麻三의 知·照系 글자와 같아, 일반적으로 -ɤ 혹은 -e가 된다. 그것의 변천방향은 鐸, 覺韻(-o, -io 혹은 -yo)과는 다르며, 北京語에서와 같이 歌(戈)韻과 중첩되지 않는다.

3. 德, 陌(麥)이 합류하여 음가는 -ei가 되고, 蟹攝 합구 一等과 止攝의 순음자와 중첩, 합류한다. 西安과 齊南의 백독이 그 대표이다.

4. 德, 陌(麥)이 나뉘어졌는데, 德은 -ei가 되어, 蟹攝의 합구 一等韻와 止攝 순음자의 독음과 합류한다. 그러나 陌(麥)은 -ai가 되어, 蟹攝 개구 一, 二等의 독음과 같다. 이들의 구별은 ≪中原音韻≫의 齊微韻 그리고 皆來韻과 같은데, 北京語의 백독과 洛陽방언이 그 대표이나, 洛陽語는 -ei로 읽히는 德韻의 글자에는 단지 '北賊墨' 세 글자만 있으며, 그 밖의 '黙德得特肋勒則塞' 같은 글자는 모두 -ai로 읽혀 이미 陌(麥)에 합류되었다.

이 네 개의 층위에서 北京語의 백독체계가 가장 이르고, 문독체계가 가장 늦으며, 기타 두 개의 층위는 대개 북경어의 문백 두 층위 사이에 있는 것 같다. 입성운이 있는 방언도 똑같은 방법으로 분석해 가는데, 입성운 사이의 분합으로부터 그것들의 층위를 고찰한다. 번거로운 것은 閩방언이다. 德, 陌(麥韻은 廈門방언의 독음에서 매우 큰 차이가 있는데, 白讀이 -eʔ로서 曾, 梗이 합류한 것과 대응되는 것 외에, 기타의 음가는 모두 曾과 梗이 나뉘어져 있는 상황을 반영한다. 음가의 이 같은 차이는 언어체계 자체의 변천 결과일 가능성은 크지 않으며, 외부 방언의 영향을 받아 생겨난 서로 다른 층위의 文白異讀임을 말해준다. 새로운 문독이 생겨남으로 말미암아, 옛 문독은 백독층을 비집고 들어가서 백독의 음가에 큰 차이가 나타나게 하였다. 서로 다른 형식은 필경 어떠한 하나의 시간층위를 대표하는데, 음류의 분화와 합류, 체계의 중첩 등의 상황에 근거하여 구체적으로 분석해야 한다.

17.2.3 각지의 방언 간에는 비록 매우 큰 차이가 있지만, 상호 공통점도 가지고 있다. 이는 바로 문독체계가 일치한다는 것인데, 梗二가 曾一로 합류되었고, 서성운, 입성운 모두 이와 같아서, 문백 대립이 없는 방언체계에 대응한다. 이런 일치성은 梗二와 曾一의 변화방향을 이끄는 하나의 중요한 힘이다. 즉, 문독 확산파는 각지의 방언에 차츰차츰 침투하여, 경쟁하고 있는 백독을 점점 배제시키고 문독으로 대체시켜서 언어로 하여금 불일치한 상태에서 일치하는 상태로 나아가게 한다. 이는 언어가 자기 조정을 실현하는 일종의 기제이며, 또한 중국어의 중요한 특징 중의 하나이다. 문독 확산파의 원천은 어디에 있는가? 언어차이의 지역적 분포를 보면, 梗二와 曾一은 남과 북 양쪽에 모두 서로 다른 文白異讀이 있으며 黃河, 長江 (하류를 제외한)으로 대표되는 두 강 유역에는 오히려 없거나 혹은 있다 하더라도 文白異讀 현상이 매우 적다. 문독 확산파의 발원지는 黃河유역과 長江의 중상류 지구에 있을 것이라고 추측된다. 그것은 서쪽에서부터 동으

로, 남북으로 양 날개를 확산하여 현재와 같은 그러한 지리적으로 남북이 서로 연결되지 않는 불일치한 분포 상태를 형성하였다. 8, 9세기의 티베트 어와 중국어의 대음 자료에서 曾一과 梗二는 이미 합류하는 경향을 보여주고 있다.[7] 각지 방언의 문독체계는 아마도 이 계통의 방언이 역사적으로 정치의 중심이 동쪽으로 옮겨 온 것(西安, 洛陽, 開封, 北京, 南京)을 따라 확산되며 가져온 결과일 것이다.

그렇다면, 이러한 체제는 언제 北京까지 확산되었을까? 元 몽골 시기보다 이를 수는 없을 것이다. ≪中原音韻≫(1324)이 제공하는 단서에 근거하면 德韻은 당시 齊微韻에 들어갔고, 陌(麥)韻은 皆來韻에 들어가, 현대북경어의 백독체계와 같다. 이는 곧 德, 陌(麥)의 문독 확산파가 당시에는 아직 북경에 확산되지 않았음을 말해준다. 참고로 기타 -k운미를 갖는 입성운 鐸, 藥, 覺, 屋(沃)韻의 어음 표현을 비교해 볼 수 있다. 鐸, 藥, 覺韻의 16개의 小韻인 '薄縛鐸濁鑿着杓學蒻略虐岳幕諾落若'은 蕭豪韻과 歌戈韻에 나뉘어 보이고('剝閣鶴角' 등은 蕭豪韻에서만 보인다), 屋(沃)韻의 '軸逐熟竹燭粥宿肉褥六' 10글자 중 '肉六'이 尤侯韻에서만 보이는 것을 제외하면, 그밖의 것들은 尤侯韻과 魚模韻에서 나뉘어 보인다.[8] 蕭豪와 尤侯에 있는 小韻은 현대 북경어의 백독체계와 같고, 歌戈와 魚模에 있는 小韻은 현대의 문독체계와 같다. 이는 鐸, 藥, 覺, 屋(沃) 등의 韻의 문독 확산파가 당시에 이미 부분적으로 北京방언에 진입하였는데, 그것들이 文白異讀을 형성한 시기가 德, 陌(麥)韻보다 빠르다는 것을 설명해준다. 그러나 그 빠른 시기 또한 그리 오래지 않은 것 같다. 왜냐하면 ≪中原音韻≫보다 조금 빠른 시기에 간행된 ≪蒙古字韻≫에서는 鐸, 藥, 覺 등의 韻조차도 단지 하나의 독음만을 반영하여 蕭部에 분류하고 있기 때문인데, 이 蕭部는 ≪中原音韻≫의 蕭豪韻과 같다. 이는 ≪蒙古字韻≫의 시기에는 아직 후에 문독이라고 칭해지는 그런 독음이 없었다는 것을 설명해준다. 元을 세운 몽골족은 비

---

7 羅常培(1933:37~42, 52, 56, 64).

8 楊耐思(1985:147, 176) 참조

록 중원을 정복하고, 北京은 당시의 정치의 중심이 되었지만, 경제와 문화는 여전히 낙후한 상태에 있었기에 漢族에게서 배워야 했다. 문독 확산파는 아마도 이런 배경아래 北京방언에 침투되었을 것이다. 기타 북방방언에서 문독 확산파의 영향을 받은 시간은 일반적으로 모두 북경어 보다 늦다. 齊南방언의 -ɤ은 일종의 새로운 문독으로 최근에 와서야 비로소 만들어진 듯하다. 그것의 백독은 -ei로서 德, 陌(麥)이 합류한 결과 나타난 음으로, 이것은 기타 방언의 문독체계에 대응하며, 새로운 문독 -ɤ이 생겨난 이후에 백독층에 흡수된 것이다. 蘭州방언과 北京語의 문독체계는 일치하지만, 20세기 초 칼그렌의 기록에 따르면, 德과 陌(麥)의 음가는 모두 -ei로,[9] 현재의 西安語와 같다.

17.2.4 앞서 文白異讀을 기초로 언어가 변천한 층위를 고찰할 때, 언어의 횡적 확산이 언어의 종적 변천 중에 그 흔적을 남길 수 있다는 것을 설명하였다. 이렇듯, 현실적으로 두 가지 서로 다른 유형의 층위가 존재하는데, 하나는 '경쟁'의 성질을 지닌 층위로서, 체계 내의 文白異讀와 그것들과 기타 방언과의 관계로 표현되며, 다른 하나는 '변화'의 성질을 가진 층위로서, 언어성분이 예로부터 지금까지 연속적으로 변화한 것으로 표현된다 (예를 들어 德韻의 *-ək에서 -ei로의 변화). '변화'의 성질을 가진 시간층위의 연구 방법은 바로 역사적 비교방법인 "공간상의 차이로부터 시간상의 변화서열을 찾아가는 것"이다(§5.4.4~5). 文白異讀을 역사비교의 연구로 끌어들인 후 출현한 새로운 문제는 그것과 '경쟁'의 성질을 지닌 시간층위와의 관계를 어떻게 처리할 것인가이다. 사람들은 文白異讀이 제공하는 단서를 근거로 하여 먼저 '경쟁'의 성질을 지닌 시간층위를 분리해내는 것이 층위의 측면에서 역사비교의 연구를 하는 하나의 전제라고 여긴다. 이렇게 해야만 비로소 서로 다른 층위의 언어현상이 하나의 공시적인 평면으

---

9 칼그렌(1948) 참조.

로 압축되는 것을 면할 수 있게 되고, 비로소 '경쟁'의 사실이 단순히 '변화'의 방법으로 처리되는 것을 면할 수 있을 것이다. 그렇지 않으면, 언어변천의 실마리는 혼란스럽게 되어, 언어를 연구하는데 몇가지 굴곡을 만나게될 것이다. 원시 閩語의 연구(§7.5.1~2)는 이 방면에 몇몇 유익한 교훈을제공해 준다.

17.2.5 원시 閩語의 핵심은 '第9調'와 파열음, 파찰음의 약화성모인데,약화성모는 '第9調'를 해석하기 위해서 만들어낸 하나의 가설이다. 이는 閩방언 내부의 갈래를 근거로 하여 역사적 비교방법을 이용해 재구해낸 것으로 완전히 '변화'의 관점으로 閩방언의 내부차이를 관찰한 것이다. 閩방언의 文白異讀이 가장 복잡한데, Jerry Norman의 원시 閩語에 대한 연구는文白異讀의 '異'를 잘 이용하지 못했기 때문에 '경쟁'의 관념이 결핍되어 있고, 이로 인해 적잖은 결론이 언어사실의 검증을 거치지 않아 많은 언어학자의 비평을 받았다.

'第9調'의 글자는 주로 중고 평성으로부터 왔는데, 약 83%를 차지한다.그리고 그 중에서도 특히 중고 유성음성모 평성인 글자를 위주로 하는데,중국 언어학자들은 그것을 陽平乙이라고 부른다. '변화'의 관점에서 보면,이 '調'의 유래는 확실히 설명하기 어려운데 마치 하나의 독립적인 '第9調'인 듯하다. 만약 '경쟁'의 관점에서 보면, 그것은 독립된 존재라는 근거를잃고, 기타 방언의 영향을 받아 체계 내에 남겨진 흔적일 수 있다. 平田昌司(1988:20, 22)는 閩방언 그리고 그것과 주변방언의 관계에 근거하여 '第9調'와 '약화성모'의 내재된 모순에 대해 구체적으로 분석을 하여, '第9調'와'第2調'(중국 언어학자들은 陽平甲이라 칭한다)는 방언 내부의 文白異讀이지, 원시 閩語의 유산이 아니라는 사실을 발견하였다. 그는 "建甌방언의'第2調'와 '第9調'의 분화는 중고 유성음성모 평성인 글자의 성조상의 文白異讀이지, 결코 약화성모의 흔적이 아니다. 閩北지역 기타 지점의 '第9調'현상 역시 이와 같이 유추할 수 있으며", "建甌語 '第9調'(陽平甲)는 石陂語

의 중고 유성음성모 평성(淸類)에 해당하며, 이것은 閩語에서 유래하였다 ...... '第9調'(陽平乙)는 石陂語의 중고 유성음성모 평성(濁類)에 해당하며, 이것은 吳語에서 유래하였다. 이는 閩北 각지의 '第9調' 글자가 고정되어 있지 않은 원인을 설명해 준다. 두 방언 사이의 상호 침투 상황이 각 지점마다 균형을 이루지 못하였고, 吳語 성분의 많고 적음 역시 일치할 수 없었기 때문이다"라고 생각하였다. 그는 이렇게 閩방언의 몇몇 복잡한 현상이 나타난 원인에 대하여 새롭고, 설득력 있는 해석을 제시했으며, 중국어에 근본적으로 존재하지 않는 '第9調'와 약화성모를 설명하였다. 張琨은 그의 ≪建州八音≫에 대한 연구에 근거하여 역시 유사한 결론을 얻었는데, "建州방언의 어휘는 마치 여기저기서 긁어 모아온 것 같은데, 이와 같은 방언은 분석의 시간을 거쳐야만 비로소 비교의 작업을 진행할 수 있을 것 같다. 만약 분석을 가하지 않으면, 몇몇 ≪建州八音≫ 중의 재료를 이용하여 하나의 조기의 음운체계를 재구성해 내는데, 이렇게 재구성한 결과는 분명히 이것도 아니고 저것도 아닌 것으로 역사문헌에서도 해석을 찾을 수 없고 기타 중국어 방언에서도 대응의 관계를 찾을 수 없을 것이다"고 여겼다. 이런 비평은 근거와 설득력이 있는 것이다.

17.2.6 원시 閩語 '第9調'에 대한 토론은 언어사 연구 중의 중요한 방법론에까지 영향을 미쳤다. 즉, 언어에 함께 중첩된 문과 백을 반드시 구분해 내어, 이를 기초로 삼아 각자의 자매방언을 찾고, 언어에 대하여 층위의 차원에서 역사적 비교를 해야 한다는 것이다. 원시 閩語에 대한 연구는 이러한 방법론상의 문제에 약간의 사소한 결함을 드러냈는데, 이로 인해 그것이 얻어낸 결론은 자연히 학자들의 동의를 얻지 못하였다.

언어의 역사적 비교연구는 文白異讀의 특수성을 충분히 고찰하여야 할 것이다.

17.3 구조패턴의 비교와 방언 사이 친소관계의 확정

17.3.1 역사비교 언어학에서의 한 가지 원칙은, 관계가 가까운 언어를 먼저 비교하고, 먼 것을 후에 비교하는 것이다. 층위의 측면에서 역사적 비교연구를 하려면 문과 백으로 나누고 각자의 근친 자매방언을 찾아 가까운 것에서 먼 것까지 비교를 해야 한다. 문독체계의 탄생 시간은 비교적 늦기 때문에 그것의 근친 자매방언을 찾는 것은 비교적 쉬운 반면, 백독체계에서 그것의 근친 자매방언을 찾는 것은 상당히 어렵다. 왜냐하면 여러 가지 상황으로 인하여 소수의 잔존현상만 남아있기 때문이다. 이 방면에 있어, 구조패턴 혹은 구조 사이의 관계의 비교를 통하여 연구를 진행한다면 아마도 가능하면서도 효과적일 것이다.

17.3.2 구조패턴은 언어체계의 핵심으로 사피어(1985:48)는 이에 대해 적절하게 언급한 적이 있다. 표면적인 언어체계 배후에는 "또 하나의 더욱 제한된 '내면적' 혹은 '이상적'인 체계가 있는데", 이런 체계는 "하나의 완성된 틀(패턴)이자, 심리적 기제이고", "언어생활에 있어 하나의 실제적이고 기본적인 원칙이다. 심지어 그것의 어음의 내용물이 오래 전에 이미 바뀌고 난 후에도 그것은 여전히 수, 관계 및 어음 성분의 작용으로 일종의 패턴이 되어 유지되어갈 수 있다. 두 가지 역사상 관련이 있는 언어 혹은 방언 사이에도 어떠한 공통된 어음이 하나도 없을 수 있으나, 그것들의 이상적인 어음체계는 오히려 동일한 패턴을 이룰 수 있을 것이다"라고 생각하였다. 이 말의 기본정신은 '언어내부'는 쉽게 변화하고, '구조패턴'은 오히려 매우 안정적이고, 보수적이어서 "어음 자체처럼 그렇게 빨리 변하지 않는다"는 것이다. 이런 보수적인 구조패턴을 비교하면 동원어同源語의 어음 대응관계를 비교하는 것보다 더욱 깊게 언어 혹은 방언 사이의 친소원근親疏遠近을 이해할 수 있다. 어려운 것은 어떻게 음계의 구조패턴을 확정하고, 어떻게 구조패턴을 비교할 것인가이다. 이런 어려움을 극복하려면, 구조분

석법의 정신을 흡수하여서 역사적 비교방법의 '원자주의'의 부족한 점을 보완해야만 할 것이다.

구조패턴은 구조단위 간의 상호관계를 통해 표현되는 것이다. 우리의 앞선 토론은 주로 一, 二等韻을 언급하였으나, 그들 간의 상호관계로부터 구조패턴의 변천은 고찰하지는 않았다. 상호관계의 가장 간단한 표현형식은 변별적 자질로, 라이온스(Lyons)는 일찍이 그것을 이용해 제1차 게르만어 자음추이의 규칙을 해석하였는데, 그 결과는 분명하고 명확하다(§9.1.4). 우리는 이런 분석법의 정신을 취하여 一, 二等韻의 구조패턴의 변천을 고찰할 수 있다.

17.3.3 一, 二等韻이 짝짓는 각 攝과 이것과 상관된 一, 二等韻의 주요 모음은 一等이 *ɑ이고, 二等이 *a이다. 이들의 현대 방언에서의 어음 표현에 대해 張琨(1985)이 토론한 적이 있다. 전설 *a와 후설 *ɑ의 대립은 모음의 구조패턴이 일종의 사각도(§2.3.4)의 구조임을 설명한다. *ɑ와 *a는 '後'와 '前'의 차이 이외에 기타 고저, 원순 등은 모두 서로 같다. 이로 인해, 一, 二等韻 간의 상호 관계 혹은 구조패턴은 우리가 아래와 같은 공식으로 간단하게 만들 수 있다.

一等 : 二等 = *ɑ : *a = 後 : 前

이는 우리가 一, 二等韻의 변천을 고찰하는 하나의 시각 혹은 관찰점이 될 수 있다. 歌(戈)와 麻二, 宕一과 梗二는 같은 攝의 一等과 二等이 아니지만, 그것들의 모음은 *ɑ, *a와 관련이 있으므로 함께 놓고 고찰하기로 한다. 먼저 北京語를 비교해보자.

攝	等	韻	例		構造關係
			非見系	見系	
果	一	歌(戈)	多 ꜀tuo	歌 ꜀kɤ	高:低
假	二	麻	爬 ꜀p'a	家 ꜀tɕia	
蟹	一	咍 泰	戴 tai꜄	蓋 kai꜄	低(一等은 二等에 합류)
	二	皆佳夬	排 ꜀p'ai	街 ꜀tɕiɛ	
效	一	豪	寶 ꜂pau	高 ꜀kau	
	二	銷肴	包 ꜀pau	交 ꜀tɕiau	
山(咸)	一	覃談寒	單 ꜀tan	甘 ꜀kan	
	二	銜咸刪山	扮 pan꜄	監 ꜀tɕiɛn	
宕	一	唐	湯 ꜀t'aŋ	鋼 ꜀kaŋ	後:低 (白讀)
		鐸	薄 ꜂po ꜂pau	鶴 ꜂xɤ 郝 ꜀xau	
梗	二	陌(麥)	伯 ꜂po ꜂pai	格 ꜀kɤ	

二等 見系 글자는 모두 이미 구개음화하였기에 여기서는 토론하지 않았다. 梗二에 庚(耕)韻의 글자를 나열하지 않았는데, 왜냐하면 그것들의 독음은 입성자의 문독과 대응되지만 본 방언의 저층이 아니기 때문이다. 구조적인 측면에서 보면, 여기에는 이미 중대한 변화가 발생했다. 歌(戈)의 *ɑ는 이미 -ɤ로 고화하였고(-o는 그것의 변체이며, 순음과 -u의 뒤에서 출현한다), 그것과 麻二의 관계는 이미 '後:前'으로부터 '高:低'로 변하였다. 같은 攝의 一, 二等韻는 모두 이미 합류하였는데, 一等이 二等으로 합류하여, '後:前'의 대립이 소실되었고, 원래 있던 특징인 '低'는 변별적 자질로 상승하였다. 이들은 모두 사각구도의 모음 체계가 이미 삼각구도의 모음체계로 변하여, 구조패턴에 이미 중대한 변화가 발생하였음을 말해준다. 앞서 말했던 방언들 중에서 이런 변화 패턴에 넣을 수 있는 것으로는 蘭州, 西安, 洛陽, 成都, 武漢, 濟南 등이 있다.

북경어 宕一, 梗二의 입성운의 백독은 매우 특별하다. 그들 상호간에는 여전히 '後 : 前'의 대립관계를 고수하고 있고, 운미를 통해 이런 구조상의 특징이 드러난다. 이는 비록 잔존현상이지만, 역사비교에서는 오히려 중요한 지위와 가치를 가진다. 이는 일종의 언어 '화석'으로 마치 생물의 화석을 이용하여 생물의 변화를 이해하고 지층의 연대를 확정할 수 있는 것과 같이, 그것을 이용하여 언어구조의 변천을 분석할 수 있다. 이 '화석'은 《切韻》 음체계에서 一, 二等韻의 구조상의 특징을 반증한다.

17.3.4 粵방언 지역은 중국의 남단에 자리 잡고 있고, 일반적으로 가장 《切韻》 음체계의 특징을 잘 반영하고 있다고 여겨진다. 이제 一, 二等韻 구조관계를 廣州語에서의 어음 표현에서 보자.

攝	等	韻	例		구조관계
			非見系	見系	
果	一	歌	多 ₋tɔ	歌 ₋kɔ	
假	二	麻	爬 ₋pʻa	家 ₋ka	
蟹	一	哈	袋 tɔi⁻	該 ₋kɔi	一等 : 二等= ɔ:a= 圓脣 : 非圓脣
		泰	帶 tal⁻	蓋 kɔi⁻	
	二	皆佳夬	排 ₋pʻai	街 ₋kai	
效	一	豪	寶 ᶜpou	高 ₋kou	
	二	肴	包 ₋pau	交 ₋kau	
咸	一	覃	貪 ₋tʻam	感 ᶜkɐm	一等 : 二等= ɔ:a= 圓脣 : 非圓脣
		談	談 ₋tʻam	甘 ₋kɐm	
	二	銜咸	斬 ᶜtʃam	監 ₋kam	
山	一	寒	單 ₋tan	幹 ₋kɔn	
	二	刪山	扮 pan⁻	奸 ₋kan	
宕	一	唐	湯 ₋tʻaŋ	糠 ₋ŋcɔ	
梗	二	庚耕	冷 ᶜlaŋ	耕 ₋kɐŋ文 ₋kaŋ白	

咸, 山 두 攝의 非見系 글자의 一, 二等은 이미 합류하였다. 蟹一 泰韻의 '艾賴泰太大~夫帶' 등의 글자는 -ai로 읽혀 二等의 글자와 합류하였으며, 이 외의 一, 二等은 완전히 대립하여, 一等의 주요모음은 -ɔ이고, 二等은 -a이다. -ɔ와 -a는 이미 고저로 구별되나 변별적 자질 로 보면, 그것들은 모두 '低'의 범주에 속하고, 서로 '圓脣 : 非圓脣'으로 구별된다. 一, 二等韻의 구조관계가 '후 : 전'으로부터 '원순 : 비원순'으로 변하는 것은 모음체계의 사각구도가 이미 삼각구도로 바뀌었고, 一等韻 모음의 '後'의 노선을 따라 -ɔ로 고모음화하였음을 설명한다. 우리가 이런 분석을 진행하는 하나의 근거는 -ɔ와 '전 : 후'대립을 구성하는 -ɛ가 나중에 나타났다는 것이다. *α로부터 -ɔ로 고모음화했으므로, 전설모음 ɛ의 위치에 하나의 취합 slot(공란)이 출현하게 되었고, 이로 인해 麻三을 흡수한 *-ia가 -ɛ로 변하여 이 공란을 채우게 되었다.

粤방언의 구조패턴과 같은 것으로는 客家방언과 贛방언이 있다. 여기에서는 贛방언은 高安語[10] 리스트를 근거로 하였다. 왜냐하면 南昌은 대도시여서 외부 방언의 영향을 크게 받아 高安보다 贛방언의 특징을 잘 나타내지 못하기 때문이다. 예를 들어 蟹攝의 一, 二等은 南昌語에서는 대다수의 글자가 이미 합류하여, -ai로 읽히고, 단지 일부 소수의 一等 글자만이 -ɔi로 읽힌다. 그러나 高安語의 一, 二等은 여전히 -ic : -ai의 대립을 완고하게 가지고 있다. 客家방언과 贛방언의 一, 二等韻의 구조관계는 아래 표와 같다 (만약 文白異讀이 있다면 단지 백독만을 나열하였는데, 왜냐하면 백독만이 이 방언의 저층을 대표할 수 있기 때문이다. 표 중의 예는 생략한다).

		果	假	蟹	效	咸	山	宕	梗
梅縣	一	ɔ		ɔi	ɔ(島)	am	ɔn(見)	ɔŋ	
	二		a	ai	au		an		aŋ
高安	一	ɔ		ɔi	ɔu	ɔn	an	ɔŋ	

10 王洪君(1986) 참조.

		果	假	蟹	效	咸	山	宕	梗
二			a	ai	au	an			aŋ

一, 二等韻의 구조관계는 粵방언과 같아, 이미 '후 : 전'으로부터 '원순 : 비원순'으로 변하였다. *ɑ가 -ɔ로 고모음화하여 구조의 조정을 일으켜, ɛ 위치의 공란에 새로운 음류를 출현시키게 되었는데, 梅縣에서는 주로 蟹四의 齊韻의 글자(齊白契鷄細系白)이고, 南昌에서는 음은 있으나 글자는 없고 (≪漢語方音字彙≫를 근거로 한다), 高安에서는 -ɛ라는 음류 조차도 발생하지 않고 여전히 하나의 공란으로, 조정과 보완을 기다리고 있다. 이런 구조상의 특징은 앞서 제시했던 '一等 : 二等 = 후 : 전'의 가설이 성립될 수 있는 것임을 설명한다. 왜냐하면 이러한 방언의 '원순 : 비원순'의 대립은 여전히 '후 : 전'의 대립에서 잉태된 흔적을 보유하고 있기 때문이다. 閩방언 외에, 일반적으로 廣州語가 古音 體系의 구조상의 특징을 비교적 보존하고 있다고 여겨진다. 그러나 一, 二等韻의 구조패턴으로 볼 때, 北京語의 鐸, 陌(麥)과 屋(沃), 德의 백독체계가 반영하는 구조패턴이 그래도 粵방언 보다 빠른 듯하지만, 그것들의 관계가 비교적 가깝다는 사실은 인정해야 한다. 閩방언의 구조패턴은 북경어보다 빠른가, 빠르지 않은가? 별도의 연구가 요구되므로 여기서는 이 복잡한 문제를 토론하지 않겠다.

17.3.5 여기에서는 吳방언 음계의 구조패턴을 토론해 보기로 한다. 蘇州語를 보자.

攝	等	韻	例	
			非見系	見系
果	一	歌(戈)	多 ₌təu文 ₌tɒ白(?)	歌 ₌kəu
假	二	麻	爬 ₌bo	啞 ꞌiɒ文 ꞌo白
蟹	一	哈	戴 tE²文 tɒ²白(?)	該 ₌kE
		泰	帶 tE²文 tɒ²白	蓋 kE²

攝	等	韻	例	
			非見系	見系
	二	皆佳夬	埋 ₋mE文 ₋mɒ白	街 ₋kɒ
效	一	豪	寶 ᶜpæ	高 ₋kæ
	二	肴	包 ₋pæ	交 ₋tɕiæ文 ₋kæ白
咸	一	覃	耽 ₋tE, 貪₋t'ø	感 ᶜkø
		談	擔 ₋tE	甘 ₋kø
	二	銜咸	斬 ᶜtsE	監 ₋tɕiI文 ₋kE白
山	一	寒	單 ₋tE	幹 ₋kø
	二	刪山	扮 pE'	奸 ₋tɕiI文 ₋kE白
宕	一	唐	湯 ₋t'ɒŋ	糠 ₋k'ɒŋ
梗	二	庚耕	冷 ᶜlən文 ᶜlaŋ白	羹 ₋kən文 ₋kaŋ白

본 표에서는 一, 二等韻의 구조관계를 나열하지 않았는데, 몇몇 언어현상의 성질이 불분명하여 구조관계의 특징을 분명하게 밝힐 방법이 없으므로 '?'로 표시하였다.

山, 咸攝의 음가는 좀 특이하지만, 그 구조관계는 여전히 간단하여, 대체로 앞서 분석했던 山西 晋中방언과 유사하다. 見系와 非見系의 두 조를 나누면, 非見系 글자는 覃韻에 아홉 개의 글자(貪潭罈探男南參蠶慘)가 -ø로 읽히는 외에 다른 覃韻의 글자는 談, 寒韻과 합류하였고, 二等 글자의 독음과 같아져, 모두 -E가 되었다. 覃, 談, 寒 세 韻의 見系 글자의 어음형식은, 一等과 二等이 분명히 대립한다. 二等은 -E로 읽히고, 一等은 -ø로 읽히며, 합구 一等의 桓韻의 글자와는 서로 같다. 개구와 합구는 합류하였는데, 이는 아마도 蘇州語 계통의 吳방언의 특징인 것 같다. 寧波語가 속한 吳방언에서는 개구와 합구는 여전히 구별되는데, 예를 들면 개구인 '感甘肝'은 ₋k̇i로 읽히고, 합구인 '官'은 ₋ku로 읽히며, '寬'이 ₋k'u로 읽힌다. 어떠한 상황이든 간에 見系 글자의 변천방식은 非見系 글자와는 다른데, 여전히 一, 二等韻이 나뉜 흔적을 보유하고 있다는 것이다.

까다로운 것은 果, 假, 蟹 세 攝의 文白異讀으로, 그것들은 상호 교차하여 동일한 백독형식을 가진다. 왜 이런 상태가 출현할 수 있는가? 이 세 攝의 하층형식은 본래 서로 같은 것인가? 아니면 우리가 文白異讀의 성질을 오해하여 몇몇 현상을 文白異讀로 잘못 귀납한 것인가? 아마도 후자의 원인으로 인한 착오이지, 음계 구조가 난잡하거나 불규칙한 원인은 아닌 것 같다.

먼저 蟹攝의 글자를 토론해 보도록 하자. 一等은 二等과 동일한 文白異讀형식을 가지는데, 얼핏 보아서는 문은 -E이고, 백은 -ɒ인 것 같지만 실제로는 그렇지 않을 지도 모른다. ≪漢語方音字彙≫를 근거하면, 蟹攝 一等은 모두 53글자이며, 그 중에 -E로 읽히는 것은 50글자이고, -ɒ로 읽히는 것은 戴帶大ᵥ夫ᵥ太泰賴蔡(밑에 점이 있는 글자는 문과 백 두 가지로 읽힌다.) 7개의 글자이다. 이 중 '戴' 하나만 咍(代)韻의 글자이고, 다른 것은 모두 泰韻의 글자이다. 贛, 客家, 粵방언 등에서 咍, 泰에 차이가 있는 것과 비교하면, 蘇州語에서는 '戴'와 泰韻 글자의 어음형식은 일치하며, 二等 글자의 독음과 같다. 吳방언의 상황을 이것과 서로 비교할 수 있는데, '戴'의 -ɒ음은 泰韻 端系 글자의 변화를 따른 결과이지, 咍韻의 -E음과 文白異讀의 표현이 아님을 설명한다. 구체적으로 말하면, 咍의 -E는 吳방언의 '토산'이지, 외부 방언의 침투가 아닌 것이다. 이런 개별 글자의 특수한 음운지위를 분명히 밝히지 않으면, 어음의 구조관계를 모호하고, 어지럽게 할 수 있다. 二等 글자의 상황은 이와는 다르다. ≪字彙≫에는 모두 35글자가 있는데, 그 중 -ɒ로 읽히는 것은 33글자가 있고, -E로 읽히는 것은 단지 5개의 글자(埋ᵥ奶ᵥ挨ᵥ邁豸)가 있을 뿐이다. -E/-ɒ는 진정한 文白異讀인데, -ɒ는 蘇州語를 대표하고, -E는 외부 방언 영향의 결과이다. 寧波방언의 상황은 이에 유력한 방증이 될 수 있다(§16.2.4).

다시 歌(戈)韻의 文白異讀를 보자. 歌(戈)韻의 백독 -ɒ는≪字彙≫에서 '多'자를 제외하고 '拖'자 하나가 있으며, t'əu文, t'ɒ白로 대립된다. 寧波방언에서의 文白異讀에 '多'는 해당되지 않고, '破'가 ₚp'o文, ₚp'a白로 대립하며 문백이 달리 읽힌다. '多', '拖', '破' 세 글자는 상고에 歌部에 속하고 吳방언의 -a(혹은 -ɒ)는 고음의 잔존이다. -əu와의 관계는 산발적 변이의 중단이고 체계 내에 존재해 온 불규칙적 현상이지 文白異讀이 아니며, 이것은 歌韻의 원래 발음 *-ɑ가 언어가 변화하는 과정에서 고모음화와 복모음화 현상으로 인해 현대의 -əu로 변한 것이다. 그것은 언어체계 스스로 진화한 산물이며 방언 간에 차용하는 것과는 무관하다. '多', '拖', '破'類 글자는 사용빈도가 높고 저모음의 옛 독음을 보존하고 있어 蟹攝 二等의 글자에서 변한 -ɒ와 섞여 같아진 것이다. 따라서 이것은 문독이 침투하여 형성된 백독이 아닌 것이다.

麻韻의 文白異讀은 -o와 -ɒ이며, 歌(戈)韻의 글자에 두 가지 독음이 생긴 상황과 같다. -o는 *a가 고모음화한 것이고 -ɒ는 *-a의 잔존인데, 그들은 산발적 음변화가 중단된 것을 반영하는 것으로, 서로 다른 방언체계의 중첩이 아니다.

산발적 음변화의 중단으로 인하여 나타난 불규칙 현상과 文白異讀은 혼동하기 쉬운 언어현상이다. 그러나 서로 비슷한 것 같지만 딴판이며 성질도 다르다. 중단된 변화는 '변화'의 범주에 속하지만 文白異讀은 '경쟁'에 속한다. 이 두 종류의 현상을 구별하기 위해 다시 寧波語의 예로 보충 설명을 해도 무방할 것 같다. ≪鄞縣通志·方言志≫ 제2765쪽에는 민간에서 유행하는 "大大大姑娘, 抬到大咸鄕, 大家堂前拜家堂."라는 順口溜가 기재되어 있다. 여기에 나오는 '大'자는 "甬語에는 다섯 가지의 음이 있다."[11] 즉, "첫 번째 '大'자는 毒으로 읽고, 두 번째 '大'자는 陀로 읽으며, 세 번째 '大'자는 馱로 읽는다. 세 개의 '大'자를 연이어 읽을 때 처음 입성은 가장 짧게, 다음 평성은 비교적 길게, 그 다음 거성은 더 길게 이어 말한다. 연독변조와 관계없다면(첫 번째 '大'자는 서성이 입성으로 된 것으로 그 원인은 분명치 않다) '大'의 발음은 dɐʊ이다. '大咸鄕'의 '大'는 "서면어의 독음과 같아" da

11 역주-甬語는 寧波語의 다른 이름.

로 읽는다. "大家의 大는 陀啞切로 읽는데, 이는 甬語에서 가장 오래된 속음으로 大家라는 하나의 말에만 남아있을 뿐이다(생각컨대, 그 외에 또 我 [ŋ]이도 보충해야 할 것 같다)." '啞'는 馬韻의 글자로 寧波語에서는 -o로 읽으므로 陀啞切은 바로 do이다. 이렇게 '大'자는 연독변조를 문제 삼지 않는다면 세 개의 독음 ₋da, ₋dɐʊ, ₋do으로 읽힌다. 그 중 ₋da는 외부 방언의 영향을 받아 발생한 문독이고 ₋dɐʊ, ₋do는 백독인데, 그들 사이는 文白異讀의 관계가 아니라 중단된 변화가 언어에 남은 흔적으로, 언어 자기 진화의 두 단계로 나타난 것이다(§12.5~6). 이 예가 중단된 변화와 文白異讀의 차이를 비교적 잘 설명해 주고 있다.

앞에서와 같이 文白異讀 현상인 것 같지만 사실은 아닌 것들을 배제하면 蘇州語의 一, 二等韻을 아래와 같은 구조관계로 정리할 수 있다(이미 二等韻과 합류한 一等韻의 형식은 표에 열거하지 않았다).

	果	假	蟹	效	咸	山	宕	梗
一	əu		E		Ø	Ø (見)	ɒŋ	
二		o	ɒ	æ	E	E		aŋ

전체적인 특징은 一等韻의 모음이 二等韻에 비해 '높(高)'으나, '等'과의 관계는 오히려 난잡한 상태를 드러낸다. 山(咸)攝 二等의 모음은 蟹攝 一等 韻과 같고, 宕一의 모음과 蟹二가 같아, 서로 다른 等에 같은 모음이 있다. 蟹一의 모음은 비원순이나, 果, 山(咸, 宕 등 攝의 一等韻 모음은 원순으로서 같은 '等'의 모음에 圓脣/非圓脣의 차이가 있다. 一等韻의 모음 果, 宕은 후설이고 蟹, 山(咸은 전설이다. 二等韻 麻二, 蟹二의 모음은 후설이고 다른 각 攝은 다시 전설이다. 즉 같은 '等'의 모음이 전설, 후설로 나뉜다. 음계의 모음에는 -a가 있고(梗二의 백독과 山, 咸攝 一, 二等의 입성자 八 paˀɔ, 楛taˀɔ…), 또 -ɒ가 있는데, 그러면 모음체계는 삼각구도인가 아니면 사각구도인가? 총괄적으로 말해서, 우리는 기타 방언과 같이 蘇州방언을

간단하고 명확하게 정리해 내기가 어렵다. 이러한 문제는 명확하지도 않고 또 앞으로 구조패턴을 이루는데 장애가 된다.

17.3.6 一, 二等의 구조관계는 북방방언에서 이미 '후 : 전'에서 '고 : 저'로 변하였고, 粤, 客家, 贛방언에서 이미 '원순 : 비원순'으로 변하였으나, 고저의 차이가 내포되어 있다. 蘇州방언 一等韻의 전반적인 특징도 一等이 二等보다 '높으므로(高)', 一, 二等韻의 '후 : 전'의 관계는 吳방언에서는 일찍이 '고 : 저'로 바뀌었다고 가정할 수 있겠다. 백 년 전 ≪彙解≫에 기록된 寧波語가 이 가설을 증명할 수 있는데, 一, 二等韻은 분명히 '고 : 저'의 차이라는 것을 나타내고 있기 때문이다. 이것은 歌(戈), 麻를 예로 들어 설명할 수 있다.

麻二					歌(戈)				
怕	沙	駕	蝦	啞	拖	搓	羅	哥	科
pʻɔ	sɔ	kɔ	hɔ	ɔ	tʻo	tsʻo	lo	ko	kʻo

歌(戈), 麻의 모음에는 이미 전/후의 구별, 원순/비원순의 차이가 없어졌고, 고/저의 차이만 있을 뿐이다. 이것은 一, 二等韻의 관계가 '후 : 전'에서 '고 : 저'로 변하였음을 말해준다. 寧波語와 북방어의 '고 : 저'와의 구별은 원순 자질을 전제 조건으로 삼는데, 북방어에서는 비원순이다. 만약, 粤방언의 一, 二等韻이 '원순 : 비원순'으로 대립하는 가운데 고저의 차이를 포함하고 있다고 한다면, 吳방언에서는 이런 잠재되어 있던 고저가 실제 고저로 변하여, 백 년 전에 이미 粤방언보다 한 단계 '높아졌다(高).' '후 : 전 > 원순 : 비원순 > 고 : 저' 로의 변화는 一, 二等韻의 관계 자체가 진화하는 과정에서의 하나의 규칙으로 간주할 수 있으며, 북방방언에서 문독경쟁을 통해 一, 二等이 합류(山西방언이 제공하는 단서에 근거하여)한 규칙과는 완전히 다르다는 것을 볼 수 있다. '고 : 저'는 이미 吳방언에서는 一, 二等韻

의 관계라는 것은 이미 말하였는데, 시간이 흐름에 따라 이런 구조패턴에 다시 변화가 발생했다. 寧波語에서는 비음운미 -n의 소실로 인해 밀기연쇄 식으로 모음이 고모음화하였는데, 전반적인 특징은 전설자질을 갖는 모음은 모두 전설모음의 경로를 따라 고모음화하였고, 후설자질을 갖는 모음은 후설모음의 경로를 따라 고모음화하였는데, 歌(戈)는 고모음화하면서 한결 음 더 나아가 -ɐʊ로 복모음화하였다는 것이다. 蘇州語는 寧波語와 마찬가지로, 한차례의 고모음화 과정을 거쳤으나 몇 가지 차이점이 있다. 즉, 1. 비음운미 -n의 소실은 蘇州語에 어떠한 영향도 주지 않아, 山(咸)攝의 非見系 글자 一, 二等이 합류한 후에 咍韻의 -E와 합류하였다. 2. 蟹二 각 韻은 -ɒ로 단모음화하여 梗二의 모음 -a와는 달라져, ɒ와 a는 대립하는 음소가 되었다(鋼ₒkɒŋ≠耕ₑkaŋ). 이 ɒ의 존재는 원래 '後'의 자질을 지닌 效攝 글자의 변천 방향을 막아, 강제로 전설모음 -æ로 되게 하였다. 效攝一, 二等韻의 모음은 蟹二의 모음과 전/후, 원순/비원순의 위치가 바뀌었는데, 이로써 모음의 특징은 等과의 관계에서 들쑥날쑥하고 교차하는 현상이 나타나게 되어 구조상 맥락을 명확하게 정리해 낼 방법이 없게 되었다. 吳방언은 일종의 특수유형의 구조패턴이다.

17.3.7 구조패턴의 분석은 체계의 동태를 비교하는데 하나의 새로운 길을 열었다. 이른바 동태를 비교하는 데에는 정태적인 구조패턴을 봐야 할 뿐만 아니라 그 기초 위에서 동태의 진화방식을 봐야 한다. 만약 두 개의 방언 혹은 친족어가 동태의 진화방식에 있어서 유사성 혹은 일치성을 보여준다면, 그것들은 의심할 여지없이 근친 자매방언일 것이다. 어쩌면 진화방식의 비슷함은 근친 자매방언을 확인할 수 있는 가장 유력한 근거일 것이다.

음운의 연쇄반응식 변천(§9.2)은 음운체계의 중요한 진화방식이다. 만약 그것을 언어의 역사적 비교연구에 응용하여 방언 혹은 친족어 간의 진화방식의 같고 다름을 고찰한다면, 구조패턴의 동태를 살핌으로써 언어변천의 기제, 규칙과 상호간 친소원근의 관계를 알 수 있을 것이다. 吳방언은 이미 밀기연쇄식의 모음고화 과정을 거쳤다. 만약 이러한 패턴의 진화 방식에 근거해 기타 방언과의 관계를 고찰한다면, 湘방언과 吳방언에 놀랄만한 유사성이 있음을 발견할 수 있다. 비교해 보자(비교의 편의를 위하여 각 운마다 하나의 예만을 들고 나머지는 이에 의거 유추하도록 한다).

	皆佳夬	麻二	歌(戈)	模	侯
	排	怕	河	古	頭
切韻	*ᵴbaì	*p'aᶜ	*ᵴɦa	*ᶜkuo	*ᵴdə̌u
蘇州	ᵴbʊ	p'oᶜ	ᵴɦəu	ᶜkəu	ᵴɤ
雙峰	ᵴba	p'oᶜ	ᵴɤʊ	ᶜkəu	ᵴde

蘇州방언의 연쇄식 음변화는 寧波방언과 비슷하다. 蟹二의 *ai가 단모음화하여 -ʊ로 되고, 麻二의 -ɒ 혹은 -ɔ는 고모음화하여 -o가 되었다. 그러면, 歌(戈)韻의 당시 음가는 무엇이었는가? 참고할 만한 서면자료가 없다. 趙元任의 ≪現代吳語的硏究≫는 각 방언점에서 대체로 모두 -ʌɤ에서 -u 사이로 이동했다고 설명하고 있다. 연쇄반응식 음변화의 규칙에 근거하면, 당시 蘇州語의 독음은 대개 -o로서, 寧波방언과 비슷하였다. 麻二가 고모음화하였기 때문에 歌韻의 -o는 -u로 고모음화할 수밖에 없어 模韻의 -u와 합류하였다가 이후의 변화에서 함께 -əu로 복모음화하였다. 이 복모음화는 지금으로부터 그리 멀지 않은 과거에 일어난 것 같다. 왜냐하면 u는 순음 p-, p'-, b-, m-, f- ,v와 결합할 때에는 단모음이지만 기타 성모와 결합할 때에는 流音 ə가 생겨 əu로 복모음화하기 때문이다.[12] 歌(戈), 模가 복모음화하면서 侯韻의 -əu와 충돌하자, 侯 *əu는 합류를 피해 -ɤ로 변하였다. 이것은 후설모음계열의 연쇄변화이다. 이와 호응하여, 전설모음계열에도 유사한 변화가 생겼다. 蟹二의 *ai가 단모음 -ʊ로 되자 이것은 豪, 肴가 합류하여 변천하는 방향을 막아, 전설모음 -æ로 되게 할 수밖에 없었다. 咍韻의 *ɑi가 단모음

---

12 袁家驊(1983:62) 참조.

화한 후에 -æ의 배척을 받아 고모음 -E가 되어, 蟹二의 -o와 평행, 대칭을 이루었다. 雙峰語의 모음 연쇄변화의 유형은 蘇州語와 같다. 蟹二의 *ai가 단모음 -a가 된 후에 蟹二의 *a를 -o로 고모음화하게 하였고, 이 -o는 다시 歌(戈)韻의 -o를 고모음화하게 하여 -ʊ가 되게 하였다. 이 변화는 또한 模韻의 *u를 -əu로 복모음으로 변하게 하였고, 이로 인해 侯韻의 *əu가 -e로 변하도록 밀었다. 이와 관련 있는 哈와 肴(豪)도 각각 고모음화하여 -e 혹은 -ue(材ₑdze, 袋due²)와 -ɣ(高ₑkɣ)가 되었다. 구조패턴이 진화하는 과정에서의 이러한 유사성은 절대 우연은 아닐 것이다. 일본학자 橋本萬太郎 (1985:31)는 "吳語와 湘語는 일찍이 확실히 동일한 방언구를 이루고 있었고, 아마도 후에 客家가 남하하면서 둘로 나뉘어졌을 것이다"라고 여겼다. 구조패턴과 진화 방식의 이러한 유사성은 이 가설이 합리적이라는 것을 증명할 수 있다.

蘇州, 寧波, 雙峰 세 방언점 중 蘇州와 寧波는 지리적으로 아주 가깝고 같은 방언구에 속하여 진화방식에 유사성이 있는데 이는 이상한 것이 아니다. 雙峰과 蘇州는 서로 천리 넘게 떨어져 있고 또 서로 다른 방언구에 속하지만 진화 방식에 있어서 유사성을 보이는 것은 구조패턴이 견고하다는 것을 증명해 주고 있다. 체계의 동태를 비교하는 것은 구조패턴의 정태 비교를 기초로 삼지만, 그것보다 한발 앞섰음이 드러났다. 우리는 되도록 이 방식으로 비교를 해야 할 것인데, 그것은 왜냐하면 동태를 비교하는 것은 방언 간의 친소관계를 살피는데 유력한 근거를 제시할 수 있을 뿐 아니라 역사적 비교방법의 "친족어 사이에 발생하는 공통적인 변화까지 고려하지 않는다"[13]라는 결점을 극복할 수 있기 때문이다. 이것은 역사적 비교연구의 새로운 영역으로 끊임없이 개선과 보충이 요구된다.

17.3.8 앞에서 一, 二等韻의 관계를 분석함으로써 세 가지 유형의 구조 패턴을 고찰했다. 앞으로 더 연구할 필요가 있는 閩방언을 제외하고, 기타

....

13 Bloomfield(1980:393) 참조.

방언은 대체로 모두 이 세 가지 유형의 패턴에 포함될 수 있을 것 같다. 방언 체계간의 친소원근의 관계는 구조패턴의 異同과 유사한 정도에 근거하여 확정할 수 있다. 무릇 구조패턴이 서로 같다는 것은, 특히 진화 방식에 있어 같은 패턴을 갖는 것은 근친 자매방언이며, 우선 비교할 권리를 갖는다. 유사한 정도가 높을수록 서로의 관계는 더 가깝든지 서로 분화된 연대가 더 늦은 것이다. 北京語의 宕, 曾, 梗, 通 각 攝 입성자의 백독체계와 같은 패턴을 갖는 자매 방언은 중국어 방언에서 찾기 어려울 것이다. 단지 그것의 구조패턴과 가장 가까운 방언을 비교할 수 있을 뿐이다. 아마도 閩방언에 대한 연구가 앞으로 더 진행된다면, 北京語의 宕, 梗攝 입성자의 백독체계와 같은 패턴의 자매방언을 찾을 수 있을 것이다.

17.4 文白異讀과 원시형식의 재구

17.4.1 언어를 역사적 비교의 관점에서 연구를 하는 것은 방언 혹은 친족어 사이의 대응관계가 있는 어음 차이에 근거하여 祖語를 재구하고, 그렇게 함으로써 언어의 변화 과정에서 보이는 복잡하게 얽힌 현상들을 정리하고 음변화의 해석에 참조점을 갖게 하는 것이다. 이 방법론상의 원칙은 언어가 '변화'하는 방식을 연구하는 데에 활용되었고, 현재는 文白異讀과 같은 종류의 '경쟁'을 언어의 변천을 연구하는 데에 끌어들였는데, 이런 원칙 또한 변통하고 보충할 필요가 있다. '변화'의 기제는 '變'으로, 이론적으로 A가 왜 B로 변할 수 있는지 명확하게 해석을 해야 한다. '경쟁'의 기제는 '선택'으로, 몇 가지 공존하는 형식 중 어떤 한 가지 형식을 '선택'하는 것이다. 언어의 변천과정에서 보여주는 두 가지 기제는 당연히 祖語의 재구에 서로 다른 요구를 제시할 수 있다. 언어에서 '선택'을 제공하는 형식은 이미 갖추어져 있고, '문'과 '백'은 또한 서로 다른 체계의 동원 음류의 중첩으로서, 현실언어의 경쟁형식으로부터 방언간의 관계와 그들의 원시상태를 고찰할 수 있다. 예를 들어 ≪切韻≫ 음체계의 並, 定, 群, 從, 澄, 床 등 여러

聲紐의 유성파열음과 유성파찰음의 성질은 유기인가, 무기인가? 칼그렌 (Karlgren) 이후 격렬한 논쟁이 이어졌다. 文白異讀이 이 문제의 해결에 중요한 단서를 제공할 수 있다. 우리는 山西방언의 文白異讀으로부터 이 문제에 관해 토론을 시작할 수 있다.

17.4.2 ≪切韻≫ 음체계의 유성파열음과 유성파찰음은 현대 山西방언에서는 음성적으로 대체로 세 개 유형으로 나타난다.

1. 성조의 평측에 의해 유기무성음과 무기무성음, 즉 평성유기, 측성무기로 나뉘어진다. 이것은 北京語가 대표하는 북방방언의 변천 상황과 서로 같으며, 그 대표지점은 興縣, 大同, 忻州, 太原, 壽陽, 長治, 晉城 등이다. 편의를 위해, 아래에서는 '平仄分音區'라고 칭한다.
2. 어떤 지역에서의 文白異讀 현상에서는 문독체계는 平仄分音區와 같고, 백독체계는 성조의 평측에 관계없이 일률적으로 모두 유기이다. 이 현상은 주로 洪洞, 臨汾, 新絳, 聞喜, 萬榮 등 晉南에서 나타난다. 이 지역을 '有氣音區'로 칭하기로 한다.
3. 어떤 지역에서의 文白異讀 현상에서는 문독체계는 平仄分音區와 일치하고, 백독체계는 성조의 평측에 관계없이 일률적으로 무기이다. 이 현상은 주로 汾河兩岸의 晉中지역(呂梁山 동쪽 측면의 여러 방언점을 포괄)에서 나타나는데, 대표 지점은 太谷, 祁縣, 平遙, 文水, 孝義, 介休 등으로, 아래에서는 '無氣音區'라고 칭한다. 유성파열음, 파찰음의 평성자는 무기음으로 읽는데, 이것은 중국어 방언에서 많이 보이지 않으며, 북방방언에서는 膠東의 文登, 榮城[14]을 제외한 핵심지역은 아마 汾河兩岸의 晉中일 것이다. 아래는 文水방언을 예로 들어 並, 定, 群 등 여러 聲紐의 백독음을 열거한 것이다(순서는 ≪方言調查字表≫에 따랐다. 예로 든 글자 아래 밑줄 친 글자는 文白異讀이 없는 것으로, 그 성모와 운모의 지위에 따라 백독에 끼워 넣었다).

並	婆 ₋pəi	爬琶 ₋pa	脯胸~₋pu	培陪賠 ₋pe	刨 ₋pau
	盤 ₋pen	盆 ₋pəŋ	棚 ₋pia	旁 ₋pu	

....

14 錢曾怡(1981).

定	駝駄 ꜀təi	臺 ꜀te	蹄啼 ꜀tʅ	齊臍 ꜀tsʅ	桃 萄 ꜀tau
	調~和 ꜀ti	頭 ꜀tou	潭彈~琴 ꜀taŋ	甜田填 ꜀tien	
	團 ꜀tuen	屯魨 ꜀tuəŋ	騰疼 ꜀təŋ	同銅 ꜀tuəŋ	
群	茄 ꜀tɕi	渠瞿 ꜀tsʅ	騎 ꜀tsʅ	橋蕎 ꜀tɕi	拳 ꜀tɕyen
	勤 ꜀tɕiəŋ	群裙 ꜀tɕyəŋ	強 ꜀tɕiʊ	鯨 ꜀tɕiəŋ	窮 ꜀tɕyəŋ
從	才裁 ꜀tse	瓷慈磁 ꜀tsʅ	槌錘 ꜀tsue	曹槽嘈 ꜀tsau	
	蠶 ꜀tsaŋ	錢前 ꜀tɕien	泉 ꜀tɕyen, ꜀tsuen	藏~起來 ꜀tsʊ	
	牆 ꜀tɕiʊ	曾層 ꜀tsəŋ	晴 ꜀tsʅ		
澄	儲~蓄廚 ꜀tsu	遲 ꜀tsʅ	稠 ꜀tsou	沉 ꜀tsəŋ	纏 ꜀tsen
	椽 ꜀tsuen	陳塵 ꜀tsəŋ	長腸場 ꜀tsʊ	懲 ꜀tsəŋ	
	蟲重~複 ꜀tsuəŋ				

모두 83개 글자이다. 여기에 床(崇, 船), 禪 두 聲紐는 없다. 이 두 聲紐의 글자에 만약 文白異讀이 있다면, 그 백독음은 모두 마찰음이 된다. 예를 보자(여기에서는 단지 성모의 文白異讀만을 고려하였다).

床	鋤	꜀tsʻu	꜀su	讒饞	꜀tsʻaŋ	꜀saŋ
	柴	꜀tsʻai	꜀sai	屑	꜀tsʻuəŋ	꜀suəŋ
	愁	꜀tsʻou	꜀sou	床	꜀tsʻuəŋ	꜀sʊ
禪	嘗	꜀tsʻaŋ	꜀sʊ	城	꜀tsʻəŋ	꜀sʅ

이것은 山西방언의 이른 시기의 형태를 반영하는 것으로, 床, 禪 두 聲紐 모두 마찰음으로 읽는다. 기타 각 방언점의 예는 비록 들쑥날쑥하고 글자의 수도 불일치하지만, 대체적인 상황은 같고, 文水방언이 이 지역 방언의 면모를 대표하고 있다고 볼 수 있다.

17.4.3 山西방언의 중고 유성파열음과 유성파찰음이 위와 같은 세 가지 유형으로 나타나는 것은 어떤 상태에서 '변화'되어 온 것인가? 아니면 본래부터 세 가지가 병존하는 방언이 있었던 것인가? 우리는 '병존'이 유일하게 가능한 해석이라 여긴다. 만약 세 가지 유형 중 어떤 한 유형을 '정통'으로 확정짓는다면, 기타 두 가지 유형은 모두 그것에서 '변한' 것으로 보아야 하는데, 이러한 해석은 이치상 극복할 수 없는 모순과 어려움에 부딪힐 것이다. 만약 무기음을 '정통'이라 여긴다면, 晉南지역의 유기자질은 어떻게 '변하여' 나온 것인가? 평측분음구가 왜 유기와 무기 두 종류의 음가로 분화할 수 있었는가? 평성자는 왜 유기음으로 변할 수 있나? 어째서 동일한 방언에서 '변화' 전후의 두 가지 형식(즉 '문'과 '백'이 동시에 병존할 수 있는가? 이러한 문제는 어음학적으로는 해석을 할 수 없다. 반대로 山西방언의 이른 시기, 즉 유성음의 무성음화가 없었던 시기에 세 유형이 병존하는 서로 다른 방언이 있었다는 것을 인정한다면, 이런 가설은 오히려 비교적 합리적일 뿐만 아니라, 언어구조상으로도 이치에 부합하는 해석을 얻을 수 있다. 중국어의 무성파열음, 무성파찰음에는 무기와 유기 두 계열(幇, 端, 見, 精, 知, 照/滂, 透, 溪, 淸, 徹, 穿)이 있고, 유성파열음, 유성파찰음은 한 계열뿐으로, 한 개의 유성음에 두 개의 무성음이 대응되어 유성음의 활동여지가 넓어지게 되었다. 유기 혹은 무기, 혹은 성조의 평측으로 유기와 무기로 나누어지는 것은, 모두 어음체계에서 '무성 : 유성'이 서로 견제하며 균형을 이루려는 구조상의 원칙에 위배되지 않고, 서로 다른 방언지역의 서로 다른 음가는 모두 '유성 : 무성'의 대립규칙이 방언지역마다 서로 다르게 표현되는 형식일 뿐이다. 이것은 어떤 방언이든 상관없이, 어느 한 부위의 유성파열음, 유성파찰음의 음소는 오직 한 개이고, 그 차이는 단지 어떤 지역의 한 개 음소는 오직 한 종류의 음성으로만 표현되는데 반해, 평측분음구에서는 두 가지 서로 다른 조건변체가 있다는 것이다.

현대 중국어에는 방언차이가 있듯이 고대에도 자연히 방언차이가 있었을 수 있는데, 山西방언의 중고 유성파열음, 유성파찰음의 세 가지 표현형식은 바로 중국어 이른 시기의 방언의 차이가 남아있는 흔적이다. 언어가 변화하는 과정에서 이 세 방언이 서로 경쟁하여, 평측분음구의 사용범위가 날로 확대되고, 文白異讀의 형식을 통해 점차 무기음구와 유기음구를 잠식하였다. 太原은 현재 평측분음구인데, 그것의 하층형식으로부터 보면, 원래는 무기음구에 속하였던 듯하다. 일부 토어에서의 단어는 여전히 무기음 방언의 특징을 보존하고 있다. 예를 들어 보자.

例	古聲紐	今音	단어의 예
婆	並	₌pɤ	老~ 姐妹~夫 後婚~姨 大 ~針 老娘~ 善~~ ~~ (外祖母, '丈母'의 ₌p'ɤ와 구별)
鈀	並	₌pa	~兒
脯	並	₌pu	~子頭
盤	並	₌pæ̃	~頭閨女 底~~
填	定	₌tiɜ	~房婆姨
頭	定	₌nei	木~ ~前 外~ 頂~ 丟~不來 猴兒~ 四合~院 半~磚 舌~ 崩~ 指~兒
臍	從	₌tɕi	不~兒 肚不~
牆	從	₌tɕiõ	~兒
前	從	₌tɕiɜ	~家家 跟~ 跟跟~
錢	從	₌tɕiɜ	~工
場	澄	₌tsɤ̃	~兒

이같이 이러한 발음이 단지 토어의 단어[15]에만 존재하는 것은 백독이 문독과의 경쟁에서 고수해 온 최후의 보루라 할 수 있다. 글자 수가 많지는 않지만, 언어의 변천에 중요한 정보를 제공하고 있는데, 그 底層은 晉中의 무기음구가 서로 같다는 것을 말해주고 있는데, 다만 문백 간의 경쟁으로

---

15 溫端政(1981) 참조.

그것의 고유한 특징이 소실하는 방향으로 변천하여 현재와 같은 모습이
된 것으로 해석할 수 있다.

17.4.4 이른 시기의 각 방언 상호 경쟁을 통해 현실언어에 남긴 흔적은
의심할 바 없이 祖語를 연구하는 데 중요한 가치를 지닌다. 잔존하는 백독에
서 祖語의 상태를 엿볼 수 있기 때문에, 늘 "A가 B로 '변'하였다"와 같이
'변'자를 사용하여 문장을 만들 필요는 없기 때문이다.

중고시기 유성파열음, 유성파찰음을 客家방언과 贛방언에서는 '유기음'
으로 읽고, 湘방언과 閩방언에서는 '무기음'으로 읽으며, 吳방언에서는 일
반적으로 '유기음'으로 읽는다. 그러나 현대 실험음성학의 연구에 따르면,
그것은 '무기음'이므로,[16] 그것을 湘, 閩방언과 같은 類로 귀납해야만 한다.
한편, 粵방언과 북방방언 체계는 일치하는데, '성조의 평측'에 따라 '유기'와
'무기' 두 가지로 나누어졌다.

칼그렌은 중국어 음운사를 연구할 때, 지난 일세기 동안 절대적인 위치
를 차지했던 역사적 비교방법의 이론과 원칙을 엄수하여 ≪切韻≫을 현대
방언의 원시모어로 보았기 때문에, A에서 B로 '변한' 글자에 대해서만 방언
간의 차이와 중국어의 변화를 연구할 수밖에 없었다. 그는 중고 유성파열
음, 유성파찰음이 客家방언에서 '유기음'으로 읽힌다는 특징 및 기타 여러
가지 이유에 근거하여 並, 定, 群과 같은 聲紐들을 유기음으로 재구하였다.
이렇게 함으로써 언어사 연구에 해결하기 어려운 문제를 남겼는데, 즉, 吳,
閩, 湘의 3대 방언의 무기음이라는 특징은 어떻게 변해 나왔는가? 북방방언
과 粵방언의 측성자는 또 어떻게 유기 성분을 버렸는가? 등이다. 이 모든
것은 이론적으로는 해석해 낼 수가 없다. A가 B로 '변했다'는 것은 단지
언어 변천의 한 가지 방식일 뿐으로, 그것은 '상호경쟁의 방식'을 포괄할
수 없기 때문이다. 따라서 '변한' 글자로 상호경쟁의 '횡적인 변천'을 해석하

....
16 曹劍芬(1982).

는 것은 이론적으로 불가능하다. 칼그렌(1948:251)은 중국어 어음 변천을 연구하는 데 있어서 '山西방언'의 지위와 역할을 매우 중시하였는데, 여기서 사용한 재료만 해도 11개 방언 지역(자신이 직접 조사했다고 언급한 8개 방언지역(1948:145) 외에도 天鎮, 運城, 蒲州)으로 총수의 약 1/3을 차지한다. 太原, 太谷, 文水, 臨汾, 大同 등도 모두 칼그렌이 직접 조사했던 지역이다. 한편 그는 문백경쟁의 방식도 살폈다. 예를 들어, "平陽(지금의 臨汾語)는 평성에서는 '유기무성음'으로 읽히는데, 측성에서도 대부분 '유기무성음'으로 읽혀 客家방언과 매우 유사하다. 그러나 그것도 官話에 치우친 경향이 매우 강하여, 측성에서 '약한 무성음'으로 읽히기도 한다. 三水(지금의 楣邑語)에는 平陽語와 비슷한 점들이 많다." 그러나 칼그렌은 단지 '변한' 것만을 고려하고 '경쟁'이라는 개념은 생각하지 않았으므로, 그가 수집한 언어자료들은 "경쟁을 통해 변한다"는 중요한 실마리와는 관계를 맺지 못하여 방법론상에 맹점을 남겼다. 우리는 지금 山西방언의 백독음이 보여주는 실마리에 근거하여 이른 시기 중국어 방언에 차이가 있었음을 인정하였는데, 이것은 중국어 방언 간의 관계를 비교적 쉽게 설명해준다. 즉, 客家와 贛 2대 방언은 원래의 유성파열음, 유성파찰음의 유기형 방언으로부터 나왔고, 吳, 閩, 湘 3대 방언은 원래 무기형 방언에서 나왔으며, 북방방언과 粤방언은 원래 平仄分音型에서 나왔다. 이것은 언어변화의 실제 상황에 비교적 근접한 것으로 중국어 방언이 '계통수 이론'식으로만 분화, 형성된 것이 아님을 설명해준다.

祖語에서의 방언의 차이를 인정하는 것은 음가를 재구하는 데에도 시사하는 바가 있다. 中古 유성파열음, 유성파찰음의 성질은 중국어사의 연구에서 논쟁이 되어 왔는데, 칼그렌, 羅常培(1933)는 그것을 '유기 자질의 유성음'으로, 陸志韋(1985), 李榮(1956)은 '무기자질의 유성음'으로 보았다. 이 논쟁은 아직까지 진행 중에 있는데, 施向東(1983), 尉遲治平(1982, 1985)은 범한대음梵漢對音의 재료에 근거하여 竝, 定, 群 등이 '무기유성음'이라고 여기며 陸志韋와 李榮의 견해를 지지하였다. 반면, 劉廣和(1984)는 한역범주漢譯梵咒의 재료에 근거하여 칼그렌과 羅常培와 같은 결론을 얻었다. 두 가지 대립되는 의견이 내세우는 주장은 대부분 중국어와 기타 언어(특히, 산스크리트어)의 대음자료에 근거하고 있다. 대음은 원시형식의 재구에서 중요한 가치를 지니나 심각한 한계성도 지니고 있다(§5.5.2).

산스크리트어의 유성음에는 무기와 유기 두 가지가 있으나, 중국어에는 한 가지만 있어, 이론적으로는 중국어의 유성음 성모로 산스크리트어의 어느 쪽을 분석하더라도 다 가능하며, 기타 부가적인 방법을 사용하여 다른 한 쪽을 분리해내기만 하면 될 것이다. 이것은 유성파열음과 유성파찰음이 각종 대음자료에서 서로 모순되고 있는 이유 중의 하나일 수 있다. 현재 山西방언이 제공하는 단어로 볼 때, 우리는 중고 유성파열음, 유성파찰음은 본래부터 방언에 따라 차이가 있었다는 것을 알 수 있다. 따라서 그것이 유기음 혹은 무기음이라고 말하는 것 모두 일리가 있으며, 양자 간의 차이는 근거한 방언이 다르다는 것뿐이다. 따라서 우리는 더 이상 '유기설인지 무기설인지'를 논쟁할 필요는 없을 것 같다. 덧붙여, 만약 "음가의 종류는 한가지이다"라는 설을 견지한다면, 중국어 방언 간의 관계를 해석할 때, 앞에서 말했던 그런 문제들에 또 다시 봉착할 것이다.

祖語에 방언이 있었는가 없었는가 하는 것은 역사적 비교방법에서 해결하기 어려운 문제 중 하나이다. 현재 우리는 '文白異讀'이라는 단서에 근거하여 祖語의 방언 차이를 엿볼 수 있으므로, 이것이 역사적 비교연구를 조금이나마 보충을 해 준다고 말할 수 있다.

17.4.5 文白異讀의 '다른 것(異)'으로부터 祖語의 방언 차이를 직접적으로 엿볼 수 있겠으나 이런 경우는 드물고, 대다수 상황에서는 다른 형식의 비교를 통해 재구해야 한다. 백독이 시간 층위상 문독보다 이르고, 구조패턴을 비교하는 것 역시 그것의 이른 시기의 구조 형태를 두드러지게 할 수 있기 때문에 원시형식을 재구할 때 중요한 위치를 차지해야 한다. 예를 들어, 梗二 각 韻의 주요 모음은 어음구조의 틀을 비교함으로써 -a라는 것

을 이미 알고 있는데, 이것이 바로 재구할 때의 중요한 근거가 될 수 있다. ≪切韻≫ 음체계에 관한 연구는 이런 가치 있는 단서를 간과하고 梗二의 주요모음을 *ɐ(庚), *æ(耕)으로 재구하여, 다른 각 攝 二等韻의 주요모음 *a와 일치하지 않게 되었다. 왜 이렇게 재구했을까? 칼그렌(1948:511)의 설명에 따르면, 첫째, 宕攝 글자와 혼동되는 것을 피하기 위해서였고, 둘째, 방언 간의 -əŋ(북방방언)과 -aŋ(남방방언) 간의 차이를 해석하기 편리하게 하기 위해서였다고 한다. 첫 번째 이유는 논리적인 면에서 착안한 것이지만 굳이 그럴 필요가 없었던 듯하다. 宕一은 *-aŋ /k로, 宕三은 *-iaŋ/k, 江二는 *-ɔŋ /k로, 梗二를 aŋ /k로 재구하면 음류상의 혼잡이 발생하지 않을 것이기 때문이다. 문제는 梗二와 宕三의 陽韻에서 있을 것 같은데, 이와 같이 재구하면 다른 攝, 다른 等에서 같은 주요모음이 나타나 다른 각 攝의 구조와 일치하지 않을 수 있기 때문이다. '攝'과 '等'은 ≪切韻≫ 음체계의 구조를 관찰하는 두 개의 창구이나, 그들 사이의 관계를 어떻게 정리할 것인가 하는 것도 역시 '언어 사실'을 근거로 해야 한다. 만약 백독이 제공하는 단서에 근거하여 梗二를 *aŋ/k로 재구하여 陽韻의 *iaŋ/k과 충돌을 일으킨다면, 언어의 실제 상태가 그러하였다고 인정할 수밖에 없으며, 지나치게 攝에 구속되지 말아야 한다. 梗二와 陽韻 사이에 '충돌'이 발생하는 것은 일리가 있다. 왜냐하면, 梗二는 上古의 耕部(耕)와 陽部(庚)에서 왔기 때문에 역사적 근원에 이미 '충돌'이 있었기 때문이다. 어떤 방언(가령, 吳방언)은 梗二의 독음이 '개음의 유무'를 제외하고는 陽韻과 서로 같아 현실 언어에서 '충돌'이 발생하고 있는데, 梗二를 陽韻과 '충돌'을 일으키는 *aŋ/k으로 재구한다면, 언어의 실제 상태를 더 잘 반영하고 있는 것이라 할 수 있을 것이다. 庚과 耕도 현대 방언에서는 차이가 없으므로 張琨의 가설에 근거하여(§7.4.4) 간단히 하나로 할 수 있다.

칼그렌이 고려한 두 번째 이유는 '음변화의 편견'에서 나온 것인 듯하다. 과거의 음변화에 대한 연구는 기본적으로 '어음조건'은 추이한다는 것으로 보고 "어음규칙에는 예외가 없다"는 식의 변화를 고찰했다. 칼그렌이 梗二

의 주요 모음을 *ɐ로 재구한 것은 그것이 어떻게 ə(-əŋ/k)로 고화하거나 a(*aŋ /k)로 저화하였는지 설명하기 위해서였다. 史料와 현실 방언이 제공하는 실마리에 근거하면 梗二이 曾一로 합류한 것은 계열적 음변화 형식으로부터 '변해'간 것이 아니라, 확산의 방식으로 실현된 것이다. 중국어와 티베트어 음운의 대비(한장대음漢藏對音)에 관한 연구를 보면, 曾一과 梗二는 나누어지기도 하고 합쳐지기도 하는 교차상태를 보이는데, 그것은 현실 방언에서의 '산발적 변이'와 유사한가, 아니면 '文白異讀'과 유사한가? 현재는 확실치 않다. 현실 언어 상태로부터 볼 때, 北京語에서는 文白異讀의 방식으로 진행되었으나, 洛陽語에서는 산발적 변이가 중단(§17.2.2에 예가 보인다)된 것 같이 보인다.[17] 그러나 어떤 상황이든 간에, '계열적 음변화'와 같은 그런 '변화'에 얽매일 필요는 없을 것 같다.

따라서 칼그렌이 '梗二의 주요 모음을 *ɐ로 재구한[18] 두 가지 이유'는 모두 성립하기 어려우며, 백독음이 제공하는 단서에 근거하여 직접 *aŋ/k로 재구하는 것만 못하다고 할 수 있다.

17.4.6 역사적 비교방법은 인구어족 제언어를 비교 연구하는 과정에서 나온 연구방법으로서, 비록 언어사 연구를 위한 앞길을 폭넓게 열어주었지만, 여전히 다른 어족, 다른 언어의 특징을 근거해 보면 몇 가지 개선하고 조정을 할 필요가 있다.

인구제어를 역사적으로 비교연구한 것을 근거로 하여 중국어와 중국-티베트어족 언어를 역사비교의 방법으로 연구를 한다면 효과적인 결과를 얻어내기 어려울 것이다. 메이예(1957:11)는 일찍이 이것에 대해 예리한 경고를 했다. "……인구제어의 영역에서 성과를 얻은 방법은 결코 어느 곳에서나 마음대로 응용할 수 있는 것은 아니다. 우리는 우리가 사용했던 그런

....
17 羅常培(1933:7, 56, 64).
18 필자는 칼그렌이 耕·麥의 주요모음을 *æ로 재구한 것도 타당하지 않다는 董同龢 (1944:104)의 비평에도 동의한다.

방법을 세밀하게 고찰하고, 그들이 적합하게 쓰였는지, 또 어떻게 해야 그들의 용도를 넓힐 수 있는지 살펴보고 그들에 변화를 주어, 새로운 영역에 대한 연구의 수요에 적합하도록 하여 그들의 엄밀성을 낮추지 않도록 해야 한다." 우리는 중국어 文白異讀의 특징에 근거하여 역사적 비교방법의 원칙과 질서를 조정하고 개선해왔다. 메이어가 말한 "그들의 용도를 넓히는 것"을 통하여 중국-티베트어족 언어의 역사적 비교연구에 새로운 경로를 탐색할 수 있기를 희망한다.

참고문헌

葛毅卿(1932). "On the Consonantal Value of 喻-Class words", ≪通報≫.

_____(1939). 〈喻三入匣再證〉, 史語所集刊 第8本 第1分.

鋼和泰(1985). ≪音譯梵書與中國古音≫, 甘肅人民出版社.

季羨林(1956). 〈土火羅語的發現與考釋及其在中印文化交流中的作用〉, ≪語言研究≫
        (科學出版社) 第1期.

橋本萬太郎(1985), ≪語言地理類型學≫, 北京大學出版社.

金有景(1964). 〈義烏話裏咸山兩攝三四等字的分別〉, ≪中國語文≫ 第1期.

_____(1982). 〈關於浙江方言中咸山兩攝三四等字的分別〉, ≪中國語文≫ 第1期.

羅常培(1931a). 〈知徹澄娘音值考〉(≪羅常培言語學論文選集≫(1963), 中華書局에
        게재).

_____(1931b). 〈廈門音系〉, 科學出版社, 1956.

_____(1933). ≪唐五代西北方音≫, 史語所單刊十二.

_____(1939). 〈≪經典譯文≫和原本≪玉篇≫反切中匣於兩紐〉, 史語所集刊. 第8本
        第1本.

_____(1940). ≪臨川音系≫ 史語所單刊十七.

_____(1963). ≪羅常培語言學論文選集≫, 中華書局.

羅常培, 博懋勣(1954). 〈國內少數民族語言文字概況〉, ≪中國語文≫ 第3期.

羅常培, 周祖謨(1958). ≪漢魏晉南北朝韻部演變研究≫第1分冊, 科學出版社.

董同龢(1944). ≪上古音韻表稿≫, 史語所集刊 第18本.

_____(1956). ≪華陽凉水井客家話記音≫, 科學出版社.

_____(1970). ≪漢語音韻學≫, 台灣廣文書局.

董紹克(1985). 〈陽谷方言的兒化〉, ≪中國語文≫ 第4期.

羅美珍(1983). 〈試論台語的系屬問題〉, ≪民族語文≫ 第2期.

羅香林(1992). ≪客家研究導論≫, 上海文藝出版社.

馬風如(1984). 〈山東金郷話兒化對聲母的影響〉,《中國語文》第4期.

馬學良(1980). 〈彝語"二十""七十"的音變〉,《民族語文》第1期.

梅祖麟(1977). 〈中古漢語的聲調與上聲的起源〉,《中國語言學論集》, 台灣幼獅文化事業公司.

潘耀武(1989). 〈淸徐話的文白異讀〉,《山西方言硏究》, 山西人民出版社, 1989.

潘尊行(1923). 〈原始中國語初探〉,《國學季刊》第1卷 第3期.

《方言》編輯部(1981). 〈《方言》兩年〉,《方言》第1期.

方壯猷(1930). 〈三種古西域語之發現及其考釋〉,《女師大學術季刊》第1卷 第4期.

白滌洲(1954).《關中方言調查報告》, 中國科學院.

謝紀鋒(1984). 〈從《說文》讀若看古音四聲〉,《羅常培紀念論文集》, 商務印書館.

山西省方言調查指導組編(1961).《山西方言概況》(討論稿).

徐通鏘(1981a). 〈歷史上漢語和其他語言的融合問題說略〉,《語言學論叢》第7輯.

_____(1981b). 〈山西平定方言的兒化和晉中的所謂"嵌1詞"〉,《中國語文》第6期.

_____(1984a). 〈山西祁縣方言的新韻尾-m和-β〉,《語文硏究》第3期.

_____(1984b). 〈美國語言學家讀歷史語言學〉(訪問整理稿),〈馬爾基耶爾談歷史語言學〉,〈王士元敎授談語音的變異與語言的發展〉,〈張琨談漢藏系語言和漢語史的硏究〉,《語言學論叢》第13輯.

_____(1985). 〈寧波方言的"鴨"[ɛ]類詞和兒化的殘跡〉,《中國語文》第3期.

_____(1989a). 〈變異中的時間和語言硏究〉,《中國語文》第2期.

_____(1989b). 〈音系中的變異和內部擬測法〉,《中國語言學報》第3期.

_____(1991). 〈百年來寧波音系的演變〉,《語言學論叢》第16輯.

徐通鏘, 葉蜚聲(1980a). 〈譯音對勘與漢語的音韻硏究〉,《北京大學學報》第3期.

_____(1980b). 〈歷史比較法和切韻音系的硏究〉,《語文硏究》第1期.

_____(1981). 〈內部擬測法和上古音系的硏究〉,《語文硏究》第1期.

徐通鏘, 王洪君(1986a). 〈說變異〉,《語文硏究》第1期.

_____(1986b). 〈山西聞喜方言的聲調〉,《語文硏究》第4期.

施向東(1983).〈玄奘譯著中的梵漢對音和唐初中原方言〉,《語言硏究》第1期.

沈 炯(1987). 〈北京話合口呼零聲母的語音分枝〉,《中國語文》第5期.

楊耐思(1985).《中原音韻音系》, 中國社會科學出版社.

楊述祖(1983). 〈太谷方言志〉, 《語文硏究》 增刊(3).

嚴學窘, 董爲光, 曹廣衢(1984). 〈漢語和侗台語的親緣關系〉, 日本 *Computational Analysis of Asian and African Languages*, March.

嚴學窘(1979a). 〈漢語同族詞內部屈折的變換模式〉, 《中國語文》 第2期.

_____(1979b). 〈談漢藏語系同源詞和借詞〉, 《江漢語言學叢刊》 第1輯. 湖北省語言學會編.

嚴學窘, 董爲光, 曹廣衢(1984). 〈漢語和侗台的親緣關係〉, *Computational Analysis of Asian and African Languages*(일본). March, pp.105-121.

葉蜚聲, 徐通鏘(1981). 《語言學綱要》, 北京大學出版社.

溫端政(1981). 〈太原方言詞彙〉, 《方言》 第4期.

王　力(1957). 《漢語音韻學》, 中華書局.

_____(1958). 《漢語史稿》(上冊). 中華書局.

_____(1963). 《漢語音韻》, 中華書局.

_____(1982). 《同源字典》, 商務印書館.

_____(1985). 《漢語語音史》, 中國社會科學出版社.

王國維(1984). 《觀堂集林》(卷8) 第2冊, 中華書局.

王利賓, 傅懋勣(1959). 〈我國少數民族語言科學硏究工作的重要成就〉, 《中國語文》 第10期.

王輔世(1982). 〈湖南瀘溪瓦鄉話的語音〉, 《語言硏究》 第1期.

_____(1985). 〈再論湖南瀘溪瓦鄉話是漢語方言〉, 《中國語文》 第3期.

_____(1986). 〈苗瑤語的系屬問題初探〉, 《民族語文》 第1期.

王士元(1981a). 〈語言的演變〉, 《語言學論叢》 第11輯.

_____(1981b). 〈近四十年來的美國語言學〉, 《語言學論叢》第11輯.

_____(1982). 〈語言變化的詞彙透視〉, 《語言硏究》 第2期.

王艾錄, 楊述祖(1984). 〈祁縣方言志〉, 《語文硏究》 增刊(8).

汪榮寶(1923). 〈歌戈魚虞模古讀考〉, 《國學季刊》 第1卷 第2號.

王洪君(1986), 《高安方言字表》(미발표).

_____(1987). 〈山西聞喜方言的白讀層與宋西北方音〉, 《中國語文》 第1期.

_____(1992). 〈文白異讀和疊置式音變〉, 《語言學論叢》 第17輯.

袁家驊等(1983).≪漢語方言槪要≫ 第二版, 文字改革出版社.

尉遲治平(1982).〈周, 隋長安方音初探〉,≪語言硏究≫ 第2期, 1982와 1985.

_____(1985).〈論隋唐長安音和洛陽音的聲母系統〉,≪語言硏究≫.

劉廣和(1984).〈當代八世紀長安音聲紐〉,≪語文硏究≫ 第3期.

陸志韋(1939).〈三四等與所謂喻化〉,≪燕京學報≫ 第26期.

_____(1946).〈譯中原音韻〉,≪燕京學報≫ 第31期.

_____(1947).〈古音說略〉(≪陸志韋語言學著作集≫(1985), 中華書局에 게재).

_____(1985).≪陸志韋語言學著作集≫, 中華書局.

李 榮(1956).≪切韻音系≫, 科學出版社.

_____(1957a).〈陸法言的≪切韻≫〉(≪音韻存稿≫(1982a), 商務印書館에 게재).

_____(1957b).≪方言調査手冊≫, 科學出版社.

_____(1965a).〈語音演變規律的例外〉(≪音韻存稿≫(1982a), 商務印書館에 게재).

_____(1965b).〈從現代方言論群母有一二四等〉(≪音韻存稿≫(1982a), 商務印書
     館에 게재).

_____(1978).〈溫嶺方言的變音〉,≪中國語文≫ 第2期.

_____(1979).〈溫嶺方言的變調〉,≪方言≫ 第1期.

_____(1982a).≪音韻存稿≫, 商務印書館.

_____(1983a).〈關於方言硏究的幾點意見〉,≪方言≫ 第1期.

_____(1983b).〈切韻與方言〉,≪方言≫ 第3期.

李德啓(1931).〈滿洲文字之來源及其演變〉,≪北平圖書館刊≫ 第5卷 第6期.

李方桂(1980).≪上古音硏究≫, 商務印書館.

李守秀(1980).〈楡次方言的文白異讀〉,≪中國語文≫ 第4期.

李如龍(1984).〈自閩方言證四等韻無-i-說〉,≪音韻學硏究≫, 中華書局.

俞 敏(1980).〈漢藏兩族人個話同源探索〉,≪北京師範大學學報≫, 哲學社會科學
     版, 第1期.

_____(1983).〈音軌和語素的出現頻率〉,≪語文硏究≫ 第3期.

_____(1984).〈北京音系的成長和它受的周圍影響〉,≪方言≫ 1981a)第4期.

岑麒祥(1981).≪歷史比較語言學講話≫, 湖北人民出版社.

張 琨(1956).≪鐘祥方言記≫, 科學出版社.

_____(1975). Dialect Variations in Chinese Historical Phonology, 史語所集刊 第46本.(≪漢語音韻史論文集≫, 臺灣聯經出版事業公司(1987)에 게재).

_____(1977a). The Tibetan Role in Sino-Tibetan Comparative Linguistics, 史語所集刊 第48本 第1分.

_____(1977b). 〈中國境內非漢語研究的方向〉, 台灣, ≪中國語言學論集≫, 幼獅文化事業公司.

_____(1983). 〈漢語方言中鼻音韻尾的消失〉, 史語所集刊 第54本 第1分.

_____(1985a). 〈切韻的前*a和後*ɑ在現代方言中的演變〉, 史語所集刊 第56本 第1分.

_____(1985b). 〈論比較閩方言〉, 史語所集刊 第55本 第3分(≪語言研究≫ 第1期에 게재).

張世祿(1943). 〈朱翱反切聲類考〉, 中山大學研究阮文科研究所集刊 1期.

張賢豹(1985). 〈≪切韻≫純四等韻的主要元音及相關問題〉, ≪語言研究≫ 第2期.

張慧英(1979). 〈崇明方言的連讀變調〉, ≪方言≫ 第4期.

傳佐之, 黃敬旺(1980). 〈溫州方言端透定三母的齶化現象〉, ≪方言≫ 第4期.

錢曾怡(1981). 〈文登、榮城方言中古全濁平聲字的讀音〉, ≪中國語文≫ 第4期.

丁邦新(1981). 〈漢語聲調源於韻尾說之檢討〉, 台灣國際漢學會議論文集(語言文字組).

丁聲樹(1952). 〈談談語音構造和語音演變的規律〉, ≪中國語文≫ 創刊號.

_____(1963). 〈關於進一步開展漢語方言調查研究的一些意見〉, ≪中國語文≫ 第3期.

鄭張尚芳(1980). 〈溫州方言兒化詞的語音變化〉, ≪方言≫ 第4期.

_____(1981). 〈溫州方言兒化詞的語音變化〉, ≪方言≫ 第1期.

趙　杰(1989). 〈漢語對滿語的影響和滿語的連鎖式演變≫(研究生卒業論文). (주된 내용은 그의 저서 ≪現代滿語研究≫(民族出版社)에 보임).

曹劍芬(1982). 〈常陰沙話古全濁聲母的發音特點〉, ≪中國語文≫ 第2期.

趙元任(1931). 〈反切語八種〉, 史語所集刊, 第二本 第三分.

_____(1941). Distinction within Ancient Chinese, *HJAS*, Vol. 5, No. 3/4.

_____(1956). ≪現代吳語的研究≫, 科學出版社.

_____(1980). ≪語言問題≫, 商務印書館.

趙蔭棠(1957). ≪等韻源流≫, 商務印書館.

朱加榮(1992). 〈金華方言的兒化〉, ≪語言學論叢≫ 第17輯.

周法高(1948a). 〈古音中的三等韻兼論古音的寫法〉, 史語所集刊 第19本.

_____(1948b). 〈玄應反切考〉, 史語所集刊 第20本(上).

_____(1948c). 〈從玄應音義考察唐初的語音〉, 《學原》 2卷 3期.

_____(1972). 〈上古漢語和漢藏語〉, 《香港中文大學中國文化研究所學報》 第5卷 第1期.

_____(1983). 〈參加國際中國古文字學研討會和國際漢藏語言學會議的心得〉, 台灣 《大陸》 雜志 第67卷 第6期.

周祖謨(1966). 〈宋代汴洛語音考〉, 《問學集》, 中華書局.

_____(1984). 〈漢代竹書和帛書中的通假字與古書的考訂〉, 《音韻學研究》 第一 輯. 中華書局.

曾運乾(1927a). 〈切韻五聲五十一紐考〉, 《東北大學季刊》 第1期.

_____(1927b). 〈"喻"母古讀考〉, 《東北大學季刊》 第2期.

_____(1944). 〈朱翱反切考〉, 《說文月刊》 4券.

陳其光, 李永燧(1981). 〈漢語苗瑤語同源例證〉, 《民族語言》 第2期.

陳登原(2000). 《國史舊聞 》 第1分冊.

陳新雄(1981). 〈群母古讀考〉, 台灣國際漢學會議論文集(語言文字組).

陳寅恪(1948). 〈從史實論切韻〉, 《嶺南學報》 第9卷 第2期.

沈 同(1981). 〈上海話老派新派的差別〉, 《方言》 第4期.

平田昌司(1982). 〈休寧音系簡介〉, 《方言》 第4期.

_____(1988). 〈閩北方言'第九調'的性質〉, 《方言》 第一期.

馮志偉(1985). 《數理語言學》, 上海知識出版社.

寒 濤(1922). 〈寧波方音和國音比較的劄記〉, 《中華教育界》 第11卷 第2期.

許寶華, 遊汝傑(1984). 〈蘇南和上海吳語的內部差異〉, 《方言》 第1期.

鉉玄同(1927). 〈關于國語羅馬字字母的選用及其他〉, 《新生》 週刊 1卷 8期.

胡雙寶(1984). 〈文水方言志〉, 《語文研究》 增刊(10).

胡 坦(1980). 〈藏語(拉薩話)聲調研究〉, 《民族語文》 第1期.

_____(1984). 〈藏語的語素變異和語音變遷〉, 《民族語文》 第3期.

黃振華(1983). 〈《文海》反切系統的初步研究〉, 《文海研究》, 中國社會科學出版社.

侯精一(1980). 〈平遙方言的連讀變調〉, 《方言》 第1期.

顏逸明, 敖小平(1984).〈南通金沙話的歸類〉,≪方言≫ 第2期.

≪聞喜縣志≫(1919).

≪鄞縣志≫(1874)

≪鄞縣通志・文獻志・方言志≫(1935).

≪定海縣志≫(1924).

≪清史稿・達海傳≫(1927).

A. A. Hill(1936). Phonetic and Phonemic Change, *Language* Vol. 12, No. 1

Anderson, J. M.(1973). *Structural Aspects of Language Change*, University of calgary: Longman.

Anttila, R.(1972). *An Introduction to Historical and Comparative Linguistics*, New York: Macmillan.

Baldi, P. and R. N. Werth(eds)(1978). *Readings in Historical Phonology*, The Pennsylvania State University Press.

Benedict, P. K.(本尼迪克特, 1939). Semantic differentiation in Indo-Chinese-Old Chinese 蠟 lâp and 儺 nâ, *HJAS*, Vol. 4, No. 3/4.

_____(1972). *Sino-Tibetan: A Conspectus*, Cambridge University Press(≪漢藏語言概論≫(1984a), 中國社會科學院民族研究所語言室)

_____(1976). Sino-Tibetan: another look, Journal of the American Oriental Society(〈再論漢藏語系〉,≪漢藏語言概論≫ (1984a)에 수록)

Bloomfield, L.(1914). *Introduction to the Study of Language*, New York: Henry Holt(≪語言論≫(1980), 商務印書館)

_____(1970a). Review of Saussure(1923). Reprinted in Hockett.

_____(1970b). Review of Jesperson's *Philosophy of Grammar*, Reprinted in Hockett.

Bynon, T.(1979). *Historical Linguistics*, Cambridge, University Press.

Chomsky, N.(1965). *Aspects of the Theory of Syntax*, Cambridge, Mass: The M. I. T. Press.

Darwin, C.(1887). *Autobiography of Charles Darwin*, Edited by his son Francis

Darwin(≪達爾文回憶錄≫(1982), 商務印書館)

F.K. Lee(1973). *Language and Dialects of China. Journal of Chinese Linguistics.*
    Vol. 1, No. 1

_____(1974). Tai Languages, *Encyclopaedia*, Britannica,

_____(1977). *A Handbook of Comparative Tai*, The University Press of Hawaii.

Gleason, H. A.(1961). *An Introduction to Descriptive Linguistics*, Revised Edition,
    New York: Holt.

Grassman, H.(1967). Concerning the Aspirates and Their Simultaneous Presence
    in the Initial and Final of Roots, Reprinted in Lehmann.

Greenberg, J. H.(1960). A Quantitative Approach to the Morphological Typology
    of Languages, IJAL.

Grimm, J.(1967). *Germanic Gramma*, Reprinted in Lehmann.

Gudschinsky, S. C.(1956). The ABC's of Lexicostatistics, *Word* 12.

Gumperz, J. J. (甘伯茲, 1972). Speech community(〈語言社團〉(1985). ≪社會語言
    學譯文集≫, 北京大學出版社.

Hartman, R. R. K. 、 F. C. Stork (1972). *Dictionary of Language and Linguistics*(
    ≪語言和語言學詞典≫(1982), 上海辭書出版社.)

Haudricourt, André-Georges.(1954). De L'origine Des Tons En Vietnamien.
    Journal Asiatique 242:69~82.

Hockett, C. F.(1958). *A Course in Modern Linguistics*, New York: Macmillan(≪現
    代語言學教程.≫(1986), 北京大學出版社)

_____(1985). 〈≪現代語言學教程≫中譯本序〉, ≪語文研究≫ 第4期.

_____(1965). Sound Change, *Language* vol.41.

_____(1970). *A Leonard Bloomfield Anthology*, Indiana University Press.

Hoijer, H.(1956). Lexicostatistics: a Critique, Language, vol.32.

Humboldt, W. Von(1967). On the Structural Variety of Human Language and Its
    Influence on the Intellectual Development of Mankind, Reprinted in
    Lehmann.

J. Gilliéron(1919). La Faillite de L'étymologie phonétique. 여기에서는 B.

Malmberg(1979)를 근거로 함.

J. Gilliéron & M. Roques(1911). *Mirages Phonétiques*

J. Lyons(1977), *Introduction to Theoretical Linguistics*, Cambridge Univ. press.

Jakobson, R.(1958). What can Typological Studies Contribute to Historical Comparative Linguistics? *Proceedings of the 8th International Congress of Linguists*, Oslo University Prep. Oslo.(≪語言學資料≫(1962) 第10期)

_____(1972). Child Language, Aphasia and Phonological Universals. Mouton,(≪國外語言學≫(1981) 第三期에 중국어 요약문이 있음)

_____(1978). *Principles of Historical Phonology*, Reprinted in Baldi and Werth.

Jones, W.(1967). The Third Anniversary Discourse, On the Hindus, Reprinted in Lehmann.

Karlgren, B. (高本漢, 1915). Etudes sur la phonologie chinoise(≪中國音韻學硏究≫(1948), 商務印書館)

_____(1923). *Analytic Dictionary of Chinese and Sino-Japanese*, Paris.

_____(1930). 〈上古中國音當中的幾個問題≫, 史語所集刊 一本 三分.

_____(1934). Word Family in Chinese, BMFEA No. 5.

_____(1949). *The Chinese Language*, New York.

_____(1954). Compendium of Phonetics in Ancient and Archaic Chinese, *BMFEA*, No. 26, Stockholm.

_____(1957). Grammata Serica Recensa, *BMFEA*, No. 29, Stockholm.

Kun Chang and & Betty Shefts Chang(1972). *The Proto-Chinese Final System and The Ch'ieh-Yun*, The Institute of History and Philology Monographs, Series A, No.26

Kuryłowicz, J.(1964). On the Methods of Internal Reconstruction, *Proceedings of the Ninth International Congress of Linguists*

Labov, W.(拉波夫, 1966). The study of language in its social context(〈在社會環境 裏硏究語言〉, ≪語言學譯叢≫(1979) 第1집, 中國社會科學出版社. *The Social Stratification of English in New York City*의 第1章)

_____(1966). The social stratification of (r) in New York City department stores(〈紐約市百貨公司(r)的社會分層≫(1985), ≪社會語言學譯文集≫, 北京大學出版社. The Social Stratification of English in New York City의 第3章)

_____(1977). *On the Use of the Present to Explain the Past*, Reprinted in Baldi and Werth.

_____(1981). Resolving the Neogrammarian Controversy, *Language*, vol.57.

Lees, R. B.(1953). The Basis of Glottochronology, *Language*, vol.29.

Lehmann, W. P.(1967). *A Reader in 19th Century Historical Indo-European Linguistics*, Indiana University Press.

Lehmann, W. P.(1973). *Historical Linguistics: An Introduction*, Second edition, New York: Holt.

Lottner,C.(1875). Exceptions to the First Sound Shift, reprinted in Lehmann, 1967.

Malkiel, Y.(1964). Each Word Has a History of its Own, Revolution vs. Continuity in the Study of Language, August 15-25.

_____(1968). the Inflectional Paradigm as an Occasional Determinant of Sound Change, Reprinted in Lehmann and Malkiel.

Malmberg, B.(1979). 〈方言學和語言地理學〉, ≪語言學譯叢≫ 第1輯, 中國社會科學出版社.

Marckwardt, A. H.(1961). *Introduction to the English Language*, Oxford University Press, Thirteenth Printing, New York.

Martinet, A.(1978). *Function, Structure and Sound Change*, Reprinted in Baldi and Werth.

Meillet, A.(梅耶, 1925). *La méthode comparative en linguistique historique*(≪歷史語言學中的比較方法≫(1957), 科學出版社)

Miller, R(1974). Sino-Tibetan: Inspection of a Conspectus, *JAOS* 94.

Möllendoff, P. G. Von(1901). *The Ningpo Syllabary*(寧波方言的音節), 上海.

_____(1910). *The Ningpo Colloquial Handbook*(寧波方言手冊寧波方言手冊)

Morrison, W. T.(睦裏遜, 1876). *An Anglo-Chinese Vocabulary of the Ningpo Dialect*(寧波方言字語彙解), 上海.

N. Chomsky & M. Halle(1968). *The Sound Pattern of English*, Cambridge, Mass: The M. I. T. Press.

Norman, J.(羅傑瑞, 1973). Tonal Development in Min, *JOCL*.

_____(1986). 〈閩北方言的第三套淸塞音和濁塞擦音〉, ≪中國語文≫ 第1期.

_____(1981). The Proto-Min Finals, 台灣國際漢學會議論文集(語言文字組).

_____(1979). Chronological Strata in the Min dialects, ≪方言≫ 第4期.

Norman, J and Tsu-lin Mei(1976). The Austro-Asiatics in Ancient South China: Some Lexical Evidence, Reprinted from *Monument Serica*, vol. XXXII.

Osthoff, H. and K. Brugmann(1967). "…Morphological Investigation…", Reprinted in Lehmann.

Paul, Hermann (1891). *Principles of the History of Language*, London; New York: Longmans, Green.

Pei, M. & F. Gaynor(1954). *Dictionary of Linguistics*, Philosophical library, New York.

Petersen, H.(1931). *Linguistic science in the nineteenth century; methods and results*, Cambridge, Harvard University Press(≪十九世紀歐洲語言學史≫ (1958), 科學出版社).

Rask, R.(1818). An Investigation Concerning the Sourse of the Old Northern or Icelandic Language, Reprinted in Lehmann. 1967

Robins, R, H.(1967). *A Short history of linguistics*(≪語言學簡史≫(1987), 安徽敎育出版社, 〈語言分類史〉, ≪國外語言學≫ 第1, 2期. 1983)

Sapir, E.(薩丕爾, 1921). *Language: An introduction to the study of speech*. New York: Harcourt, Brace and Company(≪語言論≫(1985), 商務印書館)

Saussure, F. de(德·索緒爾, 1874). *Introduction to a Compendium of the Comparative Grammar of the Indo-European, Sanskrit, Greek and Latin Languages*, Reprinted in Lehmann. 1967

_____(1878). Mémoire on the Primitive System of Vowels in the Indo-European Languages, Reprinted in Lehmann. 1967

_____(1916). *Cours de linguistique générale*(≪普通語言學敎程(일반언어학강

의)≫(1980), 商務印書館)

Schleicher, A.(1873). *Die Darwinsche Theorie und die Sprachwissenschaft.*(다아윈
이론언어학)

Schmidt, S. J(1976). *Texttheorie: Probleme einer Linguistik der sprachlichen
Kommunikation*(語言學及語言交際工具問題手冊)

Swadesh, M.(1952). Lexicostatistic dating of prehistoric ethnic contacts(선사시대
민족이 접촉한 어휘의 통계학적 연대 추산), *Proceedings of the American
Philosophical Society*, vol.96.

_____(1955). Towards greater accuracy in lexicostatistic dating〉, *International
Journal of American Linguistics* 21.

Sweet, H(1888). *History of English Sounds.* Oxford, 1888.

Thomsen, L.P.Vilhelm(湯姆遜). *Nineteenth Century Before the Linguistic History*
(≪十九世紀末以前的語言學史≫(1960), 科學出版社)

Trubetzkoy, N.(特魯貝茨科依, 1939). *Principles of Phonology* (≪音位學原理≫
(1985), 廣西師範大學出版社)

_____(1960). Thoughts on the Indo-European Problem. *Studies in General
Linguistics and Language Structure.* Duke University Press(〈有關印歐語問
題的一些看法〉(1982), ≪國外語言學≫ 第4期)

Vendryes, J.(1925). *Language*, London.

Verner, K.(1875). An Exception to the First Sound Shift, Reprinted in
Lehmann.1967

Von Schlegel, A. W.(1918), *Observations sur la langue et la Littérature Prevençales,*
Paris.

Wang, W. S-Y(1969). Competing change as a cause of residue, *Language* 45.

Weinreich, U., Labov, W. 등(1968). *Empirical Foundations for a Theory of
Language Change*, Reprinted in Lehmann and Malkiel.

Wilhelm Scherer(1868). *Zur Geschichte deutschen Sprache*(獨語史) Berlin.

역자후기

 본 역서는 중국의 徐通鏘 교수가 집필한《歷史語言學》을 번역한 것이다. 이미 故人이 된 徐通鏘 교수는 생전에 北京大學 在職 시절 서양의 일반 언어학 이론을 끊임없이 중국에 번역, 소개하고, 그 이론들을 중국의 언어학 연구에 접목시키는 데 힘을 쏟았다. 그 결과 중국의 전통적인 언어 연구 방법론을 한층 더 객관적이고 합리적인 단계로 끌어올리는데 큰 공을 세웠으며, 그가 중국 언어학계에 끼친 영향은 지대하다 하겠다.

 역사언어학은 유럽에서 인구어를 비교연구하는 과정에서 탄생한 이후, 청년어법학파, 소쉬르, 블룸필드 등의 대학자를 거쳐 중국학자인 王士元에 이르기까지 연구방법론의 측면에서 부단히 개선과 발전을 거듭해 왔다. 徐通鏘 교수는 이러한 상황을 상세하고 소개하고 그것을 중국어를 역사적인 관점에서 연구하고, 최근 많은 관심을 끌고 있는 방언을 연구하는 데 응용하고자 하였으며, 또한 칼그렌(Karlgren, B.) 이후 근대적인 의미에서의 중국 상고음 및 중고음 연구를 개략적으로 소개함과 동시에 거기에 대한 객관적인 비평을 통하여 새로운 방향을 제시하고 있는 것은 매우 의미 있는 일이다. 특히 서양의 역사언어학에서는 소개에만 그치고 있는 '어휘 확산 이론'과 중국어에만 독특하게 나타나는 '文白異讀'의 변이현상에 관하여 많은 편폭을 할애하여 자세히 소개하고, 그 이론을 가지고 중국어, 특히 방언을 풍부한 자료를 배경으로 역사적인 각도에서 연구한 것은 본서의 가장 큰 특징이라 할 수 있다. 그렇기 때문에 본서에 소개된 다양한 이론 및 방법론을 습득한다면 언어를 역사적인 관점에서 연구하는 데에 한층 더 객관적이고 유력한 결론을 얻는데 크게 도움이 될 것이다.

역자가 본서를 접한 것은 본서가 출판된 지 얼마 오래지 않은 1990년대 초반의 일이다. 내용이 알차고 신선하다는 느낌을 가지고 대학원 학생들과 같이 공부를 하면서 우리말로 번역, 소개하여 우리 학생들이 연구를 하는 데 도움을 주어야겠다는 생각을 가지고 있었으나 차일피일 미루다 지금에 서야 완성하게 되었다. 물론 번역하는 작업도 쉬운 일은 아니었다. 본서의 성격상 서양의 이론을 중국어로 옮긴 것을 다시 우리말로 옮기는 과정에 있어 나타날 수 있는 오류를 최대한 줄이기 위하여 가급적이면 원문을 찾 아 대조를 하였는데 거기에 많은 시간이 소모되었다. 완역한 후에도 수차 례 검토하는 과정에서, 그리고 교정하는 과정에서 여전히 오류가 발견되었 는데, 그 오류에 대한 책임은 전적으로 역자에게 있음을 밝히며, 많은 질정 바라는 바이다. 본서의 마지막 장인 言語年代學의 번역은 생략하였는데, 그 이유는 그것이 1952년 미국의 언어학자 Swadesh에 의해 제기된 이래, 그에 대한 반증이 많이 나타나는 등 여러 가지 문제가 있다는 것이 밝혀졌 기 때문이다.

　　많은 어려움에도 불구하고 기꺼이 본 역서의 출판을 맡아주신 학고방 출판사 하운근 사장님께 깊은 감사를 드리며, 온갖 어려움을 무릅쓰고 편 집을 맡아 본 역서가 빛을 보게 해 주신 학고방 출판사 관계자 여러분께도 감사드린다.

　　마지막으로 역서에 소개된 내용을 토대로 한국에서의 중국역사언어학 뿐 아니라 한국어에 대한 역사적인 각도에서의 연구에 도움이 되기를 기대 한다.

2016년 12월
역자 李在敦

● 저자

徐通鏘(1931-2006)

中國 浙江省 寧海에서 출생. 1956년 北京大学 中文과 졸업 후 줄곧 북경대학 중문과에서 교수. 중국언어학이론, 역사언어학 연구에 힘을 쏟았으며, 특히 언어변이, 방언비교, 및 중국어 음운 연구에 많은 업적을 쌓았다. 《語言學綱要》(葉蜚聲共著), 《歷史語言學》, 《徐通鏘自選集》, 《語言論──語義型語言的結構原理和研究方法》, 《基礎語言學教程》, 《漢語論──中西語言學的結合和漢語研究的方法論初探》 외 다수의 저서가 있다.

● 역자

李在敦(1956~)

서울대학교 중어중문학과 졸업. 동대학원 석사학위, 박사학위 취득. 현재 이화여자대학교 중어중문학과 교수로 재직하고 있으며 중국어 음운론을 중심으로 연구하고 있다.

역사언어학 历史语言学

초판 인쇄 2016년 12월 20일
초판 발행 2016년 12월 30일

저   자 | 徐通鏘
역   자 | 李在敦
펴 낸 이 | 하운근
펴 낸 곳 | 學古房

주   소 | 경기도 고양시 덕양구 통일로 140 삼송테크노밸리 A동 B224
전   화 | (02)353-9908 편집부(02)356-9903
팩   스 | (02)6959-8234
홈페이지 | http://hakgobang.co.kr/
전자우편 | hakgobang@naver.com, hakgobang@chol.com
등록번호 | 제311-1994-000001호

ISBN   978-89-6071-636-0   93270

값 : 27,000원

이 도서의 국립중앙도서관 출판예정도서목록(CIP)은 서지정보유통지원시스템 홈페이지
(http://seoji.nl.go.kr)와 국가자료공동목록시스템(http://www.nl.go.kr/kolisnet)에서 이용하실
수 있습니다. (CIP제어번호 : CIP2017000059)

■ 파본은 교환해 드립니다.